赛达破产法丛书

总主编 李曙光

UNITED STATES
BANKRUPTCY CODE

# 美国破产法典

（中英文对照本）

李曙光 审定
申林平 译

法律出版社
LAW PRESS · CHINA
——北京——

图书在版编目(CIP)数据

美国破产法典:中英文对照本 / 申林平译. -- 北京:法律出版社,2021
(赛达破产法丛书)
ISBN 978-7-5197-5792-2

Ⅰ. ①美… Ⅱ. ①申… Ⅲ. ①破产法-法典-美国-汉、英 Ⅳ. ①D971.222.9

中国版本图书馆 CIP 数据核字(2021)第149433号

| | | | |
|---|---|---|---|
| **赛达破产法丛书** | **美国破产法典(中英文对照本)**<br>**MEIGUO POCHAN FADIAN**<br>**(ZHONGYINGWEN DUIZHAOBEN)** | 李曙光 审定<br>申林平 译 | 策划编辑 薛 晗<br>责任编辑 肖 越 田 浩 魏艳丽<br>装帧设计 马 帅 |

**出版发行** 法律出版社
**编辑统筹** 法商出版分社
**责任校对** 周合芝
**责任印制** 胡晓雅
**经　　销** 新华书店

**开本** 710毫米×1000毫米 1/16
**印张** 43.5 **字数** 886千
**版本** 2021年12月第1版
**印次** 2021年12月第1次印刷
**印刷** 三河市兴达印务有限公司

地址:北京市丰台区莲花池西里7号(100073)
网址:www.lawpress.com.cn
投稿邮箱:info@lawpress.com.cn
举报盗版邮箱:jbwq@lawpress.com.cn
销售电话:010-83938349
客服电话:010-83938350
咨询电话:010-63939796


**书号**:ISBN 978-7-5197-5792-2
**定价**:258.00元

# 专家委员会

# Expert Consultative Committee

**李曙光**

中国政法大学钱端升讲座教授、博士生导师。现任中国政法大学学位评定委员会副主席，法与经济学研究院院长，中国政法大学破产法与企业重组研究中心主任，中国法学会理事，中国法学会经济法研究会学术委员会副主任，最高人民法院应用法学研究所研究员，中国经济体制改革研究会研究员，中国银行间交易商协会法律专业委员会特别顾问，全国人大财经委员会《企业破产法》修改工作小组成员。国际破产协会中国委员会联席主席，美国破产学会（ACB）第十九届终身外籍会员。美国哈佛大学法学院高级访问学者。是全国人大2006年《企业破产法》、《企业国有资产法》、《证券投资基金法》等立法起草组的主要成员。

主要学术研究领域为经济法学、破产法学、金融法学、法经济学等。著有《转型法律学》《破产法的转型》《法思想录》《经济法前沿理论问题研究》《破产法评论》等著述。

**申林平**

法学博士，锦天城（北京）律师事务所合伙人律师，中国政法大学中欧法学院经济法博士研究生毕业，中国政法大学破产法与企业重组研究中心研究员，美国加州大学洛杉矶分校法学院（UCLA School of Law）访问学者（2013-2014），美国美利坚大学法学院（WCL）访问学者（2009-2010），北京市破产法学会理事，国际破产协会会员。

帮助数十家上市公司和大中型企业开展破产重整与债务重组、公司境内外上市（IPO）与并购、破产衍生诉讼与民商事争议解决等领域的法律业务，业务领域还包括以破产重整管理人身份、债权人（包括重整投资人、债务人）法律顾问角色整合资本市场资源帮助困境企业重生。

编著并出版有《上市公司破产重整：原理与实务》《上市公司并购重组解决之道》《中国〈境外直接投资法〉立法建议稿与理由》《中国企业境外上市法律实务》《香港上市实务精讲与案例分析》等专业著作；已翻译完成《美国联邦破产诉讼规则》（U.S. Federal Rules of Bankruptcy Procedure）、《美国2020年消费者破产改革议案》（Consumer Bankruptcy Reform Act of 2020，又称沃伦议案）。

# “赛达破产法丛书”总序

李曙光

2012年10月，国际破产协会（INSOL）年会在荷兰海牙召开。我携弟子张钦昱与会，并在会后与当时在荷兰马斯特里赫特大学留学的另一位学生陈夏红会合，仨人结伴同游伊比利亚半岛。当航班在里斯本波尔特拉机场降落，我们一行在机场大厅寻找出口，不期然间看到了一个与英文exit并列的葡萄牙语单词：Sa í da。这是我们认识的第一个葡萄牙语词汇，显而易见，它就是出口的意思。这个葡萄牙语单词，拼写和发音都近乎汉语拼音，我们一下就记住了。我一直在为自2008年5月创建的足球队寻找一个合适的正式队名，随着葡萄牙、西班牙的旅程次第展开，我们一路聊着足球，突来灵感，Sa í da，配上“赛达”的汉语音译，不就是我们需要的足球队队名吗？真是“踏破铁鞋无觅处，得来全不费工夫”。

足球，作为一种最受人们喜爱的游戏，以其符合人性的天真自由的理念与严谨公平的规则成为最好的市场经济模拟。所有的类足球运动游戏与市场经济，实际上都不能缺了“出口”。市场经济的“出口”就是市场退出，就是“破产”。

Sa í da，“赛达”的内涵是丰富的：

“赛”——可以理解成比赛、竞赛。市场经济是一套理想的经济交易与选择体系，也是一种竞争性游戏。这种游戏的魅力在于它是一种自由的比赛，一群自由的企业，一群自由的组织，一群自由的个人，可以自由选择参与其中的竞赛，也是一种充斥专业活力与创意冒险的竞争。

“赛”，也可以理解赛道或者规则。自由也有天花板，市场经济自由竞争是在规则支撑下的有序竞争、良性竞争。要实现市场经济自由竞争的理想，公平竞争的规则不可缺位，优胜劣汰的淘汰机制则是游戏吸引力的题中应有之义。

市场经济中任何自由的企业与个人，一方面要努力工作，创新冒险，去赢得竞赛；另一方面，也必须接受失利失败的可能。足球比赛与市场经济的压力与残酷性也表现在这方面。而这一点，恰恰是破产，这个文明社会法治框架下主体退出的商业安排，对这种压力与残酷性能提供一个最好的 Sa í da。

“达”——可以解释成到达、抵达。在足球世界中，球员参与比赛的目的就是去赢得比赛，要赢得比赛，必须要有球技与体能作基础，这是参与一项竞争运动的门槛与前提。在市场经济中，任何市场主体参与竞争，也是有行业门槛与合理目标的，为了抵达这个目标，市场主体需要专业能力，需要卧薪尝胆，需要殚精竭虑。恰当的目标，能够激发每一个市场主体的创造力，能够为市场主体提供绵延不绝的驱动力，能够延续市场主体基业长青的生命力。反之，因各种因素，市场竞争失败，则要及时止损，有序破产清算退出，以待来日东山再起。

“达”，也可以理解成通达、练达。球员在球场上要眼观六路，耳听八方，要有大场意识，球能传递出去。不仅要对自己的位置自负其责，而且要有补位意识。一个失球，虽可能是队友犯错引发的，但能补位而未补，则导致整个球队的失败。市场经济更是充满竞争，危机四伏，危中有机，机中藏危。主体视野开阔，具有大局观与系统思维，不能本位主义，更不能团队如散沙。也需要市场主体具有“世事洞明皆学问、人情练达即文章”的圆润。惟其如此，才能在波诡云谲的市场竞争中，立于不败之地。即便遇到挫折，陷入困境，也可即时重整，采取有效的拯救措施，转危为机。

无论如何，Sa í da，“赛达”与破产法是非常契合的。破产法作为市场经济的基本法，关注和研究的就是市场主体的“出口”问题。破产法的制度与程序设计，无论是破产清算后彻底退出市场，还是重整与和解后重新焕发活力，无非是为陷入困境的市场主体提供各种各样的“出口”，为充满无限可能的市场主体寻找出路。Sa í da“赛达”，通过公正公平的竞赛而达到，通过自由开放的出口而到达，这不正是破产法的内在精神吗？

中国破产法的实施恰逢中国传统经济结构性调整以及国际贸易大变局时代。如何应对这一经济与国际贸易大变局，面对经济结构调整如潮涌来的大挑战，对世界范围内的破产法理论与中国破产重组前沿问题的研究就显得尤为必要。为进一步整合中国破产法理论界与实务界研究力量，法律出版社法商分社社长薛晗提议将国内同行的优秀作品汇集成中国政法大学破产法与企业重组研究中心出品的精品丛书，我欣然同意，并力主将丛书命名为“赛达破产法丛书”。

我希望在不久的将来，“赛达破产法丛书”能够成为破产界同行阅读优质文献、分享顶级作品的平台之一。由此，感谢并期待各位同行的襄助和支持！

是为序。

# 中国破产法对美国破产法的借鉴

## ——《美国破产法典》（中英文对照本）序

美国哈佛大学法学院有两位教授以破产法为志业，一位是马克·罗依（Mark Roe）教授，以研究重整见长；另外一位则非常有名，即伊丽莎白·沃伦（Elizabeth Warren）教授。说她有名，是因为在20年前，她就是在哈佛纯粹教破产法的教授，兼任法学院学术委员会主席。她的专长是个人破产法，尤其关注个人破产中妇女与儿童的权益保护问题。正是这一专长，帮助她成为美国民主党马萨诸塞州参议员，美国政界自由派的重要代表人物之一，并于2019年正式参加美国总统竞选。2000年我在哈佛大学法学院任访问学者时，曾旁听过沃伦教授两学期的破产法课，也曾课后几次与沃伦教授相约在她办公室聊破产法。我很想请她来中国访问，她也表示了浓厚的兴趣，但囿于当时中美在破产法方面的差距，没有特别好的机会促成此事。2019年，中国人民银行曾就凯恩克劳斯基金会赞助的破产重整研究项目让我邀请一些美国破产法专家，我也邀请过沃伦教授，但当时她忙于总统竞选，终未能成行。

在哈佛时，我就对美国破产法的文本有特别的兴趣，有一次我曾问过沃伦教授，为什么《美国破产法典》的章节编号是第一章、第三章、第五章、第七章、第九章、第十一章……而不是连续的呢？沃伦教授当时笑着说，这样我们以后就能在两章之间加入新的章节内容了。转眼二十多年过去了，我跟沃伦教授交流时所提的问题成为了一件早年学习美国破产法的趣事，沃伦教授去年牵头推出了《2020年消费者破产改革议案》（Consumer Bankruptcy Reform Act of 2020）也真的提出要在第九章和第十一章中新设第十章，而《美国破产法典》的完整中英文对照译本，也终于在法律出版社的大力支持下得以面世。

美国破产法是美国联邦宪法提到的两部法律之一，无论是在美国的法学院还是在美国的商业社会，破产法一直都是美国最重要的法律之一，在美国也有着非常丰富的破产法实践。现行的美国破产法于1978年通过，通常被称为“破产法典（bankruptcy code）”，排列于美国联邦法典第11编。1978年《美国破产法典》颁布以来经历过多次修改，甚至2005年4月份美国总统布什还亲自签署通过了新的破产法修改草案,但是这部破产法的整体框架和基本内容还是比较稳定的。现行的《美国破产法典》共计九章：第1章：总则；第3章：案件的管理；第5章：债权人、债务人和破产实体；第7章：清算；第9章：市政机构的债务调整；第11章：重整；第12章：有固定年收入的家庭农场主或渔业主的债务调整；第13章：有固定收入的个人的债务调整；第15章：辅助程序和其他跨境破产案件。

从专业的角度评价,《美国破产法典》无疑是当今世界各国破产法中最标准、最先进、最有影响力的破产法典。

《美国破产法典》在各国破产法中算是很标准的破产法，是因为美国破产法被美国宪法确定为具有宪制性，具有明确的宪法渊源；立法结构合理科学，虽然条文繁多复杂，但从一般条款、结构的定义和规则，到案件管理、债权人债务人与破产实体，再到清算重整诸制度，条分缕析，设计精巧；法律逻辑非常清晰，先定义后结构，先规则再管理，先清算后重整。先国内后境外，内容与程序依次展开；法律语言精炼准确，如规定破产时限时，甚至准确到时与分。

说《美国破产法典》先进，是因为美国破产法在立法内容背景上离不开英国、欧洲破产法的影子，但在立法之初，就抛弃了抄袭复制英欧破产法的想法，而从本国制宪主义实际出发，其立法带有很强的“创造性破坏”，特别是历史上两次革命性创新，一次是1978年在破产法中增加了第11章“重整”制度；另一次是2005年在破产法中增加了第15章“跨境破产”,这两次修法,不是简单的破产章节条文的增减,而是破产理念与文化的革新，使得美国破产法始终走在各国破产法的前列，引领着世界破产法发展的潮流。

美国破产法的影响力就不用多说了。世界两大法系在很多法领域都是制度竞争，各有体系，各有特色。但在破产法领域，原来的大陆法系的破产法体系，在近三十年纷纷改弦易张,学习美国破产法的精粹,其中,以德国、日本两国破产法最为明显。

中国2006年《企业破产法》是在建构中国特色的市场经济体制中通过的第一部市场经济破产法。这部在中国法制史上占有重要地位的破产法，在立法时对美国破产法中的一些重要制度进行了参照、学习与借鉴。这些借鉴与参考主要表现在以下方面：

**一、破产法的立法理念**

中国2006年《企业破产法》在立法理念上参考了美国破产法，借鉴了美国破产法关于困境企业挽救的思想，特别是破产法不仅仅是清算法，还包括重整这一拯救法，就主要参考了美国破产法第十一章重整制度的设计理念。

## 二、自动冻结

“自动冻结程序”（automatic stay）是美国破产法中最有强制性的规则。它指的是当债务人申请破产时，破产法院便自动启动了中止程序效力，暂时阻止债权人向债务人追索债务。《美国破产法典》第7章（清算）、第11章（重整）和第13章（个人债务调整）均适用“自动冻结程序”。一旦自动冻结程序生效，债权人向债务人追索债务的行为便是无效行为，破产法庭还可对债权人追索债务的行为予以制裁。自动冻结程序有两个目的。其一，它给债务人一个“喘息的空间”（breathing room），让债务人能够在债权人不断追债的压力中安静下来，清理一下债权债务关系脉络并思考下一步的出路；其二，它有助于阻止债权人“涌向法院”（race to the courthouse）“哄抢”债务人的所剩财产。自动冻结程序生效期间，债务人不得向任何债权人单独还债，各债权人也无权抢先一步去执行债务人的任何财产。当破产程序结束时，自动冻结程序亦随之失效。

中国《企业破产法》第16、19、20条被称为“三中止条款”，其规定的破产申请受理后个别清偿无效、对债务人财产保全措施解除与执行程序中止以及诉讼和仲裁的中止，借鉴了美国破产法中的“自动冻结”或“自动中止”制度。中国破产法规定的不是完整意义上的自动冻结制度，如中国破产法未规定除外情形、解除情形及中止后相关诉讼的管辖权。

## 三、管理人制度

按照美国破产法的规定，美国的破产托管人（trustee）分为联邦托管人（United States trustee）和私人托管人（trustee in bankruptcy）。联邦托管人由隶属于美国司法部的破产托管人办公室委派公职人员担任，美国在1978年设置了这一机构来履行与破产案件有关的行政性职责；私人托管人则一般由律师担任，美国破产法规定了法院经一定程序可以依托管人申请或依职权对私人托管人提供的服务给予合理的报酬，并对必要费用予以报销。联邦托管人总体上负责破产程序的有效运行及其公正性，包括向法庭推荐私人托管人、监督破产各方当事人和私人托管人行为、向法庭报告破产事务进展等职责；私人托管人的职责则依破产程序的不同而有所区别，主要包括清理、变卖、分配破产财产；调查债务人的财务状况；撤销债务人在破产前的欺诈性转让行为等。

中国2006年《企业破产法》以专章规定了管理人制度，虽然未区分公私管理人，但在管理人在破产程序中的中心作用、法定职责、报酬以及法律责任方面则借鉴了美国破产法的许多制度与经验。我国《企业破产法》中（除债务人自行管理的重整案件外）关于管理人对破产财产接管、管理、处分和代表债务人参与诉讼的职责，都参照了美国的立法模式，并且虽然我国规定律师与会计师都可担任管理人，但在司法实践中，我们与美国相似，也是以律师为主的。

**四、重整制度**

中国《企业破产法》中的重整制度深受美国破产法影响，立法中主要借鉴了《美国破产法典》第 11 章的规定。关于重整的制度，包括 DIP（debtor in possession）制度、重整计划提交期限、双重表决机制、对担保债权人的保护以及重整计划强制批准制度等，都学习参照了《美国破产法典》第 11 章的制度，并进行了小部分改造，如管理人清算组管理模式与股东类别组的表决效力问题都是具有中国特色的。

例如，DIP 制度，我把它译成经营管理债务人（经管债务人）制度，是《美国破产法典》第 11 章重整程序中最重要的制度，也是在美国破产法中运用最多的重整制度。我们在起草中国破产法时，可以说是基本上把 DIP 制度借鉴过来。中国《企业破产法》第 73 条第 1 款规定，“在重整期间，经债务人申请，人民法院批准，债务人可以在管理人的监督下自行管理财产和营业事务”。《企业破产法》第 87 条的规定，在中国破产法中的条文是最长的，这一条也主要是学习参照《美国破产法典》第 11 章，规定了重整计划在债权人会议未通过时的强制批准制度。

**五、撤销权制度**

中国《企业破产法》虽然借鉴了大陆法系民法与破产法中有关撤销权的概念及一些规定，但在立法时更多的是参照美国反欺诈性破产的经验。我国《企业破产法》立法时聘请了美国破产法专家与中国专家一起研究，将破产撤销权分为可撤销行为和无效行为，并将行使破产撤销权的方式规定为诉讼方式。

可撤销行为又分为欺诈交易行为与偏颇性清偿（倾向性清偿）行为。欺诈交易行为是指债务人与第三人之间做出的危害其他债权人的行为，减少了债务人财产的总价值，直接损害了全体债权人利益。而偏颇性清偿行为是指对特定的债权人有利而对其他债权人不利的处分或给付行为。《企业破产法》第 33 条规定的破产无效行为则是中国《企业破产法》对欺诈性破产打击的特别条文，它与可撤销行为在性质上均属于欺诈行为，它们的区别在于：不论何时发生，第 33 条规定的行为均自始当然无效，而且是法定的无效行为。隐匿、转移财产和虚构债务或者承认不真实债务的行为当然自始无效。而对于可撤销行为，在企业正常经营情况下，属于合法有效行为。当企业进入破产程序后，法律将撤销权赋予管理人，以防止债务人对债权人权益的损害。管理人行使撤销权必须通过法院进行。可见，对破产程序前行为的无效规定，体现了《企业破产法》对美国破产欺诈条文的借鉴与对债务人财产保护的重视。

**六、债权清偿顺序**

中国破产法中债权清偿顺序的规定主要受美国破产法影响，不同国家具体规定虽不同，但大都将担保债权、破产费用与共益债务作为优先权，都将破产人所欠本企业职工的工资、社保等放在仅次于破产费用与共益债务后的优先顺位，税收债权次之，中国亦借鉴了此制度。我国企业破产法没有美国破产法中有关重整融资超级优先权的规定，对优先权的规定也没有美国破产法那么细致丰富。

**七、跨境破产制度**

我国的跨境破产规定是我国破产法与国际接轨的一个尝试。2006 年《企业破产法》的立法在立足中国国情基础上，参照了联合国国际贸易法改革委员会 1997 年制定的《跨境破产示范法》与美国 2005 年修改的《美国破产法典》第 15 章的内容。我国立法中，采取了相对开放积极又有所保留的普及主义态度，参照借鉴境外跨境破产的法律规定，对于域外法院的破产裁决，强调在适当情况下，在互惠、有司法协助或公约的条件下，中国法院也裁定承认和执行。强调接受跨境破产原则必须有一个前提，即不违反中华人民共和国法律的基本原则，不损害国家主权、安全和社会公共利益，不损害中华人民共和国领域内债权人的合法权益。这样的规定，采取的是一种有限的、有弹性、有张力的跨境破产原则，为与世界上各国破产法接轨作了铺垫。我国法院启动的破产程序目前已有 6 起在境外法院得到承认和协助，其中继 2014 年“尖山光电案”之后，2019 年“洛娃案”是美国破产法院再次承认我国法院开始的重整程序并提供协助的重要例证。

今天看来，当年我们的学习与借鉴本身就有许多保留与局限性。这是因为国情不同，社会发展阶段不同，市场经济体制的成熟度也有差异。虽然美国破产法一些制度与经验现在并未过时，但随着美国破产法制度的发展，上述制度与经验也有许多改进与技术上的进展。例如，在个人破产领域，美国国会为回应金融机构对破产法改革的愿望以及避免消费者对清算制度的滥用，就曾于 2005 年通过了《破产滥用预防及消费者保护法案》并引入了“收入测试”；现行的《美国破产法典》也专门在第 11 章第 V 附章加入了 2019 年新通过的《小企业重整法案》，试图解决小企业重整程序成本高、时间长、效率低的问题。总之，我们对最新的法律文本的研究与学习是非常重要的，因此，《美国破产法典》的完整中文译本一直都是我们翘首以盼的。如果将我们对美国破产法的研究比作一幅拼图，我们已经通过多年的努力大概还原了美国破产法的原貌，但由于一直缺少现行美国破产法的完整中文译本，这幅拼图的中央就始终空了一小块。为了早点补上这块拼图，我也一直希望《美国破产法典》

的中文译本尽快推出。

林平律师是我 2011 年开始指导的经济法专业博士研究生，他独具慧眼，下功夫完成《美国破产法典》的翻译工作后，一年前就把初稿拿来给我，希望我提供些意见。此后我也受邀参与了《美国破产法典》中文译本的审定工作，多次参加了由法律出版社和译者参加的审定会议。为了使这本译作能够尽可能精准而又易于理解，我基于对破产法的研究以及美国破产法的特点提出了一些修改建议，比如为避免在英美法系国家法律文本的翻译过程中带有大陆法系的思维，我认为先前一些翻译版本的“破产财团”的用词不够准确，经过多轮讨论后，我建议将“破产财团”修改为“破产实体”。在参与多次的审定会议工作后，我愈发意识到《美国破产法典》翻译工作的艰辛，也更加理解了《美国破产法典》中文译本罕见的原因。林平律师早年有过多次在美国法学院作访问学者交流学习的经历，多年来也在法律实务工作中积累了不少破产法方面的实践经验和思考。在此次翻译工作中，他耗费了大量心血，虽然不排除文本中的一些译例会有争议，但我相信这个文本应该具有很大的价值，我也十分愿意将这本《美国破产法典》中英文对照译本推荐给大家，希望这本译作能够成为我们以后进一步研究美国破产法的得力助手和学习借鉴常备的工具书。

是为序。

李曙光于蓟门法大<br>2021 年 11 月

# 前　言

域外破产法的立法经验对于中国破产法的立法和研究影响颇大。早在我国现行《企业破产法》的起草阶段，就多有借鉴破产法的国际经验，包括对美国破产法的参考。近年来，在司法实践和破产法研究领域，对域外破产法的学习、比较法的研究都不鲜见,其中以对美国破产法的探讨居多。韩长印教授团队于2003年翻译David G. Epstein等美国学者所著的《美国破产法》，就对破产法学界、实务界产生了较大的影响,为大家深入了解美国破产法提供了便利。2017年韩长印教授团队所译Charles J. Tabb教授的著作《美国破产法新论》更是纳入了美国这些年来经历的破产法改革等诸多内容，成为域外破产法研究中的又一经典译作。于我而言，韩长印教授的译著也是我此前学习美国破产制度的必不可少的资料；但与此同时，在对美国破产法深入学习之际，我发现，尽管国内对美国破产制度的介绍与研究的资料不少，但是对美国破产法典的全貌即法条全文的翻译，却遍寻资料也无处可查。实务性的思维促使我在探究美国破产制度的同时必然离不开研究法条本身．也因此，在苦寻专业的中英文译本未果后，我萌生了亲自翻译《美国破产法典》的想法。

我曾两次受邀在美国的法学院作访问学者（第一次在华盛顿DC、第二次在洛杉矶），访问学习经历达两年之久，也曾两次受邀赴美国哥伦比亚大学法学院作交流访问，对美国法律的特点和语言的运用有一点了解。这次鼓足勇气翻译现行最新的2021年版本的《美国破产法典》对我来说无疑是一次巨大挑战，但我相信以我们团队的努力和知识储备一定会为破产学界和实务界贡献一本有价值的参考用书——那就是《美国破产法典》到底是什么样子，其结构和体系是怎么设计的，哪些重要制度已经被我国的现行《企业破产法》所采纳，语言运用如何严谨，等等。下面就谈谈我们在翻译过程中的一些认识和体会。

## 一、域外破产法的研究对我国《企业破产法》的修改和完善工作有着重要意义

我国《企业破产法》（2006年8月27日第十届全国人民代表大会常务委员会第

二十三次会议通过）于 2007 年 6 月 1 日起施行至全国人大常委会法工委发言人于 2020 年 12 月 21 日表示 2021 年度重点立法工作将包括对企业破产法等法律的修改，也已经走过十四个年头。我们的社会发展、法治建设、经济变革，以及人们的思想观念都发生了巨大的改变，《企业破产法》实施的外部环境面临不少难题。这些年来，最高人民法院、各地高级人民法院、破产法庭也陆续出台了大量的司法解释、规范性文件、破产案件审理操作指引等，有关国家部委也发布了不少与破产、市场主体退出等相关的规范性文件，希望充分发挥《企业破产法》应有的作用。尽管如此，一方面随着企业破产中庭外重组、预重整、关联企业合并破产、跨境破产等实践操作的发展；另一方面又因出台个人破产制度的呼声不断以及以深圳为代表的地方个人破产制度的确立，这都对《企业破产法》的改革和修改提出了新要求。

正如前述，早在立法之初，我们就多有参考借鉴各国先进的破产立法经验。而我们在翻译《美国破产法典》的过程中，也深刻认识到借鉴美国破产法律制度对我国破产法改革的重大意义。在企业破产中，《美国破产法典》通过其所确立的针对不同特殊主体的清算和重整制度，比如对证券经纪人、商品经纪商的清算和对小企业债务人的重整，从而降低破产救济的成本，提高了此类特殊主体申请破产救济的意愿。通过合理的制度设计，一方面帮助它们摆脱债务获得重生；另一方面维护债权人的利益，同时也能促进市场的良性发展。除此之外，也有税收债权、倾向性行为、自动冻结、债权人和股本证券持有人委员会等诸多特殊制度和细致的规定，而这些制度当中，就有不少我国现行《企业破产法》所需要的，以及我们有必要借鉴和参考的。在个人破产制度中，美国个人破产制度的重要性更是不容置疑，而我们在个人破产制度落地的过程中，也不可能不学习美国的个人破产制度。总之，无论是我国当前及未来对破产法的修订、破产领域的实务操作还是对破产理论的深入研究，对破产制度完备国家的参考和借鉴都是不可或缺的。而就破产法立法之精细、实践之生动以及研究之深度而言，美国都毫无疑问是目前最为发达的国家之一，我们难以绕开对美国破产法的研究。

**二、对《美国破产法典》的翻译也有着重要的参考价值**

国内学界对美国破产制度的介绍和研究颇丰。就译著而言，有前述韩长印教授团队翻译美国学者的《美国破产法》、《美国破产法新论》和美国破产法协会的《美国破产重整制度改革调研报告》，赵炳昊老师所译的《债务的世界：美国破产法史》以及近来徐阳光教授团队翻译美国学者的《美国破产法精要》，这些都是学习和了解美国破产法律制度的重要资料。但是，美国破产法除了为大家所熟知的法律背景、精到的制度设计和原理运用之外，很多条文的安排、具体的规定，包括人数、时间和金额，甚至相关法律英语的运用等诸多细节也都值得被仔细研读，这也是我选择翻译《美国破产法典》完整原文的原因。

1978 年美国国会颁布的《美国破产法典》是美国现行的破产法，而这部法典的确立亦历经多次演进，其曲折的历史引起我们诸多思考。在 19 世纪，美国曾多次因经济危机而产生破产立法的热潮，并促进了联邦破产法的制定。在 1898 年以前，国会总共通过了三部联邦破产法：1800 年破产法，1841 年破产法和 1867 年破产法，但都是一经颁布就不停修订，直至废止，以致最终共计维持了不过 16 年。联邦破产法的不稳定性主要源于立法者对不同破产立法观点的反复争论，即规定有自愿破产和强制破产的完整破产法，仅规定债务人自愿破产的破产法，或不制定联邦破产法而主张用州法律来帮助债权人从债务人处获得救济。1898 年，在债权人集团的不断推动和共和党的执政下，最终颁布了《破产法案》，从而使这种不稳定的状况戛然而止。与以前的联邦破产法不同，作为美国第一部稳定的破产法，其不再是债权人收费的机器，而是一部公正对待债务人和债权人权益的法案。在相对稳定的状况下，该法也多次历经修订，尤其是在 20 世纪 30 年代，更是通过《钱德勒法案》确立了破产重整制度，对美国破产法产生了重大的影响。在 1978 年，美国国会最终颁布《美国破产法典》，自此，美国的破产法进入了全盛时期，而联邦破产法也终于成为一部长久的法律。美国破产法律制度的演进事实上也在一定程度上反映出破产法律制度演进的基本轨迹，其不断在各方利益主体如州和联邦、不同党派、各执己见的立法者、私人利益和公共利益、债权人和债务人以及破产专业人士间进行来回协调，并且顺应经济发展和社会实践的需要，经过多次修订，最终确立了现行《美国破产法典》中的各项制度。而这些内容，对于处在破产法改革阶段的中国而言，更说明了研究美国破产法的意义。

**三、现行《美国破产法典》的体例和译者的翻译方法**

（一）《美国破产法典》的体例

《美国破产法典》即是美国联邦法典的第 11 篇，本书所译法典原文为 2021 年 10 月 31 日更新的最新的联邦法典中的第 11 篇，因此也涵盖了美国国会 2019 年通过的《小企业重整法》，即《美国破产法典》第 11 章第五附章的内容。此外，《美国破产法典》原文除含有法律条文外，也载有对各条文的修正案（amendment）、立法报告（legislative statements）、参议院报告（Senate Report No. 95-989）、文中引用（references in text）、生效日期（effective date）等诸多内容。鉴于法条原文已然体例庞杂、内容繁多，也为了便于读者阅读，译者主要对法条原文进行了翻译，同时，对于有助于对法条原文理解的立法报告、参议院报告等主要以脚注的方式进行补充。此外，为了方便读者阅读和进行破产法律英语的学习，译者也总结了《美国破产法典》的核心词汇并附后，以供读者参阅。

《美国破产法典》的体例十分庞大，其总计有九个章节，二百七十多条。第1章为“总则”，主要规定了法典中重要术语的定义、解释规则、章节的适用、适格债务人等基本内容。第3章为“案件的管理”，主要规定了有关自愿破产、强制破产案件的启动，案件进行过程中参与的破产从业人员，破产财产、自动冻结、财产处置以及待履行合同等制度。第5章为“债权人、债务人和破产实体”，规定有债权人、债务人以及破产实体的权利和义务，其中重要的内容就有豁免、撤销权、倾向性行为、抵销等有关制度。第7章为“清算”，规定了破产清算案件中的有关制度，包括托管人、债权人委员会的任命，案件的驳回与转换、免责等重要内容，也规定了适用于特殊主体（证券经纪人、商品经纪商和结算银行）的清算制度。第9章为“市政机构的债务调整”，即规定有适用于市政机构的破产案件的相关制度，如冻结债权人对纳税人提起的诉讼等。第11章为“重整”，这是《美国破产法典》中最为重要的内容之一，其规定了有关破产管理人、债权人及股本证券持有人委员会等工作人员的权利和义务，重整计划的提交、信息披露、征求意见、接受、修改和批准等有关事项，以及适用于特殊主体（铁路公司和小企业债务人）的特殊制度。第12章和第13章分别是“有固定年收入的家庭农场主或渔业主的债务调整”和“有固定收入的个人的债务调整”，其规定有托管人、经管债务人的权利和义务，清偿计划的提交、内容、修改和批准，以及重要的免责制度等。第15章为“辅助程序和其他跨境破产案件”，该章的主要内容系根据《联合国国际贸易委员会跨国界破产示范法》而制定，为处理跨境破产案件提供有效的机制，主要规定了对境外破产程序的承认和其他救济。从前述对各章内容的简单介绍来看，《美国破产法典》的内容十分全面，从案件的启动到计划的批准，从清算到重整间不同程序的转换，从境外破产程序到国内破产案件，还有适用于不同主体的特殊制度，全都涵盖在内。

除内容上的全面性外，《美国破产法典》的规定也十分细致，还反映了相当的完备性。在此简单介绍几个国内可能并不熟知，但仍很有借鉴意义的制度。首先是听证制度。在《美国破产法典》中，听审程序基本伴随整个破产案件的施行，如就案件的驳回、对专业人员报酬和管理费用的确定、冻结的解除和延长、常规营业外的交易披露声明、计划的批准等诸多事项举行的听证。通过听证制度，利害关系人和各监督机构都可以听取和发表意见，从而一方面保障了利害关系人尤其是债权人的权益；另一方面也实现了相应监管机构对破产程序的监督，一定程度上实现了司法程序和行政监管间的协作。其次是关于重整计划的批准问题。在《美国破产法典》

中也规定了强制批准制度，但与我国不同，其规定仅当至少有一个权利受到减损的债权小组接受了重整计划时，法院才能强制批准重整计划。针对我国重整案件中强制批准存在的最低限度原则被虚化的问题而言，也可参考该条规定从而对最低限度原则作出进一步的理解。还比如《美国破产法典》中第322条对消费者隐私监察员的规定，通过任命消费者隐私监察员，帮助法院评估个人信息出售的潜在后果，从而保护消费者的个人数据，这也是在当今大数据时代中具有重要意义的规定。除此之外，对铁路公司这一特殊主体的特殊规定，也反映了破产程序在平衡公共利益和私人利益间可以发挥的作用。诸如此类的，对于我们而言尚属新颖的制度，在《美国破产法典》中并不少见，而如果通过对所有制度的分析介绍从而呈现给大家，工作量显然更为繁重。而通过对法典原文的翻译，至少我们可以管中窥豹，对美国破产法有一个较为全面的认识。

（二）具体词汇的译法

仅就法律条文的翻译而言，不得不说，译者在翻译过程中也遭遇有诸多困难，一是《美国破产法典》的条文繁多、复杂；二是其内容上与其他领域也多有交集，如证券法、信托法、诉讼法等，而这就造成了对条文理解和词汇翻译上的困难。条文的复杂性主要体现在对条款项目的区分上，我国法律条文一般是由编、章、节、条、款、项、目构成；而《美国破产法典》其条文是由title，chapter，subchapter，section，subsection，paragraph，subparagraph，clause，subclause构成，显然二者之间无法一一对应。在译者为难之际，李曙光教授创新性地提出可以将其对应译为：篇、章、附章、条、附条、款、附款、项、附项。如此一则可以保证翻译的准确性，避免条款项间的混淆；二则也为我们以后翻译或引用类似《美国破产法典》这类体例庞大、条文复杂的域外法典提供了有益的参考。在专业词汇的翻译上，译者也多有参考学界包括其他译者对部分专业词汇的翻译，如在破产法领域中，有前面提到过的诸多译作；在证券等其他法律领域中，有中国证券监督管理委员会组织编译的《美国商品交易法》、张璐所译的《美国1933年证券法》等，从而符合破产法领域内的用词习惯并力求翻译的准确性。

同时，针对几个在美国破产法领域中十分重要的词汇，我也想在此简单谈谈我们对它们的理解。首先就是在美国破产案件中参与度极高的几个主体：trustee，debtor in possession，United States trustee，bankruptcy administrator。各个国家和地区的破产法对我国《企业破产法》中的“破产管理人”的称谓各不相同，因此我们在决定“trustee”的具体译法时也是多有斟酌。在《美国破产法典》中，trustee是指由联邦托管人指定的享有破产法规定的权力并履行相应的义务的主体，其在不同程序的破产案件中所履行的职责有所不同：在第7章案件中，其负责归集、处置破产财产并将其收益分配给债权人，同时也负责对债权人债权的确认或债务人的免责提出异议等；而在第13章案件中，债务人在案件进行过程中将保留对财产的占有，因此trustee的主要职责就在于保证清偿计划的实施，具体体现在，审查债务人提出的清偿计划，在必要的情况下对该计划提出异议，向债务人收取根据清偿计划应向债权人支付的款项并负责将该款项支付给债权人。可以看出，trustee与我国的破产管理人所履行的具体职责多有相近，因此我们也考虑将其直接译为“破产管理人”从而与国内破产法制度相联结以帮助读者更快地建立对这一词汇的概念。但在李曙光教授的启发下，我们意识到美国作为英美法系的代表，与我国的法律制度、学说和实践均有不同，因此对《美国破产法典》中有些具体词汇的译法不能一味贴近我国法律的用词，而应当体现英美法系的特点，具体到trustee上来说，就是其“信义受托人”的定位。因此，我们最终选择将“trustee”译为“托管人”，这既是trustee最为本质的含义，也更能体现英美法系的制度特点。并不是所有的案件中都任命有托管人，在第11章重整案件中，原则上不任命托管人，而是在破产程序中由债务人自己保留其对财产的占有并继续经营其商事业务，这就是《美国破产法典》中的“debtor in possession”，我们选取了国内的通行译法即“经管债务人”。

至于United States trustee[①]，其是美国司法部的组成部分，主要负责监督破产案件的实施和托管，具体职责有任命并监督第7、12和13章案件中的托管人（或者在没有人愿意担任托管人时，在该类案件中担任托管人），采取法律措施实施《美国破产法典》中的规定并阻止欺诈和滥用破产；酌情将案件移交调查和刑事起诉；在第11章重整案件中任命并召集债权人委员会等。如前所述，一方面我们已经决定将“trustee”译为“托管人”；另一方面，考虑到其联邦属性以及进行直译的可行性，我们认为韩长印教授所用的“联邦托管人”也已然十分精准，所以在法典的翻译过程中，我们也沿用了“联邦托管人”的译法。而bankruptcy administrator[②]，我们则选择自行译为“破产管理署”。bankruptcy administrator取代了亚拉巴马州和北卡罗来纳州中六个联邦司法辖区的United States trustee program（联邦托管人计划），因此事实上，其与联邦托管人的性质和职能十分相似。我们在翻译这一术语时，一方面考虑到其作为联邦司法机构的性质，另一方面也尽可能避免与我国“破产管理人”间的混淆，因此选择译为“破产管理署”。

① 相关内容可见https://www.justice.gov/ust/about-program，最后访问时间：2021年3月12日。

② 相关内容可见https://www.alnba.uscourts.gov/about-ba#:~:text=%20In%20performing%20the%20bankruptcy%20estate%20oversight%20function%2C,courts%20on%20issues%20in%20bankruptcy%20cases%20More%20，最后访问时间：2021年3月12日。

除了破产程序中涉及的几个主体外，在翻译过程中，还有一些术语的译法引得我们争论不休，其中讨论最多的要属“lien”的译法。lien 的内涵事实上十分丰富，但国内多将其某种表现形式当成了 lien 本身，最为典型的就是将其译为“留置权”。英美法系从功能主义和实用主义的立场出发，不考虑权利的性质，将凡在财产上设定的、能起担保作用的财产均视为 lien，因此，不仅私法、实体上可以产生 lien，公法和程序法上亦可产生 lien。以《美国破产法典》为例，第 101 条即规定 lien 指保证债务的偿付或义务的履行而在财产上设定的负担或权益，此外其可通过司法程序、法律规定或意定成立，大体相当于我国法上的担保物权加上民事诉讼法上的各种保全措施。因此，lien 绝不单单指我国法中的“留置权”，相反其为我国法中担保物权和保全措施之上的上位概念。也有译者将其译为“优先权”，甚至在制定《海商法》时就将“maritime lien”译为“船舶优先权”,但该译法也存在不少争议。有学者指出，优先权概念源于法国法，系由 privilege 翻译而来，在法国法上用以指法定担保，事实上与我国依据德国法传统确立起来的既有担保法和理论体系不相兼容，并直接称为我国法律移植中的败笔。[①] 我们认为，优先权作为法国法上的概念，第一，与英美法系的理论和实践体系不容，无法准确传达美国法中 lien 的概念；第二，其与我国现在建立的制度与理论体系也是方枘圆凿，“优先权”在我国究竟内涵与外延为何恐怕尚不明晰,因而将其译为“优先权”也并不能帮助读者理解 lien 的含义。因此，我们最终选择根据第 101 条的定义将其译为“财产上的担保权”，不求创设新的法律概念，但求翻译的准确精要。

总之，我们对于各种术语的翻译，一则要考虑国内的通行译法和不同学者与译者的观点，二则也要考虑英美法系的特点进行一定的调整。所谓“一千个读者就有一千个哈姆雷特”，虽然不同于文学著作，法律条文的翻译有其相当的确定性，但语言的表达不可避免地有其局限性并使读者产生不同的理解，因此，译者也希望与诸多读者进行更加深入的讨论，也欢迎各位不吝赐教。

**四、致谢**

在《美国破产法典》的翻译和出版过程中，译者也受到了众多学者、实务人士、团队成员以及法律出版社编辑老师等人的支持。十分感谢恩师李曙光教授对我长期以来的教诲（2011 年开始我有幸在李老师指导下攻读经济法专业博士研究生）和对本译本的拨冗审定，他从 2020 年下半年到 2021 年上半年抽出宝贵时间和法律出版社法商分社薛晗社长、编辑田浩等老师一起举行了多次审定会议，在这期间李曙光教授对此译本逐条提出了诸多指导和修改意见，帮助我们把握住英美法系的特点以

① 孙新强：《我国法律移植中的败笔——优先权》，载《中国法学》2011 年第 1 期。

求翻译出“原汁原味”的《美国破产法典》，恩师的关怀使本译本翻译团队在困难时刻坚持前行，精益求精，在尽量做到翻译的准确、专业的情况下，更追求“信、达、雅”的境界。要感谢团队成员胡玉斐对本译本做出的重大贡献，她本科毕业于国内著名法学院，海外法学硕士学成归来加入我的团队投入本次翻译《美国破产法典》的“宏大工程”中，就法典中的核心词汇和段落的翻译方法与我展开热烈讨论，经常因为一个单词或一个词组需要我们查阅大量资料并请教业界权威学者，最终促使我们对翻译的效果和质量非常有信心。也要感谢中国贸促会法律部顾涛博士、纽约州律师彭立博女士、中国政法大学博士研究生张龄方、硕士研究生李念如对翻译稿进行了精心的审校工作。

感谢破产法大家韩长印教授、齐明教授对我的指导，感谢我的师兄陈夏红老师对美国破产法条文翻译工作的重视。感谢有关破产法庭、破产法学研究会、破产管理人协会、律师协会的朋友对本翻译稿的关注。感谢我所企业破产重整与清算专业委员会的支持，感谢法律出版社法商分社薛晗、田浩、肖越及魏艳丽诸位编辑老师的热忱支持！

译者 2021 年辛丑立冬于东方广场

# Key Words
# 核心词汇

| | |
|---|---|
| adequate protection | 充分保护 |
| administrative expense | 管理费用 |
| adverse interest | 冲突利益 |
| affiliate | 关联方 |
| allowance of claims | 债权确认 |
| ancillary | 辅助程序 |
| assisted person | 受援助人 |
| attorney | 律师 |
| automatic stay | 自动冻结 |
| avoiding power | 撤销权 |
| bankruptcy administrator | 破产管理署 |
| bankruptcy assistance | 破产援助 |
| bankruptcy petition preparer | 破产申请准备人 |
| bona fide dispute | 实质争议 |
| cash collateral | 现金担保物 |
| charitable contribution | 慈善捐赠 |
| claim | 债权（或其他权利主张） |
| classification of claims | 债权分组 |
| codebtor | 共同债务人 |

续表

| | |
|---|---|
| collective bargaining agreements | 集体谈判协议 |
| commodity broker | 商品经纪商 |
| compensation | 报酬 |
| concurrent proceedings | 并行程序 |
| confirmation of plan | 计划的批准 |
| consumer debt | 消费债务 |
| consumer privacy ombudsman | 消费者隐私监察员 |
| conversion | （程序的）转换 |
| credit union | 信用社 |
| creditor | 债权人 |
| creditor’s committee | 债权人委员会 |
| cross-border cases | 跨境破产案件 |
| current monthly income | 当前月收入 |
| custodian | 保管人 |
| debt relief agency | 债务救济机构 |
| debtor | 债务人 |
| debtor in possession | 经管债务人 |
| default | 违约 |
| depository institution | 存款机构 |
| discharge | 免责 |
| disclosure | 披露（信息） |
| disinterested person | 无利害关系人 |
| dismiss | 驳回 |
| disposable income | 可支配收入 |
| distribution | 分配 |
| domestic support obligation | 家庭扶 / 抚养义务 |
| entity | 实体 |

续表

| | |
|---|---|
| equity security holder | 股本证券持有人 |
| estate | 破产实体 |
| examiner | 监督人 |
| executory contracts | 待履行合同 |
| exemptions | 豁免 |
| fair valuation | 公允价值 |
| family farmer | 家庭农场主 |
| family fisherman | 家庭渔业主 |
| farmout agreement | 勘探权出让协议 |
| federal depository institutions regulatory agency | 联邦存款机构监管机构 |
| financial management instructional courses | 财务管理指导课程 |
| foreign main proceeding | 境外主要程序 |
| foreign nonmain proceeding | 境外非主要程序 |
| forward contract | 远期合约 |
| general partner | 普通合伙人 |
| good cause | 正当事由 |
| good faith | 善意 |
| governmental unit | 政府机构 |
| health care business | 医疗护理机构 |
| hearing | 听证 |
| impairment of claims | 债权的减损 |
| implementation of plan | 计划的实施 |
| incidental property | 附属财产 |
| indenture | 契约 |
| injunction | 禁令 |
| insider | 内部人士 |
| insolvency | 资不抵债 |

续表

| | |
|---|---|
| intellectual property | 知识产权 |
| interim trustee | 临时托管人 |
| interpretation | 法律解释 |
| joint case | 夫妻共同破产案件 |
| judicial lien | 司法的财产上担保权 |
| limited partner | 有限合伙人 |
| liquidation | 清算 |
| margin payment | 保险金支付 |
| mask work | 掩膜作品 |
| master netting agreement | 净额结算协议 |
| median family income | 家庭收入中位数 |
| meetings of creditors | 债权人会议 |
| modification of plan | 计划的修改 |
| motion | 动议 |
| municipality | 市政机构 |
| nonprofit budget and credit counseling agencies | 非营利预算和信用咨询机构 |
| notice | 通知 |
| offset | 抵销 |
| order | 裁定、命令 |
| order for relief | 破产救济令 |
| party in interest | 利益相关方 |
| perfect | 公示 |
| personal property | 动产 |
| petition | （破产）申请 |
| preferences | 倾向性行为（或偏颇行为） |
| principal residence | 主要住所 |
| priorities | 优先顺位 |

续表

| | |
|---|---|
| professional persons | 专业人员 |
| profitability | 盈利能力 |
| proof of claim | 债权证明 |
| property of the estate | 破产财产 |
| public interest | 公共利益 |
| public policy exception | 公共政策例外 |
| punitive damages | 惩罚性赔偿 |
| reaffirmation agreement | 债务再认协议 |
| real property | 不动产 |
| receivable | 应收账款 |
| receiver | 接管人 |
| recognition | 承认 |
| recourse | 追索权 |
| redemption | 回赎 |
| reduce to money | 变现 |
| regular annual income | 固定年收入 |
| reject | 拒绝（确认） |
| reorganization | 重整 |
| repurchase agreement | 回购协议 |
| revoke | 撤销 |
| right to be heard | 听证权 |
| securities clearing agency | 证券结算机构 |
| securities self regulatory organization | 证券自律性组织 |
| security agreement | 担保协议 |
| settlement payment | 结算支付 |
| small business debtor | 小企业债务人 |
| sovereign immunity | 主权豁免 |

续表

| | |
|---|---|
| special revenues | 特别收入 |
| standing trustee | 常任托管人 |
| status conference | 进度讨论会议 |
| statutory lien | 法定的财产上担保权 |
| stockbroker | 证券经纪人 |
| subordination | 居次 |
| substantial consummation | 基本实施完毕 |
| successor | 继受人 |
| swap agreement | 互换协议 |
| tax liability | 纳税义务 |
| tax return | 报税表 |
| tax-increment financing | 税收增额融资 |
| transfer | 转让 |
| trustee | 托管人 |
| turnover of property | 财产的移交 |
| unexpired leases | 未完成租约 |
| United States trustee | 联邦托管人 |

# CONTENTS

# 目　录

# TITLE 11—BANKRUPTCY

## 第十一篇　破产

（Release Point 117–52）

# UNITED STATES CODE

（版本号 117–52）[①]

# 美国联邦法典

① 美国联邦法典的每次更新即产生一个新版本，本版本为 Public Law 117-52 版本即公法 117-52 号（2021 年 10 月 31 日）。美国联邦法典自 2021 年 1 月至 10 月，历经多次更新，但均未变更《美国破产法典》的文本内容。截至 2021 年 10 月 31 日，美国联邦法典的最新版本号为 117-52。

## TITLE 11—BANKRUPTCY

This title was enacted by Pub. L. 95-598, title I, §101, Nov. 6, 1978, 92 Stat. 2549

# 第十一篇　破产

该篇由公法 95-598 号，第 1 篇，第 101 条，1978 年 11 月 6 日，《法律汇总》第 92 卷第 2549 页颁布实施[①]



① 美国法律引用格式如 Pub. L. 95–598, title I, § 101, Nov. 6, 1978, 92 Stat. 2549，意为公法第 95-598 号，第 1 篇，第 101 条，1978 年 11 月 6 日，《法律汇总》第 92 卷第 2549 页。该引用格式此后出现多次，为便于读者阅读不再对该格式多次翻译。

# CHAPTER 1—GENERAL PROVISIONS



## § 101. Definitions

In this title the following definitions shall apply:

(1) The term "accountant" means accountant authorized under applicable law to practice public accounting, and includes professional accounting association, corporation, or partnership, if so authorized.

(2) The term "affiliate" means—

(A) entity that directly or indirectly owns, controls, or holds with power to vote, 20 percent or more of the outstanding voting securities of the debtor, other than an entity that holds such securities—

(i) in a fiduciary or agency capacity without sole discretionary power to vote such securities; or

# 第1章 总则



**第101条 定义**

在本篇下应当适用以下定义：

（1）“会计师”指由相应法律授权从事公共会计的会计师，包括被授权的专业会计协会、企业或合伙。

（2）“关联方”指：

（A）直接或间接拥有、控制或以有表决权的方式持有，不低于20%的债务人的流通可表决证券的实体，但以下列方式持有该证券的实体除外：

（i）以受托人或代理人身份持有，且无权自行决定对该类证券进行表决；或

(ii) solely to secure a debt, if such entity has not in fact exercised such power to vote;

(B) corporation 20 percent or more of whose outstanding voting securities are directly or indirectly owned, controlled, or held with power to vote, by the debtor, or by an entity that directly or indirectly owns, controls, or holds with power to vote, 20 percent or more of the outstanding voting securities of the debtor, other than an entity that holds such securities—

(i) in a fiduciary or agency capacity without sole discretionary power to vote such securities; or

(ii) solely to secure a debt, if such entity has not in fact exercised such power to vote;

(C) person whose business is operated under a lease or operating agreement by a debtor, or person substantially all of whose property is operated under an operating agreement with the debtor; or

(D) entity that operates the business or substantially all of the property of the debtor under a lease or operating agreement.

(3) The term "assisted person" means any person whose debts consist primarily of consumer debts and the value of whose nonexempt property is less than $150,000.

(4) The term "attorney" means attorney, professional law association, corporation, or partnership, authorized under applicable law to practice law.

(4A) The term "bankruptcy assistance" means any goods or services sold or otherwise provided to an assisted person with the express or implied purpose of providing information, advice, counsel, document preparation, or filing, or attendance at a creditors' meeting or appearing in a case or proceeding on behalf of another or providing legal representation with respect to a case or proceeding under this title.

(5) The term "claim" means—

(A) right to payment, whether or not such right is reduced to judgment, liquidated, unliquidated, fixed, contingent, matured, unmatured, disputed, undisputed, legal, equitable, secured, or unsecured; or

(B) right to an equitable remedy for breach of performance if such breach gives rise to a right to payment, whether or not such right to an equitable remedy is reduced to judgment, fixed, contingent, matured, unmatured, disputed, undisputed, secured, or unsecured.

(6) The term "commodity broker" means futures commission merchant, foreign futures commission merchant, clearing organization, leverage transaction merchant, or commodity options dealer, as defined in section 761 of this title, with respect to which there is a customer, as defined in section 761 of this title.

（ii）若该实体并未事实上行使表决权，则该证券系仅用于担保债务；

（B）其不低于20%的流通可表决证券被债务人，或者被直接或间接拥有、控制或以有表决权的方式持有债务人流通可表决证券的实体，直接或间接拥有、控制或以有表决权的方式持有的企业，但以下列方式持有该证券的实体除外：

（i）以受托人或代理人身份持有，且无权自行决定对该类证券进行表决；或

（ii）若该实体并未事实上行使表决权，则该证券系仅用于担保债务；

（C）由债务人依据租约或经营协议运营其商事业务的人或由债务人依据经营协议而运营其几乎全部财产的人；或

（D）依据租约或经营协议运营债务人商事业务或几乎全部财产的实体。

（3）"受援助人"指任何其债务主要由消费债务组成且其非豁免财产的价值低于150,000美元的人。

（4）"律师"指由相应法律授权从事法律业务的专业法律协会、企业或合伙。

（4A）"破产援助"指针对本篇案件或程序，向受援助人，以明示或默认的提供信息、建议、咨询、文件准备或提交、出席债权人会议、在案件或程序中代表他人出席或提供法律代理为目的，出售或以其他方式提供的任何物品或服务。

（5）"债权"指：

（A）求偿权，无论该权利是否经判决确定、是否数额确定、是否实然、是否到期、是否有争议、系法定的或衡平法上的、是否有担保；或

（B）若义务未履行可产生求偿权，请求因该未履行寻求衡平救济的权利，无论该衡平救济权是否经判决确定、是否实然、是否到期、是否有争议、是否有担保。

（6）"商品经纪商"针对本篇第761条所述的客户而言，指根据本篇第761条定义的期货经纪商、境外期货经纪商、结算机构、杠杆交易商或商品期权经纪商。

(7) The term "community claim" means claim that arose before the commencement of the case concerning the debtor for which property of the kind specified in section 541 (a)(2) of this title is liable, whether or not there is any such property at the time of the commencement of the case.

(7A) The term "commercial fishing operation" means—

(A) the catching or harvesting of fish, shrimp, lobsters, urchins, seaweed, shellfish, or other aquatic species or products of such species; or

(B) for purposes of section 109 and chapter 12, aquaculture activities consisting of raising for market any species or product described in subparagraph (A).

(7B) The term "commercial fishing vessel" means a vessel used by a family fisherman to carry out a commercial fishing operation.

(8) The term "consumer debt" means debt incurred by an individual primarily for a personal, family, or household purpose.

(9) The term "corporation"—

(A) includes—

(i) association having a power or privilege that a private corporation, but not an individual or a partnership, possesses;

(ii) partnership association organized under a law that makes only the capital subscribed responsible for the debts of such association;

(iii) joint-stock company;

(iv) unincorporated company or association; or

(v) business trust; but

(B) does not include limited partnership.

(10) The term "creditor" means—

(A) entity that has a claim against the debtor that arose at the time of or before the order for relief concerning the debtor;

(B) entity that has a claim against the estate of a kind specified in section 348 (d), 502 (f), 502 (g), 502 (h) or 502 (i) of this title; or

(C) entity that has a community claim.

(10A) The term "current monthly income"—

(A) means the average monthly income from all sources that the debtor receives (or in a joint case the debtor and the debtor's spouse receive) without regard to whether such income is taxable income, derived during the 6-month period ending on—

（7）“夫妻共同财产上的债权”指产生于破产案件启动前，债务人以本篇第541条（a）（2）所述财产承担责任的债权，无论在破产案件启动时是否存在该财产。

（7A）“商事渔业经营”指：

（A）对鱼类、虾类、龙虾、海胆、海带、贝类或其他水生生物及其产物的捕捞及收集；或

（B）就第109条及第12章而言，为向市场出售而养殖附款（A）规定的任何生物或产物的水产繁育活动。

（7B）“商业捕鱼船”指家庭渔业主为实施商事渔业经营所用的船。

（8）“消费债务”指个人主要因自用、家用或日常生活使用而承担的债务。

（9）“企业”：

（A）包括：

（i）拥有私人公司而非个人或合伙组织享有的权力和特权的组织；

（ii）根据法律规定成立的仅以认缴资本承担其债务的合伙组织；

（iii）合股公司；

（iv）非法人公司或组织①；或

（v）商业信托；但

（B）不包括有限合伙。

（10）“债权人”指：

（A）对债务人享有于破产救济令作出之时或之前业已成立的债权②的实体；

（B）对破产实体享有本篇第348（d）、502（f）、502（g）、502（h）或502（i）条所述债权的实体；或

（C）享有对夫妻共同财产上的债权的实体。

（10A）“当前月收入”：

（A）指债务人（或在夫妻共同破产案件中债务人及其配偶）截至下列日期前六个月内通过各种途径取得的月平均收入，无论该收入是否为应税收入：

---

① 根据 Senate Report No.95-989（美国参议院报告第95-989号），“Unincorporated association”在此包含“labor union”即工会。

② 根据 Senate Report No.95-989，此处包含视为在破产申请前产生的债权，如因拒绝确认待履行合同或未到期租约产生的债权。

(i) the last day of the calendar month immediately preceding the date of the commencement of the case if the debtor files the schedule of current income required by section 521 (a)(1)(B)(ii); or

(ii) the date on which current income is determined by the court for purposes of this title if the debtor does not file the schedule of current income required by section 521 (a)(1)(B)(ii); and

(B)(i) includes any amount paid by any entity other than the debtor (or in a joint case the debtor and the debtor's spouse), on a regular basis for the household expenses of the debtor or the debtor's dependents (and in a joint case the debtor's spouse if not otherwise a dependent); and

(ii) excludes—

(I) benefits received under the Social Security Act (42 U.S.C. 301 et seq.);

(II) payments to victims of war crimes or crimes against humanity on account of their status as victims of such crimes;

(III) payments to victims of international terrorism or domestic terrorism, as those terms are defined in section 2331 of title 18, on account of their status as victims of such terrorism;

(IV) any monthly compensation, pension, pay, annuity, or allowance paid under title 10, 37, or 38 in connection with a disability, combat-related injury or disability, or death of a member of the uniformed services, except that any retired pay excluded under this subclause shall include retired pay paid under chapter 61 of title 10 only to the extent that such retired pay exceeds the amount of retired pay to which the debtor would otherwise be entitled if retired under any provision of title 10 other than chapter 61 of that title; and

(V) Payments made under Federal law relating to the national emergency declared by the President under the National Emergencies Act (50 U.S.C. 1601 et seq.) with respect to the coronavirus disease 2019 (COVID-19).

(11) The term "custodian" means—

(A) receiver or trustee of any of the property of the debtor, appointed in a case or proceeding not under this title;

(B) assignee under a general assignment for the benefit of the debtor's creditors; or

(C) trustee, receiver, or agent under applicable law, or under a contract, that is appointed or authorized to take charge of property of the debtor for the purpose of enforcing a lien against such property, or for the purpose of general administration of such property for the benefit of the debtor's creditors.

(12) The term "debt" means liability on a claim.

（i）若债务人提交第 521 条（a）（1）（B）（ii）要求的当前收入表，案件启动日期的前一历月的最后一日；或

（ii）若债务人未提交第 521 条（a）（1）（B）（ii）要求的当月收入表，法院依本篇确定当前收入之日；

（B）（i）包括债务人（或在夫妻共同破产案件中债务人及其配偶）以外的任何实体为债务人或其被扶 / 抚养人（以及在没有其他被扶 / 抚养人的情况下，在夫妻共同破产案件中债务人的配偶）的日常生活使用开支而定期支付的金额；并且

（ii）不包括：

（I）根据《社会保障法》（《美国联邦法典》第 42 篇第 301 条）获得的社会保障金；

（II）因战争罪或反人类罪的受害者身份而向其支付的款项；

（III）因《美国联邦法典》第 18 篇第 2331 条所定义的国际恐怖主义或国内恐怖主义的受害者身份而向其支付的款项；

（IV）根据《美国联邦法典》第 10 篇、第 37 篇或第 38 篇的规定而支付的任何与残疾、战斗相关的伤害或伤残或服役人员的死亡相关的月薪、退休金、工资、年金或津贴，但是根据《美国联邦法典》第 10 篇第 61 章支付的、超过债务人若根据《美国联邦法典》第 10 篇除第 61 章之外的任意规定退休而将有权获得的数额的部分不适用本附项的规定；以及

（V）依据总统根据《国家紧急状态法》（《美国联邦法典》第 50 篇第 1601 条）宣布的国家紧急状态的有关联邦法律，针对新冠病毒 2019（COVID–19）支付的款项。

（11）"保管人"指：

（A）在根据非破产法而进行的案件或程序中，被任命的任何债务人财产的接管人或托管人；

（B）为维护债权人利益的整体转让[①]中的受让人；或

（C）根据可适用的法律或合同的任命或授权，为对债务人财产执行担保权或进行整体管理以维护债权人利益，而接管债务人财产的托管人、接管人或代理人。

（12）"债务"指因债权而承担的责任。

① 指 assignment for benefit of creditors，意为将债务人的全部或几乎全部财产自愿以信托方式转让给他人，由其收取欠债务人的任何款项，出售债务人的财产，并将收到的款项用于偿还债务，将剩余款项返还给债务人。其中，债务人为转让人，取得财产所有权的为受让人。

(12A) The term "debt relief agency" means any person who provides any bankruptcy assistance to an assisted person in return for the payment of money or other valuable consideration, or who is a bankruptcy petition preparer under section 110, but does not include—

(A) any person who is an officer, director, employee, or agent of a person who provides such assistance or of the bankruptcy petition preparer;

(B) a nonprofit organization that is exempt from taxation under section 501 (c)(3) of the Internal Revenue Code of 1986;

(C) a creditor of such assisted person, to the extent that the creditor is assisting such assisted person to restructure any debt owed by such assisted person to the creditor;

(D) a depository institution (as defined in section 3 of the Federal Deposit Insurance Act) or any Federal credit union or State credit union (as those terms are defined in section 101 of the Federal Credit Union Act), or any affiliate or subsidiary of such depository institution or credit union; or

(E) an author, publisher, distributor, or seller of works subject to copyright protection under title 17, when acting in such capacity.

(13) The term "debtor" means person or municipality concerning which a case under this title has been commenced.

(13A) The term "debtor's principal residence"—

(A) means a residential structure if used as the principal residence by the debtor, including incidental property, without regard to whether that structure is attached to real property; and

(B) includes an individual condominium or cooperative unit, a mobile or manufactured home, or trailer if used as the principal residence by the debtor.

(14) The term "disinterested person" means a person that—

(A) is not a creditor, an equity security holder, or an insider;

(B) is not and was not, within 2 years before the date of the filing of the petition, a director, officer, or employee of the debtor; and

(C) does not have an interest materially adverse to the interest of the estate or of any class of creditors or equity security holders, by reason of any direct or indirect relationship to, connection with, or interest in, the debtor, or for any other reason.

(14A) The term "domestic support obligation" means a debt that accrues before, on, or after the date of the order for relief in a case under this title, including interest that accrues on that debt as provided under applicable nonbankruptcy law notwithstanding any other provision of this title, that is—

(A) owed to or recoverable by—

(i) a spouse, former spouse, or child of the debtor or such child's parent, legal guardian, or responsible relative; or

（12A）“债务救济机构”指任何为获得金钱支付或其他有价对价而向受援助人提供任何破产援助的人，或第 110 条规定的破产申请准备人，但不包括以下主体：

（A）提供该援助的人或破产申请准备人的高管、董事、员工或代理人；

（B）根据《1986 年国内税收法典》第 501 条（c）（3）的规定免除其纳税义务的非营利组织；

（C）该受援助人的债权人，但仅限于债权人协助受援助人重组该受援助人欠债权人的任何债务时；

（D）存款机构（定义见《联邦存款保险法》第 3 条）或者联邦信用社或州信用社（定义均见《联邦信用社法》第 101 条），或该存款机构或信用社的任何关联方或分支机构；或

（E）根据《美国联邦法典》第 17 篇而受著作权保护的作品的作者、出版商、发行人或销售方，当其以该身份行事时。

（13）“债务人”指依本篇启动的案件所针对的人或市政机构。

（13A）“债务人的主要住所”：

（A）指债务人用作主要住所的建筑物包括其附属财产，无论该建筑物是否附着于不动产；并且

（B）包括个人共管公寓或合作单元住宅、移动房屋或建造的房屋或被债务人用作主要住所的拖车。

（14）“无利害关系人”指以下主体：

（A）不是债权人、股本证券持有人或内部人员；

（B）现在及提交破产申请前两年内不是债务人的董事、高管或员工；并且

（C）没有因与债务人有任何直接或间接关系、联系或对其享有权益或由于其他原因，而与破产实体、任意小组的债权人或股本证券持有人有重大利益冲突。

（14A）“家庭扶 / 抚养义务”指在本篇案件中，在破产救济令被作出当日或前后产生的债务，即使本篇有任何其他规定，其包括根据可适用的非破产法规定而产生的利息，并且其：

（A）系欠以下主体或可被以下主体追偿：

（i）债务人的配偶、前配偶或子女，或者该子女的父母、法定监护人或承担责任的亲属；或

(ii) a governmental unit;

(B) in the nature of alimony, maintenance, or support (including assistance provided by a governmental unit) of such spouse, former spouse, or child of the debtor or such child's parent, without regard to whether such debt is expressly so designated;

(C) established or subject to establishment before, on, or after the date of the order for relief in a case under this title, by reason of applicable provisions of—

(i) a separation agreement, divorce decree, or property settlement agreement;

(ii) an order of a court of record; or

(iii) a determination made in accordance with applicable nonbankruptcy law by a governmental unit; and

(D) not assigned to a nongovernmental entity, unless that obligation is assigned voluntarily by the spouse, former spouse, child of the debtor, or such child's parent, legal guardian, or responsible relative for the purpose of collecting the debt.

(15) The term "entity" includes person, estate, trust, governmental unit, and United States trustee.

(16) The term "equity security" means—

(A) share in a corporation, whether or not transferable or denominated "stock", or similar security;

(B) interest of a limited partner in a limited partnership; or

(C) warrant or right, other than a right to convert, to purchase, sell, or subscribe to a share, security, or interest of a kind specified in subparagraph (A) or (B) of this paragraph.

(17) The term "equity security holder" means holder of an equity security of the debtor.

(18) The term "family farmer" means—

(A) individual or individual and spouse engaged in a farming operation whose aggregate debts do not exceed $10,000,000 and not less than 50 percent of whose aggregate noncontingent, liquidated debts (excluding a debt for the principal residence of such individual or such individual and spouse unless such debt arises out of a farming operation), on the date the case is filed, arise out of a farming operation owned or operated by such individual or such individual and spouse, and such individual or such individual and spouse receive from such farming operation more than 50 percent of such individual's or such individual and spouse's gross income for—

(i) the taxable year preceding; or

(ii) each of the 2d and 3d taxable years preceding;the taxable year in which the case concerning such individual or such individual and spouse was filed; or （ii）政府机构；

（B）无论该债务是否被明示说明，其本质上是对债务人的配偶、前配偶、子女或该子女的父母的赡养、维持或支持（包括政府机构提供的援助）；

（C）系在本篇案件中，在破产救济令被作出当日或前后，基于以下协议、命令的相应规定而成立或将成立：

（i）分居协议、离婚判决或财产分割协议；

（ii）入档的法庭裁定；或

（iii）政府机构根据相应的非破产法所作的决定；并且

（D）除非债务人的配偶、前配偶、子女或该子女的父母、法定监护人或承担责任的亲属出于收取债务的目的而自愿转让，否则不得被转让于非政府实体。

（15）"实体"包括人、破产实体、信托、政府机构以及联邦托管人。

（16）"股本证券"指：

（A）公司股份，无论其是否可转让或被命名为"股票"，或者类似的证券；

（B）有限合伙人在有限合伙组织中的权益；或

（C）用于购买、出售或认购股份、证券或附款（A）、（B）中所列的权益的认股权证或除转换权外的权利。

（17）"股本证券持有人"指持有债务人股本证券的人。

（18）"家庭农场主"指：

（A）从事农场经营的个人或个人及其配偶，并且其累计债务不超过10,000,000美元，且在破产申请被提交之日其不少于50%的实然的、数额确定的累计债务（不包括该个人或该个人及其配偶因主要住所而负担的债务，除非该债务系因农场经营而产生）源于该个人或该个人及其配偶拥有或运营的农场经营，并且该个人或该个人及其配偶从该农场经营中获得的收入占下列年度中该个人或该个人及其配偶的总收入的50%及以上：

（i）提交该个人或该个人及其配偶的案件的破产申请的纳税年度前的纳税年度；或

（ii）提交该个人或该个人及其配偶的案件的破产申请的纳税年度前的第二个及第三个纳税年度；或

(B) corporation or partnership in which more than 50 percent of the outstanding stock or equity is held by one family, or by one family and the relatives of the members of such family, and such family or such relatives conduct the farming operation, and

(i) more than 80 percent of the value of its assets consists of assets related to the farming operation;

(ii) its aggregate debts do not exceed $10,000,000 and not less than 50 percent of its aggregate noncontingent, liquidated debts (excluding a debt for one dwelling which is owned by such corporation or partnership and which a shareholder or partner maintains as a principal residence, unless such debt arises out of a farming operation), on the date the case is filed, arise out of the farming operation owned or operated by such corporation or such partnership; and

(iii) if such corporation issues stock, such stock is not publicly traded.

(19) The term "family farmer with regular annual income" means family farmer whose annual income is sufficiently stable and regular to enable such family farmer to make payments under a plan under chapter 12 of this title.

(19A) The term "family fisherman" means—

(A) an individual or individual and spouse engaged in a commercial fishing operation—

(i) whose aggregate debts do not exceed $1,500,000 and not less than 80 percent of whose aggregate noncontingent, liquidated debts (excluding a debt for the principal residence of such individual or such individual and spouse, unless such debt arises out of a commercial fishing operation), on the date the case is filed, arise out of a commercial fishing operation owned or operated by such individual or such individual and spouse; and

(ii) who receive from such commercial fishing operation more than 50 percent of such individual's or such individual's and spouse's gross income for the taxable year preceding the taxable year in which the case concerning such individual or such individual and spouse was filed; or

(B) a corporation or partnership—

(i) in which more than 50 percent of the outstanding stock or equity is held by—

(I) 1 family that conducts the commercial fishing operation; or

(II) 1 family and the relatives of the members of such family, and such family or such relatives conduct the commercial fishing operation; and

(ii)(I) more than 80 percent of the value of its assets consists of assets related to the commercial fishing operation;

(II) its aggregate debts do not exceed $1,500,000 and not less than 80 percent of its aggregate noncontingent, liquidated debts (excluding a debt for 1 dwelling which is owned by such corporation or partnership and which a shareholder or partner maintains as

（B）由一个家庭或一个家庭及该家庭中成员的亲属持有超过 50% 流通的股票或股本证券的公司或合伙，且该家庭或该亲属从事农场经营；并且

（i）该公司或合伙的资产的价值的 80% 以上系由与农场经营相关的资产组成；

（ii）其累计债务不超过 10,000,000 美元，且在破产申请之日其不少于 50% 的实然的、数额确定的累计债务（不包括因由该公司或合伙所有且股东或合伙人用作主要住所的建筑物而负担的债务，除非该债务系因农场经营而产生）源于该公司或合伙拥有或运营的农场经营；并且

（iii）若该公司发行股票，该股票不得被公开交易。

（19）“拥有固定年收入的家庭农场主”指其年收入足够稳定及规律从而使该家庭农场主能够根据本篇第 12 章按照计划进行清偿的家庭农场主。

（19A）“家庭渔业主”指：

（A）从事商事渔业经营的个人或个人及其配偶：

（i）其累计债务不超过 1,500,000 美元，且在破产申请之日其不少于 80% 的实然的、数额确定的累计债务（不包括该个人或该个人及其配偶因主要住所而负担的债务，除非该债务系因商事渔业经营而产生）源于该个人或该个人及其配偶拥有或运营的商事渔业经营；并且

（ii）从该商事渔业经营中获得的收入占该个人或该个人及其配偶在该个人或该个人及其配偶的案件中提交破产申请的纳税年度前的纳税年度内的总收入的 50% 以上；或

（B）符合下列条件的公司或合伙组织：

（i）在该公司或合伙中有超过 50% 的流通股票或股本证券由下列主体持有：

（I）从事商事渔业经营的单户家庭；或

（II）从事商事渔业经营的单户家庭以及该家庭中成员的亲属；并且

（ii）（I）该公司或合伙组织的资产的价值有 80% 以上系由与商事渔业经营相关的资产组成；

（II）其累计债务不超过 1,500,000 美元，且在破产申请之日其不少于 80% 的实然的、数额确定的累计债务（不包括因由该公司或合伙所有且股东或合伙人用作主要住所的建筑物而负担的债务，除非该债务系因商事渔业经营而产生）源于该公司

a principal residence, unless such debt arises out of a commercial fishing operation), on the date the case is filed, arise out of a commercial fishing operation owned or operated by such corporation or such partnership; and

(III) if such corporation issues stock, such stock is not publicly traded.

(19B) The term "family fisherman with regular annual income" means a family fisherman whose annual income is sufficiently stable and regular to enable such family fisherman to make payments under a plan under chapter 12 of this title.

(20) The term "farmer" means (except when such term appears in the term "family farmer") person that received more than 80 percent of such person's gross income during the taxable year of such person immediately preceding the taxable year of such person during which the case under this title concerning such person was commenced from a farming operation owned or operated by such person.

(21) The term "farming operation" includes farming, tillage of the soil, dairy farming, ranching, production or raising of crops, poultry, or livestock, and production of poultry or livestock products in an unmanufactured state.

(21A) The term "farmout agreement" means a written agreement in which—

(A) the owner of a right to drill, produce, or operate liquid or gaseous hydrocarbons on property agrees or has agreed to transfer or assign all or a part of such right to another entity; and

(B) such other entity (either directly or through its agents or its assigns), as consideration, agrees to perform drilling, reworking, recompleting, testing, or similar or related operations, to develop or produce liquid or gaseous hydrocarbons on the property.

(21B) The term "Federal depository institutions regulatory agency" means—

(A) with respect to an insured depository institution (as defined in section 3 (c) (2) of the Federal Deposit Insurance Act) for which no conservator or receiver has been appointed, the appropriate Federal banking agency (as defined in section 3 (q) of such Act);

(B) with respect to an insured credit union (including an insured credit union for which the National Credit Union Administration has been appointed conservator or liquidating agent), the National Credit Union Administration;

(C) with respect to any insured depository institution for which the Resolution Trust Corporation has been appointed conservator or receiver, the Resolution Trust Corporation; and

(D) with respect to any insured depository institution for which the Federal Deposit Insurance Corporation has been appointed conservator or receiver, the Federal Deposit Insurance Corporation.

(22) The term "financial institution" means—

或该合伙拥有或运营的商事渔业经营；并且

（III）若该公司发行股票，该股票不得被公开交易。

（19B）“拥有固定年收入的家庭渔业主”指年收入足够稳定及规律从而使该家庭渔业主能够根据本篇第 12 章按照计划进行清偿的家庭渔业主。

（20）“农民”（不包括该术语出现在“家庭农场主”中的情形）指其从自己拥有或运营的农业经营中获得的收入占其在本篇案件被启动的纳税年度前的纳税年度内的总收入的 80% 以上的人。

（21）“农业经营”包括种植，耕地，乳牛养殖，放牧，生产或喂养农作物、家禽或家畜以及未加工的家禽或家畜产品的生产。

（21A）“勘探权出让协议”指规定有以下内容的书面协议：

（A）享有在财产上钻探、生产或操作石油或天然气的权利的主体同意或已经同意向其他实体转让或让与全部或部分该权利；并且

（B）该其他实体（直接或通过其代理人或受让人），作为对价，同意进行钻探、再造、重新完井、检测或类似或相关的操作从而开发或生产该财产上的石油或天然气。

（21B）“联邦存款机构监管机构”指：

（A）针对未为其任命托管人或接管人的受保存款机构［定义见《联邦存款保险法》第 3 条（c）（2）］而言，指相应的联邦银行机构［定义见《联邦存款保险法》第 3 条（q）］；

（B）针对受保信用社（包括国家信用社管理局已被任命为托管人或清算机构的受保信用社）而言，指国家信用社管理局；

（C）针对美国资产重组托管公司已被任命为托管人或接管人的任何受保存款机构而言，指美国资产重组托管公司；以及

（D）针对联邦存款保险公司已被任命为托管人或接管人的任何受保存款机构而言，指联邦存款保险公司。

（22）“金融机构”指：

(A) a Federal reserve bank, or an entity that is a commercial or savings bank, industrial savings bank, savings and loan association, trust company, federally-insured credit union, or receiver, liquidating agent, or conservator for such entity and, when any such Federal reserve bank, receiver, liquidating agent, conservator or entity is acting as agent or custodian for a customer (whether or not a "customer", as defined in section 741) in connection with a securities contract (as defined in section 741) such customer; or

(B) in connection with a securities contract (as defined in section 741) an investment company registered under the Investment Company Act of 1940.

(22A) The term "financial participant" means—

(A) an entity that, at the time it enters into a securities contract, commodity contract, swap agreement, repurchase agreement, or forward contract, or at the time of the date of the filing of the petition, has one or more agreements or transactions described in paragraph (1), (2), (3), (4), (5), or (6) of section 561 (a) with the debtor or any other entity (other than an affiliate) of a total gross dollar value of not less than $1,000,000,000 in notional or actual principal amount outstanding (aggregated across counterparties) at such time or on any day during the 15-month period preceding the date of the filing of the petition, or has gross mark-to-market positions of not less than $100,000,000 (aggregated across counterparties) in one or more such agreements or transactions with the debtor or any other entity (other than an affiliate) at such time or on any day during the 15-month period preceding the date of the filing of the petition; or

(B) a clearing organization (as defined in section 402 of the Federal Deposit Insurance Corporation Improvement Act of 1991).

(23) The term "foreign proceeding" means a collective judicial or administrative proceeding in a foreign country, including an interim proceeding, under a law relating to insolvency or adjustment of debt in which proceeding the assets and affairs of the debtor are subject to control or supervision by a foreign court, for the purpose of reorganization or liquidation.

(24) The term "foreign representative" means a person or body, including a person or body appointed on an interim basis, authorized in a foreign proceeding to administer the reorganization or the liquidation of the debtor's assets or affairs or to act as a representative of such foreign proceeding.

(25) The term "forward contract" means—

(A) a contract (other than a commodity contract, as defined in section 761) for the purchase, sale, or transfer of a commodity, as defined in section 761 (8) of this title, or any similar good, article, service, right, or interest which is presently or in the future becomes the subject of dealing in the forward contract trade, or product or byproduct thereof, with a maturity date more than two days after the date the contract is entered into,

（A）联邦储备银行，商业银行或储蓄银行、工业储蓄银行、储蓄贷款协会、信托公司、由联邦机构承保的信用社，或前述实体的接管人、清算机构或托管人，以及当任何联邦储备银行、接管人、清算机构、托管人或实体就证券合约（定义见第741条）担任客户（无论其是否为第741条中所定义的客户）的代理人或保管人时，也包括该类客户；或

（B）涉及证券合约（定义见第741条）时，包括根据《1940年投资公司法》注册的投资公司。

（22A）“金融参与者”指：

（A）当订立证券合约、商品合约、互换协议、回购协议或远期合约或提交破产申请时，与债务人或任何其他实体（不包括关联方）间有一份或多份第561条（a）的第（1）、（2）、（3）、（4）、（5）或（6）款中所述的协议或交易，且其名义上的或实际未偿还本金金额的总美元价值（交易对手合计）在前述时间或提交破产申请前15个月内的任何一日不少于1,000,000,000美元，或者该协议或交易的总市值头寸在前述时间或提交破产申请前15个月内的任何一日不少于100,000,000美元（交易对手合计）；或

（B）结算机构（定义见《1991年联邦存款保险公司改进法》第402条）。

（23）“境外程序”指在境外根据有关破产或债务调整的法律而实施的集体司法或行政程序，包括临时程序，在该程序中，为达到重组或清算的目的，债务人的资产和事务将由境外法院控制或监督。

（24）“境外代表”指被授权在境外程序中实施债务人的资产或事务的重整或清算或者在该境外程序中担任代表的人或机构，包括被临时指定的人或机构。

（25）“远期合约”指：

（A）为购买、出售或转让本篇第761条（8）规定的商品或任何在远期合约交易中现在或将来作为交易标的的类似商品、物品、服务、权利或权益，或者因此产生的产品或其副产品而订立的合同（不包括第761条规定的商品合约），且其到期日在该合同被订立之日后两日以后，包括但不限于回购或逆回购交易（无论该回购或逆回购交易是否为本条规定的回购协议）、寄售、租赁、互换、对冲交易、储蓄、

including, but not limited to, a repurchase or reverse repurchase transaction ( whether or not such repurchase or reverse repurchase transaction is a "repurchase agreement", as defined in this section ) consignment, lease, swap, hedge transaction, deposit, loan, option, allocated transaction, unallocated transaction, or any other similar agreement;

( B ) any combination of agreements or transactions referred to in subparagraphs ( A ) and ( C ) ;

( C ) any option to enter into an agreement or transaction referred to in subparagraph ( A ) or ( B ) ;

( D ) a master agreement that provides for an agreement or transaction referred to in subparagraph ( A ) , ( B ) , or ( C ) , together with all supplements to any such master agreement, without regard to whether such master agreement provides for an agreement or transaction that is not a forward contract under this paragraph, except that such master agreement shall be considered to be a forward contract under this paragraph only with respect to each agreement or transaction under such master agreement that is referred to in subparagraph ( A ) , ( B ) , or ( C ) ; or

( E ) any security agreement or arrangement, or other credit enhancement related to any agreement or transaction referred to in subparagraph ( A ) , ( B ) , ( C ) , or ( D ) , including any guarantee or reimbursement obligation by or to a forward contract merchant or financial participant in connection with any agreement or transaction referred to in any such subparagraph, but not to exceed the damages in connection with any such agreement or transaction, measured in accordance with section 562.

( 26 ) The term "forward contract merchant" means a Federal reserve bank, or an entity the business of which consists in whole or in part of entering into forward contracts as or with merchants in a commodity ( as defined in section 761 ) or any similar good, article, service, right, or interest which is presently or in the future becomes the subject of dealing in the forward contract trade.

( 27 ) The term "governmental unit" means United States; State; Commonwealth; District; Territory; municipality; foreign state; department, agency, or instrumentality of the United States ( but not a United States trustee while serving as a trustee in a case under this title ) , a State, a Commonwealth, a District, a Territory, a municipality, or a foreign state; or other foreign or domestic government.

( 27A ) The term "health care business"—

( A ) means any public or private entity ( without regard to whether that entity is organized for profit or not for profit ) that is primarily engaged in offering to the general public facilities and services for—

( i ) the diagnosis or treatment of injury, deformity, or disease; and

( ii ) surgical, drug treatment, psychiatric, or obstetric care; and

借贷、期权、已分配交易、未分配交易协议或任何其他类似协议；

（B）附款（A）与（C）中所述的合约或交易的任意组合；

（C）任何订立或进行（A）或（B）中所述的合约或交易的期权；

（D）规定有附款（A）、（B）或（C）中所述的协议或交易的总协议，以及该总协议的所有补充协议，无论该总协议是否规定有根据本款并非远期合约的协议或交易，应当在该主协议中仅针对附款（A）、（B）或（C）中所述的每项协议或交易根据本款认定其为远期合约；或

（E）任何担保协议或安排或者其他与附款（A）、（B）、（C）或（D）中所述的任何协议或交易有关的信用增级，包括由远期合约商或与前述任意附款所述的协议或交易相关的金融参与者承担或向其承担的任何担保或偿付义务，但不超过根据本篇第562条计算得出的与该协议或交易相关的损害。

（26）“远期合约商”指联邦储备银行，或其全部或部分业务系作为交易商或与交易商订立远期合约的实体，且该合约涉及商品（定义见第761条）或任何在远期合约交易中现在或未来作为交易标的物的类似商品、物品、服务、权利或权益。

（27）“政府机构”指美国，州，自由邦，特区，领地，市，外邦，前述主体的部门、机构或职能单位（不包括在本篇案件中担任托管人的联邦托管人），或其他外国或国内政府。

（27A）“医疗护理机构”：
（A）指任何主要从事向公众提供设施或以下服务的公立或私立实体（无论该实体是否以营利为目的组建）：

（i）损伤、畸形或疾病的诊断或治疗；以及
（ii）手术、药物治疗、精神治疗或产科护理；并且

(B) includes—

(i) any—

(I) general or specialized hospital;

(II) ancillary ambulatory, emergency, or surgical treatment facility;

(III) hospice;

(IV) home health agency; and

(V) other health care institution that is similar to an entity referred to in subclause (I), (II), (III), or (IV); and

(ii) any long-term care facility, including any—

(I) skilled nursing facility;

(II) intermediate care facility;

(III) assisted living facility;

(IV) home for the aged;

(V) domiciliary care facility; and

(VI) health care institution that is related to a facility referred to in subclause (I), (II), (III), (IV), or (V), if that institution is primarily engaged in offering room, board, laundry, or personal assistance with activities of daily living and incidentals to activities of daily living.

(27B) The term "incidental property" means, with respect to a debtor's principal residence—

(A) property commonly conveyed with a principal residence in the area where the real property is located;

(B) all easements, rights, appurtenances, fixtures, rents, royalties, mineral rights, oil or gas rights or profits, water rights, escrow funds, or insurance proceeds; and

(C) all replacements or additions.

(28) The term "indenture" means mortgage, deed of trust, or indenture, under which there is outstanding a security, other than a voting-trust certificate, constituting a claim against the debtor, a claim secured by a lien on any of the debtor's property, or an equity security of the debtor.

(29) The term "indenture trustee" means trustee under an indenture.

(30) The term "individual with regular income" means individual whose income is sufficiently stable and regular to enable such individual to make payments under a plan under chapter 13 of this title, other than a stockbroker or a commodity broker.

(31) The term "insider" includes—

(A) if the debtor is an individual—

(i) relative of the debtor or of a general partner of the debtor;

(ii) partnership in which the debtor is a general partner;

（B）包括：

（i）任何：

（I）综合或专科医院；

（II）辅助门诊、急诊或外科治疗机构；

（III）临终关怀机构；

（IV）家庭护理机构；以及

（V）与附项（I）、（II）、（III）或（IV）中所述的实体相似的其他医疗护理机构；以及

（ii）任何长期护理机构，包括任何：

（I）专业护理机构；

（II）中级护理机构；

（III）协助生活机构；

（IV）养老机构；

（V）安置居住服务机构；以及

（VI）与附项（I）、（II）、（III）、（IV）或（V）中所述的机构相关的，主要从事于提供房间、膳宿、洗衣以及在日常生活中的私人协助及附带的服务的医疗护理机构。

（27B）"附属财产"就债务人主要住所而言，指：

（A）通常随主要住所在不动产所在地区域移动的财产；

（B）所有地役权、权利、从物、固定附着物、租金、特许权使用费、矿产权、石油或天然气产权及收益、水资源产权、托管资金或保险收益；以及

（C）所有替换或补充。

（28）"契约"指抵押协议、信托契约或其他契约，根据该契约，存在除股权信托证以外的有效担保构成可对债务人主张的权利，并且该权利由在债务人的任何财产上的担保权或债务人的股本证券所担保。

（29）"契约托管人"指契约下的托管人。

（30）"拥有固定收入的个人"指该个人的收入足够稳定且规律从而使其能够根据本篇第 13 章按照计划进行清偿，但不包括证券经纪人或商品经纪商。

（31）"内部人士"包括：

（A）若债务人为个人：

（i）债务人的亲属或债务人的普通合伙人的亲属；

（ii）债务人作为普通合伙人的合伙组织；

(iii) general partner of the debtor; or

(iv) corporation of which the debtor is a director, officer, or person in control;

(B) if the debtor is a corporation—

(i) director of the debtor;

(ii) officer of the debtor;

(iii) person in control of the debtor;

(iv) partnership in which the debtor is a general partner;

(v) general partner of the debtor; or

(vi) relative of a general partner, director, officer, or person in control of the debtor;

(C) if the debtor is a partnership—

(i) general partner in the debtor;

(ii) relative of a general partner in, general partner of, or person in control of the debtor;

(iii) partnership in which the debtor is a general partner;

(iv) general partner of the debtor; or

(v) person in control of the debtor;

(D) if the debtor is a municipality, elected official of the debtor or relative of an elected official of the debtor;

(E) affiliate, or insider of an affiliate as if such affiliate were the debtor; and

(F) managing agent of the debtor.

(32) The term "insolvent" means—

(A) with reference to an entity other than a partnership and a municipality, financial condition such that the sum of such entity's debts is greater than all of such entity's property, at a fair valuation, exclusive of—

(i) property transferred, concealed, or removed with intent to hinder, delay, or defraud such entity's creditors; and

(ii) property that may be exempted from property of the estate under section 522 of this title;

(B) with reference to a partnership, financial condition such that the sum of such partnership's debts is greater than the aggregate of, at a fair valuation—

(i) all of such partnership's property, exclusive of property of the kind specified in subparagraph (A)(i) of this paragraph; and

(ii) the sum of the excess of the value of each general partner's nonpartnership property, exclusive of property of the kind specified in subparagraph (A) of this paragraph, over such partner's nonpartnership debts; and

(C) with reference to a municipality, financial condition such that the municipality is—

（iii）债务人的普通合伙人；或
（iv）债务人担任董事、高管或控制人的企业；
（B）若债务人为企业：
（i）债务人的董事；
（ii）债务人的高管；
（iii）债务人的控制人；
（iv）债务人作为普通合伙人的合伙组织；
（v）债务人的普通合伙人；或
（vi）债务人的普通合伙人、董事、高管或控制人的亲属；
（C）若债务人为合伙组织：
（i）债务人内的普通合伙人；
（ii）债务人内的普通合伙人、债务人的普通合伙人或债务人的控制人的亲属；

（iii）债务人作为普通合伙人的合伙组织；
（iv）债务人的普通合伙人；或
（v）债务人的控制人；
（D）若债务人为市政机构，债务人的当选官员或债务人的当选官员的亲属；

（E）关联方，或将该关联方类比为债务人时的内部人士；以及
（F）债务人的经理。
（32）“资不抵债”指：
（A）针对合伙组织和市政机构以外的实体，其处于债务总和大于所有财产的公允估价的总额的财务状况的实体，前述财产不包括：

（i）基于阻碍、延误、欺诈债权人的目的而转移、隐藏或移走的财产；以及

（ii）根据本篇第522条可从破产财产中被豁免的财产；

（B）针对合伙组织而言，其处于债务总和大于以下财产累计的公允估价的总额的财务状况的实体：
（i）该合伙的所有财产，但不包括本款中附款（A）（i）所述的财产；并且

（ii）各普通合伙人的非合伙财产的总价值超出该合伙人非合伙债务的部分的总和，前述财产不包括本款中附款（A）中所述的财产；以及

（C）针对市政机构而言，处于以下财务状况的市政机构：

(i) generally not paying its debts as they become due unless such debts are the subject of a bona fide dispute; or

(ii) unable to pay its debts as they become due.

(33) The term "institution-affiliated party"—

(A) with respect to an insured depository institution (as defined in section 3 (c)(2) of the Federal Deposit Insurance Act), has the meaning given it in section 3 (u) of the Federal Deposit Insurance Act; and

(B) with respect to an insured credit union, has the meaning given it in section 206 (r) of the Federal Credit Union Act.

(34) The term "insured credit union" has the meaning given it in section 101 (7) of the Federal Credit Union Act.

(35) The term "insured depository institution"—

(A) has the meaning given it in section 3 (c) (2) of the Federal Deposit Insurance Act; and

(B) includes an insured credit union (except in the case of paragraphs (21B) and (33) (A) of this subsection).

(35A) The term "intellectual property" means—

(A) trade secret;

(B) invention, process, design, or plant protected under title 35;

(C) patent application;

(D) plant variety;

(E) work of authorship protected under title 17; or

(F) mask work protected under chapter 9 of title 17;

to the extent protected by applicable nonbankruptcy law.

(36) The term "judicial lien" means lien obtained by judgment, levy, sequestration, or other legal or equitable process or proceeding.

(37) The term "lien" means charge against or interest in property to secure payment of a debt or performance of an obligation.

(38) The term "margin payment" means, for purposes of the forward contract provisions of this title, payment or deposit of cash, a security or other property, that is commonly known in the forward contract trade as original margin, initial margin, maintenance margin, or variation margin, including mark-to-market payments, or variation payments.

(38A) The term "master netting agreement"—

(A) means an agreement providing for the exercise of rights, including rights of netting, setoff, liquidation, termination, acceleration, or close out, under or in connection with one or more contracts that are described in any one or more of paragraphs (1) （i）其整体性未清偿到期债务，除非该债务上具有实质争议；或

（ii）其无法偿还到期债务。

（33）“机构关联方”：

（A）针对受保存款机构[定义见《联邦存款保险法》第3条（c）（2）]，其含义见《联邦存款保险法》第3条（u）；并且

（B）针对受保信用社，其含义见《联邦信用社法》第206条（r）。

（34）“受保信用社”的含义见《联邦信用社法》第101条（7）。

（35）“受保存款机构”：

（A）其含义见《联邦存款保险法》第3条（c）（2）；并且

（B）包括信用社[本附条中第（21B）及（33）（A）款规定的情形除外]。

（35A）“知识产权”指：

（A）商业秘密；

（B）受《美国联邦法典》第35篇保护的发明、工艺、设计或植物；

（C）专利申请；

（D）植物品种；

（E）受《美国联邦法典》第17篇保护的著作权作品；或

（F）受《美国联邦法典》第17篇第9章保护的掩膜作品；

前述各项均以可适用的非破产法的保护范围为限。

（36）“司法的财产上担保权”指通过判决、扣押、暂管或其他法定或衡平程序或诉讼取得的财产上担保权。

（37）“财产上担保权”指为担保债务的清偿或义务的履行而在财产上设立的负担或权益。

（38）“保证金支付”，就本篇下的远期合约条款而言，指现金、证券或其他财产的支付或预付，即在远期合约交易中被熟知的原始保证金、初始保证金、维持保证金或价格变动保证金，其包括入市标价支付或价格变动支付。

（38A）“净额结算协议”：

（A）指规定有轧差、抵销、清算、终止、加速或结清等权利的行使的协议，该权利系以下一项或多项合同中的权利或与之相关：第561条（a）的第（1）款至第（5）款中所述的任意协议，或者任何担保协议或安排，或其他与前述一项或多项协议有

through (5) of section 561 (a), or any security agreement or arrangement or other credit enhancement related to one or more of the foregoing, including any guarantee or reimbursement obligation related to 1 or more of the foregoing; and

(B) if the agreement contains provisions relating to agreements or transactions that are not contracts described in paragraphs (1) through (5) of section 561 (a), shall be deemed to be a master netting agreement only with respect to those agreements or transactions that are described in any one or more of paragraphs (1) through (5) of section 561 (a).

(38B) The term "master netting agreement participant" means an entity that, at any time before the date of the filing of the petition, is a party to an outstanding master netting agreement with the debtor.

(39) The term "mask work" has the meaning given it in section 901 (a)(2) of title 17.

(39A) The term "median family income" means for any year—

(A) the median family income both calculated and reported by the Bureau of the Census in the then most recent year; and

(B) if not so calculated and reported in the then current year, adjusted annually after such most recent year until the next year in which median family income is both calculated and reported by the Bureau of the Census, to reflect the percentage change in the Consumer Price Index for All Urban Consumers during the period of years occurring after such most recent year and before such current year.

(40) The term "municipality" means political subdivision or public agency or instrumentality of a State.

(40A) The term "patient" means any individual who obtains or receives services from a health care business.

(40B) The term "patient records" means any record relating to a patient, including a written document or a record recorded in a magnetic, optical, or other form of electronic medium.

(41) The term "person" includes individual, partnership, and corporation, but does not include governmental unit, except that a governmental unit that—

(A) acquires an asset from a person—

(i) as a result of the operation of a loan guarantee agreement; or

(ii) as receiver or liquidating agent of a person;

(B) is a guarantor of a pension benefit payable by or on behalf of the debtor or an affiliate of the debtor; or

(C) is the legal or beneficial owner of an asset of—

(i) an employee pension benefit plan that is a governmental plan, as defined in

关的信用增级，包括与前述一项或多项协议相关的保证或清偿义务；并且

（B）若该协议包含并非第561条（a）的第（1）款至第（5）款所述的协议或交易的相关条款，应当仅针对第561条（a）的第（1）款至第（5）款所述的协议或交易认定其为净额结算协议。

（38B）"净额结算协议参与者"指在破产申请前的任意时间内，与债务人间存在未履行完毕的净额结算协议的实体。

（39）"掩膜作品"，其含义见《美国联邦法典》第17篇第901条（a）（2）。

（39A）"家庭收入中位数"指任意年份中：
（A）在最近的一年中由人口普查局统计并报告的家庭收入中位数；以及

（B）若在当年未进行统计并报告，则在最近的被报告的一年之后每年根据城市居民消费指数进行调整直到下一年人口普查局对家庭收入中位数进行了统计和报告。

（40）"市政机构"指州立政府机关、公立机构或职能单位。

（40A）"患者"指任何获得或接受来自医疗护理机构的服务的个人。

（40B）"患者档案"指任何与患者相关的记录，包括书面文件或记录在磁性、光学或其他形式的电子介质中的记录。

（41）"人"包括个人、合伙组织和企业，但不包括政府机构，除非该政府机构满足以下条件：
（A）因以下原因而从他人处取得资产：
（i）其系因贷款担保协议的进行；或
（ii）作为他人的接管人或清算机构；
（B）是应由债务人或其关联方，或代表债务人或其关联方支付的退休金福利的担保人；或
（C）是以下资产的法律或受益所有人：
（i）属于《1986年国内税收法典》第414条（d）所定义的政府计划的员工退

section 414 ( d ) of the Internal Revenue Code of 1986; or

( ii ) an eligible deferred compensation plan, as defined in section 457 ( b ) of the Internal Revenue Code of 1986;

shall be considered, for purposes of section 1102 of this title, to be a person with respect to such asset or such benefit.

( 41A ) The term "personally identifiable information" means—

( A ) if provided by an individual to the debtor in connection with obtaining a product or a service from the debtor primarily for personal, family, or household purposes—

( i ) the first name ( or initial ) and last name of such individual, whether given at birth or time of adoption, or resulting from a lawful change of name;

( ii ) the geographical address of a physical place of residence of such individual;

( iii ) an electronic address ( including an e-mail address ) of such individual;

( iv ) a telephone number dedicated to contacting such individual at such physical place of residence;

( v ) a social security account number issued to such individual; or

( vi ) the account number of a credit card issued to such individual; or

( B ) if identified in connection with 1 or more of the items of information specified in subparagraph ( A ) —

( i ) a birth date, the number of a certificate of birth or adoption, or a place of birth; or

( ii ) any other information concerning an identified individual that, if disclosed, will result in contacting or identifying such individual physically or electronically.

( 42 ) The term "petition" means petition filed under section 301, 302, 303 and 1504 of this title, as the case may be, commencing a case under this title.

( 42A ) The term "production payment" means a term overriding royalty satisfiable in cash or in kind—

( A ) contingent on the production of a liquid or gaseous hydrocarbon from particular real property; and

( B ) from a specified volume, or a specified value, from the liquid or gaseous hydrocarbon produced from such property, and determined without regard to production costs.

( 43 ) The term "purchaser" means transferee of a voluntary transfer, and includes immediate or mediate transferee of such a transferee.

( 44 ) The term "railroad" means common carrier by railroad engaged in the transportation of individuals or property or owner of trackage facilities leased by such a common carrier.

( 45 ) The term "relative" means individual related by affinity or consanguinity within the third degree as determined by the common law, or individual in a step or adoptive

休金福利计划；或

（ii）《1986 年国内税收法典》第 457 条（b）所定义的合格递延补偿计划；

就本篇第 1102 条而言，针对该资产或福利，政府机构应当被认定为人。

（41A）“个人身份信息”指：

（A）主要以自用、家用或日常生活使用为目的，为了从债务人处获得产品或服务而由个人提供给债务人的下列各项信息：

（i）该个人的名字或姓氏，无论其源于出生、收养或合法更名；

（ii）该个人的实际居住地的地理位置；

（iii）该个人的电子地址（包括电子邮件地址）；

（iv）用于联系位于其实际居住地的个人的电话号码；

（v）该个人的社保号码；或

（vi）该个人的信用卡账号；或

（B）若与附款（A）所述的一项或多项信息相结合则可识别该个人的下列信息：

（i）出生日期、出生证明或收养证明的编号、出生地；或

（ii）任何与已识别的个人相关的其他信息，且若该信息被披露，将导致该个人被以物理方式或电子方式联系或识别。

（42）“申请”指根据本篇第 301、302、303 或[①]1504 条所提交用以启动本篇案件的破产申请。

（42A）“产品支付”指用现金或以下实物支付的重迭矿区特许权使用费：

（A）其取决于特定不动产上的石油与天然气的生产；并且

（B）由该财产上生产的特定体积或特定价值的石油或天然气支付，并且该体积或价值的确定与生产成本无关。

（43）“买受人”指自愿转让的受让人，并且包括该受让人的直接或间接的受让人。

（44）“铁路公司”指从事个人与财产的铁路运输的公共承运人或该公共承运人租用的铁路设备的所有人。

（45）“亲属”指根据普通法定义的三代以内的血亲或姻亲，或因再婚或收养关

① 原文是“和”，但根据 2010 年修正案，此处应为“或”，故直接译为“或”。

relationship within such third degree.

(46) The term "repo participant" means an entity that, at any time before the filing of the petition, has an outstanding repurchase agreement with the debtor.

(47) The term "repurchase agreement" (which definition also applies to a reverse repurchase agreement) —

(A) means—

(i) an agreement, including related terms, which provides for the transfer of one or more certificates of deposit, mortgage related securities (as defined in section 3 of the Securities Exchange Act of 1934), mortgage loans, interests in mortgage related securities or mortgage loans, eligible bankers' acceptances, qualified foreign government securities (defined as a security that is a direct obligation of, or that is fully guaranteed by, the central government of a member of the Organization for Economic Cooperation and Development), or securities that are direct obligations of, or that are fully guaranteed by, the United States or any agency of the United States against the transfer of funds by the transferee of such certificates of deposit, eligible bankers' acceptances, securities, mortgage loans, or interests, with a simultaneous agreement by such transferee to transfer to the transferor thereof certificates of deposit, eligible bankers' acceptance, securities, mortgage loans, or interests of the kind described in this clause, at a date certain not later than 1 year after such transfer or on demand, against the transfer of funds;

(ii) any combination of agreements or transactions referred to in clauses (i) and (iii);

(iii) an option to enter into an agreement or transaction referred to in clause (i) or (ii);

(iv) a master agreement that provides for an agreement or transaction referred to in clause (i), (ii), or (iii), together with all supplements to any such master agreement, without regard to whether such master agreement provides for an agreement or transaction that is not a repurchase agreement under this paragraph, except that such master agreement shall be considered to be a repurchase agreement under this paragraph only with respect to each agreement or transaction under the master agreement that is referred to in clause (i), (ii), or (iii); or

(v) any security agreement or arrangement or other credit enhancement related to any agreement or transaction referred to in clause (i), (ii), (iii), or (iv), including any guarantee or reimbursement obligation by or to a repo participant or financial participant in connection with any agreement or transaction referred to in any such clause, but not to exceed the damages in connection with any such agreement or transaction, measured in accordance with section 562 of this title; and

(B) does not include a repurchase obligation under a participation in a commercial mortgage loan.

系而在三代内的个人。

（46）“回购参与者”指在破产申请提交前任何时点内与债务人间存在未履行完毕的回购协议的实体。

（47）“回购协议”（以下定义也用于逆回购协议）：

（A）指：

（i）一项协议包括其相关条款，其规定向受让人转让一种或多种存款单、抵押相关债券（定义见《1934年证券交易法》第3条）、抵押贷款、抵押相关证券或抵押贷款的利息、合格的银行承兑汇票、合格的外国政府证券（被定义为经济合作与发展组织成员国中央政府直接承担责任或由其充分担保的证券）或美国或美国任何机构直接承担责任或由其充分担保的证券，并且由该受让人支付相应的资金，而且该受让人同时达成协议在该转让发生后一年内的某日将向让与人转让存款单、合格的银行承兑汇票、证券、抵押贷款或本项所述的利息并获得相应资金的转让；

（ii）第（i）项和第（iii）项中所述协议或交易的任意组合；

（iii）签订或进行第（i）项和第（iii）项所述协议或交易的期权；

（iv）规定有第（i）、（ii）或（iii）项所述的协议或交易的总协议，以及该总协议的任意补充条款，无论该总协议是否规定有根据本款并非回购协议的协议或交易，应当在该主协议中针对第（i）、（ii）或（iii）项所述的协议或交易根据本款认定其为回购协议；或

（v）任何证券协议或安排，或者其他与第（i）、（ii）、（iii）或（iv）项所述的协议或交易有关的信用增级，包括由回购参与者或与以上任意条款所述的协议或交易相关的金融参与者承担或向其承担的任何担保或偿付义务，但不超过根据本篇第562条计算得出的与该协议或交易相关的损害；并且

（B）不包括因进行商业抵押贷款而产生的回购义务。

(48) The term "securities clearing agency" means person that is registered as a clearing agency under section 17A of the Securities Exchange Act of 1934, or exempt from such registration under such section pursuant to an order of the Securities and Exchange Commission, or whose business is confined to the performance of functions of a clearing agency with respect to exempted securities, as defined in section 3（a）(12) of such Act for the purposes of such section 17A.

(48A) The term "securities self regulatory organization" means either a securities association registered with the Securities and Exchange Commission under section 15A of the Securities Exchange Act of 1934 or a national securities exchange registered with the Securities and Exchange Commission under section 6 of the Securities Exchange Act of 1934.

(49) The term "security"—

(A) includes—

(i) note;

(ii) stock;

(iii) treasury stock;

(iv) bond;

(v) debenture;

(vi) collateral trust certificate;

(vii) pre-organization certificate or subscription;

(viii) transferable share;

(ix) voting-trust certificate;

(x) certificate of deposit;

(xi) certificate of deposit for security;

(xii) investment contract or certificate of interest or participation in a profit-sharing agreement or in an oil, gas, or mineral royalty or lease, if such contract or interest is required to be the subject of a registration statement filed with the Securities and Exchange Commission under the provisions of the Securities Act of 1933, or is exempt under section 3（b）of such Act from the requirement to file such a statement;

(xiii) interest of a limited partner in a limited partnership;

(xiv) other claim or interest commonly known as "security"; and

(xv) certificate of interest or participation in, temporary or interim certificate for, receipt for, or warrant or right to subscribe to or purchase or sell, a security; but

(B) does not include—

(i) currency, check, draft, bill of exchange, or bank letter of credit;

(ii) leverage transaction, as defined in section 761 of this title;

(iii) commodity futures contract or forward contract;

（48）“证券结算机构”指根据《1934 年证券交易法》第 17A 条注册为结算机构的主体，或在该条下根据美国证券交易委员会的命令免于注册的结算机构，或者根据第 17A 条其业务仅限于履行与该法第 3 条（a）（12）定义下的豁免证券相关的证券结算机构的职能的人。

（48A）“证券自律性组织”指根据《1934 年证券交易法》第 15A 条在美国证券交易委员会注册的证券组织或根据《1934 年证券交易法》第 6 条在美国证券交易委员会注册的全国性证券交易所。

（49）“证券”：

（A）包括以下各项：

（i）票据；

（ii）股票；

（iii）库存股；

（iv）债券；

（v）公司信用债券；

（vi）可抵押的信用债券；

（vii）组建前证书或认购书；

（viii）可转让股票；

（ix）股权信托证；

（x）存款单；

（xi）证券存款单；

（xii）投资协议，或者分享协议或石油、天然气、矿产的特许权或租赁的权益证书或参与证书，且就该协议或权益须根据《1933 年证券法》的规定向美国证券交易委员会提交注册报告书或根据该法第 3 条（b）被豁免提交该报告书；

（xiii）有限合伙组织中有限合伙人的权益；

（xiv）通常被认为是“证券”的其他权利或权益；以及

（xv）认购、购买或出售证券的权益或参与证书、暂时或临时证书、收据、权证或权利；但是

（B）不包括下列各项：

（i）货币、支票、汇票或银行信用证；

（ii）杠杆交易，定义见本篇第 761 条；

（iii）商品期货合约或远期合约；

( iv ) option, warrant, or right to subscribe to or purchase or sell a commodity futures contract;

( v ) option to purchase or sell a commodity;

( vi ) contract or certificate of a kind specified in subparagraph ( A ) ( xii ) of this paragraph that is not required to be the subject of a registration statement filed with the Securities and Exchange Commission and is not exempt under section 3 ( b ) of the Securities Act of 1933 from the requirement to file such a statement; or

( vii ) debt or evidence of indebtedness for goods sold and delivered or services rendered.

( 50 ) The term "security agreement" means agreement that creates or provides for a security interest.

( 51 ) The term "security interest" means lien created by an agreement.

( 51A ) The term "settlement payment" means, for purposes of the forward contract provisions of this title, a preliminary settlement payment, a partial settlement payment, an interim settlement payment, a settlement payment on account, a final settlement payment, a net settlement payment, or any other similar payment commonly used in the forward contract trade.

( 51B ) The term "single asset real estate" means real property constituting a single property or project, other than residential real property with fewer than 4 residential units, which generates substantially all of the gross income of a debtor who is not a family farmer and on which no substantial business is being conducted by a debtor other than the business of operating the real property and activities incidental thereto.

( 51C ) The term "small business case" means a case filed under chapter 11 of this title in which the debtor is a small business debtor and has not elected that subchapter V of chapter 11 of this title shall apply.

( 51D ) The term "small business debtor"—

( A ) subject to subparagraph ( B ) , means a person engaged in commercial or business activities ( including any affiliate of such person that is also a debtor under this title and excluding a person whose primary activity is the business of owning single asset real estate ) that has aggregate noncontingent liquidated secured and unsecured debts as of the date of the filing of the petition or the date of the order for relief in an amount not more than $2,000,000 ( excluding debts owed to 1 or more affiliates or insiders ) not less than 50 percent of which arose from the commercial or business activities of the debtor; and

( B ) does not include—

( i ) any member of a group of affiliated debtors that has aggregate noncontingent liquidated secured and unsecured debts in an amount greater than $2,000,000 ( excluding debt owed to 1 or more affiliates or insiders ) ;

（iv）认购、购买或出售商品期货合约的期权、权证或权利；

（v）购买或出售商品的期权；

（vi）未被要求向美国证券交易委员会提交注册报告书且根据《1933年证券法》第3（b）条未被豁免提交该报告书的，本款中附款（A）（xii）所述的协议或证书；或

（vii）因被售出及交付的货物或被提供的服务所负的债务或负债的证据。

（50）“担保协议”指创设或约定担保权益的协议。

（51）“担保权益”指根据协议创设的财产上担保权。

（51A）“结算支付”就本篇远期合约条款而言，指初步结算支付、部分结算支付、临时结算支付、账户结算支付、最终结算支付、净额结算支付或任何常在远期合约交易中使用的其他类似支付。

（51B）“单一不动产”指能够为除家庭农场主外的债务人提供几乎全部总收入的，构成单一财产或工程的不动产，且债务人除运营该不动产及相应的附随行为外无其他主要业务，但该不动产不包括居住单位少于四个的住宅不动产。

（51C）“小企业[①]案件”指根据本篇第11章提交的案件且在该案件中债务人为小企业债务人，并且未选择适用本篇第11章第五附章。

（51D）“小企业债务人”：

（A）在符合附款（B）规定的情况下，指从事商事或商业活动（包括作为本篇债务人的关联方，但不包括主要业务为运营单一不动产的人）的人，且其累计实然的、数额确定的担保和无担保的债务自破产申请被提交之日或破产救济令被作出之日，其金额不超过2,000,000美元（不包括向1名或多名关联方或内部人士所欠的债务），而且其中至少有50%源于债务人的商事或商业活动；并且

（B）不包括：

（i）其累计实然的、数额确定的担保和无担保的债务的金额超过2,000,000美元（不包括向1名或多名关联方或内部人士所欠的债务）的关联债务人团体中的

① 也有译者将其译为“中小企业”，在此为力求准确，根据原句直译为“小企业”。

( ii ) any debtor that is a corporation subject to the reporting requirements under section 13 or 15 ( d ) of the Securities Exchange Act of 1934 ( 15 U.S.C. 78m, 78o ( d )) ; or

( iii ) any debtor that is an affiliate of an issuer ( as defined in section 3 of the Securities Exchange Act of 1934 ( 15 U.S.C. 78c )) .

( 52 ) The term "State" includes the District of Columbia and Puerto Rico, except for the purpose of defining who may be a debtor under chapter 9 of this title.

( 53 ) The term "statutory lien" means lien arising solely by force of a statute on specified circumstances or conditions, or lien of distress for rent, whether or not statutory, but does not include security interest or judicial lien, whether or not such interest or lien is provided by or is dependent on a statute and whether or not such interest or lien is made fully effective by statute.

( 53A ) The term "stockbroker" means person—

( A ) with respect to which there is a customer, as defined in section 741 of this title; and

( B ) that is engaged in the business of effecting transactions in securities—

( i ) for the account of others; or

( ii ) with members of the general public, from or for such person's own account.

( 53B ) The term "swap agreement"—

( A ) means—

( i ) any agreement, including the terms and conditions incorporated by reference in such agreement, which is—

( I ) an interest rate swap, option, future, or forward agreement, including a rate floor, rate cap, rate collar, cross-currency rate swap, and basis swap;

( II ) a spot, same day-tomorrow, tomorrow-next, forward, or other foreign exchange, precious metals, or other commodity agreement;

( III ) a currency swap, option, future, or forward agreement;

( IV ) an equity index or equity swap, option, future, or forward agreement;

( V ) a debt index or debt swap, option, future, or forward agreement;

( VI ) a total return, credit spread or credit swap, option, future, or forward agreement;

( VII ) a commodity index or a commodity swap, option, future, or forward agreement;

( VIII ) a weather swap, option, future, or forward agreement;

( IX ) an emissions swap, option, future, or forward agreement; or

( X ) an inflation swap, option, future, or forward agreement;

( ii ) any agreement or transaction that is similar to any other agreement or transaction

任何成员；

（ii）任何根据《1934 年证券交易法》第 13 条或第 15 条（d）[《美国联邦法典》第 15 篇第 78m 条或第 78o 条（d）] 须进行报告的企业；或

（iii）任何系发行人 [ 定义见《1934 年证券交易法》(《美国联邦法典》第 15 篇第 78c 条)] 关联方的债务人。

（52）“州”包括哥伦比亚特区和波多黎各，但不适用于根据本篇第 9 章定义适格债务人的情形。

（53）“法定的财产上担保权”指在特定情形或条件下仅因法律强制力产生的财产上担保权，或扣押财物冲抵租金的财产上担保权，无论其是否法定；但是不包括担保权益或司法的财产上担保权，无论该权益或财产上担保权是否由法律规定，也无论该权益或财产上担保权是否因法律而完全生效。

（53A）“证券经纪人”指：

（A）拥有本篇第 741 条所定义的客户；并且

（B）通过以下方式从事进行证券交易业务：

（i）使用他人账户；或

（ii）与公众一同，使用或通过自己的账户。

（53B）“互换协议”：

（A）指：

（i）以下所述协议，包括该协议中因载明而纳入的条款或条件：

（I）利率的互换、期权、期货或远期合约，包括利率下限期权、利率上限期权、利率上下限期权、货币利率交叉互换以及基差互换；

（II）即期、当日—明日、明日—下一交易日、远期或其他外汇、贵金属或其他商品合约；

（III）货币的互换、期权、期货或远期合约；

（IV）股指或股权互换、期权、期货或远期合约；

（V）债务指数或债务的互换、期权、期货或远期合约；

（VI）总回报、信用价差或信用的互换、期权、期货或远期合约；

（VII）商品指数或商品的互换、期权、期货或远期合约；

（VIII）气候的互换、期权、期货或远期合约；

（IX）碳排放的互换、期权、期货或远期合约；或

（X）通胀的互换、期权、期货或远期合约；

（ii）与本款所述任何协议或交易相似的，满足以下条件的任何协议或交易：

referred to in this paragraph and that—

( I ) is of a type that has been, is presently, or in the future becomes, the subject of recurrent dealings in the swap or other derivatives markets ( including terms and conditions incorporated by reference therein ) ; and

( II ) is a forward, swap, future, option, or spot transaction on one or more rates, currencies, commodities, equity securities, or other equity instruments, debt securities or other debt instruments, quantitative measures associated with an occurrence, extent of an occurrence, or contingency associated with a financial, commercial, or economic consequence, or economic or financial indices or measures of economic or financial risk or value;

( iii ) any combination of agreements or transactions referred to in this subparagraph;

( iv ) any option to enter into an agreement or transaction referred to in this subparagraph;

( v ) a master agreement that provides for an agreement or transaction referred to in clause ( i ) , ( ii ) , ( iii ) , or ( iv ) , together with all supplements to any such master agreement, and without regard to whether the master agreement contains an agreement or transaction that is not a swap agreement under this paragraph, except that the master agreement shall be considered to be a swap agreement under this paragraph only with respect to each agreement or transaction under the master agreement that is referred to in clause ( i ) , ( ii ) , ( iii ) , or ( iv ) ; or

( vi ) any security agreement or arrangement or other credit enhancement related to any agreements or transactions referred to in clause ( i ) through ( v ) , including any guarantee or reimbursement obligation by or to a swap participant or financial participant in connection with any agreement or transaction referred to in any such clause, but not to exceed the damages in connection with any such agreement or transaction, measured

in accordance with section 562; and

( B ) is applicable for purposes of this title only, and shall not be construed or applied so as to challenge or affect the characterization, definition, or treatment of any swap agreement under any other statute, regulation, or rule, including the Gramm-Leach-Bliley Act, the Legal Certainty for Bank Products Act of 2000, the securities laws ( as such term is defined in section 3 ( a ) ( 47 ) of the Securities Exchange Act of 1934 ) and the Commodity Exchange Act.

( 53C ) The term “swap participant” means an entity that, at any time before the filing of the petition, has an outstanding swap agreement with the debtor.

( 56A ) The term “term overriding royalty” means an interest in liquid or gaseous hydrocarbons in place or to be produced from particular real property that entitles the owner thereof to a share of production, or the value thereof, for a term limited by time,

（I）已经是或即将成为在互换或其他衍生品市场上经常性交易的对象（包括因载明而纳入的条款或条件）；并且

（II）是一项或多项利率，货币，商品，股本证券或其他股本工具，债务证券或其他债务工具，与某事件相关的量化指标，某事件的范围或程度，与金融、商业或经济后果相关的偶发事件，或者经济、金融的风险或价值的经济、金融的指数或量化指标的远期、互换、期货、期权或即期交易；

（iii）本附款所述的协议或交易的任意组合；

（iv）订立或进行本附款所述的协议或交易的期权；

（v）规定有第（i）、（ii）、（iii）或（iv）项所述的协议或交易的总协议，以及该总协议的任意补充协议，无论该总协议是否规定有根据本款并非互换协议的协议或交易，应当在该主协议中针对第（i）、（ii）、（iii）或（iv）项中所述的协议或交易根据本款认定其为互换协议；或

（vi）任何证券协议或安排，或其他与第（i）项至第（iv）项中所述协议或交易有关的信用增级，包括由互换协议参与者或与以上任意条款所述的协议或交易相关的金融参与者承担或向其承担的任何担保或偿付义务，但不超过根据本篇第562条计算出得的与该协议或交易相关的损害；并且

（B）该定义仅适用于本篇，而不得被解释为或应用为挑战或影响在任何其他法律、规定或规则中对任何互换协议的表征、定义或处置，包括《格雷姆里奇比利雷法》、《2000年银行产品法律确定性法》、证券法律［定义见《1934年证券交易法》第3条（a）（47）］以及《商品交易法》。

（53C）“互换参与者”指在破产申请提交前任何时间内与债务人间存在未履行完毕的互换协议的实体。

（56A）[①]“重迭矿区特许权使用费”指已存在的或将在特定不动产上生产的石油或天然气中的权益，该权益使得所有人在时间、产量或已获得的价值所限的期间内

① 该条文编号与原文规定一致。

quantity, or value realized.

(53D) The term "timeshare plan" means and shall include that interest purchased in any arrangement, plan, scheme, or similar device, but not including exchange programs, whether by membership, agreement, tenancy in common, sale, lease, deed, rental agreement, license, right to use agreement, or by any other means, whereby a purchaser, in exchange for consideration, receives a right to use accommodations, facilities, or recreational sites, whether improved or unimproved, for a specific period of time less than a full year during any given year, but not necessarily for consecutive years, and which extends for a period of more than three years. A "timeshare interest" is that interest purchased in a timeshare plan which grants the purchaser the right to use and occupy accommodations, facilities, or recreational sites, whether improved or unimproved, pursuant to a timeshare plan.

(54) The term "transfer" means—

(A) the creation of a lien;

(B) the retention of title as a security interest;

(C) the foreclosure of a debtor's equity of redemption; or

(D) each mode, direct or indirect, absolute or conditional, voluntary or involuntary, of disposing of or parting with—

(i) property; or

(ii) an interest in property.

(54A) The term "uninsured State member bank" means a State member bank (as defined in section 3 of the Federal Deposit Insurance Act) the deposits of which are not insured by the Federal Deposit Insurance Corporation.

(55) The term "United States", when used in a geographical sense, includes all locations where the judicial jurisdiction of the United States extends, including territories and possessions of the United States.

(Pub. L. 95-598, Nov. 6, 1978, 92 Stat. 2549; Pub. L. 97-222, §1, July 27, 1982, 96 Stat. 235; Pub. L. 98-353, title III, §§391, 401, 421, July 10, 1984, 98 Stat. 364, 366, 367; Pub. L. 99-554, title II, §§201, 251, 283 (a), Oct. 27, 1986, 100 Stat. 3097, 3104, 3116; Pub. L. 100-506, §1 (a), Oct. 18, 1988, 102 Stat. 2538; Pub. L. 100-597, §1, Nov. 3, 1988, 102 Stat. 3028; Pub. L. 101-311, title I, §101, title II, §201, June 25, 1990, 104 Stat. 267, 268; Pub. L. 101-647, title XXV, §2522 (e), Nov. 29, 1990, 104 Stat. 4867; Pub. L. 102-486, title XXX, §3017 (a), Oct. 24, 1992, 106 Stat. 3130; Pub. L. 103-394, title I, §106, title II, §§208 (a), 215, 217 (a), 218 (a), title III, §304 (a), title V, §501 (a), (b)(1), (d)(1), Oct. 22, 1994, 108 Stat. 4111, 4124, 4126-4128, 4132, 4141-4143; Pub. L. 106-554, §1 (a)(5) [title I, §112 (c)(3), (4)], Dec. 21, 2000, 114 Stat. 2763, 2763A-393, 2763A-394; Pub. L. 109-8, title I, §102 (b), (k), title II, §§211,

获得石油或天然气的生产份额或价值。

（53D）“分时计划”是指，通过交换项目以外的任何其他安排、计划、方案或类似方式，无论其是通过会员资格、协议、共同租赁、出售、租赁、契约、租赁协议、证书、使用权协议或任何其他手段，买受人以对价换取，在超过三年以上的期限的任何年度中，但不必是连续年度，少于一年的时间段内使用住房、设施或娱乐场所（无论其是否完善）的权益。“分时权益”是分时计划中购买取得的权益，其授予买受人根据分时计划使用并占有住宅、设施或娱乐场所（无论其是否完善）的权利。

（54）“转让”指：

（A）财产上担保权的创设；

（B）通过为卖方保留所有权的方式提供担保；

（C）债务人抵押物赎回权的取消；或

（D）任何直接或间接、绝对或附条件、自愿或强制处分或出让以下各项的方式：

（i）财产；或

（ii）财产上的权益。

（54A）“未受保州立银行”指其存款未受保于联邦存款保险公司的州立银行（定义见《联邦存款保险法》第 3 条）。

（55）“美国”，当在地理意义上使用时，指美国司法管辖权所能延伸到的所有位置，包括美国的领土和属地。

{ Pub. L. 95-598, Nov. 6, 1978, 92 Stat. 2549; Pub. L. 97-222, §1, July 27, 1982, 96 Stat. 235; Pub. L. 98-353, title III, §§391, 401, 421, July 10, 1984, 98 Stat. 364, 366, 367; Pub. L. 99-554, title II, §§201, 251, 283（a）, Oct. 27, 1986, 100 Stat. 3097, 3104, 3116; Pub. L. 100-506, §1（a）, Oct. 18, 1988, 102 Stat. 2538; Pub. L. 100-597, §1, Nov. 3, 1988, 102 Stat. 3028; Pub. L. 101-311, title I, §101, title II, §201, June 25, 1990, 104 Stat. 267, 268; Pub. L. 101-647, title XXV, §2522（e）, Nov. 29, 1990, 104 Stat. 4867; Pub. L. 102-486, title XXX, §3017（a）, Oct. 24, 1992, 106 Stat. 3130; Pub. L. 103-394, title I, §106, title II, §§208（a）, 215, 217（a）, 218（a）, title III, §304（a）, title V, §501（a）,（b）（1）,（d）（1）, Oct. 22, 1994, 108 Stat. 4111, 4124, 4126-4128, 4132, 4141-4143; Pub. L. 106-554, §1（a）（5）[ title I, §112（c）（3）,（4）], Dec. 21, 2000, 114 Stat. 2763, 2763A-393, 2763A-394; Pub. L. 109-8, title I, §102（b）,（k）, title II, §§211,

226 (a), 231 (b), title III, §306 (c), title IV, §§401 (a), 414, 432 (a), title VIII, §802 (b), title IX, §907 (a)(1), (b), (c), title X, §§1004, 1005, 1007 (a), title XI, §1101 (a), (b), title XII, §1201, Apr. 20, 2005, 119 Stat. 32, 35, 50, 66, 73, 80, 104, 107, 110, 145, 170, 175, 186, 187, 189, 192; Pub. L. 109-390, §5 (a)(1), Dec. 12, 2006, 120 Stat. 2695; Pub. L. 111-327, §2 (a)(1), Dec. 22, 2010, 124 Stat. 3557; Pub. L. 116-51, §2, Aug. 23, 2019, 133 Stat. 1075; Pub. L. 116-52, §2, Aug. 23, 2019, 133 Stat. 1076; amended Pub. L. 116-54, §4 (a)(1), Aug. 23, 2019, 133 Stat. 1085; Pub. L. 116-92, div. A, title XVII, §1736, Dec. 20, 2019, 133 Stat. 1819; Pub. L. 116-136, div. A, title I, §1113 (a)(4)(A), (b)(1)(A), (2)(A)(i), Mar. 27, 2020, 134 Stat. 311, 312.)

### § 102. Rules of construction

In this title—

(1) "after notice and a hearing", or a similar phrase—

(A) means after such notice as is appropriate in the particular circumstances, and such opportunity for a hearing as is appropriate in the particular circumstances; but

(B) authorizes an act without an actual hearing if such notice is given properly and if—

(i) such a hearing is not requested timely by a party in interest; or

(ii) there is insufficient time for a hearing to be commenced before such act must be done, and the court authorizes such act;

(2) "claim against the debtor" includes claim against property of the debtor;

(3) "includes" and "including" are not limiting;

(4) "may not" is prohibitive, and not permissive;

(5) "or" is not exclusive;

(6) "order for relief" means entry of an order for relief;

(7) the singular includes the plural;

(8) a definition, contained in a section of this title that refers to another section of this title, does not, for the purpose of such reference, affect the meaning of a term used in such other section; and

(9) "United States trustee" includes a designee of the United States trustee.

(Pub. L. 95-598, Nov. 6, 1978, 92 Stat. 2554; Pub. L. 98-353, title III, §422, July 10, 1984, 98 Stat. 369; Pub. L. 99-554, title II, §202, Oct. 27, 1986, 100 Stat. 3097.)

### § 103. Applicability of chapters

(a) Except as provided in section 1161 of this title, chapters 1, 3, and 5 of this title apply in a case under chapter 7, 11, 12, or 13 of this title, and this chapter, sections 307, 362 (o), 555 through 557, and 559 through 562 apply in a case under chapter 15.

226（a），231（b），title III, §306（c），title IV, §§401（a），414, 432（a），title VIII, §802（b），title IX, §907（a）(1)，(b)，(c)，title X, §§1004, 1005, 1007（a），title XI, §1101（a），(b)，title XII, §1201, Apr. 20, 2005, 119 Stat. 32, 35, 50, 66, 73, 80, 104, 107, 110, 145, 170, 175, 186, 187, 189, 192; Pub. L. 109-390, §5（a）(1)，Dec. 12, 2006, 120 Stat. 2695; Pub. L. 111-327, §2（a）(1)，Dec. 22, 2010, 124 Stat. 3557; Pub. L. 116-51, §2, Aug. 23, 2019, 133 Stat. 1075; Pub. L. 116-52, §2, Aug. 23, 2019, 133 Stat. 1076; amended Pub. L. 116-54, §4（a）(1)，Aug. 23, 2019, 133 Stat. 1085; Pub. L. 116-92, div. A, title XVII, §1736, Dec. 20, 2019, 133 Stat. 1819; Pub. L. 116-136, div. A, title I, §1113（a）(4)(A)，(b)(1)(A)，(2)(A)(i)，Mar. 27, 2020, 134 Stat. 311, 312.｝[①]

**第 102 条　法律解释规则**

在本篇中：

（1）“经过通知和听证”或类似表述：

（A）指在特定情况下发出适当的通知后，以及在特定情况下举行适当的听证的机会；但是

（B）在下列情形中，若以适当的方式发出通知，也可在未经听证的情况下授权某行为：

（i）利害关系人未及时要求举行听证；

（ii）没有足够时间在必须作出某行为前举行听证，且法院对该行为作出授权；

（2）“对债务人享有的债权”包括对债务人财产的权利主张[②]；

（3）“包括”不是限制性的；

（4）“不得”是禁止性的，而非允许性的；

（5）“或”不是排他性的；

（6）“破产救济令”指将破产救济令载入档案[③]；

（7）单数形式包括复数形式；

（8）在本篇某条中涉及的定义系引用本篇其他条款，就该引用而言，不影响其他条款中使用的该术语的含义；以及

（9）“联邦托管人”包括联邦托管人指定的人。

（Pub. L. 95-598, Nov. 6, 1978, 92 Stat. 2554; Pub. L. 98-353, title III, §422, July 10, 1984, 98 Stat. 369; Pub. L. 99-554, title II, §202, Oct. 27, 1986, 100 Stat. 3097.）

**第 103 条　章节的适用**

（a）除本篇第 1161 条另有规定外，本篇第 1 章、第 3 章及第 5 章适用于本篇

① 每条条文后括号内的法律均为制定或增补该条的法律，此后不再赘述。

② 根据 Senate Report No.95-989，此处意在将无追索权贷款协议中的债权涵盖在内，在该协议中，债权人仅就债务人的财产享有债权，而不得向债务人本人追索。

③ 根据 Senate Report No.95-989，破产救济令并不因口头作出而生效，其生效于将其载入档案时。

(b) Subchapters I and II of chapter 7 of this title apply only in a case under such chapter.

(c) Subchapter III of chapter 7 of this title applies only in a case under such chapter concerning a stockbroker.

(d) Subchapter IV of chapter 7 of this title applies only in a case under such chapter concerning a commodity broker.

(e) SCOPE OF APPLICATION.—Subchapter V of chapter 7 of this title shall apply only in a case under such chapter concerning the liquidation of an uninsured State member bank, or a corporation organized under section 25A of the Federal Reserve Act, which operates, or operates as, a multilateral clearing organization pursuant to section 409 of the Federal Deposit Insurance Corporation Improvement Act of 1991.

(f) Except as provided in section 901 of this title, only chapters 1 and 9 of this title apply in a case under such chapter 9.

(g) Except as provided in section 901 of this title, subchapters I, II, and III of chapter 11 of this title apply only in a case under such chapter.

(h) Subchapter IV of chapter 11 of this title applies only in a case under such chapter concerning a railroad.

(i) Subchapter V of chapter 11 of this title applies only in a case under chapter 11 in which a debtor (as defined in section 1182) elects that subchapter V of chapter 11 shall apply.

(j) Chapter 13 of this title applies only in a case under such chapter.

(k) Chapter 12 of this title applies only in a case under such chapter.

(l) Chapter 15 applies only in a case under such chapter, except that—

(1) sections 1505, 1513, and 1514 apply in all cases under this title; and

(2) section 1509 applies whether or not a case under this title is pending.

(Pub. L. 95-598, Nov. 6, 1978, 92 Stat. 2555; Pub. L. 97-222, §2, July 27, 1982, 96 Stat. 235; Pub. L. 98-353, title III, §423, July 10, 1984, 98 Stat. 369; Pub. L. 99-554, title II, §252, Oct. 27, 1986, 100 Stat. 3104; Pub. L. 106-554, §1 (a) (5) [title I, §112 (c) (5)(A)], Dec. 21, 2000, 114 Stat. 2763, 2763A-394; Pub. L. 109-8, title VIII, §802 (a), Apr. 20, 2005, 119 Stat. 145; Pub. L. 111-327, §2 (a) (2), Dec. 22, 2010, 124 Stat. 3557; Pub. L. 116-54, §4 (a)(2), Aug. 23, 2019, 133 Stat. 1085; Pub. L. 116-136, div. A, title I, §1113 (a) (2), Mar. 27, 2020, 134 Stat. 311.)

### § 104. Adjustment of dollar amounts

(a) On April 1, 1998, and at each 3-year interval ending on April 1 thereafter, each dollar amount in effect under sections 101 (3), 101 (18), 101 (19A), 101 (51D),

第 7 章、第 11 章、第 12 章或第 13 章中的案件，并且本章以及第 307 条、第 362 条（o）、第 555 条至第 557 条以及第 559 条至第 562 条适用于第 15 章中的案件。

（b）本篇第 7 章的第一附章和第二附章仅适用于该章节下的案件。

（c）本篇第 7 章第三附章仅适用于该章节中证券经纪人为债务人的案件。

（d）本篇第 7 章第四附章仅适用于该章节中商品经纪商为债务人的案件。

（e）适用范围：本篇第 7 章第五附章仅适用于该章节中未受保州立银行，或根据《联邦储备法》第 25A 条组建的，根据《1991 年联邦存款保险公司改进法》第 409 条运营多边结算机构或以该身份运营的企业作为债务人的清算。

（f）除本篇第 901 条另有规定外，仅本篇第 1 章及第 9 章适用于第 9 章中的案件。

（g）除本篇第 901 条另有规定外，本篇第 11 章中仅第一、二和三附章适用于第 9 章中的案件。

（h）本篇第 11 章的第四附章仅适用于该章节中铁路公司为债务人的案件。

（i）本篇第 11 章的第五附章仅适用于第 11 章中债务人（定义见第 1182 条）选择适用第 11 章第五附章的案件。

（j）本篇第 13 章仅适用于该章节中的案件。

（k）本篇第 12 章仅适用于该章节中的案件。

（l）第 15 章仅适用于该章节中的案件，但是：

（1）第 1505、1513 及 1514 条适用于本篇所有案件；并且

（2）无论本篇案件是否在进行中，均不影响第 1509 条的适用。

{Pub. L. 95-598, Nov. 6, 1978, 92 Stat. 2555; Pub. L. 97-222, §2, July 27, 1982, 96 Stat. 235; Pub. L. 98-353, title III, §423, July 10, 1984, 98 Stat. 369; Pub. L. 99-554, title II, §252, Oct. 27, 1986, 100 Stat. 3104; Pub. L. 106-554, §1 (a)(5) [title I, §112 (c)(5)(A)], Dec. 21, 2000, 114 Stat. 2763, 2763A-394; Pub. L. 109-8, title VIII, §802 (a), Apr. 20, 2005, 119 Stat. 145; Pub. L. 111-327, §2 (a)(2), Dec. 22, 2010, 124 Stat. 3557; Pub. L. 116-54, §4 (a)(2), Aug. 23, 2019, 133 Stat. 1085; Pub. L. 116-136, div. A, title I, §1113 (a)(2), Mar. 27, 2020, 134 Stat. 311.}

### 第 104 条　美元数额的调整

（a）在 1998 年 4 月 1 日及其后每三年的 4 月 1 日，本篇[①]第 101（3）、101（18）、

① 本条所列明的条款中均存在美元数额的调整，后续出现所列明的条款时，不再对其数额进行引用。

109 ( e ) , 303 ( b ) , 507 ( a ) , 522 ( d ) , 522 ( f ) ( 3 ) and 522 ( f ) ( 4 ) , 522 ( n ) , 522 ( p ) , 522 ( q ) , 523 ( a ) ( 2 ) ( C ) , 541 ( b ) , 547 ( c ) ( 9 ) , 707 ( b ) , 1322 ( d ) , 1325 ( b ) , and 1326 ( b ) ( 3 ) of this title and section 1409 ( b ) of title 28 immediately before such April 1 shall be adjusted—

( 1 ) to reflect the change in the Consumer Price Index for All Urban Consumers, published by the Department of Labor, for the most recent 3-year period ending immediately before January 1 preceding such April 1, and

( 2 ) to round to the nearest $25 the dollar amount that represents such change.

( b ) Not later than March 1, 1998, and at each 3-year interval ending on March 1 thereafter, the Judicial Conference of the United States shall publish in the Federal Register the dollar amounts that will become effective on such April 1 under sections 101 ( 3 ) , 101 ( 18 ) , 101 ( 19A ) , 101 ( 51D ) , 109 ( e ) , 303 ( b ) , 507 ( a ) , 522 ( d ) , 522 ( f ) ( 3 ) and 522 ( f ) ( 4 ) , 522 ( n ) , 522 ( p ) , 522 ( q ) , 523 ( a ) ( 2 ) ( C ) , 541 ( b ) , 547 ( c ) ( 9 ) , 707 ( b ) , 1322 ( d ) , 1325 ( b ) , and 1326 ( b ) ( 3 ) of this title and section 1409 ( b ) of title 28.

( c ) Adjustments made in accordance with subsection ( a ) shall not apply with respect to cases commenced before the date of such adjustments.

( Pub. L. 95-598, Nov. 6, 1978, 92 Stat. 2555; Pub. L. 103-394, title I, §108 ( e ) , Oct. 22, 1994, 108 Stat. 4112; Pub. L. 109-8, title I, §102 ( j ) , title II, §§224 ( e ) ( 2 ) , 226 ( b ) , title III, §322 ( b ) , title IV, §432 ( c ) , title X, §1002, title XII, §1202, Apr. 20, 2005, 119 Stat. 35, 65, 67, 97, 110, 186, 193; Pub. L. 110-406, §7, Oct. 13, 2008, 122 Stat. 4293. )

### § 105. Power of court

( a ) The court may issue any order, process, or judgment that is necessary or appropriate to carry out the provisions of this title. No provision of this title providing for the raising of an issue by a party in interest shall be construed to preclude the court from, sua sponte, taking any action or making any determination necessary or appropriate to enforce or implement court orders or rules, or to prevent an abuse of process.

( b ) Notwithstanding subsection ( a ) of this section, a court may not appoint a receiver in a case under this title.

( c ) The ability of any district judge or other officer or employee of a district court to exercise any of the authority or responsibilities conferred upon the court under this title shall be determined by reference to the provisions relating to such judge, officer, or employee set forth in title 28. This subsection shall not be interpreted to exclude bankruptcy judges and other officers or employees appointed pursuant to chapter 6 of title 28 from its operation.

( d ) The court, on its own motion or on the request of a party in interest—

( 1 ) shall hold such status conferences as are necessary to further the expeditious and

101（19A）、101（51D）、109（e）、303（b）、507（a）、522（d）、522（f）（3），以 及 522（f）（4）、522（n）、522（p）、522（q）、523（a）（2）（C）、541（b）、547（c）（9）、707（b）、1322（d）、1325（b）和 1326（b）（3）条，以及《美国联邦法典》第 28 篇第 1409 条（b）中的所有生效的美元数额在该 4 月 1 日前均应当对其进行调整：

（1）从而反映由劳工部公布的城镇居民消费价格指数在该 4 月 1 日前的 1 月 1 日起前三年内的变化，并且

（2）将反映该变化的美元金额四舍五入至最接近的 25 美元。

（b）自 1998 年 3 月 1 日起，在每三年的 3 月 1 日当日或之前，美国司法会议均应在《联邦登记》上公布本篇第 101（3）、101（18）、101（19A）、101（51D）、109（e）、303（b）、507（a）、522（d）、522（f）（3），以及 522（f）（4）、522（n）、522（p）、522（q）、523（a）（2）（C）、541（b）、547（c）（9）、707（b）、1322（d）、1325（b）和 1326（b）（3）条，以及《美国联邦法典》第 28 篇第 1409 条（b）中的美元数额，且该数额将在该 4 月 1 日生效。

（c）根据附条（a）所作的调整不应适用于该调整日期前已经启动的案件。

[Pub. L. 95-598, Nov. 6, 1978, 92 Stat. 2555; Pub. L. 103-394, title I, §108（e）, Oct. 22, 1994, 108 Stat. 4112; Pub. L. 109-8, title I, §102（j）, title II, §§224（e）（2）, 226（b）, title III, §322（b）, title IV, §432（c）, title X, §1002, title XII, §1202, Apr. 20, 2005, 119 Stat. 35, 65, 67, 97, 110, 186, 193; Pub. L. 110-406, §7, Oct. 13, 2008, 122 Stat. 4293.]

**第 105 条　法院的权力**

（a）法院可作出任何必要或适当的命令、程序或判决从而实施本篇的规定。本篇任何条款不得被解释为利益相关方提出某问题系在妨害法院的自主裁量、采取任何行动或作出任何必要或适当的决定以强制实施或执行法院命令或规则或防止程序滥用。

（b）即使存在本条的附条（a）的规定，法院不得在本篇案件中指定接管人。

（c）地区法院的法官或者其他公务人员或员工实施任何本篇授予法院的权力或职责的权限，应当根据《美国联邦法典》第 28 篇中有关该法官、公务人员或员工的规定来确定。本附条不得被解释为将根据《美国联邦法典》第 28 篇第 6 章任命的破产法官和其他公务人员或员工排除其适用范围。

（d）法院根据其自身动议或在利益相关方的请求下：

（1）应当举行必要的进度讨论会议从而促进案件迅速及经济地解决；并且

economical resolution of the case; and

(2) unless inconsistent with another provision of this title or with applicable Federal Rules of Bankruptcy Procedure, may issue an order at any such conference prescribing such limitations and conditions as the court deems appropriate to ensure that the case is handled expeditiously and economically, including an order that—

(A) sets the date by which the trustee must assume or reject an executory contract or unexpired lease; or

(B) in a case under chapter 11 of this title—

(i) sets a date by which the debtor, or trustee if one has been appointed, shall file a disclosure statement and plan;

(ii) sets a date by which the debtor, or trustee if one has been appointed, shall solicit acceptances of a plan;

(iii) sets the date by which a party in interest other than a debtor may file a plan;

(iv) sets a date by which a proponent of a plan, other than the debtor, shall solicit acceptances of such plan;

(v) fixes the scope and format of the notice to be provided regarding the hearing on approval of the disclosure statement; or

(vi) provides that the hearing on approval of the disclosure statement may be combined with the hearing on confirmation of the plan.

(Pub. L. 95-598, Nov. 6, 1978, 92 Stat. 2555; Pub. L. 98-353, title I, §118, July 10, 1984, 98 Stat. 344; Pub. L. 99-554, title II, §203, Oct. 27, 1986, 100 Stat. 3097; Pub. L. 103-394, title I, §104 (a), Oct. 22, 1994, 108 Stat. 4108; Pub. L. 109-8, title IV, §440, Apr. 20, 2005, 119 Stat. 114; Pub. L. 111-327, §2 (a)(3), Dec. 22, 2010, 124 Stat. 3557.)

### § 106. Waiver of sovereign immunity

(a) Notwithstanding an assertion of sovereign immunity, sovereign immunity is abrogated as to a governmental unit to the extent set forth in this section with respect to the following:

(1) Sections 105, 106, 107, 108, 303, 346, 362, 363, 364, 365, 366, 502, 503, 505, 506, 510, 522, 523, 524, 525, 542, 543, 544, 545, 546, 547, 548, 549, 550, 551, 552, 553, 722, 724, 726, 744, 749, 764, 901, 922, 926, 928, 929, 944, 1107, 1141, 1142, 1143, 1146, 1201, 1203, 1205, 1206, 1227, 1231, 1301, 1303, 1305, and 1327 of this title.

(2) The court may hear and determine any issue arising with respect to the application of such sections to governmental units.

(3) The court may issue against a governmental unit an order, process, or judgment under such sections or the Federal Rules of Bankruptcy Procedure, including an order or

（2）除非其违反本篇其他规定或由于《联邦破产程序规则》的适用，否则法院有权在此类会议中作出裁定以规定法院认为适当的限制或条件从而确保案件迅速及经济地解决，其包括以下裁定：

（A）确定管理人必须确认或拒绝确认待履行合同或未到期租约的截止日期；或

（B）在本篇第 11 章案件中：
（i）确定债务人或被任命的管理人应当提交披露声明和计划的日期；

（ii）确定债务人或被任命的管理人应当征求计划的接受意见的日期；

（iii）确定债务人外的利益相关方可提交计划的日期；
（iv）确定债务人外的计划提出者应当征求计划的接受意见的日期；

（v）确定就批准披露声明的听证而发出的通知的内容及格式；

（vi）规定批准披露声明的听证会可与批准计划的听证会合并。

{ Pub. L. 95-598, Nov. 6, 1978, 92 Stat. 2555; Pub. L. 98-353, title I, §118, July 10, 1984, 98 Stat. 344; Pub. L. 99-554, title II, §203, Oct. 27, 1986, 100 Stat. 3097; Pub. L. 103-394, title I, §104（a）, Oct. 22, 1994, 108 Stat. 4108; Pub. L. 109-8, title IV, §440, Apr. 20, 2005, 119 Stat. 114; Pub. L. 111-327, §2（a）（3）, Dec. 22, 2010, 124 Stat. 3557. }

**第 106 条　主权豁免的放弃**

（a）即使主张主权豁免，政府机构在本条后述范围内不享有主权豁免：

（1）本篇第 105、106、107、108、303、346、362、363、364、365、366、502、503、505、506、510、522、523、524、525、542、543、544、545、546、547、548、549、550、551、552、553、722、724、726、744、749、764、901、922、926、928、929、944、1107、1141、1142、1143、1146、1201、1203、1205、1206、1227、1231、1301、1303、1305 以及 1327 条。

（2）法院可就以上各条对政府机构的适用所引起的任何问题举行听证并作出决定。

（3）法院可根据以上各条或《联邦破产程序规则》向政府机构签发裁定、司法文书或判决，包括判处进行金钱赔偿的裁定或判决，但不包括判处惩罚性赔偿的

judgment awarding a money recovery, but not including an award of punitive damages. Such order or judgment for costs or fees under this title or the Federal Rules of Bankruptcy Procedure against any governmental unit shall be consistent with the provisions and limitations of section 2412（d）(2)(A) of title 28.

(4) The enforcement of any such order, process, or judgment against any governmental unit shall be consistent with appropriate nonbankruptcy law applicable to such governmental unit and, in the case of a money judgment against the United States, shall be paid as if it is a judgment rendered by a district court of the United States.

(5) Nothing in this section shall create any substantive claim for relief or cause of action not otherwise existing under this title, the Federal Rules of Bankruptcy Procedure, or nonbankruptcy law.

(b) A governmental unit that has filed a proof of claim in the case is deemed to have waived sovereign immunity with respect to a claim against such governmental unit that is property of the estate and that arose out of the same transaction or occurrence out of which the claim of such governmental unit arose.

(c) Notwithstanding any assertion of sovereign immunity by a governmental unit, there shall be offset against a claim or interest of a governmental unit any claim against such governmental unit that is property of the estate.

(Pub. L. 95-598, Nov. 6, 1978, 92 Stat. 2555; Pub. L. 103-394, title I, §113, Oct. 22, 1994, 108 Stat. 4117; Pub. L. 111-327, §2（a）(4), Dec. 22, 2010, 124 Stat. 3557.)

§ 107. Public access to papers

(a) Except as provided in subsections（b）and（c）and subject to section 112, a paper filed in a case under this title and the dockets of a bankruptcy court are public records and open to examination by an entity at reasonable times without charge.

(b) On request of a party in interest, the bankruptcy court shall, and on the bankruptcy court's own motion, the bankruptcy court may—

(1) protect an entity with respect to a trade secret or confidential research, development, or commercial information; or

(2) protect a person with respect to scandalous or defamatory matter contained in a paper filed in a case under this title.

(c)(1) The bankruptcy court, for cause, may protect an individual, with respect to the following types of information to the extent the court finds that disclosure of such information would create undue risk of identity theft or other unlawful injury to the individual or the individual's property:

(A) Any means of identification (as defined in section 1028（d）of title 18) contained in a paper filed, or to be filed, in a case under this title.

(B) Other information contained in a paper described in subparagraph（A）.

裁定或判决。根据本篇或《联邦破产程序规则》对政府机构作出的有关成本或费用的裁定或判决应当遵守《美国联邦法典》第 28 篇第 2412 条（d）（2）（A）的规定及限制。

（4）任何对政府机构签发的该类裁定、司法文书或判决的强制执行均应遵守适用于该政府机构的可适用的非破产法的规定，在对美国作出金钱判决的案件中，应视为是美国地区法院所作的判决并进行支付。

（5）本条并未创设本篇、《联邦破产程序规则》或非破产法中并不存在的实体救济主张或诉因。

（b）在案件中提交债权证明的政府机构被视为，针对与政府机构享有的债权源于同一交易或事件的，作为破产财产的，对该政府机构享有的债权放弃主权豁免。

（c）即使政府机构主张主权豁免，该政府机构享有的债权或权益仍应与作为破产财产而对该政府机构享有的任何债权进行抵销。

[ Pub. L. 95-598, Nov. 6, 1978, 92 Stat. 2555; Pub. L. 103-394, title I, §113, Oct. 22, 1994, 108 Stat. 4117; Pub. L. 111-327, §2（a）（4）, Dec. 22, 2010, 124 Stat. 3557. ]

**第 107 条　卷宗的公开**

（a）除附条（b）和附条（c）另有规定外，在符合第 112 条规定的情况下，在本篇案件中被提交的文件以及破产法院的案件资料均为公共档案并可供某实体在合理时间免费查阅。

（b）应利益相关方的请求，破产法院应当履行以下各项；而根据破产法院自身动议，破产法院可以履行以下各项：

（1）就商业秘密或机密研究、开发或商业信息对某实体进行保护；或

（2）就本篇案件中被提交文件中的诽谤性事项对某人进行保护。

（c）（1）当破产法院发现以下类型的信息的泄露将造成身份被盗或其他对个人或对个人财产的不法损害的不当风险时，破产法院可出于特定事由就该信息对个人提供保护：

（A）本篇案件中被提交或将被提交的文件中包含的任何身份证明文件［定义见《美国联邦法典》第 18 篇第 1028 条（d）］。

（B）附款（A）所述文件中包含的其他信息。

(2) Upon ex parte application demonstrating cause, the court shall provide access to information protected pursuant to paragraph (1) to an entity acting pursuant to the police or regulatory power of a domestic governmental unit.

(3) The United States trustee, bankruptcy administrator, trustee, and any auditor serving under section 586 (f) of title 28—

(A) shall have full access to all information contained in any paper filed or submitted in a case under this title; and

(B) shall not disclose information specifically protected by the court under this title.

(Pub. L. 95-598, Nov. 6, 1978, 92 Stat. 2556; Pub. L. 109-8, title II, §§233 (c), 234 (a), (c), Apr. 20, 2005, 119 Stat. 74, 75; Pub. L. 111-327, §2 (a) (5), Dec. 22, 2010, 124 Stat. 3557.)

## § 108. Extension of time

(a) If applicable nonbankruptcy law, an order entered in a nonbankruptcy proceeding, or an agreement fixes a period within which the debtor may commence an action, and such period has not expired before the date of the filing of the petition, the trustee may commence such action only before the later of—

(1) the end of such period, including any suspension of such period occurring on or after the commencement of the case; or

(2) two years after the order for relief.

(b) Except as provided in subsection (a) of this section, if applicable nonbankruptcy law, an order entered in a nonbankruptcy proceeding, or an agreement fixes a period within which the debtor or an individual protected under section 1201 or 1301 of this title may file any pleading, demand, notice, or proof of claim or loss, cure a default, or perform any other similar act, and such period has not expired before the date of the filing of the petition, the trustee may only file, cure, or perform, as the case may be, before the later of—

(1) the end of such period, including any suspension of such period occurring on or after the commencement of the case; or

(2) 60 days after the order for relief.

(c) Except as provided in section 524 of this title, if applicable nonbankruptcy law, an order entered in a nonbankruptcy proceeding, or an agreement fixes a period for commencing or continuing a civil action in a court other than a bankruptcy court on a claim against the debtor, or against an individual with respect to which such individual is protected under section 1201 or 1301 of this title, and such period has not expired before the date of the filing of the petition, then such period does not expire until the later of—

(1) the end of such period, including any suspension of such period occurring on or after the commencement of the case; or

（2）在单方提出申请并说明原因时，法院应向行使国内政府机构治安或监管权的实体提供根据第（1）款而受保护的信息。

（3）联邦托管人、破产管理署、托管人以及任何根据《美国联邦法典》第28篇第586条（f）提供服务的审计师：

（A）应当有权全权查阅本篇案件中被提交的任意文件中所包含的所有信息；并且

（B）不得泄露本篇中由法院进行特殊保护的信息。

[Pub. L. 95-598, Nov. 6, 1978, 92 Stat. 2556; Pub. L. 109-8, title II, §§233（c）, 234（a）,（c）, Apr. 20, 2005, 119 Stat. 74, 75; Pub. L. 111-327, §2（a）（5）, Dec. 22, 2010, 124 Stat. 3557.]

**第 108 条　期间的延长**

（a）若可适用的非破产法、在非破产程序中正式作出的裁定或协议确定了债务人可提起诉讼的期间，且该期间在破产申请被提交前尚未届满，则托管人仅可在以下时点中较晚者前提起该诉讼：

（1）该期间届满时，案件启动时或之后的任何中止期间也计算在内；或

（2）破产救济令被作出后两年。

（b）除本条的附条（a）另有规定外，若可适用的非破产法、在非破产程序中正式作出的裁定或协议确定了债务人或本篇第1201条或第1301条所保护的个人可提交诉状、诉讼请求、通知、债权或损失证明，纠正违约或采取其他任何类似措施的期间，且该期间在破产申请被提交前尚未届满，则托管人仅可在以下时点中较晚者前，根据案件的具体情况选择提交材料、纠正违约或采取措施：

（1）该期间届满时，案件启动时或之后的任何中止期间也计算在内；或

（2）破产救济令被作出后60日。

（c）除本篇第524条另有规定外，若可适用的非破产法、在非破产程序中正式作出的裁定或协议确定了，对债务人或对本篇下第1201条或第1301条所保护的个人的在除破产法院外的法院提起的民事诉讼开始或继续的期间，且该期间在破产申请被提交前尚未届满，则该期间将在以下时点中较晚者时届满：

（1）该期间届满时，案件启动时或之后的任何中止期间也计算在内；或

(2) 30 days after notice of the termination or expiration of the stay under section 362, 922, 1201, or 1301 of this title, as the case may be, with respect to such claim.

(Pub. L. 95-598, Nov. 6, 1978, 92 Stat. 2556; Pub. L. 98-353, title III, §424, July 10, 1984, 98 Stat. 369; Pub. L. 99-554, title II, §257 (b), Oct. 27, 1986, 100 Stat. 3114; Pub. L. 109-8, title XII, §1203, Apr. 20, 2005, 119 Stat. 193.)

### § 109. Who may be a debtor

(a) Notwithstanding any other provision of this section, only a person that resides or has a domicile, a place of business, or property in the United States, or a municipality, may be a debtor under this title.

(b) A person may be a debtor under chapter 7 of this title only if such person is not—

(1) a railroad;

(2) a domestic insurance company, bank, savings bank, cooperative bank, savings and loan association, building and loan association, homestead association, a New Markets Venture Capital company as defined in section 351 of the Small Business Investment Act of 1958, a small business investment company licensed by the Small Business Administration under section 301 of the Small Business Investment Act of 1958, credit union, or industrial bank or similar institution which is an insured bank as defined in section 3 (h) of the Federal Deposit Insurance Act, except that an uninsured State member bank, or a corporation organized under section 25A of the Federal Reserve Act, which operates, or operates as, a multilateral clearing organization pursuant to section 409 of the Federal Deposit Insurance Corporation Improvement Act of 1991 may be a debtor if a petition is filed at the direction of the Board of Governors of the Federal Reserve System; or

(3) (A) a foreign insurance company, engaged in such business in the United States; or

(B) a foreign bank, savings bank, cooperative bank, savings and loan association, building and loan association, or credit union, that has a branch or agency (as defined in section 1 (b) of the International Banking Act of 1978) in the United States.

(c) An entity may be a debtor under chapter 9 of this title if and only if such entity—

(1) is a municipality;

(2) is specifically authorized, in its capacity as a municipality or by name, to be a debtor under such chapter by State law, or by a governmental officer or organization empowered by State law to authorize such entity to be a debtor under such chapter;

(3) is insolvent;

（2）就该权利主张而言，本篇第 362、922、1201 或 1301 条中，冻结的终止或到期的通知被作出后 30 日。

［Pub. L. 95-598, Nov. 6, 1978, 92 Stat. 2556; Pub. L. 98-353, title III, §424, July 10, 1984, 98 Stat. 369; Pub. L. 99-554, title II, §257（b）, Oct. 27, 1986, 100 Stat. 3114; Pub. L. 109-8, title XII, §1203, Apr. 20, 2005, 119 Stat. 193.］

**第 109 条　适格的债务人**

（a）即使本条有任何其他规定，只有在美国境内居住或有住所、经营场所或财产的人，或市政机构，才可成为本篇中的债务人。

（b）下列主体以外的人可作为本篇第 7 章中的债务人：

（1）铁路公司；

（2）国内保险公司、银行、储蓄银行、合作银行、储蓄贷款协会、房屋贷款协会、农场协会、根据《1958 年小企业投资法》第 351 条定义的新市场风险投资公司、根据《1958 年小企业投资法》第 301 条获得小企业管理局许可的小企业投资公司、信用社、工业银行或《联邦存款保险法》第 3 条（h）所定义的受保银行；但是，当破产申请是在美国联邦储备委员会指示下提交时，未受保州立银行或根据《联邦储备法》第 25A 条组建的、根据《1991 年联邦存款保险公司改进法》第 409 条运营多边结算机构或以该身份运营的企业，也可作为债务人；

（3）（A）在美国境内从事该业务的境外保险公司①；或

（B）在美国境内有分支机构或代理机构［定义见《1978 年国际银行法》第 1 条（b）］的境外的银行、储蓄银行、合作银行、储蓄贷款协会、房屋贷款协会或信用社。

（c）当且仅当某实体符合以下条件，才可作为本篇第 9 章中的债务人：

（1）是市政机构；

（2）根据州立法律被特别准予，在其作为市政机构或以市政机构名义的行使的职能范围内，作为该章节中的债务人；或由州立法律赋予其权力的政府官员或组织准予该实体作为该章节中的债务人；

（3）已资不抵债；

① 根据 Senate Report No.95-989，在本篇中，在美国境内实际不从事银行保险业务但在美国境内拥有资产的境外银行或保险公司可成为适格债务人。

(4) desires to effect a plan to adjust such debts; and

(5)(A) has obtained the agreement of creditors holding at least a majority in amount of the claims of each class that such entity intends to impair under a plan in a case under such chapter;

(B) has negotiated in good faith with creditors and has failed to obtain the agreement of creditors holding at least a majority in amount of the claims of each class that such entity intends to impair under a plan in a case under such chapter;

(C) is unable to negotiate with creditors because such negotiation is impracticable; or

(D) reasonably believes that a creditor may attempt to obtain a transfer that is avoidable under section 547 of this title.

(d) Only a railroad, a person that may be a debtor under chapter 7 of this title (except a stockbroker or a commodity broker), and an uninsured State member bank, or a corporation organized under section 25A of the Federal Reserve Act, which operates, or operates as, a multilateral clearing organization pursuant to section 409 of the Federal Deposit Insurance Corporation Improvement Act of 1991 may be a debtor under chapter 11 of this title.

(e) Only an individual with regular income that owes, on the date of the filing of the petition, noncontingent, liquidated, unsecured debts of less than $250,000 and noncontingent, liquidated, secured debts of less than $750,000, or an individual with regular income and such individual's spouse, except a stockbroker or a commodity broker, that owe, on the date of the filing of the petition, noncontingent, liquidated, unsecured debts that aggregate less than $250,000 and noncontingent, liquidated, secured debts of less than $750,000 may be a debtor under chapter 13 of this title.

(f) Only a family farmer or family fisherman with regular annual income may be a debtor under chapter 12 of this title.

(g) Notwithstanding any other provision of this section, no individual or family farmer may be a debtor under this title who has been a debtor in a case pending under this title at any time in the preceding 180 days if—

(1) the case was dismissed by the court for willful failure of the debtor to abide by orders of the court, or to appear before the court in proper prosecution of the case; or

(2) the debtor requested and obtained the voluntary dismissal of the case following the filing of a request for relief from the automatic stay provided by section 362 of this title.

(h)(1) Subject to paragraphs (2) and (3), and notwithstanding any other provision of this section other than paragraph (4) of this subsection, an individual may not be a debtor under this title unless such individual has, during the 180-day period

（4）希望通过生效的计划从而调整其债务；以及

（5）（A）已至少获得该章案件的计划中意图减损其权益的的各小组内持有多数债权金额的债权人的同意；

（B）已善意与债权人谈判但未能获得该章案件的计划中意图减损其权益的各小组内持有至少多数债权金额的债权人的同意；

（C）因为难以进行谈判而未能与债权人谈判；或

（D）有合理理由相信债权人可能试图获得根据本篇第 547 条可被撤销的转让。

（d）只有铁路公司、根据本篇第 7 章可作为债务人的人（不包括证券经纪人或商品经纪商），以及未受保州立银行，或根据《联邦储备法》第 25A 条组建的、根据《1991 年联邦存款保险公司改进法》第 409 条运营多边结算机构或以该身份运营的企业可作为本篇第 11 章中的债务人。

（e）只有拥有固定收入，且其于破产申请被提交之日所欠的实然的、数额确定的无担保债务少于 250,000 美元且实然的、数额确定的担保债务少于 750,000 美元的个人，或拥有固定收入的，且其于破产申请被提交之日所欠的实然的、数额确定的无担保债务累计少于 250,000 美元且实然的、数额确定的担保债务少于 750,000 美元的，除证券经纪人或商品经纪商以外的个人及其配偶，才可作为本篇第 13 章中的债务人。

（f）只有拥有固定年收入的家庭农场主或家庭渔业主才可作为本篇第 12 章中的债务人。

（g）即使本条有任何其他规定，下列情况中，破产申请前 180 日内曾作为本篇案件债务人的个人或家庭农场主不得成为本篇债务人：

（1）法院因债务人故意不遵从法院裁定或故意不出庭应诉而将原案件驳回；或

（2）债务人在提交解除本篇第 362 条规定的自动冻结的请求后通过请求自愿撤回原案件。

（h）（1）在符合第（2）款和第（3）款规定的情况下，除本附条的第（4）款另有规定外，即使本条有其他任何规定，除非个人在破产申请被提交前 180 日内已经获得经批准的第 111 条（a）所述的非营利预算和信用咨询机构提供的个人或集体

ending on the date of filing of the petition by such individual, received from an approved nonprofit budget and credit counseling agency described in section 111 (a) an individual or group briefing (including a briefing conducted by telephone or on the Internet) that outlined the opportunities for available credit counseling and assisted such individual in performing a related budget analysis.

(2) (A) Paragraph (1) shall not apply with respect to a debtor who resides in a district for which the United States trustee (or the bankruptcy administrator, if any) determines that the approved nonprofit budget and credit counseling agencies for such district are not reasonably able to provide adequate services to the additional individuals who would otherwise seek credit counseling from such agencies by reason of the requirements of paragraph (1).

(B) The United States trustee (or the bankruptcy administrator, if any) who makes a determination described in subparagraph (A) shall review such determination not later than 1 year after the date of such determination, and not less frequently than annually thereafter. Notwithstanding the preceding sentence, a nonprofit budget and credit counseling agency may be disapproved by the United States trustee (or the bankruptcy administrator, if any) at any time.

(3) (A) Subject to subparagraph (B), the requirements of paragraph (1) shall not apply with respect to a debtor who submits to the court a certification that—

(i) describes exigent circumstances that merit a waiver of the requirements of paragraph (1);

(ii) states that the debtor requested credit counseling services from an approved nonprofit budget and credit counseling agency, but was unable to obtain the services referred to in paragraph (1) during the 7-day period beginning on the date on which the debtor made that request; and

(iii) is satisfactory to the court.

(B) With respect to a debtor, an exemption under subparagraph (A) shall cease to apply to that debtor on the date on which the debtor meets the requirements of paragraph (1), but in no case may the exemption apply to that debtor after the date that is 30 days after the debtor files a petition, except that the court, for cause, may order an additional 15 days.

(4) The requirements of paragraph (1) shall not apply with respect to a debtor whom the court determines, after notice and hearing, is unable to complete those requirements because of incapacity, disability, or active military duty in a military combat zone. For the purposes of this paragraph, incapacity means that the debtor is impaired by reason of mental illness or mental deficiency so that he is incapable of realizing and making rational decisions with respect to his financial responsibilities; and "disability"

简报（包括通过电话或互联网作出的简报）且该简报概述了获得可行的信用咨询的机会并帮助该个人进行相关预算分析，否则该个人不得作为本篇中的债务人。

（2）（A）若联邦托管人（或破产管理署，如有）认为获批的非营利预算和信用咨询机构并不能合理地向某地区因第（1）款中的要求本应当向该机构寻求信用咨询的个人提供适当的服务，则第（1）款不适用于居住在该地区的债务人。

（B）作出附款（A）中决定的联邦托管人（或破产管理署，如有）应当在作出该决定后一年内重新审查该决定并且此后至少每年重审一次。尽管如此，联邦托管人（或破产管理署，如有）仍可随时取消对非营利预算和信用咨询机构的批准。

（3）（A）在符合附款（B）规定的情况下，第（1）款中的要求不应适用于向法院提交以下证明的债务人：

（i）说明可免除第（1）款中的要求的紧急情形；

（ii）声明债务人已向获批的非营利预算和信用咨询机构请求获得咨询服务，但是未能在债务人作出该请求之日起 7 日内获得第（1）款所述的服务；并且

（iii）该证明达到令法院信服的程度。

（B）针对债务人，附款（A）中的豁免应当在债务人满足第（1）款中的要求之日起停止适用于债务人，但在任何情况下该豁免都不得在债务人提交破产申请 30 日后适用于债务人，但法院出于特定事由，可裁定额外延长 15 日。

（4）第（1）款中的要求不应适用于法院经通知及听证后认为其因丧失行为能力、残疾或在军事作战区服兵役而无法完成该要求的债务人。就本款而言，丧失行为能力指债务人因精神疾病或智力缺陷的影响而无法认知并就其财务责任作出理性决定；残疾指债务人因身体受损而在尽合理努力的情况下仍无法亲身参与或通过电话、互联网参与第（1）款要求的简报。

means that the debtor is so physically impaired as to be unable, after reasonable effort, to participate in an in person, telephone, or Internet briefing required under paragraph (1).

(Pub. L. 95-598, Nov. 6, 1978, 92 Stat. 2557; Pub. L. 97-320, title VII, §703 (d), Oct. 15, 1982, 96 Stat. 1539; Pub. L. 98-353, title III, §§301, 425, July 10, 1984, 98 Stat. 352, 369; Pub. L. 99-554, title II, §253, Oct. 27, 1986, 100 Stat. 3105; Pub. L. 100-597, §2, Nov. 3, 1988, 102 Stat. 3028; Pub. L. 103-394, title I, §108 (a), title II, §220, title IV, §402, title V, §501 (d)(2), Oct. 22, 1994, 108 Stat. 4111, 4129, 4141, 4143; Pub. L. 106-554, §1 (a)(5) [title I, §112 (c)(1), (2)], §1 (a)(8) [§1 (e)], Dec. 21, 2000, 114 Stat. 2763, 2763A-393, 2763A-665; Pub. L. 109-8, title I, §106 (a), title VIII, §802 (d)(1), title X, §1007 (b), title XII, §1204 (1), Apr. 20, 2005, 119 Stat. 37, 146, 188, 193; Pub. L. 111-16, §2 (1), May 7, 2009, 123 Stat. 1607; Pub. L. 111-327, §2 (a)(6), Dec. 22, 2010, 124 Stat. 3557.)

## § 110. Penalty for persons who negligently or fraudulently prepare bankruptcy petitions

(a) In this section—

(1) "bankruptcy petition preparer" means a person, other than an attorney for the debtor or an employee of such attorney under the direct supervision of such attorney, who prepares for compensation a document for filing; and

(2) "document for filing" means a petition or any other document prepared for filing by a debtor in a United States bankruptcy court or a United States district court in connection with a case under this title.

(b)(1) A bankruptcy petition preparer who prepares a document for filing shall sign the document and print on the document the preparer's name and address. If a bankruptcy petition preparer is not an individual, then an officer, principal, responsible person, or partner of the bankruptcy petition preparer shall be required to—

(A) sign the document for filing; and

(B) print on the document the name and address of that officer, principal, responsible person, or partner.

(2)(A) Before preparing any document for filing or accepting any fees from or on behalf of a debtor, the bankruptcy petition preparer shall provide to the debtor a written notice which shall be on an official form prescribed by the Judicial Conference of the United States in accordance with rule 9009 of the Federal Rules of Bankruptcy Procedure.

(B) The notice under subparagraph (A) —

(i) shall inform the debtor in simple language that a bankruptcy petition preparer is not an attorney and may not practice law or give legal advice;

(ii) may contain a description of examples of legal advice that a bankruptcy petition preparer is not authorized to give, in addition to any advice that the preparer may not give

{Pub. L. 95-598, Nov. 6, 1978, 92 Stat. 2557; Pub. L. 97-320, title VII, §703（d）, Oct. 15, 1982, 96 Stat. 1539; Pub. L. 98-353, title III, §§301, 425, July 10, 1984, 98 Stat. 352, 369; Pub. L. 99-554, title II, §253, Oct. 27, 1986, 100 Stat. 3105; Pub. L. 100-597, §2, Nov. 3, 1988, 102 Stat. 3028; Pub. L. 103-394, title I, §108(a), title II, §220, title IV, §402, title V, §501(d)(2), Oct. 22, 1994, 108 Stat. 4111, 4129, 4141, 4143; Pub. L. 106-554, §1（a）（5）[title I, §112（c）（1），（2）]，§1（a）（8）[§1（e）], Dec. 21, 2000, 114 Stat. 2763, 2763A-393, 2763A-665; Pub. L. 109-8, title I, §106（a）, title VIII, §802（d）（1）, title X, §1007（b）, title XII, §1204（1）, Apr. 20, 2005, 119 Stat. 37, 146, 188, 193; Pub. L. 111-16, §2（1）, May 7, 2009, 123 Stat. 1607; Pub. L. 111-327, §2（a）（6）, Dec. 22, 2010, 124 Stat. 3557.}

**第 110 条　对准备破产申请过程中存在过失或欺诈行为的人的处罚**

（a）在本条中：

（1）“破产申请准备人”指除债务人的律师或受该律师的直接监督的员工外，准备并完善要提交的文件的人；并且

（2）“要提交的文件”指破产申请或准备用于债务人向联邦破产法院或美国地区法院提交的有关本篇案件的任何其他文件。

（b）（1）准备要提交的文件的破产申请准备人应签署该文件并在文件上打印准备人的姓名和地址。若破产申请准备人并非个人，则破产申请准备人的高管、董事、负责人或合伙人应当履行以下各项：

（A）签署要提交的文件；并且

（B）在文件上打印该高管、董事、负责人或合伙人的姓名和地址。

（2）（A）在准备要提交的文件或者向债务人收取或代表债务人收取任何费用前，破产申请准备人应向债务人提供书面通知且该通知应根据《联邦破产程序规则》第9009 条采用美国司法会议规定的官方格式。

（B）附款（A）中的通知：

（i）应当用通俗的语言告知债务人，破产申请准备人并非律师且不得从事法律服务或提供法律意见；

（ii）除准备人因附条（e）（2）的规定而不得提供的任何意见外，可载明破产申请准备人无权提供的法律意见的范例的描述；并且

by reason of subsection (e)(2); and

(iii) shall—

(I) be signed by the debtor and, under penalty of perjury, by the bankruptcy petition preparer; and

(II) be filed with any document for filing.

(c)(1) A bankruptcy petition preparer who prepares a document for filing shall place on the document, after the preparer's signature, an identifying number that identifies individuals who prepared the document.

(2)(A) Subject to subparagraph (B), for purposes of this section, the identifying number of a bankruptcy petition preparer shall be the Social Security account number of each individual who prepared the document or assisted in its preparation.

(B) If a bankruptcy petition preparer is not an individual, the identifying number of the bankruptcy petition preparer shall be the Social Security account number of the officer, principal, responsible person, or partner of the bankruptcy petition preparer.

(d) A bankruptcy petition preparer shall, not later than the time at which a document for filing is presented for the debtor's signature, furnish to the debtor a copy of the document.

(e)(1) A bankruptcy petition preparer shall not execute any document on behalf of a debtor.

(2)(A) A bankruptcy petition preparer may not offer a potential bankruptcy debtor any legal advice, including any legal advice described in subparagraph (B).

(B) The legal advice referred to in subparagraph (A) includes advising the debtor—

(i) whether—

(I) to file a petition under this title; or

(II) commencing a case under chapter 7, 11, 12, or 13 is appropriate;

(ii) whether the debtor's debts will be discharged in a case under this title;

(iii) whether the debtor will be able to retain the debtor's home, car, or other property after commencing a case under this title;

(iv) concerning—

(I) the tax consequences of a case brought under this title; or

(II) the dischargeability of tax claims;

(v) whether the debtor may or should promise to repay debts to a creditor or enter into a reaffirmation agreement with a creditor to reaffirm a debt;

(vi) concerning how to characterize the nature of the debtor's interests in property or the debtor's debts; or

(vii) concerning bankruptcy procedures and rights.

（iii）应当履行以下各项：

（I）由债务人签署并且由破产申请准备人在伪证罚则下签署；并且

（II）与要提交的文件一同提交。

（c）（1）准备要提交的文件的破产申请准备人在文件中应在准备人的签名后标明识别编号用以识别准备文件的个人。

（2）（A）在符合附款（B）的情况下，就本条而言，破产申请准备人的识别编号应为准备文件或协助准备文件的各人的社保账号。

（B）若破产申请准备人并非个人，则破产申请准备人的识别编号应为破产申请准备人的高管、董事、负责人或合伙人的社保账号。

（d）破产申请准备人应在向债务人出示要提交的文件以供其签字时或在此之前，向债务人提供该文件的副本。

（e）（1）破产申请准备人不得代表债务人签署任何文件。

（2）（A）破产申请准备人不得向潜在的破产债务人提供任何法律意见，包括附款（B）中所述的任何法律意见。

（B）附款（A）中所述的法律意见包括建议债务人：

（i）是否：

（I）根据本篇提交破产申请；或

（II）根据第 7、11、12 或 13 章启动案件是适当的；

（ii）债务人的债务是否会在本篇案件中被免除；

（iii）在本篇案件启动后，债务人是否能够保留其住所、车或其他财产；

（iv）涉及以下事项：

（I）本篇案件会导致的税务后果；或

（II）税收债权的可免责性；

（v）是否债务人可以或应当向债权人承诺清偿债务或与债权人达成债务再认协议以再认债务；

（vi）有关如何表征债务人在财产上的权益或债务人的债务的性质的建议；或

（vii）有关破产程序及权利的建议。

(f) A bankruptcy petition preparer shall not use the word "legal" or any similar term in any advertisements, or advertise under any category that includes the word "legal" or any similar term.

(g) A bankruptcy petition preparer shall not collect or receive any payment from the debtor or on behalf of the debtor for the court fees in connection with filing the petition.

(h)(1) The Supreme Court may promulgate rules under section 2075 of title 28, or the Judicial Conference of the United States may prescribe guidelines, for setting a maximum allowable fee chargeable by a bankruptcy petition preparer. A bankruptcy petition preparer shall notify the debtor of any such maximum amount before preparing any document for filing for the debtor or accepting any fee from or on behalf of the debtor.

(2) A declaration under penalty of perjury by the bankruptcy petition preparer shall be filed together with the petition, disclosing any fee received from or on behalf of the debtor within 12 months immediately prior to the filing of the case, and any unpaid fee charged to the debtor. If rules or guidelines setting a maximum fee for services have been promulgated or prescribed under paragraph (1), the declaration under this paragraph shall include a certification that the bankruptcy petition preparer complied with the notification requirement under paragraph (1).

(3)(A) The court shall disallow and order the immediate turnover to the bankruptcy trustee any fee referred to in paragraph (2) —

(i) found to be in excess of the value of any services rendered by the bankruptcy petition preparer during the 12-month period immediately preceding the date of the filing of the petition; or

(ii) found to be in violation of any rule or guideline promulgated or prescribed under paragraph (1).

(B) All fees charged by a bankruptcy petition preparer may be forfeited in any case in which the bankruptcy petition preparer fails to comply with this subsection or subsection (b), (c), (d), (e), (f), or (g).

(C) An individual may exempt any funds recovered under this paragraph under section 522 (b).

(4) The debtor, the trustee, a creditor, the United States trustee (or the bankruptcy administrator, if any) or the court, on the initiative of the court, may file a motion for an order under paragraph (3).

(5) A bankruptcy petition preparer shall be fined not more than $500 for each failure to comply with a court order to turn over funds within 30 days of service of such order.

(i)(1) If a bankruptcy petition preparer violates this section or commits any act that the court finds to be fraudulent, unfair, or deceptive, on the motion of the debtor, trustee, United States trustee (or the bankruptcy administrator, if any), and after notice （f）破产申请准备人不得在任何广告中使用“法律”一词或其他类似术语，或在包含“法律”一词或其他类似术语的任何类别下做广告。

（g）破产申请准备人不得向债务人收取或代表债务人收取任何与提交破产申请相关的法院的费用。

（h）（1）最高法院可根据《美国联邦法典》第28篇第2075条发布规则或美国司法会议可制定指南从而确定破产申请准备人被准予收取的最高费用。破产申请准备人应在为债务人准备任何要提交的文件前或向债务人收取或代表债务人收取任何费用前将该最高费用通知债务人。

（2）破产申请准备人在伪证罚则下作出的，披露其在破产申请前12个月内曾向债务人或代表债务人收取的任何费用，以及任何将向债务人收取的尚未支付的费用的声明应与破产申请一同被提交。若已根据第（1）款的规定发布或制定了确定服务最高收费的规则或指南，则本款中的声明应载有破产申请准备人符合第（1）款中的通知要求的证明。

（3）（A）就第（2）款所述的费用，在以下情形中，法院应取消准予其获得该费用并裁定直接向托管人归还该费用：

（i）发现在破产申请被提交前12个月内收取的费用超过破产申请准备人提供的任何服务的价值；或

（ii）发现该费用违反了第（1）款中被发布或制定的规则或指南。

（B）若破产申请准备人未能遵守本附条或附条（b）、（c）、（d）、（e）、（f）或（g）的规定，则其收取的所有费用均可被没收。

（C）个人可根据第522条（b）豁免本款中被没收的任何资金。

（4）债务人、托管人、债权人、联邦托管人（或破产管理署，如有）或法院，在法院的提议下，可提交动议以获得第（3）款所述的裁定。

（5）若破产申请准备人未能按照法院裁定在该裁定送达后30日内归还该资金，则其每次均应被处以不超过500美元的罚款。

（i）（1）若破产申请准备人违反本条的规定，或作出任何法院认为是欺诈、不公平或欺骗的行为，则在债务人、托管人、联邦托管人（或破产管理署，如有）的动议下，经过通知和听证后，法院应下令破产申请准备人向债务人支付以下款项：

and a hearing, the court shall order the bankruptcy petition preparer to pay to the debtor—

(A) the debtor's actual damages;

(B) the greater of—

(i) $2,000; or

(ii) twice the amount paid by the debtor to the bankruptcy petition preparer for the preparer's services; and

(C) reasonable attorneys' fees and costs in moving for damages under this subsection.

(2) If the trustee or creditor moves for damages on behalf of the debtor under this subsection, the bankruptcy petition preparer shall be ordered to pay the movant the additional amount of $1,000 plus reasonable attorneys' fees and costs incurred.

(j)(1) A debtor for whom a bankruptcy petition preparer has prepared a document for filing, the trustee, a creditor, or the United States trustee in the district in which the bankruptcy petition preparer resides, has conducted business, or the United States trustee in any other district in which the debtor resides may bring a civil action to enjoin a bankruptcy petition preparer from engaging in any conduct in violation of this section or from further acting as a bankruptcy petition preparer.

(2)(A) In an action under paragraph (1), if the court finds that—

(i) a bankruptcy petition preparer has—

(I) engaged in conduct in violation of this section or of any provision of this title;

(II) misrepresented the preparer's experience or education as a bankruptcy petition preparer; or

(III) engaged in any other fraudulent, unfair, or deceptive conduct; and

(ii) injunctive relief is appropriate to prevent the recurrence of such conduct, the court may enjoin the bankruptcy petition preparer from engaging in such conduct.

(B) If the court finds that a bankruptcy petition preparer has continually engaged in conduct described in subclause (I), (II), or (III) of clause (i) and that an injunction prohibiting such conduct would not be sufficient to prevent such person's interference with the proper administration of this title, has not paid a penalty imposed under this section, or failed to disgorge all fees ordered by the court the court may enjoin the person from acting as a bankruptcy petition preparer.

(3) The court, as part of its contempt power, may enjoin a bankruptcy petition preparer that has failed to comply with a previous order issued under this section. The injunction under this paragraph may be issued on the motion of the court, the trustee, or the United States trustee (or the bankruptcy administrator, if any).

(4) The court shall award to a debtor, trustee, or creditor that brings a successful action under this subsection reasonable attorneys' fees and costs of the action, to be paid

（A）债务人的实际损失；
（B）以下数额中更高者：
（i）2000美元；或
（ii）债务人向破产申请准备人就其服务而支付的金额的两倍；并且

（C）根据本附条要求损害赔偿的合理的律师费及成本。

（2）若托管人或债权人根据本附条代表债务人就赔偿提出动议，则破产申请准备人应被下令向动议方支付额外的1000美元以及产生的合理的律师费和成本。

（j）（1）破产申请准备人为其准备要提交的文件的债务人、托管人、债权人、位于已经开展业务的破产申请准备人所在地区的联邦托管人或位于债务人居住地的任何其他地区的联邦托管人，均可提起民事诉讼以禁止破产申请准备人从事任何违反本条的行为或禁止其继续担任破产申请准备人。

（2）（A）在第（1）款所述的诉讼中，若法院发现：
（i）破产申请准备人已经：
（I）从事违反本条或本篇任何规定的行为；
（II）就作为破产申请准备人的经验或学历作出虚假陈述；或

（III）从事任何其他欺诈、不公平或欺骗行为；并且
（ii）禁令救济对于防止此类行为的再次发生是适当的，则法院可禁止破产申请准备人从事该行为。
（B）若法院发现破产申请准备人已持续从事第（i）项中第（I）、（II）或（III）附项所述的行为并且禁止该行为的禁令不足以防止该行为妨害本篇的正常施行，且其尚未支付根据本条被施加的罚款或未能缴纳法院命令中的所有费用，则法院可禁止其担任破产申请准备人。

（3）作为蔑视法庭惩处权限的一部分，法院可对未能遵守其先前根据本条签发的裁定的破产申请准备人作出禁令。本款所述禁令可基于法院、托管人或联邦托管人（或破产管理署，如有）的动议作出。

（4）法院应判处由破产申请准备人向根据本附条胜诉的债务人、托管人或债权人支付合理的律师费及成本。

by the bankruptcy petition preparer.

（k）Nothing in this section shall be construed to permit activities that are otherwise prohibited by law, including rules and laws that prohibit the unauthorized practice of law.

（l）（1）A bankruptcy petition preparer who fails to comply with any provision of subsection（b），（c），（d），（e），（f），（g），or（h）may be fined not more than $500 for each such failure.

（2）The court shall triple the amount of a fine assessed under paragraph（1）in any case in which the court finds that a bankruptcy petition preparer—

（A）advised the debtor to exclude assets or income that should have been included on applicable schedules;

（B）advised the debtor to use a false Social Security account number;

（C）failed to inform the debtor that the debtor was filing for relief under this title; or

（D）prepared a document for filing in a manner that failed to disclose the identity of the bankruptcy petition preparer.

（3）A debtor, trustee, creditor, or United States trustee（or the bankruptcy administrator, if any）may file a motion for an order imposing a fine on the bankruptcy petition preparer for any violation of this section.

（4）（A）Fines imposed under this subsection in judicial districts served by United States trustees shall be paid to the United States trustees, who shall deposit an amount equal to such fines in the United States Trustee Fund.

（B）Fines imposed under this subsection in judicial districts served by bankruptcy administrators shall be deposited as offsetting receipts to the fund established under section 1931 of title 28, and shall remain available until expended to reimburse any appropriation for the amount paid out of such appropriation for expenses of the operation and maintenance of the courts of the United States.

（Added Pub. L. 103-394, title III, §308（a）, Oct. 22, 1994, 108 Stat. 4135; amended Pub. L. 109-8, title II, §221, title XII, §1205, Apr. 20, 2005, 119 Stat. 59, 194; Pub. L. 110-161, div. B, title II, §212（b）, Dec. 26, 2007, 121 Stat. 1914; Pub. L. 111-327, §2（a）（7）, Dec. 22, 2010, 124 Stat. 3558.）

### § 111. Nonprofit budget and credit counseling agencies; financial management instructional courses

（a）The clerk shall maintain a publicly available list of—

（1）nonprofit budget and credit counseling agencies that provide 1 or more services described in section 109（h）currently approved by the United States trustee（or the bankruptcy administrator, if any）; and

（2）instructional courses concerning personal financial management currently approved by the United States trustee（or the bankruptcy administrator, if any）, as （k）本条中任何规定不得被解释为允许其他法律所禁止的行为，包括禁止未经授权从事法律业务的规则与法律。

（l）（1）未能遵守附条（b）、（c）、（d）、（e）、（f）、（g）或（h）中任意规定的破产申请准备人就每次违反行为均可被处以不超过 500 美元的罚款。

（2）当法院发现破产申请准备人作出以下行为时，应处以根据第（1）款确定的金额的三倍的罚款：

（A）建议债务人隐瞒本应被列入相应报表中的资产或收入；

（B）建议债务人使用虚假的社保账号；

（C）未能通知债务人其系在根据本篇申请救济；或

（D）准备要提交的文件但并未披露破产申请准备人的身份。

（3）债务人、托管人、债权人或联邦托管人（或破产管理署，如有）可提交动议以申请法院下令对违反本条规定的破产申请准备人处以罚款。

（4）（A）根据本附条在联邦托管人供职的司法辖区内被处的罚款应当向联邦托管人支付且其应当将与该罚款相同的金额存入联邦托管人基金。

（B）根据本附条在破产管理署供职的司法辖区被处的罚款应当作为补偿收入存入根据《美国联邦法典》第 28 篇第 1931 条建立的基金，并应保持可用状态直至被支取用以偿还任何用于支付美国法院运行和维护的费用的经费。

[ 经 Pub. L. 103-394, title III, §308（a）, Oct. 22, 1994, 108 Stat. 4135; amended Pub. L. 109-8, title II, §221, title XII, §1205, Apr. 20, 2005, 119 Stat. 59, 194; Pub. L. 110-161, div. B, title II, §212（b）, Dec. 26, 2007, 121 Stat. 1914; Pub. L. 111-327, §2（a）（7）, Dec. 22, 2010, 124 Stat. 3558 增补 ]

**第 111 条　非营利预算和信用咨询机构；财务管理指导课程**

（a）破产法院书记员应当制作可供公众查阅的以下各项的名单：

（1）提供一项或多项第 109 条（h）中所述服务的，经联邦托管人（或破产管理署，如有）现行批准的非营利预算和信用咨询机构；以及

（2）相应情况下，有关个人财务管理的，经联邦托管人（或破产管理署，如有）现行批准的指导课程。

applicable.

(b) The United States trustee (or bankruptcy administrator, if any) shall only approve a nonprofit budget and credit counseling agency or an instructional course concerning personal financial management as follows:

(1) The United States trustee (or bankruptcy administrator, if any) shall have thoroughly reviewed the qualifications of the nonprofit budget and credit counseling agency or of the provider of the instructional course under the standards set forth in this section, and the services or instructional courses that will be offered by such agency or such provider, and may require such agency or such provider that has sought approval to provide information with respect to such review.

(2) The United States trustee (or bankruptcy administrator, if any) shall have determined that such agency or such instructional course fully satisfies the applicable standards set forth in this section.

(3) If a nonprofit budget and credit counseling agency or instructional course did not appear on the approved list for the district under subsection (a) immediately before approval under this section, approval under this subsection of such agency or such instructional course shall be for a probationary period not to exceed 6 months.

(4) At the conclusion of the applicable probationary period under paragraph (3), the United States trustee (or bankruptcy administrator, if any) may only approve for an additional 1-year period, and for successive 1-year periods thereafter, an agency or instructional course that has demonstrated during the probationary or applicable subsequent period of approval that such agency or instructional course—

(A) has met the standards set forth under this section during such period; and

(B) can satisfy such standards in the future.

(5) Not later than 30 days after any final decision under paragraph (4), an interested person may seek judicial review of such decision in the appropriate district court of the United States.

(c) (1) The United States trustee (or the bankruptcy administrator, if any) shall only approve a nonprofit budget and credit counseling agency that demonstrates that it will provide qualified counselors, maintain adequate provision for safekeeping and payment of client funds, provide adequate counseling with respect to client credit problems, and deal responsibly and effectively with other matters relating to the quality, effectiveness, and financial security of the services it provides.

(2) To be approved by the United States trustee (or the bankruptcy administrator, if any), a nonprofit budget and credit counseling agency shall, at a minimum—

(A) have a board of directors the majority of which—

(i) are not employed by such agency; and

（b）联邦托管人（或破产管理署，如有）仅应在下列情况中批准非营利预算和信用咨询机构或个人财务管理指导课程：

（1）联邦托管人（或破产管理署，如有）应当已经按照本条设定的标准全面审查过非营利预算和信用咨询机构或指导课程提供者的资质，以及将由该机构或提供者提供的服务或指导课程，并且可要求申请批准的该机构或提供者提供相应信息以供审查。

（2）联邦托管人（或破产管理署，如有）应已认定该机构或指导课程完全符合本条设定的相应标准。

（3）若非营利预算和信用咨询机构或指导课程在根据本条获批之前未被列入附条（a）中的该地区的获批名单，则该机构或指导课程根据本附条所获的批准应有不超过6个月的试用期。

（4）在第（3）款规定的相应的试用期结束时，联邦托管人（或破产管理署，如有）对该机构或指导课程的批准仅能持续额外一年的时间，而此后若该机构或指导课程在试用期或其后的获批期间表明其符合以下要求，则此后每年均可获批一年期间：

（A）在该期间内已经符合本条设定的标准；并且

（B）在未来也能符合该标准。

（5）根据第（4）款作出任何最终决定后不迟于30日内，利益相关方可在相应的美国地区法院就该决定寻求司法审查。

（c）（1）联邦托管人（或破产管理署，如有）应仅批准表明其将提供合格的咨询师、为客户资金的妥善保管与支付采取足够措施、针对客户信用问题提供充分咨询以及负责且高效地解决与提供的服务的质量、效率及金融安全相关的其他事项的非营利预算和信用咨询机构。

（2）为了获得联邦托管人（或破产管理署，如有）的批准，非营利预算和信用咨询机构应当至少满足以下条件：

（A）设有董事会且其多数成员：

（i）并未被该机构雇佣；并且

(ii) will not directly or indirectly benefit financially from the outcome of the counseling services provided by such agency;

(B) if a fee is charged for counseling services, charge a reasonable fee, and provide services without regard to ability to pay the fee;

(C) provide for safekeeping and payment of client funds, including an annual audit of the trust accounts and appropriate employee bonding;

(D) provide full disclosures to a client, including funding sources, counselor qualifications, possible impact on credit reports, and any costs of such program that will be paid by such client and how such costs will be paid;

(E) provide adequate counseling with respect to a client's credit problems that includes an analysis of such client's current financial condition, factors that caused such financial condition, and how such client can develop a plan to respond to the problems without incurring negative amortization of debt;

(F) provide trained counselors who receive no commissions or bonuses based on the outcome of the counseling services provided by such agency, and who have adequate experience, and have been adequately trained to provide counseling services to individuals in financial difficulty, including the matters described in subparagraph (E);

(G) demonstrate adequate experience and background in providing credit counseling; and

(H) have adequate financial resources to provide continuing support services for budgeting plans over the life of any repayment plan.

(d) The United States trustee (or the bankruptcy administrator, if any) shall only approve an instructional course concerning personal financial management—

(1) for an initial probationary period under subsection (b)(3) if the course will provide at a minimum—

(A) trained personnel with adequate experience and training in providing effective instruction and services;

(B) learning materials and teaching methodologies designed to assist debtors in understanding personal financial management and that are consistent with stated objectives directly related to the goals of such instructional course;

(C) adequate facilities situated in reasonably convenient locations at which such instructional course is offered, except that such facilities may include the provision of such instructional course by telephone or through the Internet, if such instructional course is effective;

(D) the preparation and retention of reasonable records (which shall include the debtor's bankruptcy case number) to permit evaluation of the effectiveness of such instructional course, including any evaluation of satisfaction of instructional course （ii）不会直接或间接通过该机构提供的咨询服务而获得经济收益；

（B）若就咨询服务收取费用，则应收取合理费用，且在提供服务时不得考虑咨询人的付费能力；

（C）提供对客户资金的妥善保管与支付，包括对信托账户的年度审计和适当的雇员担保保险；

（D）向客户进行完全披露，其包括资金来源、咨询师资质、对信用报告的可能影响以及将由该客户支付的该项目的费用与如何支付该费用；

（E）就客户信用问题提供充分的咨询服务，包括对该客户当前财务状况、导致该财务状况的因素的分析以及其如何制订计划解决这些问题并避免发生债务负摊销；

（F）提供经培训的咨询师且其并不基于该机构提供的咨询服务的结果而获得佣金或奖金，并且其拥有充分的经验并已进行过充分的训练以向经济困难的个人提供咨询服务，包括附款（E）中所述服务；

（G）表现出在提供信用咨询上的充分经验和背景；并且

（H）拥有足够的经济资源以在还款计划期间内为预算计划提供持续性支持服务。

（d）联邦托管人（或破产管理署，如有）应仅批准满足以下条件的个人财务管理的指导课程且仅该批准仅持续以下期间：

（1）附条（b）（3）所述的初始试用期，若该课程至少提供下列各项：

（A）在提供有效的指导和服务上拥有充分经验和训练的经培训人员；

（B）用以帮助债务人理解个人财务管理而设计的学习材料和教学方法，且其与该指导课程的目的直接相关的设定目标是一致的；

（C）提供该指导课程的地点方便合理且设施充足，此外，若该指导课程有效，该设施也可包括通过电话或互联网提供的与其相关的材料；

（D）对合理的档案（应包括债务人的破产案件编号）的准备和保存以实现对该指导课程有效性的评估，包括对参加该指导课程的各债务人其对指导课程要求的满意度的评估，该档案应向进行审查和评估的联邦托管人执行办公室、联邦托管人（或

requirements for each debtor attending such instructional course, which shall be available for inspection and evaluation by the Executive Office for United States Trustees, the United States trustee (or the bankruptcy administrator, if any), or the chief bankruptcy judge for the district in which such instructional course is offered; and

(E) if a fee is charged for the instructional course, charge a reasonable fee, and provide services without regard to ability to pay the fee; and

(2) for any 1-year period if the provider thereof has demonstrated that the course meets the standards of paragraph (1) and, in addition—

(A) has been effective in assisting a substantial number of debtors to understand personal financial management; and

(B) is otherwise likely to increase substantially the debtor's understanding of personal financial management.

(e) The district court may, at any time, investigate the qualifications of a nonprofit budget and credit counseling agency referred to in subsection (a), and request production of documents to ensure the integrity and effectiveness of such agency. The district court may, at any time, remove from the approved list under subsection (a) a nonprofit budget and credit counseling agency upon finding such agency does not meet the qualifications of subsection (b).

(f) The United States trustee (or the bankruptcy administrator, if any) shall notify the clerk that a nonprofit budget and credit counseling agency or an instructional course is no longer approved, in which case the clerk shall remove it from the list maintained under subsection (a).

(g)(1) No nonprofit budget and credit counseling agency may provide to a credit reporting agency information concerning whether a debtor has received or sought instruction concerning personal financial management from such agency.

(2) A nonprofit budget and credit counseling agency that willfully or negligently fails to comply with any requirement under this title with respect to a debtor shall be liable for damages in an amount equal to the sum of—

(A) any actual damages sustained by the debtor as a result of the violation; and

(B) any court costs or reasonable attorneys' fees (as determined by the court) incurred in an action to recover those damages.

(Added Pub. L. 109-8, title I, §106 (e)(1), Apr. 20, 2005, 119 Stat. 38; amended Pub. L. 111-327, §2 (a)(8), Dec. 22, 2010, 124 Stat. 3558.)

### § 112. Prohibition on disclosure of name of minor children

The debtor may be required to provide information regarding a minor child involved in matters under this title but may not be required to disclose in the public records in the case the name of such minor child. The debtor may be required to disclose the name of

破产管理署，如有），或提供指导课程的地区的首席破产法官开放；并且

（E）若就指导课程收取费用，则应收取合理费用，且在提供服务时不得考虑债务人的付费能力；并且

（2）任意的一年期间，若提供者已经表明该课程满足第（1）款的标准并且此外：

（A）已经有效帮助大量债务人了解个人财务管理；并且

（B）还有大幅增强债务人对个人财务管理的理解的可能性。

（e）地区法院可随时调查附条（a）中所述的非营利预算和信用咨询机构的资质，并要求提供文件以确保该机构的完整性和有效性。当发现某非营利预算和信用咨询机构不满足附条（b）中的资质后，地区法院可随时将其从附条（a）中的获批名单中移除。

（f）联邦托管人（或破产管理署，如有）应通知破产法院书记员某非营利预算和信用咨询机构或指导课程已被取消批准，在此情形下，破产法院书记员应将其从附条（a）中被保存的名单中移除。

（g）（1）非营利预算和信用咨询机构不得向信用报告机构提供债务人是否曾从该机构获得或向其寻求个人财务管理指导的有关信息。

（2）故意或过失违反本篇中任意要求的非营利预算和信用咨询机构应向债务人承担损害赔偿责任且其金额为以下各项之和：

（A）债务人因该违反行为遭受的实质损害；以及

（B）在损害赔偿诉讼中承担的任何法院费用和合理的律师费用（由法院予以认定）。

［经 Pub. L. 109-8, title I, §106（e）（1）, Apr. 20, 2005, 119 Stat. 38; amended Pub. L. 111-327, §2（a）（8）, Dec. 22, 2010, 124 Stat. 3558 增补］

**第 112 条　禁止披露未成年子女姓名**

债务人可被要求提供涉及本篇事项的未成年子女的有关信息，但不得被要求在该案的公开记录中披露该未成年子女的姓名。债务人在该案中可被要求在由法院保管的非公开记录中披露该未成年子女的姓名并可由法院向进行审查的联邦托管人、

such minor child in a nonpublic record that is maintained by the court and made available by the court for examination by the United States trustee, the trustee, and the auditor (if any) serving under section 586 (f) of title 28, in the case. The court, the United States trustee, the trustee, and such auditor shall not disclose the name of such minor child maintained in such nonpublic record.

(Added Pub. L. 109-8, title II, §233 (a), Apr. 20, 2005, 119 Stat. 74.)

托管人以及根据《美国联邦法典》第 28 篇第 586 条（f）提供服务的审计师（如有）开放。法院、联邦托管人、托管人以及该审计师不得泄露载于该非公开记录中的该未成年子女的姓名。

［经 Pub. L. 109-8, title II, §233（a）, Apr. 20, 2005, 119 Stat. 74 增补］

# CHAPTER 3—CASE ADMINISTRATION

## SUBCHAPTER I —COMMENCEMENT OF A CASE



## SUBCHAPTER II —OFFICERS

# 第3章 案件的管理

## 第一附章 案件的启动



## 第二附章 破产从业人员

# SUBCHAPTER Ⅰ —COMMENCEMENT OF A CASE

### § 301. Voluntary cases

( a ) A voluntary case under a chapter of this title is commenced by the filing with the bankruptcy court of a petition under such chapter by an entity that may be a debtor under such chapter.

( b ) The commencement of a voluntary case under a chapter of this title constitutes an order for relief under such chapter.

( Pub. L. 95-598, Nov. 6, 1978, 92 Stat. 2558; Pub. L. 109-8, title V, §501 ( b ) , Apr. 20, 2005, 119 Stat. 118. )

### § 302. Joint cases

( a ) A joint case under a chapter of this title is commenced by the filing with the

**第三附章　案件的管理**



**第四附章　管理职责**



# 第一附章　案件的启动

### 第 301 条　自愿破产案件

（a）本篇各章中的自愿破产案件自该章节中的适格债务人依该章向破产法院提交破产申请而启动。

（b）本篇各章中自愿破产案件的启动即构成该章节中的破产救济令。

[ Pub. L. 95-598, Nov. 6, 1978, 92 Stat. 2558; Pub. L. 109-8, title V, §501（b）, Apr. 20, 2005, 119 Stat. 118. ]

### 第 302 条　夫妻共同破产案件

（a）本篇各章中的夫妻共同破产案件自该章节中可作为债务人的个人及其配偶

bankruptcy court of a single petition under such chapter by an individual that may be a debtor under such chapter and such individual's spouse. The commencement of a joint case under a chapter of this title constitutes an order for relief under such chapter.

(b) After the commencement of a joint case, the court shall determine the extent, if any, to which the debtors' estates shall be consolidated.

(Pub. L. 95-598, Nov. 6, 1978, 92 Stat. 2558.)

### § 303. Involuntary cases

(a) An involuntary case may be commenced only under chapter 7 or 11 of this title, and only against a person, except a farmer, family farmer, or a corporation that is not a moneyed, business, or commercial corporation, that may be a debtor under the chapter under which such case is commenced.

(b) An involuntary case against a person is commenced by the filing with the bankruptcy court of a petition under chapter 7 or 11 of this title—

(1) by three or more entities, each of which is either a holder of a claim against such person that is not contingent as to liability or the subject of a bona fide dispute as to liability or amount, or an indenture trustee representing such a holder, if such noncontingent, undisputed claims aggregate at least $10,000 more than the value of any lien on property of the debtor securing such claims held by the holders of such claims;

(2) if there are fewer than 12 such holders, excluding any employee or insider of such person and any transferee of a transfer that is voidable under section 544, 545, 547, 548, 549, or 724 (a) of this title, by one or more of such holders that hold in the aggregate at least $10,000 of such claims;

(3) if such person is a partnership—

(A) by fewer than all of the general partners in such partnership; or

(B) if relief has been ordered under this title with respect to all of the general partners in such partnership, by a general partner in such partnership, the trustee of such a general partner, or a holder of a claim against such partnership; or

(4) by a foreign representative of the estate in a foreign proceeding concerning such person.

(c) After the filing of a petition under this section but before the case is dismissed or relief is ordered, a creditor holding an unsecured claim that is not contingent, other than a creditor filing under subsection (b) of this section, may join in the petition with the same effect as if such joining creditor were a petitioning creditor under subsection (b) of this section.

依该章向破产法院提交一份破产申请即可启动。本篇各章中夫妻共同破产案件的启动即构成该章节下的破产救济令。

（b）夫妻共同破产案件启动后，若存在应被合并的债务人们的共同资产[①]，则法院应当确定其范围。

（Pub. L. 95-598, Nov. 6, 1978, 92 Stat. 2558.）

**第 303 条　强制破产案件**

（a）强制破产案件仅可根据本篇第 7 章或第 11 章而启动，并仅可对依相应章节启动破产案件时，该章节中除农民、家庭农场主或金融、商事或企业法人以外的适格债务人提起。

（b）根据本篇第 7 章或第 11 章，强制破产案件由以下主体通过向破产法院提交申请而启动：

（1）由三个或三个以上的实体提交，并且各实体或是对该债务人享有的责任确定成立的或在责任或数额上没有真实争议的债权的主体，或是代表该主体的契约受托人，而且该实然的、无争议的债权数额累计至少超出在债务人财产上用以担保该债权的财产上担保权的价值 10,000 美元；

（2）若除了债务人的任何员工或内部人士以及任何根据本篇第 544、545、547、548、549 或 724（a）条可被撤销转让的受让人以外，前述债权人的数量少于 12，则可由一个或一个以上的债权人提起且其债权数额累计至少为 10,000 美元；

（3）若该债务人为合伙组织：

（A）由该合伙中的部分普通合伙人提起；或

（B）若根据本篇已经对该合伙中的所有普通合伙人作出破产救济令，则可由该合伙中的普通合伙人、普通合伙人的托管人或该合伙组织的债权人提起；或

（4）在针对该债务人的境外程序中，可由破产实体的境外代表提起。

（c）根据本条提交破产申请后、案件被驳回或破产救济令被作出前，除根据附条（b）提交申请的债权人外，持有实然的非担保债权的债权人，可以加入破产申请并产生与其作为债权人根据附条（b）提交破产申请相同的效果[②]。

---

① 根据 Senate Report No.95-989，应当考虑债务人共同持有的财产以及共同举债的数额。

② 根据 Senate report No.95-989，此处产生相同效果的意思是指该债权人被视为原始申请债权人，如若该债权人加入破产申请后满足对申请人数量或债权数额的要求，法院不会因为原始申请债权人数量不足或其持有的债权数额不足而驳回申请。

(d) The debtor, or a general partner in a partnership debtor that did not join in the petition, may file an answer to a petition under this section.

(e) After notice and a hearing, and for cause, the court may require the petitioners under this section to file a bond to indemnify the debtor for such amounts as the court may later allow under subsection (i) of this section.

(f) Notwithstanding section 363 of this title, except to the extent that the court orders otherwise, and until an order for relief in the case, any business of the debtor may continue to operate, and the debtor may continue to use, acquire, or dispose of property as if an involuntary case concerning the debtor had not been commenced.

(g) At any time after the commencement of an involuntary case under chapter 7 of this title but before an order for relief in the case, the court, on request of a party in interest, after notice to the debtor and a hearing, and if necessary to preserve the property of the estate or to prevent loss to the estate, may order the United States trustee to appoint an interim trustee under section 701 of this title to take possession of the property of the estate and to operate any business of the debtor. Before an order for relief, the debtor may regain possession of property in the possession of a trustee ordered appointed under this subsection if the debtor files such bond as the court requires, conditioned on the debtor's accounting for and delivering to the trustee, if there is an order for relief in the case, such property, or the value, as of the date the debtor regains possession, of such property.

(h) If the petition is not timely controverted, the court shall order relief against the debtor in an involuntary case under the chapter under which the petition was filed. Otherwise, after trial, the court shall order relief against the debtor in an involuntary case under the chapter under which the petition was filed, only if—

(1) the debtor is generally not paying such debtor's debts as such debts become due unless such debts are the subject of a bona fide dispute as to liability or amount; or

(2) within 120 days before the date of the filing of the petition, a custodian, other than a trustee, receiver, or agent appointed or authorized to take charge of less than substantially all of the property of the debtor for the purpose of enforcing a lien against such property, was appointed or took possession.

(i) If the court dismisses a petition under this section other than on consent of all petitioners and the debtor, and if the debtor does not waive the right to judgment under this subsection, the court may grant judgment—

(1) against the petitioners and in favor of the debtor for—

(A) costs; or

(B) a reasonable attorney's fee; or

(2) against any petitioner that filed the petition in bad faith, for—

(A) any damages proximately caused by such filing; or

（d）债务人，或合伙组织债务人中的未加入破产申请的普通合伙人可根据本条针对破产申请提交答辩。

（e）经过通知和听证后，法院出于特定事由可要求申请人根据本条提交保证金，以在法院后根据附条（i）作出判决时，使得债务人获得相应数额的赔偿。

（f）即使存在本篇第 363 条的规定，除非法院作出其他裁定，否则在破产救济令被作出前，债务人的任何商事业务均可被继续运营，并且债务人可像其强制破产案件并未被启动一样继续使用、获取或处置财产。

（g）根据本篇第 7 章启动强制破产案件后，但在本案破产救济令被作出前，法院应利益相关方请求，向债务人发出通知并举行听证后，若确有必要保护破产财产或防止遭受损害，则可裁定联邦托管人根据本篇第 701 条任命临时托管人来接管破产财产并经营债务人的任何商事业务。破产救济令被作出前，若债务人根据法院的要求提交保证金，且以债务人在破产救济令作出时向托管人移交该财产或该财产在债务人重新取得占有时的价值为条件，则债务人可重新占有根据本附条所裁定任命的托管人所占有的财产。

（h）若该破产申请未得到及时处理，则法院应直接根据提交破产申请所依据的章节在强制破产案件中对债务人作出破产救济令。否则，在审理后，法院根据提交破产申请所依据的章节的规定，仅应在下列情况中对强制破产案件中的债务人作出破产救济令：

（1）债务人整体性未清偿到期债务，除非该债务在责任成立与否或金额上存在真实争议；或

（2）破产申请被提交前 120 日内，任命了除托管人、接管人或被任命、授权接管债务人小部分财产以强制执行该财产上的担保权的代理人外的保管人，或该期间内该保管人已经接管财产。

（i）除所有申请人和债务人一致同意的情况外，若法院根据本条驳回破产申请且债务人未放弃根据本附条寻求判决的权利，则法院可作出以下判决：

（1）破产申请人败诉并支持债务人获得：

（A）相应成本；或

（B）合理的律师费用；或

（2）恶意提交破产申请的申请人败诉并判决其承担：

（A）任何与该申请有近因关系的损失；或

(B) punitive damages.

(j) Only after notice to all creditors and a hearing may the court dismiss a petition filed under this section—

(1) on the motion of a petitioner;

(2) on consent of all petitioners and the debtor; or

(3) for want of prosecution.

(k)(1) If—

(A) the petition under this section is false or contains any materially false, fictitious, or fraudulent statement;

(B) the debtor is an individual; and

(C) the court dismisses such petition, the court, upon the motion of the debtor, shall seal all the records of the court relating to such petition, and all references to such petition.

(2) If the debtor is an individual and the court dismisses a petition under this section, the court may enter an order prohibiting all consumer reporting agencies (as defined in section 603 (f) of the Fair Credit Reporting Act (15 U.S.C. 1681a (f))) from making any consumer report (as defined in section 603 (d) of that Act) that contains any information relating to such petition or to the case commenced by the filing of such petition.

(3) Upon the expiration of the statute of limitations described in section 3282 of title 18, for a violation of section 152 or 157 of such title, the court, upon the motion of the debtor and for good cause, may expunge any records relating to a petition filed under this section.

(Pub. L. 95-598, Nov. 6, 1978, 92 Stat. 2559; Pub. L. 98-353, title III, §§426, 427, July 10, 1984, 98 Stat. 369; Pub. L. 99-554, title II, §§204, 254, 283 (b), Oct. 27, 1986, 100 Stat. 3097, 3105, 3116; Pub. L. 103-394, title I, §108 (b), Oct. 22, 1994, 108 Stat. 4112; Pub. L. 109-8, title III, §332 (b), title VIII, §802 (d)(2), title XII, §1234 (a), Apr. 20, 2005, 119 Stat. 103, 146, 204; Pub. L. 111-327, §2 (a)(9), Dec. 22, 2010, 124 Stat. 3558.)

[§304. Repealed. Pub. L. 109-8, title VIII, §802 (d)(3), Apr. 20, 2005, 119 Stat. 146]

Section, Pub. L. 95-598, Nov. 6, 1978, 92 Stat. 2560, related to cases ancillary to foreign proceedings.

### § 305. Abstention

(a) The court, after notice and a hearing, may dismiss a case under this title, or may suspend all proceedings in a case under this title, at any time if—

(1) the interests of creditors and the debtor would be better served by such dismissal

（B）惩罚性赔偿。

（j）仅在向所有债权人发出通知并举行听证后，法院才可在下列情况中驳回依据本条提交的破产申请：

（1）基于申请人的动议；

（2）经所有申请人和债务人一致同意；或

（3）（因申请人不当拖延程序）被驳回申请。

（k）（1）若：

（A）本条下的破产申请有误或含有重大错误、虚假或欺诈性陈述；

（B）债务人是个人；并且

（C）法院驳回该申请，则法院应债务人的动议，应当封存所有与该申请有关的法庭记录以及所有涉及该申请的材料。

（2）若债务人为个人且法院根据本条驳回破产申请，则法院可作出裁定以禁止所有消费报告机构［定义见《公平信用报告法》第 603 条（f）(《美国联邦法典》第 15 篇第 1681a 条（f))］制作任何载有该破产申请或因该申请而启动的案件的任何有关信息的消费报告［定义见该法第 603 条（f)］。

（3）在《美国联邦法典》第 18 篇第 3282 条规定的诉讼时效届满后，就违反该法第 152 条或第 157 条的行为，法院应债务人动议并出于正当事由，可清除根据本条提交的破产申请的有关任何记录。

［Pub. L. 95-598, Nov. 6, 1978, 92 Stat. 2559; Pub. L. 98-353, title III, §§426, 427, July 10, 1984, 98 Stat. 369; Pub. L. 99-554, title II, §§204, 254, 283（b）, Oct. 27, 1986, 100 Stat. 3097, 3105, 3116; Pub. L. 103-394, title I, §108（b）, Oct. 22, 1994, 108 Stat. 4112; Pub. L. 109-8, title III, §332（b）, title VIII, §802（d）(2）, title XII, §1234（a）, Apr. 20, 2005, 119 Stat. 103, 146, 204; Pub. L. 111-327, §2（a）(9）, Dec. 22, 2010, 124 Stat. 3558.］

**［第 304 条　此条根据公法第 109–8 号，第 VIII 篇，第 802 条（d）(3)，2005 年 4 月 20 日，《法律汇总》第 119 卷第 146 页，已被废止］**

条，Pub. L. 95–598，Nov. 6，1978，92 Stat. 2560，与境外程序的辅助程序相关。

**第 305 条　不予受理**

（a）在下列情况中，法院经通知和听证后可驳回本篇案件或中止本篇案件中的所有程序：

（1）该驳回或中止更符合债权人和债务人的权益；或

or suspension; or

(2)(A) a petition under section 1515 for recognition of a foreign proceeding has been granted; and

(B) the purposes of chapter 15 of this title would be best served by such dismissal or suspension.

(b) A foreign representative may seek dismissal or suspension under subsection (a)(2) of this section.

(c) An order under subsection (a) of this section dismissing a case or suspending all proceedings in a case, or a decision not so to dismiss or suspend, is not reviewable by appeal or otherwise by the court of appeals under section 158 (d), 1291, or 1292 of title 28 or by the Supreme Court of the United States under section 1254 of title 28.

(Pub. L. 95-598, Nov. 6, 1978, 92 Stat. 2561; Pub. L. 101-650, title III, §309 (a), Dec. 1, 1990, 104 Stat. 5113; Pub. L. 102-198, §5, Dec. 9, 1991, 105 Stat. 1623; Pub. L. 109-8, title VIII, §802 (d)(6), Apr. 20, 2005, 119 Stat. 146.)

### § 306. Limited appearance

An appearance in a bankruptcy court by a foreign representative in connection with a petition or request under section 303 or 305 of this title does not submit such foreign representative to the jurisdiction of any court in the United States for any other purpose, but the bankruptcy court may condition any order under section 303 or 305 of this title on compliance by such foreign representative with the orders of such bankruptcy court.

(Pub. L. 95-598, Nov. 6, 1978, 92 Stat. 2561; Pub. L. 109-8, title VIII, §802(d)(5), Apr. 20, 2005, 119 Stat. 146.)

### § 307. United States trustee

The United States trustee may raise and may appear and be heard on any issue in any case or proceeding under this title but may not file a plan pursuant to section 1121 (c) of this title.

(Added Pub. L. 99-554, title II, §205 (a), Oct. 27, 1986, 100 Stat. 3098.)

### § 308. Debtor reporting requirements

(a) For purposes of this section, the term “profitability” means, with respect to a debtor, the amount of money that the debtor has earned or lost during current and recent fiscal periods.

(b) A debtor in a small business case shall file periodic financial and other reports containing information including—

(1) the debtor’s profitability;

(2) reasonable approximations of the debtor’s projected cash receipts and cash disbursements over a reasonable period;

(3) comparisons of actual cash receipts and disbursements with projections in prior

（2）（A）已经准予根据第 1515 条为承认境外程序而提出的申请；并且

（B）该驳回或中止更有助于实现本篇第 15 章的目的。

（b）境外代表可根据本条的附条（a）（2）寻求驳回或中止。

（c）根据本条的附条（a）所作的驳回案件或中止案件所有程序的裁定，或不对案件、程序进行驳回、中止的决定，不得通过上诉或由上诉法院根据《美国联邦法典》第 28 篇第 158（d）、1291 或 1292 条，美国最高法院根据《美国联邦法典》第 28 篇第 1254 条进行审查。

［Pub. L. 95-598, Nov. 6, 1978, 92 Stat. 2561; Pub. L. 101-650, title III, §309（a）, Dec. 1, 1990, 104 Stat. 5113; Pub. L. 102-198, §5, Dec. 9, 1991, 105 Stat. 1623; Pub. L. 109-8, title VIII, §802（d）（6）, Apr. 20, 2005, 119 Stat. 146.］

**第 306 条　限制性出庭**

境外代表因根据本篇第 303 条或第 305 条所作的申请或请求而在破产法院中出席，并未使得美国的任何法院就其他事由而对该境外代表享有管辖权，但是破产法院可以该境外代表遵守该破产法院的裁定为条件而作出本篇第 303 条或第 305 条所述的裁定。

（Pub. L. 95-598, Nov. 6, 1978, 92 Stat. 2561; Pub. L. 109-8, title VIII, §802（d）（5）, Apr. 20, 2005, 119 Stat. 146.）

**第 307 条　联邦托管人**

联邦托管人可在本篇任何案件或程序中提起任何事项、出席或就任何问题发表意见，但不得根据本篇第 1121 条（c）提交计划。

［经 Pub. L. 99-554, title II, §205（a）, Oct. 27, 1986, 100 Stat. 3098 增补］

**第 308 条　债务人报告要求**

（a）就本条而言，“盈利能力”针对于债务人来说，指其在当前或最近会计期间获得或失去的金额。

（b）小企业案件中的债务人应当提交定期财务报告以及含有以下信息的其他报告：

（1）债务人的盈利能力；

（2）在合理期间内对债务人预计现金收入和现金支出的合理估算；

（3）对实际现金收入和支出与先前报告中的预测所进行的比较；

reports;

(4) whether the debtor is—

(A) in compliance in all material respects with postpetition requirements imposed by this title and the Federal Rules of Bankruptcy Procedure; and

(B) timely filing tax returns and other required government filings and paying taxes and other administrative expenses when due;

(5) if the debtor is not in compliance with the requirements referred to in paragraph (4)(A) or filing tax returns and other required government filings and making the payments referred to in paragraph (4)(B), what the failures are and how, at what cost, and when the debtor intends to remedy such failures; and

(6) such other matters as are in the best interests of the debtor and creditors, and in the public interest in fair and efficient procedures under chapter 11 of this title.

(Added Pub. L. 109-8, title IV, §434(a)(1), Apr. 20, 2005, 119 Stat. 111; amended Pub. L. 111-327, §2(a)(10), Dec. 22, 2010, 124 Stat. 3558.)

## SUBCHAPTER II —OFFICERS

### § 321. Eligibility to serve as trustee

(a) A person may serve as trustee in a case under this title only if such person is—

(1) an individual that is competent to perform the duties of trustee and, in a case under chapter 7, 12, or 13 of this title, resides or has an office in the judicial district within which the case is pending, or in any judicial district adjacent to such district; or

(2) a corporation authorized by such corporation's charter or bylaws to act as trustee, and, in a case under chapter 7, 12, or 13 of this title, having an office in at least one of such districts.

(b) A person that has served as an examiner in the case may not serve as trustee in the case.

(c) The United States trustee for the judicial district in which the case is pending is eligible to serve as trustee in the case if necessary.

(Pub. L. 95-598, Nov. 6, 1978, 92 Stat. 2561; Pub. L. 98-353, title III, §428, July 10, 1984, 98 Stat. 369; Pub. L. 99-554, title II, §§206, 257(c), Oct. 27, 1986, 100 Stat. 3098, 3114.)

### § 322. Qualification of trustee

(a) Except as provided in subsection (b)(1), a person selected under section

（4）债务人是否：

（A）实质遵守本篇或《联邦破产程序规则》施加的申请后要求；并且

（B）及时提交报税表以及其他被要求向政府提交的文件，并支付到期的税款和其他管理费用；

（5）若债务人并未遵守第（4）款（A）所述的要求或履行第（4）款（B）所述的提交报税表或其他被要求向政府提交的文件以及支付款项的义务，该违反行为的定性、作出方式、其后果以及债务人意图纠正该违反行为的时间；以及

（6）符合债务人和债权人最大利益以及本篇第 11 章中公平高效的程序中的公共利益的其他事项。

[经 Pub. L. 109-8, title IV, §434（a）(1), Apr. 20, 2005, 119 Stat. 111; amended Pub.L. 111-327, §2（a）(10), Dec. 22, 2010, 124 Stat. 3558. 增补]

# 第二附章　破产从业人员

### 第 321 条　担任托管人的资格

（a）本篇案件中的托管人必须符合以下条件：

（1）有能力执行托管人职责的个人且在本篇第 7 章、第 12 章或第 13 章案件中，其居住在该案所在的司法管辖区或任何与之相邻的司法管辖区内，或在该地区设有办公室；或

（2）由该公司章程或法律授权其担任托管人的公司且在本篇第 7 章、第 12 章或第 13 章案件中，至少在以上所述的一个司法管辖区内设有办公室。

（b）在案件中曾担任监督人的人不得在该案中担任托管人。

（c）在必要的情况下，在进行中的破产案件所在的司法管辖区供职的联邦托管人有资格在该案中担任托管人。

[Pub. L. 95-598, Nov. 6, 1978, 92 Stat. 2561; Pub. L. 98-353, title III, §428, July 10, 1984, 98 Stat. 369; Pub. L. 99-554, title II, §§206, 257（c）, Oct. 27, 1986, 100 Stat. 3098, 3114.]

### 第 322 条　托管人的资质

（a）除附条（b）(1）另有规定外，根据本篇第 701、702、703、1104、1163、

701, 702, 703, 1104, 1163, 1183, 1202, or 1302 of this title to serve as trustee in a case under this title qualifies if before seven days after such selection, and before beginning official duties, such person has filed with the court a bond in favor of the United States conditioned on the faithful performance of such official duties.

(b)(1) The United States trustee qualifies wherever such trustee serves as trustee in a case under this title.

(2) The United States trustee shall determine—

(A) the amount of a bond required to be filed under subsection (a) of this section; and

(B) the sufficiency of the surety on such bond.

(c) A trustee is not liable personally or on such trustee's bond in favor of the United States for any penalty or forfeiture incurred by the debtor.

(d) A proceeding on a trustee's bond may not be commenced after two years after the date on which such trustee was discharged.

(Pub. L. 95-598, Nov. 6, 1978, 92 Stat. 2562; Pub. L. 98-353, title III, §429, July 10, 1984, 98 Stat. 369; Pub. L. 99-554, title II, §§207, 257 (d), Oct. 27, 1986, 100 Stat. 3098, 3114; Pub. L. 103-394, title V, §501 (d)(3), Oct. 22, 1994, 108 Stat. 4143; Pub. L. 111-16, §2 (2), May 7, 2009, 123 Stat. 1607; Pub. L. 116-54, §4 (a)(3), Aug. 23, 2019, 133 Stat. 1085.)

### § 323. Role and capacity of trustee

(a) The trustee in a case under this title is the representative of the estate.

(b) The trustee in a case under this title has capacity to sue and be sued.

(Pub. L. 95-598, Nov. 6, 1978, 92 Stat. 2562.)

### § 324. Removal of trustee or examiner

(a) The court, after notice and a hearing, may remove a trustee, other than the United States trustee, or an examiner, for cause.

(b) Whenever the court removes a trustee or examiner under subsection (a) in a case under this title, such trustee or examiner shall thereby be removed in all other cases under this title in which such trustee or examiner is then serving unless the court orders otherwise.

(Pub. L. 95-598, Nov. 6, 1978, 92 Stat. 2562; Pub. L. 99-554, title II, §208, Oct. 27, 1986, 100 Stat. 3098.)

### § 325. Effect of vacancy

A vacancy in the office of trustee during a case does not abate any pending action or proceeding, and the successor trustee shall be substituted as a party in such action or proceeding.

(Pub. L. 95-598, Nov. 6, 1978, 92 Stat. 2562.)

1183、1202 或 1302 条被选任为托管人的人，若在当选后 7 日内以及履职前，已经向法院提交以忠实履行该职责为条件且受益人为美国的保证保险，则其为合格的托管人。

（b）（1）联邦托管人在本篇案件中任何情况下均为有资质的托管人。

（2）联邦托管人应当确定以下事项：

（A）本条的附条（a）中被要求提交的保证的数额；以及

（B）该保证所承担的保证金是否足够。

（c）托管人不对债务人被处的罚金或没收而承担个人责任或以美国为受益人的保证金承担责任。

（d）与托管人的保证保险有关的诉讼在该托管人被解雇之日起 2 年后便不得被启动。

[Pub. L. 95-598, Nov. 6, 1978, 92 Stat. 2562; Pub. L. 98-353, title III, §429, July 10, 1984, 98 Stat. 369; Pub. L. 99-554, title II, §§207, 257（d）, Oct. 27, 1986, 100 Stat. 3098, 3114; Pub. L. 103-394, title V, §501（d）（3）, Oct. 22, 1994, 108 Stat. 4143; Pub. L. 111-16, §2（2）, May 7, 2009, 123 Stat. 1607; Pub. L. 116-54, §4（a）（3）, Aug. 23, 2019, 133 Stat. 1085.]

**第 323 条　托管人的角色和职能**

（a）本篇案件中的托管人是破产实体的代表人。

（b）本篇案件中的托管人有权起诉和应诉。

（Pub. L. 95-598, Nov. 6, 1978, 92 Stat. 2562.）

**第 324 条　罢免托管人或监督人**

（a）经过通知和听证后，法院可出于特定事由罢免除联邦托管人外的托管人或监督人。

（b）无论法院在本篇案件中何时根据附条（a）罢免托管人或监督人，除非法院作出其他裁定，否则该托管人或监督人在本篇其后所有该托管人或监督人履职的案件中均应被就此罢免。

（Pub. L. 95-598, Nov. 6, 1978, 92 Stat. 2562; Pub. L. 99-554, title II, §208, Oct. 27, 1986, 100 Stat. 3098.）

**第 325 条　托管人职位空缺的影响**

案件进行过程中，托管人职位的空缺不会减少任何进行中的诉讼或程序，并且继任托管人应当在该诉讼或程序中被替换为当事人。

（Pub. L. 95-598, Nov. 6, 1978, 92 Stat. 2562.）

### § 326. Limitation on compensation of trustee

( a ) In a case under chapter 7 or 11, other than a case under subchapter Ⅴ of chapter 11, the court may allow reasonable compensation under section 330 of this title of the trustee for the trustee's services, payable after the trustee renders such services, not to exceed 25 percent on the first $5,000 or less, 10 percent on any amount in excess of $5,000 but not in excess of $50,000, 5 percent on any amount in excess of $50,000 but not in excess of $1,000,000, and reasonable compensation not to exceed 3 percent of such moneys in excess of $1,000,000, upon all moneys disbursed or turned over in the case by the trustee to parties in interest, excluding the debtor, but including holders of secured claims.

( b ) In a case under subchapter Ⅴ of chapter 11 or chapter 12 or 13 of this title, the court may not allow compensation for services or reimbursement of expenses of the United States trustee or of a standing trustee appointed under section 586 ( b ) of title 28, but may allow reasonable compensation under section 330 of this title of a trustee appointed under section 1202 ( a ) or 1302 ( a ) of this title for the trustee's services, payable after the trustee renders such services, not to exceed five percent upon all payments under the plan.

( c ) If more than one person serves as trustee in the case, the aggregate compensation of such persons for such service may not exceed the maximum compensation prescribed for a single trustee by subsection ( a ) or ( b ) of this section, as the case may be.

( d ) The court may deny allowance of compensation for services or reimbursement of expenses of the trustee if the trustee failed to make diligent inquiry into facts that would permit denial of allowance under section 328 ( c ) of this title or, with knowledge of such facts, employed a professional person under section 327 of this title.

( Pub. L. 95-598, Nov. 6, 1978, 92 Stat. 2562; Pub. L. 98-353, title III, §430( a ),( b ), July 10, 1984, 98 Stat. 369; Pub. L. 99-554, title II, §209, Oct. 27, 1986, 100 Stat. 3098; Pub. L. 103-394, title I, §107, Oct. 22, 1994, 108 Stat. 4111; Pub. L. 116-54, §4 ( a ) ( 4 ) , Aug. 23, 2019, 133 Stat. 1085. )

### § 327. Employment of professional persons

( a ) Except as otherwise provided in this section, the trustee, with the court's approval, may employ one or more attorneys, accountants, appraisers, auctioneers, or other professional persons, that do not hold or represent an interest adverse to the estate, and that are disinterested persons, to represent or assist the trustee in carrying out the trustee's duties under this title.

( b ) If the trustee is authorized to operate the business of the debtor under section 721, 1202, or 1108 of this title, and if the debtor has regularly employed attorneys, accountants, or other professional persons on salary, the trustee may retain or replace such professional persons if necessary in the operation of such business.

**第 326 条　托管人报酬的限制**

（a）在第 7 章或第 11 章案件中，除第 7 章第五附章的案件以外，法院可根据本篇第 330 条准予向托管人在其提供服务后就该服务支付合理的报酬，但不得超过以下各项金额之和：以本案中托管人向债务人外的利益相关方（但包括担保债权人）分配或归还的金额为基数，5000 美元及 5000 美元以下的金额的 25%，超过 5000 美元、不超过 50,000 美元的部分的 10%，超过 50,000 美元、不超过 1,000,000 美元的部分的 5%，以及超过 1,000,000 美元的部分的不超过 3% 的合理报酬。

（b）在本篇第 11 章第五附章、第 12 章或第 13 章的案件中，法院不得准予向联邦托管人或根据《美国联邦法典》第 28 篇第 586 条（b）任命的常任托管人就其服务支付报酬或报销其费用；但可准予向本篇第 1202 条（a）或 1302 条（a）中被任命的托管人在其提供服务后就该服务支付本篇第 330 条中的合理报酬，但不得超过该计划下所有款项的 5%。

（c）若在案件中有不止一名托管人，就其服务支付的累计报酬不得超过本条中附条（a）或（b）中就单个托管人规定的最高报酬。

（d）若托管人未能尽职调查根据本篇第 328 条（c）可构成拒绝报酬支付事由的事实，或在知悉该事实的情况下，仍根据本篇第 327 条雇佣专业人员时，法院可拒绝向托管人就其服务支付报酬或报销其费用。

[ Pub. L. 95-598, Nov. 6, 1978, 92 Stat. 2562; Pub. L. 98-353, title III, §430( a ),( b ), July 10, 1984, 98 Stat. 369; Pub. L. 99-554, title II, §209, Oct. 27, 1986, 100 Stat. 3098; Pub. L. 103-394, title I, §107, Oct. 22, 1994, 108 Stat. 4111; Pub. L. 116-54, §4（a）(4), Aug. 23, 2019, 133 Stat. 1085. ]

**第 327 条　专业人员的雇用**

（a）除本条另有规定外，托管人在法院批准下可雇佣一名或多名律师、会计师、评估师、拍卖师或其他专业人员从而根据本篇代表或协助托管人履行其职责，并且前述专业人员与该破产实体间不存在利益冲突且均为无利害关系人。

（b）若根据本篇第 721、1202 或 1108 条托管人被授权经营债务人的商事业务，且该债务人已经定期付薪雇用律师、会计师或其他专业人员，则托管人出于经营该商事业务的必要，可保留或替换以上专业人员。

(c) In a case under chapter 7, 12, or 11 of this title, a person is not disqualified for employment under this section solely because of such person's employment by or representation of a creditor, unless there is objection by another creditor or the United States trustee, in which case the court shall disapprove such employment if there is an actual conflict of interest.

(d) The court may authorize the trustee to act as attorney or accountant for the estate if such authorization is in the best interest of the estate.

(e) The trustee, with the court's approval, may employ, for a specified special purpose, other than to represent the trustee in conducting the case, an attorney that has represented the debtor, if in the best interest of the estate, and if such attorney does not represent or hold any interest adverse to the debtor or to the estate with respect to the matter on which such attorney is to be employed.

(f) The trustee may not employ a person that has served as an examiner in the case.

(Pub. L. 95-598, Nov. 6, 1978, 92 Stat. 2563; Pub. L. 98-353, title III, §430 (c), July 10, 1984, 98 Stat. 370; Pub. L. 99-554, title II, §§210, 257 (e), Oct. 27, 1986, 100 Stat. 3099, 3114.)

### § 328. Limitation on compensation of professional persons

(a) The trustee, or a committee appointed under section 1102 of this title, with the court's approval, may employ or authorize the employment of a professional person under section 327 or 1103 of this title, as the case may be, on any reasonable terms and conditions of employment, including on a retainer, on an hourly basis, on a fixed or percentage fee basis, or on a contingent fee basis. Notwithstanding such terms and conditions, the court may allow compensation different from the compensation provided under such terms and conditions after the conclusion of such employment, if such terms and conditions prove to have been improvident in light of developments not capable of being anticipated at the time of the fixing of such terms and conditions.

(b) If the court has authorized a trustee to serve as an attorney or accountant for the estate under section 327 (d) of this title, the court may allow compensation for the trustee's services as such attorney or accountant only to the extent that the trustee performed services as attorney or accountant for the estate and not for performance of any of the trustee's duties that are generally performed by a trustee without the assistance of an attorney or accountant for the estate.

(c) Except as provided in section 327 (c), 327 (e), or 1107 (b) of this title, the court may deny allowance of compensation for services and reimbursement of expenses of a professional person employed under section 327 or 1103 of this title if, at any time during such professional person's employment under section 327 or 1103 of this title, such professional person is not a disinterested person, or represents or holds an interest adverse （c）在本篇第 7 章、第 12 章或第 11 章案件中，任何人不得仅因其被债权人雇佣或其代表债权人的事实而丧失本条中被雇佣的资格，除非其他债权人或联邦托管人提出异议，且若确实存在实际利益冲突，则法院应当反对该雇佣行为。

（d）为了实现破产实体的最大利益，法院可授权托管人担任破产实体的律师或会计师。

（e）托管人在法院的批准下，若出于特定的特殊目的就代表托管人处理案件以外的事项，雇佣已经代表债务人的律师符合破产实体的最大利益，且该律师针对其被雇佣处理的事项与债务人及破产实体间没有利益冲突，则托管人可雇佣该律师。

（f）托管人不得雇佣曾担任本案监督人的人。

[ Pub. L. 95-598, Nov. 6, 1978, 92 Stat. 2563; Pub. L. 98-353, title III, §430（c）, July 10, 1984, 98 Stat. 370; Pub. L. 99-554, title II, §§210, 257（e）, Oct. 27, 1986, 100 Stat. 3099, 3114. ]

**第 328 条　专业人员报酬的限制**

（a）托管人或根据本篇第 1102 条而被任命的委员会，在法院的批准下，可以合理的条款或条件雇佣或授权雇佣本篇第 327 条或第 1103 条中的专业人员，其包括预付费、按小时付费、支付固定费用或按百分比支付，或分成制。即使已经存在以上条款或条件，若其被证实在设置该条款和条件时并未预见到其后难以预料的发展，则法院在该雇佣结束后可准予与该条款和条件下不同的报酬。

（b）若法院已经根据本篇第 327 条（d）授权托管人担任破产实体的律师或会计师，则法院可准予就其作为律师或会计师提供的服务支付报酬，但其仅限于该托管人作为律师或会计师为破产实体提供的服务，而不考虑托管人在无律师或会计师协助的情况下为破产实体整体性履行其管理人职责的所提供的服务。

（c）除本篇第 327（c）、327（e）或 1107（b）条另有规定外，若本篇第 327 条或第 1103 条中的专业人员在被雇佣期间并非是无利害关系人或其针对其被雇佣处理的事项与破产实体间存在利益冲突，则法院不得准予向根据本篇第 327 条或第 1103 条被雇佣的专业人员就其服务支付报酬或报销其费用。

to the interest of the estate with respect to the matter on which such professional person is employed.

( Pub. L. 95-598, Nov. 6, 1978, 92 Stat. 2563; Pub. L. 98-353, title III, §431, July 10, 1984, 98 Stat. 370; Pub. L. 109-8, title XII, §1206, Apr. 20, 2005, 119 Stat. 194. )

### § 329. Debtor's transactions with attorneys

( a ) Any attorney representing a debtor in a case under this title, or in connection with such a case, whether or not such attorney applies for compensation under this title, shall file with the court a statement of the compensation paid or agreed to be paid, if such payment or agreement was made after one year before the date of the filing of the petition, for services rendered or to be rendered in contemplation of or in connection with the case by such attorney, and the source of such compensation.

( b ) If such compensation exceeds the reasonable value of any such services, the court may cancel any such agreement, or order the return of any such payment, to the extent excessive, to—

( 1 ) the estate, if the property transferred—

( A ) would have been property of the estate; or

( B ) was to be paid by or on behalf of the debtor under a plan under chapter 11, 12, or 13 of this title; or

( 2 ) the entity that made such payment.

( Pub. L. 95-598, Nov. 6, 1978, 92 Stat. 2564; Pub. L. 98-353, title III, §432, July 10, 1984, 98 Stat. 370; Pub. L. 99-554, title II, §257 ( c ) , Oct. 27, 1986, 100 Stat. 3114. )

### § 330. Compensation of officers

( a ) ( 1 ) After notice to the parties in interest and the United States Trustee and a hearing, and subject to sections 326, 328, and 329, the court may award to a trustee, a consumer privacy ombudsman appointed under section 332, an examiner, an ombudsman appointed under section 333, or a professional person employed under section 327 or 1103—

( A ) reasonable compensation for actual, necessary services rendered by the trustee, examiner, ombudsman, professional person, or attorney and by any paraprofessional person employed by any such person; and

( B ) reimbursement for actual, necessary expenses.

( 2 ) The court may, on its own motion or on the motion of the United States Trustee, the United States Trustee for the District or Region, the trustee for the estate, or any other party in interest, award compensation that is less than the amount of compensation that is requested.

( 3 ) In determining the amount of reasonable compensation to be awarded to an examiner, trustee under chapter 11, or professional person, the court shall consider the

（Pub. L. 95-598, Nov. 6, 1978, 92 Stat. 2563; Pub. L. 98-353, title III, §431, July 10, 1984, 98 Stat. 370; Pub. L. 109-8, title XII, §1206, Apr. 20, 2005, 119 Stat. 194.）

**第 329 条　债务人与律师的交易**

（a）在本篇案件或与该案件有关的案件中代表债务人的任何律师，无论其是否根据本篇申请其报酬，均应向法院提交一份声明，载明就其已提供的或将要提供的、与案件相关的服务在破产申请被提交前一年内已对其支付或已同意对其支付的报酬，以及该报酬的来源。

（b）若该报酬超过该服务的合理价值，则法院可撤销该同意或下令向以下主体返还已支付报酬中超出服务价值的部分：

（1）破产实体，若该被转让财产：

（A）本应是破产财产；或

（B）本应根据本篇第 11 章、第 12 章或第 13 章中的计划由债务人或代表债务人支付；或

（2）支付该报酬的实体。

[ Pub. L. 95-598, Nov. 6, 1978, 92 Stat. 2564; Pub. L. 98-353, title III, §432, July 10, 1984, 98 Stat. 370; Pub. L. 99-554, title II, §257（c）, Oct. 27, 1986, 100 Stat. 3114. ]

**第 330 条　破产从业人员的报酬**

（a）（1）在通知利益相关方和联邦托管人并举行听证后，在符合第 326、328 和 329 条的规定的情况下，法院可准予托管人、根据第 332 条被任命的消费者隐私监察员、监督人、根据第 333 条被任命的监察员或根据第 327 条或第 1103 条被雇佣的专业人员：

（A）就托管人、监督人、监察员、专业人员或律师及其雇佣的辅助人员提供的实际且必要的服务收取合理报酬；以及

（B）报销实际必要费用。

（2）法院可基于其自身动议或基于联邦托管人、地区或区域内供职的联邦托管人、破产实体的托管人或任何其他利益相关方的动议，准予低于被请求金额的报酬。

（3）在确定向监督人、第 11 章中的托管人或专业人员支付的合理报酬的数额时，法院应当考虑该服务的性质、范围及价值，并考虑包括下列各项的所有相关因素：

nature, the extent, and the value of such services, taking into account all relevant factors, including—

(A) the time spent on such services;

(B) the rates charged for such services;

(C) whether the services were necessary to the administration of, or beneficial at the time at which the service was rendered toward the completion of, a case under this title;

(D) whether the services were performed within a reasonable amount of time commensurate with the complexity, importance, and nature of the problem, issue, or task addressed;

(E) with respect to a professional person, whether the person is board certified or otherwise has demonstrated skill and experience in the bankruptcy field; and

(F) whether the compensation is reasonable based on the customary compensation charged by comparably skilled practitioners in cases other than cases under this title.

(4) (A) Except as provided in subparagraph (B), the court shall not allow compensation for—

(i) unnecessary duplication of services; or

(ii) services that were not—

(I) reasonably likely to benefit the debtor's estate; or

(II) necessary to the administration of the case.

(B) In a chapter 12 or chapter 13 case in which the debtor is an individual, the court may allow reasonable compensation to the debtor's attorney for representing the interests of the debtor in connection with the bankruptcy case based on a consideration of the benefit and necessity of such services to the debtor and the other factors set forth in this section.

(5) The court shall reduce the amount of compensation awarded under this section by the amount of any interim compensation awarded under section 331, and, if the amount of such interim compensation exceeds the amount of compensation awarded under this section, may order the return of the excess to the estate.

(6) Any compensation awarded for the preparation of a fee application shall be based on the level and skill reasonably required to prepare the application.

(7) In determining the amount of reasonable compensation to be awarded to a trustee, the court shall treat such compensation as a commission, based on section 326.

(b) (1) There shall be paid from the filing fee in a case under chapter 7 of this title $45 to the trustee serving in such case, after such trustee's services are rendered.

(2) The Judicial Conference of the United States—

(A) shall prescribe additional fees of the same kind as prescribed under section 1914 (b) of title 28; and

（A）在该服务上花费的时间；

（B）该服务收取的费率；

（C）该服务对本篇案件的管理是否是必要的或在被提供时对本篇案件的完成是否是有益的；

（D）提供该服务所耗费的时间与处理的事项、问题或任务的复杂程度、重要程度及性质是否是相称且合理的；

（E）就专业人员而言，其是否具有认证资格或是否已经展现出在破产领域的技能和经验；以及

（F）与在本篇案件以外的案件中有相似经验的从业人员通常收取的报酬相比，该报酬是否合理。

（4）（A）除附款（B）中另有规定外，法院不得准予就以下服务支付报酬：

（i）不必要的重复服务；或

（ii）不符合以下要求的服务：

（I）有使债务人资产因此受益的合理可能；或

（II）对于案件的管理是必要的。

（B）在第 12 章或第 13 章中债务人为个人的案件中，法院可准予向就与破产案件相关的事项代表其利益的债务人的律师支付合理报酬，且该报酬应基于向债务人提供的该服务的益处和必要性或本条列明的其他因素进行考量。

（5）法院应将根据本条准予支付的报酬中减去根据第 331 条授予的临时报酬的数额，并且若该临时报酬的数额超过根据本条授予的报酬的数额，则可下令向破产实体返还多余部分。

（6）就准备费用申请而被授予的任何报酬应当基于准备该申请所需的水平和技能进行考量。

（7）在确定向托管人支付的合理报酬的数额时，法院应基于第 326 条将该报酬视为佣金。

（b）（1）在本篇第 7 章案件中，应在托管人提供服务后从申请费中向该托管人支付 45 美元。

（2）美国司法会议：

（A）应当规定与《美国联邦法典》第 28 篇第 1914 条（b）中规定的费用相同类型的额外费用；以及

(B) may prescribe notice of appearance fees and fees charged against distributions in cases under this title;

to pay $15 to trustees serving in cases after such trustees' services are rendered. Beginning 1 year after the date of the enactment of the Bankruptcy Reform Act of 1994, such $15 shall be paid in addition to the amount paid under paragraph (1).

(c) Unless the court orders otherwise, in a case under chapter 12 or 13 of this title the compensation paid to the trustee serving in the case shall not be less than $5 per month from any distribution under the plan during the administration of the plan.

(d) In a case in which the United States trustee serves as trustee, the compensation of the trustee under this section shall be paid to the clerk of the bankruptcy court and deposited by the clerk into the United States Trustee System Fund established by section 589a of title 28.

(Pub. L. 95-598, Nov. 6, 1978, 92 Stat. 2564; Pub. L. 98-353, title III, §§433, 434, July 10, 1984, 98 Stat. 370; Pub. L. 99-554, title II, §§211, 257 (f), Oct. 27, 1986, 100 Stat. 3099, 3114; Pub. L. 103-394, title I, §117, title II, §224 (b), Oct. 22, 1994, 108 Stat. 4119, 4130; Pub. L. 109-8, title II, §232(b), title IV, §§407, 415, title XI, §1104(b), Apr. 20, 2005, 119 Stat. 74, 106, 107, 192.)

### § 331. Interim compensation

A trustee, an examiner, a debtor's attorney, or any professional person employed under section 327 or 1103 of this title may apply to the court not more than once every 120 days after an order for relief in a case under this title, or more often if the court permits, for such compensation for services rendered before the date of such an application or reimbursement for expenses incurred before such date as is provided under section 330 of this title. After notice and a hearing, the court may allow and disburse to such applicant such compensation or reimbursement.

(Pub. L. 95-598, Nov. 6, 1978, 92 Stat. 2564.)

### § 332. Consumer privacy ombudsman

(a) If a hearing is required under section 363 (b)(1)(B), the court shall order the United States trustee to appoint, not later than 7 days before the commencement of the hearing, 1 disinterested person (other than the United States trustee) to serve as the consumer privacy ombudsman in the case and shall require that notice of such hearing be timely given to such ombudsman.

(b) The consumer privacy ombudsman may appear and be heard at such hearing and shall provide to the court information to assist the court in its consideration of the facts, circumstances, and conditions of the proposed sale or lease of personally identifiable information under section 363 (b)(1)(B). Such information may include presentation of—

（B）可规定通知出庭的费用以及就本篇案件中的分配收取的费用；

在托管人提供服务后向案件中的该托管人支付 15 美元。《1994 年破产改革法案》颁布之日起 1 年后，除根据第（1）款支付的款项外，还应支付这 15 美元。

（c）除非法院作出其他裁定，否则在本篇第 12 章或第 13 章案件中，在实施计划期间，每月从计划下的任何分配中向托管人支付的报酬不得少于 5 美元。

（d）在联邦托管人担任托管人的案件中，本条中托管人的报酬应向破产法院的书记员支付并由该书记员存入根据《美国联邦法典》第 28 篇第 589a 条设立的联邦托管人基金。

[Pub. L. 95-598, Nov. 6, 1978, 92 Stat. 2564; Pub. L. 98-353, title III, §§433, 434, July 10, 1984, 98 Stat. 370; Pub. L. 99-554, title II, §§211, 257（f）, Oct. 27, 1986, 100 Stat. 3099, 3114; Pub. L. 103-394, title I, §117, title II, §224（b）, Oct. 22, 1994, 108 Stat. 4119, 4130; Pub. L. 109-8, title II, §232(b), title IV, §§407, 415, title XI, §1104(b), Apr. 20, 2005, 119 Stat. 74, 106, 107, 192.]

**第 331 条 临时报酬**

托管人、监督人、债务人的律师，或任何根据本篇第 327 条或第 1103 条被雇佣的专业人员均可在本篇案件中破产救济令被作出后每隔 120 日至多向法院作出一次申请，或在法院允许的情况下更为频繁地作出申请，从而根据本篇第 330 条就其在该申请作出前提供的服务申请报酬或就该期间内产生的费用申请报销。经过通知和听证后，法院可准予并向该申请人支付该报酬或为其报销费用。

（Pub. L. 95-598, Nov. 6, 1978, 92 Stat. 2564.）

**第 332 条 消费者隐私监察员**

（a）若根据第 363 条（b）（1）（B）的要求举行听证，则法院应裁定联邦托管人在听证启动前 7 日内任命一名无利害关系人（联邦托管人除外）在本案中担任消费者隐私监察员并应要求其及时向该监察员就该听证发出通知。

（b）消费者隐私监察员可在该听证会上出席并发表意见，并应向法院提供信息以帮助其考量本篇第 363 条（b）（1）（B）中的个人身份信息的计划出售或租赁的事实、情形与条件。该信息应当包含对以下内容的陈述：

(1) the debtor's privacy policy;

(2) the potential losses or gains of privacy to consumers if such sale or such lease is approved by the court;

(3) the potential costs or benefits to consumers if such sale or such lease is approved by the court; and

(4) the potential alternatives that would mitigate potential privacy losses or potential costs to consumers.

(c) A consumer privacy ombudsman shall not disclose any personally identifiable information obtained by the ombudsman under this title.

(Added Pub. L. 109-8, title II, §232 (a), Apr. 20, 2005, 119 Stat. 73; amended Pub. L. 111-16, §2 (3), May 7, 2009, 123 Stat. 1607.)

§ 333. Appointment of patient care ombudsman

(a)(1) If the debtor in a case under chapter 7, 9, or 11 is a health care business, the court shall order, not later than 30 days after the commencement of the case, the appointment of an ombudsman to monitor the quality of patient care and to represent the interests of the patients of the health care business unless the court finds that the appointment of such ombudsman is not necessary for the protection of patients under the specific facts of the case.

(2)(A) If the court orders the appointment of an ombudsman under paragraph (1), the United States trustee shall appoint 1 disinterested person (other than the United States trustee) to serve as such ombudsman.

(B) If the debtor is a health care business that provides long-term care, then the United States trustee may appoint the State Long-Term Care Ombudsman appointed under the Older Americans Act of 1965 for the State in which the case is pending to serve as the ombudsman required by paragraph (1).

(C) If the United States trustee does not appoint a State Long-Term Care Ombudsman under subparagraph (B), the court shall notify the State Long-Term Care Ombudsman appointed under the Older Americans Act of 1965 for the State in which the case is pending, of the name and address of the person who is appointed under subparagraph (A).

(b) An ombudsman appointed under subsection (a) shall—

(1) monitor the quality of patient care provided to patients of the debtor, to the extent necessary under the circumstances, including interviewing patients and physicians;

(2) not later than 60 days after the date of appointment, and not less frequently than at 60-day intervals thereafter, report to the court after notice to the parties in interest, at a hearing or in writing, regarding the quality of patient care provided to patients of the debtor; and

（1）债务人的隐私政策；

（2）若法院批准该出售或租赁，可能对消费者的隐私造成的损害或收益；

（3）若法院批准该出售或租赁，可能为消费者带来的成本或收益；以及

（4）可减少消费者潜在隐私损害或潜在成本的可能的替代方案。

（c）消费者隐私监察员不得泄露其根据本篇获得的任何个人身份信息。

[经 Pub. L. 109-8, title II, §232（a）, Apr. 20, 2005, 119 Stat. 73; amended Pub. L. 111-16, §2（3）, May 7, 2009, 123 Stat. 1607. 增补]

**第 333 条　患者护理监察员的任命**

（a）（1）若在本篇第 7 章、第 9 章或第 11 章的案件中债务人为医疗护理机构，则除非法院认为基于本案的特定情况任命监察员对于保护患者而言并无必要，否则法院应在案件启动后 30 日内下令任命监察员以监督患者护理的质量并代表医疗护理机构的患者的利益。

（2）（A）若法院根据第（1）款下令任命监察员，联邦托管人应指定一名无利害关系人（联邦托管人除外）担任该监察员。

（B）若债务人系提供长期护理的医疗护理机构，则联邦托管人可任命根据《1965 年美国老年人法》被任命为在该破产案件所在州的州长期护理监察员担任第（1）款要求的监察员。

（C）若联邦托管人没有根据附款（B）任命州长期护理监察员，则法院应就根据附款（A）被任命的人的姓名和地址，向根据《1965 年美国老年人法》被任命为该破产案件所在州的州长期护理监察员发出通知。

（b）根据附条（a）被任命的监察员应当履行下列各项：

（1）监督向债务人的患者提供的患者护理的质量，在必要的情况下，包括与患者和医生进行访谈；

（2）该任命作出后 60 日内，且此后至少每隔 60 日，在通知利益相关方后，就向债务人的患者提供的患者护理的质量以听证或书面的形式向法院报告；

(3) if such ombudsman determines that the quality of patient care provided to patients of the debtor is declining significantly or is otherwise being materially compromised, file with the court a motion or a written report, with notice to the parties in interest immediately upon making such determination.

(c)(1) An ombudsman appointed under subsection (a) shall maintain any information obtained by such ombudsman under this section that relates to patients (including information relating to patient records) as confidential information. Such ombudsman may not review confidential patient records unless the court approves such review in advance and imposes restrictions on such ombudsman to protect the confidentiality of such records.

(2) An ombudsman appointed under subsection (a)(2)(B) shall have access to patient records consistent with authority of such ombudsman under the Older Americans Act of 1965 and under non-Federal laws governing the State Long-Term Care Ombudsman program.

(Added Pub. L. 109-8, title XI, §1104(a)(1), Apr. 20, 2005, 119 Stat. 191.)

## SUBCHAPTER Ⅲ—ADMINISTRATION

### § 341. Meetings of creditors and equity security holders

(a) Within a reasonable time after the order for relief in a case under this title, the United States trustee shall convene and preside at a meeting of creditors.

(b) The United States trustee may convene a meeting of any equity security holders.

(c) The court may not preside at, and may not attend, any meeting under this section including any final meeting of creditors. Notwithstanding any local court rule, provision of a State constitution, any otherwise applicable nonbankruptcy law, or any other requirement that representation at the meeting of creditors under subsection (a) be by an attorney, a creditor holding a consumer debt or any representative of the creditor (which may include an entity or an employee of an entity and may be a representative for more than 1 creditor) shall be permitted to appear at and participate in the meeting of creditors in a case under chapter 7 or 13, either alone or in conjunction with an attorney for the creditor. Nothing in this subsection shall be construed to require any creditor to be represented by an attorney at any meeting of creditors.

(d) Prior to the conclusion of the meeting of creditors or equity security holders, the trustee shall orally examine the debtor to ensure that the debtor in a case under chapter 7 of

（3）若该监察员认定向债务人的患者提供的患者护理的质量显著下降或受到其他实质性损害，则向法院提交动议或书面报告，并在作出该认定后立即通知利益相关方。

（c）（1）根据附条（a）被任命的监察员应当将其根据本条获得的与患者有关（包括与患者档案有关）的所有信息作为机密信息保存。该监察员不得审查机密的患者档案，除非法院事先批准该审查并对其施加限制以保证该档案的机密性。

（2）根据附条（a）（2）（B）被任命的监察员应当有权根据《1965 年美国老年人法》及规制州长期护理监察员项目的非联邦法的授权获取患者档案。

［经 Pub. L. 109-8, title XI, §1104（a）（1）, Apr. 20, 2005, 119 Stat. 191. 增补］

## 第三附章 案件的管理

### 第 341 条 债权人和股本证券持有人会议

（a）在本篇案件的破产救济令被作出后的合理时间内，联邦托管人应召集并主持债权人会议。

（b）联邦托管人可召集股本证券持有人会议。

（c）法院不得主持和出席本条中任何会议包括债权人最终会议。即使存在任何地方法院规则、州宪法的规定、任何其他可适用的非破产法或任何其他要求如要求附条（a）中的债权人会议中由律师代表债权人，仍应允许就消费债务享有债权的债权人或债权人的任何代表（可能包括实体或实体的员工，并且一名代表可代表多名债权人）出席并参加本篇第 7 章或第 13 章中案件的债权人会议，其可单独参加也可与债权人的律师一同参加。本附条不得被解释为要求任何债权人均必须在任何债权人会议上由律师所代表。

（d）债权人或股本证券持有人会议结束前，托管人应口头质询债务人以确保本篇第 7 章案件中的债务人就以下事项有所了解：

this title is aware of—

(1) the potential consequences of seeking a discharge in bankruptcy, including the effects on credit history;

(2) the debtor's ability to file a petition under a different chapter of this title;

(3) the effect of receiving a discharge of debts under this title; and

(4) the effect of reaffirming a debt, including the debtor's knowledge of the provisions of section 524 (d) of this title.

(e) Notwithstanding subsections (a) and (b), the court, on the request of a party in interest and after notice and a hearing, for cause may order that the United States trustee not convene a meeting of creditors or equity security holders if the debtor has filed a plan as to which the debtor solicited acceptances prior to the commencement of the case.

(Pub. L. 95-598, Nov. 6, 1978, 92 Stat. 2564; Pub. L. 99-554, title II, §212, Oct. 27, 1986, 100 Stat. 3099; Pub. L. 103-394, title I, §115, Oct. 22, 1994, 108 Stat. 4118; Pub. L. 109-8, title IV, §§402, 413, Apr. 20, 2005, 119 Stat. 104, 107.)

§ 342. Notice

(a) There shall be given such notice as is appropriate, including notice to any holder of a community claim, of an order for relief in a case under this title.

(b) Before the commencement of a case under this title by an individual whose debts are primarily consumer debts, the clerk shall give to such individual written notice containing—

(1) a brief description of—

(A) chapters 7, 11, 12, and 13 and the general purpose, benefits, and costs of proceeding under each of those chapters; and

(B) the types of services available from credit counseling agencies; and

(2) statements specifying that—

(A) a person who knowingly and fraudulently conceals assets or makes a false oath or statement under penalty of perjury in connection with a case under this title shall be subject to fine, imprisonment, or both; and

(B) all information supplied by a debtor in connection with a case under this title is subject to examination by the Attorney General.

(c) (1) If notice is required to be given by the debtor to a creditor under this title, any rule, any applicable law, or any order of the court, such notice shall contain the name, address, and last 4 digits of the taxpayer identification number of the debtor. If the notice concerns an amendment that adds a creditor to the schedules of assets and liabilities, the debtor shall include the full taxpayer identification number in the notice sent to that creditor, but the debtor shall include only the last 4 digits of the taxpayer identification number in the copy of the notice filed with the court.

（1）寻求破产免责的可能后果，包括对信用记录的影响；

（2）债务人有权根据本篇其他章节提交破产申请；
（3）本篇中获得债务免责的效力；以及
（4）对债务进行再认的效力，包括债务人对本篇第 524 条（d）规定的了解。

（e）即使存在附条（a）和（b）的规定，若债务人在案件启动前已经提交计划并征求接受意见，则法院应利益相关方的申请，经过通知和听证后，出于特定事由可裁定联邦托管人不召开债权人或股本证券持有人会议。

（Pub. L. 95-598, Nov. 6, 1978, 92 Stat. 2564; Pub. L. 99-554, title II, §212, Oct. 27, 1986, 100 Stat. 3099; Pub. L. 103-394, title I, §115, Oct. 22, 1994, 108 Stat. 4118; Pub. L. 109-8, title IV, §§402, 413, Apr. 20, 2005, 119 Stat. 104, 107.）

**第 342 条　通知**

（a）应当在本篇案件中以适当的方式就破产救济令发出通知，包括向就夫妻共同财产享有债权的债权人发出通知。

（b）在其债务主要为消费债务的个人根据本篇启动案件前，破产法院书记员应向其发出载有以下内容的书面通知：

（1）以下各项的简要说明：
（A）第 7、11、12 和 13 章及各章的主要目的、益处及程序费用；以及

（B）信用咨询机构提供的服务类型；以及
（2）载有以下各项的声明：
（A）针对故意欺诈性隐瞒资产或在伪证罚则下作出与本篇案件相关的虚假宣誓或陈述的行为，可被处以罚款、监禁或同时适用两种处罚；以及

（B）债务人提供的与本篇案件相关的所有信息都是美国司法部长审查的对象。

（c）（1）若根据本篇、任何规则、任何可适用的法律或法院的任何裁定，债务人被要求向债权人发出通知，则该通知应载明债务人的姓名、住址及纳税人身份号码的后 4 位数字。若该通知涉及将债权人纳入资产负债表，则债务人应在向债权人发出的通知内载明其完整的纳税人身份号码，但其在向法院提交的该通知的副本中应仅载明纳税人身份号码的后 4 位数字。

(2)(A) If, within the 90 days before the commencement of a voluntary case, a creditor supplies the debtor in at least 2 communications sent to the debtor with the current account number of the debtor and the address at which such creditor requests to receive correspondence, then any notice required by this title to be sent by the debtor to such creditor shall be sent to such address and shall include such account number.

(B) If a creditor would be in violation of applicable nonbankruptcy law by sending any such communication within such 90-day period and if such creditor supplies the debtor in the last 2 communications with the current account number of the debtor and the address at which such creditor requests to receive correspondence, then any notice required by this title to be sent by the debtor to such creditor shall be sent to such address and shall include such account number.

(d) In a case under chapter 7 of this title in which the debtor is an individual and in which the presumption of abuse arises under section 707 (b), the clerk shall give written notice to all creditors not later than 10 days after the date of the filing of the petition that the presumption of abuse has arisen.

(e)(1) In a case under chapter 7 or 13 of this title of a debtor who is an individual, a creditor at any time may both file with the court and serve on the debtor a notice of address to be used to provide notice in such case to such creditor.

(2) Any notice in such case required to be provided to such creditor by the debtor or the court later than 7 days after the court and the debtor receive such creditor's notice of address, shall be provided to such address.

(f)(1) An entity may file with any bankruptcy court a notice of address to be used by all the bankruptcy courts or by particular bankruptcy courts, as so specified by such entity at the time such notice is filed, to provide notice to such entity in all cases under chapters 7 and 13 pending in the courts with respect to which such notice is filed, in which such entity is a creditor.

(2) In any case filed under chapter 7 or 13, any notice required to be provided by a court with respect to which a notice is filed under paragraph (1), to such entity later than 30 days after the filing of such notice under paragraph (1) shall be provided to such address unless with respect to a particular case a different address is specified in a notice filed and served in accordance with subsection (e).

(3) A notice filed under paragraph (1) may be withdrawn by such entity.

(g)(1) Notice provided to a creditor by the debtor or the court other than in accordance with this section (excluding this subsection) shall not be effective notice until such notice is brought to the attention of such creditor. If such creditor designates a person or an organizational subdivision of such creditor to be responsible for receiving notices under this title and establishes reasonable procedures so that such notices receivable by

（2）（A）若在自愿破产案件启动前 90 日内，债权人在至少两次向债务人发出的通信中向其提供债务人的当前账号和该债权人要求收到回信的地址，则根据本篇债务人被要求向该债权人发出的任何通知均应向该地址发出并载有该账号。

（B）若债权人因在该 90 日期间内发出任何该类通信而有可能违反相应的非破产法的规定，并且该债权人在最后两次通信中向债务人提供了债务人的当前账号以及该债权人要求收到回信的地址，则根据本篇债务人被要求向该债权人发出的任何通知均应向该地址发出并载有该账号。

（d）在本篇第 7 章的个人破产案件中，若根据第 707 条（b）被推定为滥用第 7 章的规定，则破产法院书记员应在破产申请被提交后 10 日内向就该滥用推定向所有债权人发出通知。

（e）（1）在本篇第 7 章或第 13 章中的个人破产案件中，债权人可随时向法院提交并向债务人送达将被用于在该案件中向该债权人发出通知的地址的通知。

（2）在法院和债务人收到该债权人就其地址发出的通知后 7 日以后，该案中债务人或法院被要求向该债权人提供的任何通知均应向该地址发出。

（f）（1）实体可向任何破产法院提交其地址的通知书，根据其提交该通知时的说明，所有破产法院或特定的破产法院在管辖第 7 章和第 13 章中的破产案件且在该案件中该实体为债权人时，均应使用该地址向其发出通知。

（2）在根据第 7 章或第 13 章提交破产申请的任意案件中，若根据第（1）款提交的通知中列明某法院，则该法院在第（1）款中的通知被提交后 30 日后被要求向该实体发出的任何通知均应向该地址发出，除非在特殊情况下，根据附条（4）提交并送达的通知里指定了其他地址。

（3）根据第（1）款提交的通知可由该实体撤回。

（g）（1）除根据本条（不包括本附条）外，由债务人或法院向债权人发出的通知直到其引起该债权人的注意时才生效。若该债权人指定他人或该债权人的组织部门负责接收本篇中的通知并设定合理程序用以向被指定的人或机构交付应由该债权人接收的通知，则除根据本条（不包括本附条）外向该债权人发出的通知在被指定的人或机构接收该通知前，不得被认定为已经引起该债权人的注意。

such creditor are to be delivered to such person or such subdivision, then a notice provided to such creditor other than in accordance with this section (excluding this subsection) shall not be considered to have been brought to the attention of such creditor until such notice is received by such person or such subdivision.

(2) A monetary penalty may not be imposed on a creditor for a violation of a stay in effect under section 362(a)(including a monetary penalty imposed under section 362(k)) or for failure to comply with section 542 or 543 unless the conduct that is the basis of such violation or of such failure occurs after such creditor receives notice effective under this section of the order for relief.

(Pub. L. 95-598, Nov. 6, 1978, 92 Stat. 2565; Pub. L. 98-353, title III, §§302, 435, July 10, 1984, 98 Stat. 352, 370; Pub. L. 103-394, title II, §225, Oct. 22, 1994, 108 Stat. 4131; Pub. L. 109-8, title I, §§102 (d), 104, title II, §234 (b), title III, §315 (a), Apr. 20, 2005, 119 Stat. 33, 35, 75, 88; Pub. L. 111-16, §2 (4), May 7, 2009, 123 Stat. 1607.)

### § 343. Examination of the debtor

The debtor shall appear and submit to examination under oath at the meeting of creditors under section 341 (a) of this title. Creditors, any indenture trustee, any trustee or examiner in the case, or the United States trustee may examine the debtor. The United States trustee may administer the oath required under this section.

(Pub. L. 95-598, Nov. 6, 1978, 92 Stat. 2565; Pub. L. 98-353, title III, §436, July 10, 1984, 98 Stat. 370; Pub. L. 99-554, title II, §213, Oct. 27, 1986, 100 Stat. 3099.)

### § 344. Self-incrimination; immunity

Immunity for persons required to submit to examination, to testify, or to provide information in a case under this title may be granted under part V of title 18.

(Pub. L. 95-598, Nov. 6, 1978, 92 Stat. 2565.)

### § 345. Money of estates

(a) A trustee in a case under this title may make such deposit or investment of the money of the estate for which such trustee serves as will yield the maximum reasonable net return on such money, taking into account the safety of such deposit or investment.

(b) Except with respect to a deposit or investment that is insured or guaranteed by the United States or by a department, agency, or instrumentality of the United States or backed by the full faith and credit of the United States, the trustee shall require from an entity with which such money is deposited or invested—

(1) a bond—

(A) in favor of the United States;

(B) secured by the undertaking of a corporate surety approved by the United States trustee for the district in which the case is pending; and

（2）不得因债权人违反了第 362 条（a）中的生效冻结而对其施加罚款［包括根据第 362 条（k）施加的罚款］或因其未能遵守第 542 条或第 543 条而对其施加罚款，除非导致该结果的行为发生在该债权人根据本条收到破产救济令的有效通知后。

［Pub. L. 95-598, Nov. 6, 1978, 92 Stat. 2565; Pub. L. 98-353, title III, §§302, 435, July 10, 1984, 98 Stat. 352, 370; Pub. L. 103-394, title II, §225, Oct. 22, 1994, 108 Stat. 4131; Pub. L. 109-8, title I, §§102（d）, 104, title II, §234（b）, title III, §315（a）, Apr. 20, 2005, 119 Stat. 33, 35, 75, 88; Pub. L. 111-16, §2（4）, May 7, 2009, 123 Stat. 1607.］

**第 343 条　质询债务人**

债务人应出席本篇第 341 条（a）中的债权人会议并在宣誓后接受质询。本案中的债权人、任何契约受托人、任何托管人、监督人或联邦托管人均可质询债务人。联邦托管人可主持本条所要求的宣誓。

（Pub. L. 95-598, Nov. 6, 1978, 92 Stat. 2565; Pub. L. 98-353, title III, §436, July 10, 1984, 98 Stat. 370; Pub. L. 99-554, title II, §213, Oct. 27, 1986, 100 Stat. 3099.）

**第 344 条　自证其罪；豁免**

根据《美国联邦法典》第 18 篇第 V 部分可对在本篇案件中接受质询、作证或提供信息的人予以豁免。

（Pub. L. 95-598, Nov. 6, 1978, 92 Stat. 2565.）

**第 345 条　破产实体的资金**

（a）本篇案件中的托管人可在考虑存储或投资的安全性的情况下，将其管理的破产实体的资金进行存储或投资以产生最大的合理净收益。

（b）除了由美国，美国政府部门、机构或职能单位所保证或担保的或由美国的充分信用所支持的存储或投资外，托管人应要求该笔资金被存入或投资的实体提供：

（1）符合以下条件的保证金：

（A）该保证金系支持美国的保证金；

（B）由在破产案件所在地区供职的联邦托管人批准的公司保证人提供担保；并且

(C) conditioned on—

(i) a proper accounting for all money so deposited or invested and for any return on such money;

(ii) prompt repayment of such money and return; and

(iii) faithful performance of duties as a depository; or

(2) the deposit of securities of the kind specified in section 9303 of title 31; unless the court for cause orders otherwise.

(c) An entity with which such moneys are deposited or invested is authorized to deposit or invest such moneys as may be required under this section.

(Pub. L. 95-598, Nov. 6, 1978, 92 Stat. 2565; Pub. L. 97-258, §3 (c), Sept. 13, 1982, 96 Stat. 1064; Pub. L. 98-353, title III, §437, July 10, 1984, 98 Stat. 370; Pub. L. 99-554, title II, §214, Oct. 27, 1986, 100 Stat. 3099; Pub. L. 103-394, title II, §210, Oct. 22, 1994, 108 Stat. 4125.)

### § 346. Special provisions related to the treatment of State and local taxes

(a) Whenever the Internal Revenue Code of 1986 provides that a separate taxable estate or entity is created in a case concerning a debtor under this title, and the income, gain, loss, deductions, and credits of such estate shall be taxed to or claimed by the estate, a separate taxable estate is also created for purposes of any State and local law imposing a tax on or measured by income and such income, gain, loss, deductions, and credits shall be taxed to or claimed by the estate and may not be taxed to or claimed by the debtor. The preceding sentence shall not apply if the case is dismissed. The trustee shall make tax returns of income required under any such State or local law.

(b) Whenever the Internal Revenue Code of 1986 provides that no separate taxable estate shall be created in a case concerning a debtor under this title, and the income, gain, loss, deductions, and credits of an estate shall be taxed to or claimed by the debtor, such income, gain, loss, deductions, and credits shall be taxed to or claimed by the debtor under a State or local law imposing a tax on or measured by income and may not be taxed to or claimed by the estate. The trustee shall make such tax returns of income of corporations and of partnerships as are required under any State or local law, but with respect to partnerships, shall make such returns only to the extent such returns are also required to be made under such Code. The estate shall be liable for any tax imposed on such corporation or partnership, but not for any tax imposed on partners or members.

(c) With respect to a partnership or any entity treated as a partnership under a State or local law imposing a tax on or measured by income that is a debtor in a case under this title, any gain or loss resulting from a distribution of property from such partnership, or any distributive share of any income, gain, loss, deduction, or credit of a partner or member that is distributed, or considered distributed, from such partnership, after the

（C）以下列各项为条件：

（i）对被存入或投资的资金以及所产生的任何收益均以适当的方式进行会计处理；

（ii）及时偿付该资金及收益；并且

（iii）忠实履行存托人的义务；或

（2）《美国联邦法典》第31篇第9303条所述证券的存托；除非法院出于特定事由作出其他裁定。

（c）该笔资金被存入或投资的实体有权根据本条的要求进行再存储或再投资。

［Pub. L. 95-598, Nov. 6, 1978, 92 Stat. 2565; Pub. L. 97-258, §3（c）, Sept. 13, 1982, 96 Stat. 1064; Pub. L. 98-353, title III, §437, July 10, 1984, 98 Stat. 370; Pub. L. 99-554, title II, §214, Oct. 27, 1986, 100 Stat. 3099; Pub. L. 103-394, title II, §210, Oct. 22, 1994, 108 Stat. 4125.］

**第346条　有关州和地方税款的处理的特殊规定**

（a）《1986年国内税收法典》规定，在本篇债务人的破产案件中应创设单独纳税的破产实体，并且就该破产实体的收入、收益、损失、减损及贷款向破产实体征税或由破产实体承担时，针对就收入或以收入为计量手段而征税的州法或地方法律而言，破产实体也成为单独纳税的主体，并且就该收入、收益、损失、减损和贷款应向破产实体征税或由其承担，而不得向债务人征税或由债务人承担。但若破产案件被驳回，则不适用前述规定。托管人应制作该州法或地方法律所要求的收入报税表。

（b）《1986年国内税收法典》规定，在本篇债务人的破产案件中不应创设单独可税的破产实体，并且应就破产实体的收入、收益、损失、减损及贷款向债务人征税或由债务人承担时，也应根据就收入或以收入为计量手段而征税的州法或地方法律，就该收入、收益、损失、减损及贷款向债务人征税或由其承担，而不得向破产实体征税或由破产实体承担。托管人应制作州法或地方法律要求的公司和合伙组织的收入报税表，但针对合伙组织而言，应仅申报同样被《国内税收法典》所要求的申报的部分。破产实体应就该公司或合伙组织被征收的任何税款承担责任，但不就任何合伙人或成员被征收的税款承担责任。

（c）针对合伙组织或在就收入或以收入为计量手段而征税的州法或地方法律中被视为合伙组织的实体而言，若其在本篇案件中为债务人，则在案件启动后，任何因该合伙组织分配财产而产生的受益或损失，或任何合伙人或成员从该合伙组织中被分配或被视为分配到的收入、收益、损失、减损或贷款，均为该合伙人或成员的收益、损失、收入、减损或贷款，并且若该合伙人或成员是本篇案件中的债务人，则应根据附条（a）或（b）对其征税。

commencement of the case, is gain, loss, income, deduction, or credit, as the case may be, of the partner or member, and if such partner or member is a debtor in a case under this title, shall be subject to tax in accordance with subsection (a) or (b).

(d) For purposes of any State or local law imposing a tax on or measured by income, the taxable period of a debtor in a case under this title shall terminate only if and to the extent that the taxable period of such debtor terminates under the Internal Revenue Code of 1986.

(e) The estate in any case described in subsection (a) shall use the same accounting method as the debtor used immediately before the commencement of the case, if such method of accounting complies with applicable nonbankruptcy tax law.

(f) For purposes of any State or local law imposing a tax on or measured by income, a transfer of property from the debtor to the estate or from the estate to the debtor shall not be treated as a disposition for purposes of any provision assigning tax consequences to a disposition, except to the extent that such transfer is treated as a disposition under the Internal Revenue Code of 1986.

(g) Whenever a tax is imposed pursuant to a State or local law imposing a tax on or measured by income pursuant to subsection (a) or (b), such tax shall be imposed at rates generally applicable to the same types of entities under such State or local law.

(h) The trustee shall withhold from any payment of claims for wages, salaries, commissions, dividends, interest, or other payments, or collect, any amount required to be withheld or collected under applicable State or local tax law, and shall pay such withheld or collected amount to the appropriate governmental unit at the time and in the manner required by such tax law, and with the same priority as the claim from which such amount was withheld or collected was paid.

(i)(1) To the extent that any State or local law imposing a tax on or measured by income provides for the carryover of any tax attribute from one taxable period to a subsequent taxable period, the estate shall succeed to such tax attribute in any case in which such estate is subject to tax under subsection (a).

(2) After such a case is closed or dismissed, the debtor shall succeed to any tax attribute to which the estate succeeded under paragraph (1) to the extent consistent with the Internal Revenue Code of 1986.

(3) The estate may carry back any loss or tax attribute to a taxable period of the debtor that ended before the date of the order for relief under this title to the extent that—

（d）针对就收入或以收入为计量手段而征税的州法或地方法律而言，本篇案件中债务人的纳税期间应仅在其根据《1986 年国内税收法典》终止时而终止。

（e）在附条（a）所述的任何情况中，破产实体均应采用与债务人在案件启动前所用的相同的会计方法，但该会计方法须符合可适用的非破产法的规定。

（f）针对就收入或以收入为计量手段而征税的州法或地方法律而言，由债务人向破产实体所作的财产的转让，或由破产实体向债务人所作的财产的转让，均不应被视为任何分配债务后果处置条款中的处置，除非该转让根据《1986 年国内税收法典》的规定被认为是该类处置。

（g）每当根据就收入或以收入为计量手段而征税的州法或地方法律征收税款时，该税款均应以根据该州法或地方法律通常适用于相同类型的实体的税率来征收。

（h）托管人应扣留就工资、薪水、佣金、股息、利息债权所支付的任何款项或其他款项，或者收取根据相应州法或地方税法被要求扣留或收取的金额，并且应在该税法要求的时间内采用其要求的手段向相应的政府机构支付被扣留或收取的款项，并且与产生该款项的债权享有相同的优先顺位。

（i）（1）若任何就收入或以收入为计量手段而征税的州法或地方法律规定有将任何纳税属性①从一个纳税期间结转至下一纳税期间，并且破产实体根据附条（a）的规定成为被征税的对象时，破产实体应在法律规定的范围内承继该纳税属性。

（2）在本案结案或被驳回后，在符合《1986 年国内税收法典》的情况下，债务人应承继任何破产实体根据第（1）款而承继的纳税属性。

（3）在以下情况中，破产实体可将任何损失或纳税属性转回本篇破产救济令被作出前结束的债务人的纳税年度：

① 根据《美国联邦法典》第 28 篇（《1986 年国内税收法典》）第 108 条，tax attributes（纳税属性）指在联邦所得税计算过程中使纳税人受益的特定措施，在破产案件中，纳税人必须放弃纳税属性的部分或全部益处，从而获得与破产有关的优惠待遇，如债务免责。

(A) applicable State or local tax law provides for a carryback in the case of the debtor; and

(B) the same or a similar tax attribute may be carried back by the estate to such a taxable period of the debtor under the Internal Revenue Code of 1986.

(j)(1) For purposes of any State or local law imposing a tax on or measured by income, income is not realized by the estate, the debtor, or a successor to the debtor by reason of discharge of indebtedness in a case under this title, except to the extent, if any, that such income is subject to tax under the Internal Revenue Code of 1986.

(2) Whenever the Internal Revenue Code of 1986 provides that the amount excluded from gross income in respect of the discharge of indebtedness in a case under this title shall be applied to reduce the tax attributes of the debtor or the estate, a similar reduction shall be made under any State or local law imposing a tax on or measured by income to the extent such State or local law recognizes such attributes. Such State or local law may also provide for the reduction of other attributes to the extent that the full amount of income from the discharge of indebtedness has not been applied.

(k)(1) Except as provided in this section and section 505, the time and manner of filing tax returns and the items of income, gain, loss, deduction, and credit of any taxpayer shall be determined under applicable nonbankruptcy law.

(2) For Federal tax purposes, the provisions of this section are subject to the Internal Revenue Code of 1986 and other applicable Federal nonbankruptcy law.

(Pub. L. 95-598, Nov. 6, 1978, 92 Stat. 2565; Pub. L. 98-353, title III, §438, July 10, 1984, 98 Stat. 370; Pub. L. 99-554, title II, §§257 (g), 283 (c), Oct. 27, 1986, 100 Stat. 3114, 3116; Pub. L. 103-394, title V, §501 (d)(4), Oct. 22, 1994, 108 Stat. 4143; Pub. L. 109-8, title VII, §719 (a)(1), Apr. 20, 2005, 119 Stat. 131.)

### § 347. Unclaimed property

(a) Ninety days after the final distribution under section 726, 1194, 1226, or 1326 of this title in a case under chapter 7, subchapter V of chapter 11, 12, or 13 of this title, as the case may be, the trustee shall stop payment on any check remaining unpaid, and any remaining property of the estate shall be paid into the court and disposed of under chapter 129 of title 28.

(b) Any security, money, or other property remaining unclaimed at the expiration of the time allowed in a case under chapter 9, 11, or 12 of this title for the presentation of a security or the performance of any other act as a condition to participation in the distribution under any plan confirmed under section 943 (b), 1129, 1173, 1191, or 1225 of this title, as the case may be, becomes the property of the debtor or of the entity acquiring the assets of the debtor under the plan, as the case may be.

(Pub. L. 95-598, Nov. 6, 1978, 92 Stat. 2568; Pub. L. 99-554, title II, §257 (h),

（A）可适用的州法或地方税法针对债务人的情况作有转回的规定；并且

（B）根据《1986 年国内税收法典》，托管人可将相同或类似的纳税属性转回债务人的该纳税期间。

（j）（1）针对就收入或以收入为计量手段而征税的任何州立或地方法律而言，“收入”不包括破产实体、债务人或债务人的继受人通过本篇案件中的债务免责而获得的收入，除非根据《1986 年国内税收法典》应就该收入征税。

（2）《1986 年国内税收法典》规定，在本篇案件中因债务免责而被从总收入中被扣除的数额应被用于减少债务人或托管人的纳税属性时，应根据就收入或以收入为计量手段而征税的州法或地方法律，在该州法或地方法律承认该纳税属性的范围内进行与之类似的减少。该州法或地方法律也可规定，在未适用债务免责的收入总额范围内，减少其他的纳税属性。

（k）（1）除本条和第 505 条另有规定外，提交纳税人的报税表以及收入、收益、损失、减损和贷款的材料的时间和方式应根据可适用的非破产法决定。

（2）就联邦税款而言，本条的规定受《1986 年国内税收法典》以及其他可适用的非破产法的约束。

[Pub. L. 95-598, Nov. 6, 1978, 92 Stat. 2565; Pub. L. 98-353, title III, §438, July 10, 1984, 98 Stat. 370; Pub. L. 99-554, title II, §§257（g）, 283（c）, Oct. 27, 1986, 100 Stat. 3114, 3116; Pub. L. 103-394, title V, §501（d）（4）, Oct. 22, 1994, 108 Stat. 4143; Pub. L. 109-8, title VII, §719（a）（1）, Apr. 20, 2005, 119 Stat. 131.]

**第 347 条　无人主张权利的财产**

（a）在本篇第 7 章、第 11 章的第五附章、第 12 章或第 13 章的案件中，在根据本篇第 726、1194、1226 或 1326 条进行最终分配后 90 日以后，托管人应当停止支付任何未付账单，并且应将剩余的任何破产财产交予法院并根据《美国联邦法典》第 28 篇第 129 章进行处置。

（b）在本篇第 9、11 或 12 章案件中，若规定了交付证券或履行其他行为的期间，且以此作为根据本篇第 943（b）、1129、1173、1191 或 1225 条得以批准的计划参与分配的条件，则该期间届满时无人主张权利的任何证券、资金或其他财产均将成为债务人财产或根据计划获得债务人资产的实体的财产。

[Pub. L. 95-598, Nov. 6, 1978, 92 Stat. 2568; Pub. L. 99-554, title II, §257（h）,

Oct. 27, 1986, 100 Stat. 3114; Pub. L. 116-54, §4 ( a ) ( 5 ) , Aug. 23, 2019, 133 Stat. 1086; Pub. L. 116-136, div. A, title I, §1113 ( a ) ( 4 ) ( B ) , Mar. 27, 2020, 134 Stat. 311. )

### § 348. Effect of conversion

( a ) Conversion of a case from a case under one chapter of this title to a case under another chapter of this title constitutes an order for relief under the chapter to which the case is converted, but, except as provided in subsections ( b ) and ( c ) of this section, does not effect a change in the date of the filing of the petition, the commencement of the case, or the order for relief.

( b ) Unless the court for cause orders otherwise, in sections 701 ( a ) , 727 ( a )( 10 ) , 727 ( b ) , 1102 ( a ) , 1110 ( a )( 1 ) , 1121 ( b ) , 1121 ( c ) , 1141 ( d )( 4 ) , 1201 ( a ) , 1221, 1228 ( a ) , 1301 ( a ) , and 1305 ( a ) of this title, "the order for relief under this chapter" in a chapter to which a case has been converted under section 706, 1112, 1208, or 1307 of this title means the conversion of such case to such chapter.

( c ) Sections 342 and 365 ( d ) of this title apply in a case that has been converted under section 706, 1112, 1208, or 1307 of this title, as if the conversion order were the order for relief.

( d ) A claim against the estate or the debtor that arises after the order for relief but before conversion in a case that is converted under section 1112, 1208, or 1307 of this title, other than a claim specified in section 503 ( b ) of this title, shall be treated for all purposes as if such claim had arisen immediately before the date of the filing of the petition.

( e ) Conversion of a case under section 706, 1112, 1208, or 1307 of this title terminates the service of any trustee or examiner that is serving in the case before such conversion.

( f ) ( 1 ) Except as provided in paragraph ( 2 ) , when a case under chapter 13 of this title is converted to a case under another chapter under this title—

( A ) property of the estate in the converted case shall consist of property of the estate, as of the date of filing of the petition, that remains in the possession of or is under the control of the debtor on the date of conversion;

( B ) valuations of property and of allowed secured claims in the chapter 13 case shall apply only in a case converted to a case under chapter 11 or 12, but not in a case converted to a case under chapter 7, with allowed secured claims in cases under chapters 11 and 12 reduced to the extent that they have been paid in accordance with the chapter 13 plan; and

( C ) with respect to cases converted from chapter 13—

( i ) the claim of any creditor holding security as of the date of the filing of the petition shall continue to be secured by that security unless the full amount of such claim

Oct. 27, 1986, 100 Stat. 3114; Pub. L. 116-54, §4（a）(5）, Aug. 23, 2019, 133 Stat. 1086; Pub. L. 116-136, div. A, title I, §1113（a）(4）(B）, Mar. 27, 2020, 134 Stat. 311.］

**第 348 条　转换的效力**

（a）破产案件从本篇某章程序到另一章程序的转换即构成转换后案件所依章节的破产救济令，但是，除本条中附条（b）和（c）另有规定外，其并不改变破产申请的提交、破产案件的启动或破产救济令的日期。

（b）除非法院出于特定事由作出其他裁定，否则在本篇第 701（a）、727（a）(10）、727（b）、1102（a）、1110（a）(1）、1121（b）、1121（c）、1141（d）(4）、1201（a）、1221、1228（a）、1301（a）和 1305（a）条中，在根据本篇第 706、1112、1208 或 1307 条将案件转换为另一章程序时，在转换后案件所依章节中“本章破产救济令”指该案件向该章的转换。

（c）本篇第 342 条和第 365 条（d）适用于根据本篇第 706、1112、1208 或 1307 条转换后的案件，且在适用时转换裁定将被视为破产救济令。

（d）若对破产实体或债务人主张的债权产生于破产救济令被作出后，根据本篇第 1112、1208 或 1307 条进行程序的转换前，则除本篇第 503 条（b）中所述债权外，其余债权在所有情况中均应被视为在破产申请被提交前产生的债权。

（e）根据本篇第 706、1112、1208 或 1307 条所进行的程序的转换将终止转换前担任该案的托管人或监督人的服务。

（f）(1）除第（2）款另有规定外，当本篇第 13 章中的案件被转换为本篇另一章节中的案件时：

（A）转换后案件中的破产财产应当由破产实体自破产申请被提交之日拥有，且在转换之日由债务人占有或控制的财产组成；

（B）在第 13 章程序中对财产和经确认担保债权的估价应仅适用于转换至第 11 章或第 12 章的案件，不得适用于转换至第 7 章的案件，且第 11 章和第 12 章案件中经确认担保债权的金额应减去根据第 13 章的计划已被清偿的部分；并且

（C）针对由第 13 章转换而来的案件：

（i）即使就第 13 章案件以及对经确认担保债权的金额进行了估价或确定，除非根据可适用的非破产法确定的该债权的总金额在转换之日已获得完全清偿，否则自

determined under applicable nonbankruptcy law has been paid in full as of the date of conversion, notwithstanding any valuation or determination of the amount of an allowed secured claim made for the purposes of the case under chapter 13; and

(ii) unless a prebankruptcy default has been fully cured under the plan at the time of conversion, in any proceeding under this title or otherwise, the default shall have the effect given under applicable nonbankruptcy law.

(2) If the debtor converts a case under chapter 13 of this title to a case under another chapter under this title in bad faith, the property of the estate in the converted case shall consist of the property of the estate as of the date of conversion.

(Pub. L. 95-598, Nov. 6, 1978, 92 Stat. 2568; Pub. L. 99-554, title II, §257 (i), Oct. 27, 1986, 100 Stat. 3115; Pub. L. 103-394, title III, §311, title V, §501 (d)(5), Oct. 22, 1994, 108 Stat. 4138, 4144; Pub. L. 109-8, title III, §309 (a), title XII, §1207, Apr. 20, 2005, 119 Stat. 82, 194; Pub. L. 111-327, §2 (a)(11), Dec. 22, 2010, 124 Stat. 3558.)

### § 349. Effect of dismissal

(a) Unless the court, for cause, orders otherwise, the dismissal of a case under this title does not bar the discharge, in a later case under this title, of debts that were dischargeable in the case dismissed; nor does the dismissal of a case under this title prejudice the debtor with regard to the filing of a subsequent petition under this title, except as provided in section 109 (g) of this title.

(b) Unless the court, for cause, orders otherwise, a dismissal of a case other than under section 742 of this title—

(1) reinstates—

(A) any proceeding or custodianship superseded under section 543 of this title;

(B) any transfer avoided under section 522, 544, 545, 547, 548, 549, or 724 (a) of this title, or preserved under section 510 (c)(2), 522 (i)(2), or 551 of this title; and

(C) any lien voided under section 506 (d) of this title;

(2) vacates any order, judgment, or transfer ordered, under section 522 (i)(1), 542, 550, or 553 of this title; and

(3) revests the property of the estate in the entity in which such property was vested immediately before the commencement of the case under this title.

(Pub. L. 95-598, Nov. 6, 1978, 92 Stat. 2569; Pub. L. 98-353, title III, §303, July 10, 1984, 98 Stat. 352; Pub. L. 103-394, title V, §501 (d)(6), Oct. 22, 1994, 108 Stat. 4144.)

### § 350. Closing and reopening cases

(a) After an estate is fully administered and the court has discharged the trustee, the court shall close the case.

破产申请被提交之日债权人持有的担保债权应继续由该担保物提供担保；并且

（ii）除非破产前的违约行为在转换前已经根据计划被完全纠正，否则在本篇任何程序或其他程序中，该违约行为仍应根据可适用的非破产法产生相应后果。

（2）若债务人恶意将案件由本篇第 13 章转换至本篇另一章程序中，则转换后案件中的破产财产应由破产实体自转换之日起拥有的财产组成。

[ Pub. L. 95-598, Nov. 6, 1978, 92 Stat. 2568; Pub. L. 99-554, title II, §257（i）, Oct. 27, 1986, 100 Stat. 3115; Pub. L. 103-394, title III, §311, title V, §501（d）（5）, Oct. 22, 1994, 108 Stat. 4138, 4144; Pub. L. 109-8, title III, §309（a）, title XII, §1207, Apr. 20, 2005, 119 Stat. 82, 194; Pub. L. 111-327, §2（a）（11）, Dec. 22, 2010, 124 Stat. 3558. ]

**第 349 条　驳回的效力**

（a）除非法院出于特定事由作出其他裁定，否则对本篇案件的驳回并不会阻碍在本篇其后案件中对被驳回案件中可免责的债务的免责；除本篇第 109 条（g）另有规定除外，对本篇案件的驳回也不会阻碍债务人其后根据本篇提交申请。

（b）除非法院出于特定事由作出其他裁定，否则除根据本篇第 742 条驳回案件外，案件的驳回将产生以下效力：

（1）下列各项将恢复原状：

（A）根据本篇第 543 条而终止的任何程序或保管职责；

（B）任何根据本篇第 522、544、545、547、548、549 或 724（a）条被撤销的转让或根据本篇第 510 条（c）（2）、522 条（i）（2）或 551 条被维持的转让；以及

（C）因本篇第 506 条（d）而无效的任何财产上担保权；

（2）撤销根据本篇第 522 条（i）（1）、542、550 或 553 条所作的任何裁定、判决或裁定作出的转让；并且

（3）向实体归还本篇案件启动前属于该实体的破产财产。

[ Pub. L. 95-598, Nov. 6, 1978, 92 Stat. 2569; Pub. L. 98-353, title III, §303, July 10, 1984, 98 Stat. 352; Pub. L. 103-394, title V, §501（d）（6）, Oct. 22, 1994, 108 Stat. 4144. ]

**第 350 条　结案和重启案件**

（a）在破产实体得到充分的管理且法院已解雇托管人后，法院应就此结案。

(b) A case may be reopened in the court in which such case was closed to administer assets, to accord relief to the debtor, or for other cause.

(Pub. L. 95-598, Nov. 6, 1978, 92 Stat. 2569; Pub. L. 98-353, title III, §439, July 10, 1984, 98 Stat. 370.)

### § 351. Disposal of patient records

If a health care business commences a case under chapter 7, 9, or 11, and the trustee does not have a sufficient amount of funds to pay for the storage of patient records in the manner required under applicable Federal or State law, the following requirements shall apply:

(1) The trustee shall—

(A) promptly publish notice, in 1 or more appropriate newspapers, that if patient records are not claimed by the patient or an insurance provider (if applicable law permits the insurance provider to make that claim) by the date that is 365 days after the date of that notification, the trustee will destroy the patient records; and

(B) during the first 180 days of the 365-day period described in subparagraph (A), promptly attempt to notify directly each patient that is the subject of the patient records and appropriate insurance carrier concerning the patient records by mailing to the most recent known address of that patient, or a family member or contact person for that patient, and to the appropriate insurance carrier an appropriate notice regarding the claiming or disposing of patient records.

(2) If, after providing the notification under paragraph (1), patient records are not claimed during the 365-day period described under that paragraph, the trustee shall mail, by certified mail, at the end of such 365-day period a written request to each appropriate Federal agency to request permission from that agency to deposit the patient records with that agency, except that no Federal agency is required to accept patient records under this paragraph.

(3) If, following the 365-day period described in paragraph (2) and after providing the notification under paragraph (1), patient records are not claimed by a patient or insurance provider, or request is not granted by a Federal agency to deposit such records with that agency, the trustee shall destroy those records by—

(A) if the records are written, shredding or burning the records; or

(B) if the records are magnetic, optical, or other electronic records, by otherwise destroying those records so that those records cannot be retrieved.

(Added Pub. L. 109-8, title XI, §1102 (a), Apr. 20, 2005, 119 Stat. 189.)

（b）当案件被结案以管理资产时，法院出于向债务人提供救济的目的，或出于其他事由，可重启案件。

（Pub. L. 95-598, Nov. 6, 1978, 92 Stat. 2569; Pub. L. 98-353, title III, §439, July 10, 1984, 98 Stat. 370.）

**第 351 条　患者档案的处置**

若医疗护理机构根据第 7 章、第 9 章或第 11 章启动案件且托管人没有足够资金以按照相应的联邦法律或州法要求的方式支付患者档案的保管费，则应适用以下规定：

（1）托管人应当履行以下各项：

（A）及时在一家或多家合适的报纸上发布通知，载明若患者或保险提供方（若可适用的法律允许保险提供方认领）在该通知发出后 365 日内没有认领患者档案，则托管人将销毁该患者档案；并且

（B）在附款（A）所述的 365 日的期间内的前 180 日内，应迅速地尝试通过向最后为人所知的患者、患者的家属或联络人的住址，向患者邮寄或向相应的承保人邮寄，与认领或处置患者档案相关的通知，从而直接通知该患者档案对应的每位患者及与该患者档案相关的相应承保人。

（2）若在根据第（1）款发出通知后，在第（1）款所述的 365 日期间内无人认领患者记录，则除非不存在根据本款被要求接收患者档案的联邦机构，否则托管人应在该期间结束时向各个相应的联邦机构挂号邮寄书面请求以获得其许可将患者档案存入该机构。

（3）若在第（2）款所述的 365 日期间及根据第（1）款发出通知后，并无患者或承保人认领患者档案且联邦机构未同意将患者档案存入该机构，则托管人应通过以下方式销毁该记录：

（A）若为书面档案，将其撕碎或烧毁；或

（B）若其为磁性、光学或其他电子档案，通过其他方式销毁该档案以使其无法被恢复。

［经 Pub. L. 109-8, title XI, §1102（a）, Apr. 20, 2005, 119 Stat. 189 增补］

# SUBCHAPTER Ⅳ —ADMINISTRATIVE POWERS

### § 361. Adequate protection

When adequate protection is required under section 362, 363, or 364 of this title of an interest of an entity in property, such adequate protection may be provided by—

( 1 ) requiring the trustee to make a cash payment or periodic cash payments to such entity, to the extent that the stay under section 362 of this title, use, sale, or lease under section 363 of this title, or any grant of a lien under section 364 of this title results in a decrease in the value of such entity's interest in such property;

( 2 ) providing to such entity an additional or replacement lien to the extent that such stay, use, sale, lease, or grant results in a decrease in the value of such entity's interest in such property; or

( 3 ) granting such other relief, other than entitling such entity to compensation allowable under section 503 ( b ) ( 1 ) of this title as an administrative expense, as will result in the realization by such entity of the indubitable equivalent of such entity's interest in such property.

( Pub. L. 95-598, Nov. 6, 1978, 92 Stat. 2569; Pub. L. 98-353, title III, §440, July 10, 1984, 98 Stat. 370. )

### § 362. Automatic stay

( a ) Except as provided in subsection ( b ) of this section, a petition filed under section 301, 302, or 303 of this title, or an application filed under section 5 ( a ) ( 3 ) of the Securities Investor Protection Act of 1970, operates as a stay, applicable to all entities, of—

( 1 ) the commencement or continuation, including the issuance or employment of process, of a judicial, administrative, or other action or proceeding against the debtor that was or could have been commenced before the commencement of the case under this title, or to recover a claim against the debtor that arose before the commencement of the case under this title;

( 2 ) the enforcement, against the debtor or against property of the estate, of a judgment obtained before the commencement of the case under this title;

( 3 ) any act to obtain possession of property of the estate or of property from the estate or to exercise control over property of the estate;

( 4 ) any act to create, perfect, or enforce any lien against property of the estate;

# 第四附章　管理职责

**第 361 条　充分保护**

当根据本篇第 362、363 或 364 条被要求对某实体在财产上的权益进行充分保护时，可通过以下方式提供充分保护：

（1）在本篇第 362 条中的冻结，本篇第 363 条中的使用、出售或出租，或根据本篇第 364 条提供财产上担保权而导致该实体在该财产上权益的价值减少的范围内，要求托管人对该实体进行现金支付或分期现金支付；

（2）在该冻结、出售、使用、出租或提供财产上担保权导致该实体在该财产上权益的价值减少的范围内，向该实体提供额外的或替代的财产上担保权；

（3）除使实体将其根据本篇第 503 条（b）（1）而得以确认的赔偿作为管理费用外，提供其他使得该实体实现该财产权益的绝对等同价值的救济。

（Pub. L. 95-598, Nov. 6, 1978, 92 Stat. 2569; Pub. L. 98-353, title III, §440, July 10, 1984, 98 Stat. 370.）

**第 362 条　自动冻结**

（a）除本条的附条（b）另有规定外，根据本篇第 301、302 或 303 条提交的申请或根据《1970 年证券投资者保护法》第 5 条（a）（3）提交的申请，将针对所有实体冻结下列各项：

（1）以就本篇案件启动前产生的债权向债务人追偿为目的，在本篇破产案件启动前，已经启动或本可启动的，针对债务人提起的司法、行政或其他诉讼或程序（包括司法文书的公告或使用在内）的启动或继续；

（2）针对债务人或破产实体的财产，就本篇案件启动前获得的判决而进行的执行；

（3）任何以取得破产财产的占有或从破产实体中取得对财产的占有，或控制破产财产为目的的行为；

（4）任何以创设、公示或执行破产财产上的任何财产上担保权为目的的行为；

(5) any act to create, perfect, or enforce against property of the debtor any lien to the extent that such lien secures a claim that arose before the commencement of the case under this title;

(6) any act to collect, assess, or recover a claim against the debtor that arose before the commencement of the case under this title;

(7) the setoff of any debt owing to the debtor that arose before the commencement of the case under this title against any claim against the debtor; and

(8) the commencement or continuation of a proceeding before the United States Tax Court concerning a tax liability of a debtor that is a corporation for a taxable period the bankruptcy court may determine or concerning the tax liability of a debtor who is an individual for a taxable period ending before the date of the order for relief under this title.

(b) The filing of a petition under section 301, 302, or 303 of this title, or of an application under section 5 (a) (3) of the Securities Investor Protection Act of 1970, does not operate as a stay—

(1) under subsection (a) of this section, of the commencement or continuation of a criminal action or proceeding against the debtor;

(2) under subsection (a) —

(A) of the commencement or continuation of a civil action or proceeding—

(i) for the establishment of paternity;

(ii) for the establishment or modification of an order for domestic support obligations;

(iii) concerning child custody or visitation;

(iv) for the dissolution of a marriage, except to the extent that such proceeding seeks to determine the division of property that is property of the estate; or

(v) regarding domestic violence;

(B) of the collection of a domestic support obligation from property that is not property of the estate;

(C) with respect to the withholding of income that is property of the estate or property of the debtor for payment of a domestic support obligation under a judicial or administrative order or a statute;

(D) of the withholding, suspension, or restriction of a driver's license, a professional or occupational license, or a recreational license, under State law, as specified in section 466 (a) (16) of the Social Security Act;

(E) of the reporting of overdue support owed by a parent to any consumer reporting agency as specified in section 466 (a) (7) of the Social Security Act;

(F) of the interception of a tax refund, as specified in sections 464 and 466 (a) (3) of the Social Security Act or under an analogous State law; or

（5）任何以创设、公示或执行债务人财产上的任何财产上担保权为目的的行为，但仅限于用于担保本篇案件启动前成立的债权的财产上担保权；

（6）任何以就本篇案件启动前成立的债权向债务人收取、核定或求偿为目的的行为；

（7）将本篇案件启动前对债务人所负的任何债务与其对债务人享有的任何债权进行抵销；以及

（8）在联邦税收法院就企业债务人在破产法院可确定的纳税期间内的纳税义务或个人债务人在本篇破产救济令被作出前结束的纳税期间内的纳税义务提起的程序的启动或继续。

（b）根据本篇第 301、302 或 303 条提交的申请或根据《1970 年证券投资者保护法》第 5 条（a）（3）提交的申请，并不冻结以下各项：

（1）在本条的附条（a）中，对债务人提起的刑事诉讼或程序的启动或继续；

（2）在附条（a）中：

（A）下列民事诉讼或程序的启动或继续：

（i）亲子关系的确立；

（ii）家庭扶 / 抚养义务令的确立或变更；

（iii）涉及子女监护权与探望权的；

（iv）不涉及破产财产分割的婚姻解除；或

（v）涉及家庭暴力的；

（B）从非破产财产中收取家庭扶 / 抚养费；

（C）根据司法、行政裁定或法律，扣留属于破产财产或债务人财产的收入以用于支付扶 / 抚养费；

（D）根据《社会保障法》第 466 条（a）（16）的规定，根据州立法律对驾照、专业或职业执照或娱乐执照扣留、暂停使用或限制使用；

（E）根据《社会保障法》第 466 条（a）（7）的规定，向任何消费报告机构报告父母逾期未履行的抚养义务；

（F）根据《社会保障法》第 464 条和第 466 条（a）（3）的规定或类似的州立法律，扣留税收退款；或

(G) of the enforcement of a medical obligation, as specified under title IV of the Social Security Act;

(3) under subsection (a) of this section, of any act to perfect, or to maintain or continue the perfection of, an interest in property to the extent that the trustee's rights and powers are subject to such perfection under section 546 (b) of this title or to the extent that such act is accomplished within the period provided under section 547 (e) (2) (A) of this title;

(4) under paragraph (1), (2), (3), or (6) of subsection (a) of this section, of the commencement or continuation of an action or proceeding by a governmental unit or any organization exercising authority under the Convention on the Prohibition of the Development, Production, Stockpiling and Use of Chemical Weapons and on Their Destruction, opened for signature on January 13, 1993, to enforce such governmental unit's or organization's police and regulatory power, including the enforcement of a judgment other than a money judgment, obtained in an action or proceeding by the governmental unit to enforce such governmental unit's or organization's police or regulatory power;

[(5) Repealed. Pub. L. 105-277, div. I, title VI, §603 (1), Oct. 21, 1998, 112 Stat. 2681-866;]

(6) under subsection (a) of this section, of the exercise by a commodity broker, forward contract merchant, stockbroker, financial institution, financial participant, or securities clearing agency of any contractual right (as defined in section 555 or 556) under any security agreement or arrangement or other credit enhancement forming a part of or related to any commodity contract, forward contract or securities contract, or of any contractual right (as defined in section 555 or 556) to offset or net out any termination value, payment amount, or other transfer obligation arising under or in connection with 1 or more such contracts, including any master agreement for such contracts;

(7) under subsection (a) of this section, of the exercise by a repo participant or financial participant of any contractual right (as defined in section 559) under any security agreement or arrangement or other credit enhancement forming a part of or related to any repurchase agreement, or of any contractual right (as defined in section 559) to offset or net out any termination value, payment amount, or other transfer obligation arising under or in connection with 1 or more such agreements, including any master agreement for such agreements;

(8) under subsection (a) of this section, of the commencement of any action by the Secretary of Housing and Urban Development to foreclose a mortgage or deed of trust in any case in which the mortgage or deed of trust held by the Secretary is insured or was formerly insured under the National Housing Act and covers property, or combinations of property, consisting of five or more living units;

（G）根据《社会保障法》第 IV 篇，对医疗义务的执行；

（3）在本条的附条（a）中，任何对财产权益的公示或公示的维持与继续，但仅限于根据本篇第 546 条（b）托管人的权利或权力受该公示约束的情况，或该行为是在本篇第 547 条（e）（2）（A）规定的期间内完成的情况；

（4）在本条的附条（a）的第（1）、（2）、（3）或（6）款中，由政府机构或根据《禁止发展、生产、储存和使用化学武器及销毁此种武器的公约》（1993 年 1 月 13 日开放供签署）行使职权的任何组织，为了执行其治安或监管权，而提起的诉讼或程序的启动或继续，包括执行在该政府机构为执行其与前述组织的治安或监管权而提起的诉讼或程序中获得的除金钱判决外的判决；

[（5）已被废止。Pub. L. 105-277, div. I, title VI, §603（1）, Oct. 21, 1998, 112 Stat. 2681-866; ]

（6）在本条的附条（a）中，商品经纪商、远期合约商、证券经纪人、金融机构、金融参与者或证券结算机构，根据证券合约或安排，或其他构成任何商品合约、远期合约或证券合约或与其有关的信用增级，行使任何合约权利（定义见第 555 条或第 556 条），或行使任何合约权利（定义见第 555 条或第 556 条）以抵销任何终止价值、支付金额或其他因以上一种或多种合同（包括以上合同的主协议）而发生的或与之有关的其他转让义务；

（7）在本条的附条（a）中，回购参与者或金融参与者根据任何证券合约或安排，或其他构成任何回购协议或与其有关的信用增级行使任何合约权利（定义见第 559 条），或行使任何合约权利（定义见第 559 条）以抵销任何终止价值、支付金额或其他因以上一种或多种合同（包括以上合同的主协议）而发生的或与之有关的其他转让义务；

（8）在本条的附条（a）中，当住房和城市发展部长持有的抵押或信托契约现在或曾经被根据《国家住房法》提供担保并且该抵押或信托契约所涵盖的财产或财产组合系由五个或五个以上的住房单元组成时，住房和城市发展部长为取消抵押或信托契约中对抵押物的赎回权而提起的诉讼的启动；

(9) under subsection (a), of—

(A) an audit by a governmental unit to determine tax liability;

(B) the issuance to the debtor by a governmental unit of a notice of tax deficiency;

(C) a demand for tax returns; or

(D) the making of an assessment for any tax and issuance of a notice and demand for payment of such an assessment (but any tax lien that would otherwise attach to property of the estate by reason of such an assessment shall not take effect unless such tax is a debt of the debtor that will not be discharged in the case and such property or its proceeds are transferred out of the estate to, or otherwise revested in, the debtor).

(10) under subsection (a) of this section, of any act by a lessor to the debtor under a lease of nonresidential real property that has terminated by the expiration of the stated term of the lease before the commencement of or during a case under this title to obtain possession of such property;

(11) under subsection (a) of this section, of the presentment of a negotiable instrument and the giving of notice of and protesting dishonor of such an instrument;

(12) under subsection (a) of this section, after the date which is 90 days after the filing of such petition, of the commencement or continuation, and conclusion to the entry of final judgment, of an action which involves a debtor subject to reorganization pursuant to chapter 11 of this title and which was brought by the Secretary of Transportation under section 31325 of title 46 (including distribution of any proceeds of sale) to foreclose a preferred ship or fleet mortgage, or a security interest in or relating to a vessel or vessel under construction, held by the Secretary of Transportation under chapter 537 of title 46 or section 109 (h) of title 49, or under applicable State law;

(13) under subsection (a) of this section, after the date which is 90 days after the filing of such petition, of the commencement or continuation, and conclusion to the entry of final judgment, of an action which involves a debtor subject to reorganization pursuant to chapter 11 of this title and which was brought by the Secretary of Commerce under section 31325 of title 46 (including distribution of any proceeds of sale) to foreclose a preferred ship or fleet mortgage in a vessel or a mortgage, deed of trust, or other security interest in a fishing facility held by the Secretary of Commerce under chapter 537 of title 46;

(14) under subsection (a) of this section, of any action by an accrediting agency regarding the accreditation status of the debtor as an educational institution;

(15) under subsection (a) of this section, of any action by a State licensing body regarding the licensure of the debtor as an educational institution;

(16) under subsection (a) of this section, of any action by a guaranty agency, as defined in section 435 (j) of the Higher Education Act of 1965 or the Secretary of

（9）在附条（a）中：

（A）为确定纳税义务而由政府机构进行的审计；

（B）由政府部门向债务人签发补税通知；

（C）要求报税；或

（D）对任何税款进行核定并签发通知，并且要求其就该核定额进行支付（但是任何由于该核定而被附加在破产财产上的税收担保权不得生效，除非该税款是债务人的在本案中不被免责的债务，并且该财产或其收益将由该破产实体转让或因其他原因归还给债务人）。

（10）在本条的附条（a）中，根据因约定的租约期限届满而在本篇破产案件启动前或进行期间终止的非住宅不动产租约，出租人以获得该财产的占有为目的的任何行为；

（11）在本条的附条（a）中，可流通票据的出示、通知与拒绝承兑；

（12）在本条的附条（a）中，提交破产申请后 90 日以后，为了取消由交通部长根据《美国联邦法典》第 46 篇第 537 章、《美国联邦法典》第 49 篇第 109 条（h）或相应的州法持有的优先性船舶抵押、船队抵押或在船舶或正在建造中的船舶上的担保权益或与之有关的担保权益的赎回权，而由交通部长根据《美国联邦法典》第 46 篇第 31325 条（包括对销售收益的分配）提起的，涉及根据本篇第 11 章进行重整的债务人的诉讼的启动、继续与最终判决的正式作出。

（13）在本条的附条（a）中，提交破产申请后 90 日以后，为了取消由商务部长根据《美国联邦法典》第 46 篇第 537 章持有的优先性船舶抵押或船队抵押、信托契约或在捕捞设备上的其他担保权益的赎回权，而由商务部长根据《美国联邦法典》第 46 篇第 31325 条（包括对销售收益的分配）提起的，涉及根据本篇第 11 章进行重整的债务人的诉讼的启动、继续与最终判决的作出；

（14）在本条的附条（a）中，认证机构对债务人教育机构的地位进行认证的任何行为；

（15）在本条的附条（a）中，国家许可机构对债务人颁发教育机构许可证的任何行为；

（16）在本条的附条（a）中，担保机构［定义见《1965 年高等教育法》第 435 条（j）］或教育部长采取的有关债务人参加该法批准的项目的资格的任何行为；

Education regarding the eligibility of the debtor to participate in programs authorized under such Act;

(17) under subsection (a) of this section, of the exercise by a swap participant or financial participant of any contractual right (as defined in section 560) under any security agreement or arrangement or other credit enhancement forming a part of or related to any swap agreement, or of any contractual right (as defined in section 560) to offset or net out any termination value, payment amount, or other transfer obligation arising under or in connection with 1 or more such agreements, including any master agreement for such agreements;

(18) under subsection (a) of the creation or perfection of a statutory lien for an ad valorem property tax, or a special tax or special assessment on real property whether or not ad valorem, imposed by a governmental unit, if such tax or assessment comes due after the date of the filing of the petition;

(19) under subsection (a), of withholding of income from a debtor's wages and collection of amounts withheld, under the debtor's agreement authorizing that withholding and collection for the benefit of a pension, profit-sharing, stock bonus, or other plan established under section 401, 403, 408, 408A, 414, 457, or 501 (c) of the Internal Revenue Code of 1986, that is sponsored by the employer of the debtor, or an affiliate, successor, or predecessor of such employer—

(A) to the extent that the amounts withheld and collected are used solely for payments relating to a loan from a plan under section 408 (b) (1) of the Employee Retirement Income Security Act of 1974 or is subject to section 72 (p) of the Internal Revenue Code of 1986; or

(B) a loan from a thrift savings plan permitted under subchapter Ⅲ of chapter 84 of title 5, that satisfies the requirements of section 8433 (g) of such title;

but nothing in this paragraph may be construed to provide that any loan made under a governmental plan under section 414 (d), or a contract or account under section 403 (b), of the Internal Revenue Code of 1986 constitutes a claim or a debt under this title;

(20) under subsection (a), of any act to enforce any lien against or security interest in real property following entry of the order under subsection (d) (4) as to such real property in any prior case under this title, for a period of 2 years after the date of the entry of such an order, except that the debtor, in a subsequent case under this title, may move for relief from such order based upon changed circumstances or for other good cause shown, after notice and a hearing;

(21) under subsection (a), of any act to enforce any lien against or security interest in real property—

(A) if the debtor is ineligible under section 109 (g) to be a debtor in a case under

（17）在本条的附条（a）中，互换参与者或金融参与者根据任何证券合约或安排，或其他构成任何互换协议或与其有关的信用增级行使任何合约权利（定义见第560条），或行使任何合约权利（定义见第560条）以抵销任何终止价值、支付金额或其他因以上一种或多种合同（包括以上合同的主协议）而发生的或与之有关的其他转让义务；

（18）在附条（a）中的，为担保政府机构施加的，在破产申请被提交后到期的，从价财产税、特别税或不动产上的特别评估（无论其是否从价计征）而创设或公示法定担保权的行为；

（19）在附条（a）中，在债务人的同意下，被授权为了债务人的雇主、关联方、继受人或前身提供的养老金、分红、股息或其他根据《1986年国内税收法典》第401、403、408、408A、414、457或501（c）条设立的其他计划的利益，而从债务人的薪资中扣留其收入并收取被扣留的金额的行为，但还须满足以下要求：

（A）被扣留或收取的金额仅被用于支付《1974年雇员退休收入保障法》第408条（b）（1）中计划中的贷款，或系根据《1986年国内税收法典》第72条（p）的规定而扣留或收取该金额；或

（B）根据《美国联邦法典》第5篇第84章第III附章中的节俭储蓄计划中的，满足该法第8433条（g）的要求的贷款；

本款不得被解释为根据《1986年国内税收法典》第414条（d）中的政府计划中的贷款或第403条（b）中的合同或账户均构成本篇中的债权或债务；

（20）在附条（a）中，在本篇先前案件中针对不动产根据附条（d）（4）作出裁定后2年内，针对该不动产上的担保权或担保权益的执行行为均不被冻结，但债务人在本篇其后案件中可基于情势变更或出于正当事由，申请解除该裁定；

（21）在附条（a）中，下列情形中，针对不动产上的担保权或担保权益的执行行为：

（A）债务人根据第109条（g）并非本篇案件的适格债务人；或

this title; or

(B) if the case under this title was filed in violation of a bankruptcy court order in a prior case under this title prohibiting the debtor from being a debtor in another case under this title;

(22) subject to subsection (1), under subsection (a)(3), of the continuation of any eviction, unlawful detainer action, or similar proceeding by a lessor against a debtor involving residential property in which the debtor resides as a tenant under a lease or rental agreement and with respect to which the lessor has obtained before the date of the filing of the bankruptcy petition, a judgment for possession of such property against the debtor;

(23) subject to subsection (m), under subsection (a)(3), of an eviction action that seeks possession of the residential property in which the debtor resides as a tenant under a lease or rental agreement based on endangerment of such property or the illegal use of controlled substances on such property, but only if the lessor files with the court, and serves upon the debtor, a certification under penalty of perjury that such an eviction action has been filed, or that the debtor, during the 30-day period preceding the date of the filing of the certification, has endangered property or illegally used or allowed to be used a controlled substance on the property;

(24) under subsection (a), of any transfer that is not avoidable under section 544 and that is not avoidable under section 549;

(25) under subsection (a), of—

(A) the commencement or continuation of an investigation or action by a securities self regulatory organization to enforce such organization's regulatory power;

(B) the enforcement of an order or decision, other than for monetary sanctions, obtained in an action by such securities self regulatory organization to enforce such organization's regulatory power; or

(C) any act taken by such securities self regulatory organization to delist, delete, or refuse to permit quotation of any stock that does not meet applicable regulatory requirements;

(26) under subsection (a), of the setoff under applicable nonbankruptcy law of an income tax refund, by a governmental unit, with respect to a taxable period that ended before the date of the order for relief against an income tax liability for a taxable period that also ended before the date of the order for relief, except that in any case in which the setoff of an income tax refund is not permitted under applicable nonbankruptcy law because of a pending action to determine the amount or legality of a tax liability, the governmental unit may hold the refund pending the resolution of the action, unless the court, on the motion of the trustee and after notice and a hearing, grants the taxing authority adequate protection (within the meaning of section 361) for the secured claim

（B）破产案件的启动违反了破产法院在本篇先前案件中禁止债务人在本篇其他案件中作为债务人的裁定；

（22）在符合附条（l）的规定的情况下，在附条（a）（3）中，就债务人根据租约以承租人身份居住的住宅房产，若出租人在破产申请被提交前已获得从债务人处恢复占有的判决，则出租人对该债务人提起的任何强制搬迁、非法占住的诉讼或类似的程序的继续均不应被冻结；

（23）在符合附条（m）的情况下，在附条（a）（3）中，就债务人根据租约以承租人身份居住的住宅房产，若其行为危及该住房或在住房内非法使用管控物品，则出租人为恢复对住宅房产的占有而对债务人提起的强制搬迁之诉不应被冻结，但仅限于出租人向法院提交并向债务人送达在伪证罚则下所作的证明，以说明其已提起强制搬迁之诉，或债务人在该证明被提交前30日内已经对住房造成损害，或在住房内自己非法使用或允许他人非法使用管控物品的情况；

（24）在附条（a）中，根据第544条和第549条不会被撤销的转让；

（25）在附条（a）中，以下各项也不应被冻结：

（A）证券自律性组织为执行其监管职能而启动或进行的调查或诉讼；

（B）证券自律性组织在为执行其监管职能提起的诉讼中，获得的除罚款外的裁定或决定的执行；或

（C）证券自律性组织为摘牌、删除或拒绝不符合相应监管要求的股票报价而采取的任何行为；

（26）在附条（a）中，根据可适用的非破产法，政府部门将破产救济令被作出前结束的纳税年度的所得税应退税款，与破产救济令被作出前结束的纳税年度的所得税应纳税额相抵销的行为；但不包括根据可适用的非破产法，因为决定应纳税额的数额或合法性的诉讼正在进行中，因而不允许抵销所得税应退税款的情况，除非法院应托管人的动议，经过通知和听证后，为税务机关在第506条（a）中所述的抵销中其享有的担保债权提供了充分的保护（定义见第361条）；

of such authority in the setoff under section 506 ( a ) ;

( 27 ) under subsection ( a ) of this section, of the exercise by a master netting agreement participant of any contractual right ( as defined in section 555, 556, 559, or 560 ) under any security agreement or arrangement or other credit enhancement forming a part of or related to any master netting agreement, or of any contractual right ( as defined in section 555, 556, 559, or 560 ) to offset or net out any termination value, payment amount, or other transfer obligation arising under or in connection with 1 or more such master netting agreements to the extent that such participant is eligible to exercise such rights under paragraph ( 6 ) , ( 7 ) , or ( 17 ) for each individual contract covered by the master netting agreement in issue; and

( 28 ) under subsection ( a ) , of the exclusion by the Secretary of Health and Human Services of the debtor from participation in the medicare program or any other Federal health care program ( as defined in section 1128B ( f ) of the Social Security Act pursuant to title XI or XVIII of such Act ) .

The provisions of paragraphs ( 12 ) and ( 13 ) of this subsection shall apply with respect to any such petition filed on or before December 31, 1989.

( c ) Except as provided in subsections ( d ) , ( e ) , ( f ) , and ( h ) of this section—

( 1 ) the stay of an act against property of the estate under subsection ( a ) of this section continues until such property is no longer property of the estate;

( 2 ) the stay of any other act under subsection ( a ) of this section continues until the earliest of—

( A ) the time the case is closed;

( B ) the time the case is dismissed; or

( C ) if the case is a case under chapter 7 of this title concerning an individual or a case under chapter 9, 11, 12, or 13 of this title, the time a discharge is granted or denied;

( 3 ) if a single or joint case is filed by or against a debtor who is an individual in a case under chapter 7, 11, or 13, and if a single or joint case of the debtor was pending within the preceding 1-year period but was dismissed, other than a case refiled under a chapter other than chapter 7 after dismissal under section 707 ( b ) —

( A ) the stay under subsection ( a ) with respect to any action taken with respect to a debt or property securing such debt or with respect to any lease shall terminate with respect to the debtor on the 30th day after the filing of the later case;

( B ) on the motion of a party in interest for continuation of the automatic stay and upon notice and a hearing, the court may extend the stay in particular cases as to any or all creditors ( subject to such conditions or limitations as the court may then impose ) after notice and a hearing completed before the expiration of the 30-day period only if the party in interest demonstrates that the filing of the later case is in good faith as to the creditors to

（27）在本条的附条（a）中，净额结算协议参与者根据任何证券合约或安排，或其他构成任何净额结算协议或与其有关的信用增级行使任何合约权利（定义见第555、556、559或560条），或行使任何合约权利（定义见第555、556、559或560条）以抵销任何终止价值、支付金额或其他因以上一种或多种合同（包括以上合同的主协议）而产生的或与之有关的其他转让义务，但仅限于该参与者有资格根据第（6）、（7）或（17）款就该净额结算协议包含的各单项合约行使前述权利的范围；以及

（28）在附条（a）中，卫生与公共服务部长将债务人从医疗保险项目或任何其他联邦医疗护理计划［根据《社会保障法》第XI或XVII篇的规定，其定义见该法第1128B条（f）］中移除的行为。

本附条中第（12）和（13）款的规定应适用于在1989年12月31日及以前提起破产申请的破产案件。

（c）除本条的附条（d）、（e）、（f）及（h）另有规定外：

（1）本条的附条（a）中针对破产财产的任何行为的冻结将持续到该财产不再属于破产财产时；

（2）本条的附条（a）中任何其他任何行为的冻结均将持续到以下时点中更早者：

（A）案件结案时；

（B）案件被驳回时；或

（C）若该案件为本篇第7章中的个人破产案件或本篇第9、11、12或13章中的案件，在被准予或拒绝债务免责时；

（3）针对根据第7、11或13章，由个人债务人提起或对个人债务人提起的单独破产或夫妻共同破产案件，若前1年内存在债务人的单独破产或共同破产案件但其已被驳回，则除非该案系根据第707条（b）被驳回后根据第7章以外的章节重新提交申请，否则将适用以下规定：

（A）根据附条（a）针对就债务、担保该债务的财产采取的行为或任何租约的冻结，应在提起后一案件后第30日针对债务人终止；

（B）应利益相关方申请继续该自动冻结的动议，经过通知和听证后，法院可在具体案件中延长该冻结；就任意或所有债权人（受法院施加的条件或限制的约束）而言，经过通知且在该30日期间前完成听证后，当且仅当利益相关方证明后一案件的提交系善意的，才可对债权人也产生冻结的效力；以及

be stayed; and

(C) for purposes of subparagraph (B), a case is presumptively filed not in good faith (but such presumption may be rebutted by clear and convincing evidence to the contrary) —

(i) as to all creditors, if—

(I) more than 1 previous case under any of chapters 7, 11, and 13 in which the individual was a debtor was pending within the preceding 1-year period;

(II) a previous case under any of chapters 7, 11, and 13 in which the individual was a debtor was dismissed within such 1-year period, after the debtor failed to—

(aa) file or amend the petition or other documents as required by this title or the court without substantial excuse (but mere inadvertence or negligence shall not be a substantial excuse unless the dismissal was caused by the negligence of the debtor's attorney);

(bb) provide adequate protection as ordered by the court; or

(cc) perform the terms of a plan confirmed by the court; or

(III) there has not been a substantial change in the financial or personal affairs of the debtor since the dismissal of the next most previous case under chapter 7, 11, or 13 or any other reason to conclude that the later case will be concluded—

(aa) if a case under chapter 7, with a discharge; or

(bb) if a case under chapter 11 or 13, with a confirmed plan that will be fully performed; and

(ii) as to any creditor that commenced an action under subsection (d) in a previous case in which the individual was a debtor if, as of the date of dismissal of such case, that action was still pending or had been resolved by terminating, conditioning, or limiting the stay as to actions of such creditor; and

(4)(A)(i) if a single or joint case is filed by or against a debtor who is an individual under this title, and if 2 or more single or joint cases of the debtor were pending within the previous year but were dismissed, other than a case refiled under a chapter other than chapter 7 after dismissal under section 707(b), the stay under subsection (a) shall not go into effect upon the filing of the later case; and

(ii) on request of a party in interest, the court shall promptly enter an order confirming that no stay is in effect;

(B) if, within 30 days after the filing of the later case, a party in interest requests the court may order the stay to take effect in the case as to any or all creditors (subject to such conditions or limitations as the court may impose), after notice and a hearing, only if the party in interest demonstrates that the filing of the later case is in good faith as to the creditors to be stayed;

（C）就附款（B）而言，在以下情况中后一案件的提交将被推定为恶意（但是该推定可由清楚且可信的相反证据所推翻）：

（i）针对所有债权人，若：

（I）债务人在前 1 年内曾不止 1 次作为第 7、11 和 13 章中破产案件的个人债务人；

（II）债务人作为前 1 年内第 7、11 和 13 章中的前一案件的个人债务人时，该案件在该 1 年期间内在债务人未能履行以下各项后被驳回：

（aa）提交或修改破产申请或其他本篇或法院要求的文件，并且没有实质正当理由（但单纯的疏忽或过失不应构成实质正当理由，除非该驳回系因债务人的律师的过失所导致）；

（bb）根据法院裁定提供充分保护；或

（cc）履行法院批准的计划中的事项；或

（III）先前根据第 7、11 或 13 章最后提起的案件被驳回以来，债务人的财务或个人事项并无实质改变，或并无任何其他理由相信后一案件将会得到以下处理结果：

（aa）若为第 7 章案件，被准予债务免责；或

（bb）若为第 11 章或第 13 章案件，计划得到批准且该计划将被完全履行；并且

（ii）针对先前的个人破产案件中根据附条（d）启动诉讼的任意债权人，若自该案被驳回以来，该诉讼仍未审结或以终止该诉讼涉及的冻结、对其施以条件或限制的方式结案；以及

（4）（A）（i）针对根据本篇由个人债务人或对个人债务人提起的单独破产或夫妻共同破产案件，若前 1 年内存在不少于 2 件的债务人的单独破产或共同破产案件但其已被驳回，则除非该案系根据第 707 条（b）被驳回后根据第 7 章以外的章节重新提交申请，否则附条（a）中的冻结在提交后一案件时不应生效；并且

（ii）应利益相关方请求，法院应及时正式作出裁定以确认冻结并不生效；

（B）若在提交后一案件后 30 日内，应利益相关方的请求，法院可下令使本案中的冻结生效，就任意或所有债权人（受法院此后施加的条件或限制的约束）而言，经过通知和听证后，当且仅当利益相关方证明后一案件的申请系善意的，才可对债权人也产生冻结的效力；

(C) a stay imposed under subparagraph (B) shall be effective on the date of the entry of the order allowing the stay to go into effect; and

(D) for purposes of subparagraph (B), a case is presumptively filed not in good faith (but such presumption may be rebutted by clear and convincing evidence to the contrary) —

(i) as to all creditors if—

(I) 2 or more previous cases under this title in which the individual was a debtor were pending within the 1-year period;

(II) a previous case under this title in which the individual was a debtor was dismissed within the time period stated in this paragraph after the debtor failed to file or amend the petition or other documents as required by this title or the court without substantial excuse (but mere inadvertence or negligence shall not be substantial excuse unless the dismissal was caused by the negligence of the debtor's attorney), failed to provide adequate protection as ordered by the court, or failed to perform the terms of a plan confirmed by the court; or

(III) there has not been a substantial change in the financial or personal affairs of the debtor since the dismissal of the next most previous case under this title, or any other reason to conclude that the later case will not be concluded, if a case under chapter 7, with a discharge, and if a case under chapter 11 or 13, with a confirmed plan that will be fully performed; or

(ii) as to any creditor that commenced an action under subsection (d) in a previous case in which the individual was a debtor if, as of the date of dismissal of such case, such action was still pending or had been resolved by terminating, conditioning, or limiting the stay as to such action of such creditor.

(d) On request of a party in interest and after notice and a hearing, the court shall grant relief from the stay provided under subsection (a) of this section, such as by terminating, annulling, modifying, or conditioning such stay—

(1) for cause, including the lack of adequate protection of an interest in property of such party in interest;

(2) with respect to a stay of an act against property under subsection (a) of this section, if—

(A) the debtor does not have an equity in such property; and

(B) such property is not necessary to an effective reorganization;

(3) with respect to a stay of an act against single asset real estate under subsection (a), by a creditor whose claim is secured by an interest in such real estate, unless, not later than the date that is 90 days after the entry of the order for relief (or such later date as the court may determine for cause by order entered within that 90-day period)

（C）根据附款（B）施加的冻结应在准予该冻结生效的裁定被正式作出之日生效；并且

（D）就附款（B）而言，在以下情况中后一案件的申请将被推定为恶意（但是该推定可由清楚且可信的相反证据所推翻）：

（i）针对所有债权人，若：

（I）债务人在前 1 年内曾在 2 件以上的本篇案件中作为个人债务人；

（II）债务人在前 1 年内作为个人债务人的本篇案件在该期间内被驳回，且该驳回系因债务人未能提交或修改破产申请或其他本篇或法院要求的文件，并且并无实质正当理由（但单纯的疏忽或过失不构成实质正当理由，除非该驳回系由债务人的律师的过失导致），未能根据法院裁定提供充分保护或者未能履行法院批准的计划中的事项；或

（III）先前根据本篇最后提起的案件被驳回以来，债务人的财务或个人事项并无实质改变；或者没有任何其他理由相信在后一案件中，若其为第 7 章案件，将被授予债务免责，若其为第 11 或 13 章案件，计划将得到批准且将被完全履行；或

（ii）针对在先前的个人破产案件中根据附条（d）启动诉讼的任意债权人，若在该案被驳回时，该诉讼仍未审结或以终止该诉讼涉及的冻结、对其施以条件或限制的方式结案。

（d）应利益相关方的请求，经过通知和听证后，法院应在以下情况中解除本条中附条（a）中规定的冻结，如终止、取消、修改或调整该冻结：

（1）出于特定事由，如该利益相关方的财产上的权益并未得到充分保护；

（2）下列情形中，针对本条的附条（a）中就财产采取的行为的冻结：

（A）债务人在该财产上并不享有权益；并且

（B）该财产对于有效的重整并无必要；

（3）针对附条（a）中就单一不动产采取的行为的冻结，由在该不动产上享有担保权益的债权人作出请求，法院应解除冻结；除非破产救济令被正式作出后 90 日内（或法院出于特定事由在该期间内确定的更晚日期），或法院认定本款应适用于债务人后的 30 日内，以二者中较晚者为准，债务人已履行以下各项：

or 30 days after the court determines that the debtor is subject to this paragraph, whichever is later—

(A) the debtor has filed a plan of reorganization that has a reasonable possibility of being confirmed within a reasonable time; or

(B) the debtor has commenced monthly payments that—

(i) may, in the debtor's sole discretion, notwithstanding section 363 (c)(2), be made from rents or other income generated before, on, or after the date of the commencement of the case by or from the property to each creditor whose claim is secured by such real estate (other than a claim secured by a judgment lien or by an unmatured statutory lien); and

(ii) are in an amount equal to interest at the then applicable nondefault contract rate of interest on the value of the creditor's interest in the real estate; or

(4) with respect to a stay of an act against real property under subsection (a), by a creditor whose claim is secured by an interest in such real property, if the court finds that the filing of the petition was part of a scheme to delay, hinder, or defraud creditors that involved either—

(A) transfer of all or part ownership of, or other interest in, such real property without the consent of the secured creditor or court approval; or

(B) multiple bankruptcy filings affecting such real property.

If recorded in compliance with applicable State laws governing notices of interests or liens in real property, an order entered under paragraph (4) shall be binding in any other case under this title purporting to affect such real property filed not later than 2 years after the date of the entry of such order by the court, except that a debtor in a subsequent case under this title may move for relief from such order based upon changed circumstances or for good cause shown, after notice and a hearing. Any Federal, State, or local governmental unit that accepts notices of interests or liens in real property shall accept any certified copy of an order described in this subsection for indexing and recording.

(e)(1) Thirty days after a request under subsection (d) of this section for relief from the stay of any act against property of the estate under subsection (a) of this section, such stay is terminated with respect to the party in interest making such request, unless the court, after notice and a hearing, orders such stay continued in effect pending the conclusion of, or as a result of, a final hearing and determination under subsection (d) of this section. A hearing under this subsection may be a preliminary hearing, or may be consolidated with the final hearing under subsection (d) of this section. The court shall order such stay continued in effect pending the conclusion of the final hearing under subsection (d) of this section if there is a reasonable likelihood that the party opposing relief from such stay will prevail at the conclusion of such final hearing. If the hearing

（A）债务人已经提交重整计划且该计划有将在合理时间内得到批准的合理可能；或

（B）债务人已经开始按月支付，并且：

（i）即使存在第363条（c）（2）的规定，在债务人的全权决定下，该款项可由在案件启动之日或启动前后通过债权人就其享有担保权益（不包括该债权由司法的财产上担保权或未到期的法定的财产上担保权所担保的情况）的不动产获得的租金或其他收入进行支付；并且

（ii）支付的数额等于就债权人在不动产上享有的权益的价值按相应的非违约合同利率计算的收益；或

（4）针对附条（a）中就不动产采取的任何行为的冻结，若在该不动产上享有担保权益的债权人作出请求，则当法院发现破产申请的提交系其延误、妨碍或欺骗债权人的策略的一部分并涉及以下行为时，应解除冻结：

（A）未经担保债权人同意或法院的批准，转移该不动产全部或部分的所有权或其上的其他权益；或

（B）多次提交影响该不动产的破产申请。

若根据第（4）款被正式作出的裁定根据规定有不动产上权益或财产上担保权的通知的相应的州法已被存档，则在以影响该不动产为目的而在该裁定由法院作出后2年内提交的本篇任何其他案件中也应具有约束力，但在其后本篇案件中，经过通知和听证后，债务人可基于情势变更或说明正当事由而申请解除该裁定。任何收到不动产上权益或财产上担保权的通知的联邦、州或地方政府机构应当接收本附条所述裁定的核正副本从而将其编录并存档。

（e）（1）针对本条的附条（a）中就破产财产采取的任何行为的冻结，根据本条的附条（d）请求解除该冻结后30日，该冻结将针对作此请求的利益相关方终止，除非法院经过通知和听证后，下令该冻结继续生效直至根据本条的附条（d）举行终局听证并作出最后决定，或因该听证和决定的结果而继续生效。本附条中的听证可以是预备听证，也可与本条中附条（d）中的终局听证合并。若存在反对该解除冻结申请的主体将在该终局听证中得到支持的合理可能，则法院应下令该冻结继续生效直至根据本条的附条（d）中的终局听证结束。若本附条中的听证是预备听证，则该终局听证应在预备听证结束后30日内结束，除非经过利益相关方的同意或法院认定存在不可抗拒的情形因而对该期限加以延长。

under this subsection is a preliminary hearing, then such final hearing shall be concluded not later than thirty days after the conclusion of such preliminary hearing, unless the 30-day period is extended with the consent of the parties in interest or for a specific time which the court finds is required by compelling circumstances.

(2) Notwithstanding paragraph (1), in a case under chapter 7, 11, or 13 in which the debtor is an individual, the stay under subsection (a) shall terminate on the date that is 60 days after a request is made by a party in interest under subsection (d), unless—

(A) a final decision is rendered by the court during the 60-day period beginning on the date of the request; or

(B) such 60-day period is extended—

(i) by agreement of all parties in interest; or

(ii) by the court for such specific period of time as the court finds is required for good cause, as described in findings made by the court.

(f) Upon request of a party in interest, the court, with or without a hearing, shall grant such relief from the stay provided under subsection (a) of this section as is necessary to prevent irreparable damage to the interest of an entity in property, if such interest will suffer such damage before there is an opportunity for notice and a hearing under subsection (d) or (e) of this section.

(g) In any hearing under subsection (d) or (e) of this section concerning relief from the stay of any act under subsection (a) of this section—

(1) the party requesting such relief has the burden of proof on the issue of the debtor's equity in property; and

(2) the party opposing such relief has the burden of proof on all other issues.

(h)(1) In a case in which the debtor is an individual, the stay provided by subsection (a) is terminated with respect to personal property of the estate or of the debtor securing in whole or in part a claim, or subject to an unexpired lease, and such personal property shall no longer be property of the estate if the debtor fails within the applicable time set by section 521 (a)(2) —

(A) to file timely any statement of intention required under section 521 (a)(2) with respect to such personal property or to indicate in such statement that the debtor will either surrender such personal property or retain it and, if retaining such personal property, either redeem such personal property pursuant to section 722, enter into an agreement of the kind specified in section 524 (c) applicable to the debt secured by such personal property, or assume such unexpired lease pursuant to section 365 (p) if the trustee does not do so, as applicable; and

(B) to take timely the action specified in such statement, as it may be amended before expiration of the period for taking action, unless such statement specifies the

（2）即使存在第（1）款的规定，除下列情形外，在第 7、11 或 13 章中的个人破产案件里，附条（a）中的冻结均应在利益相关方根据附条（d）作出请求后 60 日以后终止：

（A）在请求作出后的 60 日期间内，法院要就此做出终局决定；或

（B）该 60 日期间在以下情况中被延长：

（i）经全体利益相关方的同意；或

（ii）法院认定存在需要延期的正当事由并对此进行说明。

（f）应利益相关方的请求，经过或不经听证，出于防止某实体在财产上的权益遭受不可弥补的损害的必要，若在有可能根据本条的附条（d）或（e）发出通知并举行听证前该权益将会遭受该损害，则法院应解除本条的附条（a）中的冻结。

（g）在任何涉及解除本条的附条（a）中对行为的冻结而根据本条的附条（d）或（e）举行的听证中：

（1）请求解除的一方就债务人在财产上的权益这一事项承担举证责任；并且

（2）反对解除的一方就其他所有事项承担举证责任。

（h）（1）当债务人为个人时，针对为债权提供全部担保或部分担保的，或作为未到期租约标的物的，破产实体或债务人的动产，附条（a）中的冻结将终止，并且若债务人在第 521 条（a）（2）中确定的相应期间内未能履行以下各项，则该动产也不再属于破产财产：

（A）及时提交第 521 条（a）（2）要求的针对该动产的任何意向声明，或在该声明中表明债务人将放弃或保留该动产；并且若要保留该动产，应根据第 722 条将其回赎，订立第 524 条（c）中适用于由该动产提供担保的债务的协议，或在托管人拒绝确认未到期租约时，根据第 365 条（p）确认该未到期租约；以及

（B）及时履行该声明中列明的行为且其在该履行期届满前可被修改，除非该声明表明债务人意图按照原始合同条款再认该债务，而债权人不同意对该条款的再认。

debtor's intention to reaffirm such debt on the original contract terms and the creditor refuses to agree to the reaffirmation on such terms.

(2) Paragraph (1) does not apply if the court determines, on the motion of the trustee filed before the expiration of the applicable time set by section 521 (a)(2), after notice and a hearing, that such personal property is of consequential value or benefit to the estate, and orders appropriate adequate protection of the creditor's interest, and orders the debtor to deliver any collateral in the debtor's possession to the trustee. If the court does not so determine, the stay provided by subsection (a) shall terminate upon the conclusion of the hearing on the motion.

(i) If a case commenced under chapter 7, 11, or 13 is dismissed due to the creation of a debt repayment plan, for purposes of subsection (c)(3), any subsequent case commenced by the debtor under any such chapter shall not be presumed to be filed not in good faith.

(j) On request of a party in interest, the court shall issue an order under subsection (c) confirming that the automatic stay has been terminated.

(k)(1) Except as provided in paragraph (2), an individual injured by any willful violation of a stay provided by this section shall recover actual damages, including costs and attorneys' fees, and, in appropriate circumstances, may recover punitive damages.

(2) If such violation is based on an action taken by an entity in the good faith belief that subsection (h) applies to the debtor, the recovery under paragraph (1) of this subsection against such entity shall be limited to actual damages.

(l)(1) Except as otherwise provided in this subsection, subsection (b)(22) shall apply on the date that is 30 days after the date on which the bankruptcy petition is filed, if the debtor files with the petition and serves upon the lessor a certification under penalty of perjury that—

(A) under nonbankruptcy law applicable in the jurisdiction, there are circumstances under which the debtor would be permitted to cure the entire monetary default that gave rise to the judgment for possession, after that judgment for possession was entered; and

(B) the debtor (or an adult dependent of the debtor) has deposited with the clerk of the court, any rent that would become due during the 30-day period after the filing of the bankruptcy petition.

(2) If, within the 30-day period after the filing of the bankruptcy petition, the debtor (or an adult dependent of the debtor) complies with paragraph (1) and files with the court and serves upon the lessor a further certification under penalty of perjury that the debtor (or an adult dependent of the debtor) has cured, under nonbankruptcy law applicable in the jurisdiction, the entire monetary default that gave rise to the judgment under which possession is sought by the lessor, subsection (b)(22) shall not apply,

（2）若托管人在第521条（a）（2）确定的相应期间届满前提交动议，则经过通知和听证后，若法院认定该动产对破产实体具有重大价值或利益，并裁定对债权人的权益进行充分保护以及裁定债务人向托管人交付其占有的任何担保物，则不应适用第（1）款。若法院并未作出该认定，则附条（a）中的冻结应在就该动议举行的听证结束时终止。

（i）若根据第7、11或13章启动的案件因债务清偿计划的制定而被驳回，则就附条（c）（3）而言，其后根据任何前述章节由债务人启动的案件中，都不得被推定为恶意提交破产申请。

（j）应利益相关方的请求，法院应根据附条（c）签发裁定以确认该自动冻结已经终止。

（k）（1）除第（2）款另有规定外，因任何故意违反本条冻结的行为而遭受损害的个人，应就其实际损害，包括各项成本和律师费追偿，并且在适当情形下可获得惩罚性赔偿。

（2）若该违反行为系基于某实体因善意相信附条（h）适用于该债务人而作出，则根据本附条中第（1）款针对该实体的追偿应仅限于实际损害。

（l）（1）除本附条另有规定外，若债务人在提交破产申请时，一同提交并向出租人送达了伪证罚则下对以下各项的证明，则附条（b）（22）应在提交破产申请之日起30日后适用：

（A）根据在该司法辖区适用的非破产法的规定，在某些情况下，债务人可能被准予在占有判决被作出后，对导致该判决的、纯粹的金钱违约行为进行纠正；并且

（B）债务人（或债务人的成年被扶养人）已向破产法院书记员存入将在破产申请被提交后30日内到期的任何租金。

（2）若在破产申请提交后30日内，债务人（或债务人的成年被扶养人）遵守第（1）款的规定且向法院提交并向出租人送达在伪证罚则下的附加证明，其表明债务人已经根据适用于该司法辖区的非破产法，纠正了导致出租人寻求恢复占有的判决的纯粹金钱违约行为，则不得适用附条（b）（22）的规定，除非法院根据第（3）款裁定对其进行适用。

unless ordered to apply by the court under paragraph (3).

(3)(A) If the lessor files an objection to any certification filed by the debtor under paragraph (1) or (2), and serves such objection upon the debtor, the court shall hold a hearing within 10 days after the filing and service of such objection to determine if the certification filed by the debtor under paragraph (1) or (2) is true.

(B) If the court upholds the objection of the lessor filed under subparagraph (A) —

(i) subsection (b)(22) shall apply immediately and relief from the stay provided under subsection (a)(3) shall not be required to enable the lessor to complete the process to recover full possession of the property; and

(ii) the clerk of the court shall immediately serve upon the lessor and the debtor a certified copy of the court's order upholding the lessor's objection.

(4) If a debtor, in accordance with paragraph (5), indicates on the petition that there was a judgment for possession of the residential rental property in which the debtor resides and does not file a certification under paragraph (1) or (2) —

(A) subsection (b)(22) shall apply immediately upon failure to file such certification, and relief from the stay provided under subsection (a)(3) shall not be required to enable the lessor to complete the process to recover full possession of the property; and

(B) the clerk of the court shall immediately serve upon the lessor and the debtor a certified copy of the docket indicating the absence of a filed certification and the applicability of the exception to the stay under subsection (b)(22).

(5)(A) Where a judgment for possession of residential property in which the debtor resides as a tenant under a lease or rental agreement has been obtained by the lessor, the debtor shall so indicate on the bankruptcy petition and shall provide the name and address of the lessor that obtained that pre-petition judgment on the petition and on any certification filed under this subsection.

(B) The form of certification filed with the petition, as specified in this subsection, shall provide for the debtor to certify, and the debtor shall certify—

(i) whether a judgment for possession of residential rental housing in which the debtor resides has been obtained against the debtor before the date of the filing of the petition; and

(ii) whether the debtor is claiming under paragraph (1) that under nonbankruptcy law applicable in the jurisdiction, there are circumstances under which the debtor would be permitted to cure the entire monetary default that gave rise to the judgment for possession, after that judgment of possession was entered, and has made the appropriate deposit with the court.

(C) The standard forms (electronic and otherwise) used in a bankruptcy

（3）（A）若出租人就债务人根据第（1）款或第（2）款提交的证明提交异议并将其送达债务人，则法院应在提交及送达该异议后 10 日内举行听证以决定债务人根据第（1）款或第（2）款提交的证明是否属实。

（B）若法院支持出租人根据附款（A）提交的异议，则：

（i）应立即适用附条（b）（22），但不得要求附条（a）（3）中冻结的解除产生能够使出租人完成其恢复对财产的完全占有的过程的效果；并且

（ii）破产法院的书记员应立即向出租人和债务人送达支持出租人的异议的法院裁定的核证副本。

（4）若债务人根据第（5）款的规定，在破产申请中说明存在就占有债务人所居住的出租房产的判决并且尚未根据第（1）款或第（2）款提交证明，则：

（A）在未能提交该证明时应立即适用附条（b）（22），并且不得要求附条（a）（3）中冻结的解除产生能够使出租人完成其恢复对财产的完全占有的过程的效果；并且

（B）破产法院的书记员应立即向出租人和债务人送达经核证的材料副本以说明不存在被提交的证明以及附条（b）（22）中冻结例外的适用性。

（5）（A）当出租人已经获得就债务人根据租约作为承租人居住的住宅房产恢复占有的判决，则债务人应在破产申请中对此进行说明，并且应在破产申请中或任何根据本附条提交的证明中提供在破产申请前获得判决的出租人的姓名和住址。

（B）本附条规定的与破产申请一同提交的证明的格式，应规定债务人确认并且债务人应当确认以下事项：

（i）是否系在破产申请被提交前获得对债务人提起的恢复占有债务人居住的出租房产的诉讼的判决；或

（ii）债务人是否根据第（1）款主张，根据在该司法辖区内可适用的非破产法，存在债务人可能被允许在恢复占有判决被正式作出后，对导致该判决的纯粹金钱违约行为进行纠正或向法院存入相应的金额的情况。

（C）在破产程序中使用的标准格式（电子形式或其他形式）应为反映本附条的

proceeding shall be amended to reflect the requirements of this subsection.

(D) The clerk of the court shall arrange for the prompt transmittal of the rent deposited in accordance with paragraph (1)(B) to the lessor.

(m)(1) Except as otherwise provided in this subsection, subsection (b)(23) shall apply on the date that is 15 days after the date on which the lessor files and serves a certification described in subsection (b)(23).

(2)(A) If the debtor files with the court an objection to the truth or legal sufficiency of the certification described in subsection (b)(23) and serves such objection upon the lessor, subsection (b)(23) shall not apply, unless ordered to apply by the court under this subsection.

(B) If the debtor files and serves the objection under subparagraph (A), the court shall hold a hearing within 10 days after the filing and service of such objection to determine if the situation giving rise to the lessor's certification under paragraph (1) existed or has been remedied.

(C) If the debtor can demonstrate to the satisfaction of the court that the situation giving rise to the lessor's certification under paragraph (1) did not exist or has been remedied, the stay provided under subsection (a)(3) shall remain in effect until the termination of the stay under this section.

(D) If the debtor cannot demonstrate to the satisfaction of the court that the situation giving rise to the lessor's certification under paragraph (1) did not exist or has been remedied—

(i) relief from the stay provided under subsection (a)(3) shall not be required to enable the lessor to proceed with the eviction; and

(ii) the clerk of the court shall immediately serve upon the lessor and the debtor a certified copy of the court's order upholding the lessor's certification.

(3) If the debtor fails to file, within 15 days, an objection under paragraph (2)(A)—

(A) subsection (b)(23) shall apply immediately upon such failure and relief from the stay provided under subsection (a)(3) shall not be required to enable the lessor to complete the process to recover full possession of the property; and

(B) the clerk of the court shall immediately serve upon the lessor and the debtor a certified copy of the docket indicating such failure.

(n)(1) Except as provided in paragraph (2), subsection (a) does not apply in a case in which the debtor—

(A) is a debtor in a small business case pending at the time the petition is filed;

要求而作出修改。

（D）破产法院的书记员应安排及时将第（1）款（B）中被存入的租金转交给出租人。

（m）（1）除本附条另有规定外，附条（b）（23）应在出租人提交并送达附条（b）（23）所述的证明之日起15日后适用。

（2）（A）若债务人就附条（b）（23）所述的证明的真实性和法律充分性向法院提交异议，并将其送达出租人，则不应适用附条（b）（23），除非法院根据本附条下令对其进行适用。

（B）若债务人根据附款（A）提交并送达异议，则法院应在该异议被提交及送达后10日内举行听证以决定是否存在引起第（1）款所述的出租人的证明的情况或是否其已得到救济。

（C）若债务人能够证明引起第（1）款所述的出租人的证明的情况并不存在或其已得到救济，且达到使法院满意的程度，则附条（a）（3）中的冻结在其根据本条其他规定终止前均将有效。

（D）若债务人不能证明引起第（1）款所述的出租人的证明的情况并不存在或其已得到救济并达到使法院满意的程度，则：

（i）不得要求附条（a）（3）中冻结的解除产生能够使得出租人实现驱逐承租人的效果；并且

（ii）破产法院的书记员应立即向出租人和债务人送达支持出租人的证明的法院裁定的核证副本。

（3）若债务人未能在15日内根据第（2）款（A）提交异议，则：

（A）应在此时立即适用附条（b）（23），并且不得要求附条（a）（3）中冻结的解除产生能够使出租人完成其恢复对财产的完全占有的过程的效果；并且

（B）破产法院的书记员应立即向出租人和债务人送达经核证的材料副本以说明其未履行该行为。

（n）（1）除第（2）款另有规定外，附条（a）不适用于以下债务人的案件：

（A）破产申请被提交时，还作为另一进行中的小企业案件中的债务人；

( B ) was a debtor in a small business case that was dismissed for any reason by an order that became final in the 2-year period ending on the date of the order for relief entered with respect to the petition;

( C )was a debtor in a small business case in which a plan was confirmed in the 2-year period ending on the date of the order for relief entered with respect to the petition; or

( D ) is an entity that has acquired substantially all of the assets or business of a small business debtor described in subparagraph ( A ) , ( B ) , or ( C ) , unless such entity establishes by a preponderance of the evidence that such entity acquired substantially all of the assets or business of such small business debtor in good faith and not for the purpose of evading this paragraph.

( 2 ) Paragraph ( 1 ) does not apply—

( A ) to an involuntary case involving no collusion by the debtor with creditors; or

( B ) to the filing of a petition if—

( i ) the debtor proves by a preponderance of the evidence that the filing of the petition resulted from circumstances beyond the control of the debtor not foreseeable at the time the case then pending was filed; and

( ii ) it is more likely than not that the court will confirm a feasible plan, but not a liquidating plan, within a reasonable period of time.

( o ) The exercise of rights not subject to the stay arising under subsection ( a ) pursuant to paragraph ( 6 ) , ( 7 ) , ( 17 ) , or ( 27 ) of subsection ( b ) shall not be stayed by any order of a court or administrative agency in any proceeding under this title.

( Pub. L. 95-598, Nov. 6, 1978, 92 Stat. 2570; Pub. L. 97-222, §3, July 27, 1982, 96 Stat. 235; Pub. L. 98-353, title III, §§304, 363 ( b ) , 392, 441, July 10, 1984, 98 Stat. 352, 363, 365, 371; Pub. L.99-509, title V, §5001 ( a ) , Oct. 21, 1986, 100 Stat. 1911; Pub. L. 99-554, title II, §§257 ( j ) , 283 ( d ) ,Oct. 27, 1986, 100 Stat. 3115, 3116; Pub. L. 101-311, title I, §102, title II, §202, June 25, 1990, 104Stat. 267, 269; Pub. L. 101-508, title III, §3007 ( a ) ( 1 ) , Nov. 5, 1990, 104 Stat. 1388-28; Pub. L.103-394, title I, §§101, 116, title II, §§204 ( a ) , 218 ( b ) , title III, §304 ( b ) , title IV, §401, title V,§501 ( b ) ( 2 ) , ( d )( 7 ), Oct. 22, 1994, 108 Stat. 4107, 4119, 4122, 4128, 4132, 4141, 4142, 4144; Pub. L. 105-277, div. I, title VI, §603, Oct. 21, 1998, 112 Stat. 2681-886; Pub. L. 109-8, title I, §106 ( f ), title II, §§214, 224 ( b ), title III, §§302, 303, 305 ( 1 ), 311, 320, title IV, §§401 ( b ), 441, 444, title VII,§§709, 718, title IX, §907 ( d ) , ( o ) ( 1 ) , ( 2 ) , title XI, §1106, title XII, §1225, Apr. 20, 2005, 119 Stat. 41, 54, 64, 75, 77, 79, 84, 94, 104, 114, 117, 127, 131, 176, 181, 182, 192, 199; Pub. L. 109-304,§17( b )( 1 ), Oct. 6, 2006, 120 Stat. 1706; Pub. L. 109-390, §5 ( a ) ( 2 ) , Dec. 12, 2006, 120 Stat. 2696;Pub. L. 111-327, §2 ( a ) ( 12 ) , Dec. 22, 2010, 124 Stat. 3558. )

（B）针对破产申请正式作出破产救济令前 2 年内，曾作为小企业案件中的债务人，但该案件因某原因被终局裁定驳回；

（C）针对破产申请正式作出破产救济令前 2 年内，曾作为小企业案件中的债务人且在该案中计划已得到批准；或

（D）债务人为已经获得附款（A）、（B）或（C）所述的小企业债务人几乎全部资产或商事业务的实体，除非该实体有充足证据证明其取得该小企业债务人的几乎全部资产或业务系出于善意而并非出于规避本款规定的目的。

（2）第（1）款不适用于以下情况：

（A）强制破产案件，且在该案中债务人与债权人间没有共谋；或

（B）在以下情况中提交破产申请：

（i）债务人有充足证据证明正在进行中的破产案件的提交是由当时超出债务人控制的、不可预料的情况所致；并且

（ii）法院更有可能在合理时间内批准该可行计划，但不适用于清算计划的情况。

（o）根据附条（b）的第（6）、（7）、（17）或（27）款的规定而不在附条（a）中被冻结的权利的行使，在本篇任何程序中也不应因法院或行政机构的任何裁定而被冻结。

[ Pub. L. 95-598, Nov. 6, 1978, 92 Stat. 2570; Pub. L. 97-222, §3, July 27, 1982, 96 Stat. 235; Pub. L. 98-353, title III, §§304, 363（b）, 392, 441, July 10, 1984, 98 Stat. 352, 363, 365, 371; Pub. L.99-509, title V, §5001（a）, Oct. 21, 1986, 100 Stat. 1911; Pub. L. 99-554, title II, §§257（j）, 283（d）,Oct. 27, 1986, 100 Stat. 3115, 3116; Pub. L. 101-311, title I, §102, title II, §202, June 25, 1990, 104Stat. 267, 269; Pub. L. 101-508, title III, §3007（a）（1）, Nov. 5, 1990, 104 Stat. 1388-28; Pub. L.103-394, title I, §§101, 116, title II, §§204（a）, 218（b）, title III, §304（b）, title IV, §401, title V,§501（b）（2）,（d）（7）, Oct. 22, 1994, 108 Stat. 4107, 4119, 4122, 4128, 4132, 4141, 4142, 4144; Pub. L. 105-277, div. I, title VI, §603, Oct. 21, 1998, 112 Stat. 2681-886; Pub. L. 109-8, title I, §106（f）, title II, §§214, 224（b）, title III, §§302, 303, 305（1）, 311, 320, title IV, §§401（b）, 441, 444, title VII,§§709, 718, title IX, §907（d）,（o）（1）,（2）, title XI, §1106, title XII, §1225, Apr. 20, 2005, 119 Stat. 41, 54, 64, 75, 77, 79, 84, 94, 104, 114, 117, 127, 131, 176, 181, 182, 192, 199; Pub. L. 109-304,§17（b）（1）, Oct. 6, 2006, 120 Stat. 1706; Pub. L. 109-390, §5（a）（2）, Dec. 12, 2006, 120 Stat. 2696;Pub. L. 111-327, §2（a）（12）, Dec. 22, 2010, 124 Stat. 3558. ]

## § 363. Use, sale, or lease of property

(a) In this section, "cash collateral" means cash, negotiable instruments, documents of title, securities, deposit accounts, or other cash equivalents whenever acquired in which the estate and an entity other than the estate have an interest and includes the proceeds, products, offspring, rents, or profits of property and the fees, charges, accounts or other payments for the use or occupancy of rooms and other public facilities in hotels, motels, or other lodging properties subject to a security interest as provided in section 552 (b) of this title, whether existing before or after the commencement of a case under this title.

(b) (1) The trustee, after notice and a hearing, may use, sell, or lease, other than in the ordinary course of business, property of the estate, except that if the debtor in connection with offering a product or a service discloses to an individual a policy prohibiting the transfer of personally identifiable information about individuals to persons that are not affiliated with the debtor and if such policy is in effect on the date of the commencement of the case, then the trustee may not sell or lease personally identifiable information to any person unless—

(A) such sale or such lease is consistent with such policy; or

(B) after appointment of a consumer privacy ombudsman in accordance with section 332, and after notice and a hearing, the court approves such sale or such lease—

(i) giving due consideration to the facts, circumstances, and conditions of such sale or such lease; and

(ii) finding that no showing was made that such sale or such lease would violate applicable nonbankruptcy law.

(2) If notification is required under subsection (a) of section 7A of the Clayton Act in the case of a transaction under this subsection, then—

(A) notwithstanding subsection (a) of such section, the notification required by such subsection to be given by the debtor shall be given by the trustee; and

(B) notwithstanding subsection (b) of such section, the required waiting period shall end on the 15th day after the date of the receipt, by the Federal Trade Commission and the Assistant Attorney General in charge of the Antitrust Division of the Department of Justice, of the notification required under such subsection (a), unless such waiting period is extended—

(i) pursuant to subsection (e) (2) of such section, in the same manner as such subsection (e) (2) applies to a cash tender offer;

(ii) pursuant to subsection (g) (2) of such section; or

(iii) by the court after notice and a hearing.

**第 363 条 财产的使用、出售或出租**

（a）在本条中，“现金担保物”[1]指破产实体及除破产实体外的实体均对其享有权益（无论其何时取得）的现金、可流通票据、权利凭证、证券、储蓄账户或其他现金等价物，包括其收益、产品、产物、租金或财产上的收益以及根据本篇第 522 条（b）的规定受担保权益（无论其产生于本篇案件启动前还是启动后）约束的，酒店、汽车旅馆或其他旅居财产的房间或其他公共设施而收取的费用、账目或其他款项。

（b）（1）托管人经过通知和听证，可在常规营业范围外使用、出售或出租破产财产，但若债务人在提供商品或服务时向个人提出将禁止向债务人的关联方以外的人转让其个人身份信息的政策且该政策在破产案件启动时仍然有效，则除下列情形外，托管人不得向任何人出售或出租个人身份信息：

（A）该出售或出租符合该政策；或

（B）在根据第 322 条任命消费者隐私监察员后，经过通知和听证，法院在以下情况中批准该出售或出租：

（i）对该出售或出租的事实、情节及条件进行了充分考虑；并且

（ii）认为没有事实表明该出售或该出租将违反可适用的非破产法。

（2）在本附条的交易中，若根据《克莱顿法》第 7A 条的附条（a）的要求须发出通知，则：

（A）即使存在该条的附条（a）的规定，该附条要求由债务人发出的通知应由托管人发出；并且

（B）即使存在该条的附条（b）的规定，所需的等待期应自联邦贸易委员会和管理司法部反垄断司的助理总检察长收到根据该附条（a）被要求发出的通知之日起第 15 日结束，除非该等待期在以下情况中被延长：

（i）根据该条的附条（e）（2）中适用于现金要约的规定；

（ii）根据该条的附条（g）（2）的规定；或

（iii）由法院经通知和听证后决定。

---

① 根据 Senate report No. 95-989，该现金担保物的认定不受限于在破产申请时的破产财产。如不动产进行出租后，在破产案件启动后收取的租金当其上被设立担保权时，即为现金担保物。

(c)(1) If the business of the debtor is authorized to be operated under section 721, 1108, 1183, 1184, 1203, 1204, or 1304 of this title and unless the court orders otherwise, the trustee may enter into transactions, including the sale or lease of property of the estate, in the ordinary course of business, without notice or a hearing, and may use property of the estate in the ordinary course of business without notice or a hearing.

(2) The trustee may not use, sell, or lease cash collateral under paragraph (1) of this subsection unless—

(A) each entity that has an interest in such cash collateral consents; or

(B) the court, after notice and a hearing, authorizes such use, sale, or lease in accordance with the provisions of this section.

(3) Any hearing under paragraph (2)(B) of this subsection may be a preliminary hearing or may be consolidated with a hearing under subsection (e) of this section, but shall be scheduled in accordance with the needs of the debtor. If the hearing under paragraph (2)(B) of this subsection is a preliminary hearing, the court may authorize such use, sale, or lease only if there is a reasonable likelihood that the trustee will prevail at the final hearing under subsection (e) of this section. The court shall act promptly on any request for authorization under paragraph (2)(B) of this subsection.

(4) Except as provided in paragraph (2) of this subsection, the trustee shall segregate and account for any cash collateral in the trustee's possession, custody, or control.

(d) The trustee may use, sell, or lease property under subsection (b) or (c) of this section—

(1) in the case of a debtor that is a corporation or trust that is not a moneyed business, commercial corporation, or trust, only in accordance with nonbankruptcy law applicable to the transfer of property by a debtor that is such a corporation or trust; and

(2) only to the extent not inconsistent with any relief granted under subsection (c), (d), (e), or (f) of section 362.

(e) Notwithstanding any other provision of this section, at any time, on request of an entity that has an interest in property used, sold, or leased, or proposed to be used, sold, or leased, by the trustee, the court, with or without a hearing, shall prohibit or condition such use, sale, or lease as is necessary to provide adequate protection of such interest. This subsection also applies to property that is subject to any unexpired lease of personal property (to the exclusion of such property being subject to an order to grant relief from the stay under section 362).

(f) The trustee may sell property under subsection (b) or (c) of this section free and clear of any interest in such property of an entity other than the estate, only if—

（c）（1）若根据本篇第 721、1108、1183、1184、1203、1204 或 1304 条，债务人的商事业务被授权继续经营，则除非法院作出其他裁定，托管人可在常规营业范围内不经通知或听证而进行交易，包括出售或出租破产财产，并且可在常规营业范围内不经通知或听证使用破产财产。

（2）除以下情形外，托管人不得根据本附条第（1）款的规定使用、出售或出租现金担保物：

（A）在该现金担保物上享有权益的实体均对此表示同意；或

（B）法院经过通知和听证后，根据本条其他规定授权其使用、出售或出租。

（3）本附条第（2）款（B）中的听证可以是预备听证也可以与本条的附条（e）中的听证合并，但应根据债务人的需要进行安排。若本附条第（2）款（B）中的听证是预备听证，则当且仅当存在托管人将在本条的附条（e）中的终局听证中得到支持的合理可能时，法院才可授权该使用、出售或出租。法院应及时处理任何申请本附条第（2）款（B）中的授权的请求。

（4）除本附条第（2）款另有规定外，托管人应对其占有、保管或控制的任何现金担保物进行分隔与核算。

（d）托管人可根据本条中附条（b）或（c）的规定在以下情况中使用、出售或出租财产：

（1）当债务人为非营利法人或信托、营利法人或（其他）信托时，托管人必须遵守适用于该法人或信托作为债务人时的财产转让的非破产法；

（2）仅限于不违反根据第 362 条中附条（c）、（d）、（e）或（f）提供的任何救济的范围内。

（e）即使本条有任何其他规定，在任何时候，在被托管人使用、出售或出租或计划使用、出售或出租的财产上享有权益的实体提出请求时，法院在经过听证或未经听证的情况下，出于充分保护该权益的必要性，应禁止托管人使用、出售或出租该财产或对其施以条件。本附条也适用于作为未到期租约的标的物的动产（不包括已被根据第 362 条裁定解除冻结的财产）。

（f）托管人仅在以下情况中可根据本条的附条（b）或（c）出售财产且该交易免受该财产上破产实体外的实体对其享有的任何权益的影响[①]：

① 根据 Senate report No. 95-989，该无负担出售仍受充分保护要求的限制。

(1) applicable nonbankruptcy law permits sale of such property free and clear of such interest;

(2) such entity consents;

(3) such interest is a lien and the price at which such property is to be sold is greater than the aggregate value of all liens on such property;

(4) such interest is in bona fide dispute; or

(5) such entity could be compelled, in a legal or equitable proceeding, to accept a money satisfaction of such interest.

(g) Notwithstanding subsection (f) of this section, the trustee may sell property under subsection (b) or (c) of this section free and clear of any vested or contingent right in the nature of dower or curtesy.

(h) Notwithstanding subsection (f) of this section, the trustee may sell both the estate's interest, under subsection (b) or (c) of this section, and the interest of any co-owner in property in which the debtor had, at the time of the commencement of the case, an undivided interest as a tenant in common, joint tenant, or tenant by the entirety, only if—

(1) partition in kind of such property among the estate and such co-owners is impracticable;

(2) sale of the estate's undivided interest in such property would realize significantly less for the estate than sale of such property free of the interests of such co-owners;

(3) the benefit to the estate of a sale of such property free of the interests of co-owners outweighs the detriment, if any, to such co-owners; and

(4) such property is not used in the production, transmission, or distribution, for sale, of electric energy or of natural or synthetic gas for heat, light, or power.

(i) Before the consummation of a sale of property to which subsection (g) or (h) of this section applies, or of property of the estate that was community property of the debtor and the debtor's spouse immediately before the commencement of the case, the debtor's spouse, or a co-owner of such property, as the case may be, may purchase such property at the price at which such sale is to be consummated.

(j) After a sale of property to which subsection (g) or (h) of this section applies, the trustee shall distribute to the debtor's spouse or the co-owners of such property, as the case may be, and to the estate, the proceeds of such sale, less the costs and expenses, not including any compensation of the trustee, of such sale, according to the interests of such spouse or co-owners, and of the estate.

(k) At a sale under subsection (b) of this section of property that is subject to a lien that secures an allowed claim, unless the court for cause orders otherwise the holder of such claim may bid at such sale, and, if the holder of such claim purchases such property,

（1）可适用的非破产法允许该财产的无负担出售；

（2）经过该实体的同意；

（3）该权益系财产上担保权且该财产的出售价格高于该财产上所有财产上担保权的价值总额；

（4）该权益上存在真实争议；或

（5）该实体在法律或衡平程序中得就该权益强制其接受金钱赔偿。

（g）即使存在本条的附条（f）的规定，托管人可根据本条的附条（b）或（c）出售财产且该财产免受任何既定的或可能的亡夫遗产继承权或亡妻遗产继承权的影响。

（h）即使存在本条的附条（f）的规定，托管人仅在以下情况中可根据本条的附条（b）或（c），在出售破产实体享有的权益的同时一并出售任何共有人在破产案件启动时因与债务人共同占有、联合占有或整体占有而在该财产上享有的未分割权益：

（1）在破产实体与共有人间划分该财产份额是不可行的；

（2）相较于无负担出售该财产，仅出售破产实体在该财产上享有的未分割权益时，破产实体受益甚少；

（3）该无负担出售对共有人造成损害的情况下，该无负担出售对破产实体的益处超过对共有人的损害；并且

（4）该财产不是为出售用于加热、照明或动力所需的电力、天然气或合成气而在生产、运输或配送中使用的财产。

（i）在完成本条的附条（g）或（h）所述的财产的出售或在破产案件启动前债务人与其配偶作为夫妻而共有的破产财产的出售前，债务人的配偶或该财产的共有人可以该交易中拟定的出售价格购买该财产。

（j）在完成本条的附条（g）或（h）所述的财产的出售后，托管人应向债务人的配偶或该财产的共有人以及破产实体，根据其各自享有的权益，对该交易的收益减去该交易的成本和费用（不包括托管人的报酬）后的净收益进行分配。

（k）在本条的附条（b）所述的财产出售中，若该财产上设有用于担保经确认债权的财产上担保权，则除非法院出于特定事由作出其他裁定，否则该债权人可竞标参与该出售，并且若债权人购得该财产，其可以该担保债权抵销该财产的竞

such holder may offset such claim against the purchase price of such property.

(1) Subject to the provisions of section 365, the trustee may use, sell, or lease property under subsection (b) or (c) of this section, or a plan under chapter 11, 12, or 13 of this title may provide for the use, sale, or lease of property, notwithstanding any provision in a contract, a lease, or applicable law that is conditioned on the insolvency or financial condition of the debtor, on the commencement of a case under this title concerning the debtor, or on the appointment of or the taking possession by a trustee in a case under this title or a custodian, and that effects, or gives an option to effect, a forfeiture, modification, or termination of the debtor's interest in such property.

(m) The reversal or modification on appeal of an authorization under subsection (b) or (c) of this section of a sale or lease of property does not affect the validity of a sale or lease under such authorization to an entity that purchased or leased such property in good faith, whether or not such entity knew of the pendency of the appeal, unless such authorization and such sale or lease were stayed pending appeal.

(n) The trustee may avoid a sale under this section if the sale price was controlled by an agreement among potential bidders at such sale, or may recover from a party to such agreement any amount by which the value of the property sold exceeds the price at which such sale was consummated, and may recover any costs, attorneys' fees, or expenses incurred in avoiding such sale or recovering such amount. In addition to any recovery under the preceding sentence, the court may grant judgment for punitive damages in favor of the estate and against any such party that entered into such an agreement in willful disregard of this subsection.

(o) Notwithstanding subsection (f), if a person purchases any interest in a consumer credit transaction that is subject to the Truth in Lending Act or any interest in a consumer credit contract (as defined in section 433.1 of title 16 of the Code of Federal Regulations (January 1, 2004), as amended from time to time), and if such interest is purchased through a sale under this section, then such person shall remain subject to all claims and defenses that are related to such consumer credit transaction or such consumer credit contract, to the same extent as such person would be subject to such claims and defenses of the consumer had such interest been purchased at a sale not under this section.

(p) In any hearing under this section—

(1) the trustee has the burden of proof on the issue of adequate protection; and

(2) the entity asserting an interest in property has the burden of proof on the issue of the validity, priority, or extent of such interest.

(Pub. L. 95-598, Nov. 6, 1978, 92 Stat. 2572; Pub. L. 98-353, title III, §442, July 10, 1984, 98 Stat.371; Pub. L. 99-554, title II, §257 (k), Oct. 27, 1986, 100 Stat. 3115; Pub. L. 103-394, title I, §109,title II, §§214 (b), 219 (c), title V, §501 (d)(8), Oct. 22,

买价款。

（1）即使合同、租约或可适用的法律以本篇案件启动时债务人的资不抵债的情况或财务状况，或本篇案件中托管人或保管人的任命或接管为触发条件，从而使得债务人的该财产权益丧失、改变或终止或为此提供了可能，在遵守第365条规定的情况下，托管人仍可根据该条的附条（b）或（c），或者本篇第11、12或13章中规定有财产的使用、出售或出租的计划，来使用、出售或出租财产。

（m）就根据本条的附条（b）或（c）授权的财产的出售或出租提起的上诉，除非该授权和该出售或出租在上诉案件审理过程中已被冻结，否则其撤销或变更均不影响依该授权与善意购得或承租该财产的实体间的出售或出租的有效性，无论该实体对正在进行的上诉是否知情。

（n）若在出售中价格被潜在竞买人间的协议所操控，则托管人可撤销本条中的出售，并且可就该财产价值超出该交易完成的价格的部分以及在撤销该交易或求偿的过程中产生的各项成本、律师费或其他支出向该协议的参与者求偿。除如前所述进行求偿外，法院还可判决支持破产实体并判处故意违反本附条规定而订立该协议的任何主体承担惩罚性赔偿。

（o）即使存在附条（f）的规定，若在受《诚实借贷法》规制的消费信贷交易中购得任何权益或在消费信用合同［定义见《联邦行政法典》（2004年1月1日）第16篇第433.1条，随时进行修订］中购得任何权益，且该权益系通过本条中的出售交易所购得，则该主体仍应受与该消费信贷交易或消费信用合同有关的所有债权和抗辩的约束，并且应与在除本条外的其他出售交易中购得该权益所受的该债权和抗辩的约束程度相同。

（p）在本条所述的任何听证中：

（1）托管人应就是否提供了充分保护这一事项承担举证责任；并且

（2）主张其财产权益的实体应就该权益的有效性、优先顺位或范围承担举证责任。

［Pub. L. 95-598, Nov. 6, 1978, 92 Stat. 2572; Pub. L. 98-353, title III, §442, July 10, 1984, 98 Stat.371; Pub. L. 99-554, title II, §257（k）, Oct. 27, 1986, 100 Stat. 3115; Pub. L. 103-394, title I, §109,title II, §§214（b）, 219（c）, title V, §501（d）(8）, Oct. 22,

1994, 108 Stat. 4113, 4126, 4129, 4144; Pub. L. 109-8, title II, §§204, 231 (a), title XII, §1221 (a), Apr. 20, 2005, 119 Stat. 49, 72, 195; Pub. L.111-327, §2 (a)(13), Dec. 22, 2010, 124 Stat. 3559; Pub. L. 116-54, §4 (a)(6), Aug. 23, 2019, 133Stat. 1086.)

§ 364. Obtaining credit

(a) If the trustee is authorized to operate the business of the debtor under section 721, 1108, 1183, 1184, 1203, 1204, or 1304 of this title, unless the court orders otherwise, the trustee may obtain unsecured credit and incur unsecured debt in the ordinary course of business allowable under section 503 (b)(1) of this title as an administrative expense.

(b) The court, after notice and a hearing, may authorize the trustee to obtain unsecured credit or to incur unsecured debt other than under subsection (a) of this section, allowable under section 503 (b)(1) of this title as an administrative expense.

(c) If the trustee is unable to obtain unsecured credit allowable under section 503(b)(1) of this title as an administrative expense, the court, after notice and a hearing, may authorize the obtaining of credit or the incurring of debt—

(1) with priority over any or all administrative expenses of the kind specified in section 503 (b) or 507 (b) of this title;

(2) secured by a lien on property of the estate that is not otherwise subject to a lien; or

(3) secured by a junior lien on property of the estate that is subject to a lien.

(d)(1) The court, after notice and a hearing, may authorize the obtaining of credit or the incurring of debt secured by a senior or equal lien on property of the estate that is subject to a lien only if—

(A) the trustee is unable to obtain such credit otherwise; and

(B) there is adequate protection of the interest of the holder of the lien on the property of the estate on which such senior or equal lien is proposed to be granted.

(2) In any hearing under this subsection, the trustee has the burden of proof on the issue of adequate protection.

(e) The reversal or modification on appeal of an authorization under this section to obtain credit or incur debt, or of a grant under this section of a priority or a lien, does not affect the validity of any debt so incurred, or any priority or lien so granted, to an entity that extended such credit in good faith, whether or not such entity knew of the pendency of the appeal, unless such authorization and the incurring of such debt, or the granting of such priority or lien, were stayed pending appeal.

(f) Except with respect to an entity that is an underwriter as defined in section 1145 (b) of this title, section 5 of the Securities Act of 1933, the Trust Indenture Act of 1939, and any State or local law requiring registration for offer or sale of a security or registration or licensing of an issuer of, underwriter of, or broker or dealer in, a security does not apply

1994, 108 Stat. 4113, 4126, 4129, 4144; Pub. L. 109-8, title II, §§204, 231（a）, title XII, §1221（a）, Apr. 20, 2005, 119 Stat. 49, 72, 195; Pub. L.111-327, §2（a）(13）, Dec. 22, 2010, 124 Stat. 3559; Pub. L. 116-54, §4（a）(6）, Aug. 23, 2019, 133Stat. 1086.］

**第 364 条 获取信贷**

（a）若根据本篇第 721、1108、1183、1184、1203、1204 或 1304 条托管人被授权经营债务人的商事业务，则除非法院作出其他裁定，否则托管人可在常规营业范围内获得无担保信贷并承担无担保债务，以及根据本篇第 503 条（b）(1）将其确认为管理费用。

（b）法院经过通知和听证后可批准托管人获得除本条附条（a）外的其他无担保信贷或承担其他无担保债务，以及根据本篇第 503 条(b)(1)将其确认为管理费用。

（c）若托管人不能获得根据本篇第 503 条（b）(1）可将其确认为管理费用的无担保信贷，则法院经过通知和听证后，可为该信贷或债务提供以下待遇：

（1）为其提供本篇第 503 条（b）或 507 条（b）中列明的部分或全部管理费用更优先的顺位；

（2）由未被设有财产上担保权的破产财产提供担保；或

（3）由已被设有财产上担保权的财产上的次级财产上担保权提供担保。

（d）(1）法院经过通知和听证后，当且仅当以下情况发生时，才可准予为获得的信贷或承担的债务以其上设有财产上担保权的财产提供高级财产上担保权或同级财产上担保权：

（A）托管人无法通过其他方式获得该信贷；以及

（B）为在将要被设立高级财产上担保权或同级财产上担保权的财产上享有权益的财产上担保权人提供充分保护。

（2）在本附条所述的任何听证中，托管人应就是否提供了充分保护这一事项承担举证责任。

（e）就根据本条对获取信贷、承担债务的批准，或根据本条授予优先顺位或财产上担保权的批准提起的上诉，除非该批准、债务的成立或者该优先顺位或财产上担保权的设立在上诉案件审理期间已被冻结，否则其撤销或变更不影响与善意提供该信贷的实体间债务的成立或提供的任何优先顺位或财产上担保权的有效性，无论其对该上诉的审理是否知情。

（f）除本篇第 1145 条（b）所述的承销商外，《1933 年证券法》第 5 条、《1939 年信托契约法》以及任何要求对发行或出售证券进行注册或要求对证券发行人、承销商、经纪人或交易商进行注册或许可的州法或地方法律，均不适用于本条中非股本证券的发行或出售。

to the offer or sale under this section of a security that is not an equity security.

( Pub. L. 95-598, Nov. 6, 1978, 92 Stat. 2574; Pub. L. 99-554, title II, §257 (1), Oct. 27, 1986, 100 Stat. 3115; Pub. L. 103-394, title V, §501 (d)(9), Oct. 22, 1994, 108 Stat. 4144; Pub. L. 116-54, §4 (a)(7), Aug. 23, 2019, 133 Stat. 1086. )

### § 365. Executory contracts and unexpired leases

( a ) Except as provided in sections 765 and 766 of this title and in subsections ( b ), ( c ), and ( d ) of this section, the trustee, subject to the court's approval, may assume or reject any executory contract or unexpired lease of the debtor.

( b ) ( 1 ) If there has been a default in an executory contract or unexpired lease of the debtor, the trustee may not assume such contract or lease unless, at the time of assumption of such contract or lease, the trustee—

( A ) cures, or provides adequate assurance that the trustee will promptly cure, such default other than a default that is a breach of a provision relating to the satisfaction of any provision ( other than a penalty rate or penalty provision ) relating to a default arising from any failure to perform nonmonetary obligations under an unexpired lease of real property, if it is impossible for the trustee to cure such default by performing nonmonetary acts at and after the time of assumption, except that if such default arises from a failure to operate in accordance with a nonresidential real property lease, then such default shall be cured by performance at and after the time of assumption in accordance with such lease, and pecuniary losses resulting from such default shall be compensated in accordance with the provisions of this paragraph;

( B ) compensates, or provides adequate assurance that the trustee will promptly compensate, a party other than the debtor to such contract or lease, for any actual pecuniary loss to such party resulting from such default; and

( C ) provides adequate assurance of future performance under such contract or lease.

( 2 ) Paragraph ( 1 ) of this subsection does not apply to a default that is a breach of a provision relating to—

( A ) the insolvency or financial condition of the debtor at any time before the closing of the case;

( B ) the commencement of a case under this title;

( C ) the appointment of or taking possession by a trustee in a case under this title or a custodian before such commencement; or

( D ) the satisfaction of any penalty rate or penalty provision relating to a default arising from any failure by the debtor to perform nonmonetary obligations under the executory contract or unexpired lease.

( 3 ) For the purposes of paragraph ( 1 ) of this subsection and paragraph ( 2 ) ( B ) of subsection ( f ), adequate assurance of future performance of a lease of real property in a shopping center includes adequate assurance—

［Pub. L. 95-598, Nov. 6, 1978, 92 Stat. 2574; Pub. L. 99-554, title II, §257（1）, Oct. 27, 1986, 100 Stat. 3115; Pub. L. 103-394, title V, §501（d）(9）, Oct. 22, 1994, 108 Stat. 4144; Pub. L. 116-54, §4（a）(7）, Aug. 23, 2019, 133 Stat. 1086.］

**第 365 条　待履行合同和未到期租约**

（a）除本篇第 765 条、第 766 条以及本条的附条（b）、（c）或（d）另有规定外，托管人在遵守法院裁定的情况下，可确认或拒绝确认债务人的任何待履行合同或未到期租约。

（b）(1）若在债务人的待履行合同或未到期租约中已经存在违约的情况，则托管人不得确认该合同或租约，除非在确认该合同或租约时，托管人履行以下各项：

（A）纠正违约行为，或者若托管人在确认时或确认后无法通过履行非金钱义务来纠正违约，则通过提供充分担保以保证其将及时纠正该违约行为；但前述违约行为不包括，违反与因未能履行不动产的未到期租约中的非金钱义务而产生的违约行为相关的任何条款（不包括罚金利率或违约金条款）的行为；但是若该违约行为系因未能履行非住宅不动产租约而产生，则应在确认时及确认后通过履行该租约进行纠正，并且应根据本款的规定就该违约造成的金钱损失进行赔偿；

（B）向除债务人外的该合同或租约的主体，就因该违约给其造成的任何实际金钱损失进行赔偿或提供充分担保以保证托管人将及时进行赔偿；以及

（C）为未来履行该合同或租约提供充分担保。

（2）本附条的第（1）款不适用于违反涉及以下内容的条款的行为：

（A）结案前任意时间内的债务人资不抵债的情况或财务状况；

（B）本篇案件的启动；

（C）本篇案件中托管人或本案启动前保管人的任命或接管；或

（D）债务人因未能履行该待履行合同或未到期租约中的非金钱义务而违约时，对罚金利率或违约金条款的履行。

（3）就本附条的第（1）款和附条（f）的第（2）款（B）而言，为未来履行购物中心中不动产的租约而提供的充分担保包括就以下各项提供充分担保：

(A) of the source of rent and other consideration due under such lease, and in the case of an assignment, that the financial condition and operating performance of the proposed assignee and its guarantors, if any, shall be similar to the financial condition and operating performance of the debtor and its guarantors, if any, as of the time the debtor became the lessee under the lease;

(B) that any percentage rent due under such lease will not decline substantially;

(C) that assumption or assignment of such lease is subject to all the provisions thereof, including (but not limited to) provisions such as a radius, location, use, or exclusivity provision, and will not breach any such provision contained in any other lease, financing agreement, or master agreement relating to such shopping center; and

(D) that assumption or assignment of such lease will not disrupt any tenant mix or balance in such shopping center.

(4) Notwithstanding any other provision of this section, if there has been a default in an unexpired lease of the debtor, other than a default of a kind specified in paragraph (2) of this subsection, the trustee may not require a lessor to provide services or supplies incidental to such lease before assumption of such lease unless the lessor is compensated under the terms of such lease for any services and supplies provided under such lease before assumption of such lease.

(c) The trustee may not assume or assign any executory contract or unexpired lease of the debtor, whether or not such contract or lease prohibits or restricts assignment of rights or delegation of duties, if—

(1)(A) applicable law excuses a party, other than the debtor, to such contract or lease from accepting performance from or rendering performance to an entity other than the debtor or the debtor in possession, whether or not such contract or lease prohibits or restricts assignment of rights or delegation of duties; and

(B) such party does not consent to such assumption or assignment; or

(2) such contract is a contract to make a loan, or extend other debt financing or financial accommodations, to or for the benefit of the debtor, or to issue a security of the debtor; or

(3) such lease is of nonresidential real property and has been terminated under applicable nonbankruptcy law prior to the order for relief.

(d)(1) In a case under chapter 7 of this title, if the trustee does not assume or reject an executory contract or unexpired lease of residential real property or of personal property of the debtor within 60 days after the order for relief, or within such additional time as the court, for cause, within such 60-day period, fixes, then such contract or lease is deemed rejected.

（A）该租约下应付的租金和其他对价的来源，以及在转让租约的情况下，拟定受让人和其保证人（如有）的财务状况和经营表现应与债务人作为该租约中的承租人时债务人与其保证人（如有）的财务状况和经营表现相类似；

（B）根据该租约应付的百分比租金不会大幅减少；

（C）该租约的确认或转让仍受该租约所有条款的约束，包括（但不限于）活动范围、位置、用途或专卖权条款等，并且不得违反与该购物中心相关的其他租约、融资协议或主协议中的任何前述条款；并且

（D）该租约的确认或转让不会破坏该购物中心内的任何商户组合或平衡。

（4）即使本条有任何其他规定，若在债务人的未到期租约中存在本附条第（2）款所述以外的其他违约行为，则托管人在确认该租约前不得要求出租人提供附随于该租约的服务和设备，除非在确认该租约前出租人已经根据该租约的条款就该租约下的服务和设备获得补偿。

（c）在下列情形中，托管人不得确认或转让债务人的任何待履行合同或未到期租约，无论该合同或租约是否禁止或限制其权利或义务的转让：

（1）（A）可适用的法律允许债务人外的该合同或租约的主体，不受领债务人或经管债务人外的主体的履行或不向其履行义务，无论该合同或租约是否禁止或限制其权利或义务的转让；并且

（B）该主体不同意该确认或转让；或

（2）该合同系为债务人利益提供贷款或扩展其他债务融资或财务便利的合同，或为债务人提供担保的合同；或

（3）该租约的标的物为非住宅不动产，并且在破产救济令作出前其已根据可适用的非破产法而终止。

（d）（1）在本篇第 7 章案件中，若托管人在破产救济令被作出后 60 日内或在法院出于特定事由在该期间内加以延长的时间内，仍未确认或拒绝确认债务人的待履行合同或住宅不动产或动产的未到期租约，则视为拒绝确认该合同或租约。

(2) In a case under chapter 9, 11, 12, or 13 of this title, the trustee may assume or reject an executory contract or unexpired lease of residential real property or of personal property of the debtor at any time before the confirmation of a plan but the court, on the request of any party to such contract or lease, may order the trustee to determine within a specified period of time whether to assume or reject such contract or lease.

(3) The trustee shall timely perform all the obligations of the debtor, except those specified in section 365 (b)(2), arising from and after the order for relief under any unexpired lease of nonresidential real property, until such lease is assumed or rejected, notwithstanding section 503 (b)(1) of this title. The court may extend, for cause, the time for performance of any such obligation that arises within 60 days after the date of the order for relief, but the time for performance shall not be extended beyond such 60-day period. This subsection shall not be deemed to affect the trustee's obligations under the provisions of subsection (b) or (f) of this section. Acceptance of any such performance does not constitute waiver or relinquishment of the lessor's rights under such lease or under this title.

(4)(A) Subject to subparagraph (B), an unexpired lease of nonresidential real property under which the debtor is the lessee shall be deemed rejected, and the trustee shall immediately surrender that nonresidential real property to the lessor, if the trustee does not assume or reject the unexpired lease by the earlier of—

(i) the date that is 120 days after the date of the order for relief; or

(ii) the date of the entry of an order confirming a plan.

(B)(i) The court may extend the period determined under subparagraph (A), prior to the expiration of the 120-day period, for 90 days on the motion of the trustee or lessor for cause.

(ii) If the court grants an extension under clause (i), the court may grant a subsequent extension only upon prior written consent of the lessor in each instance.

(5) The trustee shall timely perform all of the obligations of the debtor, except those specified in section 365 (b)(2), first arising from or after 60 days after the order for relief in a case under chapter 11 of this title under an unexpired lease of personal property (other than personal property leased to an individual primarily for personal, family, or household purposes), until such lease is assumed or rejected notwithstanding section 503 (b)(1) of this title, unless the court, after notice and a hearing and based on the equities of the case, orders otherwise with respect to the obligations or timely performance thereof. This subsection shall not be deemed to affect the trustee's obligations under the provisions of subsection (b) or (f). Acceptance of any such performance does not constitute waiver or relinquishment of the lessor's rights under such lease or under this title.

(e)(1) Notwithstanding a provision in an executory contract or unexpired lease,

（2）在本篇第9、11、12或13章案件中，托管人可在计划得到批准前的任何时间内确认或拒绝确认债务人的待履行合同或住宅不动产或动产的未到期租约，但法院应合同或租约另一方主体的申请，可裁定托管人在特定期间内就是否确认该合同或租约作出决定。

（3）即使本篇第503条（b）（1）有其他规定，托管人应及时履行在破产救济令被作出后，债务人就住宅不动产的未到期租约而承担的所有义务［但不包括第365条（b）（2）所述的义务］，直至该租约被确认或被拒绝确认。法院出于特定事由可延长破产救济令被作出后60日内成立的任何前述义务的履行期间，但不得超过该60日期间。本附条并不影响托管人在本条的附条（b）或（f）中的义务。对前述履行的受领也并不构成对出租人因该租约或本篇而享有的权利的放弃。

（4）（A）在符合附款（B）规定的情况下，若托管人在以下时点中较早者前仍未确认或拒绝确认债务人作为承租人的未到期的非住宅不动产租约，则视为拒绝确认，且托管人应立即将该非住宅不动产移交出租人：

（i）破产救济令作出后120日；或

（ii）批准计划的裁定被正式作出之日。

（B）（i）在该120日期间届满前，法院应托管人或出租人的动议，可出于特定事由将根据附款（A）而确定的期间延长90日。

（ii）若法院根据第（i）项准予延期，则法院此后仅可每次依出租人事先的书面同意而准予再次延长该期间。

（5）在本篇第11章案件中，即使存在本篇第503条（b）（1）的规定，托管人应及时履行在破产救济令被作出60日后，债务人就动产（不包括向个人出租的，以自用、家用或日常生活使用为目的的动产）的未到期租约而首次产生的所有义务［但不包括第365条（b）（2）所述的义务］，直至该租约被确认或被拒绝确认；除非法院经过通知和听证后，基于案件的公平性，下达有关义务或及时履行的裁定。本附条不得被视为对托管人在附条（b）或（f）中的义务产生影响。对前述履行的受领并不构成对本篇或该租约中出租人权利的放弃。

（e）（1）即使在债务人的待履行合同、未到期租约或可适用的法律中另有约定

or in applicable law, an executory contract or unexpired lease of the debtor may not be terminated or modified, and any right or obligation under such contract or lease may not be terminated or modified, at any time after the commencement of the case solely because of a provision in such contract or lease that is conditioned on—

(A) the insolvency or financial condition of the debtor at any time before the closing of the case;

(B) the commencement of a case under this title; or

(C) the appointment of or taking possession by a trustee in a case under this title or a custodian before such commencement.

(2) Paragraph (1) of this subsection does not apply to an executory contract or unexpired lease of the debtor, whether or not such contract or lease prohibits or restricts assignment of rights or delegation of duties, if—

(A)(i) applicable law excuses a party, other than the debtor, to such contract or lease from accepting performance from or rendering performance to the trustee or to an assignee of such contract or lease, whether or not such contract or lease prohibits or restricts assignment of rights or delegation of duties; and

(ii) such party does not consent to such assumption or assignment; or

(B) such contract is a contract to make a loan, or extend other debt financing or financial accommodations, to or for the benefit of the debtor, or to issue a security of the debtor.

(f)(1) Except as provided in subsections (b) and (c) of this section, notwithstanding a provision in an executory contract or unexpired lease of the debtor, or in applicable law, that prohibits, restricts, or conditions the assignment of such contract or lease, the trustee may assign such contract or lease under paragraph (2) of this subsection.

(2) The trustee may assign an executory contract or unexpired lease of the debtor only if—

(A) the trustee assumes such contract or lease in accordance with the provisions of this section; and

(B) adequate assurance of future performance by the assignee of such contract or lease is provided, whether or not there has been a default in such contract or lease.

(3) Notwithstanding a provision in an executory contract or unexpired lease of the debtor, or in applicable law that terminates or modifies, or permits a party other than the debtor to terminate or modify, such contract or lease or a right or obligation under such contract or lease on account of an assignment of such contract or lease, such contract, lease, right, or obligation may not be terminated or modified under such provision because of the assumption or assignment of such contract or lease by the trustee.

或规定，在案件启动后任何时间内均不得仅以该合同或租约中的以下条款为触发条件而终止或修改该合同或租约，以及该合同或租约下任何权利或义务：

（A）结案前任何时间内债务人的资不抵债的情况或财务状况；

（B）本篇案件的启动；或

（C）本篇案件中托管人或案件启动前保管人的任命或接管。

（2）下列情况中，本附条的第（1）款不适用于债务人的待履行合同或未到期租约，无论该合同或租约是否禁止或限制权利或义务的转让：

（A）（i）可适用的法律允许该合同或租约中债务人外的主体，不受领托管人或受让人的履行或不向其履行义务，无论该合同或租约是否禁止或限制了权利或义务的转让；并且

（ii）该主体不同意该确认或转让；或

（B）该合同系为债务人利益提供贷款或扩展其他债务融资或财务便利的合同，或为债务人提供担保的合同。

（f）（1）除本条的附条（b）和（c）另有规定外，即使在债务人的待履行合同、未到期租约或可适用的法律中有禁止、限制对该合同或租约的转让或对此设置条件的约定或规定，托管人仍可根据本附条的第（2）款转让该合同或租约。

（2）仅在以下情况中，托管人可转让债务人的待履行合同或未到期租约：

（A）托管人根据本条的规定确认该合同或租约：

（B）为该合同或租约的受让人的未来履行提供了充分的担保，无论在该合同或租约中是否存在违约行为。

（3）即使在债务人的待履行合同、未到期租约或可适用的法律中，约定或规定有因该合同的转让而终止、修改或允许债务人外的主体终止或修改该合同或租约，或者该合同或租约中的权利或义务，该合同、租约、权利或义务仍不得根据该条款因该合同的确认或转让或者托管人的承租而被终止或修改。

(g) Except as provided in subsections (h)(2) and (i)(2) of this section, the rejection of an executory contract or unexpired lease of the debtor constitutes a breach of such contract or lease—

(1) if such contract or lease has not been assumed under this section or under a plan confirmed under chapter 9, 11, 12, or 13 of this title, immediately before the date of the filing of the petition; or

(2) if such contract or lease has been assumed under this section or under a plan confirmed under chapter 9, 11, 12, or 13 of this title—

(A) if before such rejection the case has not been converted under section 1112, 1208, or 1307 of this title, at the time of such rejection; or

(B) if before such rejection the case has been converted under section 1112, 1208, or 1307 of this title—

(i) immediately before the date of such conversion, if such contract or lease was assumed before such conversion; or

(ii) at the time of such rejection, if such contract or lease was assumed after such conversion.

(h)(1)(A) If the trustee rejects an unexpired lease of real property under which the debtor is the lessor and—

(i) if the rejection by the trustee amounts to such a breach as would entitle the lessee to treat such lease as terminated by virtue of its terms, applicable nonbankruptcy law, or any agreement made by the lessee, then the lessee under such lease may treat such lease as terminated by the rejection; or

(ii) if the term of such lease has commenced, the lessee may retain its rights under such lease (including rights such as those relating to the amount and timing of payment of rent and other amounts payable by the lessee and any right of use, possession, quiet enjoyment, subletting, assignment, or hypothecation) that are in or appurtenant to the real property for the balance of the term of such lease and for any renewal or extension of such rights to the extent that such rights are enforceable under applicable nonbankruptcy law.

(B) If the lessee retains its rights under subparagraph (A)(ii), the lessee may offset against the rent reserved under such lease for the balance of the term after the date of the rejection of such lease and for the term of any renewal or extension of such lease, the value of any damage caused by the nonperformance after the date of such rejection, of any obligation of the debtor under such lease, but the lessee shall not have any other right against the estate or the debtor on account of any damage occurring after such date caused by such nonperformance.

(C) The rejection of a lease of real property in a shopping center with respect to which the lessee elects to retain its rights under subparagraph (A)(ii) does not affect （g）除本条的附条（h）（2）或（i）（2）另有规定外，拒绝确认债务人的待履行合同或未到期租约将在以下所述时点构成对该合同或租约的违约行为：

（1）若该合同或租约未曾依据本条或本篇第 9、11、12 或 13 章中得到批准的计划而被确认，则是在提交破产申请之日前；或

（2）若该合同或租约曾依据本条或本篇第 9、11、12 或 13 章中得到批准的计划而被确认：

（A）若在拒绝确认前该案未曾根据本篇第 1112、1208 或 1307 条而被转换程序，则是在拒绝确认时：或

（B）若在拒绝确认前该案已经根据本篇第 1112、1208 或 1307 条而被转换程序，则：

（i）若该合同或租约系在转换前而被确认，则是在转换之日前；或

（ii）若该合同或租约系在转换后而被确认，则是在拒绝确认时。

（h）（1）（A）若托管人拒绝确认债务人作为出租人的未到期不动产租约并且：

（i）若托管人拒绝确认的行为构成违约，并将使承租人可将该租约视为因该合约的条款、可适用的非破产法或承租人达成的任何协议而被终止，则该租约中的承租人可将该租约视为因拒绝确认而被终止；或

（ii）若该租期已被起算，则承租人可保留在剩余租期或被续租或延长的租期内，根据该租约而享有的在不动产上或附随于不动产的权利（包括与租金支付的金额、时间以及其他由承租人支付的金额相关的权利，以及使用、占有、享有安静环境、转租、转让或抵押的权利），但仅限于根据可适用的非破产法可行使的权利。

（B）若承租人根据附款（A）（ii）的规定保留其权利，则承租人可将拒绝确认后的剩余租期或被续租或延长的租期内应付的租金，与因拒绝确认后不履行租约下债务人的义务而造成的任何损害的价值进行抵销，但承租人不得对破产实体或债务人就拒绝确认后因该不履行而造成的任何损失主张任何其他权利。

（C）若拒绝确认购物中心内不动产的租约且承租人选择根据附条（A）（ii）保留其权利，则拒绝确认并不影响根据可适用的非破产法来执行租约中对活动范围、

the enforceability under applicable nonbankruptcy law of any provision in the lease pertaining to radius, location, use, exclusivity, or tenant mix or balance.

(D) In this paragraph, "lessee" includes any successor, assign, or mortgagee permitted under the terms of such lease.

(2)(A) If the trustee rejects a timeshare interest under a timeshare plan under which the debtor is the timeshare interest seller and—

(i) if the rejection amounts to such a breach as would entitle the timeshare interest purchaser to treat the timeshare plan as terminated under its terms, applicable nonbankruptcy law, or any agreement made by timeshare interest purchaser, the timeshare interest purchaser under the timeshare plan may treat the timeshare plan as terminated by such rejection; or

(ii) if the term of such timeshare interest has commenced, then the timeshare interest purchaser may retain its rights in such timeshare interest for the balance of such term and for any term of renewal or extension of such timeshare interest to the extent that such rights are enforceable under applicable nonbankruptcy law.

(B) If the timeshare interest purchaser retains its rights under subparagraph (A), such timeshare interest purchaser may offset against the moneys due for such timeshare interest for the balance of the term after the date of the rejection of such timeshare interest, and the term of any renewal or extension of such timeshare interest, the value of any damage caused by the nonperformance after the date of such rejection, of any obligation of the debtor under such timeshare plan, but the timeshare interest purchaser shall not have any right against the estate or the debtor on account of any damage occurring after such date caused by such nonperformance.

(i)(1) If the trustee rejects an executory contract of the debtor for the sale of real property or for the sale of a timeshare interest under a timeshare plan, under which the purchaser is in possession, such purchaser may treat such contract as terminated, or, in the alternative, may remain in possession of such real property or timeshare interest.

(2) If such purchaser remains in possession—

(A) such purchaser shall continue to make all payments due under such contract, but may, offset against such payments any damages occurring after the date of the rejection of such contract caused by the nonperformance of any obligation of the debtor after such date, but such purchaser does not have any rights against the estate on account of any damages arising after such date from such rejection, other than such offset; and

(B) the trustee shall deliver title to such purchaser in accordance with the provisions of such contract, but is relieved of all other obligations to perform under such contract.

(j) A purchaser that treats an executory contract as terminated under subsection (i) of this section, or a party whose executory contract to purchase real property from the

位置、用途或专卖权条款、商户组合或位置的约定。

（D）在本款中，“承租人”包括该租约条款所允许的任何继受人、受让人或抵押权人。

（2）（A）若托管人拒绝确认债务人作为分时权益卖方的，分时计划中的分时权益，并且：

（i）若该拒绝确认的行为构成违约，并将使分时权益买受人可将该分时计划视为因其条款、可适用的非破产法或分时权益买受人达成的任何协议而被终止，则该分时计划中的分时权益买受人可将该分时计划视为因拒绝确认而被终止；或

（ii）若该分时权益的期限已被起算，则分时权益买受人可保留在剩余期间或被续约或延长的期间内其在该分时权益上的权利，但仅限于根据可适用的非破产法可行使的权利。

（B）若分时权益买受人根据附款（A）保留其权利，其可将拒绝确认后的剩余期间或被续约或延长的期间内应付的款项，与因拒绝确认后不履行债务人在该分时计划中的义务而造成的损害的价值进行抵销，但分时权益买受人不得对破产实体或债务人就拒绝确认后因该不履行而造成的任何损失主张其他任何权利。

（i）（1）若托管人拒绝确认债务人为出售不动产或分时计划中分时权益而订立的待履行合同，但买受人已经占有该不动产或分时权益，则买受人可将该合同视为已被终止，或可选择保留该不动产或分时权益上的占有。

（2）若买受人保留占有，则：

（A）买受人应根据该合同继续支付所有到期款项，但可将其与拒绝确认后因债务人的义务未得到履行而造成的任何损失相抵销，但该买受人不得对破产实体就拒绝确认后因该不履行而造成的任何损失主张除该抵销权以外的其他任何权利；并且

（B）托管人应根据该合同的约定向买受人提交权利凭证，但免于履行本合同中的所有其他义务。

（j）根据本条的附条（i）将待履行合同视为已被终止的买受人，或其向债务人购买不动产的待履行合同被拒绝确认且其尚未占有该不动产的主体，就债务人在该

debtor is rejected and under which such party is not in possession, has a lien on the interest of the debtor in such property for the recovery of any portion of the purchase price that such purchaser or party has paid.

(k) Assignment by the trustee to an entity of a contract or lease assumed under this section relieves the trustee and the estate from any liability for any breach of such contract or lease occurring after such assignment.

(l) If an unexpired lease under which the debtor is the lessee is assigned pursuant to this section, the lessor of the property may require a deposit or other security for the performance of the debtor's obligations under the lease substantially the same as would have been required by the landlord upon the initial leasing to a similar tenant.

(m) For purposes of this section 365 and sections 541 (b)(2) and 362 (b)(10), leases of real property shall include any rental agreement to use real property.

(n)(1) If the trustee rejects an executory contract under which the debtor is a licensor of a right to intellectual property, the licensee under such contract may elect—

(A) to treat such contract as terminated by such rejection if such rejection by the trustee amounts to such a breach as would entitle the licensee to treat such contract as terminated by virtue of its own terms, applicable nonbankruptcy law, or an agreement made by the licensee with another entity; or

(B) to retain its rights (including a right to enforce any exclusivity provision of such contract, but excluding any other right under applicable nonbankruptcy law to specific performance of such contract) under such contract and under any agreement supplementary to such contract, to such intellectual property (including any embodiment of such intellectual property to the extent protected by applicable nonbankruptcy law), as such rights existed immediately before the case commenced, for—

(i) the duration of such contract; and

(ii) any period for which such contract may be extended by the licensee as of right under applicable nonbankruptcy law.

(2) If the licensee elects to retain its rights, as described in paragraph (1)(B) of this subsection, under such contract—

(A) the trustee shall allow the licensee to exercise such rights;

(B) the licensee shall make all royalty payments due under such contract for the duration of such contract and for any period described in paragraph (1)(B) of this subsection for which the licensee extends such contract; and

(C) the licensee shall be deemed to waive—

(i) any right of setoff it may have with respect to such contract under this title or applicable nonbankruptcy law; and

(ii) any claim allowable under section 503 (b) of this title arising from the

财产上的权益享有财产上担保权以追偿买受人或该主体已支付的价金。

（k）若托管人将其根据本条确认的合同或租约进行转让，则托管人和破产实体将被免于在该转让后就该合同或租约承担任何违约责任。

（l）若债务人作为承租人的未到期租约根据本条被转让，则财产的出租人可要求获得押金或其他担保以保证该租约下债务人义务的履行基本符合最初向类似租户出租时房东的要求。

（m）就第365、541（b）（2）以及362（b）（10）条而言，不动产的租约应包括使用不动产的任何租赁协议。

（n）（1）若托管人拒绝确认债务人作为知识产权许可人的待履行合同，则该合同中的被许可人可作出以下选择：

（A）若托管人拒绝确认的行为构成违约并将使得被许可人可将该合同视为因合同的条款、可适用的非破产法或被许可人达成的任何协议而被终止，则被许可人可将该合同视为因拒绝确认而被终止；或

（B）保留以下期间内该合同及任何补充协议中就该知识产权（包括可适用的非破产法保护范围内该知识产权的任何实施方式）享有的权利（包括执行该合同任何排他性条款的权利，但不包括根据可适用的非破产法针对该合同的特定履行的任何其他权利），并且该权利被视为在案件启动前业已存在：

（i）合同期间；以及

（ii）被许可人根据可适用的非破产法可有权延长的该合同的任何期间内。

（2）若如本附条的第（1）款（B）所述，被许可人选择保留其权利，则在该合同中：

（A）托管人应允许被许可人行使该权利；

（B）在该合同期间以及本附条的第（1）款（B）中被许可人加以延长的任何期间内，被许可人应根据该合同继续支付到期的所有特许权使用费；并且

（C）被许可人应被视为放弃以下权利：

（i）根据本篇或可适用的非破产法，针对该合同可能享有的抵销权；以及

（ii）因履行该合同而引起的，根据本篇第503条（b）可被确认的任何权利主张。

performance of such contract.

(3) If the licensee elects to retain its rights, as described in paragraph (1)(B) of this subsection, then on the written request of the licensee the trustee shall—

(A) to the extent provided in such contract, or any agreement supplementary to such contract, provide to the licensee any intellectual property (including such embodiment) held by the trustee; and

(B) not interfere with the rights of the licensee as provided in such contract, or any agreement supplementary to such contract, to such intellectual property (including such embodiment) including any right to obtain such intellectual property (or such embodiment) from another entity.

(4) Unless and until the trustee rejects such contract, on the written request of the licensee the trustee shall—

(A) to the extent provided in such contract or any agreement supplementary to such contract—

(i) perform such contract; or

(ii) provide to the licensee such intellectual property (including any embodiment of such intellectual property to the extent protected by applicable nonbankruptcy law) held by the trustee; and

(B) not interfere with the rights of the licensee as provided in such contract, or any agreement supplementary to such contract, to such intellectual property (including such embodiment), including any right to obtain such intellectual property (or such embodiment) from another entity.

(o) In a case under chapter 11 of this title, the trustee shall be deemed to have assumed (consistent with the debtor's other obligations under section 507), and shall immediately cure any deficit under, any commitment by the debtor to a Federal depository institutions regulatory agency (or predecessor to such agency) to maintain the capital of an insured depository institution, and any claim for a subsequent breach of the obligations thereunder shall be entitled to priority under section 507. This subsection shall not extend any commitment that would otherwise be terminated by any act of such an agency.

(p)(1) If a lease of personal property is rejected or not timely assumed by the trustee under subsection (d), the leased property is no longer property of the estate and the stay under section 362 (a) is automatically terminated.

(2)(A) If the debtor in a case under chapter 7 is an individual, the debtor may notify the creditor in writing that the debtor desires to assume the lease. Upon being so notified, the creditor may, at its option, notify the debtor that it is willing to have the lease assumed by the debtor and may condition such assumption on cure of any outstanding default on terms set by the contract.

（3）若如本附条的第（1）款（B）所述，被许可人选择保留其权利，则在被许可人的书面请求下，托管人应履行以下各项义务：

（A）在该合同或其任何补充协议约定的范围内，向被许可人提供托管人持有的知识产权（包括其实施方式）；以及

（B）不得干涉被许可人行使在该合同或其任何补充协议中的知识产权（包括其实施方式）的权利，包括任何从其他实体获得该知识产权（或其实施方式）的权利。

（4）除非及直至托管人拒绝确认该合同，否则在被许可人的书面请求下，托管人应履行以下各项义务：

（A）在该合同或其任何补充协议约定的范围内：

（i）履行该合同；或

（ii）向被许可人提供其持有的该知识产权（包括可适用的非破产法保护范围内该知识产权的任何实施方式）；以及

（B）不得干涉被许可人行使在该合同或其任何补充协议中的知识产权（包括其实施方式）的权利，包括任何从其他实体获得该知识产权（或其实施方式）的权利。

（o）在本篇第 11 章案件中，托管人应被视为已经确认（与第 507 条规定的债务人的其他义务相符合），并应立即补救债务人向联邦存款机构管理机构（或该机构的前身）作出的维持受保存款机构的资本的承诺，以及针对其后违反义务的行为根据第 507 条被给予优先顺位的任何权利主张。本附条中的承诺不包括于因该机构的行为而将导致其终止的承诺。

（p）（1）若托管人拒绝确认或根据附条（d）未及时确认动产租约，则该动产不再属于破产财产且第 362 条（a）中的冻结将自动终止。

（2）（A）若在第 7 章案件中债务人为个人，则债务人可书面通知债权人其愿意确认该租约。接到通知后，债权人可选择通知债务人其同意债务人确认该租约，并且可将纠正正在发生的违约行为设定为确认的条件。

(B) If, not later than 30 days after notice is provided under subparagraph (A), the debtor notifies the lessor in writing that the lease is assumed, the liability under the lease will be assumed by the debtor and not by the estate.

(C) The stay under section 362 and the injunction under section 524 (a)(2) shall not be violated by notification of the debtor and negotiation of cure under this subsection.

(3) In a case under chapter 11 in which the debtor is an individual and in a case under chapter 13, if the debtor is the lessee with respect to personal property and the lease is not assumed in the plan confirmed by the court, the lease is deemed rejected as of the conclusion of the hearing on confirmation. If the lease is rejected, the stay under section 362 and any stay under section 1301 is automatically terminated with respect to the property subject to the lease.

(Pub. L. 95-598, Nov. 6, 1978, 92 Stat. 2574; Pub. L. 98-353, title III, §§362, 402-404, July 10, 1984, 98 Stat. 361, 367; Pub. L. 99-554, title II, §§257 (j), (m), 283 (e), Oct. 27, 1986, 100 Stat. 3115, 3117; Pub. L. 100-506, §1 (b), Oct. 18, 1988, 102 Stat. 2538; Pub. L. 101-647, title XXV, §2522 (c), Nov. 29, 1990, 104 Stat. 4866; Pub. L. 102-365, §19(b)(e), Sept. 3, 1992, 106 Stat. 982-984; Pub. L. 103-394, title II, §§205(a), 219 (a), (b), title V, §501 (d)(10), Oct. 22, 1994, 108 Stat. 4122, 4128, 4145; Pub. L. 103-429, §1, Oct. 31, 1994, 108 Stat. 4377; Pub. L. 109-8, title III, §§309 (b), 328 (a), title IV, §404, Apr. 20, 2005, 119 Stat. 82, 100, 104.)

### § 366. Utility service

(a) Except as provided in subsections (b) and (c) of this section, a utility may not alter, refuse, or discontinue service to, or discriminate against, the trustee or the debtor solely on the basis of the commencement of a case under this title or that a debt owed by the debtor to such utility for service rendered before the order for relief was not paid when due.

(b) Such utility may alter, refuse, or discontinue service if neither the trustee nor the debtor, within 20 days after the date of the order for relief, furnishes adequate assurance of payment, in the form of a deposit or other security, for service after such date. On request of a party in interest and after notice and a hearing, the court may order reasonable modification of the amount of the deposit or other security necessary to provide adequate assurance of payment.

(c)(1)(A) For purposes of this subsection, the term "assurance of payment" means—

(i) a cash deposit;

(ii) a letter of credit;

(iii) a certificate of deposit;

(iv) a surety bond;

（B）在根据附款（A）作出通知后 30 日内，若债务人书面通知出租人其已确认该租约，则该租约下的责任将由债务人而不是破产实体来承继。

（C）本附条中债务人的通知以及就纠正行为进行的协商不得违反第 362 条规定的冻结以及第 524 条（a）（2）规定的禁令。

（3）在第 11 章中的个人破产案件里以及第 13 章案件中，若债务人是动产的承租人且该租约在法院批准的计划中并未被确认，则在就批准计划而举行的听证结束后，该租约被视为被拒绝确认。若该租约被拒绝确认，则根据第 362 条和第 1301 条所作的任何针对该财产的冻结都将自动终止。

[ Pub. L. 95-598, Nov. 6, 1978, 92 Stat. 2574; Pub. L. 98-353, title III, §§362, 402-404, July 10, 1984, 98 Stat. 361, 367; Pub. L. 99-554, title II, §§257（j），（m），283（e），Oct. 27, 1986, 100 Stat. 3115, 3117; Pub. L. 100-506, §1（b），Oct. 18, 1988, 102 Stat. 2538; Pub. L. 101-647, title XXV, §2522（c），Nov. 29, 1990, 104 Stat. 4866; Pub. L. 102-365, §19（b）（e）, Sept. 3, 1992, 106 Stat. 982-984; Pub. L. 103-394, title II, §§205（a）, 219（a），（b），title V, §501（d）（10），Oct. 22, 1994, 108 Stat. 4122, 4128, 4145; Pub. L. 103-429, §1, Oct. 31, 1994, 108 Stat. 4377; Pub. L. 109-8, title III, §§309（b），328（a），title IV, §404, Apr. 20, 2005, 119 Stat. 82, 100, 104. ]

**第 366 条　公用事业服务**

（a）除本条的附条（b）和（c）另有规定外，公用事业不得仅因本篇案件的启动或破产救济令被作出前债务人未能向该公用事业就其提供的服务支付到期债务，而调整、拒绝或停止向托管人或债务人服务或对其区别对待。

（b）若破产救济令被作出后 20 日内，托管人和债务人均未就该破产救济令被作出后的服务以押金或其他方式为该支付提供充分的付款保证，则该公用事业可调整、拒绝或停止服务。法院应利益相关方的请求，经过通知和听证后，可下令对该押金的数额或其他担保进行合理调整以提供充分的付款担保。

（c）（1）（A）就本附条而言，“付款保证”指：

（i）保证金；
（ii）信用证；
（iii）存款单；
（iv）履约保证；

( v ) a prepayment of utility consumption; or

( vi ) another form of security that is mutually agreed on between the utility and the debtor or the trustee.

( B ) For purposes of this subsection an administrative expense priority shall not constitute an assurance of payment.

( 2 ) Subject to paragraphs ( 3 ) and ( 4 ) , with respect to a case filed under chapter 11, a utility referred to in subsection ( a ) may alter, refuse, or discontinue utility service, if during the 30-day period beginning on the date of the filing of the petition, the utility does not receive from the debtor or the trustee adequate assurance of payment for utility service that is satisfactory to the utility.

( 3 ) ( A ) On request of a party in interest and after notice and a hearing, the court may order modification of the amount of an assurance of payment under paragraph ( 2 ) .

( B ) In making a determination under this paragraph whether an assurance of payment is adequate, the court may not consider—

( i ) the absence of security before the date of the filing of the petition;

( ii ) the payment by the debtor of charges for utility service in a timely manner before the date of the filing of the petition; or

( iii ) the availability of an administrative expense priority.

( 4 ) Notwithstanding any other provision of law, with respect to a case subject to this subsection, a utility may recover or set off against a security deposit provided to the utility by the debtor before the date of the filing of the petition without notice or order of the court.

( Pub. L. 95-598, Nov. 6, 1978, 92 Stat. 2578; Pub. L. 98-353, title III, §443, July 10, 1984, 98 Stat. 373; Pub. L. 109-8, title IV, §417, Apr. 20, 2005, 119 Stat. 108. )

（v）公共事业费用的预付金；或
（vi）公共事业与债务人或托管人均认可的其他担保方式。

（B）就本附条而言，为其提供管理费用优先顺位并不构成付款保证。

（2）在符合第（3）款和第（4）款规定的情况下，针对根据第 11 章提交的破产案件，若在破产申请被提交后 30 日内，公用事业并未收到债务人或托管人就其服务提供的、令其满意的付款保证，则附条（a）中所述的公用事业可改变、拒绝或停止公用事业服务。

（3）（A）法院应利益相关方的请求，经过通知和听证，可下令调整第（2）款所述的付款保证的数额。
（B）在根据本款决定付款保证是否充分时，法院不得考虑以下要素：

（i）破产申请被提交前缺少担保的情况；
（ii）破产申请被提交前，债务人就公用事业服务及时付款的情况；或

（iii）获得管理费用优先顺位的可能性。
（4）即使法律有任何其他规定，针对受本附条约束的案件，公用事业可追偿或抵销债务人在破产申请前向公共事业提供的保证金且无须法院的通知或裁定。

（Pub. L. 95-598, Nov. 6, 1978, 92 Stat. 2578; Pub. L. 98-353, title III, §443, July 10, 1984, 98 Stat. 373; Pub. L. 109-8, title IV, §417, Apr. 20, 2005, 119 Stat. 108.）

# CHAPTER 5—CREDITORS, THE DEBTOR, AND THE ESTATE

## SUBCHAPTER Ⅰ —CREDITORS AND CLAIMS



## SUBCHAPTER Ⅱ — DEBTOR'S DUTIES AND BENEFITS

# 第5章　债权人、债务人和破产实体

## 第一附章　债权人和债权

条

| | |
|---|---|
| 501. | 提交债权或权益证明 |
| 502. | 债权或权益的确认 |
| 503. | 管理费用的确认 |
| 504. | 报酬的共享 |
| 505. | 纳税义务的认定 |
| 506. | 担保债权的认定 |
| 507. | 优先顺位 |
| 508. | 破产法外分配的效力 |
| 509. | 共同债务人的债权 |
| 510. | 债权居次 |
| 511. | 税收债权的利率 |

## 第二附章　债务人的义务和权益

| | |
|---|---|
| 521. | 债务人的义务 |
| 522. | 豁免 |
| 523. | 免责的例外 |
| 524. | 免责的效力 |
| 525. | 反歧视性待遇保护 |
| 526. | 债务救济机构的限制 |
| 527. | 披露材料 |
| 528. | 债务救济机构的要求 |

**SUBCHAPTER Ⅲ — THE ESTATE**



# SUBCHAPTER Ⅰ —CREDITORS AND CLAIMS

## § 501. Filing of proofs of claims or interests

( a ) A creditor or an indenture trustee may file a proof of claim. An equity security

**第三附章　破产实体**



# 第一附章　债权人和债权

### 第 501 条　提交债权或权益证明

（a）债权人或契约受托人可提交债权证明。股本证券持有人可提交权益证明。

holder may file a proof of interest.

(b) If a creditor does not timely file a proof of such creditor's claim, an entity that is liable to such creditor with the debtor, or that has secured such creditor, may file a proof of such claim.

(c) If a creditor does not timely file a proof of such creditor's claim, the debtor or the trustee may file a proof of such claim.

(d) A claim of a kind specified in section 502 (e)(2), 502 (f), 502 (g), 502 (h) or 502 (i) of this title may be filed under subsection (a), (b), or (c) of this section the same as if such claim were a claim against the debtor and had arisen before the date of the filing of the petition.

(e) A claim arising from the liability of a debtor for fuel use tax assessed consistent with the requirements of section 31705 of title 49 may be filed by the base jurisdiction designated pursuant to the International Fuel Tax Agreement (as defined in section 31701 of title 49) and, if so filed, shall be allowed as a single claim.

(Pub. L. 95-598, Nov. 6, 1978, 92 Stat. 2578; Pub. L. 98-353, title III, §444, July 10, 1984, 98 Stat. 373; Pub. L. 109-8, title VII, §702, Apr. 20, 2005, 119 Stat. 125.)

### § 502. Allowance of claims or interests

(a) A claim or interest, proof of which is filed under section 501 of this title, is deemed allowed, unless a party in interest, including a creditor of a general partner in a partnership that is a debtor in a case under chapter 7 of this title, objects.

(b) Except as provided in subsections (e)(2), (f), (g), (h) and (i) of this section, if such objection to a claim is made, the court, after notice and a hearing, shall determine the amount of such claim in lawful currency of the United States as of the date of the filing of the petition, and shall allow such claim in such amount, except to the extent that—

(1) such claim is unenforceable against the debtor and property of the debtor, under any agreement or applicable law for a reason other than because such claim is contingent or unmatured;

(2) such claim is for unmatured interest;

(3) if such claim is for a tax assessed against property of the estate, such claim exceeds the value of the interest of the estate in such property;

(4) if such claim is for services of an insider or attorney of the debtor, such claim exceeds the reasonable value of such services;

(5) such claim is for a debt that is unmatured on the date of the filing of the petition and that is excepted from discharge under section 523 (a)(5) of this title;

（b）若债权人未及时提交其债权证明，则与债务人一同对该债权人承担责任或为其提供担保的实体可提交该债权证明。

（c）若债权人未及时提交其债权证明，则债务人或托管人可及时提交该债权证明。

（d）本篇第 502（e）（2）、502（f）、502（g）、502（h）或 502（i）条所述的债权可被视为在破产申请提交前即对债务人享有的债权，从而根据本条的附条（a）、（b）或（c）提交债权证明。

（e）债务人因根据《美国联邦法典》第 49 篇第 31705 条核定的燃油使用税而承担责任并由此产生的债权，可由根据《国际燃料税收协定》（定义见《美国联邦法典》第 49 篇第 31701 条）所指定的基地辖区[①]提交，并且若以此方式提交，应将其确认为单一债权。

（Pub. L. 95-598, Nov. 6, 1978, 92 Stat. 2578; Pub. L. 98-353, title III, §444, July 10, 1984, 98 Stat. 373; Pub. L. 109-8, title VII, §702, Apr. 20, 2005, 119 Stat. 125.）

**第 502 条　债权或权益的确认**

（a）根据本篇第 501 条提交债权或权益的证明即视为该债权或权益已被确认，除非利益相关方，包括本篇第 7 章案件中债务人为合伙组织时普通合伙人的债权人，对此提出异议。

（b）除本条的附条（e）（2）、（f）、（g）、（h）和（i）另有规定外，若有人就某债权提出异议，则法院经过通知和听证后，应确定破产申请被提交之日该债权以美国法定货币所计的数额，并且应对该数额内的债权进行确认，但不包括以下债权：

（1）除因该债权是或然的或未到期外，根据协议或可适用的法律存在其他原因导致不可就债务人及债务人的财产强制执行该债权；

（2）该债权系为主张未到期的权益；

（3）若该债权系为主张向破产财产征收的税款，则该债权的金额超过破产实体在该财产上享有的权益的价值的部分不得被确认；

（4）若该债权系因债务人的内部人士或律师所提供的服务而产生，则该债权的金额超过该服务的合理价值的部分不得被确认；

（5）就破产申请被提交之日尚未到期，且根据本篇第 523 条（a）（5）不得被免责的债务而享有的债权；

① 根据《国际燃料税收协定》的规定，基地辖区指机动车注册登记人积累行驶里程的固定活动地点所在的辖区，且该辖区负责保存或提供机动车行驶记录。

(6) if such claim is the claim of a lessor for damages resulting from the termination of a lease of real property, such claim exceeds—

(A) the rent reserved by such lease, without acceleration, for the greater of one year, or 15 percent, not to exceed three years, of the remaining term of such lease, following the earlier of—

(i) the date of the filing of the petition; and

(ii) the date on which such lessor repossessed, or the lessee surrendered, the leased property; plus

(B) any unpaid rent due under such lease, without acceleration, on the earlier of such dates;

(7) if such claim is the claim of an employee for damages resulting from the termination of an employment contract, such claim exceeds—

(A) the compensation provided by such contract, without acceleration, for one year following the earlier of—

(i) the date of the filing of the petition; or

(ii) the date on which the employer directed the employee to terminate, or such employee terminated, performance under such contract; plus

(B) any unpaid compensation due under such contract, without acceleration, on the earlier of such dates;

(8) such claim results from a reduction, due to late payment, in the amount of an otherwise applicable credit available to the debtor in connection with an employment tax on wages, salaries, or commissions earned from the debtor; or

(9) proof of such claim is not timely filed, except to the extent tardily filed as permitted under paragraph (1), (2), or (3) of section 726 (a) of this title or under the Federal Rules of Bankruptcy Procedure, except that a claim of a governmental unit shall be timely filed if it is filed before 180 days after the date of the order for relief or such later time as the Federal Rules of Bankruptcy Procedure may provide, and except that in a case under chapter 13, a claim of a governmental unit for a tax with respect to a return filed under section 1308 shall be timely if the claim is filed on or before the date that is 60 days after the date on which such return was filed as required.

(c) There shall be estimated for purpose of allowance under this section—

(1) any contingent or unliquidated claim, the fixing or liquidation of which, as the case may be, would unduly delay the administration of the case; or

(2) any right to payment arising from a right to an equitable remedy for breach of performance.

（6）若该债权系出租人因不动产租约[①]的终止所遭受的损害而享有的债权，则该债权超过以下金额的部分不得被确认：

（A）以下日期较早者之日起，不进行加速到期的情况下，一年或剩余租期的15%中较长者（但不超过3年）的期间内根据租约应支付的租金：

（i）破产申请被提交之日；以及

（ii）出租人重新占有或承租人放弃租赁财产之日；加上

（B）不进行加速到期的情况下，根据该租约截至以上日期中较早之日到期的任何未付租金；

（7）若该债权系员工因劳动合同的终止所遭受的损害而享有的债权，则该债权超过以下金额的部分不得被确认：

（A）不进行加速到期的情况下，以下日期较早者之日起一年期间内该合同约定的报酬：

（i）破产申请被提交之日；或

（ii）雇主通知员工终止根据该合同履职之日；加上

（B）不进行加速到期的情况下，根据该合同截至以上日期中较早之日到期的任何未付报酬；

（8）针对与就债务人支付的工资、薪水或佣金而征收的雇佣税相关的抵免额，因迟延付款所导致的债务人本可享有的该抵免额的减少而产生的债权；或

（9）除了根据本篇第726条（a）的第（1）、（2）、（3）款或《联邦破产程序规则》允许迟延提交的情况外，若该债权证明未被及时提交，则该债权不得被予以确认。但是若政府机构享有的债权必须在破产救济令被作出后180日内或《联邦破产程序》规定的更晚的时点内提交，则其应当按时提交；以及在第13章案件中，若必须在按要求提交报税表后60日内提交政府机构享有的、有关退税的税收债权，则也应当根据第1308条按时提交，前述情况均不包含在允许迟延的情况内。

（c）就本条中的债权确认而言，应对以下各项进行估算：

（1）若任何或然的或数额不确定的债权的确定或清算将不当延迟本案的实施时，应对该债权金额进行估算；或

（2）因违约而获得的衡平救济并可因此求偿的任何权利。

① 根据Senate report No.95-989，该不动产租约仅指真正的、真实的租约，并且不包括不动产的融资租赁等。

(d) Notwithstanding subsections (a) and (b) of this section, the court shall disallow any claim of any entity from which property is recoverable under section 542, 543, 550, or 553 of this title or that is a transferee of a transfer avoidable under section 522 (f), 522 (h), 544, 545, 547, 548, 549, or 724 (a) of this title, unless such entity or transferee has paid the amount, or turned over any such property, for which such entity or transferee is liable under section 522 (i), 542, 543, 550, or 553 of this title.

(e) (1) Notwithstanding subsections (a), (b), and (c) of this section and paragraph (2) of this subsection, the court shall disallow any claim for reimbursement or contribution of an entity that is liable with the debtor on or has secured the claim of a creditor, to the extent that—

(A) such creditor's claim against the estate is disallowed;

(B) such claim for reimbursement or contribution is contingent as of the time of allowance or disallowance of such claim for reimbursement or contribution; or

(C) such entity asserts a right of subrogation to the rights of such creditor under section 509 of this title.

(2) A claim for reimbursement or contribution of such an entity that becomes fixed after the commencement of the case shall be determined, and shall be allowed under subsection (a), (b), or (c) of this section, or disallowed under subsection (d) of this section, the same as if such claim had become fixed before the date of the filing of the petition.

(f) In an involuntary case, a claim arising in the ordinary course of the debtor's business or financial affairs after the commencement of the case but before the earlier of the appointment of a trustee and the order for relief shall be determined as of the date such claim arises, and shall be allowed under subsection (a), (b), or (c) of this section or disallowed under subsection (d) or (e) of this section, the same as if such claim had arisen before the date of the filing of the petition.

(g) (1) A claim arising from the rejection, under section 365 of this title or under a plan under chapter 9, 11, 12, or 13 of this title, of an executory contract or unexpired lease of the debtor that has not been assumed shall be determined, and shall be allowed under subsection (a), (b), or (c) of this section or disallowed under subsection (d) or (e) of this section, the same as if such claim had arisen before the date of the filing of the petition.

(2) A claim for damages calculated in accordance with section 562 shall be allowed under subsection (a), (b), or (c), or disallowed under subsection (d) or (e), as if such claim had arisen before the date of the filing of the petition.

(h) A claim arising from the recovery of property under section 522, 550, or 553 of this title shall be determined, and shall be allowed under subsection (a), (b), or (c) （d）即使存在本条的附条（a）和（b）的规定，法院不得确认根据本篇第542、543、550条或第553条可向其追回财产的实体的任意债权，或者根据本篇第522（f）、522（h）、544、545、547、548、549条或第724（a）条可被撤销的转让的受让人的任意债权，除非该实体或受让人针对根据本篇第522（i）、542、543、550或553条的规定而应承担的责任，已经支付相应的价款或归还该财产。

（e）（1）即使存在本条的附条（a）、（b）和（c）及本附条第（2）款的规定，在以下情况中，法院也不得确认与债务人共同承担责任或担保债权人债权的实体就其承担的还款额而享有的追偿权：

（A）该债权人对破产实体享有的债权未被予以确认；

（B）在决定是否确认就还款额享有的追偿权时，该追偿权是或然债权；或

（C）该实体根据本篇第509条主张代位行使该债权人的权利。

（2）破产案件启动后被确定的该实体享有的追偿权应被认定为在破产申请被提交前已被确定，并根据本条的附条（a）、（b）或（c）予以确认或根据本条的附条（d）不予确认。

（f）在强制破产案件中，在破产案件启动后，任命托管人或作出破产救济令中较早时点之前，在债务人商事业务或财务事项的常规营业范围内成立的债权应自成立之日即被认定为在破产申请被提交前成立的债权，并根据本条的附条（a）、（b）或（c）予以确认或根据本条的附条（d）或（e）不予确认。

（g）（1）因根据本篇第365条或本篇第9、11、12或13章中的计划，而拒绝确认债务人的尚未被确认的待履行合同或未到期租约而成立的债权，应被认定为在破产申请被提交前成立的债权，从而根据本条的附条（a）、（b）或（c）予以确认或根据本条的附条（d）或（e）不予确认。

（2）根据第562条计算的损害赔偿而享有的债权，应被认定为在破产申请被提交前成立，并根据本条的附条（a）、（b）或（c）予以确认或根据本条的附条（d）或（e）不予确认。

（h）根据本篇第522、550或533条追回财产而成立的债权，应被认定为在破产申请被提交前成立，并根据本条的附条（a）、（b）或（c）予以确认或根据本条的

of this section, or disallowed under subsection (d) or (e) of this section, the same as if such claim had arisen before the date of the filing of the petition.

(i) A claim that does not arise until after the commencement of the case for a tax entitled to priority under section 507 (a)(8) of this title shall be determined, and shall be allowed under subsection (a), (b), or (c) of this section, or disallowed under subsection (d) or (e) of this section, the same as if such claim had arisen before the date of the filing of the petition.

(j) A claim that has been allowed or disallowed may be reconsidered for cause. A reconsidered claim may be allowed or disallowed according to the equities of the case. Reconsideration of a claim under this subsection does not affect the validity of any payment or transfer from the estate made to a holder of an allowed claim on account of such allowed claim that is not reconsidered, but if a reconsidered claim is allowed and is of the same class as such holder's claim, such holder may not receive any additional payment or transfer from the estate on account of such holder's allowed claim until the holder of such reconsidered and allowed claim receives payment on account of such claim proportionate in value to that already received by such other holder. This subsection does not alter or modify the trustee's right to recover from a creditor any excess payment or transfer made to such creditor.

(k)(1) The court, on the motion of the debtor and after a hearing, may reduce a claim filed under this section based in whole on an unsecured consumer debt by not more than 20 percent of the claim, if—

(A) the claim was filed by a creditor who unreasonably refused to negotiate a reasonable alternative repayment schedule proposed on behalf of the debtor by an approved nonprofit budget and credit counseling agency described in section 111;

(B) the offer of the debtor under subparagraph (A)—

(i) was made at least 60 days before the date of the filing of the petition; and

(ii) provided for payment of at least 60 percent of the amount of the debt over a period not to exceed the repayment period of the loan, or a reasonable extension thereof; and

(C) no part of the debt under the alternative repayment schedule is nondischargeable.

(2) The debtor shall have the burden of proving, by clear and convincing evidence, that—

(A) the creditor unreasonably refused to consider the debtor's proposal; and

(B) the proposed alternative repayment schedule was made prior to expiration of the 60-day period specified in paragraph (1)(B)(i).

[Pub. L. 95-598, Nov. 6, 1978, 92 Stat. 2579; Pub. L. 98-353, title III, §445, July 10, 1984, 98 Stat. 373; Pub. L. 99-554, title II, §§257 (j), 283 (f), Oct. 27, 1986, 100 Stat.

附条（d）或（e）不予确认。

（i）直到破产案件启动后才成立的，根据本篇第 507 条（a）（8）享有优先顺位的税收债权，应被认定为在破产申请被提交前成立，并根据本条的附条（a）、（b）或（c）予以确认或根据本条的附条（d）或（e）不予确认。

（j）出于特定事由，被予以确认或不予确认的债权可被重新审查。被重新审查的债权可根据案件公平性而被予以确认或不予确认。本附条中的债权的重新审查不影响破产实体基于未被重新审查的经确认债权，向经确认债权持有人所作的还款或转让的有效性；但若被重新审查的债权被予以确认并且与前述持有人的债权位于同一小组，则在被重新审查且被予以确认的债权的持有人因该债权获得的清偿比例与前述持有人已获清偿的比例相同前，该持有人不得因其持有的经确认债权从破产实体处获得任何额外的偿付或转让。本附条并不影响或变更托管人向债权人追偿其向该债权人所作的超额偿付或转让的权利。

（k）（1）法院应债务人动议并且经过听证，在以下情况中可将根据本条提交的且完全基于无担保消费债务而成立的债权的金额进行不超过 20% 的削减：

（A）提交债权的债权人无合理理由拒绝就第 111 条所述的经批准的非营利预算和信用机构代表债务人提出的合理替代还款方案进行协商；

（B）附款（A）所述的债务人的提议：

（i）系在破产申请被提交前 60 日以前作出；并且

（ii）其约定在贷款还款期间或合理延长的期间内至少偿还债务总额的 60%；并且

（C）该替代还款方案所涵盖的债务均为可被予以免责的债务。

（2）债务人应通过清楚且令人信服的证据，就以下事项承担举证责任：

（A）债权人无合理理由拒绝考虑债务人的提议；以及

（B）被提出的替代还款方案在第（1）款（B）（i）所述的 60 日期间届满前已被作出。

[ Pub. L. 95-598, Nov. 6, 1978, 92 Stat. 2579; Pub. L. 98-353, title III, §445, July 10, 1984, 98 Stat. 373; Pub. L. 99-554, title II, §§257（j）, 283（f）, Oct. 27, 1986, 100 Stat.

3115, 3117; Pub. L. 103-394, title II, §213 (a), title III, §304 (h)(1), Oct. 22, 1994, 108 Stat. 4125, 4134; Pub. L. 109-8, title II, §201 (a), title VII, §716 (d), title IX, §910 (b), Apr. 20, 2005, 119 Stat. 42, 130, 184.]

§ 503. Allowance of administrative expenses

(a) An entity may timely file a request for payment of an administrative expense, or may tardily file such request if permitted by the court for cause.

(b) After notice and a hearing, there shall be allowed administrative expenses, other than claims allowed under section 502 (f) of this title, including—

(1)(A) the actual, necessary costs and expenses of preserving the estate including—

(i) wages, salaries, and commissions for services rendered after the commencement of the case; and

(ii) wages and benefits awarded pursuant to a judicial proceeding or a proceeding of the National Labor Relations Board as back pay attributable to any period of time occurring after commencement of the case under this title, as a result of a violation of Federal or State law by the debtor, without regard to the time of the occurrence of unlawful conduct on which such award is based or to whether any services were rendered, if the court determines that payment of wages and benefits by reason of the operation of this clause will not substantially increase the probability of layoff or termination of current employees, or of nonpayment of domestic support obligations, during the case under this title;

(B) any tax—

(i) incurred by the estate, whether secured or unsecured, including property taxes for which liability is in rem, in personam, or both, except a tax of a kind specified in section 507 (a)(8) of this title; or

(ii) attributable to an excessive allowance of a tentative carryback adjustment that the estate received, whether the taxable year to which such adjustment relates ended before or after the commencement of the case;

(C) any fine, penalty, or reduction in credit relating to a tax of a kind specified in subparagraph (B) of this paragraph; and

(D) notwithstanding the requirements of subsection (a), a governmental unit shall not be required to file a request for the payment of an expense described in subparagraph (B) or (C), as a condition of its being an allowed administrative expense;

(2) compensation and reimbursement awarded under section 330 (a) of this title;

(3) the actual, necessary expenses, other than compensation and reimbursement specified in paragraph (4) of this subsection, incurred by—

(A) a creditor that files a petition under section 303 of this title;

3115, 3117; Pub. L. 103-394, title II, §213（a）, title III, §304（h）(1）, Oct. 22, 1994, 108 Stat. 4125, 4134; Pub. L. 109-8, title II, §201（a）, title VII, §716（d）, title IX, §910（b）, Apr. 20, 2005, 119 Stat. 42, 130, 184. ]

**第 503 条　管理费用的确认**

（a）某实体可及时提交要求支付管理费用的请求，或在法院出于特定事由而允许的情况下迟延提交该请求。

（b）经过通知和听证后，应对根据本篇第 502 条（f）予以确认的债权以外的管理费用予以确认，该管理费用包括以下各项：

（1）（A）为维护破产实体而支出的实际必要成本与费用，包括以下各项：

（i）为案件启动后被提供的服务而支出的工资、薪水和佣金；以及

（ii）在法院认定根据本项而授予工资及福利并不会在本篇案件实施期间，大幅增加当前员工被解雇或终止雇佣的可能性，或不能支付家庭扶 / 抚养费的可能性的情况下，根据司法程序或国家劳工关系委员会的程序，基于债务人违反联邦法律或州法的行为，不考虑该不法行为的发生时间或是否已经提供任何服务，作为在本篇案件启动后任意期间内的欠付工资与福利而授予的工资及福利；

（B）以下任何税款：

（i）破产实体承担的税款，无论是否被提供担保，包括由物、由人或由两者共同承担责任的财产税，但不包括本篇第 507 条（a）(8）所述税款；或

（ii）因破产实体获得的暂时性结转调整的超额免税额而应承担的税款，无论该调整所涉的纳税年度在破产案件启动前还是启动后结束；

（C）任何与本款的附款（B）所述税款有关的罚款、罚金或信贷的减少；以及

（D）即使存在附条（a）的要求，不得以将其确认为管理费用为条件，要求政府机构就附款（B）或（C）所述费用的求偿提交请求；

（2）根据本篇第 330 条（a）授予的报酬或报销费用；

（3）除本附条的第（4）款所述的报酬和报销费用外，由以下主体承担的实际必要费用：

（A）根据本篇第 303 条提交申请的债权人；

(B) a creditor that recovers, after the court's approval, for the benefit of the estate any property transferred or concealed by the debtor;

(C) a creditor in connection with the prosecution of a criminal offense relating to the case or to the business or property of the debtor;

(D) a creditor, an indenture trustee, an equity security holder, or a committee representing creditors or equity security holders other than a committee appointed under section 1102 of this title, in making a substantial contribution in a case under chapter 9 or 11 of this title;

(E) a custodian superseded under section 543 of this title, and compensation for the services of such custodian; or

(F) a member of a committee appointed under section 1102 of this title, if such expenses are incurred in the performance of the duties of such committee;

(4) reasonable compensation for professional services rendered by an attorney or an accountant of an entity whose expense is allowable under subparagraph( A ),( B ),( C ),( D ), or (E) of paragraph (3) of this subsection, based on the time, the nature, the extent, and the value of such services, and the cost of comparable services other than in a case under this title, and reimbursement for actual, necessary expenses incurred by such attorney or accountant;

(5) reasonable compensation for services rendered by an indenture trustee in making a substantial contribution in a case under chapter 9 or 11 of this title, based on the time, the nature, the extent, and the value of such services, and the cost of comparable services other than in a case under this title;

(6) the fees and mileage payable under chapter 119 of title 28;

(7) with respect to a nonresidential real property lease previously assumed under section 365, and subsequently rejected, a sum equal to all monetary obligations due, excluding those arising from or relating to a failure to operate or a penalty provision, for the period of 2 years following the later of the rejection date or the date of actual turnover of the premises, without reduction or setoff for any reason whatsoever except for sums actually received or to be received from an entity other than the debtor, and the claim for remaining sums due for the balance of the term of the lease shall be a claim under section 502 (b) (6) ;

(8) the actual, necessary costs and expenses of closing a health care business incurred by a trustee or by a Federal agency (as defined in section 551 (1) of title 5) or a department or agency of a State or political subdivision thereof, including any cost or expense incurred—

（B）经过法院批准，为破产实体的利益而追回债务人所转移或隐藏的任何财产的债权人；

（C）与涉及本案或债务人的商事业务或财产的刑事犯罪诉讼有关的债权人；

（D）在本篇第 9 章或第 11 章案件中作出重大贡献[①]的债权人、契约受托人、股本证券持有人，或除根据本篇第 1102 条被任命的委员会外的代表债权人或股本证券持有人的委员会；

（E）根据本篇第 543 条而被替换的保管人针对其服务应付的报酬；或

（F）根据本篇第 1102 条而被任命的委员会的成员，但该费用必须产生于该委员会履行职责的过程中；

（4）针对根据本附条第（3）款的附款（A）、（B）、（C）、（D）或（E）可将其承担的费用确认为管理费用的实体，就该实体的律师或会计师提供的专业服务，基于该服务的时间、性质、程度以及价值以及除本篇案件外的案件中类似服务的费用所确定的合理报酬，以及由该律师或会计师承担的实际必要费用的报销费用；

（5）就在本篇第 9 章或第 11 章案件中作出重大贡献的契约受托人提供的服务，基于该服务的时间、性质、程度和价值以及除本篇案件外的案件中类似服务的花费而确定的报酬；

（6）根据《美国联邦法典》第 28 篇第 119 章应支付的费用和行车津贴；

（7）针对先前根据第 365 条被确认但其后被拒绝确认的非住宅不动产租约，在拒绝确认之日或实际归还不动产中较晚时点之日起 2 年内所有到期的金钱义务（不包括由未能履行违约金条款而成立或与其相关的义务）的总和，并且除了从债务人外的实体实际收到或将要收到的金额之外，不得以任何理由进行削减或抵销，并且就剩余租期内到期的其他金钱义务的总和而享有的债权为第 502 条（b）（6）中的债权；

（8）由托管人或联邦机构［定义见《美国联邦法典》第 5 篇第 551 条（1）］，又或者州或下属行政区的部门或机构，因医疗护理机构的关闭而承担的实际必要成本及费用，包括在以下过程中产生的任何成本或费用：

① 根据 Senate Report No.95-985，"重大贡献"不要求其行为使得最终计划得以批准，在多数情况下，只要某人发现了会导致计划被否决的事实，如案件中的欺诈，即可被认定为作出重大贡献。

(A) in disposing of patient records in accordance with section 351; or

(B) in connection with transferring patients from the health care business that is in the process of being closed to another health care business; and

(9) the value of any goods received by the debtor within 20 days before the date of commencement of a case under this title in which the goods have been sold to the debtor in the ordinary course of such debtor's business.

(c) Notwithstanding subsection (b), there shall neither be allowed, nor paid—

(1) a transfer made to, or an obligation incurred for the benefit of, an insider of the debtor for the purpose of inducing such person to remain with the debtor's business, absent a finding by the court based on evidence in the record that—

(A) the transfer or obligation is essential to retention of the person because the individual has a bona fide job offer from another business at the same or greater rate of compensation;

(B) the services provided by the person are essential to the survival of the business; and

(C) either—

(i) the amount of the transfer made to, or obligation incurred for the benefit of, the person is not greater than an amount equal to 10 times the amount of the mean transfer or obligation of a similar kind given to nonmanagement employees for any purpose during the calendar year in which the transfer is made or the obligation is incurred; or

(ii) if no such similar transfers were made to, or obligations were incurred for the benefit of, such nonmanagement employees during such calendar year, the amount of the transfer or obligation is not greater than an amount equal to 25 percent of the amount of any similar transfer or obligation made to or incurred for the benefit of such insider for any purpose during the calendar year before the year in which such transfer is made or obligation is incurred;

(2) a severance payment to an insider of the debtor, unless—

(A) the payment is part of a program that is generally applicable to all full-time employees; and

(B) the amount of the payment is not greater than 10 times the amount of the mean severance pay given to nonmanagement employees during the calendar year in which the payment is made; or

(3) other transfers or obligations that are outside the ordinary course of business and not justified by the facts and circumstances of the case, including transfers made to, or obligations incurred for the benefit of, officers, managers, or consultants hired after the date of the filing of the petition.

（A）根据第 351 条的规定处理患者档案的过程中；或

（B）将患者从已经处于关闭阶段的医疗护理机构转移至另一医疗护理机构的过程中；以及

（9）在本篇破产案件启动前 20 日内债务人收到的任何货物的价值，且该货物系在债务人的常规营业范围内出售给债务人的。

（c）即使存在附条（b）的规定，在以下情况中既不得被确认为管理费用也不得支付该费用：

（1）为了诱使某内部人士继续从事债务人的商事经营而向其作出的转让或为其利益而承担的义务，并且法院并未基于存档的证据作出以下认定：

（A）该转让或义务对于挽留此人至关重要，因为该个人已经实际从其他公司获得了提供相同或更高报酬的工作邀约；

（B）其提供的服务对于该商事经营的存在至关重要；并且

（C）满足以下任意一项要求：

（i）向其作出的转让或为其利益所承担的义务的金额，不超过作出转让或承担该义务的日历年内出于各种目的而向非管理层员工作出的类似转让或义务的平均金额的 10 倍，或

（ii）若在该日历年内未曾向非管理层员工作出转让或为其利益承担义务，则该转让或义务的金额不得超过该日历年前一年内出于各种目的而向该内部人士作出的任何转让或为其利益承担的义务的金额的 25%；

（2）债务人内部人士的遣散费，除非满足以下条件：

（A）该费用系整体适用于所有全职员工的计划的一部分；并且

（B）该费用的金额不超过作出该支付的日历年内向非管理层员工支付的遣散费的平均金额的 10 倍；或

（3）在常规营业范围外且并未因案件事实及情形而被正当化的其他转让或义务，包括向提交破产申请后被聘用的高管、经理或顾问作出的转让或为其利益而承担的义务。

( Pub. L. 95-598, Nov. 6, 1978, 92 Stat. 2581; Pub. L. 98-353, title III, §446, July 10, 1984, 98 Stat. 374; Pub. L. 99-554, title II, §283 ( g ) , Oct. 27, 1986, 100 Stat. 3117; Pub. L. 103-394, title I, §110, title II, §213 ( c ) , title III, §304 ( h ) ( 2 ) , Oct. 22, 1994, 108 Stat. 4113, 4126, 4134; Pub. L. 109-8, title III, §§329, 331, title IV, §445, title VII, §712( b ), ( c ) , title XI, §1103, title XII, §§1208, 1227 ( b ) , Apr. 20, 2005, 119 Stat. 101, 102, 117, 128, 190, 194, 200. )

§ 504. Sharing of compensation

( a ) Except as provided in subsection ( b ) of this section, a person receiving compensation or reimbursement under section 503 ( b ) ( 2 ) or 503 ( b ) ( 4 ) of this title may not share or agree to share—

( 1 ) any such compensation or reimbursement with another person; or

( 2 ) any compensation or reimbursement received by another person under such sections.

( b ) ( 1 ) A member, partner, or regular associate in a professional association, corporation, or partnership may share compensation or reimbursement received under section 503 ( b ) ( 2 ) or 503 ( b ) ( 4 ) of this title with another member, partner, or regular associate in such association, corporation, or partnership, and may share in any compensation or reimbursement received under such sections by another member, partner, or regular associate in such association, corporation, or partnership.

( 2 ) An attorney for a creditor that files a petition under section 303 of this title may share compensation and reimbursement received under section 503 ( b ) ( 4 ) of this title with any other attorney contributing to the services rendered or expenses incurred by such creditor's attorney.

( c ) This section shall not apply with respect to sharing, or agreeing to share, compensation with a bona fide public service attorney referral program that operates in accordance with non-Federal law regulating attorney referral services and with rules of professional responsibility applicable to attorney acceptance of referrals.

( Pub. L. 95-598, Nov. 6, 1978, 92 Stat. 2582; Pub. L. 109-8, title III, §326, Apr. 20, 2005, 119 Stat. 99. )

§ 505. Determination of tax liability

( a ) ( 1 ) Except as provided in paragraph ( 2 ) of this subsection, the court may determine the amount or legality of any tax, any fine or penalty relating to a tax, or any addition to tax, whether or not previously assessed, whether or not paid, and whether or not contested before and adjudicated by a judicial or administrative tribunal of competent jurisdiction.

[ Pub. L. 95-598, Nov. 6, 1978, 92 Stat. 2581; Pub. L. 98-353, title III, §446, July 10, 1984, 98 Stat. 374; Pub. L. 99-554, title II, §283（g）, Oct. 27, 1986, 100 Stat. 3117; Pub. L. 103-394, title I, §110, title II, §213（c）, title III, §304（h）（2）, Oct. 22, 1994, 108 Stat. 4113, 4126, 4134; Pub. L. 109-8, title III, §§329, 331, title IV, §445, title VII, §712( b ),（c）, title XI, §1103, title XII, §§1208, 1227（b）, Apr. 20, 2005, 119 Stat. 101, 102, 117, 128, 190, 194, 200. ]

**第 504 条　报酬的共享**

（a）除本条的附条（b）另有规定外，根据本篇第 503 条（b）（2）或第 503 条（b）（4）获得报酬或报销费用的人不得作出以下行为：

（1）与他人共享或同意与他人共享任何该类报酬或报销费用；或

（2）与他人共享或同意与他人共享他人根据前述规定而获得的任何该类报酬或报销费用。

（b）（1）专业协会、公司或合伙的成员、合伙人或常任会员可与该协会、公司或合伙的其他成员、合伙人或常任会员共享其根据本篇第 503 条（b）（2）或第 503 条（b）（4）获得的报酬或报销费用，以及共享该协会、公司或合伙的其他成员、合伙人或常任会员根据前述规定获得的任何报酬或报销费用。

（2）根据本篇第 303 条为债权人提交破产申请的律师可与协助提供该服务或承担债权人的律师的花费的其他律师共享其根据本篇第 503 条（b）（4）获得的收入或报销费用。

（c）针对符合规定有律师转介服务的非联邦法律以及适用于律师接受转介时的职业责任的规则的，真正的公共服务律师转介计划，本条不得适用于与该计划共享或同意共享该类报酬。

（Pub. L. 95-598, Nov. 6, 1978, 92 Stat. 2582; Pub. L. 109-8, title III, §326, Apr. 20, 2005, 119 Stat. 99.）

**第 505 条　纳税义务的认定**

（a）（1）除本附条的第（2）款另有规定外，法院可对任何税款、与税款相关的罚款或罚金或任何附加税的数额或合法性进行认定，既无论其是否经过事前核定，也无论是否已被缴纳，还无论是否在具有管辖权的司法或行政法庭前就其进行过争辩[①]并由法庭裁决。

① 根据立法说明，就税款的数额或合法性进行过争辩指向税务法院提交申请且国税局对该申请也已作出答复。

(2) The court may not so determine—

(A) the amount or legality of a tax, fine, penalty, or addition to tax if such amount or legality was contested before and adjudicated by a judicial or administrative tribunal of competent jurisdiction before the commencement of the case under this title;

(B) any right of the estate to a tax refund, before the earlier of—

(i) 120 days after the trustee properly requests such refund from the governmental unit from which such refund is claimed; or

(ii) a determination by such governmental unit of such request; or

(C) the amount or legality of any amount arising in connection with an ad valorem tax on real or personal property of the estate, if the applicable period for contesting or redetermining that amount under applicable nonbankruptcy law has expired.

(b)(1)(A) The clerk shall maintain a list under which a Federal, State, or local governmental unit responsible for the collection of taxes within the district may—

(i) designate an address for service of requests under this subsection; and

(ii) describe where further information concerning additional requirements for filing such requests may be found.

(B) If such governmental unit does not designate an address and provide such address to the clerk under subparagraph (A), any request made under this subsection may be served at the address for the filing of a tax return or protest with the appropriate taxing authority of such governmental unit.

(2) A trustee may request a determination of any unpaid liability of the estate for any tax incurred during the administration of the case by submitting a tax return for such tax and a request for such a determination to the governmental unit charged with responsibility for collection or determination of such tax at the address and in the manner designated in paragraph (1). Unless such return is fraudulent, or contains a material misrepresentation, the estate, the trustee, the debtor, and any successor to the debtor are discharged from any liability for such tax—

(A) upon payment of the tax shown on such return, if—

(i) such governmental unit does not notify the trustee, within 60 days after such request, that such return has been selected for examination; or

(ii) such governmental unit does not complete such an examination and notify the trustee of any tax due, within 180 days after such request or within such additional time as the court, for cause, permits;

(B) upon payment of the tax determined by the court, after notice and a hearing, after completion by such governmental unit of such examination; or

(C) upon payment of the tax determined by such governmental unit to be due.

(c) Notwithstanding section 362 of this title, after determination by the court of a

（2）法院不得对以下事项作出认定：

（A）本篇案件启动前已经在具有管辖权的司法或行政法庭对其进行争辩并由法庭裁决的税款、罚款、罚金或附加税的数额或合法性；

（B）以下时点较早者前破产实体获得退税的任何权利：

（i）托管人向应向其主张该退税的政府部门以正当程序请求退税后的第 120 日；或

（ii）受理该请求的政府部门作出认定时；或

（C）针对就破产实体的不动产或动产征收从价税而产生的任何税款的数额或合法性，若根据可适用的非破产法对该税款提出异议或重新确定该税款数额的期间已经届满，则法院不可对其作出认定。

（b）（1）（A）破产法院书记员应保存一份名单，负责其辖区内征税的联邦、州或地方政府机构可在该名单中：

（i）指定用于送达本条所述请求的地址；以及

（ii）说明可获得与提交该请求的额外要求有关的更多信息的途径。

（B）若该政府机构并未根据第（A）款指定或向该书记员提供地址，则根据本附条所作的任何请求，均可向用于提交报税表或向该政府机构的相应税务机关进行申辩的地址送达。

（2）托管人可请求对破产实体在案件实施期间因产生的任何税款而承担的未付债务进行认定，并且按照第（1）款指定的地址和方式，向负责征收或确定该税款的政府机构提交该税款的报税表以及作出该认定的请求。除非该申报表是欺诈性的或包含重大虚假陈述，否则破产实体、托管人、债务人及债务人的任何继受人均可在下列情形中被免除因此税款而承担的任何责任：

（A）在以下情况中，缴纳该申报表中载明的税款后：

（i）该政府机构在该请求被作出后 60 日内未通知托管人该申报表已被选中进行审查；或

（ii）该政府机构在该请求被作出后 180 日内，或法院出于特定事由而允许的额外期间内，并未完成该审查以及就任何到期税款通知托管人；

（B）政府机构完成该审查后，对经过通知和听证后法院认定的税款予以缴纳后；或

（C）缴纳政府机构认定应缴纳的税款后。

（c）即使存在本篇第 362 条的规定，根据本条法院就税款作出认定后，负责征

tax under this section, the governmental unit charged with responsibility for collection of such tax may assess such tax against the estate, the debtor, or a successor to the debtor, as the case may be, subject to any otherwise applicable law.

( Pub. L. 95-598, Nov. 6, 1978, 92 Stat. 2582; Pub. L. 98-353, title III, §447, July 10, 1984, 98 Stat. 374; Pub. L. 109-8, title VII, §§701 ( b ) , 703, 715, Apr. 20, 2005, 119 Stat. 124, 125, 129; Pub. L. 111-327, §2 ( a ) ( 14 ) , Dec. 22, 2010, 124 Stat. 3559. )

§ 506. Determination of secured status

( a ) ( 1 ) An allowed claim of a creditor secured by a lien on property in which the estate has an interest, or that is subject to setoff under section 553 of this title, is a secured claim to the extent of the value of such creditor's interest in the estate's interest in such property, or to the extent of the amount subject to setoff, as the case may be, and is an unsecured claim to the extent that the value of such creditor's interest or the amount so subject to setoff is less than the amount of such allowed claim. Such value shall be determined in light of the purpose of the valuation and of the proposed disposition or use of such property, and in conjunction with any hearing on such disposition or use or on a plan affecting such creditor's interest.

( 2 ) If the debtor is an individual in a case under chapter 7 or 13, such value with respect to personal property securing an allowed claim shall be determined based on the replacement value of such property as of the date of the filing of the petition without deduction for costs of sale or marketing. With respect to property acquired for personal, family, or household purposes, replacement value shall mean the price a retail merchant would charge for property of that kind considering the age and condition of the property at the time value is determined.

( b ) To the extent that an allowed secured claim is secured by property the value of which, after any recovery under subsection ( c ) of this section, is greater than the amount of such claim, there shall be allowed to the holder of such claim, interest on such claim, and any reasonable fees, costs, or charges provided for under the agreement or State statute under which such claim arose.

( c ) The trustee may recover from property securing an allowed secured claim the reasonable, necessary costs and expenses of preserving, or disposing of, such property to the extent of any benefit to the holder of such claim, including the payment of all ad valorem property taxes with respect to the property.

( d ) To the extent that a lien secures a claim against the debtor that is not an allowed secured claim, such lien is void, unless—

( 1 ) such claim was disallowed only under section 502 ( b ) ( 5 ) or 502 ( e ) of this title; or

( 2 ) such claim is not an allowed secured claim due only to the failure of any entity

收该税款的政府机构在符合其他可适用的法律的情况下可针对破产实体、债务人或债务人的继受人对该税款进行核定。

[ Pub. L. 95-598, Nov. 6, 1978, 92 Stat. 2582; Pub. L. 98-353, title III, §447, July 10, 1984, 98 Stat. 374; Pub. L. 109-8, title VII, §§701（b）, 703, 715, Apr. 20, 2005, 119 Stat. 124, 125, 129; Pub. L. 111-327, §2（a）(14）, Dec. 22, 2010, 124 Stat. 3559. ]

**第 506 条　担保债权的认定**

（a）(1）由破产实体享有权益的财产上的担保权所担保的经确认的债权，或根据本篇第 553 条可被抵销的债权，在债权人就破产实体在该财产上的权益而享有的权益的价值范围内或可被抵销的数额内得被视为担保债权，并且在债权人的权益的价值或可被抵销的数额少于经确认的债权数额的范围内系无担保债权。该价值应根据估价的目的及对该财产预期的处分或使用，并结合就前述处分、使用或影响该债权人权益的计划而举行的听证来确定。

（2）在第 7 章或第 13 章中的个人破产案件里，担保经确认债权的动产的价值应根据该财产自破产申请被提交之日的重置价格来确定，并且不对出售或营销的成本进行扣减。针对以自用、家用或日常生活使用为目的而获取的财产，重置价格指零售商在确定价值时考虑到财产的使用年限或状况而就该财产可能收取的价格。

（b）在根据本条的附条（c）进行追偿后，在为经确认债权提供担保的财产的价值超过该债权数额的范围内，应允许向债权人支付该债权的利息，以及协议或作为该债权法律依据的州法所规定的任何合理费用、成本或花销。

（c）针对担保经确认债权的财产，托管人可就该财产追偿对其进行保管或处分而产生的合理必要成本及费用，包括就该财产缴纳的所有从价财产税，但该追偿仅限于债权人因该保管或处分而受益的范围内。

（d）除下列情形外，若财产上担保权所担保的对债务人享有的债权并非经确认的担保债权，则该财产上担保权无效：

（1）该债权仅因本篇第 502 条（b）(5）或第 502 条（e）而未被予以确认；或

（2）该债权仅因债权人未能根据本篇第 501 条提交债权证明而未被予以确认。

to file a proof of such claim under section 501 of this title.

( Pub. L. 95-598, Nov. 6, 1978, 92 Stat. 2583; Pub. L. 98-353, title III, §448, July 10, 1984, 98 Stat. 374; Pub. L. 109-8, title III, §327, title VII, §712 ( d ) , Apr. 20, 2005, 119 Stat. 99, 128. )

§ 507. Priorities

( a ) The following expenses and claims have priority in the following order:

( 1 ) First:

( A ) Allowed unsecured claims for domestic support obligations that, as of the date of the filing of the petition in a case under this title, are owed to or recoverable by a spouse, former spouse, or child of the debtor, or such child's parent, legal guardian, or responsible relative, without regard to whether the claim is filed by such person or is filed by a governmental unit on behalf of such person, on the condition that funds received under this paragraph by a governmental unit under this title after the date of the filing of the petition shall be applied and distributed in accordance with applicable nonbankruptcy law.

( B ) Subject to claims under subparagraph ( A ) , allowed unsecured claims for domestic support obligations that, as of the date of the filing of the petition, are assigned by a spouse, former spouse, child of the debtor, or such child's parent, legal guardian, or responsible relative to a governmental unit ( unless such obligation is assigned voluntarily by the spouse, former spouse, child, parent, legal guardian, or responsible relative of the child for the purpose of collecting the debt ) or are owed directly to or recoverable by a governmental unit under applicable nonbankruptcy law, on the condition that funds received under this paragraph by a governmental unit under this title after the date of the filing of the petition be applied and distributed in accordance with applicable nonbankruptcy law.

( C ) If a trustee is appointed or elected under section 701, 702, 703, 1104, 1202, or 1302, the administrative expenses of the trustee allowed under paragraphs ( 1 )( A ), ( 2 ), and( 6 )of section 503( b )shall be paid before payment of claims under subparagraphs( A ) and ( B ) , to the extent that the trustee administers assets that are otherwise available for the payment of such claims.

( 2 ) Second, administrative expenses allowed under section 503 ( b ) of this title, unsecured claims of any Federal reserve bank related to loans made through programs or facilities authorized under section 13 ( 3 ) of the Federal Reserve Act ( 12 U.S.C. 343 ) , and any fees and charges assessed against the estate under chapter 123 of title 28.

( 3 ) Third, unsecured claims allowed under section 502 ( f ) of this title.

( 4 ) Fourth, allowed unsecured claims, but only to the extent of $10,000 for each individual or corporation, as the case may be, earned within 180 days before the date of the

[ Pub. L. 95-598, Nov. 6, 1978, 92 Stat. 2583; Pub. L. 98-353, title III, §448, July 10, 1984, 98 Stat. 374; Pub. L. 109-8, title III, §327, title VII, §712（d）, Apr. 20, 2005, 119 Stat. 99, 128. ]

**第 507 条　优先顺位**

（a）以下费用及债权按以下顺序享有优先顺位：

（1）第一顺位：

（A）自本篇案件的破产申请被提交之日起，因欠债务人的配偶、前配偶、子女或者该子女的父母、法定监护人或承担责任的亲属家庭扶 / 抚养费或前述主体可就此进行追偿而享有的经确认的无担保债权，无论该债权系本人亲自提交或是由政府机构代表其提交，在后一情况下本篇所述的政府机构根据本款的规定在破产申请被提交后收到的还款应根据可适用的非破产法进行使用和分配。

（B）作为附款（A）中所述的债权，追偿家庭扶 / 抚养费的经确认的无担保债权自破产申请被提交之日即由债务人的配偶、前配偶、子女或该子女的父母、法定监护人或承担责任的亲属转让给政府机构（除非配偶、前配偶、子女或该子女的父母、法定监护人或承担责任的亲属出于收取债务的目的自愿将该义务转让他人），或根据可适用的非破产法，政府机构可直接享有该债权或由其进行追偿，但条件是本篇中的政府机构根据本款规定在破产申请被提交后收到的还款必须根据可适用的非破产法进行使用和分配。

（C）若根据第 701、702、703、1104、1202 或 1302 条选任托管人，则根据第 503 条（b）的第（1）（A）、（2）或（6）款确认的托管人的管理费用应在支付附款（A）和（B）所述的债权前对其进行偿付，但范围限于托管人所管理的本可用于支付家庭扶 / 抚养费相关债权的资产。

（2）第二顺位，根据本篇第 503 条（b）确认的管理费用，因《联邦储备法》第 13 条（3）（《美国联邦法典》第 12 篇第 343 条）批准的项目或服务而提供的贷款而由任何联邦储备银行所享有的无担保债权，以及根据《美国联邦法典》第 28 篇第 123 条对破产实体收取的任何费用。

（3）第三顺位，本篇第 502 条（f）确认的无担保债权。

（4）第四顺位，在破产申请被提交前或债务人的商事业务终止前（以较早发生的为准）180 日内，就以下各项成立的经确认无担保债权，但任何个人或企业仅就

filing of the petition or the date of the cessation of the debtor's business, whichever occurs first, for—

（A）wages, salaries, or commissions, including vacation, severance, and sick leave pay earned by an individual; or

（B）sales commissions earned by an individual or by a corporation with only 1 employee, acting as an independent contractor in the sale of goods or services for the debtor in the ordinary course of the debtor's business if, and only if, during the 12 months preceding that date, at least 75 percent of the amount that the individual or corporation earned by acting as an independent contractor in the sale of goods or services was earned from the debtor.

（5）Fifth, allowed unsecured claims for contributions to an employee benefit plan—

（A）arising from services rendered within 180 days before the date of the filing of the petition or the date of the cessation of the debtor's business, whichever occurs first; but only

（B）for each such plan, to the extent of—

（i）the number of employees covered by each such plan multiplied by $10,000; less

（ii）the aggregate amount paid to such employees under paragraph（4）of this subsection, plus the aggregate amount paid by the estate on behalf of such employees to any other employee benefit plan.

（6）Sixth, allowed unsecured claims of persons—

（A）engaged in the production or raising of grain, as defined in section 557（b）of this title, against a debtor who owns or operates a grain storage facility, as defined in section 557（b）of this title, for grain or the proceeds of grain, or

（B）engaged as a United States fisherman against a debtor who has acquired fish or fish produce from a fisherman through a sale or conversion, and who is engaged in operating a fish produce storage or processing facility—

but only to the extent of $4000 for each such individual.

（7）Seventh, allowed unsecured claims of individuals, to the extent of $1,800 for each such individual, arising from the deposit, before the commencement of the case, of money in connection with the purchase, lease, or rental of property, or the purchase of services, for the personal, family, or household use of such individuals, that were not delivered or provided.

（8）Eighth, allowed unsecured claims of governmental units, only to the extent that such claims are for—

（A）a tax on or measured by income or gross receipts for a taxable year ending on or before the date of the filing of the petition—

10,000 美元的范围内享有该顺位：

（A）个人的工资、薪水或佣金，包括休假工资、遣散费和病假工资；或

（B）个人或一人公司作为债务人常规业务范围内为其销售商品或提供服务的独立承包商，当且仅当破产申请被提交前或债务人的商事业务终止前（以较早发生的为准）前 12 个月内，其作为销售商品或提供服务的独立承包商赚取的佣金至少有 75% 来源于债务人时，其赚取的佣金才得以具有该顺位。

（5）第五顺位，就雇员福利计划的分担额而享有的经确认无担保债权，但必须满足以下要求：

（A）该分担额源于破产申请被提交前或债务人的商事业务终止前（以较早发生的为准）180 日内提供的服务；但是

（B）就每项计划而言，仅限于以下范围内享有该顺位：

（i）每项计划覆盖的员工人数乘以 10,000 美元；减去

（ii）根据本附条的第（4）款已经向这些员工支付的总金额，加上由破产实体代表这些员工已经向其他任何雇员福利计划支付的总金额。

（6）第六顺位，以下主体享有的经确认无担保债权：

（A）从事本篇第 557 条（b）所述的谷物生产或种植的主体，对拥有或运营本篇第 557 条（b）所述的谷物贮藏设施的债务人，就谷物或其收益而享有的债权，或

（B）作为美国渔民，对通过交易或无权占有而从该渔民处获得鱼或鱼产品并且从事运营鱼产品存储或加工设备的债务人享有的债权。

但就前述任何个人而言，其仅在 4000 美元的范围内享有该顺位。

（7）第七顺位，若在破产案件启动前，任何个人以自用、家用或日常生活使用为目的购买或租赁商品或服务并交付押金，并且该商品或服务未被交付或未被提供，则该个人就此成立的经确认无担保债权在 1800 美元的范围内具有该顺位。

（8）第八顺位，政府机构就以下事项享有的经确认无担保债权：

（A）破产申请被提交之日或之前结束的纳税年度中，就收入或总收益征收的税款或以其为计量手段征收的税款，但必须满足以下条件：

(i) for which a return, if required, is last due, including extensions, after three years before the date of the filing of the petition;

(ii) assessed within 240 days before the date of the filing of the petition, exclusive of—

(I) any time during which an offer in compromise with respect to that tax was pending or in effect during that 240-day period, plus 30 days; and

(II) any time during which a stay of proceedings against collections was in effect in a prior case under this title during that 240-day period, plus 90 days; or

(iii) other than a tax of a kind specified in section 523 (a)(1)(B) or 523 (a)(1)(C) of this title, not assessed before, but assessable, under applicable law or by agreement, after, the commencement of the case;

(B) a property tax incurred before the commencement of the case and last payable without penalty after one year before the date of the filing of the petition;

(C) a tax required to be collected or withheld and for which the debtor is liable in whatever capacity;

(D) an employment tax on a wage, salary, or commission of a kind specified in paragraph (4) of this subsection earned from the debtor before the date of the filing of the petition, whether or not actually paid before such date, for which a return is last due, under applicable law or under any extension, after three years before the date of the filing of the petition;

(E) an excise tax on—

(i) a transaction occurring before the date of the filing of the petition for which a return, if required, is last due, under applicable law or under any extension, after three years before the date of the filing of the petition; or

(ii) if a return is not required, a transaction occurring during the three years immediately preceding the date of the filing of the petition;

(F) a customs duty arising out of the importation of merchandise—

(i) entered for consumption within one year before the date of the filing of the petition;

(ii) covered by an entry liquidated or reliquidated within one year before the date of the filing of the petition; or

(iii) entered for consumption within four years before the date of the filing of the petition but unliquidated on such date, if the Secretary of the Treasury certifies that failure to liquidate such entry was due to an investigation pending on such date into assessment of antidumping or countervailing duties or fraud, or if information needed for the proper （i）若需要进行报税的话，该申报截至破产申请被提交前三年内或被提交后（包括各延长期间）；

（ii）在破产申请被提交前 240 日内已进行核定，以下各项均不计入该 240 日期间：

（I）该 240 日期间内就该税款提交减免说明，就该减免说明作出决定或生效的时间段再加上 30 日的期间；以及

（II）该 240 日期间内因本篇前一案件中正在生效的冻结而无法征收税款的时间段再加上 90 日的期间；或

（iii）除本篇第 523 条（a）（1）（B）或第 523 条（a）（1）（C）所述税款外，在破产案件启动前尚未核定但根据可适用的法律或协议可予以核定的税款；

（B）破产案件启动前产生的财产税，并且在破产申请被提交前一年内或被提交后仍可在不加收罚金的情况下缴纳该税款；

（C）被要求征收或代扣的，且债务人无论以何种身份都对此承担责任的税款；

（D）针对在破产申请被提交前从债务人处获取的，本附条第（4）款所述的工资、薪水或佣金，无论其在破产申请被提交前是否已被实际支付，就前述各项征收的，且根据相应的法律或任何延长期间，其报税截至破产申请被提交前三年内或被提交后的雇佣税；

（E）在以下情况中征收的特殊营业税[①]：

（i）在需要报税的情况下，根据可适用的法律或延长的期间，其申报截至破产申请被提交前三年内，就破产申请被提交前进行的交易而征收的特殊营业税；或

（ii）在不需要报税的情况下，就破产申请被提交前三年内或被提交后进行的交易而征收的特殊营业税；

（F）满足以下条件的商品进口产生的关税：

（i）在破产申请被提交前一年内进行进口货物申报；

（ii）在破产申请被提交前一年内进行关税清算或再清算；或

（iii）在破产申请被提交前四年内进行进口货物申报但于该日未曾经过清算，且财政部长证明未能进行该关税清算系因该日正在进行的，核定反倾销或反补贴税或

① 根据《美国联邦法典》第 26 篇（《国内税收法典》）第 D 分篇，Excise Taxes 的范围十分广泛，总结来说主要指除财产税和人头税以外的税种。其主要针对某事件的发生如产品的制造或商品的出售等而征收税项，而非针对某状态的持续如财产的所有权而征收税项。其主要包括对商品的零售商或产品的制造商就特殊商品的出售或产品的制造而征收税项，故在此根据语境将其简单译为“特殊营业税”。

appraisement or classification of such merchandise was not available to the appropriate customs officer before such date; or

(G) a penalty related to a claim of a kind specified in this paragraph and in compensation for actual pecuniary loss.

An otherwise applicable time period specified in this paragraph shall be suspended for any period during which a governmental unit is prohibited under applicable nonbankruptcy law from collecting a tax as a result of a request by the debtor for a hearing and an appeal of any collection action taken or proposed against the debtor, plus 90 days; plus any time during which the stay of proceedings was in effect in a prior case under this title or during which collection was precluded by the existence of 1 or more confirmed plans under this title, plus 90 days.

(9) Ninth, allowed unsecured claims based upon any commitment by the debtor to a Federal depository institutions regulatory agency (or predecessor to such agency) to maintain the capital of an insured depository institution.

(10) Tenth, allowed claims for death or personal injury resulting from the operation of a motor vehicle or vessel if such operation was unlawful because the debtor was intoxicated from using alcohol, a drug, or another substance.

(b) If the trustee, under section 362, 363, or 364 of this title, provides adequate protection of the interest of a holder of a claim secured by a lien on property of the debtor and if, notwithstanding such protection, such creditor has a claim allowable under subsection (a)(2) of this section arising from the stay of action against such property under section 362 of this title, from the use, sale, or lease of such property under section 363 of this title, or from the granting of a lien under section 364 (d) of this title, then such creditor's claim under such subsection shall have priority over every other claim allowable under such subsection.

(c) For the purpose of subsection (a) of this section, a claim of a governmental unit arising from an erroneous refund or credit of a tax has the same priority as a claim for the tax to which such refund or credit relates.

(d) An entity that is subrogated to the rights of a holder of a claim of a kind specified in subsection (a)(1), (a)(4), (a)(5), (a)(6), (a)(7), (a)(8), or (a)(9) of this section is not subrogated to the right of the holder of such claim to priority under such subsection.

(Pub. L. 95-598, Nov. 6, 1978, 92 Stat. 2583; Pub. L. 98-353, title III, §§350, 449, July 10, 1984, 98 Stat. 358, 374; Pub. L. 101-647, title XXV, §2522 (d), Nov. 29, 1990, 104 Stat. 4867; Pub. L. 103-394, title I, §108 (c), title II, §207, title III, §304 (c), title V, §501 (b)(3), (d)(11), Oct. 22, 1994, 108 Stat. 4112, 4123, 4132, 4142, 4145; Pub. L. 109-8, title II, §§212, 223, title VII, §§705, 706, title XIV, §1401, title XV, §1502(a)(1),

欺诈罪的调查，或在该日前相应的海关人员尚未获得对该商品进行正确估价或分类所需的信息；或

（G）与本款所述债权相关并用于赔偿实际金钱损失的罚金。

本款所述的各时间段应在以下期间内中止：根据可适用的非破产法，政府机构因债务人请求举行听证或就向其已作出或将作出的征收行为提出的上诉，而被禁止征收税款的期间再加上 90 日；加上本篇前一案件中对程序的冻结期间或因本篇中一项或多项经批准的计划而被禁止征税的期间，再加上 90 日。

（9）第九顺位，基于债务人向联邦存款机构管理机构（或该机构的前身）作出的维持受保存款机构的资本的承诺而成立的经确认无担保债权。

（10）第十顺位，债务人因服用酒精、毒品或其他物质而陷入昏醉状态并因此非法驾驶机动车或船只而导致死亡或人身伤害，就死亡或人身伤害而享有的经确认债权。

（b）若托管人根据本篇第 362、363 或 364 条，向由债务人财产上的担保权所担保的债权人的权益提供充分保护并且，即使有该保护，该债权人仍然享有因根据本篇第 362 条就该财产提起的诉讼的冻结，根据本篇第 363 条对该财产进行使用、出售或出租，或根据本篇第 364 条（d）授予财产上担保权而成立且根据本条的附条（a）(2) 可被确认的债权，则根据附条（a）该债权人享有的债权其顺位高于该附条中可被确认的任何其他债权。

（c）就本条的附条（a）而言，政府机构因错误的退税或抵免而享有的债权，和与该退税或抵免相关的税款上成立的债权享有相同的顺位。

（d）若债权人享有本条的附条（a）(1)、(a)(4)、(a)(5)、(a)(6)、(a)(7)、(a)(8) 或（a）(9) 中所述债权，则代位行使债权人的权利的实体并未代位取得该债权人的债权根据附条（a）所具有的优先顺位。

[Pub. L. 95-598, Nov. 6, 1978, 92 Stat. 2583; Pub. L. 98-353, title III, §§350, 449, July 10, 1984, 98 Stat. 358, 374; Pub. L. 101-647, title XXV, §2522 (d), Nov. 29, 1990, 104 Stat. 4867; Pub. L. 103-394, title I, §108 (c), title II, §207, title III, §304 (c), title V, §501 (b)(3), (d)(11), Oct. 22, 1994, 108 Stat. 4112, 4123, 4132, 4142, 4145; Pub. L. 109-8, title II, §§212, 223, title VII, §§705, 706, title XIV, §1401, title XV, §1502(a)(1),

Apr. 20, 2005, 119 Stat. 51, 62, 126, 214, 216; Pub. L. 111-203, title XI, §1101 (b), July 21, 2010, 124 Stat. 2115; Pub. L. 111-327, §2 (a) (15), Dec. 22, 2010, 124 Stat. 3559.)

### § 508. Effect of distribution other than under this title

If a creditor of a partnership debtor receives, from a general partner that is not a debtor in a case under chapter 7 of this title, payment of, or a transfer of property on account of, a claim that is allowed under this title and that is not secured by a lien on property of such partner, such creditor may not receive any payment under this title on account of such claim until each of the other holders of claims on account of which such holders are entitled to share equally with such creditor under this title has received payment under this title equal in value to the consideration received by such creditor from such general partner.

(Pub. L. 95-598, Nov. 6, 1978, 92 Stat. 2585; Pub. L. 109-8, title VIII, §802(d)(7), Apr. 20, 2005, 119 Stat. 146.)

### § 509. Claims of codebtors

(a) Except as provided in subsection (b) or (c) of this section, an entity that is liable with the debtor on, or that has secured, a claim of a creditor against the debtor, and that pays such claim, is subrogated to the rights of such creditor to the extent of such payment.

(b) Such entity is not subrogated to the rights of such creditor to the extent that—

(1) a claim of such entity for reimbursement or contribution on account of such payment of such creditor's claim is—

(A) allowed under section 502 of this title;

(B) disallowed other than under section 502 (e) of this title; or

(C) subordinated under section 510 of this title; or

(2) as between the debtor and such entity, such entity received the consideration for the claim held by such creditor.

(c) The court shall subordinate to the claim of a creditor and for the benefit of such creditor an allowed claim, by way of subrogation under this section, or for reimbursement or contribution, of an entity that is liable with the debtor on, or that has secured, such creditor's claim, until such creditor's claim is paid in full, either through payments under this title or otherwise.

(Pub. L. 95-598, Nov. 6, 1978, 92 Stat. 2585; Pub. L. 98-353, title III, §450, July 10, 1984, 98 Stat. 375.)

### § 510. Subordination

(a) A subordination agreement is enforceable in a case under this title to the same extent that such agreement is enforceable under applicable nonbankruptcy law.

(b) For the purpose of distribution under this title, a claim arising from rescission

Apr. 20, 2005, 119 Stat. 51, 62, 126, 214, 216; Pub. L. 111-203, title XI, §1101（b）, July 21, 2010, 124 Stat. 2115; Pub. L. 111-327, §2（a）(15）, Dec. 22, 2010, 124 Stat. 3559.]

**第 508 条 破产法外分配的效力**

在本篇第 7 章案件中，若合伙债务人的债权人从非债务人的普通合伙人处，因根据本篇经确认且并未通过在该合伙人的财产上设立担保权而被提供担保的债权而获得偿付或财产的转让，则在其他所有债权人均因其债权获得与该债权人已经根据本篇从该普通合伙人处获得的偿付价值相等的偿付前，该债权人不得根据本篇获得任何偿付。

[Pub. L. 95-598, Nov. 6, 1978, 92 Stat. 2585; Pub. L. 109-8, title VIII, §802(d)(7), Apr. 20, 2005, 119 Stat. 146.]

**第 509 条 共同债务人的债权**

（a）除本条的附条（b）或（c）另有规定外，与债务人共同就债权人享有的债权承担责任或为债权人对债务人享有的债权提供担保的实体，若其就该债权进行偿付，则在偿付范围内可代位行使该债权人的权利。

（b）该实体在以下情况中不得代位行使该债权人的权利：

（1）该实体因其向债权人就其债权所作的偿付而享有的追偿权：

（A）已经根据本篇第 502 条被予以确认；

（B）根据本篇第 502 条（e）以外的规定被不予确认；或

（C）根据本篇第 510 条而被居次；或

（2）在债务人和该实体间，该实体已经就债权人享有的债权获得对价。

（c）法院出于债权人利益的考虑，应将与债务人一同就该债权人的债权承担责任或为其担保的实体通过本条代位而享有的经确认的追偿债权居次于该债权人享有的债权，直至该债权人的债权，无论系通过本篇中的偿付或其他方式，得到完全的偿付。

(Pub. L. 95-598, Nov. 6, 1978, 92 Stat. 2585; Pub. L. 98-353, title III, §450, July 10, 1984, 98 Stat. 375.)

**第 510 条 债权居次**

（a）本篇案件中居次协议可被执行且其程度与该协议在可适用的非破产法下可被执行的程度相同。

（b）就本篇的破产分配而言，因撤销购买或出售债务人或债务人的关联方的证

of a purchase or sale of a security of the debtor or of an affiliate of the debtor, for damages arising from the purchase or sale of such a security, or for reimbursement or contribution allowed under section 502 on account of such a claim, shall be subordinated to all claims or interests that are senior to or equal the claim or interest represented by such security, except that if such security is common stock, such claim has the same priority as common stock.

( c ) Notwithstanding subsections ( a ) and ( b ) of this section, after notice and a hearing, the court may—

( 1 ) under principles of equitable subordination, subordinate for purposes of distribution all or part of an allowed claim to all or part of another allowed claim or all or part of an allowed interest to all or part of another allowed interest; or

( 2 ) order that any lien securing such a subordinated claim be transferred to the estate.

( Pub. L. 95-598, Nov. 6, 1978, 92 Stat. 2586; Pub. L. 98-353, title III, §451, July 10, 1984, 98 Stat. 375. )

### § 511. Rate of interest on tax claims

( a ) If any provision of this title requires the payment of interest on a tax claim or on an administrative expense tax, or the payment of interest to enable a creditor to receive the present value of the allowed amount of a tax claim, the rate of interest shall be the rate determined under applicable nonbankruptcy law.

( b ) In the case of taxes paid under a confirmed plan under this title, the rate of interest shall be determined as of the calendar month in which the plan is confirmed.

( Added Pub. L. 109-8, title VII, §704 ( a ) , Apr. 20, 2005, 119 Stat. 125. )

## SUBCHAPTER Ⅱ —DEBTOR'S DUTIES AND BENEFITS

### § 521. Debtor's duties

( a ) The debtor shall—

( 1 ) file—

( A ) a list of creditors; and

( B ) unless the court orders otherwise—

券而就该交易产生的损害求偿的债权，或因该债权而根据第 502 条得以确认的追偿债权，应当居次于所有优先于该证券所代表的债权或权益或与之同顺位的债权或权益，但若该证券为普通股，则该债权与普通股具有相同的优先顺位[①]。

（c）即使存在本条的附条（a）和（b）的规定，经过通知和听证后，法院可实施以下各项：

（1）根据衡平居次原则[②]，针对破产分配，将所有或部分经确认的债权居次于其他所有或部分经确认的债权，或将全部或部分经确认的权益居次于其他所有或部分经确认的权益；或

（2）下令将任何担保该被居次债权的财产上担保权转让给破产实体。

（Pub. L. 95-598, Nov. 6, 1978, 92 Stat. 2586; Pub. L. 98-353, title III, §451, July 10, 1984, 98 Stat. 375.）

**第 511 条　税收债权的利率**

（a）若本篇中有任何规定要求支付税收债权或管理费用税的利息，或通过要求支付该利息使得债权人收到经确认的税收债权的现值，则该利息的利率应根据可适用的非破产法来确定。

（b）在按照本篇中得到批准的计划支付税款的情况下，应自计划得到批准时的日历月确定该利率。

［经 Pub. L. 109-8, title VII, §704（a）, Apr. 20, 2005, 119 Stat. 125. 增补］

## 第二附章　债务人的义务和权益

**第 521 条　债务人的义务**

（a）债务人应履行以下义务：

（1）提交以下各项：

（A）债权人名单；以及

（B）除非法院作出其他裁定：

① 根据 Senate Report No. 95-989，若该证券为债权工具，则该债权将被视为普通的无担保债权；若该证券为股本证券，则该债权将被居次于所有债权人，且其自身将被视为股本证券。

② 根据 Senate Report No. 95-989，该原则系由判例法所定义，通常情况下，仅当债权人存在不当过失时，才将其享有的债权居次；此外，税收债权通常不被居次。

(i) a schedule of assets and liabilities;

(ii) a schedule of current income and current expenditures;

(iii) a statement of the debtor's financial affairs and, if section 342 (b) applies, a certificate—

(I) of an attorney whose name is indicated on the petition as the attorney for the debtor, or a bankruptcy petition preparer signing the petition under section 110 (b)(1), indicating that such attorney or the bankruptcy petition preparer delivered to the debtor the notice required by section 342 (b); or

(II) if no attorney is so indicated, and no bankruptcy petition preparer signed the petition, of the debtor that such notice was received and read by the debtor;

(iv) copies of all payment advices or other evidence of payment received within 60 days before the date of the filing of the petition, by the debtor from any employer of the debtor;

(v) a statement of the amount of monthly net income, itemized to show how the amount is calculated; and

(vi) a statement disclosing any reasonably anticipated increase in income or expenditures over the 12-month period following the date of the filing of the petition;

(2) if an individual debtor's schedule of assets and liabilities includes debts which are secured by property of the estate—

(A) within thirty days after the date of the filing of a petition under chapter 7 of this title or on or before the date of the meeting of creditors, whichever is earlier, or within such additional time as the court, for cause, within such period fixes, file with the clerk a statement of his intention with respect to the retention or surrender of such property and, if applicable, specifying that such property is claimed as exempt, that the debtor intends to redeem such property, or that the debtor intends to reaffirm debts secured by such property; and

(B) within 30 days after the first date set for the meeting of creditors under section 341 (a), or within such additional time as the court, for cause, within such 30-day period fixes, perform his intention with respect to such property, as specified by subparagraph (A) of this paragraph;

except that nothing in subparagraphs (A) and (B) of this paragraph shall alter the debtor's or the trustee's rights with regard to such property under this title, except as provided in section 362 (h);

(3) if a trustee is serving in the case or an auditor is serving under section 586 (f) of title 28, cooperate with the trustee as necessary to enable the trustee to perform the trustee's duties under this title;

（i）资产负债表；

（ii）当前收入支出表；

（iii）债务人财务状况的说明，并且在适用第 342 条（b）的情况下，应提交以下证明文件：

（I）在破产申请书中载明其姓名的债务人的律师或根据第 110 条（b）（1）在该破产申请书上签名的破产申请准备人的证明文件，并载明其已经向债务人送达第 342 条（b）要求的通知；或

（II）若不存在前述律师或破产申请准备人，债务人证明其已经收到并阅读该通知的证明文件；

（iv）在破产申请被提交前 60 日内债务人从其雇主处收到的所有付款通知书或其他付款证明的副本；

（v）每月净收入金额的明细表并载明该金额的计算方式；以及

（vi）披露破产申请被提交后 12 个月内在收入或支出上合理的预期增长的声明；

（2）若个人债务人的资产负债表包括由破产财产所担保的债务，则债务人应履行以下义务：

（A）在根据本篇第 7 章提交破产申请后 30 日内或在举行债权人会议当日或之前（以较早者为准），或在法院出于特定事由在该期间内确定的延长期间内，向破产法院书记员提交意向声明以说明其将保有还是放弃该财产，并说明该财产为豁免财产、债务人意图回赎该财产或债务人意图再认由该财产担保的债务（如适用）；并且

（B）在召开第 341 条（a）所述的债权人会议的预定日程首日后 30 日内，或在法院出于特定事由在该期间内确定的延长期间内，履行本款的附款（A）中就该财产所作的意向声明；

除第 362 条（h）另有规定外，本款的附款（A）和（B）均未影响债务人或托管人就该财产在本篇中享有的权利；

（3）若本案中存在履职的托管人或根据《美国联邦法典》第 28 篇第 586 条（f）提供服务的会计师，则在必要的情况下应配合托管人履行本篇中托管人的职责；

(4) if a trustee is serving in the case or an auditor is serving under section 586 (f) of title 28, surrender to the trustee all property of the estate and any recorded information, including books, documents, records, and papers, relating to property of the estate, whether or not immunity is granted under section 344 of this title;

(5) appear at the hearing required under section 524 (d) of this title;

(6) in a case under chapter 7 of this title in which the debtor is an individual, not retain possession of personal property as to which a creditor has an allowed claim for the purchase price secured in whole or in part by an interest in such personal property unless the debtor, not later than 45 days after the first meeting of creditors under section 341 (a), either—

(A) enters into an agreement with the creditor pursuant to section 524 (c) with respect to the claim secured by such property; or

(B) redeems such property from the security interest pursuant to section 722; and

(7) unless a trustee is serving in the case, continue to perform the obligations required of the administrator (as defined in section 3 of the Employee Retirement Income Security Act of 1974) of an employee benefit plan if at the time of the commencement of the case the debtor (or any entity designated by the debtor) served as such administrator.

If the debtor fails to so act within the 45-day period referred to in paragraph (6), the stay under section 362 (a) is terminated with respect to the personal property of the estate or of the debtor which is affected, such property shall no longer be property of the estate, and the creditor may take whatever action as to such property as is permitted by applicable nonbankruptcy law, unless the court determines on the motion of the trustee filed before the expiration of such 45-day period, and after notice and a hearing, that such property is of consequential value or benefit to the estate, orders appropriate adequate protection of the creditor's interest, and orders the debtor to deliver any collateral in the debtor's possession to the trustee.

(b) In addition to the requirements under subsection (a), a debtor who is an individual shall file with the court—

(1) a certificate from the approved nonprofit budget and credit counseling agency that provided the debtor services under section 109 (h) describing the services provided to the debtor; and

(2) a copy of the debt repayment plan, if any, developed under section 109 (h) through the approved nonprofit budget and credit counseling agency referred to in paragraph (1).

(c) In addition to meeting the requirements under subsection (a), a debtor shall

（4）若本案中存在履职的托管人或根据《美国联邦法典》第28篇第586条（f）提供服务的会计师，则无论是否根据本篇第344条对债务人予以豁免，均应向托管人移交所有破产财产及与破产财产相关的所有存档信息，包括书籍、文件、记录等；

（5）出席本篇第524条（d）要求举行的听证；

（6）在本篇第7章中的个人破产案件里，若债权人就动产的购买价金享有经确认的债权且由该动产上的权益对该债权提供全部或部分担保，则债务人不得保留该动产的占有，除非债务人在根据第341条（a）召开第一次债权人会议后45日内履行以下各项：

（A）根据第524条（c）的规定，与债权人针对该财产所担保的债权达成协议；或

（B）根据第722条从担保权益中赎回该财产；并且

（7）除非本案中存在履职的托管人，否则若在破产案件启动时债务人（或债务人指定的实体）担任雇员福利计划的管理人（定义见《1974年雇员退休收入保障法》第3条），则应继续履行所要求的义务。

若债务人未能在第（6）款所述的45日期间内履行所规定的行为，则根据第362条（a）就破产实体或债务人的提供担保的动产实施的冻结将被终止，该财产也不再属于破产财产，并且债权人可就该财产采取可适用的非破产法所允许的任何措施，除非托管人在该45日期间届满前提交动议，且经过通知和听证后，法院认定该财产对破产实体具有重大价值或利益，下令对债权人的权益提供充分保护并裁定债务人向托管人移交其占有的担保物。

（b）除了附条（a）规定的要求之外，个人债务人还应向法院提交以下各项：

（1）根据第109条（h）向债务人提供服务的经批准的非营利预算和信用咨询机构所出具的，说明其向债务人提供的服务的证明文件；以及

（2）若通过第（1）款所述的经批准的非营利预算和信用咨询机构，根据第109条（h）制订有还款计划，则应提交该计划的副本。

（c）除了满足附条（a）的要求外，债务人应向法院提交载明其在教育储蓄账户

file with the court a record of any interest that a debtor has in an education individual retirement account ( as defined in section 530（b）( 1 ) of the Internal Revenue Code of 1986 )，an interest in an account in a qualified ABLE program ( as defined in section 529A（b）of such Code, or under a qualified State tuition program ( as defined in section 529（b）( 1 ) of such Code )．

( d ) If the debtor fails timely to take the action specified in subsection ( a ) ( 6 ) of this section, or in paragraphs（1）and ( 2 ) of section 362（h），with respect to property which a lessor or bailor owns and has leased, rented, or bailed to the debtor or as to which a creditor holds a security interest not otherwise voidable under section 522（f），544, 545, 547, 548, or 549, nothing in this title shall prevent or limit the operation of a provision in the underlying lease or agreement that has the effect of placing the debtor in default under such lease or agreement by reason of the occurrence, pendency, or existence of a proceeding under this title or the insolvency of the debtor. Nothing in this subsection shall be deemed to justify limiting such a provision in any other circumstance.

( e ) ( 1 ) If the debtor in a case under chapter 7 or 13 is an individual and if a creditor files with the court at any time a request to receive a copy of the petition, schedules, and statement of financial affairs filed by the debtor, then the court shall make such petition, such schedules, and such statement available to such creditor.

( 2 ) ( A ) The debtor shall provide—

( i ) not later than 7 days before the date first set for the first meeting of creditors, to the trustee a copy of the Federal income tax return required under applicable law ( or at the election of the debtor, a transcript of such return ) for the most recent tax year ending immediately before the commencement of the case and for which a Federal income tax return was filed; and

( ii ) at the same time the debtor complies with clause（i），a copy of such return ( or if elected under clause（i），such transcript ) to any creditor that timely requests such copy.

( B ) If the debtor fails to comply with clause ( i ) or ( ii ) of subparagraph ( A )，the court shall dismiss the case unless the debtor demonstrates that the failure to so comply is due to circumstances beyond the control of the debtor.

( C ) If a creditor requests a copy of such tax return or such transcript and if the debtor fails to provide a copy of such tax return or such transcript to such creditor at the time the debtor provides such tax return or such transcript to the trustee, then the court shall dismiss the case unless the debtor demonstrates that the failure to provide a copy of such tax return or such transcript is due to circumstances beyond the control of the debtor.

（定义见《1986 年国内税收法典》第 530 条（b）（1））或合格的 ABLE[①] 计划（定义见该法典的第 529A 条（b））、合格的州学费计划（定义见该法典第 529 条（b）（1））里的账户中享有的任何权益的记录。

（d）针对出租人或委托人所有且已经向债务人出租或寄托的财产，或债权人就其享有的担保权益不会因第 552（f）、544、545、547、548 或 549 条而被撤销的财产，若债务人未能及时履行本条的附条（a）（6）、第 362 条（h）的第（1）款及第（2）款中所述的行为，则本篇中任何条款均不得禁止或限制前述租约或协议中因本篇案件或债务人资不抵债的状况的发生、进行或存在而使得债务人违约的条款的实施。本附条不得被视为在其他任何情形下限制该条款的正当理由。

（e）（1）在第 7 章或第 13 章中的个人破产案件里，若债权人在任意时间内向法院提请获得债务人提交的破产申请、各种报表以及财务说明的副本，则法院应向该债权人提供该申请、报表及说明。

（2）（A）债务人应提供以下各项：

（i）债权人会议的预定日程首日后 7 日内，向托管人提供破产案件启动前最后一个纳税年度内，根据可适用的法律被要求就该年度提交的联邦报税表的副本（债务人也可选择提交该报税表的报告单）；以及

（ii）在债务人遵守第（i）项规定的同时，向及时申请获得该报税表副本的债权人提交报税表副本（或债务人根据第（i）项选择提交报告单时，报告单）。

（B）若债务人未能遵守附款（A）中第（i）项或第（ii）项的规定，则法院应驳回此案，除非债务人能够证明其系因不能控制的情形而未能遵守前述规定。

（C）若债权人已经要求获得该报税表副本或报告单，但债务人在向托管人提供该报税表副本或报告单时未向债权人提供该文件，则法院应驳回此案，除非债务人能够证明其系因不能控制的情形而未能提供该文件。

① 《2014 年实现更好生活体验法》（Achieving a Better Life Experience Act of 2014 or the ABLE Act of 2014）第 I 篇第 101 条中规定的针对残疾人及其家人所设立的账户。载 https：//www.congress.gov/bill/113th-congress/house-bill/647，最后访问日期：2020 年 9 月 17 日。

(3) If a creditor in a case under chapter 13 files with the court at any time a request to receive a copy of the plan filed by the debtor, then the court shall make available to such creditor a copy of the plan—

(A) at a reasonable cost; and

(B) not later than 7 days after such request is filed.

(f) At the request of the court, the United States trustee, or any party in interest in a case under chapter 7, 11, or 13, a debtor who is an individual shall file with the court—

(1) at the same time filed with the taxing authority, a copy of each Federal income tax return required under applicable law (or at the election of the debtor, a transcript of such tax return) with respect to each tax year of the debtor ending while the case is pending under such chapter;

(2) at the same time filed with the taxing authority, each Federal income tax return required under applicable law (or at the election of the debtor, a transcript of such tax return) that had not been filed with such authority as of the date of the commencement of the case and that was subsequently filed for any tax year of the debtor ending in the 3-year period ending on the date of the commencement of the case;

(3) a copy of each amendment to any Federal income tax return or transcript filed with the court under paragraph (1) or (2); and

(4) in a case under chapter 13—

(A) on the date that is either 90 days after the end of such tax year or 1 year after the date of the commencement of the case, whichever is later, if a plan is not confirmed before such later date; and

(B) annually after the plan is confirmed and until the case is closed, not later than the date that is 45 days before the anniversary of the confirmation of the plan;

a statement, under penalty of perjury, of the income and expenditures of the debtor during the tax year of the debtor most recently concluded before such statement is filed under this paragraph, and of the monthly income of the debtor, that shows how income, expenditures, and monthly income are calculated.

(g) (1) A statement referred to in subsection (f) (4) shall disclose—

(A) the amount and sources of the income of the debtor;

(B) the identity of any person responsible with the debtor for the support of any dependent of the debtor; and

(C) the identity of any person who contributed, and the amount contributed, to the household in which the debtor resides.

(2) The tax returns, amendments, and statement of income and expenditures described in subsections (e) (2) (A) and (f) shall be available to the United States trustee (or the bankruptcy administrator, if any), the trustee, and any party in interest for

（3）若第 13 章案件中的债权人在任意时间内向法院提请获得债务人提交的计划，则法院应向该债权人提供该计划的副本，并且要满足以下条件：

（A）收取合理的费用；或

（B）在其提交申请后 7 日内向其提供。

（f）在第 7、11 或 13 章中的个人破产案件里，应法院的要求，联邦托管人或利益相关方应向法院提交以下文件：

（1）同时向税务机关提交的，针对各章案件在实施期间内结束的各纳税年度，可适用的法律所要求的联邦报税表副本（债务人也可选择提交该报税表的报告单）；

（2）同时向税务机关提交的，在破产案件启动时尚未向该机关提交，但随后就案件启动前的 3 年前的任意纳税年度提交的，可适用的法律所要求的联邦报税表（债务人也可选择提交该报税表的报告单）；

（3）根据第（1）款或第（2）款向法院提交的联邦报税表或报告单的各修订本的副本；以及

（4）在第 13 章案件中：

（A）以下所述的纳税年度结束后第 90 日或破产案件启动 1 年当日（以较晚者为准），若计划仍未得到批准，则在此日；以及

（B）计划被批准以后，结案以前，每年在计划批准周年日前 45 日内；

均应在伪证罚则下向法院提交一份声明，以说明根据本款提交该声明前最后结束的纳税年度内债务人的收入及支出，以及债务人的每月收入，并且载明其收入、支出及每月收入的计算方式。

（g）（1）附条（f）（4）中所述的声明应当披露以下内容：

（A）债务人收入的金额及来源；

（B）任何与债务人共同承担对债务人的被扶 / 抚养人的扶 / 抚养义务的主体的身份；以及

（C）任何向债务人居住的家庭出资的主体的身份及出资的金额。

（2）在符合《2005 年防止滥用破产及消费者保护法》第 315 条（c）的要求的情况下，附条（e）（2）（A）和（f）所述的报税表、修订本及收入支出声明均应供联邦托管人（或破产管理署，如有）、托管人以及任何利益相关方进行审查和复制。

inspection and copying, subject to the requirements of section 315 (c) of the Bankruptcy Abuse Prevention and Consumer Protection Act of 2005.

(h) If requested by the United States trustee or by the trustee, the debtor shall provide—

(1) a document that establishes the identity of the debtor, including a driver's license, passport, or other document that contains a photograph of the debtor; or

(2) such other personal identifying information relating to the debtor that establishes the identity of the debtor.

(i)(1) Subject to paragraphs (2) and (4) and notwithstanding section 707 (a), if an individual debtor in a voluntary case under chapter 7 or 13 fails to file all of the information required under subsection (a)(1) within 45 days after the date of the filing of the petition, the case shall be automatically dismissed effective on the 46th day after the date of the filing of the petition.

(2) Subject to paragraph (4) and with respect to a case described in paragraph (1), any party in interest may request the court to enter an order dismissing the case. If requested, the court shall enter an order of dismissal not later than 7 days after such request.

(3) Subject to paragraph (4) and upon request of the debtor made within 45 days after the date of the filing of the petition described in paragraph (1), the court may allow the debtor an additional period of not to exceed 45 days to file the information required under subsection (a)(1) if the court finds justification for extending the period for the filing.

(4) Notwithstanding any other provision of this subsection, on the motion of the trustee filed before the expiration of the applicable period of time specified in paragraph (1), (2), or (3), and after notice and a hearing, the court may decline to dismiss the case if the court finds that the debtor attempted in good faith to file all the information required by subsection (a)(1)(B)(iv) and that the best interests of creditors would be served by administration of the case.

(j)(1) Notwithstanding any other provision of this title, if the debtor fails to file a tax return that becomes due after the commencement of the case or to properly obtain an extension of the due date for filing such return, the taxing authority may request that the court enter an order converting or dismissing the case.

(2) If the debtor does not file the required return or obtain the extension referred to in paragraph (1) within 90 days after a request is filed by the taxing authority under that paragraph, the court shall convert or dismiss the case, whichever is in the best interests of creditors and the estate.

(Pub. L. 95-598, Nov. 6, 1978, 92 Stat. 2586; Pub. L. 98-353, title III, §§305, 452, （h）应联邦托管人或托管人的要求，债务人应提供以下文件：

（1）确认债务人身份的文件，包括驾驶证件、护照或其他载有债务人照片的文件；或

（2）确认债务人身份的其他相关个人身份信息。

（i）（1）在符合第（2）款和第（4）款规定的情况下，即使存在第 707 条（a）的规定，若第 7 章或第 13 章中自愿破产案件里的个人债务人在破产申请被提交后 45 日内未能提交所有附条（a）（1）要求的材料，则在破产申请提交后第 46 日该案将被自动驳回。

（2）在符合第（4）款规定的情况下，针对第（1）款所述的案件，任何利益相关方均可请求法院正式下令驳回该案。若有人作出该请求，则法院应在该请求被作出后 7 日内正式下令驳回。

（3）在符合第（4）款规定的情况下，若债务人在第（1）款所述的提交破产申请后 45 日内作出请求，则在法院认为有正当理由延长该提交期间时，法院可准予债务人额外延长不超过 45 日的期间以提交附条（a）（1）所要求的材料。

（4）即使本附条有任何其他规定，若在第（1）、（2）或（3）款所述的相应期间届满前托管人提交动议，则经过通知和听证后，若法院认为债务人已出于善意试图提交附条（a）（1）（B）（iv）所要求的所有材料，并且本案的实施符合债权人的最大利益，则可拒绝驳回本案。

（j）（1）即使本篇有任何其他规定，若债务人未能提交破产案件启动后到期的报税表，或者未能通过正当的程序延长提交该报税表的期间，则税务机关可请求法院正式下令转换或驳回本案。

（2）在税务机关根据第（1）款提交请求后 90 日内，若债务人仍然未能提交所要求的报税表，或未能通过正当的程序延长第（1）款所述的期间，则法院应在更符合债权人和破产实体的最大利益的情况下，选择转换或驳回本案。

[ Pub. L. 95-598, Nov. 6, 1978, 92 Stat. 2586; Pub. L. 98-353, title III, §§305, 452,

July 10, 1984, 98 Stat. 352, 375; Pub. L. 99-554, title II, §283 ( h ) , Oct. 27, 1986, 100 Stat. 3117; Pub. L. 109-8, title I, §106 ( d ) , title II, §225 ( b ) , title III, §§304 ( 1 ) , 305 ( 2 ) , 315 ( b ) , 316, title IV, §446 ( a ) , title VI, §603 ( c ) , title VII, §720, Apr. 20, 2005, 119 Stat. 38, 66, 78, 80, 89, 92, 118, 123, 133; Pub. L. 111-16, §2 ( 5 ) , ( 6 ) , May 7, 2009, 123 Stat. 1607; Pub. L. 111-327, §2 ( a ) ( 16 ) , Dec. 22, 2010, 124 Stat. 3559; Pub. L. 113-295, div. B, title I, §104 ( c ) , Dec. 19, 2014, 128 Stat. 4064. )

## § 522. Exemptions

( a ) In this section—

( 1 ) "dependent" includes spouse, whether or not actually dependent; and

( 2 ) "value" means fair market value as of the date of the filing of the petition or, with respect to property that becomes property of the estate after such date, as of the date such property becomes property of the estate.

( b ) ( 1 ) Notwithstanding section 541 of this title, an individual debtor may exempt from property of the estate the property listed in either paragraph ( 2 ) or, in the alternative, paragraph ( 3 ) of this subsection. In joint cases filed under section 302 of this title and individual cases filed under section 301 or 303 of this title by or against debtors who are husband and wife, and whose estates are ordered to be jointly administered under Rule 1015 ( b ) of the Federal Rules of Bankruptcy Procedure, one debtor may not elect to exempt property listed in paragraph ( 2 ) and the other debtor elect to exempt property listed in paragraph ( 3 ) of this subsection. If the parties cannot agree on the alternative to be elected, they shall be deemed to elect paragraph ( 2 ) , where such election is permitted under the law of the jurisdiction where the case is filed.

( 2 )Property listed in this paragraph is property that is specified under subsection( d ), unless the State law that is applicable to the debtor under paragraph ( 3 ) ( A ) specifically does not so authorize.

( 3 ) Property listed in this paragraph is—

( A ) subject to subsections ( o ) and ( p ) , any property that is exempt under Federal law, other than subsection ( d ) of this section, or State or local law that is applicable on the date of the filing of the petition to the place in which the debtor's domicile has been located for the 730 days immediately preceding the date of the filing of the petition or if the debtor's domicile has not been located in a single State for such 730-day period, the place in which the debtor's domicile was located for 180 days immediately preceding the 730-day period or for a longer portion of such 180-day period than in any other place;

( B ) any interest in property in which the debtor had, immediately before the commencement of the case, an interest as a tenant by the entirety or joint tenant to the extent that such interest as a tenant by the entirety or joint tenant is exempt from process under applicable nonbankruptcy law; and

July 10, 1984, 98 Stat. 352, 375; Pub. L. 99-554, title II, §283（h）, Oct. 27, 1986, 100 Stat. 3117; Pub. L. 109-8, title I, §106（d）, title II, §225（b）, title III, §§304（1）, 305（2）, 315（b）, 316, title IV, §446（a）, title VI, §603（c）, title VII, §720, Apr. 20, 2005, 119 Stat. 38, 66, 78, 80, 89, 92, 118, 123, 133; Pub. L. 111-16, §2（5）,（6）, May 7, 2009, 123 Stat. 1607; Pub. L. 111-327, §2（a）（16）, Dec. 22, 2010, 124 Stat. 3559; Pub. L. 113-295, div. B, title I, §104（c）, Dec. 19, 2014, 128 Stat. 4064.］

**第 522 条　豁免**

（a）在本条中：

（1）“被扶 / 抚养人”包括配偶，无论其是否事实上被扶 / 抚养；并且

（2）“价值”指自破产申请被提交之日的公允市价，针对破产申请被提交后才成为破产财产的财产，其价值指自其成为破产财产之日的公允市价。

（b）（1）即使存在本篇第 541 条的规定，个人债务人仍可从破产财产中豁免本附条第（2）款中的财产，或选择豁免第（3）款中的财产。在夫妻作为债务人根据本篇第 302 条提起的夫妻共同破产案件，以及根据本篇第 301 或 303 条由夫妻作为债务人提起或对其提起的单独破产案件中，若根据《联邦破产程序规则》第 1015（b）条其资产已被下令共同管理，则两位债务人不得分别各自选择本附条中第（2）款或第（3）款中列明的财产进行豁免。若双方不能就该选择达成一致，则在提交该案的司法辖区的法律允许的情况下，应被视为选择第（2）款。

（2）本款所列明的财产即附条（d）中所述的财产，除非根据第（3）款（A）而适用于债务人的州法明确表明并未作此批准。

（3）本款所列的财产为：

（A）在符合附条（o）和（p）规定的情况下，除附条（d）另有规定外，任何根据联邦法律而被豁免的财产，或根据破产申请被提交前 730 日内居住的州或地区在破产申请之日可适用的州法或地方法律而被豁免的财产，或者当债务人在该 730 日期间内不止居住在一个州内时，根据在该 730 日期间前的 180 日内居住的或在该 180 日期间内居住时间更久的州或地区在破产申请之日可适用的州法或地方法律而被豁免的财产；

（B）在破产案件启动前债务人作为单独承租人或共同承租人而就该财产以承租人身份享有的，根据可适用的非破产法可被免于诉讼的任何权益；以及

(C) retirement funds to the extent that those funds are in a fund or account that is exempt from taxation under section 401, 403, 408, 408A, 414, 457, or 501 (a) of the Internal Revenue Code of 1986.

If the effect of the domiciliary requirement under subparagraph (A) is to render the debtor ineligible for any exemption, the debtor may elect to exempt property that is specified under subsection (d).

(4) For purposes of paragraph (3) (C) and subsection (d) (12), the following shall apply:

(A) If the retirement funds are in a retirement fund that has received a favorable determination under section 7805 of the Internal Revenue Code of 1986, and that determination is in effect as of the date of the filing of the petition in a case under this title, those funds shall be presumed to be exempt from the estate.

(B) If the retirement funds are in a retirement fund that has not received a favorable determination under such section 7805, those funds are exempt from the estate if the debtor demonstrates that—

(i) no prior determination to the contrary has been made by a court or the Internal Revenue Service; and

(ii) (I) the retirement fund is in substantial compliance with the applicable requirements of the Internal Revenue Code of 1986; or

(II) the retirement fund fails to be in substantial compliance with the applicable requirements of the Internal Revenue Code of 1986 and the debtor is not materially responsible for that failure.

(C) A direct transfer of retirement funds from 1 fund or account that is exempt from taxation under section 401, 403, 408, 408A, 414, 457, or 501 (a) of the Internal Revenue Code of 1986, under section 401 (a) (31) of the Internal Revenue Code of 1986, or otherwise, shall not cease to qualify for exemption under paragraph (3) (C) or subsection (d) (12) by reason of such direct transfer.

(D) (i) Any distribution that qualifies as an eligible rollover distribution within the meaning of section 402 (c) of the Internal Revenue Code of 1986 or that is described in clause (ii) shall not cease to qualify for exemption under paragraph (3) (C) or subsection (d) (12) by reason of such distribution.

(ii) A distribution described in this clause is an amount that—

(I) has been distributed from a fund or account that is exempt from taxation under section 401, 403, 408, 408A, 414, 457, or 501 (a) of the Internal Revenue Code of 1986; and

(II) to the extent allowed by law, is deposited in such a fund or account not later than 60 days after the distribution of such amount.

（C）退休基金，但仅限于根据《1986年国内税收法典》第401、403、408、408A、414、457或501（a）条被免税的基金或账户。

若附款（A）中的住所要求将使得债务人没有资格获得任何豁免，则债务人可选择豁免附条（d）中所述的财产。

（4）就第（3）款（C）以及附条（d）（12）而言，应适用以下规定：

（A）若退休基金属于根据《1986年国内税收法典》第7805条已经获得支持性裁定的退休基金，且该裁定在就本篇案件提交破产申请时仍然有效，则该基金应被推定为从破产实体中被豁免。

（B）若该退休基金并未根据第7805条获得支持性裁定，则当债务人证明以下各项时，该基金仍可从破产实体中被豁免：

（i）法院或国税局先前并未作出相反裁定；并且

（ii）（I）该退休基金基本符合《1986年国内税收法典》中的相应要求；或

（II）该退休基金虽然未能基本符合《1986年国内税收法典》中的相应要求，但债务人并不就此承担实质责任。

（C）将退休基金从《1986年国内税收法典》第401、403、408、408A、414、457或501（a）条中被免税的基金或账户，根据《1986年国内税收法典》第401条（a）（31）或其他规定进行直接转移，不应终止该退休基金根据第（3）款（C）或附条（d）（12）获得豁免的资格。

（D）（i）作为《1986年国内税收法典》第402条（c）所述的合格的滚存分配中的任何分配或第（ii）项所述的任何分配，不应终止该退休基金根据第（3）款（C）或附条（d）（12）获得豁免的资格。

（ii）本项所述的分配系以下款项：
（I）从根据《1986年国内税收法典》第401、403、408、408A、414、457或501（a）条被免税的基金或账户中被分配的款项；以及

（II）在法律允许的范围内，在分配前述款项后60日内存入该基金或账户的款项。

(c) Unless the case is dismissed, property exempted under this section is not liable during or after the case for any debt of the debtor that arose, or that is determined under section 502 of this title as if such debt had arisen, before the commencement of the case, except—

(1) a debt of a kind specified in paragraph (1) or (5) of section 523 (a) (in which case, notwithstanding any provision of applicable nonbankruptcy law to the contrary, such property shall be liable for a debt of a kind specified in such paragraph);

(2) a debt secured by a lien that is—

(A) (i) not avoided under subsection (f) or (g) of this section or under section 544, 545, 547, 548, 549, or 724 (a) of this title; and

(ii) not void under section 506 (d) of this title; or

(B) a tax lien, notice of which is properly filed;

(3) a debt of a kind specified in section 523 (a) (4) or 523 (a) (6) of this title owed by an institution-affiliated party of an insured depository institution to a Federal depository institutions regulatory agency acting in its capacity as conservator, receiver, or liquidating agent for such institution; or

(4) a debt in connection with fraud in the obtaining or providing of any scholarship, grant, loan, tuition, discount, award, or other financial assistance for purposes of financing an education at an institution of higher education (as that term is defined in section 101 of the Higher Education Act of 1965 (20 U.S.C. 1001)).

(d) The following property may be exempted under subsection (b) (2) of this section:

(1) The debtor's aggregate interest, not to exceed $15,000 in value, in real property or personal property that the debtor or a dependent of the debtor uses as a residence, in a cooperative that owns property that the debtor or a dependent of the debtor uses as a residence, or in a burial plot for the debtor or a dependent of the debtor.

(2) The debtor's interest, not to exceed $2,400 in value, in one motor vehicle.

(3) The debtor's interest, not to exceed $400 in value in any particular item or $8,000 in aggregate value, in household furnishings, household goods, wearing apparel, appliances, books, animals, crops, or musical instruments, that are held primarily for the personal, family, or household use of the debtor or a dependent of the debtor.

(4) The debtor's aggregate interest, not to exceed $1,000 in value, in jewelry held primarily for the personal, family, or household use of the debtor or a dependent of the debtor.

(5) The debtor's aggregate interest in any property, not to exceed in value $800 plus up to $7,500 of any unused amount of the exemption provided under paragraph (1) of this subsection.

（c）除非本案被驳回，否则根据本条被豁免的财产在本案实施期间或结案后，均不就债务人在破产案件启动前已经成立或根据本篇第 502 条被视为在破产案件启动前已经成立的任何债务承担责任，但不包括以下债务：

（1）第 523 条（a）的第（1）款或第（5）款所述的债务（即使可适用的非破产法有任何相反规定，该财产仍应就该款中所述的债务承担责任）；

（2）由以下财产上担保权所担保的债务：

（A）（i）该财产上担保权并未根据本条的附条（f）或（g），或本篇第 544、545、547、548、549 或 724（a）条被撤销；并且

（ii）该财产上担保权并未根据本篇第 506 条（d）而被认定为无效；或

（B）已就其以正当的程序提交通知的税收担保权；

（3）联邦存款机构监管机构作为受保存款机构的托管人、接管人或清算机构行使职能时，受保存款机构的机构关联方欠联邦存款机构监管机构的，本篇第 523 条（a）（4）或第 523 条（a）（6）所述的债务；或

（4）在获得或提供任何奖学金、助学金、贷款、学费、折扣、奖励或其他以在高等教育机构［定义见《1965 年高等教育法》第 101 条（《美国联邦法典》第 20 篇第 1001 条）］对教育进行资助为目的的经济援助过程中因欺诈行为所负的债务。

（d）以下财产可根据本条的附条（b）（2）被豁免：

（1）在债务人或其被扶 / 抚养人作为住所使用的不动产或动产上，在拥有债务人或其被扶 / 抚养人作为住所使用的财产的合作社上，或在债务人或其被扶 / 抚养人的墓地上，债务人享有的权益总额在 15,000 美元的价值范围内可被豁免。

（2）债务人在一辆机动车上享有的权益在 2400 美元的价值范围内可被豁免。

（3）债务人在任何特定物品上享有的权益在 400 美元的价值范围内，或在主要供债务人或其被扶 / 抚养人以自用、家用或日常生活使用为目的而持有的家具、家用物品、服装、设备、书籍、动物、农作物或乐器上享有的权益总额在 8000 美元的价值范围内可被豁免。

（4）在主要供债务人或其被扶 / 抚养人以自用、家用或日常生活使用为目的而持有的珠宝上，债务人享有的权益总额在 1000 美元的价值范围内可被豁免。

（5）债务人在任何产品上的权益总额，其价值在 800 美元加上尚未使用的本附条的第（1）款所述的豁免额度范围内的部分可被豁免，但不得超过 7500 美元。

(6) The debtor's aggregate interest, not to exceed $1,500 in value, in any implements, professional books, or tools, of the trade of the debtor or the trade of a dependent of the debtor.

(7) Any unmatured life insurance contract owned by the debtor, other than a credit life insurance contract.

(8) The debtor's aggregate interest, not to exceed in value $8,000 less any amount of property of the estate transferred in the manner specified in section 542 (d) of this title, in any accrued dividend or interest under, or loan value of, any unmatured life insurance contract owned by the debtor under which the insured is the debtor or an individual of whom the debtor is a dependent.

(9) Professionally prescribed health aids for the debtor or a dependent of the debtor.

(10) The debtor's right to receive—

(A) a social security benefit, unemployment compensation, or a local public assistance benefit;

(B) a veterans' benefit;

(C) a disability, illness, or unemployment benefit;

(D) alimony, support, or separate maintenance, to the extent reasonably necessary for the support of the debtor and any dependent of the debtor;

(E) a payment under a stock bonus, pension, profitsharing, annuity, or similar plan or contract on account of illness, disability, death, age, or length of service, to the extent reasonably necessary for the support of the debtor and any dependent of the debtor, unless—

(i) such plan or contract was established by or under the auspices of an insider that employed the debtor at the time the debtor's rights under such plan or contract arose;

(ii) such payment is on account of age or length of service; and

(iii) such plan or contract does not qualify under section 401 (a), 403 (a), 403 (b), or 408 of the Internal Revenue Code of 1986.

(11) The debtor's right to receive, or property that is traceable to—

(A) an award under a crime victim's reparation law;

(B) a payment on account of the wrongful death of an individual of whom the debtor was a dependent, to the extent reasonably necessary for the support of the debtor and any dependent of the debtor;

(C) a payment under a life insurance contract that insured the life of an individual of whom the debtor was a dependent on the date of such individual's death, to the extent reasonably necessary for the support of the debtor and any dependent of the debtor;

(D) a payment, not to exceed $15,000, on account of personal bodily injury, not including pain and suffering or compensation for actual pecuniary loss, of the debtor or an

（6）在任何债务人或其被扶 / 抚养人用于营生的设备、专业书籍或工具上，债务人享有的权益总额在 1500 美元的价值范围内可被豁免。

（7）债务人拥有的未到期的信用人寿保险合同外的人寿保险合同。

（8）债务人在其拥有的，债务人或其被扶 / 抚养人作为受保人的未到期人寿保险合同中的应计股息、利息或贷款价值上享有的累计权益，在其价值减去依本篇第 542 条（d）指定的方式而被转让的破产财产的价值，且不超过 8000 美元的范围内可被豁免。

（9）供债务人或其被扶 / 抚养人使用的专家建议的健康用品。

（10）债务人获得以下资金或福利的权利：

（A）社会保障福利、失业补偿金或地方公共援助福利；

（B）退伍军人福利；

（C）残疾、疾病或失业福利；

（D）生活费、扶 / 抚养费或分居赡养费，但仅限于为债务人及其被扶 / 抚养人维持生活所必需的合理范围内；

（E）除下列情形中的计划或协议外，因股票红利、退休金、分红、年金或涉及疾病、残疾、死亡、年龄或服务年限的类似计划或协议而支付的款项，但仅限于债务人或其被扶 / 抚养人维持生活所必需的合理范围内：

（i）该计划或协议是由雇佣该债务人的内部人士建立或在其主持下建立的，并且在被雇佣时，债务人开始享有该计划或协议中的权利；

（ii）该款项系基于年龄或服务年限而确定；并且

（iii）根据《1986 年国内税收法典》第 401（a）、403（a）、403（b）或 408 条，该计划或协议并不合格。

（11）债务人获得以下款项或追回以下财产的权利：

（A）根据犯罪受害人赔偿法裁定的赔偿金；

（B）由于扶 / 抚养债务人的个人的不法死亡而支付的款项，但仅限于为债务人及其被扶 / 抚养人维持生活所必需的合理范围内；

（C）若有个人在其死亡之日是债务人的扶 / 抚养人，则债务人可获得根据该个人作为受保人的人寿保险合同而支付的款项，但仅限于为债务人及其被扶 / 抚养人维持生活所必需的合理范围内；

（D）因债务人或其扶 / 抚养人遭受的人身伤害而支付的款项（不包括对精神损害或实际金钱损失的赔偿），但不得超过 15,000 美元；或

individual of whom the debtor is a dependent; or

(E) a payment in compensation of loss of future earnings of the debtor or an individual of whom the debtor is or was a dependent, to the extent reasonably necessary for the support of the debtor and any dependent of the debtor.

(12) Retirement funds to the extent that those funds are in a fund or account that is exempt from taxation under section 401, 403, 408, 408A, 414, 457, or 501 (a) of the Internal Revenue Code of 1986.

(e) A waiver of an exemption executed in favor of a creditor that holds an unsecured claim against the debtor is unenforceable in a case under this title with respect to such claim against property that the debtor may exempt under subsection (b) of this section. A waiver by the debtor of a power under subsection (f) or (h) of this section to avoid a transfer, under subsection (g) or (i) of this section to exempt property, or under subsection (i) of this section to recover property or to preserve a transfer, is unenforceable in a case under this title.

(f) (1) Notwithstanding any waiver of exemptions but subject to paragraph (3), the debtor may avoid the fixing of a lien on an interest of the debtor in property to the extent that such lien impairs an exemption to which the debtor would have been entitled under subsection (b) of this section, if such lien is—

(A) a judicial lien, other than a judicial lien that secures a debt of a kind that is specified in section 523 (a) (5); or

(B) a nonpossessory, nonpurchase-money security interest in any—

(i) household furnishings, household goods, wearing apparel, appliances, books, animals, crops, musical instruments, or jewelry that are held primarily for the personal, family, or household use of the debtor or a dependent of the debtor;

(ii) implements, professional books, or tools, of the trade of the debtor or the trade of a dependent of the debtor; or

(iii) professionally prescribed health aids for the debtor or a dependent of the debtor.

(2) (A) For the purposes of this subsection, a lien shall be considered to impair an exemption to the extent that the sum of—

(i) the lien;

(ii) all other liens on the property; and

(iii) the amount of the exemption that the debtor could claim if there were no liens on the property;

exceeds the value that the debtor's interest in the property would have in the absence of any liens.

(B) In the case of a property subject to more than 1 lien, a lien that has been avoided shall not be considered in making the calculation under subparagraph (A) with respect to

（E）为补偿债务人或者其现在或曾经的扶 / 抚养人的未来收入的损失而支付的款项，但仅限于为债务人及其被扶 / 抚养人维持生活所必需的合理范围内。

（12）根据《1986 年国内税收法典》第 401、403、408、408A、414、457 或 501（a）条被免税的基金或账户中的退休基金。

（e）若债务人可根据本条的附条（b）豁免某财产，则针对就该财产享有的债权，有利于对债务人享有无担保债权的债权人的豁免的放弃，在本篇案件中不具有执行力。债务人对根据本条的附条（f）或（h）撤销转让、根据本条的附条（g）或（i）豁免财产或根据本条的附条（i）追回财产或保留转让的权力的放弃在本篇案件中均不具有执行力。

（f）（1）即使放弃豁免，在符合第（3）款规定的情况下，债务人就其享有权益的财产仍可撤销该财产权益上对以下财产上担保权的确定，但仅限于该财产上担保权妨碍了债务人根据本条的附条（b）本可享有的豁免的范围：

（A）司法的财产上担保权，但不包括用于担保第 523 条（a）（5）所述债务的司法的财产上担保权；或

（B）以下各种财产上的非占有型、非购买价金担保权：

（i）主要供债务人或其被扶 / 抚养人以自用、家用或日常生活使用为目的而持有的家具、家用物品、服装、设备、书籍、动物、农作物、乐器或珠宝；

（ii）债务人或其被扶 / 抚养人用于营生的设备、专业书籍或工具；或

（iii）供债务人或其被扶 / 抚养人使用的专家建议的健康用品。

（2）（A）就本附条而言，一项财产上担保权妨碍该豁免的范围应被认定为以下各项之和：

（i）该财产上担保权；

（ii）该财产上的其他所有担保权；以及

（iii）若该财产上不存在任何担保权，债务人可主张豁免的金额；

减去若财产上不存在任何担保权，债务人就该财产享有的权益的价值。

（B）若该财产上存在不止一个担保权，则在根据附款（A）针对其他财产上担保权进行计算时不应考虑已被撤销的财产上担保权。

other liens.

(C) This paragraph shall not apply with respect to a judgment arising out of a mortgage foreclosure.

(3) In a case in which State law that is applicable to the debtor—

(A) permits a person to voluntarily waive a right to claim exemptions under subsection (d) or prohibits a debtor from claiming exemptions under subsection (d); and

(B) either permits the debtor to claim exemptions under State law without limitation in amount, except to the extent that the debtor has permitted the fixing of a consensual lien on any property or prohibits avoidance of a consensual lien on property otherwise eligible to be claimed as exempt property;

the debtor may not avoid the fixing of a lien on an interest of the debtor or a dependent of the debtor in property if the lien is a nonpossessory, nonpurchase-money security interest in implements, professional books, or tools of the trade of the debtor or a dependent of the debtor or farm animals or crops of the debtor or a dependent of the debtor to the extent the value of such implements, professional books, tools of the trade, animals, and crops exceeds $5,000.

(4) (A) Subject to subparagraph (B), for purposes of paragraph (1) (B), the term "household goods" means—

(i) clothing;

(ii) furniture;

(iii) appliances;

(iv) 1 radio;

(v) 1 television;

(vi) 1 VCR;

(vii) linens;

(viii) china;

(ix) crockery;

(x) kitchenware;

(xi) educational materials and educational equipment primarily for the use of minor dependent children of the debtor;

(xii) medical equipment and supplies;

(xiii) furniture exclusively for the use of minor children, or elderly or disabled dependents of the debtor;

(xiv) personal effects (including the toys and hobby equipment of minor dependent children and wedding rings) of the debtor and the dependents of the debtor; and

(xv) 1 personal computer and related equipment.

（C）对于就取消抵押回赎权而作出的判决，不应适用本款。

（3）当适用于债务人的州法作出以下规定时：

（A）允许有人自愿放弃根据附条（d）主张豁免的权利，或禁止债务人根据附条（d）主张豁免；并且

（B）或是允许债务人根据州法无金额限制地主张豁免，但仍限于债务人已经允许在财产上确定的意定的担保权；或是禁止撤销本可主张豁免的财产上的意定担保权；

若某财产上担保权为债务人或其被扶 / 抚养人用于营生的设备、专业书籍或工具上，或者债务人或其被扶 / 抚养人的家畜或农作物上的非占有型、非购买价金担保权，则在以上财产的价值超过 5000 美元的范围内，债务人不得撤销债务人或其扶 / 抚养人享有的财产权益上的该类财产上担保权的确定。

（4）（A）在符合附款（B）规定的情况下，就第（1）款（B）而言，“家用物品”指以下各项：

（i）衣服；
（ii）家具；
（iii）设备；
（iv）一台收音机；
（v）一台电视机；
（vi）一台录像机；
（vii）床上用品；
（viii）瓷器；
（ix）陶器；
（x）厨房用具；
（xi）主要供债务人的未成年被抚养人使用的教育资料或设备；

（xii）医疗设备和用品；
（xiii）仅供作为债务人被扶 / 抚养人的未成年子女、老人或残疾人使用的家具；

（xiv）债务人及其被扶 / 抚养人的私人用品（包括未成年子女的玩具和业务爱好设备以及结婚戒指）；以及
（xv）一台个人计算机及相关设备。

(B) The term "household goods" does not include—

(i) works of art (unless by or of the debtor, or any relative of the debtor);

(ii) electronic entertainment equipment with a fair market value of more than $500 in the aggregate (except 1 television, 1 radio, and 1 VCR);

(iii) items acquired as antiques with a fair market value of more than $500 in the aggregate;

(iv) jewelry with a fair market value of more than $500 in the aggregate (except wedding rings); and

(v) a computer (except as otherwise provided for in this section), motor vehicle (including a tractor or lawn tractor), boat, or a motorized recreational device, conveyance, vehicle, watercraft, or aircraft.

(g) Notwithstanding sections 550 and 551 of this title, the debtor may exempt under subsection (b) of this section property that the trustee recovers under section 510 (c)(2), 542, 543, 550, 551, or 553 of this title, to the extent that the debtor could have exempted such property under subsection (b) of this section if such property had not been transferred, if—

(1)(A) such transfer was not a voluntary transfer of such property by the debtor; and

(B) the debtor did not conceal such property; or

(2) the debtor could have avoided such transfer under subsection (f)(1)(B) of this section.

(h) The debtor may avoid a transfer of property of the debtor or recover a setoff to the extent that the debtor could have exempted such property under subsection (g)(1) of this section if the trustee had avoided such transfer, if—

(1) such transfer is avoidable by the trustee under section 544, 545, 547, 548, 549, or 724 (a) of this title or recoverable by the trustee under section 553 of this title; and

(2) the trustee does not attempt to avoid such transfer.

(i)(1) If the debtor avoids a transfer or recovers a setoff under subsection (f) or (h) of this section, the debtor may recover in the manner prescribed by, and subject to the limitations of, section 550 of this title, the same as if the trustee had avoided such transfer, and may exempt any property so recovered under subsection (b) of this section.

(2) Notwithstanding section 551 of this title, a transfer avoided under section 544, 545, 547, 548, 549, or 724 (a) of this title, under subsection (f) or (h) of this section, or property recovered under section 553 of this title, may be preserved for the benefit of the debtor to the extent that the debtor may exempt such property under subsection (g) of this section or paragraph (1) of this subsection.

(j) Notwithstanding subsections (g) and (i) of this section, the debtor may

（B）“家用物品”不包括以下各项：

（i）艺术作品（除非是由债务人或其任何亲属所作或为其所作）；

（ii）公允市价累计超过 500 美元的电子娱乐设备（除前面所述的一台电视机、一台收音机和一台录像机之外的设备）；

（iii）作为古董取得的、公允市价累计超过 500 美元的物品；

（iv）公允市价累计超过 500 美元的珠宝（不包括结婚戒指）；以及

（v）计算机（本条另有规定的除外）、机动车（包括拖拉机和割草机）、船或娱乐性机动设备、交通工具、车辆、船舶或飞行器。

（g）即使存在本篇第 550 条和第 551 条的规定，债务人仍可根据本条的附条（b）豁免托管人根据本篇第 510（c）（2）、542、543、550、551 或 553 条追回的财产，但限于若该财产未被转让，债务人本就可根据本条的附条（b）豁免该财产的范围，并且要满足以下条件：

（1）（A）该转让并非债务人自愿对财产作出的转让；并且

（B）债务人并未隐匿该财产；或

（2）债务人本可根据本条的附条（f）（1）（B）撤销该转让。

（h）债务人可撤销就其财产作出的转让或恢复被抵销的债权，但限于若托管人撤销该转让，债务人本可根据本条的附条（g）（1）豁免该财产的范围，并且要满足以下条件：

（1）根据本篇第 544、545、547、548、549 或 724（a）条托管人可撤销该转让或根据本篇第 553 条托管人可恢复被抵销的债权；并且

（2）托管人没有撤销该转让的意愿。

（i）（1）若债务人根据本条的附条（f）或（h）撤销转让或恢复被抵销的债权，则债务人可按照本篇第 550 条规定的方式并遵守其限制，就像托管人已撤销该转让一样追回财产，并且可根据本条的附条（b）豁免被追回的任何财产。

（2）即使存在本篇第 551 条的规定，仍可出于债务人利益的考虑，将在本条的附条（f）或（h）中根据本篇第 544、545、547、548、549 或 724（a）条被撤销的转让或根据本篇第 553 条被追回的财产维持原状，但仅限于债务人可根据本条的附条（g）或本附条的第（1）款豁免该财产的范围。

（j）尽管存在本条的附条（g）和（i）的规定，债务人仅可就债务人现已豁免

exempt a particular kind of property under subsections (g) and (i) of this section only to the extent that the debtor has exempted less property in value of such kind than that to which the debtor is entitled under subsection (b) of this section.

(k) Property that the debtor exempts under this section is not liable for payment of any administrative expense except—

(1) the aliquot share of the costs and expenses of avoiding a transfer of property that the debtor exempts under subsection (g) of this section, or of recovery of such property, that is attributable to the value of the portion of such property exempted in relation to the value of the property recovered; and

(2) any costs and expenses of avoiding a transfer under subsection (f) or (h) of this section, or of recovery of property under subsection (i)(1) of this section, that the debtor has not paid.

(l) The debtor shall file a list of property that the debtor claims as exempt under subsection (b) of this section. If the debtor does not file such a list, a dependent of the debtor may file such a list, or may claim property as exempt from property of the estate on behalf of the debtor. Unless a party in interest objects, the property claimed as exempt on such list is exempt.

(m) Subject to the limitation in subsection (b), this section shall apply separately with respect to each debtor in a joint case.

(n) For assets in individual retirement accounts described in section 408 or 408A of the Internal Revenue Code of 1986, other than a simplified employee pension under section 408 (k) of such Code or a simple retirement account under section 408 (p) of such Code, the aggregate value of such assets exempted under this section, without regard to amounts attributable to rollover contributions under section 402 (c), 402 (e)(6), 403 (a)(4), 403 (a)(5), and 403 (b)(8) of the Internal Revenue Code of 1986, and earnings thereon, shall not exceed $1,000,000 in a case filed by a debtor who is an individual, except that such amount may be increased if the interests of justice so require.

(o) For purposes of subsection (b)(3)(A), and notwithstanding subsection (a), the value of an interest in—

(1) real or personal property that the debtor or a dependent of the debtor uses as a residence;

(2) a cooperative that owns property that the debtor or a dependent of the debtor uses as a residence;

(3) a burial plot for the debtor or a dependent of the debtor; or

(4) real or personal property that the debtor or a dependent of the debtor claims as a homestead;

shall be reduced to the extent that such value is attributable to any portion of any

的财产的价值少于债务人根据本条的附条（b）可被豁免的财产的范围，豁免本条的附条（g）和（i）中所述的财产。

（k）除下列各项外，债务人根据本条豁免的财产不再用于其他管理费用的清偿：

（1）因撤销债务人可根据本条的附条（g）豁免的财产的转让或追回该财产而承担的部分成本和费用，该比例由该财产被豁免的部分的价值相对于被追回财产的价值来决定；并且

（2）根据本条的附条（f）或（h）撤销转让或根据本条的附条（i）（1）追回财产，债务人尚未支付的成本和费用。

（l）债务人应提交其根据本条的附条（b）主张豁免的财产清单。若债务人未提交此清单，则债务人的被扶 / 抚养人可提交该清单或代表债务人主张豁免破产财产中的财产。除非利益相关方提出异议，否则在该清单上被主张豁免的财产即豁免财产。

（m）在遵守附条（b）的限制的情况下，在夫妻共同破产案件中本条应分别适用于各债务人。

（n）除《1986 年国内税收法典》中第 408 条（k）中的简化雇员退休计划或第 408 条（p）中的简易退休账户外，对于该法典第 408 条或第 408A 条所述的个人退休账户中的资产而言，不考虑根据《1986 年国内税收法典》第 402（c）、402（e）（6）、403（a）（4）、403（a）（5）及 403（b）（8）条进行滚存以及由此获得的收益的金额，若本案系由个人债务人提交，则根据本条可被豁免的该资产的累计价值不得超过 1,000,000 美元，但是为了公平起见，可以增加该数额。

（o）就附条（b）（3）（A）而言，即使存在附条（a）的规定，以下财产上的权益的价值：

（1）债务人或其被扶 / 抚养人作为住所使用的动产或不动产；

（2）拥有债务人或其被扶 / 抚养人作为住所使用的动产或不动产的合作社；

（3）供债务人或其被扶 / 抚养人使用的墓地；或

（4）债务人或其被扶 / 抚养人主张作为农庄享有权利的动产或不动产；

不得包括债务人在破产申请被提交前 10 年内曾出于阻碍、迟延或欺骗债权人

property that the debtor disposed of in the 10-year period ending on the date of the filing of the petition with the intent to hinder, delay, or defraud a creditor and that the debtor could not exempt, or that portion that the debtor could not exempt, under subsection (b), if on such date the debtor had held the property so disposed of.

(p)(1) Except as provided in paragraph (2) of this subsection and sections 544 and 548, as a result of electing under subsection (b)(3)(A) to exempt property under State or local law, a debtor may not exempt any amount of interest that was acquired by the debtor during the 1215-day period preceding the date of the filing of the petition that exceeds in the aggregate $125,000 in value in—

(A) real or personal property that the debtor or a dependent of the debtor uses as a residence;

(B) a cooperative that owns property that the debtor or a dependent of the debtor uses as a residence;

(C) a burial plot for the debtor or a dependent of the debtor; or

(D) real or personal property that the debtor or dependent of the debtor claims as a homestead.

(2)(A) The limitation under paragraph (1) shall not apply to an exemption claimed under subsection (b)(3)(A) by a family farmer for the principal residence of such farmer.

(B) For purposes of paragraph (1), any amount of such interest does not include any interest transferred from a debtor's previous principal residence (which was acquired prior to the beginning of such 1215-day period) into the debtor's current principal residence, if the debtor's previous and current residences are located in the same State.

(q)(1) As a result of electing under subsection (b)(3)(A) to exempt property under State or local law, a debtor may not exempt any amount of an interest in property described in subparagraphs (A), (B), (C), and (D) of subsection (p)(1) which exceeds in the aggregate $125,000 if—

(A) the court determines, after notice and a hearing, that the debtor has been convicted of a felony (as defined in section 3156 of title 18), which under the circumstances, demonstrates that the filing of the case was an abuse of the provisions of this title; or

(B) the debtor owes a debt arising from—

(i) any violation of the Federal securities laws (as defined in section 3 (a)(47) of the Securities Exchange Act of 1934), any State securities laws, or any regulation or order issued under Federal securities laws or State securities laws;

(ii) fraud, deceit, or manipulation in a fiduciary capacity or in connection with the purchase or sale of any security registered under section 12 or 15 (d) of the Securities

的目的而处分该财产，因而使该财产本就不可被豁免的部分的价值；或者若债务人在破产申请被提交之日仍持有的该类被处分的财产，根据附条（b）本就不可被豁免的部分的价值。

（p）（1）除本附条的第（2）款以及第 544 条和第 548 条另有规定外，若债务人根据附条（b）（3）（A）的规定适用州法或地方法律来选择豁免财产，则债务人不得豁免其在破产申请被提交前 1215 日内获得的以下财产上的权益其价值累计超过 125,000 美元的部分：

（A）债务人或其被扶 / 抚养人作为住所使用的动产或不动产；

（B）拥有债务人或其被扶 / 抚养人作为住所使用的动产或不动产的合作社；

（C）供债务人或其被扶 / 抚养人使用的墓地；或
（D）债务人或其被扶 / 抚养人主张作为农庄享有权利的动产或不动产。

（2）（A）第（1）款中的限制不得适用于家庭农场主就其主要住所根据附条（b）（3）（A）主张豁免的情形。

（B）若债务人先前的住所和当前的住所位于同一州内，则第（1）款所述的该类权益不包括从债务人先前的主要住所（在该 1215 日期间起算前获得的）转移至债务人当前主要住所的任何权益。

（q）（1）若债务人根据附条（b）（3）（A）的规定适用州法或地方法律选择豁免财产，则债务人在以下情形中不得豁免其在附条（p）（1）的附款（A）、（B）、（C）和（D）所述的财产上享有的权益其价值累计超过 125,000 美元的部分：

（A）经过通知和听证，法院认为债务人犯有重罪（定义见《美国联邦法典》第 18 篇第 3156 条）且有情形表明该案的提起系滥用本篇规定；或

（B）债务人系因以下原因负有债务：
（i）任何违反联邦证券法律（定义见《1934 年证券交易法》第 3 条（a）（47））、任何州证券法律或根据联邦证券法律或州证券法律发布的法规或裁定的行为；

（ii）在与根据《1934 年证券交易法》第 12 条、第 15 条（d）或根据《1933 年证券法》第 6 条登记的任何证券的购买或出售的相关事宜中，或者以受托人的身份

Exchange Act of 1934 or under section 6 of the Securities Act of 1933;

(iii) any civil remedy under section 1964 of title 18; or

(iv) any criminal act, intentional tort, or willful or reckless misconduct that caused serious physical injury or death to another individual in the preceding 5 years.

(2) Paragraph (1) shall not apply to the extent the amount of an interest in property described in subparagraphs (A), (B), (C), and (D) of subsection (p)(1) is reasonably necessary for the support of the debtor and any dependent of the debtor.

(Pub. L. 95-598, Nov. 6, 1978, 92 Stat. 2586; Pub. L. 98-353, title III, §§306, 453, July 10, 1984, 98 Stat. 353, 375; Pub. L. 99-554, title II, §283 (i), Oct. 27, 1986, 100 Stat. 3117; Pub. L. 101-647, title XXV, §2522 (b), Nov. 29, 1990, 104 Stat. 4866; Pub. L. 103-394, title I, §108 (d), title III, §§303, 304 (d), 310, title V, §501 (d)(12), Oct. 22, 1994, 108 Stat. 4112, 4132, 4133, 4137, 4145; Pub. L. 106-420, §4, Nov. 1, 2000, 114 Stat. 1868; Pub. L. 109-8, title II, §§216, 224(a), (e)(1), title III, §§307, 308, 313(a), 322 (a), Apr. 20, 2005, 119 Stat. 55, 62, 65, 81, 87, 96; Pub. L. 111-327, §2 (a)(17), Dec. 22, 2010, 124 Stat. 3559.)

### § 523. Exceptions to discharge

(a) A discharge under section 727, 1141, 1192① 1228 (a), 1228 (b), or 1328 (b) of this title does not discharge an individual debtor from any debt—

(1) for a tax or a customs duty—

(A) of the kind and for the periods specified in section 507 (a)(3) or 507 (a)(8) of this title, whether or not a claim for such tax was filed or allowed;

(B) with respect to which a return, or equivalent report or notice, if required—

(i) was not filed or given; or

(ii) was filed or given after the date on which such return, report, or notice was last due, under applicable law or under any extension, and after two years before the date of the filing of the petition; or

(C) with respect to which the debtor made a fraudulent return or willfully attempted in any manner to evade or defeat such tax;

(2) for money, property, services, or an extension, renewal, or refinancing of credit, to the extent obtained by—

(A) false pretenses, a false representation, or actual fraud, other than a statement respecting the debtor's or an insider's financial condition;

(B) use of a statement in writing—

(i) that is materially false;

(ii) respecting the debtor's or an insider's financial condition;

---

① So in original. Probably should be followed by a comma.

进行欺诈、欺骗或操控；

（iii）《美国联邦法典》第 18 篇第 1964 条中的任何民事救济；或

（iv）过去五年内导致他人严重的人身伤害或死亡的犯罪行为、故意侵权行为或其他故意或过失的不当行为。

（2）附条（p）（1）的附款（A）、（B）、（C）和（D）所述的财产上权益的金额，在维持债务人或其被扶 / 抚养人生活所必需的合理范围内，不得适用第（1）款。

［Pub. L. 95-598, Nov. 6, 1978, 92 Stat. 2586; Pub. L. 98-353, title III, §§306, 453, July 10, 1984, 98 Stat. 353, 375; Pub. L. 99-554, title II, §283（i）, Oct. 27, 1986, 100 Stat. 3117; Pub. L. 101-647, title XXV, §2522（b）, Nov. 29, 1990, 104 Stat. 4866; Pub. L. 103-394, title I, §108（d）, title III, §§303, 304（d）, 310, title V, §501（d）（12）, Oct. 22, 1994, 108 Stat. 4112, 4132, 4133, 4137, 4145; Pub. L. 106-420, §4, Nov. 1, 2000, 114 Stat. 1868; Pub. L. 109-8, title II, §§216, 224（a）,（e）（1）, title III, §§307, 308, 313（a）, 322（a）, Apr. 20, 2005, 119 Stat. 55, 62, 65, 81, 87, 96; Pub. L. 111-327, §2（a）（17）, Dec. 22, 2010, 124 Stat. 3559.］

**第 523 条　免责的例外**

（a）本篇第 727、1141、1192、1228（a）、1228（b）或 1328（b）条中的免责，并不免除个人债务人因下列各项所负的债务：

（1）因以下税款或关税：

（A）本篇第 507 条（a）（3）或第 507 条（a）（8）所述期间内的所述税款，无论是否已提交该税收债权或是否已经确认；

（B）针对该税款或关税，要求的报税单或同等效力的报告或通知：

（i）并未被提交或发出；或

（ii）在破产申请被提交前两年内或提交破产申请后才提交或发出该报告单、报告或通知，但可适用的法律规定的期间以及任何延长期间均已届满；

（C）债务人就该税款或关税欺诈申报或故意以任何方式逃避或阻挠缴纳该税款；

（2）因通过以下方式获得的金钱、财产、服务或信贷的授予、更新或再融资：

（A）除针对债务人或其内部人士财务状况的声明外，在其他方面伪造文件、虚假陈述或进行实际欺诈；

（B）使用以下所述的书面报表：

（i）系重大虚假；

（ii）系针对债务人或其内部人士的财务状况；

(iii) on which the creditor to whom the debtor is liable for such money, property, services, or credit reasonably relied; and

(iv) that the debtor caused to be made or published with intent to deceive; or

(C)(i) for purposes of subparagraph (A)—

(I) consumer debts owed to a single creditor and aggregating more than $500 for luxury goods or services incurred by an individual debtor on or within 90 days before the order for relief under this title are presumed to be nondischargeable; and

(II) cash advances aggregating more than $750 that are extensions of consumer credit under an open end credit plan obtained by an individual debtor on or within 70 days before the order for relief under this title, are presumed to be nondischargeable; and

(ii) for purposes of this subparagraph—

(I) the terms "consumer", "credit", and "open end credit plan" have the same meanings as in section 103 of the Truth in Lending Act; and

(II) the term "luxury goods or services" does not include goods or services reasonably necessary for the support or maintenance of the debtor or a dependent of the debtor;

(3) neither listed nor scheduled under section 521(a)(1) of this title, with the name, if known to the debtor, of the creditor to whom such debt is owed, in time to permit—

(A) if such debt is not of a kind specified in paragraph (2), (4), or (6) of this subsection, timely filing of a proof of claim, unless such creditor had notice or actual knowledge of the case in time for such timely filing; or

(B) if such debt is of a kind specified in paragraph (2), (4), or (6) of this subsection, timely filing of a proof of claim and timely request for a determination of dischargeability of such debt under one of such paragraphs, unless such creditor had notice or actual knowledge of the case in time for such timely filing and request;

(4) for fraud or defalcation while acting in a fiduciary capacity, embezzlement, or larceny;

(5) for a domestic support obligation;

(6) for willful and malicious injury by the debtor to another entity or to the property of another entity;

(7) to the extent such debt is for a fine, penalty, or forfeiture payable to and for the benefit of a governmental unit, and is not compensation for actual pecuniary loss, other than a tax penalty—

(A) relating to a tax of a kind not specified in paragraph (1) of this subsection; or

(B) imposed with respect to a transaction or event that occurred before three years before the date of the filing of the petition;

（iii）债务人因该金钱、财产、服务或信贷而对其承担责任的债权人合理地信赖该书面报表；并且

（iv）债务人系以欺诈为目的而制作或发布该报表；或

（C）（i）就附款（A）而言：

（I）本篇破产救济令被作出前90日内（包括第90日），个人债务人向单个债权人负有的因购买奢侈商品或服务而成立的消费债务，若其累计超过500美元，则该债务被推定为不得被予以免责；并且

（II）本篇破产救济令被作出前70日内（包括第70日），个人债务人根据开放性信贷计划获得的用于消费的预付现金，若该借取金额累计超过750美元，则该债务被推定为不得被予以免责；并且

（ii）就本附款而言：

（I）"消费者"、"信贷"和"开放性信贷计划"的含义见《诚实借贷法》第103条；并且

（II）"奢侈商品或服务"不包括维持债务人或其被扶/抚养人生活所合理必需的商品或服务；

（3）当债务人对某债权人负有债务，但该债务和该债权人的姓名（若债务人知道的话）并未根据本篇第521条（a）（1）中被列入名单或被计入报表时，若未及时履行以下各项，则该债务不得被予以免责：

（A）若该债务并非本附条的第（2）、（4）或（6）款所述的债务，则应及时提交债权证明，除非该债权人此时已经获得通知或实际知悉该案；或

（B）若该债务为本附条的第（2）、（4）或（6）款所述的债务，则应及时提交债权证明并及时请求根据前述规定对该债务作出不可予以免责的认定，除非该债务人债权人此时已经获得通知或实际知悉该案；

（4）因以受托人的身份行事时所作的欺诈或挪用委托金，或者侵占或盗窃的行为；

（5）因家庭扶/抚养义务；

（6）因债务人故意和恶意对他人或他人的财产造成的损害；

（7）为政府机构的利益，不出于补偿实际金钱损失的目的而向政府支付罚款、罚金或没收的资金而产生的债务，但是前述各项不包括以下所述的税收罚金：

（A）与本附条第（1）款中未被提及的税款有关；或

（B）针对破产申请被提交前三年以前发生的交易或事件而施加的罚金；

(8) unless excepting such debt from discharge under this paragraph would impose an undue hardship on the debtor and the debtor's dependents, for—

(A)(i) an educational benefit overpayment or loan made, insured, or guaranteed by a governmental unit, or made under any program funded in whole or in part by a governmental unit or nonprofit institution; or

(ii) an obligation to repay funds received as an educational benefit, scholarship, or stipend; or

(B) any other educational loan that is a qualified education loan, as defined in section 221 (d)(1) of the Internal Revenue Code of 1986, incurred by a debtor who is an individual;

(9) for death or personal injury caused by the debtor's operation of a motor vehicle, vessel, or aircraft if such operation was unlawful because the debtor was intoxicated from using alcohol, a drug, or another substance;

(10) that was or could have been listed or scheduled by the debtor in a prior case concerning the debtor under this title or under the Bankruptcy Act in which the debtor waived discharge, or was denied a discharge under section 727 (a)(2), (3), (4), (5), (6), or (7) of this title, or under section 14c (1), (2), (3), (4), (6), or (7) of such Act;

(11) provided in any final judgment, unreviewable order, or consent order or decree entered in any court of the United States or of any State, issued by a Federal depository institutions regulatory agency, or contained in any settlement agreement entered into by the debtor, arising from any act of fraud or defalcation while acting in a fiduciary capacity committed with respect to any depository institution or insured credit union;

(12) for malicious or reckless failure to fulfill any commitment by the debtor to a Federal depository institutions regulatory agency to maintain the capital of an insured depository institution, except that this paragraph shall not extend any such commitment which would otherwise be terminated due to any act of such agency;

(13) for any payment of an order of restitution issued under title 18, United States Code;

(14) incurred to pay a tax to the United States that would be nondischargeable pursuant to paragraph (1);

(14A) incurred to pay a tax to a governmental unit, other than the United States, that would be nondischargeable under paragraph (1);

(14B) incurred to pay fines or penalties imposed under Federal election law;

(15) to a spouse, former spouse, or child of the debtor and not of the kind described in paragraph (5) that is incurred by the debtor in the course of a divorce or separation or in connection with a separation agreement, divorce decree or other order of a court

（8）除非根据本款不对该债务进行免责将给债务人及其被扶 / 抚养人带来不当负担，否则因以下各项而产生的债务不得被免责：

（A）（i）由政府机构提供、担保或保证的教育福利资助或教育贷款，或者全部或部分由政府机构或非营利组织建立的项目所提供的前述福利或资金；或

（ii）清偿以教育福利、奖学金或助学金的形式获得的资金的义务；或

（B）个人债务人借取的，属于《1986 年国内税收法典》第 221 条（d）（1）所述的合格教育贷款的任何其他教育贷款；

（9）债务人因服用酒精、毒品或其他物质而陷入昏醉状态并因此非法驾驶机动车、船只或飞行器而导致的死亡或人身伤害；

（10）若在债务人的前一破产案件中，债权人根据本篇或《破产法案》曾将或本可将某债务列入名单或计入报表，但债务人放弃免责或根据本篇第 727 条（a）附条的（2）、（3）、（4）、（5）、（6）或（7）或该法案的第 14c 条的（1）、（2）、（3）、（4）、（6）或（7）被拒绝就该债务予以免责，则该债务在本案中不得被予以免责；

（11）在任何美国或州立法院正式作出的、联邦存款机构监管机构签发的或债务人达成的任何和解协议中约定的，任何最终判决、不得被复议的裁定或同意的裁定或法令中所确定的债务，且该债务系因债务人以受托人身份行事时针对任何存款机构或受保信用社所作的欺诈或挪用委托金的行为而成立；

（12）因恶意或过失而未能履行由债务人向联邦存款机构监管机构作出的维持受保存款机构资本的承诺，但本款不得适用于任何本就会因该机构的行为而被终止的承诺；

（13）因根据《美国联邦法典》第 18 篇签发的赔偿裁定所作的支付；

（14）因向美国联邦政府缴纳根据第（1）款不可免责的税款所负的债务；

（14A）因向美国联邦政府外的政府机构缴纳根据第（1）款不可免责的税款所负的债务；

（14B）因缴纳根据美国联邦选举法施加的罚款或罚金所负的债务；

（15）债务人在离婚或分居过程中因分居协议、离婚法令或法院作出的其他存档裁定，或者因政府机构根据州法或地方法律作出的裁定，而对其配偶、前配偶、子女所负的第（5）款所述的债务以外的其他债务；

of record, or a determination made in accordance with State or territorial law by a governmental unit;

(16) for a fee or assessment that becomes due and payable after the order for relief to a membership association with respect to the debtor's interest in a unit that has condominium ownership, in a share of a cooperative corporation, or a lot in a homeowners association, for as long as the debtor or the trustee has a legal, equitable, or possessory ownership interest in such unit, such corporation, or such lot, but nothing in this paragraph shall except from discharge the debt of a debtor for a membership association fee or assessment for a period arising before entry of the order for relief in a pending or subsequent bankruptcy case;

(17) for a fee imposed on a prisoner by any court for the filing of a case, motion, complaint, or appeal, or for other costs and expenses assessed with respect to such filing, regardless of an assertion of poverty by the debtor under subsection (b) or (f)(2) of section 1915 of title 28 (or a similar non-Federal law), or the debtor's status as a prisoner, as defined in section 1915 (h) of title 28 (or a similar non-Federal law);

(18) owed to a pension, profit-sharing, stock bonus, or other plan established under section 401, 403, 408, 408A, 414, 457, or 501 (c) of the Internal Revenue Code of 1986, under—

(A) a loan permitted under section 408 (b)(1) of the Employee Retirement Income Security Act of 1974, or subject to section 72 (p) of the Internal Revenue Code of 1986; or

(B) a loan from a thrift savings plan permitted under subchapter Ⅲ of chapter 84 of title 5, that satisfies the requirements of section 8433 (g) of such title;

but nothing in this paragraph may be construed to provide that any loan made under a governmental plan under section 414(d), or a contract or account under section 403(b), of the Internal Revenue Code of 1986 constitutes a claim or a debt under this title; or

(19) that—

(A) is for—

(i) the violation of any of the Federal securities laws (as that term is defined in section 3 (a)(47) of the Securities Exchange Act of 1934), any of the State securities laws, or any regulation or order issued under such Federal or State securities laws; or

(ii) common law fraud, deceit, or manipulation in connection with the purchase or sale of any security; and

(B) results, before, on, or after the date on which the petition was filed, from—

(i) any judgment, order, consent order, or decree entered in any Federal or State judicial or administrative proceeding;

(ii) any settlement agreement entered into by the debtor; or

（16）涉及债务人在其享有共管公寓所有权的单元上、合作社法人的股份上或业主委员会的管理服务上享有的权益时，只要债务人或托管人在该单元、该法人或该管理服务上享有法定的、衡平的或占有型的所有权益，则对以上会员协会作出破产救济令后到期应支付的费用或核定的付款额而产生的债务均不得被予以免责；但本款并未禁止对债务人在本案或后续破产案件的破产救济令被作出前因会员协会费用或核定的付款额而产生的债务进行免责；

（17）对法院因其提交案件、动议、申诉或上诉而对犯人施加的申请费，或就前述申请的提交而产生的其他成本及费用，并且不得考虑根据《美国联邦法典》第28篇第1915条的附条（b）或（f）（2）（或类似的非联邦法）对债务人贫困状况的认定，或者债务人的犯人身份［定义见《美国联邦法典》第28篇第1915条（h）（或类似的非联邦法）］；

（18）在以下贷款中，因养老金、分红、股票红利或其他根据《1986年国内税收法典》第401、403、408、408A、414、457或501（c）条制订的其他计划所欠的债务：

（A）根据《1974年雇员退休收入保障法》第408条（b）（1）而被准予的贷款或《1986年国内税收法典》第72条（p）所规制的贷款；或

（B）从根据《美国联邦法典》第5篇第84章第III附章而被准予的节俭储蓄计划中获得的贷款，并且满足该法第8433条（g）中的要求；

但是本款不得被解释为任何根据《1986年国内税收法典》第414条（d）中的政府计划或根据第403条（b）中的合同或账户而借取的贷款均构成本篇中的债权或债务；或

（19）满足以下条件的债务：

（A）系因下列行为而成立：

（i）违反任何联邦证券法律［定义见《1934年证券交易法》第3条（a）（47）］、任何州证券法律或任何根据联邦证券法律或州证券法律发布的法规或裁定的行为；或

（ii）与购买或出售任何证券有关的普通法上的欺骗、欺诈或操控行为；并且

（B）系在破产申请被提交当日或前后因以下判决、裁定或协议而成立：

（i）在联邦或州司法程序或行政程序中被正式作出的任何判决、同意裁定或法令；

（ii）债务人达成的任何和解协议；或

(iii) any court or administrative order for any damages, fine, penalty, citation, restitutionary payment, disgorgement payment, attorney fee, cost, or other payment owed by the debtor.

For purposes of this subsection, the term "return" means a return that satisfies the requirements of applicable nonbankruptcy law (including applicable filing requirements). Such term includes a return prepared pursuant to section 6020 (a) of the Internal Revenue Code of 1986, or similar State or local law, or a written stipulation to a judgment or a final order entered by a nonbankruptcy tribunal, but does not include a return made pursuant to section 6020 (b) of the Internal Revenue Code of 1986, or a similar State or local law.

(b) Notwithstanding subsection (a) of this section, a debt that was excepted from discharge under subsection (a)(1), (a)(3), or (a)(8) of this section, under section 17a (1), 17a (3), or 17a (5) of the Bankruptcy Act, under section 439A of the Higher Education Act of 1965, or under section 733 (g) of the Public Health Service Act in a prior case concerning the debtor under this title, or under the Bankruptcy Act, is dischargeable in a case under this title unless, by the terms of subsection (a) of this section, such debt is not dischargeable in the case under this title.

(c)(1) Except as provided in subsection (a)(3)(B) of this section, the debtor shall be discharged from a debt of a kind specified in paragraph (2), (4), or (6) of subsection (a) of this section, unless, on request of the creditor to whom such debt is owed, and after notice and a hearing, the court determines such debt to be excepted from discharge under paragraph (2), (4), or (6), as the case may be, of subsection (a) of this section.

(2) Paragraph (1) shall not apply in the case of a Federal depository institutions regulatory agency seeking, in its capacity as conservator, receiver, or liquidating agent for an insured depository institution, to recover a debt described in subsection (a)(2), (a)(4), (a)(6), or (a)(11) owed to such institution by an institution-affiliated party unless the receiver, conservator, or liquidating agent was appointed in time to reasonably comply, or for a Federal depository institutions regulatory agency acting in its corporate capacity as a successor to such receiver, conservator, or liquidating agent to reasonably comply, with subsection (a)(3)(B) as a creditor of such institution-affiliated party with respect to such debt.

(d) If a creditor requests a determination of dischargeability of a consumer debt under subsection (a)(2) of this section, and such debt is discharged, the court shall grant judgment in favor of the debtor for the costs of, and a reasonable attorney's fee for, the proceeding if the court finds that the position of the creditor was not substantially justified, except that the court shall not award such costs and fees if special circumstances （iii）任何就债务人所欠的损害赔偿费用、罚款、罚金、罚单、补偿费用、非法所得费用、律师费、其他成本或费用而作出的法院或行政裁定。

就本附条而言，“报税表”指满足可适用的非破产法的要求（包括相应的提交要求）的报税表。其包括根据《1986年国内税收法典》第6020条（a）、类似的州法或地方法律或由非破产法庭正式作出的判决或最终裁定的书面规定而准备的报税表，但不包括根据《1986年国内税收法典》第6020条（b）或类似的州法或地方法律而制作的报税表。

（b）尽管存在本条的附条（a）的规定，在该债务人的前一本篇案件中根据本条的附条（a）（1）、（a）（3）或（a）（8），《破产法案》的第17a（1）、17（a）（3）或17a（5）条，《1965年高等教育法》第439A条或《公共卫生服务法》第733条（g）而未被予以免责的债务，在本篇案件中可以免责，除非根据本条的附条（a）中的规定，该债务在本篇案件中不得被予以免责。

（c）（1）除本条的附条（a）（3）（B）另有规定外，债务人应被免除本条附条（a）中第（2）、（4）或（6）款所述的债务，除非法院应所述债务的债权人的请求，经过通知和听证后，认为应当根据本条附条（a）中第（2）、（4）或（6）款不免除该债务。

（2）第（1）款不应适用于联邦存款机构监管机构作为受保存款机构的托管人、接管人或清算机构行使职能时，就机构关联方欠该受保存款机构的附条（a）（2）、（a）（4）、（a）（6）或（a）（11）所述的债务进行求偿的情形；除非被及时任命的接管人、托管人或清算机构，或为以公司身份作为该接管人、托管人或清算机构的继受人的联邦存款机构监管机构，作为该机构关联方的债权人针对该债务合理地遵守附条（a）（3）（B）的规定。

（d）若债权人请求根据本条的附条（a）（2）就消费债务作出是否免责的认定且该债务被免责，则当法院认为债权人的主张没有充分的正当理由时，应就该程序的成本及合理的律师费用作出支持债务人的判决，但若因特殊情形而将使得支持以上成本和费用有违公正，则法院不应作此判决。

would make the award unjust.

( e ) Any institution-affiliated party of an insured depository institution shall be considered to be acting in a fiduciary capacity with respect to the purposes of subsection( a ) ( 4 ) or ( 11 ) .

( Pub. L. 95-598, Nov. 6, 1978, 92 Stat. 2590; Pub. L. 96-56, §3, Aug. 14, 1979, 93 Stat. 387; Pub. L. 97-35, title XXIII, §2334 ( b ) , Aug. 13, 1981, 95 Stat. 863; Pub. L. 98-353, title III, §§307, 371, 454, July 10, 1984, 98 Stat. 353, 364, 375; Pub. L. 99-554, title II, §§257( n ), 281, 283( j ), Oct. 27, 1986, 100 Stat. 3115-3117; Pub. L. 101-581, §2( a ), Nov. 15, 1990, 104 Stat. 2865; Pub. L. 101-647, title XXV, §2522 ( a ) , title XXXI, §3102 ( a ) , title XXXVI, §3621, Nov. 29, 1990, 104 Stat. 4865, 4916, 4964; Pub. L. 103-322, title XXXII, §320934, Sept. 13, 1994, 108 Stat. 2135; Pub. L. 103-394, title II, §221, title III, §§304 ( e ) , ( h ) ( 3 ) , 306, 309, title V, §501 ( d ) ( 13 ) , Oct. 22, 1994, 108 Stat. 4129, 4133-4135, 4137, 4145; Pub. L. 104-134, title I, §101 [ ( a ) ][ title VIII, §804 ( b ) ] , Apr. 26, 1996, 110 Stat. 1321, 1321-74; renumbered title I, Pub. L. 104-140, §1( a ), May 2, 1996, 110 Stat. 1327; Pub. L. 104-193, title III, §374 ( a ) , Aug. 22, 1996, 110 Stat. 2255; Pub. L. 105-244, title IX, §971 ( a ) , Oct. 7, 1998, 112 Stat. 1837; Pub. L. 107-204, title VIII, §803, July 30, 2002, 116 Stat. 801; Pub. L. 109-8, title II, §§215, 220, 224 ( c ) , title III, §§301, 310, 314 ( a ) , title IV, §412, title VII, §714, title XII, §§1209, 1235, title XIV, §1404 ( a ) , title XV, §1502 ( a ) ( 2 ) , Apr. 20, 2005, 119 Stat. 54, 59, 64, 75, 84, 88, 107, 128, 194, 204, 215, 216; Pub. L. 111-327, §2 ( a ) ( 18 ) , Dec. 22, 2010, 124 Stat. 3559; Pub. L. 116-54, §4 ( a ) ( 8 ) , Aug. 23, 2019, 133 Stat. 1086. )

### § 524. Effect of discharge

( a ) A discharge in a case under this title—

( 1 ) voids any judgment at any time obtained, to the extent that such judgment is a determination of the personal liability of the debtor with respect to any debt discharged under section 727, 944, 1141, 1192, 1228, or 1328 of this title, whether or not discharge of such debt is waived;

( 2 ) operates as an injunction against the commencement or continuation of an action, the employment of process, or an act, to collect, recover or offset any such debt as a personal liability of the debtor, whether or not discharge of such debt is waived; and

( 3 ) operates as an injunction against the commencement or continuation of an action, the employment of process, or an act, to collect or recover from, or offset against, property of the debtor of the kind specified in section 541 ( a ) ( 2 ) of this title that is acquired after the commencement of the case, on account of any allowable community claim, except a community claim that is excepted from discharge under section 523, 1192, 1228 ( a ) ( 1 ) , or 1328 ( a ) ( 1 ) , or that would be so excepted, determined in accordance with the provisions of sections 523 ( c ) and 523 ( d ) of this title, in a case （e）针对附条（a）（4）或（11）而言，受保存款机构的任何机构关联方均应被认定以受托人的身份行事。

{ Pub. L. 95-598, Nov. 6, 1978, 92 Stat. 2590; Pub. L. 96-56, §3, Aug. 14, 1979, 93 Stat. 387; Pub. L. 97-35, title XXIII, §2334（b）, Aug. 13, 1981, 95 Stat. 863; Pub. L. 98-353, title III, §§307, 371, 454, July 10, 1984, 98 Stat. 353, 364, 375; Pub. L. 99-554, title II, §§257（n）, 281, 283（j）, Oct. 27, 1986, 100 Stat. 3115-3117; Pub. L. 101-581, §2（a）, Nov. 15, 1990, 104 Stat. 2865; Pub. L. 101-647, title XXV, §2522（a）, title XXXI, §3102（a）, title XXXVI, §3621, Nov. 29, 1990, 104 Stat. 4865, 4916, 4964; Pub. L. 103-322, title XXXII, §320934, Sept. 13, 1994, 108 Stat. 2135; Pub. L. 103-394, title II, §221, title III, §§304（e）,（h）（3）, 306, 309, title V, §501（d）（13）, Oct. 22, 1994, 108 Stat. 4129, 4133-4135, 4137, 4145; Pub. L. 104-134, title I, §101 [（a）][ title VIII, §804（b）], Apr. 26, 1996, 110 Stat. 1321, 1321-74; renumbered title I, Pub. L. 104-140, §1（a）, May 2, 1996, 110 Stat. 1327; Pub. L. 104-193, title III, §374（a）, Aug. 22, 1996, 110 Stat. 2255; Pub. L. 105-244, title IX, §971（a）, Oct. 7, 1998, 112 Stat. 1837; Pub. L. 107-204, title VIII, §803, July 30, 2002, 116 Stat. 801; Pub. L. 109-8, title II, §§215, 220, 224（c）, title III, §§301, 310, 314（a）, title IV, §412, title VII, §714, title XII, §§1209, 1235, title XIV, §1404（a）, title XV, §1502（a）（2）, Apr. 20, 2005, 119 Stat. 54, 59, 64, 75, 84, 88, 107, 128, 194, 204, 215, 216; Pub. L. 111-327, §2（a）（18）, Dec. 22, 2010, 124 Stat. 3559; Pub. L. 116-54, §4（a）（8）, Aug. 23, 2019, 133 Stat. 1086. }

**第 524 条　免责的效力**

（a）本篇案件中的免责将产生以下效力：

（1）任何时间内获得的认定债务人的个人责任的判决，若其针对的是根据本篇第 727、944、1141、1192、1228 或 1328 条而被免责的债务，则无论是否放弃该免责，该判决都将无效；

（2）作为禁令禁止以就债务人个人责任而向其收取、追偿或抵销免责债务为目的启动或进行诉讼、实施程序或采取措施；并且

（3）作为禁令禁止因任何经确认的在夫妻共同财产上的债权，就债务人在破产案件启动后获得的本篇第 541 条（a）（2）所述的财产，以收取、追偿或抵销为目的启动或进行诉讼、实施程序或采取措施，除非该债务在债务人的破产案件被提交申请当日启动的债务人配偶的破产案件中，根据第 523、1192、1228（a）（1）或 1328（a）（1）条未被予以免责或根据本篇第 523 条（c）或第 523 条（d）被认定为不得免责，无论其是否就夫妻共同债务放弃免责。

concerning the debtor's spouse commenced on the date of the filing of the petition in the case concerning the debtor, whether or not discharge of the debt based on such community claim is waived.

(b) Subsection (a)(3) of this section does not apply if—

(1)(A) the debtor's spouse is a debtor in a case under this title, or a bankrupt or a debtor in a case under the Bankruptcy Act, commenced within six years of the date of the filing of the petition in the case concerning the debtor; and

(B) the court does not grant the debtor's spouse a discharge in such case concerning the debtor's spouse; or

(2)(A) the court would not grant the debtor's spouse a discharge in a case under chapter 7 of this title concerning such spouse commenced on the date of the filing of the petition in the case concerning the debtor; and

(B) a determination that the court would not so grant such discharge is made by the bankruptcy court within the time and in the manner provided for a determination under section 727 of this title of whether a debtor is granted a discharge.

(c) An agreement between a holder of a claim and the debtor, the consideration for which, in whole or in part, is based on a debt that is dischargeable in a case under this title is enforceable only to any extent enforceable under applicable nonbankruptcy law, whether or not discharge of such debt is waived, only if—

(1) such agreement was made before the granting of the discharge under section 727, 1141, 1192, 1228, or 1328 of this title;

(2) the debtor received the disclosures described in subsection (k) at or before the time at which the debtor signed the agreement;

(3) such agreement has been filed with the court and, if applicable, accompanied by a declaration or an affidavit of the attorney that represented the debtor during the course of negotiating an agreement under this subsection, which states that—

(A) such agreement represents a fully informed and voluntary agreement by the debtor;

(B) such agreement does not impose an undue hardship on the debtor or a dependent of the debtor; and

(C) the attorney fully advised the debtor of the legal effect and consequences of—

(i) an agreement of the kind specified in this subsection; and

(ii) any default under such an agreement;

(4) the debtor has not rescinded such agreement at any time prior to discharge or within sixty days after such agreement is filed with the court, whichever occurs later, by giving notice of rescission to the holder of such claim;

(5) the provisions of subsection (d) of this section have been complied with; and

（b）在下列情形中，不适用本条的附条（a）（3）：

（1）（A）债务人的配偶在提交债务人的破产案件的申请前6年内系本篇另一案件的债务人或《破产法案》中的破产人或债务人；并且

（B）在债务人配偶的破产案件中，法院并未准予债务人配偶就其债务免责；或

（2）（A）在债务人的破产案件被提交申请之日根据本篇第7章启动的债务人配偶的破产案件中，法院并不会准予债务人配偶就其债务免责；并且

（B）法院所作的不予免责的认定是由破产法院在本篇第727条就是否对债务人予以免责的认定而规定的时间内，按照其规定的方式作出。

（c）债权人和债务人间的协议，若其全部或部分对价系基于在本篇案件中可予免责的债务，则当且仅当满足以下条件时，在根据非破产法可被强制执行的范围内仍可被强制执行：

（1）该协议系在根据本篇第727、1141、1192、1228或1328条准予免责前达成的；

（2）债务人在签订该协议时或之前已经收到附条（k）所述的披露材料；

（3）该协议已被提交法院，并且在相应的情况下，附有在协商本附条中的协议的过程中代理债务人的律师的书面说明或附誓书面说明，且在该说明上载明以下内容：

（A）该协议系由债务人在充分知情的情况下自愿达成；

（B）该协议不会给债务人或其被扶/抚养人带来不当负担；并且

（C）律师已经就以下事项的法律效力和后果充分告知债务人：

（i）本附条所述的协议；以及

（ii）该协议下的任何违约行为；

（4）在获得免责前或将该协议提交法院后60日内（以较晚者为准），债务人并未通过向债权人发出撤销的通知而撤销该协议；

（5）已遵守本条的附条（d）的规定；并且

(6)(A) in a case concerning an individual who was not represented by an attorney during the course of negotiating an agreement under this subsection, the court approves such agreement as—

(i) not imposing an undue hardship on the debtor or a dependent of the debtor; and

(ii) in the best interest of the debtor.

(B) Subparagraph (A) shall not apply to the extent that such debt is a consumer debt secured by real property.

(d) In a case concerning an individual, when the court has determined whether to grant or not to grant a discharge under section 727, 1141, 1192, 1228, or 1328 of this title, the court may hold a hearing at which the debtor shall appear in person. At any such hearing, the court shall inform the debtor that a discharge has been granted or the reason why a discharge has not been granted. If a discharge has been granted and if the debtor desires to make an agreement of the kind specified in subsection (c) of this section and was not represented by an attorney during the course of negotiating such agreement, then the court shall hold a hearing at which the debtor shall appear in person and at such hearing the court shall—

(1) inform the debtor—

(A) that such an agreement is not required under this title, under nonbankruptcy law, or under any agreement not made in accordance with the provisions of subsection (c) of this section; and

(B) of the legal effect and consequences of—

(i) an agreement of the kind specified in subsection (c) of this section; and

(ii) a default under such an agreement; and

(2) determine whether the agreement that the debtor desires to make complies with the requirements of subsection (c)(6) of this section, if the consideration for such agreement is based in whole or in part on a consumer debt that is not secured by real property of the debtor.

(e) Except as provided in subsection (a)(3) of this section, discharge of a debt of the debtor does not affect the liability of any other entity on, or the property of any other entity for, such debt.

(f) Nothing contained in subsection (c) or (d) of this section prevents a debtor from voluntarily repaying any debt.

(g)(1)(A) After notice and hearing, a court that enters an order confirming a plan of reorganization under chapter 11 may issue, in connection with such order, an injunction in accordance with this subsection to supplement the injunctive effect of a discharge under this section.

(B) An injunction may be issued under subparagraph (A) to enjoin entities from

（6）（A）若在协商本附条所述的协议的过程中本案的个人债务人并未由律师代理，则法院在以下情况中批准该协议：

（i）该协议不会给债务人或其被扶 / 抚养人带来不当负担；并且

（ii）符合债务人的最大利益。

（B）当其所负债务系由不动产担保的消费债务时，不得适用附款（A）。

（d）在个人破产案件中，当法院根据本篇第727、1141、1192、1228或1328条就是否予以免责作出认定时，可举行听证且债务人应当亲自出席。在该听证中，法院应告知债务人其已被准予免责，或未被准予免责的原因。若已被准予免责且债务人希望达成本条的附条（c）所述的协议，但在协商该协议的过程中，并未由律师代理，则法院应举行听证且债务人应当亲自出席，并且法院在该听证中应履行以下各项：

（1）就以下事项告知债务人：

（A）本篇、非破产法或根据本条的附条（c）订立的协议以外的协议均未要求其达成该协议；以及

（B）下列各项的法律效力和后果：

（i）本条的附条（c）所述的协议；以及

（ii）该协议下的违约行为；并且

（2）若该协议的对价全部或部分基于未由债务人不动产担保的消费债务，则法院须就债务人希望达成的协议是否符合本条的附条（c）（6）的要求作出认定。

（e）除本条的附条（a）（3）另有规定外，对债务人债务的免责并不影响任何其他实体就该债务承担责任或以任何其他实体的财产就该债务承担责任。

（f）本条的附条（c）或（d）并不禁止债务人自愿清偿债务。

（g）（1）（A）经过通知和听证后，根据第11章正式下令批准重整计划的法院可就该裁定根据本附条的规定签发禁令以补充本条中免责的禁止效力。

（B）根据附款（A）可被签发的禁令系为禁止某实体根据重整计划以直接或间

taking legal action for the purpose of directly or indirectly collecting, recovering, or receiving payment or recovery with respect to any claim or demand that, under a plan of reorganization, is to be paid in whole or in part by a trust described in paragraph (2)(B)(i), except such legal actions as are expressly allowed by the injunction, the confirmation order, or the plan of reorganization.

(2)(A) Subject to subsection (h), if the requirements of subparagraph (B) are met at the time an injunction described in paragraph (1) is entered, then after entry of such injunction, any proceeding that involves the validity, application, construction, or modification of such injunction, or of this subsection with respect to such injunction, may be commenced only in the district court in which such injunction was entered, and such court shall have exclusive jurisdiction over any such proceeding without regard to the amount in controversy.

(B) The requirements of this subparagraph are that—

(i) the injunction is to be implemented in connection with a trust that, pursuant to the plan of reorganization—

(I) is to assume the liabilities of a debtor which at the time of entry of the order for relief has been named as a defendant in personal injury, wrongful death, or property-damage actions seeking recovery for damages allegedly caused by the presence of, or exposure to, asbestos or asbestos-containing products;

(II) is to be funded in whole or in part by the securities of 1 or more debtors involved in such plan and by the obligation of such debtor or debtors to make future payments, including dividends;

(III) is to own, or by the exercise of rights granted under such plan would be entitled to own if specified contingencies occur, a majority of the voting shares of—

(aa) each such debtor;

(bb) the parent corporation of each such debtor; or

(cc) a subsidiary of each such debtor that is also a debtor; and

(IV) is to use its assets or income to pay claims and demands; and

(ii) subject to subsection (h), the court determines that—

(I) the debtor is likely to be subject to substantial future demands for payment arising out of the same or similar conduct or events that gave rise to the claims that are addressed by the injunction;

(II) the actual amounts, numbers, and timing of such future demands cannot be determined;

(III) pursuit of such demands outside the procedures prescribed by such plan is likely to threaten the plan's purpose to deal equitably with claims and future demands;

(IV) as part of the process of seeking confirmation of such plan—

接地收取、追偿或获得偿付为目的，针对任何将由第（2）款（B）(i) 所述的信托对其进行全部或部分偿付的债权或请求采取法律措施，除非该法律措施经过禁令、批准令或重整计划的明确准许。

（2）（A）在符合附条（h）规定的情况下，若在第（1）款所述的禁令被正式作出时，附款（B）中的要求已被满足，则在正式作出该禁令后，涉及该禁令的效力、适用、解释或变更的任何程序或本附条中涉及该禁令的程序，仅可在正式作出该禁令的地方法院启动，并且无论争议数额是多少，该法院对该程序均享有专属管辖权。

（B）本附款的要求为下列各项：

（i）该禁令的实施与根据重整计划成立的以下所述的信托有关：

（I）该信托旨在承担债务人的责任，而该债务人在正式作出破产救济令时，在就人身伤害、不法死亡或财产损害寻求损害赔偿的诉讼中系被告人，且该损害被主张系由石棉的存在、暴露或含石棉的产品所导致；

（II）该信托的全部或部分系由该计划涉及的一个或多个债务人的证券或债务人进行未来偿付（包括股息）的义务所组成；

（III）该信托拥有，或通过行使该计划授予的权利而将使其在特定的意外事件发生时拥有，以下主体的多数的投票股权：

（aa）该计划涉及的各债务人；

（bb）各债务人的母公司；或

（cc）同时作为债务人的各债务人的子公司；并且

（IV）该信托使用其资产或收入就债权或请求作出偿付；并且

（ii）在符合附条（h）规定的情况下，法院就以下事项作出认定：

（I）债务人可能在未来面对大量的请求，且引起该请求的行为或事件与引起该禁令所涉债权的行为或事件相同或相似；

（II）无法就未来请求的金额、数量和时间进行认定；

（III）在该计划规定的程序外实现该请求可能会威胁到该计划公平处理债权和未来的请求的目的；

（IV）作为寻求该计划批准的程序的一部分，应满足以下要求：

(aa) the terms of the injunction proposed to be issued under paragraph (1)(A), including any provisions barring actions against third parties pursuant to paragraph (4)(A), are set out in such plan and in any disclosure statement supporting the plan; and

(bb) a separate class or classes of the claimants whose claims are to be addressed by a trust described in clause (i) is established and votes, by at least 75 percent of those voting, in favor of the plan; and

(V) subject to subsection (h), pursuant to court orders or otherwise, the trust will operate through mechanisms such as structured, periodic, or supplemental payments, pro rata distributions, matrices, or periodic review of estimates of the numbers and values of present claims and future demands, or other comparable mechanisms, that provide reasonable assurance that the trust will value, and be in a financial position to pay, present claims and future demands that involve similar claims in substantially the same manner.

(3)(A) If the requirements of paragraph (2)(B) are met and the order confirming the plan of reorganization was issued or affirmed by the district court that has jurisdiction over the reorganization case, then after the time for appeal of the order that issues or affirms the plan—

(i) the injunction shall be valid and enforceable and may not be revoked or modified by any court except through appeal in accordance with paragraph (6);

(ii) no entity that pursuant to such plan or thereafter becomes a direct or indirect transferee of, or successor to any assets of, a debtor or trust that is the subject of the injunction shall be liable with respect to any claim or demand made against such entity by reason of its becoming such a transferee or successor; and

(iii) no entity that pursuant to such plan or thereafter makes a loan to such a debtor or trust or to such a successor or transferee shall, by reason of making the loan, be liable with respect to any claim or demand made against such entity, nor shall any pledge of assets made in connection with such a loan be upset or impaired for that reason;

(B) Subparagraph (A) shall not be construed to—

(i) imply that an entity described in subparagraph (A)(ii) or (iii) would, if this paragraph were not applicable, necessarily be liable to any entity by reason of any of the acts described in subparagraph (A);

(ii) relieve any such entity of the duty to comply with, or of liability under, any Federal or State law regarding the making of a fraudulent conveyance in a transaction described in subparagraph (A)(ii) or (iii); or

(iii) relieve a debtor of the debtor's obligation to comply with the terms of the plan of reorganization, or affect the power of the court to exercise its authority under sections 1141 and 1142 to compel the debtor to do so.

(4)(A)(i) Subject to subparagraph (B), an injunction described in paragraph (1) （aa）根据第（1）款（A）计划签发的禁令的条款在该计划或任何支持该计划的披露声明中均已被列出，包括根据第（4）款（A）禁止对第三方提起诉讼的任何规定；并且

（bb）其债权系由第（i）项所述的信托来偿付的债权人，应将其归于一个或多个单独的债权小组并进行投票，并且至少有 75% 的投票者支持该计划；并且

（V）在符合附条（h）规定的情况下，根据法院裁定或其他规定，该信托将通过结构性、定期或补充支付、按比例分配、数学模型或定期审查当前债权及未来请求的价值和数量的估值，或者通过能够合理保证该信托将维持在能以基本相同的方式支付当前债权或涉及类似债权的请求的财务状况并对此加以重视的其他类似方式。

（3）（A）若均已符合第（2）款（B）的要求，并且对该重整案件具有管辖权的地方法院已经签发或确认了批准重整计划的裁定，则签发或确认批准该计划的裁定的上诉期届满后，其将产生以下效力：

（i）该禁令有效且可被强制执行，并且除非有人根据第（6）款提出上诉，否则任何法院不得撤销或变更该禁令：

（ii）任何根据该计划或其后成为债务人或该禁令涉及的信托的直接或间接的受让人或其财产的继受人的实体，都不得因其成为该受让人或继受人而就任何对其主张的债权或请求承担责任；并且

（iii）任何根据该计划或其后向债务人、信托或其继受人、受让人提供贷款的实体都不得因其提供贷款而就任何对其主张的债权或请求承担责任，且与该贷款有关的任何资产抵押也不得因此受到破坏或调整；

（B）附款（A）不得被解释为：

（i）在不适用该款的情况下，附款（A）（ii）或（iii）所述的实体将必然因附款（A）所述的行为而对其他实体承担责任；

（ii）免除该实体遵守任何规制在附款（A）（ii）或（iii）所述的交易中进行欺诈性转让的联邦法律或州法的义务，或免除该实体根据前述法律而承担的责任；或

（iii）免除债务人遵守重整计划条款的义务，或影响法院根据第 1141 条和第 1142 条行使其职权以强制债务人遵守其义务的权力。

（4）（A）（i）在符合附款（B）规定的情况下，第（1）款所述的禁令应对其涉

shall be valid and enforceable against all entities that it addresses.

(ii) Notwithstanding the provisions of section 524 (e), such an injunction may bar any action directed against a third party who is identifiable from the terms of such injunction (by name or as part of an identifiable group) and is alleged to be directly or indirectly liable for the conduct of, claims against, or demands on the debtor to the extent such alleged liability of such third party arises by reason of—

(I) the third party's ownership of a financial interest in the debtor, a past or present affiliate of the debtor, or a predecessor in interest of the debtor;

(II) the third party's involvement in the management of the debtor or a predecessor in interest of the debtor, or service as an officer, director or employee of the debtor or a related party;

(III) the third party's provision of insurance to the debtor or a related party; or

(IV) the third party's involvement in a transaction changing the corporate structure, or in a loan or other financial transaction affecting the financial condition, of the debtor or a related party, including but not limited to—

(aa) involvement in providing financing (debt or equity), or advice to an entity involved in such a transaction; or

(bb) acquiring or selling a financial interest in an entity as part of such a transaction.

(iii) As used in this subparagraph, the term "related party" means—

(I) a past or present affiliate of the debtor;

(II) a predecessor in interest of the debtor; or

(III) any entity that owned a financial interest in—

(aa) the debtor;

(bb) a past or present affiliate of the debtor; or

(cc) a predecessor in interest of the debtor.

(B) Subject to subsection (h), if, under a plan of reorganization, a kind of demand described in such plan is to be paid in whole or in part by a trust described in paragraph (2)(B)(i) in connection with which an injunction described in paragraph (1) is to be implemented, then such injunction shall be valid and enforceable with respect to a demand of such kind made, after such plan is confirmed, against the debtor or debtors involved, or against a third party described in subparagraph (A)(ii), if—

(i) as part of the proceedings leading to issuance of such injunction, the court appoints a legal representative for the purpose of protecting the rights of persons that might subsequently assert demands of such kind, and

(ii) the court determines, before entering the order confirming such plan, that identifying such debtor or debtors, or such third party (by name or as part of an identifiable group), in such injunction with respect to such demands for purposes of this

及的所有实体有效并可被强制执行。

（ii）即使存在第 524 条（e）的规定，存在第三方被主张直接或间接就债务人的行为或对债务人享有的债权或主张的请求而承担责任，则当该第三方的责任系由以下原因产生时，该禁令还可通过在禁令条款中明确指明该第三方的身份（通过其姓名或作为被明确指明团体的一部分），从而禁止任何对该第三方提起的诉讼：

（I）第三方就债务人、债务人过去或现在的关联方或其前身上的经济权益享有的所有权；

（II）第三方参与管理债务人或其前身的行为或作为债务人或其关联人员的高管、董事或员工提供的服务；

（III）第三方向债务人或关联人员提供保险的行为；或

（IV）第三方参与改变公司结构的交易或参与影响债务人或关联人员财务状况的贷款或其他金融交易的行为，包括但不限于以下各项：

（aa）参与提供融资（债务或股权）或向参与该交易的实体提供建议；或

（bb）获取或出售参与该交易的实体上的经济权益。

（iii）就本附款而言，"关联人员"指：

（I）债务人曾经或现在的关联方；

（II）债务人的前身；或

（III）任何在以下主体中享有经济权益的实体：

（aa）债务人；

（bb）债务人曾经或现在的关联方；或

（cc）债务人的前身。

（B）在符合附条（h）规定的情况下，若根据重整计划，该计划所述的请求将全部或部分由第（2）款（B）（i）所述的，第（1）款中将被实施的禁令所涉及的信托来偿付，则在满足以下条件时，该禁令针对该计划得到批准后对涉及的债务人（或债务人们）或附款（A）（ii）所述的第三方主张的请求仍应有效并可被强制执行：

（i）作为达成签发该禁令的程序的一部分，法院任命法定代表人以保护后续可能提出该请求的人的权利，并且

（ii）在正式下令批准该计划前，法院认为针对本附款所述的请求在该禁令中明确指明该债务人或债务人们，或者该第三方（通过其姓名或被明确指明团体的一部分），考虑到给代表债务人或债务人们的信托或第三方带来的或将要带来的利益，对

subparagraph is fair and equitable with respect to the persons that might subsequently assert such demands, in light of the benefits provided, or to be provided, to such trust on behalf of such debtor or debtors or such third party.

(5) In this subsection, the term "demand" means a demand for payment, present or future, that—

(A) was not a claim during the proceedings leading to the confirmation of a plan of reorganization;

(B) arises out of the same or similar conduct or events that gave rise to the claims addressed by the injunction issued under paragraph (1); and

(C) pursuant to the plan, is to be paid by a trust described in paragraph (2)(B)(i).

(6) Paragraph (3)(A)(i) does not bar an action taken by or at the direction of an appellate court on appeal of an injunction issued under paragraph (1) or of the order of confirmation that relates to the injunction.

(7) This subsection does not affect the operation of section 1144 or the power of the district court to refer a proceeding under section 157 of title 28 or any reference of a proceeding made prior to the date of the enactment of this subsection.

(h) APPLICATION TO EXISTING INJUNCTIONS.—For purposes of subsection (g) —

(1) subject to paragraph (2), if an injunction of the kind described in subsection (g)(1)(B) was issued before the date of the enactment of this Act, as part of a plan of reorganization confirmed by an order entered before such date, then the injunction shall be considered to meet the requirements of subsection (g)(2)(B) for purposes of subsection (g)(2)(A), and to satisfy subsection (g)(4)(A)(ii), if—

(A) the court determined at the time the plan was confirmed that the plan was fair and equitable in accordance with the requirements of section 1129 (b);

(B) as part of the proceedings leading to issuance of such injunction and confirmation of such plan, the court had appointed a legal representative for the purpose of protecting the rights of persons that might subsequently assert demands described in subsection (g)(4)(B) with respect to such plan; and

(C) such legal representative did not object to confirmation of such plan or issuance of such injunction; and

(2) for purposes of paragraph (1), if a trust described in subsection (g)(2)(B)(i) is subject to a court order on the date of the enactment of this Act staying such trust from settling or paying further claims—

(A) the requirements of subsection (g)(2)(B)(ii)(V) shall not apply with respect to such trust until such stay is lifted or dissolved; and

于后续主张该请求的人来说是公平公正的。

（5）在本附条中，“请求”指现在或未来请求偿付的请求，并且满足以下条件：

（A）并非在达成重整计划的批准的程序中已经存在的债权；

（B）引发该请求的行为或事件与引发根据第（1）款签发的禁令针对的债权的行为或事件相同或类似；并且

（C）根据该计划，其将由第（2）款（B）（i）所述的信托来偿付。

（6）第（3）款（A）（i）并不阻止上诉法院在针对第（1）款签发的禁令或与该禁令有关的批准令而提起的上诉中采取任何措施或对其作出指示。

（7）本附条并不影响第 1144 条的适用或地方法院移送《美国联邦法典》第 28 篇第 157 条所述的诉讼或本附条颁布[①]前进行的诉讼的权力。

（h）适用于现有禁令：就附条（g）而言

（1）在符合第（2）款规定的情况下，若附条（g）（1）（B）所述的禁令作为本篇案被颁布[②]前被正式下令批准的重整计划的一部分，在本篇案被颁布前已被签发，则在下列情形中，就附条（g）（2）（A）而言，该禁令应被认定为符合附条（g）（2）（B）的要求以及附条（g）（4）（A）（ii）的规定：

（A）法院在批准该计划时，基于第 1129 条（b）的要求，认定该计划是公平公正的；

（B）作为达成签发该禁令和批准该计划的程序的一部分，法院已经任命法定代表人以保护后续可能就该计划主张附条（g）（4）（B）所述请求的人的权利；并且

（C）该法定代表人并不反对该计划的批准或该禁令的签发；并且

（2）就第（1）款而言，若附条（g）（2）（B）（i）所述的信托在本法案被颁布之日被下令冻结其就债权继续进行结算或清偿：

（A）则在该冻结被取消或解除前，附条（g）（2）（B）（ii）（V）中的要求不得

① 根据“文中引用”，系指 Pub. L. 103–394 的颁布，该法使附条（g）生效并且在 1994 年 10 月 22 日被批准。
② 根据“文中引用”，可能指 Pub. L. 103–394 的颁布，该法使附条（h）生效并且在 1994 年 10 月 22 日被批准。

(B) if such trust meets such requirements on the date such stay is lifted or dissolved, such trust shall be considered to have met such requirements continuously from the date of the enactment of this Act.

(i) The willful failure of a creditor to credit payments received under a plan confirmed under this title, unless the order confirming the plan is revoked, the plan is in default, or the creditor has not received payments required to be made under the plan in the manner required by the plan (including crediting the amounts required under the plan), shall constitute a violation of an injunction under subsection (a)(2) if the act of the creditor to collect and failure to credit payments in the manner required by the plan caused material injury to the debtor.

(j) Subsection (a)(2) does not operate as an injunction against an act by a creditor that is the holder of a secured claim, if—

(1) such creditor retains a security interest in real property that is the principal residence of the debtor;

(2) such act is in the ordinary course of business between the creditor and the debtor; and

(3) such act is limited to seeking or obtaining periodic payments associated with a valid security interest in lieu of pursuit of in rem relief to enforce the lien.

(k)(1) The disclosures required under subsection (c)(2) shall consist of the disclosure statement described in paragraph (3), completed as required in that paragraph, together with the agreement specified in subsection (c), statement, declaration, motion and order described, respectively, in paragraphs (4) through (8), and shall be the only disclosures required in connection with entering into such agreement.

(2) Disclosures made under paragraph (1) shall be made clearly and conspicuously and in writing. The terms "Amount Reaffirmed" and "Annual Percentage Rate" shall be disclosed more conspicuously than other terms, data or information provided in connection with this disclosure, except that the phrases "Before agreeing to reaffirm a debt, review these important disclosures" and "Summary of Reaffirmation Agreement" may be equally conspicuous. Disclosures may be made in a different order and may use terminology different from that set forth in paragraphs (2) through (8), except that the terms "Amount Reaffirmed" and "Annual Percentage Rate" must be used where indicated.

(3) The disclosure statement required under this paragraph shall consist of the following:

(A) The statement: "Part A: Before agreeing to reaffirm a debt, review these important disclosures";

(B) Under the heading "Summary of Reaffirmation Agreement", the statement: "This

适用于该信托；并且

（B）若该信托在冻结被取消或解除当日，符合附条（g）（2）（B）（ii）（V）中的要求，则该信托应被认定为自本法案颁布之日起即符合前述要求。

（i）若债权人故意不确认依据本篇中得到批准的计划收到的还款，则除非批准该计划的裁定被撤销，存在违反该计划的行为或债权人不是以该计划要求的方式（包括该计划要求的还款金额）收到该计划要求偿付的款项，否则若债务人收取债务或不按照该计划要求的方式确认还款的行为对债务人造成重大损害，其将被视为违反附条（a）（2）所述的禁令。

（j）在下列情形中，附条（a）（2）并不作为禁令禁止担保债权人的行为：

（1）该债权人就债务人作为主要住所的不动产享有担保权益；

（2）该行为系在债权人与债务人间的常规营业范围内发生；并且

（3）该行为仅为寻求或获得与有效担保权益相关的定期偿付，而非寻求物权救济以强制执行财产上担保权。

（k）（1）附条（c）（2）要求的披露材料应包括第（3）款中根据该款的要求而完成的披露声明，以及附条（c）所述的协议，第（4）款至第（8）款分别列明的陈述、声明、动议以及裁定，并且该披露材料是订立该协议所唯一要求的披露材料。

（2）根据第（1）款制作的披露材料应当清楚明白且以书面形式制作。相较于该披露材料中载明的与该披露有关的其他术语、数据或信息，应突出显示“再认金额”与“年利率”，除此之外，“在同意对债务进行再认前，请审阅这些重要的披露材料”和“再认协议摘要”这两个短语也可被同样突出显示。披露可按照不同的顺序来制作也可使用不同于第（2）款至第（8）款规定的术语，但在要说明“再认金额”与“年利率”时，必须使用这两个术语。

（3）本款要求的披露声明应包含以下各项：

（A）载明：“A 部分：在同意对债务进行再认前，请审阅这些重要的披露材料”；

（B）在“再认协议摘要”这一标题下，载明：“本摘要系根据《破产法典》的

Summary is made pursuant to the requirements of the Bankruptcy Code";

(C) The "Amount Reaffirmed", using that term, which shall be—

(i) the total amount of debt that the debtor agrees to reaffirm by entering into an agreement of the kind specified in subsection (c), and

(ii) the total of any fees and costs accrued as of the date of the disclosure statement, related to such total amount.

(D) In conjunction with the disclosure of the "Amount Reaffirmed", the statements—

(i) "The amount of debt you have agreed to reaffirm"; and

(ii) "Your credit agreement may obligate you to pay additional amounts which may come due after the date of this disclosure. Consult your credit agreement."

(E) The "Annual Percentage Rate", using that term, which shall be disclosed as—

(i) if, at the time the petition is filed, the debt is an extension of credit under an open end credit plan, as the terms "credit" and "open end credit plan" are defined in section 103 of the Truth in Lending Act, then—

(I) the annual percentage rate determined under paragraphs (5) and (6) of section 127 (b) of the Truth in Lending Act, as applicable, as disclosed to the debtor in the most recent periodic statement prior to entering into an agreement of the kind specified in subsection (c) or, if no such periodic statement has been given to the debtor during the prior 6 months, the annual percentage rate as it would have been so disclosed at the time the disclosure statement is given to the debtor, or to the extent this annual percentage rate is not readily available or not applicable, then

(II) the simple interest rate applicable to the amount reaffirmed as of the date the disclosure statement is given to the debtor, or if different simple interest rates apply to different balances, the simple interest rate applicable to each such balance, identifying the amount of each such balance included in the amount reaffirmed, or

(III) if the entity making the disclosure elects, to disclose the annual percentage rate under subclause (I) and the simple interest rate under subclause (II); or

(ii) if, at the time the petition is filed, the debt is an extension of credit other than under an open end credit plan, as the terms "credit" and "open end credit plan" are defined in section 103 of the Truth in Lending Act, then—

(I) the annual percentage rate under section 128 (a) (4) of the Truth in Lending Act, as disclosed to the debtor in the most recent disclosure statement given to the debtor prior to the entering into an agreement of the kind specified in subsection (c) with respect to the debt, or, if no such disclosure statement was given to the debtor, the annual percentage rate as it would have been so disclosed at the time the disclosure statement is given to the debtor, or to the extent this annual percentage rate is not readily available or

要求制作而成”；

（C）使用“再认金额”这一术语时，其应指以下各项：

（i）债务人通过订立附条（c）所述的协议而同意再认的债务总金额，以及

（ii）自披露声明之日起，与债务总金额相关的所有累计费用和成本。

（D）披露“再认金额”的同时，载有以下陈述：

（i）“您已同意再认的债务金额”；以及

（ii）“您的贷款协议可能使您偿付在本披露日期后可能到期的额外金额。请查阅您的贷款协议。”

（E）使用“年利率”这一术语时，其应指以下各项：

（i）若在提交破产申请时，该债务系开放式信贷计划下的被发放的信贷（“信贷”和“开放式信贷计划”的定义见《诚实借贷法》第103条），则应指：

（I）在订立附条（c）所述的协议前，在最新的定期报表中向债务人披露的，根据《诚实借贷法》第127条（b）的第（5）款和第（6）款确定的年利率；或者，若在订立协议前6个月内并未向债务人提供该定期报表，则指在向债务人提供披露声明时本应向其披露的年利率，或在难以应用或适用该年利率的范围内，则指：

（II）向债务人提供披露声明之日起，可适用于再认金额的简单利率；若就不同的债务余额适用不同的简单利率，则该年利率指通过确认再认金额中该债务余额的金额而适用于各债务余额的简单利率，或

（III）若作此披露的实体选择根据附项（I）披露年利率以及根据附款（II）披露简单利率；或

（ii）若在提交申请时，债务系开放性信贷计划外的获取的信贷（“信贷”和“开放性信贷计划”的定义见《诚实信贷法》第103条），则：

（I）在就债务订立附条（c）所述的协议前，在向债务人提供的最新披露声明中向其披露的《诚实借贷法》第128条（a）（4）中的年利率；或若未向债务人提供该披露声明，在向债务人提供披露声明时本应向其披露的年利率，或者在难以应用或适用该年利率的范围内，则指：

not applicable, then

(II) the simple interest rate applicable to the amount reaffirmed as of the date the disclosure statement is given to the debtor, or if different simple interest rates apply to different balances, the simple interest rate applicable to each such balance, identifying the amount of such balance included in the amount reaffirmed, or

(III) if the entity making the disclosure elects, to disclose the annual percentage rate under (I) and the simple interest rate under (II).

(F) If the underlying debt transaction was disclosed as a variable rate transaction on the most recent disclosure given under the Truth in Lending Act, by stating "The interest rate on your loan may be a variable interest rate which changes from time to time, so that the annual percentage rate disclosed here may be higher or lower."

(G) If the debt is secured by a security interest which has not been waived in whole or in part or determined to be void by a final order of the court at the time of the disclosure, by disclosing that a security interest or lien in goods or property is asserted over some or all of the debts the debtor is reaffirming and listing the items and their original purchase price that are subject to the asserted security interest, or if not a purchase-money security interest then listing by items or types and the original amount of the loan.

(H) At the election of the creditor, a statement of the repayment schedule using 1 or a combination of the following—

(i) by making the statement: "Your first payment in the amount of $____is due on___ but the future payment amount may be different. Consult your reaffirmation agreement or credit agreement, as applicable." and stating the amount of the first payment and the due date of that payment in the places provided;

(ii) by making the statement: "Your payment schedule will be", and describing the repayment schedule with the number, amount, and due dates or period of payments scheduled to repay the debts reaffirmed to the extent then known by the disclosing party; or

(iii) by describing the debtor's repayment obligations with reasonable specificity to the extent then known by the disclosing party.

(I) The following statement: "Note: When this disclosure refers to what a creditor 'may' do, it does not use the word 'may' to give the creditor specific permission. The word 'may' is used to tell you what might occur if the law permits the creditor to take the action. If you have questions about your reaffirming a debt or what the law requires, consult with the attorney who helped you negotiate this agreement reaffirming a debt. If you don't have an attorney helping you, the judge will explain the effect of your reaffirming a debt when the hearing on the reaffirmation agreement is held."

(J) (i) The following additional statements:

（II）向债务人提供披露声明之日起，可适用于再认金额的简单利率；若就不同的债务余额适用不同的简单利率，则该年利率指通过确认再认金额中该债务余额的金额而适用于各债务余额的简单利率，或

（III）若作此披露的实体选择根据附项（I）披露年利率以及根据附款（II）披露简单利率。

（F）若相关的债务交易被作为浮动利率交易而在根据《诚实借贷法》作出的最新披露中被披露，应载明："您贷款的利率可能是随时变化的浮动利率，所以在此被披露的年利率可能更高或更低。"

（G）若该债务系由担保权益所担保且该担保权益在披露时并未被全部或部分放弃，或者由法院的最终裁定被认定无效，则应披露商品或财产上用以担保债务人部分或全部再认债务的担保权益或担保权，并且列明被主张享有担保权益的商品或财产以及它们的原始购买价格，或者若其并非购买价金担保权益，则应列明该商品或财产的名称或类型以及贷款的原始金额。

（H）在债权人的选择下，采用以下一项或多项陈述的还款计划：

（i）载明："您的首次还款金额为__美元且在__到期，但未来还款金额可能会有所不同。请在相应的情况下查阅债务再认协议或债权协议。"并在相应位置上填写首次还款的金额及该还款的到期日；

（ii）载明："您的还款计划将为"并就还款计划针对拟定清偿披露方所知的再认债务的数额、金额以及到期日或还款期间；或

（iii）就披露方当时知悉的范围内，合理具体地说明债务人的清偿义务。

（I）以下陈述："注：当本披露提及债权人'可以'做某事，并非使用'可以'一词给予债权人特定许可。'可以'一词用来向您说明若法律允许债权人采取某措施，则可能会发生这种情况。若您就您再认债务的行为或法律的要求存有疑问，请咨询帮助您协商再认债务协议的律师。若并无律师为您提供帮助，在就再认协议举行的听证上，法官将为您解释再认债务的行为的效力。"

（J）（i）以下额外陈述：

"Reaffirming a debt is a serious financial decision. The law requires you to take certain steps to make sure the decision is in your best interest. If these steps are not completed, the reaffirmation agreement is not effective, even though you have signed it.

"1. Read the disclosures in this Part A carefully. Consider the decision to reaffirm carefully. Then, if you want to reaffirm, sign the reaffirmation agreement in Part B ( or you may use a separate agreement you and your creditor agree on ) .

"2. Complete and sign Part D and be sure you can afford to make the payments you are agreeing to make and have received a copy of the disclosure statement and a completed and signed reaffirmation agreement.

"3. If you were represented by an attorney during the negotiation of your reaffirmation agreement, the attorney must have signed the certification in Part C.

"4. If you were not represented by an attorney during the negotiation of your reaffirmation agreement, you must have completed and signed Part E.

"5. The original of this disclosure must be filed with the court by you or your creditor. If a separate reaffirmation agreement ( other than the one in Part B ) has been signed, it must be attached.

"6. If you were represented by an attorney during the negotiation of your reaffirmation agreement, your reaffirmation agreement becomes effective upon filing with the court unless the reaffirmation is presumed to be an undue hardship as explained in Part D.

"7. If you were not represented by an attorney during the negotiation of your reaffirmation agreement, it will not be effective unless the court approves it. The court will notify you of the hearing on your reaffirmation agreement. You must attend this hearing in bankruptcy court where the judge will review your reaffirmation agreement. The bankruptcy court must approve your reaffirmation agreement as consistent with your best interests, except that no court approval is required if your reaffirmation agreement is for a consumer debt secured by a mortgage, deed of trust, security deed, or other lien on your real property, like your home.

"Your right to rescind ( cancel ) your reaffirmation agreement. You may rescind ( cancel ) your reaffirmation agreement at any time before the bankruptcy court enters a discharge order, or before the expiration of the 60-day period that begins on the date your reaffirmation agreement is filed with the court, whichever occurs later. To rescind ( cancel ) your reaffirmation agreement, you must notify the creditor that your reaffirmation agreement is rescinded ( or canceled ) .

"What are your obligations if you reaffirm the debt? A reaffirmed debt remains your personal legal obligation. It is not discharged in your bankruptcy case. That means that if you default on your reaffirmed debt after your bankruptcy case is over, your creditor

“再认债务是一项严肃的财务决定。法律要求您采取特定的步骤以确保该决定符合您的最大利益。若并未完成这些步骤，即使您已经签订再认协议，该协议也并无效力。

“1. 仔细阅读 A 部分中的披露事项。谨慎考虑再认的决定。然后,若您想要再认，请在 B 部分签署再认协议（或者您可以使用您与债权人达成的单独协议）。

“2. 完成并签署 D 部分并确保您有能力支付您同意偿还的款项并且已经收到披露声明及已签署的完整再认协议的副本。

“3. 若您在协商再认协议的过程中已由律师代理，则该律师必须已经签署 C 部分中的证明。

“4. 若您在协商再认协议的过程中并未由律师代理，则您必须已经完成并签署 E 部分。

“5. 本披露的原件必须由您或您的债权人向法院提交。若已签署单独的再认协议（除 B 部分中的协议外），则应一并提交。

“6. 若您在协商您的再认协议的过程中已由律师代理，则除非再认协议被推定为 D 部分所述的不当负担，否则您的再认协议在向法院提交后将即刻生效。

“7. 若您在协商您的再认协议的过程中并未由律师代理，则除非法院予以批准，否则该协议都将无效。法院将就再认协议的听证向您发出通知。您必须出席在法官将审查您的再认协议的破产法院举行的听证。若该协议符合您的最大利益，则破产法院必须予以批准，除非您的再认协议涉及由抵押、信托契约、担保契约或其他设于您不动产（如您的住宅）上的担保权所担保的消费债务，因为在该情况下并不需要法院的批准。

“您有权解除（撤销）您的再认协议。您可以在破产法院正式作出免责裁定前的任意时间内或在向法院提交您的再认协议之日起 60 日期间届满前（两者中较晚者为准）解除（撤销）您的再认协议。为了解除（撤销）您的再认协议，您必须向债权人通知您的再认协议已被解除（撤销）。

“若您对债务进行再认，您将承担什么义务？被再认的债务仍然是您的个人法律义务。其并未在您的破产案件中被予以免责。这意味着在破产案件结束后，若您就再认债务有违约行为，您的债权人可有权拿取您的财产或工资。除此之外，您的

may be able to take your property or your wages. Otherwise, your obligations will be determined by the reaffirmation agreement which may have changed the terms of the original agreement. For example, if you are reaffirming an open end credit agreement, the creditor may be permitted by that agreement or applicable law to change the terms of that agreement in the future under certain conditions.

"Are you required to enter into a reaffirmation agreement by any law? No, you are not required to reaffirm a debt by any law. Only agree to reaffirm a debt if it is in your best interest. Be sure you can afford the payments you agree to make.

"What if your creditor has a security interest or lien? Your bankruptcy discharge does not eliminate any lien on your property. A 'lien' is often referred to as a security interest, deed of trust, mortgage or security deed. Even if you do not reaffirm and your personal liability on the debt is discharged, because of the lien your creditor may still have the right to take the property securing the lien if you do not pay the debt or default on it. If the lien is on an item of personal property that is exempt under your State's law or that the trustee has abandoned, you may be able to redeem the item rather than reaffirm the debt. To redeem, you must make a single payment to the creditor equal to the amount of the allowed secured claim, as agreed by the parties or determined by the court."

(ii) In the case of a reaffirmation under subsection (m)(2), numbered paragraph 6 in the disclosures required by clause (i) of this subparagraph shall read as follows:

"6. If you were represented by an attorney during the negotiation of your reaffirmation agreement, your reaffirmation agreement becomes effective upon filing with the court."

(4) The form of such agreement required under this paragraph shall consist of the following:

"Part B: Reaffirmation Agreement. I (we) agree to reaffirm the debts arising under the credit agreement described below.

"Brief description of credit agreement:

"Description of any changes to the credit agreement made as part of this reaffirmation agreement:

"Signature: Date:

"Borrower:

"Co-borrower, if also reaffirming these debts:

"Accepted by creditor:

"Date of creditor acceptance: ".

(5) The declaration shall consist of the following:

(A) The following certification:

"Part C: Certification by Debtor's Attorney (If Any).

"I hereby certify that (1) this agreement represents a fully informed and voluntary

义务将由再认协议所决定，尽管其可能已经改变了原始协议的条款。例如，若您再认开放信贷协议，则债权人根据该协议或相应法律的规定可在未来就特定的情形变更该协议的条款。

“是否有任何法律的要求要求您签订再认协议？不，并无任何法律要求您对债务进行再认。请仅在再认债务符合您的最大利益时才同意再认债务。请确保您有能力支付您同意偿还的款项。

“若您的债权人享有担保权益或财产上担保权怎么办？您的破产免责并不会免除您财产上的任何担保权。‘财产上担保权’通常指担保权益、信托契约、抵押或担保契约。即使您并未再认债务并且您就该债务承担的个人责任已被免责，因为财产上担保权的存在，若您并未清偿债务或有违约行为，您的债权人仍可有权拿取担保该财产上担保权的财产。若设有担保权的动产根据您所在州的州法被豁免或托管人已经放弃该动产，则您可以回赎该财产而不是再认债务。要回赎财产，您必须按照当事人的同意或法院的决定，向债权人一次性支付经确认担保债权的金额。”

（ii）在附条（m）（2）所述的再认债务的情形中，本附款的第（i）项所要求的陈述中第 6 款应载明以下内容：

“6. 若您在协商您的再认协议的过程中已由律师代理，则您的再认协议在向法院提交后将即刻生效。”

（4）本款所要求的该协议的格式应当包括以下内容：

“B 部分：再认协议。我（我们）同意再认根据下述贷款协议产生的债务。

“贷款协议的简要说明：

“就作为该再认协议一部分而对贷款协议进行的任何变更的说明：

“签名：　　日期：

“贷款人：

“也要再认该债务的共同贷款人：

“接受该协议的债权人：

“债权人接受日期：　”。

（5）声明应当包含以下内容：

（A）以下证明文件：

“C 部分：债务人律师的证明文件（若债务人聘有律师）。

“本人在此证明（1）本协议系由债务人在充分知情的情况下自愿达成；（2）本

agreement by the debtor; (2) this agreement does not impose an undue hardship on the debtor or any dependent of the debtor; and (3) I have fully advised the debtor of the legal effect and consequences of this agreement and any default under this agreement.

"Signature of Debtor's Attorney: Date:"

(B) If a presumption of undue hardship has been established with respect to such agreement, such certification shall state that, in the opinion of the attorney, the debtor is able to make the payment.

(C) In the case of a reaffirmation agreement under subsection (m)(2), subparagraph (B) is not applicable.

(6)(A) The statement in support of such agreement, which the debtor shall sign and date prior to filing with the court, shall consist of the following:

"Part D: Debtor's Statement in Support of Reaffirmation Agreement.

"1. I believe this reaffirmation agreement will not impose an undue hardship on my dependents or me. I can afford to make the payments on the reaffirmed debt because my monthly income (take home pay plus any other income received) is $____, and my actual current monthly expenses including monthly payments on post-bankruptcy debt and other reaffirmation agreements total $____, leaving $____to make the required payments on this reaffirmed debt. I understand that if my income less my monthly expenses does not leave enough to make the payments, this reaffirmation agreement is presumed to be an undue hardship on me and must be reviewed by the court. However, this presumption may be overcome if I explain to the satisfaction of the court how I can afford to make the payments here:_______.

"2. I received a copy of the Reaffirmation Disclosure Statement in Part A and a completed and signed reaffirmation agreement."

(B) Where the debtor is represented by an attorney and is reaffirming a debt owed to a creditor defined in section 19 (b)(1)(A)(iv) of the Federal Reserve Act, the statement of support of the reaffirmation agreement, which the debtor shall sign and date prior to filing with the court, shall consist of the following:

"I believe this reaffirmation agreement is in my financial interest. I can afford to make the payments on the reaffirmed debt. I received a copy of the Reaffirmation Disclosure Statement in Part A and a completed and signed reaffirmation agreement."

(7) The motion that may be used if approval of such agreement by the court is required in order for it to be effective, shall be signed and dated by the movant and shall consist of the following:

"Part E: Motion for Court Approval (To be completed only if the debtor is not represented by an attorney.) I (we), the debtor (s), affirm the following to be true and correct:

协议并未给债务人或其被扶 / 抚养人带来不当负担；以及（3）本人已经向债务人充分说明本协议及本协议下的任何违约行为的法律效力和后果。

“债务人律师的签名： 日期： ”

（B）若就该协议已经成立不当负担的推定，则该证明文件还应载明，律师认为债务人有能力还款。

（C）对于附条（m）（2）所述的再认协议，不适用附款（B）的规定。

（6）（A）在向法院提交前债务人应当签署并注明日期的支持该协议的声明中，应当包含以下内容：

“D 部分：支持再认协议的债务人声明。

“1. 本人相信该再认协议不会给本人或本人的被扶 / 抚养人造成不当负担。本人有能力就再认的债务进行还款，因为本人的月收入（实得工资加上所获得的任何其他收入）为__美元，并且本人实际的当前月支出包括每月因破产后债务和其他再认协议而支付的款项总额为__美元，剩余__美元用于该再认协议要求的还款。本人知道若本人的收入减去本人的每月支出不足以进行还款，则该再认协议被推定为给本人造成不当负担并且必须由法院进行审查。然而，若本人向法院就本人如何有能力还款在此：__作出解释并使法院信服，则该推定可被推翻。

“2. 本人已经收到 A 部分中的再认披露声明以及已签署的完整再认协议的副本。”

（B）当债务人由律师代理并对向《联邦储备法》第 19 条（b）（1）（A）（iv）所述的债权人所负的债务进行再认，则在向法院提交前债务人应当签署并注明日期的支持该协议的声明中，应当包含以下内容：

“本人相信该再认协议符合本人的经济利益。本人有能力就再认的债务进行还款。本人已经收到 A 部分中的再认披露声明以及已签署的完整再认协议的副本。”

（7）若法院对该协议的批准需要作出裁定从而使其生效，则动议书应由动议人签署并注明日期，并且应当载明以下内容：

“E 部分：就法院批准的动议（当且仅当债务人并未由律师代表时才需填写该部分。）我（我们），债务人（债务人们），确认以下内容均真实、准确：

"I am not represented by an attorney in connection with this reaffirmation agreement.

"I believe this reaffirmation agreement is in my best interest based on the income and expenses I have disclosed in my Statement in Support of this reaffirmation agreement, and because（provide any additional relevant reasons the court should consider）:

"Therefore, I ask the court for an order approving this reaffirmation agreement."

（8）The court order, which may be used to approve such agreement, shall consist of the following:

"Court Order: The court grants the debtor's motion and approves the reaffirmation agreement described above."

（l）Notwithstanding any other provision of this title the following shall apply:

（1）A creditor may accept payments from a debtor before and after the filing of an agreement of the kind specified in subsection（c）with the court.

（2）A creditor may accept payments from a debtor under such agreement that the creditor believes in good faith to be effective.

（3）The requirements of subsections（c）（2）and（k）shall be satisfied if disclosures required under those subsections are given in good faith.

（m）（1）Until 60 days after an agreement of the kind specified in subsection（c）is filed with the court（or such additional period as the court, after notice and a hearing and for cause, orders before the expiration of such period）, it shall be presumed that such agreement is an undue hardship on the debtor if the debtor's monthly income less the debtor's monthly expenses as shown on the debtor's completed and signed statement in support of such agreement required under subsection（k）（6）（A）is less than the scheduled payments on the reaffirmed debt. This presumption shall be reviewed by the court. The presumption may be rebutted in writing by the debtor if the statement includes an explanation that identifies additional sources of funds to make the payments as agreed upon under the terms of such agreement. If the presumption is not rebutted to the satisfaction of the court, the court may disapprove such agreement. No agreement shall be disapproved without notice and a hearing to the debtor and creditor, and such hearing shall be concluded before the entry of the debtor's discharge.

（2）This subsection does not apply to reaffirmation agreements where the creditor is a credit union, as defined in section 19（b）（1）（A）（iv）of the Federal Reserve Act.

（Pub. L. 95-598, Nov. 6, 1978, 92 Stat. 2592; Pub. L. 98-353, title III, §§308, 455, July 10, 1984, 98 Stat. 354, 376; Pub. L. 99-554, title II, §§257（o）, 282, 283（k）, Oct. 27, 1986, 100 Stat. 3115-3117; Pub. L. 103-394, title I, §§103, 111（a）, title V, §501（d）（14）, Oct. 22, 1994, 108 Stat. 4108, 4113, 4145; Pub. L. 109-8, title II, §§202, 203（a）, title XII, §1210, Apr. 20, 2005, 119 Stat. 43, 194; Pub. L. 111-327, §2（a）（19）, Dec. 22, 2010, 124 Stat. 3559; Pub. L. 116-54, §4（a）（9）, Aug. 23, 2019, 133 Stat. 1086.）

“本人在涉及该再认协议的事项上并未由律师代理。

“基于本人在支持再认协议的声明中已经披露的收入和支出，本人相信该再认协议符合本人的最大利益，并且因为（提供法院应予以考量的其他相关原因）：

“因此，本人请求法院下令批准该再认协议。”

（8）批准该协议的法院裁定应当包含以下内容：

“法院裁定：法院支持债务人的动议并批准上述再认协议。”

（l）即使本篇有任何其他规定，仍应适用以下规定：

（1）在附条（c）所述的协议被向法院提交前后，债权人可接受债务人的还款。

（2）若债权人善意地相信该协议有效，则债权人可根据该协议接受债务人的还款。

（3）若出于善意而根据附条（c）（2）和（k）的要求进行披露，则应视为符合附条（c）（2）和（k）的要求。

（m）（1）在附条（c）所述的协议被提交至法院后60日以前（或法院经过通知和听证后，在该期间届满前下令额外延长的期间），若在附条（k）（6）（A）要求的债务人已签署的支持该协议的完整声明上载明的债务人的月收入减去载明的月支出少于就再认债务拟定还款的金额，则该协议应被推定为给债务人造成不当负担。法院应就该推定进行审查。若在该声明中就用以根据该协议拟定的条款而进行还款的资金的其他来源进行解释，则该推定可由债务人书面推翻。若该推定的推翻不能使法院信服，则法院可拒绝批准该协议。拒绝就协议作出批准应向债务人及债权人发出通知并举行听证，且该听证应在对债务人予以免责前结束。

（2）本附条不适用于债权人为信用社（定义见《联邦储备法》第19条（b）（1）（A）（iv））的再认协议。

[ Pub. L. 95-598, Nov. 6, 1978, 92 Stat. 2592; Pub. L. 98-353, title III, §§308, 455, July 10, 1984, 98 Stat. 354, 376; Pub. L. 99-554, title II, §§257（o）, 282, 283（k）, Oct. 27, 1986, 100 Stat. 3115-3117; Pub. L. 103-394, title I, §§103, 111（a）, title V, §501（d）（14）, Oct. 22, 1994, 108 Stat. 4108, 4113, 4145; Pub. L. 109-8, title II, §§202, 203（a）, title XII, §1210, Apr. 20, 2005, 119 Stat. 43, 194; Pub. L. 111-327, §2（a）（19）, Dec. 22, 2010, 124 Stat. 3559; Pub. L. 116-54, §4（a）（9）, Aug. 23, 2019, 133 Stat. 1086. ]

### § 525. Protection against discriminatory treatment

( a ) Except as provided in the Perishable Agricultural Commodities Act, 1930, the Packers and Stockyards Act, 1921, and section 1 of the Act entitled "An Act making appropriations for the Department of Agriculture for the fiscal year ending June 30, 1944, and for other purposes," approved July 12, 1943, a governmental unit may not deny, revoke, suspend, or refuse to renew a license, permit, charter, franchise, or other similar grant to, condition such a grant to, discriminate with respect to such a grant against, deny employment to, terminate the employment of, or discriminate with respect to employment against, a person that is or has been a debtor under this title or a bankrupt or a debtor under the Bankruptcy Act, or another person with whom such bankrupt or debtor has been associated, solely because such bankrupt or debtor is or has been a debtor under this title or a bankrupt or debtor under the Bankruptcy Act, has been insolvent before the commencement of the case under this title, or during the case but before the debtor is granted or denied a discharge, or has not paid a debt that is dischargeable in the case under this title or that was discharged under the Bankruptcy Act.

( b ) No private employer may terminate the employment of, or discriminate with respect to employment against, an individual who is or has been a debtor under this title, a debtor or bankrupt under the Bankruptcy Act, or an individual associated with such debtor or bankrupt, solely because such debtor or bankrupt—

( 1 ) is or has been a debtor under this title or a debtor or bankrupt under the Bankruptcy Act;

( 2 ) has been insolvent before the commencement of a case under this title or during the case but before the grant or denial of a discharge; or

( 3 ) has not paid a debt that is dischargeable in a case under this title or that was discharged under the Bankruptcy Act.

( c ) ( 1 ) A governmental unit that operates a student grant or loan program and a person engaged in a business that includes the making of loans guaranteed or insured under a student loan program may not deny a student grant, loan, loan guarantee, or loan insurance to a person that is or has been a debtor under this title or a bankrupt or debtor under the Bankruptcy Act, or another person with whom the debtor or bankrupt has been associated, because the debtor or bankrupt is or has been a debtor under this title or a bankrupt or debtor under the Bankruptcy Act, has been insolvent before the commencement of a case under this title or during the pendency of the case but before the debtor is granted or denied a discharge, or has not paid a debt that is dischargeable in the case under this title or that was discharged under the Bankruptcy Act.

( 2 ) In this section, "student loan program" means any program operated under title IV of the Higher Education Act of 1965 or a similar program operated under State or local

**第 525 条　反歧视性待遇保护**

（a）除《1930 年易腐农产品法》、《1921 年加工和牲畜饲养法》以及标题为“就结束于 1944 年 6 月 30 日的财政年度向农业部拨款，并出于其他目的的法案”（于 1943 年 7 月 12 日被批准）的第 1 条另有规定外，针对现在或曾经是本篇债务人或《破产法案》中的破产人或债务人的人，或其他与该破产者或债务人有关联的人，政府机构不得仅因其现在或曾经为本篇中的债务人或《破产法案》中的破产人或债务人，其在本篇案件启动之前已经资不抵债，或者破产案件正在进行中但其尚未被准予或不予免责或未能偿还根据本篇在本案中可被免责的债务或根据《破产法案》已经被免责的债务，而否认、撤销、暂停或拒绝向其续签执照、许可证、特许状、特许经营权或其他类似许可，就该许可的作出施加条件，在许可事项上歧视对待此人，拒绝雇佣此人、终止其雇佣关系或在雇佣事项上歧视对待此人。

（b）针对现在或曾经是本篇中的债务人、《破产法案》中的债务人或破产人的个人或与该债务人或破产人有关联的个人，任何私人雇主不得仅因该债务人或破产人处于如下所述情形，而终止雇佣该个人或在雇佣事项上对其歧视对待：

（1）现在或曾经是本篇中的债务人或《破产法案》中的债务人或破产人；

（2）在本篇案件启动前已经资不抵债或破产案件正在进行中但尚未被准予或不予免责；或

（3）并未偿还根据本篇在本案中可被免责的债务或根据《破产法案》已被免责的债务。

（c）（1）针对现在或曾经是本篇债务人或《破产法案》中的破产人或债务人的人，或其他与该破产人或债务人有关联的人，负责学生资助或贷款计划的政府机构以及从事包括根据学生贷款计划提供贷款担保或保险的业务的人，不得仅因其现在或曾经为本篇中的债务人或《破产法案》中的破产人或债务人，其在本篇案件启动之前已经事实破产，或者破产案件正在进行中但其尚未被准予或不予免责或并未偿还根据本篇在本案中可被免责的债务或根据《破产法案》已经被免责的债务，而拒绝向其提供学生资助、贷款、贷款担保或贷款保险。

（2）在本条中，“学生贷款计划”指任何根据《1965 年高等教育法》第 IV 篇运行的计划或根据州法或地方法律运行的类似计划。

law.

( Pub. L. 95-598, Nov. 6, 1978, 92 Stat. 2593; Pub. L. 98-353, title III, §309, July 10, 1984, 98 Stat. 354; Pub. L. 103-394, title III, §313, title V, §501 ( d ) ( 15 ) , Oct. 22, 1994, 108 Stat. 4140, 4145; Pub. L. 109-8, title XII, §1211, Apr. 20, 2005, 119 Stat. 194. )

### § 526. Restrictions on debt relief agencies

( a ) A debt relief agency shall not—

( 1 ) fail to perform any service that such agency informed an assisted person or prospective assisted person it would provide in connection with a case or proceeding under this title;

( 2 ) make any statement, or counsel or advise any assisted person or prospective assisted person to make a statement in a document filed in a case or proceeding under this title, that is untrue or misleading, or that upon the exercise of reasonable care, should have been known by such agency to be untrue or misleading;

( 3 ) misrepresent to any assisted person or prospective assisted person, directly or indirectly, affirmatively or by material omission, with respect to—

( A ) the services that such agency will provide to such person; or

( B ) the benefits and risks that may result if such person becomes a debtor in a case under this title; or

( 4 ) advise an assisted person or prospective assisted person to incur more debt in contemplation of such person filing a case under this title or to pay an attorney or bankruptcy petition preparer a fee or charge for services performed as part of preparing for or representing a debtor in a case under this title.

( b ) Any waiver by any assisted person of any protection or right provided under this section shall not be enforceable against the debtor by any Federal or State court or any other person, but may be enforced against a debt relief agency.

( c ) ( 1 ) Any contract for bankruptcy assistance between a debt relief agency and an assisted person that does not comply with the material requirements of this section, section 527, or section 528 shall be void and may not be enforced by any Federal or State court or by any other person, other than such assisted person.

( 2 ) Any debt relief agency shall be liable to an assisted person in the amount of any fees or charges in connection with providing bankruptcy assistance to such person that such debt relief agency has received, for actual damages, and for reasonable attorneys' fees and costs if such agency is found, after notice and a hearing, to have—

( A ) intentionally or negligently failed to comply with any provision of this section, section 527, or section 528 with respect to a case or proceeding under this title for such assisted person;

( B ) provided bankruptcy assistance to an assisted person in a case or proceeding

[ Pub. L. 95-598, Nov. 6, 1978, 92 Stat. 2593; Pub. L. 98-353, title III, §309, July 10, 1984, 98 Stat. 354; Pub. L. 103-394, title III, §313, title V, §501 ( d ) ( 15 ) , Oct. 22, 1994, 108 Stat. 4140, 4145; Pub. L. 109-8, title XII, §1211, Apr. 20, 2005, 119 Stat. 194. ]

**第 526 条　债务救济机构的限制**

（a）债务救济机构不得：

（1）未能履行该机构已通知受援助人或潜在的受援助人其将就本篇案件或程序提供的任何服务；

（2）在本篇案件或程序中要提交的文件里提供或建议受援助人或潜在的受援助人提供虚假或具有误导性的陈述，或者在尽到合理注意义务的情况下，该机构应当知道其为虚假或具有误导性的陈述；

（3）针对以下事项，直接或间接地出于故意或重大过失而向受援助人或潜在的受援助人进行不实陈述：

（A）该机构将向受援助人或潜在的受援助人提供的服务；或

（B）若其成为本篇案件中的债务人可能会带来的利益和风险；或

（4）考虑到受援助人或潜在的受援助人根据本篇提交破产案件的情况，建议其承担更多债务或向律师或破产申请准备人就其在本篇案件中为债务人准备申请或代理债务人的服务支付费用。

（b）任何受援助人就本条规定的任何保护或权利的放弃均不得由任何联邦法院或州立法院或他人对债务人强制执行，但可对债务救济机构强制执行。

（c）（1）债务救济机构与受援助人就破产援助签订的任何合同，若不符合本条、第 527 条或第 528 条中的实质要求，则应当无效并且不得由任何联邦法院或州立法院或该受援助人外的其他人强制执行。

（2）若经过通知和听证后，债务救济机构被发现实施以下行为，则应当以其就向受援助人提供破产援助而收取的任何费用的金额，向受援助人就实际损害和合理的律师费用和成本承担责任：

（A）出于故意或过失而未能履行本条、第 527 条或第 528 条针对本篇案件或程序的任何规定；

（B）该机构向受援助人提供了破产援助，但因该机构出于故意或过失而未能提

under this title that is dismissed or converted to a case under another chapter of this title because of such agency's intentional or negligent failure to file any required document including those specified in section 521; or

(C) intentionally or negligently disregarded the material requirements of this title or the Federal Rules of Bankruptcy Procedure applicable to such agency.

(3) In addition to such other remedies as are provided under State law, whenever the chief law enforcement officer of a State, or an official or agency designated by a State, has reason to believe that any person has violated or is violating this section, the State—

(A) may bring an action to enjoin such violation;

(B) may bring an action on behalf of its residents to recover the actual damages of assisted persons arising from such violation, including any liability under paragraph (2); and

(C) in the case of any successful action under subparagraph (A) or (B), shall be awarded the costs of the action and reasonable attorneys' fees as determined by the court.

(4) The district courts of the United States for districts located in the State shall have concurrent jurisdiction of any action under subparagraph (A) or (B) of paragraph (3).

(5) Notwithstanding any other provision of Federal law and in addition to any other remedy provided under Federal or State law, if the court, on its own motion or on the motion of the United States trustee or the debtor, finds that a person intentionally violated this section, or engaged in a clear and consistent pattern or practice of violating this section, the court may—

(A) enjoin the violation of such section; or

(B) impose an appropriate civil penalty against such person.

(d) No provision of this section, section 527, or section 528 shall—

(1) annul, alter, affect, or exempt any person subject to such sections from complying with any law of any State except to the extent that such law is inconsistent with those sections, and then only to the extent of the inconsistency; or

(2) be deemed to limit or curtail the authority or ability—

(A) of a State or subdivision or instrumentality thereof, to determine and enforce qualifications for the practice of law under the laws of that State; or

(B) of a Federal court to determine and enforce the qualifications for the practice of law before that court.

(Added Pub. L. 109-8, title II, §227 (a), Apr. 20, 2005, 119 Stat. 67; amended Pub. L. 111-327, §2 (a)(20), Dec. 22, 2010, 124 Stat. 3560.)

### § 527. Disclosures

(a) A debt relief agency providing bankruptcy assistance to an assisted person shall provide—

交所要求的文件（包括第 521 条所述的文件）而使得受援助人的本篇案件或程序被驳回或被转换至本篇另一章节；或

（C）出于故意或过失而无视本篇或《联邦破产程序规则》适用于该机构的实质性要求。

（3）除了州法规定的其他救济措施之外，当州内的首席执法官或州内指定的官员或机构有理由相信有人已经违反或正在违反本条规定时，州政府：

（A）可提起诉讼以制止该违反行为；

（B）可代表其居民提起诉讼以追偿受援助人因该违反行为而遭受的实际损失，包括第（2）款所述的任何责任；

（C）当附款（A）或（B）所述的诉讼胜诉时，应被准予获得诉讼费用以及法院确定的合理的律师费用。

（4）位于州内某地区的美国地区法院应就第（3）款的附款（A）或（B）所述的诉讼具有共同管辖权。

（5）即使联邦法律有任何其他规定，除了联邦法律或州法规定的其他救济措施之外，若法院在其自身的动议下或应联邦托管人或债务人的动议，发现有人故意违反本条规定或者确实持续违反本条规定，则法院可实施以下各项：

（A）禁止违反本条规定的行为；或

（B）对此人施以适当的民事罚金。

（d）本条、第 527 条或第 528 条的任何规定均不得：

（1）取消、变更、影响或豁免受前述规定约束的主体遵守任何州的任何法律的义务，除非该法律与前述规定相抵触，则仅在相抵触的范围内可取消、变更、影响或豁免其义务；或

（2）被视为限制或削弱以下主体的以下权力或能力：

（A）州政府或其政府机关或职能单位认定并执行根据该州的州法从事法律业务的资格；或

（B）联邦法院认定并执行在该法院从事法律业务的资格。

[经 Pub. L. 109-8, title II, §227（a）, Apr. 20, 2005, 119 Stat. 67; amended Pub. L. 111-327, §2（a）(20）, Dec. 22, 2010, 124 Stat. 3560. 增补]

**第 527 条　披露材料**

（a）向受援助人提供破产援助的债务救济机构应当提供以下各项：

(1) the written notice required under section 342 (b) (1); and

(2) to the extent not covered in the written notice described in paragraph (1), and not later than 3 business days after the first date on which a debt relief agency first offers to provide any bankruptcy assistance services to an assisted person, a clear and conspicuous written notice advising assisted persons that—

(A) all information that the assisted person is required to provide with a petition and thereafter during a case under this title is required to be complete, accurate, and truthful;

(B) all assets and all liabilities are required to be completely and accurately disclosed in the documents filed to commence the case, and the replacement value of each asset as defined in section 506 must be stated in those documents where requested after reasonable inquiry to establish such value;

(C) current monthly income, the amounts specified in section 707 (b) (2), and, in a case under chapter 13 of this title, disposable income (determined in accordance with section 707 (b) (2)), are required to be stated after reasonable inquiry; and

(D) information that an assisted person provides during their case may be audited pursuant to this title, and that failure to provide such information may result in dismissal of the case under this title or other sanction, including a criminal sanction.

(b) A debt relief agency providing bankruptcy assistance to an assisted person shall provide each assisted person at the same time as the notices required under subsection (a) (1) the following statement, to the extent applicable, or one substantially similar. The statement shall be clear and conspicuous and shall be in a single document separate from other documents or notices provided to the assisted person:

"IMPORTANT INFORMATION ABOUT BANKRUPTCY ASSISTANCE SERVICES FROM AN ATTORNEY OR BANKRUPTCY PETITION PREPARER.

"If you decide to seek bankruptcy relief, you can represent yourself, you can hire an attorney to represent you, or you can get help in some localities from a bankruptcy petition preparer who is not an attorney. THE LAW REQUIRES AN ATTORNEY OR BANKRUPTCY PETITION PREPARER TO GIVE YOU A WRITTEN CONTRACT SPECIFYING WHAT THE ATTORNEY OR BANKRUPTCY PETITION PREPARER WILL DO FOR YOU AND HOW MUCH IT WILL COST. Ask to see the contract before you hire anyone.

"The following information helps you understand what must be done in a routine bankruptcy case to help you evaluate how much service you need. Although bankruptcy can be complex, many cases are routine.

"Before filing a bankruptcy case, either you or your attorney should analyze your eligibility for different forms of debt relief available under the Bankruptcy Code and which form of relief is most likely to be beneficial for you. Be sure you understand the relief

（1）第342条（b）（1）要求的书面通知；以及

（2）在第（1）款所述的书面通知中并未提及的内容范围内，在债务救济机构首次向受援助人提供任何破产援助之日起3个工作日内，以书面通知的形式就以下事项清楚明白地告知受援助人：

（A）所有要求受援助人与破产申请一同提供或此后在本篇案件实施期间被要求提供的信息都应当是完整的、准确的和真实的；

（B）所有的资产和责任都被要求在启动本案的提交文件中被完整、准确地进行披露，并且若经过合理的问询后要求确定每项资产的重置价值（定义见第506条），则必须在被要求提供该项信息的文件中载明该重置价值；

（C）经过合理的问询后，要求提供当前月收入、第707条（b）（2）列明的金额以及在本篇第13章案件中可支配收入（根据第707条（b）（2）来确定）的说明；并且

（D）案件实施期间受援助人提供的信息均可被根据本篇进行审核，并且若未能提供该信息，则可导致本篇案件的驳回或其他处罚，包括刑事处罚。

（b）向受援助人提供破产援助的债务救济机构应在向受援助人发出附条（a）（1）要求的通知的同时，根据具体情况向各受援助人作出以下陈述或基本类似的陈述。该陈述应当清楚明白并且应与被要求向受援助人提供的其他文件或通知分开并载于另一单独的文件中：

“关于由律师或破产申请准备人提供的破产援助服务的重要信息。”

“若您决定寻求破产救济，您可以自行参与，您也可以聘请律师代理您，或者您可在当地从不是律师的破产申请准备人处获取帮助。法律要求律师或破产申请准备人向您提供书面合同并载明律师或破产申请准备人将为您提供的服务以及费用。在您聘用任何人前，请先要求查看该合同。”

“以下信息将帮助您理解在常规的破产案件中必须履行的事项从而帮助您评估您所需要的服务。尽管破产案件可能会很复杂，但很多案件都是常规案件。”

“在提交破产申请前，您或您的律师应当分析您是否有资格根据《破产法典》获得其他可行的债务救济以及哪种救济最有可能对您有利。请您确保您已了解您能获得的救济以及其限制。为申请破产案件，需要正确准备名为申请、报表以及财务

you can obtain and its limitations. To file a bankruptcy case, documents called a Petition, Schedules, and Statement of Financial Affairs, and in some cases a Statement of Intention, need to be prepared correctly and filed with the bankruptcy court. You will have to pay a filing fee to the bankruptcy court. Once your case starts, you will have to attend the required first meeting of creditors where you may be questioned by a court official called a 'trustee' and by creditors.

"If you choose to file a chapter 7 case, you may be asked by a creditor to reaffirm a debt. You may want help deciding whether to do so. A creditor is not permitted to coerce you into reaffirming your debts.

"If you choose to file a chapter 13 case in which you repay your creditors what you can afford over 3 to 5 years, you may also want help with preparing your chapter 13 plan and with the confirmation hearing on your plan which will be before a bankruptcy judge.

"If you select another type of relief under the Bankruptcy Code other than chapter 7 or chapter 13, you will want to find out what should be done from someone familiar with that type of relief.

"Your bankruptcy case may also involve litigation. You are generally permitted to represent yourself in litigation in bankruptcy court, but only attorneys, not bankruptcy petition preparers, can give you legal advice."

(c) Except to the extent the debt relief agency provides the required information itself after reasonably diligent inquiry of the assisted person or others so as to obtain such information reasonably accurately for inclusion on the petition, schedules or statement of financial affairs, a debt relief agency providing bankruptcy assistance to an assisted person, to the extent permitted by nonbankruptcy law, shall provide each assisted person at the time required for the notice required under subsection (a)(1) reasonably sufficient information (which shall be provided in a clear and conspicuous writing) to the assisted person on how to provide all the information the assisted person is required to provide under this title pursuant to section 521, including—

(1) how to value assets at replacement value, determine current monthly income, the amounts specified in section 707 (b)(2) and, in a chapter 13 case, how to determine disposable income in accordance with section 707 (b)(2) and related calculations;

(2) how to complete the list of creditors, including how to determine what amount is owed and what address for the creditor should be shown; and

(3) how to determine what property is exempt and how to value exempt property at replacement value as defined in section 506.

(d) A debt relief agency shall maintain a copy of the notices required under subsection (a) of this section for 2 years after the date on which the notice is given the assisted person.

事项声明，以及某些情况下名为意向声明的文件并向法院提交。您必须向破产法院支付申请费。一旦您的案件启动，您将必须出席被要求举行的首次债权人会议并接受名为‘托管人’的法院工作人员以及债权人的质询。

“若您选择提交第 7 章案件，您可能被债权人要求对债务进行再认。您可能需要帮助以决定是否这样做。债权人不得强迫您再认您的债务。

“若您选择提交第 13 章案件并且在该案中您将在 3 至 5 年内全力向您的债权人作出清偿，您也可能需要帮助以准备您第 13 章的计划以及就您计划的批准而在破产法官面前举行的听证。

“若您根据《破产法典》选择第 7 章或第 13 章外的其他种类的救济，您将会想要向熟悉该类型救济的人了解应该采取的措施。

“您的破产案件可能也会涉及诉讼。通常情况下，您在破产法院可以亲自出庭，但是仅有律师可以为您提供法律建议，破产申请准备人不得为您提供法律建议。”

（c）就债务救济机构被要求自身提供的信息，其可通过对受援助人或他人的合理谨慎问询以便合理准确地获得该信息从而载于破产申请、报表或财务事项说明中。除了前述信息外，向受援助人提供破产援助的债务援助机构在非破产法允许的范围内，应当在被要求向受援助人发出附条（a）（1）所述的通知时，向各受援助人提供关于受援助人如何根据本篇提供所有第 521 条要求提供的信息的合理充分信息（以书面形式清楚明白地向其说明），包括以下各项：

（1）如何估量资产的重置价值，如何确定当前月收入、第 707 条（b）（2）中的金额以及在第 13 章案件中，如何根据第 707 条（b）（2）和相关计算来确定可支配收入；

（2）如何完成债权人名单，包括如何确定其所负债务的金额以及应向债权人提供的地址；以及

（3）如何确定哪项财产可被予以豁免以及如何估量豁免财产的重置价值（定义见第 506 条）。

（d）债务救济机构应在本条的附条（a）要求的通知向受援助人发出之日起 2 年内保存该通知的副本。

(Added Pub. L. 109-8, title II, §228 (a), Apr. 20, 2005, 119 Stat. 69; amended Pub. L. 111-327, §2 (a)(21), Dec. 22, 2010, 124 Stat. 3560.)

## § 528. Requirements for debt relief agencies

(a) A debt relief agency shall—

(1) not later than 5 business days after the first date on which such agency provides any bankruptcy assistance services to an assisted person, but prior to such assisted person's petition under this title being filed, execute a written contract with such assisted person that explains clearly and conspicuously—

(A) the services such agency will provide to such assisted person; and

(B) the fees or charges for such services, and the terms of payment;

(2) provide the assisted person with a copy of the fully executed and completed contract;

(3) clearly and conspicuously disclose in any advertisement of bankruptcy assistance services or of the benefits of bankruptcy directed to the general public (whether in general media, seminars or specific mailings, telephonic or electronic messages, or otherwise) that the services or benefits are with respect to bankruptcy relief under this title; and

(4) clearly and conspicuously use the following statement in such advertisement: "We are a debt relief agency. We help people file for bankruptcy relief under the Bankruptcy Code." or a substantially similar statement.

(b)(1) An advertisement of bankruptcy assistance services or of the benefits of bankruptcy directed to the general public includes—

(A) descriptions of bankruptcy assistance in connection with a chapter 13 plan whether or not chapter 13 is specifically mentioned in such advertisement; and

(B) statements such as "federally supervised repayment plan" or "Federal debt restructuring help" or other similar statements that could lead a reasonable consumer to believe that debt counseling was being offered when in fact the services were directed to providing bankruptcy assistance with a chapter 13 plan or other form of bankruptcy relief under this title.

(2) An advertisement, directed to the general public, indicating that the debt relief agency provides assistance with respect to credit defaults, mortgage foreclosures, eviction proceedings, excessive debt, debt collection pressure, or inability to pay any consumer debt shall—

(A) disclose clearly and conspicuously in such advertisement that the assistance may involve bankruptcy relief under this title; and

(B) include the following statement: "We are a debt relief agency. We help people file for bankruptcy relief under the Bankruptcy Code." or a substantially similar statement.

(Added Pub. L. 109-8, title II, §229 (a), Apr. 20, 2005, 119 Stat. 71.)

［经 Pub. L. 109-8, title II, §228（a）, Apr. 20, 2005, 119 Stat. 69; amended Pub. L. 111-327, §2（a）（21）, Dec. 22, 2010, 124 Stat. 3560. 增补］

**第 528 条　债务救济机构的要求**

（a）债务救济机构应当符合以下要求：

（1）在首次向受援助人提供任何破产援助之日后 5 个工作日内，但在该受援助人根据本篇提交破产申请前，与该受援助人订立书面合同并就以下事项进行清楚明白地解释：

（A）该机构将向该受援助人提供的服务；以及

（B）就该服务收取的费用以及付款条款；

（2）向受援助人提供完成的完整的合同的副本；

（3）在任何有关破产援助服务或破产益处的，面向公众（无论是通过大众传媒、讲座或特定的邮件、电话或电子讯息或其他方式）的广告中，清楚明白地说明该服务或益处系针对本篇中的破产救济；并且

（4）在该广告中清楚明白地使用以下陈述："我们是债务救济机构。我们帮助人们根据《破产法典》申请破产救济。"或基本类似的陈述。

（b）（1）有关破产援助服务或破产益处的面向公众的广告包含以下内容：

（A）对与第 13 章计划有关的破产援助进行的说明，无论在该广告中是否特别提及第 13 章；以及

（B）"联邦监管的还款计划"或"联邦债务重组援助"或其他表述，以使理性消费者相信债务咨询实际上系在针对第 13 章计划提供破产援助或本篇其他形式的破产救济提供服务时而被提供的。

（2）若面向公众的广告表明其将针对信用违约、丧失抵押赎回权、驱逐程序、过度债务、追债压力或无力清偿消费债务提供破产援助，则该广告应当包含以下内容：

（A）在该广告中清楚明白地说明该援助可能涉及本篇中的破产救济；以及

（B）包含以下陈述："我们是债务救济机构。我们帮助人们根据《破产法典》申请破产救济。"或基本类似的陈述。

［经 Pub. L. 109-8, title II, §229（a）, Apr. 20, 2005, 119 Stat. 71. 增补］

# SUBCHAPTER Ⅲ —THE ESTATE

## § 541. Property of the estate

( a ) The commencement of a case under section 301, 302, or 303 of this title creates an estate. Such estate is comprised of all the following property, wherever located and by whomever held:

( 1 ) Except as provided in subsections ( b ) and ( c ) ( 2 ) of this section, all legal or equitable interests of the debtor in property as of the commencement of the case.

( 2 ) All interests of the debtor and the debtor's spouse in community property as of the commencement of the case that is—

( A ) under the sole, equal, or joint management and control of the debtor; or

( B ) liable for an allowable claim against the debtor, or for both an allowable claim against the debtor and an allowable claim against the debtor's spouse, to the extent that such interest is so liable.

( 3 )Any interest in property that the trustee recovers under section 329( b ), 363( n ), 543, 550, 553, or 723 of this title.

( 4 ) Any interest in property preserved for the benefit of or ordered transferred to the estate under section 510 ( c ) or 551 of this title.

( 5 ) Any interest in property that would have been property of the estate if such interest had been an interest of the debtor on the date of the filing of the petition, and that the debtor acquires or becomes entitled to acquire within 180 days after such date—

( A ) by bequest, devise, or inheritance;

( B ) as a result of a property settlement agreement with the debtor's spouse, or of an interlocutory or final divorce decree; or

( C ) as a beneficiary of a life insurance policy or of a death benefit plan.

( 6 ) Proceeds, product, offspring, rents, or profits of or from property of the estate, except such as are earnings from services performed by an individual debtor after the commencement of the case.

( 7 ) Any interest in property that the estate acquires after the commencement of the case.

( b ) Property of the estate does not include—

( 1 ) any power that the debtor may exercise solely for the benefit of an entity other than the debtor;

# 第三附章　破产实体

## 第 541 条　破产财产

（a）根据本篇第 301、302 或 303 条启动破产案件即创建了破产实体。该破产实体系由以下所述财产组成，无论其位于何地，也无论其由谁占有：

（1）除本条的附条（b）和（c）（2）另有规定外，破产案件启动时债务人在财产上享有的所有法律或衡平权益。

（2）破产案件启动时，债务人及其配偶在夫妻共同财产上享有的所有权益，但夫妻共同财产必须满足以下各项：

（A）由债务人独自或与其配偶平等或共同管理或控制；或

（B）就对债务人享有的可予确认的债权承担责任，或既就对债务人享有的可予确认的债权承担责任，也就对其配偶享有的可予确认的债权承担责任，但均以该财产的责任范围为限。

（3）托管人根据本篇第 329（b）、363（n）、543、550、553 或 723 条追回的财产权益。

（4）根据本篇第 510 条（c）或第 551 条为破产实体的利益予以维持的财产权益或被下令转让给破产实体的财产权益。

（5）当债务人在破产申请被提交后 180 日内因下列原因获得或有权获得某财产权益，并且若在破产申请被提交当天假设债务人已享有该权益，则其本可成为破产财产时，该财产权益也为破产财产：

（A）通过遗嘱、遗赠或继承；

（B）因与债务人配偶达成的财产分割协议，或者临时或最终的离婚判决；或

（C）作为人寿保险单或死亡抚恤金计划的受益人。

（6）破产财产的收益、产品、产物、租金或利润，或通过破产财产获得的前述利益，但不包括破产案件启动后个人债务人通过提供服务获得的收益。

（7）破产案件启动后，破产实体取得的任何财产权益。

（b）下列各项不属于破产财产：

（1）债务人仅可为其他实体的利益而行使的任何权力；

(2) any interest of the debtor as a lessee under a lease of nonresidential real property that has terminated at the expiration of the stated term of such lease before the commencement of the case under this title, and ceases to include any interest of the debtor as a lessee under a lease of nonresidential real property that has terminated at the expiration of the stated term of such lease during the case;

(3) any eligibility of the debtor to participate in programs authorized under the Higher Education Act of 1965 (20 U.S.C. 1001 et seq.; 42 U.S.C. 2751 et seq.), or any accreditation status or State licensure of the debtor as an educational institution;

(4) any interest of the debtor in liquid or gaseous hydrocarbons to the extent that—

(A)(i) the debtor has transferred or has agreed to transfer such interest pursuant to a farmout agreement or any written agreement directly related to a farmout agreement; and

(ii) but for the operation of this paragraph, the estate could include the interest referred to in clause (i) only by virtue of section 365 or 544 (a)(3) of this title; or

(B)(i) the debtor has transferred such interest pursuant to a written conveyance of a production payment to an entity that does not participate in the operation of the property from which such production payment is transferred; and

(ii) but for the operation of this paragraph, the estate could include the interest referred to in clause (i) only by virtue of section 365 or 542 of this title;

(5) funds placed in an education individual retirement account (as defined in section 530 (b)(1) of the Internal Revenue Code of 1986) not later than 365 days before the date of the filing of the petition in a case under this title, but—

(A) only if the designated beneficiary of such account was a child, stepchild, grandchild, or stepgrandchild of the debtor for the taxable year for which funds were placed in such account;

(B) only to the extent that such funds—

(i) are not pledged or promised to any entity in connection with any extension of credit; and

(ii) are not excess contributions (as described in section 4973 (e) of the Internal Revenue Code of 1986); and

(C) in the case of funds placed in all such accounts having the same designated beneficiary not earlier than 720 days nor later than 365 days before such date, only so much of such funds as does not exceed $5,000;

(6) funds used to purchase a tuition credit or certificate or contributed to an account in accordance with section 529 (b)(1)(A) of the Internal Revenue Code of 1986 under a qualified State tuition program (as defined in section 529 (b)(1) of such Code) not later than 365 days before the date of the filing of the petition in a case under this title, but—

（2）若债务人作为承租人的非住宅不动产租约在本篇破产案件启动前已经在租约届满时终止，则债务人因该租约而享有的任何权益不属于破产财产；并且，在案件进行过程中，当债务人作为承租人的非住宅不动产租约届满而终止时，债务人因此享有的任何权益也不再属于破产财产；

（3）债务人参与《1965 年高等教育法》（《美国联邦法典》第 20 篇第 1001 条；《美国联邦法典》第 42 篇第 2751 条）批准的计划的任何资格，或债务人作为教育机构的资质认证或州政府许可证；

（4）债务人在石油或天然气上享有的以下任何权益：

（A）（i）债务人根据勘探权出让协议或任何与勘探权出让协议直接相关的书面协议已经转让或已经同意转让的权益；并且

（ii）但就本款而言，当且仅当适用本篇第 365 条或第 544 条（a）（3）时，第（i）项所述的权益仍属于破产财产；或

（B）（i）债务人根据书面的产品支付转让协议已经转让给未参与该财产运作的实体的权益；

（ii）但就本款而言，当且仅当在适用本篇的第 365 条或第 542 条时，第（i）项所述的权益仍可属于破产财产；

（5）在根据本篇提交破产申请前 365 日以前存入教育储蓄账户［定义见《1986 年国内税收法典》第 530 条（b）（1）］的资金，但必须满足以下要求：

（A）在将该资金存入该账户的纳税年度，该账户的指定受益人为债务人的子女、继子女、孙子女或继孙子女；

（B）并且该资金必须符合以下要求：

（i）其并非为获得信贷而向任何实体质押或承诺的资金；并且

（ii）并非超额缴纳额［定义见《1986 年国内税收法典》第 4973 条（e）］；并且

（C）当存入所有该类账户的资金均被指定了相同的受益人，则在破产申请被提交前 365 日至 720 日内被存入的资金在 5000 美元的范围内不属于破产财产；

（6）在根据本篇提交破产申请前 365 日以前，根据合格的州学费计划［定义见《1986 年国内税收法典》第 529（b）（1）］用于获得学费抵免额或证书的资金或根据《1986 年国内税收法典》第 529 条（b）（1）（A）存入账户的资金，但必须符合以下要求：

(A) only if the designated beneficiary of the amounts paid or contributed to such tuition program was a child, stepchild, grandchild, or stepgrandchild of the debtor for the taxable year for which funds were paid or contributed;

(B) with respect to the aggregate amount paid or contributed to such program having the same designated beneficiary, only so much of such amount as does not exceed the total contributions permitted under section 529 (b) (6) of such Code with respect to such beneficiary, as adjusted beginning on the date of the filing of the petition in a case under this title by the annual increase or decrease (rounded to the nearest tenth of 1 percent) in the education expenditure category of the Consumer Price Index prepared by the Department of Labor; and

(C) in the case of funds paid or contributed to such program having the same designated beneficiary not earlier than 720 days nor later than 365 days before such date, only so much of such funds as does not exceed $5,000;

(7) any amount—

(A) withheld by an employer from the wages of employees for payment as contributions—

(i) to—

(I) an employee benefit plan that is subject to title I of the Employee Retirement Income Security Act of 1974 or under an employee benefit plan which is a governmental plan under section 414 (d) of the Internal Revenue Code of 1986;

(II) a deferred compensation plan under section 457 of the Internal Revenue Code of 1986; or

(III) a tax-deferred annuity under section 403 (b) of the Internal Revenue Code of 1986;

except that such amount under this subparagraph shall not constitute disposable income as defined in section 1325 (b) (2); or

(ii) to a health insurance plan regulated by State law whether or not subject to such title; or

(B) received by an employer from employees for payment as contributions—

(i) to—

(I) an employee benefit plan that is subject to title I of the Employee Retirement Income Security Act of 1974 or under an employee benefit plan which is a governmental plan under section 414 (d) of the Internal Revenue Code of 1986;

(II) a deferred compensation plan under section 457 of the Internal Revenue Code of 1986; or

(III) a tax-deferred annuity under section 403 (b) of the Internal Revenue Code of 1986;

（A）在支付或缴纳该资金的纳税年度，向该学费计划支付或缴纳的金额的受益人为债务人的子女、继子女、孙子女或继孙子女；

（B）针对被指定相同受益人而就该计划被支付或缴纳的累计金额，其不超过该法典第 529 条（b）（6）针对该受益人所允许的总缴纳金额范围内的资金不属于破产财产，且该金额自本篇破产案件被提交之日起根据劳工部公布的消费价格指数中教育支出类别的年度增长或减少（四舍五入至百分比的整数）而进行调整；并且

（C）当向该计划支付或缴纳的资金均被指定了相同的受益人，则在破产申请提交前 365 日至 720 日内被支付或缴纳的资金在 5000 美元的范围内不属于破产；

（7）以下任何金额：

（A）雇主从员工的工资中扣留用于缴纳以下计划分担额的金额：

（i）向以下计划缴纳：

（I）《1974 年雇员退休收入保障法》第 I 篇规定的雇员福利计划或根据《1986 年国内税收法典》第 414 条（d）属于政府计划的雇员福利计划；

（II）《1986 年国内税收法典》第 457 条规定的递延补偿计划；或

（III）《1986 年国内税收法典》第 403 条（b）规定的延税年金；

但本附款中的该金额不应构成第 1325 条（b）（2）所述的可支配收入；或

（ii）受州法规制的健康保险计划，无论其是否受《1974 年雇员退休收入保障法》第 I 篇的约束；或

（B）雇主向雇员收取的用于缴纳以下计划分担额的金额：

（i）向以下计划缴纳：

（I）《1974 年雇员退休收入保障法》第 I 篇规定的雇员福利计划或根据《1986 年国内税收法典》第 414 条（d）属于政府计划的雇员福利计划；

（II）《1986 年国内税收法典》第 457 条规定的递延补偿计划；或

（III）《1986 年国内税收法典》第 403 条（b）规定的延税年金；

except that such amount under this subparagraph shall not constitute disposable income, as defined in section 1325 (b) (2) ; or

(ii) to a health insurance plan regulated by State law whether or not subject to such title;

(8) subject to subchapter Ⅲ of chapter 5, any interest of the debtor in property where the debtor pledged or sold tangible personal property (other than securities or written or printed evidences of indebtedness or title) as collateral for a loan or advance of money given by a person licensed under law to make such loans or advances, where—

(A) the tangible personal property is in the possession of the pledgee or transferee;

(B) the debtor has no obligation to repay the money, redeem the collateral, or buy back the property at a stipulated price; and

(C) neither the debtor nor the trustee have exercised any right to redeem provided under the contract or State law, in a timely manner as provided under State law and section 108 (b) ;

(9) any interest in cash or cash equivalents that constitute proceeds of a sale by the debtor of a money order that is made—

(A) on or after the date that is 14 days prior to the date on which the petition is filed; and

(B) under an agreement with a money order issuer that prohibits the commingling of such proceeds with property of the debtor (notwithstanding that, contrary to the agreement, the proceeds may have been commingled with property of the debtor) ,

unless the money order issuer had not taken action, prior to the filing of the petition, to require compliance with the prohibition; or

(10) funds placed in an account of a qualified ABLE program (as defined in section 529A (b) of the Internal Revenue Code of 1986) not later than 365 days before the date of the filing of the petition in a case under this title, but—

(A) only if the designated beneficiary of such account was a child, stepchild, grandchild, or stepgrandchild of the debtor for the taxable year for which funds were placed in such account;

(B) only to the extent that such funds—

(i) are not pledged or promised to any entity in connection with any extension of credit; and

(ii) are not excess contributions (as described in section 4973 (h) of the Internal Revenue Code of 1986) ; and

(C) in the case of funds placed in all such accounts having the same designated beneficiary not earlier than 720 days nor later than 365 days before such date, only so much of such funds as does not exceed $6,225.

但本附款中的该金额不应构成第 1325 条（b）（2）所述的可支配收入；或

（ii）受州法规制的健康保险计划，无论其是否受《1974 年雇员退休收入保障法》第 I 篇的约束；

（8）在符合第 5 章第 III 附章规定的情况下，债务人为了从根据法律规定具有相应贷款资质的人处获得贷款或预支现金，而作为担保物将其质押或出售的有形动产（不包括证券或者债务或所有权的书面或打印证明）上享有的任何权益，但是必须符合以下要求：

（A）质权人或受让人占有该有形动产；

（B）债务人没有偿还贷款、回赎担保物或以约定的价格回购该财产的义务；并且

（C）债务人及托管人均未根据州法或第 108 条（b）的规定，及时依据合同或州法行使回赎权；

（9）债务人就其出售汇票所得的现金和现金等价物而享有的任何权益，但该交易必须符合以下要求：

（A）发生在破产申请被提交前 14 日内；并且

（B）与出票人达成的协议中约定禁止将转让汇票所得的收益与债务人的财产相混同（尽管与该协议的约定相反，其收益可能实际已经与债务人的财产混同），

除非出票人在破产申请被提交前并未采取措施以要求其遵守该禁止规定；或

（10）在根据本篇提交破产申请前 365 日以前，存入合格的 ABLE 计划［定义见《1986 年国内税收法典》第 529 条 A（b）］的账户的资金，但是必须符合以下要求：

（A）在向该账户存入该资金的纳税年度，该账户的受益人为债务人的子女、继子女、孙子女或继孙子女；

（B）并且该资金必须符合以下要求：

（i）其并非为获得信贷而向任何实体质押或承诺的资金；并且

（ii）并非超额缴纳额［定义见《1986 年国内税收法典》第 4973 条（h）］；并且

（C）当存入所有该类账户的资金均被指定了相同的受益人，则在破产申请提交前 365 日至 720 日内被存入的资金在 6225 美元的范围内不属于破产财产。

Paragraph (4) shall not be construed to exclude from the estate any consideration the debtor retains, receives, or is entitled to receive for transferring an interest in liquid or gaseous hydrocarbons pursuant to a farmout agreement.

(c)(1) Except as provided in paragraph (2) of this subsection, an interest of the debtor in property becomes property of the estate under subsection (a)(1), (a)(2), or (a)(5) of this section notwithstanding any provision in an agreement, transfer instrument, or applicable nonbankruptcy law—

(A) that restricts or conditions transfer of such interest by the debtor; or

(B) that is conditioned on the insolvency or financial condition of the debtor, on the commencement of a case under this title, or on the appointment of or taking possession by a trustee in a case under this title or a custodian before such commencement, and that effects or gives an option to effect a forfeiture, modification, or termination of the debtor's interest in property.

(2) A restriction on the transfer of a beneficial interest of the debtor in a trust that is enforceable under applicable nonbankruptcy law is enforceable in a case under this title.

(d) Property in which the debtor holds, as of the commencement of the case, only legal title and not an equitable interest, such as a mortgage secured by real property, or an interest in such a mortgage, sold by the debtor but as to which the debtor retains legal title to service or supervise the servicing of such mortgage or interest, becomes property of the estate under subsection (a)(1) or (2) of this section only to the extent of the debtor's legal title to such property, but not to the extent of any equitable interest in such property that the debtor does not hold.

(e) In determining whether any of the relationships specified in paragraph (5)(A) or (6)(A) of subsection (b) exists, a legally adopted child of an individual (and a child who is a member of an individual's household, if placed with such individual by an authorized placement agency for legal adoption by such individual), or a foster child of an individual (if such child has as the child's principal place of abode the home of the debtor and is a member of the debtor's household) shall be treated as a child of such individual by blood.

(f) Notwithstanding any other provision of this title, property that is held by a debtor that is a corporation described in section 501 (c)(3) of the Internal Revenue Code of 1986 and exempt from tax under section 501 (a) of such Code may be transferred to an entity that is not such a corporation, but only under the same conditions as would apply if the debtor had not filed a case under this title.

(Pub. L. 95-598, Nov. 6, 1978, 92 Stat. 2594; Pub. L. 98-353, title III, §§363 (a), 456, July 10, 1984, 98 Stat. 363, 376; Pub. L. 101-508, title III, §3007 (a)(2), Nov. 5, 1990, 104 Stat. 1388-28; Pub. L. 102-486, title XXX, §3017 (b), Oct. 24, 1992, 106

第（4）款不得被解释为将债务人根据勘探权转让协议转让其石油或天然气权益因而保留、收取或有权收取的对价排除出破产财产的范围。

（c）（1）除本附条的第（2）款另有规定外，即使在协议、转让文件或可适用的非破产法中有以下规定，债务人享有的财产权益仍得以根据本条的附条（a）（1）、（a）（2）或（a）（5）成为破产财产：

（A）限制债务人转让该权益或对其施加条件；或

（B）以债务人资不抵债的情况或财务状况，本篇破产案件的启动或本篇案件中托管人或本案启动前保管人的任命或接管为触发条件，使债务人丧失、变更或终止该财产权益或为此提供了可能。

（2）若根据可适用的非破产法可强制执行就转让债务人的信托受益权而施加的限制，则在本篇案件中该限制仍可被强制执行。

（d）当债务人在本案启动时仅就某财产享有普通法所有权，而非衡平所有权如由不动产担保的抵押权或该抵押上的权益时，若债务人将该财产出售但仍保留其普通法所有权以维持或确保其维持该抵押权或该抵押上的权益，则债务人就该财产享有的普通法所有权仍得根据本条的附条（a）（1）或（2）成为破产财产，但债务人就该财产并不享有的衡平所有权并不属于破产财产。

（e）在确定附条（b）的第（5）款（A）或第（6）款（A）中所述的关系是否存在时，个人合法领养的子女（以及经授权的安置机构允许其与该个人一同生活以供该个人合法收养时，作为该个人家庭成员的子女）或个人抚养的子女（若该子女的主要住所为债务人的住所，并且是债务人的家庭成员）也应被视为与该个人有血缘关系的子女。

（f）即使本篇有任何其他规定，若债务人是《1986 年国内税收法典》第 501 条（c）（3）所述的法人并且根据该法典第 501 条（a）可对其免税，则该债务人持有的财产可被转让给非该类法人的实体，但只能按照债务人未根据本篇提交破产案件的情况下本将适用的条件来进行。

[ Pub. L. 95-598, Nov. 6, 1978, 92 Stat. 2594; Pub. L. 98-353, title III, §§363（a）, 456, July 10, 1984, 98 Stat. 363, 376; Pub. L. 101-508, title III, §3007（a）（2）, Nov. 5, 1990, 104 Stat. 1388-28; Pub. L. 102-486, title XXX, §3017（b）, Oct. 24, 1992, 106

Stat. 3130; Pub. L. 103-394, title II, §§208 (b), 223, Oct. 22, 1994, 108 Stat. 4124, 4129; Pub. L. 109-8, title II, §225 (a), title III, §323, title XII, §§1212, 1221 (c), 1230, Apr. 20, 2005, 119 Stat. 65, 97, 194, 196, 201; Pub. L. 111-327, §2 (a)(22), Dec. 22, 2010, 124 Stat. 3560; Pub. L. 113-295, div. B, title I, §104 (a), Dec. 19, 2014, 128 Stat. 4063.)

§ 542. Turnover of property to the estate

(a) Except as provided in subsection (c) or (d) of this section, an entity, other than a custodian, in possession, custody, or control, during the case, of property that the trustee may use, sell, or lease under section 363 of this title, or that the debtor may exempt under section 522 of this title, shall deliver to the trustee, and account for, such property or the value of such property, unless such property is of inconsequential value or benefit to the estate.

(b) Except as provided in subsection (c) or (d) of this section, an entity that owes a debt that is property of the estate and that is matured, payable on demand, or payable on order, shall pay such debt to, or on the order of, the trustee, except to the extent that such debt may be offset under section 553 of this title against a claim against the debtor.

(c) Except as provided in section 362 (a)(7) of this title, an entity that has neither actual notice nor actual knowledge of the commencement of the case concerning the debtor may transfer property of the estate, or pay a debt owing to the debtor, in good faith and other than in the manner specified in subsection (d) of this section, to an entity other than the trustee, with the same effect as to the entity making such transfer or payment as if the case under this title concerning the debtor had not been commenced.

(d) A life insurance company may transfer property of the estate or property of the debtor to such company in good faith, with the same effect with respect to such company as if the case under this title concerning the debtor had not been commenced, if such transfer is to pay a premium or to carry out a nonforfeiture insurance option, and is required to be made automatically, under a life insurance contract with such company that was entered into before the date of the filing of the petition and that is property of the estate.

(e) Subject to any applicable privilege, after notice and a hearing, the court may order an attorney, accountant, or other person that holds recorded information, including books, documents, records, and papers, relating to the debtor's property or financial affairs, to turn over or disclose such recorded information to the trustee.

(Pub. L. 95-598, Nov. 6, 1978, 92 Stat. 2595; Pub. L. 98-353, title III, §457, July 10, 1984, 98 Stat. 376; Pub. L. 103-394, title V, §501 (d)(16), Oct. 22, 1994, 108 Stat. 4146.)

Stat. 3130; Pub. L. 103-394, title II, §§208（b）, 223, Oct. 22, 1994, 108 Stat. 4124, 4129; Pub. L. 109-8, title II, §225（a）, title III, §323, title XII, §§1212, 1221（c）, 1230, Apr. 20, 2005, 119 Stat. 65, 97, 194, 196, 201; Pub. L. 111-327, §2（a）(22）, Dec. 22, 2010, 124 Stat. 3560; Pub. L. 113-295, div. B, title I, §104（a）, Dec. 19, 2014, 128 Stat. 4063.］

**第 542 条　移交破产财产**

（a）除本条的附条（c）或（d）另有规定外，在案件进行过程中除保管人外占有、保管或控制托管人可根据本篇第 363 条使用、出售或出租的财产或债务人可根据本篇第 522 条豁免的财产的实体，应向托管人交付并清算该财产或该财产的价值，除非该财产的价值或所带来的利益对于破产实体而言无关紧要。

（b）除本条的附条（c）或（d）另有规定外，若某实体所负的债务属于破产财产并且系到期、随要随付或法院下令支付的债务，则该实体应向托管人或按托管人的命令偿付该债务，除非该债务可根据本篇第 553 条与该实体对债务人享有的债权相抵销。

（c）除本篇第 362 条（a)（7）另有规定外，若某实体既未接到实际通知也并未实际知悉债务人破产案件的启动，则当其向托管人外的实体以本条的附条（d）所述的方式以外的手段转让破产财产或偿还对债务人所负债务系出于善意时，就该转让行为或清偿行为而言，本篇债务人的破产案件将被视为未曾启动并产生相应的效力。

（d）若人寿保险公司根据破产申请被提交前达成的且属于破产财产的人寿保险合同，出于支付保费或行使保险不丧失选择权的目的而自动向该公司转让破产财产或债务人的财产，则当该转让行为系出于善意时，针对该公司而言，本篇债务人的破产案件将被视为未曾启动并产生相应的效力。

（e）在符合任何可适用的特免条款的规定的情况下，经过通知和听证后，法院可裁定律师、会计师或其他持有与债务人的财产或财务事项相关的存档资料（包括书籍、文件、记录及资料）向托管人移交该存档资料或作以披露。

［Pub. L. 95-598, Nov. 6, 1978, 92 Stat. 2595; Pub. L. 98-353, title III, §457, July 10, 1984, 98 Stat. 376; Pub. L. 103-394, title V, §501（d)（16）, Oct. 22, 1994, 108 Stat. 4146.］

## § 543. Turnover of property by a custodian

( a ) A custodian with knowledge of the commencement of a case under this title concerning the debtor may not make any disbursement from, or take any action in the administration of, property of the debtor, proceeds, product, offspring, rents, or profits of such property, or property of the estate, in the possession, custody, or control of such custodian, except such action as is necessary to preserve such property.

( b ) A custodian shall—

( 1 ) deliver to the trustee any property of the debtor held by or transferred to such custodian, or proceeds, product, offspring, rents, or profits of such property, that is in such custodian's possession, custody, or control on the date that such custodian acquires knowledge of the commencement of the case; and

( 2 ) file an accounting of any property of the debtor, or proceeds, product, offspring, rents, or profits of such property, that, at any time, came into the possession, custody, or control of such custodian.

( c ) The court, after notice and a hearing, shall—

( 1 ) protect all entities to which a custodian has become obligated with respect to such property or proceeds, product, offspring, rents, or profits of such property;

( 2 ) provide for the payment of reasonable compensation for services rendered and costs and expenses incurred by such custodian; and

( 3 ) surcharge such custodian, other than an assignee for the benefit of the debtor's creditors that was appointed or took possession more than 120 days before the date of the filing of the petition, for any improper or excessive disbursement, other than a disbursement that has been made in accordance with applicable law or that has been approved, after notice and a hearing, by a court of competent jurisdiction before the commencement of the case under this title.

( d ) After notice and hearing, the bankruptcy court—

( 1 ) may excuse compliance with subsection ( a ) , ( b ) , or ( c ) of this section if the interests of creditors and, if the debtor is not insolvent, of equity security holders would be better served by permitting a custodian to continue in possession, custody, or control of such property, and

( 2 ) shall excuse compliance with subsections ( a ) and ( b ) ( 1 ) of this section if the custodian is an assignee for the benefit of the debtor's creditors that was appointed or took possession more than 120 days before the date of the filing of the petition, unless compliance with such subsections is necessary to prevent fraud or injustice.

( Pub. L. 95-598, Nov. 6, 1978, 92 Stat. 2595; Pub. L. 98-353, title III, §458, July 10, 1984, 98 Stat. 376; Pub. L. 103-394, title V, §501 ( d ) ( 17 ) , Oct. 22, 1994, 108 Stat. 4146. )

**第 543 条　保管人的财产移交义务**

（a）若保管人知悉本篇债务人破产案件的启动，则不得从其占有、保管或控制的债务人财产及该财产的收益、产品、产物、租金或利润或破产财产中支出任何款项或对其采取任何措施进行管理，除非该措施对于维护该财产是必要的。

（b）保管人应履行以下义务：

（1）在保管人获知本案件启动的当日，应将其占有、保管或控制的，任何被转让给保管人或由其持有的债务人财产或者该财产的收益、产品、产物、租金或利润移交给托管人；并且

（2）应提交在任意时间内归其占有、保管或控制的债务人财产或者该财产的收益、产品、产物、租金或利润的账目。

（c）法院经过通知和听证应履行以下各项：

（1）保护保管人就该财产或者该财产的收益、产品、产物、租金或利润而对其负有义务的所有实体；

（2）规定就该保管人提供的服务支付合理的报酬并就产生的费用和支出进行报销；并且

（3）对于破产申请被提交前 120 日以前被任命或接管的，除维护债权人利益的受让人之外的保管人，除非其所作的支出系根据可适用的法律作出或经由本篇案件启动前具有管辖权的法院在通知或听证后批准，否则应就其不当或超额支出而对保管人另行收取费用。

（d）经过通知和听证，破产法院应履行以下各项：

（1）若允许保管人继续占有、保管或控制该财产更有利于维护债权人或股本证券持有人（当债务人未资不抵债时）的权益，则可不适用本条的附条（a）、（b）或（c）的规定，并且

（2）若保管人系破产申请被提交前 120 日以前被任命或接管并维护债权人利益的受让人，则不得适用本条的附条（a）和（b）（1）的规定，除非出于防止欺诈或不公正的目的必须适用前述规定。

［Pub. L. 95-598, Nov. 6, 1978, 92 Stat. 2595; Pub. L. 98-353, title III, §458, July 10, 1984, 98 Stat. 376; Pub. L. 103-394, title V, §501（d）（17）, Oct. 22, 1994, 108 Stat. 4146.］

### § 544. Trustee as lien creditor and as successor to certain creditors and purchasers

(a) The trustee shall have, as of the commencement of the case, and without regard to any knowledge of the trustee or of any creditor, the rights and powers of, or may avoid any transfer of property of the debtor or any obligation incurred by the debtor that is voidable by—

(1) a creditor that extends credit to the debtor at the time of the commencement of the case, and that obtains, at such time and with respect to such credit, a judicial lien on all property on which a creditor on a simple contract could have obtained such a judicial lien, whether or not such a creditor exists;

(2) a creditor that extends credit to the debtor at the time of the commencement of the case, and obtains, at such time and with respect to such credit, an execution against the debtor that is returned unsatisfied at such time, whether or not such a creditor exists; or

(3) a bona fide purchaser of real property, other than fixtures, from the debtor, against whom applicable law permits such transfer to be perfected, that obtains the status of a bona fide purchaser and has perfected such transfer at the time of the commencement of the case, whether or not such a purchaser exists.

(b)(1) Except as provided in paragraph (2), the trustee may avoid any transfer of an interest of the debtor in property or any obligation incurred by the debtor that is voidable under applicable law by a creditor holding an unsecured claim that is allowable under section 502 of this title or that is not allowable only under section 502(e) of this title.

(2) Paragraph (1) shall not apply to a transfer of a charitable contribution (as that term is defined in section 548(d)(3)) that is not covered under section 548(a)(1)(B), by reason of section 548(a)(2). Any claim by any person to recover a transferred contribution described in the preceding sentence under Federal or State law in a Federal or State court shall be preempted by the commencement of the case.

(Pub. L. 95-598, Nov. 6, 1978, 92 Stat. 2596; Pub. L. 98-353, title III, §459, July 10, 1984, 98 Stat. 377; Pub. L. 105-183, §3(b), June 19, 1998, 112 Stat. 518.)

### § 545. Statutory liens

The trustee may avoid the fixing of a statutory lien on property of the debtor to the extent that such lien—

(1) first becomes effective against the debtor—

(A) when a case under this title concerning the debtor is commenced;

(B) when an insolvency proceeding other than under this title concerning the debtor is commenced;

(C) when a custodian is appointed or authorized to take or takes possession;

### 第 544 条　托管人作为担保债权人及债权人和买受人的继受人

（a）无论托管人或债权人是否知情，托管人在案件启动时应享有以下主体的权利和权力，或者可撤销任何可由以下主体撤销的，就债务人财产所作的转让或债务人所负的义务：

（1）在破产案件启动时向债务人提供信贷并且其同时就该信贷获得财产上的司法担保权的债权人，并且该财产系简单合同的债权人本可就其享有该司法担保权的财产，无论实际是否存在该债权人；

（2）在破产案件启动时向债务人提供信贷并且同时就该信贷取得对债务人的执行但仍未获全额清偿的债权人，无论实际是否存在该债权人；

（3）向债务人购买除固定附着物外的不动产的善意买受人，且其在案件启动时已根据可适用的法律对该转让进行公示，无论实际是否存在该买受人。

（b）（1）除第（2）款另有规定外，若持有根据本篇第 502 条可予以确认或仅在本篇第 502 条（e）下不可被予以确认的债权的无担保债权人，可根据可适用的法律撤销就债务人财产权益所作的转让或债务人所负的义务，则托管人也可撤销该转让或该义务。

（2）第（1）款不得适用于因第 548 条（a）（2）而未被认定为第 548 条（a）（1）（B）所述情形的慈善捐赠［定义见第 548 条（d）（3）］的转让。破产案件的启动应优先于任何人根据联邦法律或州法在联邦或州立法院就被转让的前述慈善捐赠进行追偿的主张。

［Pub. L. 95-598, Nov. 6, 1978, 92 Stat. 2596; Pub. L. 98-353, title III, §459, July 10, 1984, 98 Stat. 377; Pub. L. 105-183, §3（b）, June 19, 1998, 112 Stat. 518.］

### 第 545 条　法定的财产上担保权

当法定的财产上担保权符合以下条件时，托管人可撤销债务人财产上的法定担保权的确定：

（1）在下列时点才第一次对债务人生效：

（A）当债务人的破产案件根据本篇启动时；

（B）当债务人的破产程序根据本篇外的法律启动时；

（C）当保管人被任命或授权接管或已经接管时；

( D ) when the debtor becomes insolvent;

( E ) when the debtor's financial condition fails to meet a specified standard; or

( F ) at the time of an execution against property of the debtor levied at the instance of an entity other than the holder of such statutory lien;

( 2 ) is not perfected or enforceable at the time of the commencement of the case against a bona fide purchaser that purchases such property at the time of the commencement of the case, whether or not such a purchaser exists, except in any case in which a purchaser is a purchaser described in section 6323 of the Internal Revenue Code of 1986, or in any other similar provision of State or local law;

( 3 ) is for rent; or

( 4 ) is a lien of distress for rent.

( Pub. L. 95-598, Nov. 6, 1978, 92 Stat. 2597; Pub. L. 98-353, title III, §460, July 10, 1984, 98 Stat. 377; Pub. L. 109-8, title VII, §711, Apr. 20, 2005, 119 Stat. 127. )

### § 546. Limitations on avoiding powers

( a ) An action or proceeding under section 544, 545, 547, 548, or 553 of this title may not be commenced after the earlier of—

( 1 ) the later of—

( A ) 2 years after the entry of the order for relief; or

( B ) 1 year after the appointment or election of the first trustee under section 702, 1104, 1163, 1202, or 1302 of this title if such appointment or such election occurs before the expiration of the period specified in subparagraph ( A ) ; or

( 2 ) the time the case is closed or dismissed.

( b ) ( 1 ) The rights and powers of a trustee under sections 544, 545, and 549 of this title are subject to any generally applicable law that—

( A ) permits perfection of an interest in property to be effective against an entity that acquires rights in such property before the date of perfection; or

( B ) provides for the maintenance or continuation of perfection of an interest in property to be effective against an entity that acquires rights in such property before the date on which action is taken to effect such maintenance or continuation.

( 2 ) If—

( A ) a law described in paragraph ( 1 ) requires seizure of such property or commencement of an action to accomplish such perfection, or maintenance or continuation of perfection of an interest in property; and

( B ) such property has not been seized or such an action has not been commenced before the date of the filing of the petition;

（D）当债务人资不抵债时；

（E）当债务人的财务状况不符合规定的标准时；或

（F）因法定的财产上担保权持有人外的实体的请求而就债务人的该财产强制执行时；

（2）在破产案件启动时，对于在此时购买该财产的善意买受人而言，无论实际是否存在该买受人，该法定的财产上担保权并未公示且不可被强制执行，除非该买受人系《1986 年国内税收法典》第 6323 条或者州法或地方法律的类似规定所述的买受人；

（3）用于担保租金；或

（4）系充抵租金担保权。

（Pub. L. 95-598, Nov. 6, 1978, 92 Stat. 2597; Pub. L. 98-353, title III, §460, July 10, 1984, 98 Stat. 377; Pub. L. 109-8, title VII, §711, Apr. 20, 2005, 119 Stat. 127.）

**第 546 条　撤销权的限制**

（a）根据本篇第 544、545、547、548 或 553 条提起的诉讼或程序不得在以下时点中较早者之后启动：

（1）下列时点中较晚者：

（A）破产救济令被正式作出后 2 年；或

（B）若在附款（A）所述的期间届满前已经指定或选任首位托管人，则为根据本篇第 702、1104、1163、1202 或 1302 条指定或选任首位托管人后 1 年；或

（2）本案结案或被驳回时。

（b）（1）托管人根据本篇第 544、545 及 549 条享有的权利和权力仍受规定有以下内容的一般适用的法律[①]的约束：

（A）允许财产权益的公示对在公示日前取得该财产权利的实体生效；或

（B）规定财产权益公示的维持和继续对在提起诉讼以使得该维持或继续生效之日前取得该财产权利的实体生效。

（2）若：

（A）第（1）款所述的法律要求扣押该财产或提起诉讼以实现该公示或财产权益公示的维持或继续；并且

（B）在破产申请被提交前尚未扣押该财产或提起该诉讼；

① 根据 Senate Report No.95-989，一般适用的法律指可同时适用于破产案件和非破产案件的相应法律规定。

such interest in such property shall be perfected, or perfection of such interest shall be maintained or continued, by giving notice within the time fixed by such law for such seizure or such commencement.

(c)(1) Except as provided in subsection (d) of this section and in section 507 (c), and subject to the prior rights of a holder of a security interest in such goods or the proceeds thereof, the rights and powers of the trustee under sections 544 (a), 545, 547, and 549 are subject to the right of a seller of goods that has sold goods to the debtor, in the ordinary course of such seller's business, to reclaim such goods if the debtor has received such goods while insolvent, within 45 days before the date of the commencement of a case under this title, but such seller may not reclaim such goods unless such seller demands in writing reclamation of such goods—

(A) not later than 45 days after the date of receipt of such goods by the debtor; or

(B) not later than 20 days after the date of commencement of the case, if the 45-day period expires after the commencement of the case.

(2) If a seller of goods fails to provide notice in the manner described in paragraph (1), the seller still may assert the rights contained in section 503 (b)(9).

(d) In the case of a seller who is a producer of grain sold to a grain storage facility, owned or operated by the debtor, in the ordinary course of such seller's business (as such terms are defined in section 557 of this title) or in the case of a United States fisherman who has caught fish sold to a fish processing facility owned or operated by the debtor in the ordinary course of such fisherman's business, the rights and powers of the trustee under sections 544 (a), 545, 547, and 549 of this title are subject to any statutory or common law right of such producer or fisherman to reclaim such grain or fish if the debtor has received such grain or fish while insolvent, but—

(1) such producer or fisherman may not reclaim any grain or fish unless such producer or fisherman demands, in writing, reclamation of such grain or fish before ten days after receipt thereof by the debtor; and

(2) the court may deny reclamation to such a producer or fisherman with a right of reclamation that has made such a demand only if the court secures such claim by a lien.

(e) Notwithstanding sections 544, 545, 547, 548 (a)(1)(B), and 548 (b) of this title, the trustee may not avoid a transfer that is a margin payment, as defined in section 101, 741, or 761 of this title, or settlement payment, as defined in section 101 or 741 of this title, made by or to (or for the benefit of) a commodity broker, forward contract merchant, stockbroker, financial institution, financial participant, or securities clearing agency, or that is a transfer made by or to (or for the benefit of) a commodity broker, forward contract merchant, stockbroker, financial institution, financial participant, or securities clearing agency, in connection with a securities contract, as defined in section

则该财产权益的公示或该公示的维持或继续应当通过在该法律所确定的时间内就该扣押或诉讼程序的启动发出通知来实现。

（c）（1）除本条的附条（d）和第 507 条（c）另有规定外，在尊重就该财产或其收益享有担保权益的人的在先权利的同时，若出卖人在本篇破产案件启动前 45 日内在其营业范围内向债务人出售商品且债务人在取得商品时已资不抵债，则托管人根据第 544（a）、545、547 及 549 条享有的权利和权力受出卖人取回前述商品的权利的限制，但出卖人只有在以下期间内书面请求取回该商品时，才可取回该商品：

（A）债务人取得该商品之日起 45 日内；或

（B）若该 45 日期间在本案启动后才届满，则须在本案启动之日起 20 日内。

（2）若出卖人未能以第（1）款所述的方式发出通知，则其仍可主张第 503 条（b）（9）所述的权利。

（d）若出卖人为谷物生产者，并且在其营业范围内向拥有或运营谷物贮藏设施（前述术语定义见本篇第 557 条）的债务人出售谷物；或者出卖人为美国渔民，并且在其营业范围内向拥有或运营渔业加工设备的债务人出售其捕捞的鱼，当债务人收取该谷物或鱼时已经资不抵债，则托管人根据本篇第 544（a）、545、547 及 549 条享有的权利和权力应受该谷物生产者或渔民就取回该谷物或鱼而享有的任何成文法或普通法权利的限制，但该取回权仍受以下限制：

（1）除非该谷物生产者或渔民在债务人收取谷物或鱼后 10 日内书面请求取回，否则其不得取回任何谷物或鱼；并且

（2）当且仅当法院通过设立财产上担保权来担保该取回权时，法院才可拒绝已经作出该请求的谷物生产者或渔民行使其享有的取回权。

（e）除本篇第 548 条（a）（1）（A）规定的情形外，即使存在本篇第 544、545、547、548（a）（1）（B）及 548（b）条的规定，托管人也不得撤销由商品经纪商、远期合约商、证券经纪人、金融机构、金融参与者或证券结算机构所作的或向其作出的（或为其利益所作的）保证金支付（定义见本篇第 101、741 或 761 条）或结算支付（定义见本篇第 101 条或第 741 条）；也不得撤销在破产案件启动前就证券合约（定义见第 741 条（7））、商品合约［定义见第 761 条（4）］或远期合约由商品经纪商、远期合约商、证券经纪人、金融机构、金融参与者或证券结算机构所作的或向其作出的（或为其利益所作的）转让。

741 (7), commodity contract, as defined in section 761 (4), or forward contract, that is made before the commencement of the case, except under section 548 (a)(1)(A) of this title.

(f) Notwithstanding sections 544, 545, 547, 548 (a)(1)(B), and 548 (b) of this title, the trustee may not avoid a transfer made by or to (or for the benefit of) a repo participant or financial participant, in connection with a repurchase agreement and that is made before the commencement of the case, except under section 548 (a)(1)(A) of this title.

(g) Notwithstanding sections 544, 545, 547, 548 (a)(1)(B) and 548 (b) of this title, the trustee may not avoid a transfer, made by or to (or for the benefit of) a swap participant or financial participant, under or in connection with any swap agreement and that is made before the commencement of the case, except under section 548 (a)(1)(A) of this title.

(h) Notwithstanding the rights and powers of a trustee under sections 544 (a), 545, 547, 549, and 553, if the court determines on a motion by the trustee made not later than 120 days after the date of the order for relief in a case under chapter 11 of this title and after notice and a hearing, that a return is in the best interests of the estate, the debtor, with the consent of a creditor and subject to the prior rights of holders of security interests in such goods or the proceeds of such goods, may return goods shipped to the debtor by the creditor before the commencement of the case, and the creditor may offset the purchase price of such goods against any claim of the creditor against the debtor that arose before the commencement of the case.

(i)(1) Notwithstanding paragraphs (2) and (3) of section 545, the trustee may not avoid a warehouseman's lien for storage, transportation, or other costs incidental to the storage and handling of goods.

(2) The prohibition under paragraph (1) shall be applied in a manner consistent with any State statute applicable to such lien that is similar to section 7-209 of the Uniform Commercial Code, as in effect on the date of enactment of the Bankruptcy Abuse Prevention and Consumer Protection Act of 2005, or any successor to such section 7-209.

(j) Notwithstanding sections 544, 545, 547, 548 (a)(1)(B), and 548 (b) the trustee may not avoid a transfer made by or to (or for the benefit of) a master netting agreement participant under or in connection with any master netting agreement or any individual contract covered thereby that is made before the commencement of the case, except under section 548 (a)(1)(A) and except to the extent that the trustee could otherwise avoid such a transfer made under an individual contract covered by such master netting agreement.

(Pub. L. 95-598, Nov. 6, 1978, 92 Stat. 2597; Pub. L. 97-222, §4, July 27, 1982, 96

（f）除本篇第 548 条（a）（1）（A）规定的情形外，即使存在本篇第 544、545、547、548（a）（1）（B）及 548（b）条的规定，托管人也不得撤销在破产案件启动前就回购协议而由回购参与者或金融参与者所作的或向其作出的（或为其利益所作的）转让。

（g）除本篇第 548 条（a）（1）（A）规定的情形外，即使存在本篇第 544、545、547、548（a）（1）（B）及 548（b）条的规定，托管人也不得撤销在破产案件启动前就互换协议而由互换参与者或金融参与者所作的或向其作出的（或为其利益所作的）转让。

（h）即使托管人享有第 544（a）、545、547、549 及 553 条中的权利或权力，若托管人在本篇第 11 章案件的破产救济令作出之日起 120 日内提出动议，经过通知和听证，法院认定退还在本案启动前已由债权人运往债务人的货物更符合破产实体的权益，则债务人在经过债权人允许并尊重就该货物或其收益享有担保权益的人的在先权利的情况下，可退还该货物；并且债权人也可将该货物的购买价款与其在破产案件启动前对债务人享有的任何债权进行抵销。

（i）（1）即使存在第 545 条的第（2）款及第（3）款的规定，托管人不得撤销仓库管理者就因贮藏或处理货物而产生的贮藏费、运输费或其他成本而享有的财产上担保权。

（2）第（1）款中的禁止性规定的适用应当符合适用于该财产上担保权的任何州法的规定，并且该法律应与在《2005 年防止滥用破产和消费者保护法》颁布之日有效的《统一商法典》第 7–209 条规定相类似，或与第 7–209 条的任何后续版本相类似。

（j）除第 548 条（a）（1）（A）所述的情形外，即使存在本篇第 544、545、547、548（a）（1）（B）及 548（b）条的规定，托管人也不得撤销在本案启动前就任何净额结算协议或其包含的单项合同而由净额结算协议参与者所作的或向其作出的（或为其利益所作的）转让，但不包括托管人本可通过其他方式撤销的根据该净额结算协议包含的单项合同而作出的转让。

[ Pub. L. 95-598, Nov. 6, 1978, 92 Stat. 2597; Pub. L. 97-222, §4, July 27, 1982, 96

Stat. 236; Pub. L. 98-353, title III, §§351, 393, 461, July 10, 1984, 98 Stat. 358, 365, 377; Pub. L. 99-554, title II, §§257 (d), 283 (1), Oct. 27, 1986, 100 Stat. 3114, 3117; Pub. L. 101-311, title I, §103, title II, §203, June 25, 1990, 104 Stat. 268, 269; Pub. L. 103-394, title II, §§204 (b), 209, 216, 222 (a), title V, §501 (b)(4), Oct. 22, 1994, 108 Stat. 4122, 4125, 4126, 4129, 4142; Pub. L. 105-183, §3 (c), June 19, 1998, 112 Stat. 518; Pub. L. 109-8, title IV, §406, title IX, §907 (e), (o)(2), (3), title XII, §1227 (a), Apr. 20, 2005, 119 Stat. 105, 177, 182, 199; Pub. L. 109-390, §5 (b), Dec. 12, 2006, 120 Stat. 2697.)

### § 547. Preferences

(a) In this section—

(1) "inventory" means personal property leased or furnished, held for sale or lease, or to be furnished under a contract for service, raw materials, work in process, or materials used or consumed in a business, including farm products such as crops or livestock, held for sale or lease;

(2) "new value" means money or money's worth in goods, services, or new credit, or release by a transferee of property previously transferred to such transferee in a transaction that is neither void nor voidable by the debtor or the trustee under any applicable law, including proceeds of such property, but does not include an obligation substituted for an existing obligation;

(3) "receivable" means right to payment, whether or not such right has been earned by performance; and

(4) a debt for a tax is incurred on the day when such tax is last payable without penalty, including any extension.

(b) Except as provided in subsections (c) and (i) of this section, the trustee may, based on reasonable due diligence in the circumstances of the case and taking into account a party's known or reasonably knowable affirmative defenses under subsection (c), avoid any transfer of an interest of the debtor in property—

(1) to or for the benefit of a creditor;

(2) for or on account of an antecedent debt owed by the debtor before such transfer was made;

(3) made while the debtor was insolvent;

(4) made—

(A) on or within 90 days before the date of the filing of the petition; or

(B) between ninety days and one year before the date of the filing of the petition, if such creditor at the time of such transfer was an insider; and

(5) that enables such creditor to receive more than such creditor would receive if—

Stat. 236; Pub. L. 98-353, title III, §§351, 393, 461, July 10, 1984, 98 Stat. 358, 365, 377; Pub. L. 99-554, title II, §§257（d）, 283（1）, Oct. 27, 1986, 100 Stat. 3114, 3117; Pub. L. 101-311, title I, §103, title II, §203, June 25, 1990, 104 Stat. 268, 269; Pub. L. 103-394, title II, §§204（b）, 209, 216, 222（a）, title V, §501（b）(4）, Oct. 22, 1994, 108 Stat. 4122, 4125, 4126, 4129, 4142; Pub. L. 105-183, §3（c）, June 19, 1998, 112 Stat. 518; Pub. L. 109-8, title IV, §406, title IX, §907（e）,（o）(2）,（3）, title XII, §1227（a）, Apr. 20, 2005, 119 Stat. 105, 177, 182, 199; Pub. L. 109-390, §5（b）, Dec. 12, 2006, 120 Stat. 2697. ]

**第 547 条　倾向性行为（又名偏颇行为）**

（a）在本条中：

（1）“存货”指租赁的或被提供的用以出售或租赁的动产，或者根据与服务、原材料、半成品、营业中使用或消耗的材料相关的协议，将被提供用以出售或租赁的动产，包括农产品，如谷物或牲畜；

（2）“新对价”指货币或在商品、服务或新的信贷的货币价值，或先前已向受让人转让某财产且该交易既并未被债务人或托管人根据任何可适用的法律所撤销也不可由其撤销时，受让人放弃该财产包括该财产的收益，但不包括替代现有义务的义务；

（3）“应收账款”指求偿权，无论该权利是否已经通过履行而获得；并且

（4）税收债务指在最后一次无须缴纳罚款仅需缴纳税款的当日（包括任何延长期间）应付的税款。

（b）除本条的附条（c）和（i）另有规定外，基于对案件情况的合理尽职调查并考虑到当事人已经了解或有理由相信其可以了解根据附条（c）可主张的积极抗辩，托管人可撤销就债务人财产权益的所作的以下转让：

（1）向债权人所作或为其利益所作；

（2）该转让系基于作此转让前债务人所欠的债务或为清偿该债务；

（3）作此转让时债务人已经资不抵债；

（4）系在以下时间内作出：

（A）破产申请被提交前 90 日内（含第 90 日）；或

（B）若债权人在该转让被作出时系内部人士，则系破产申请被提交前 90 日至 1 年内；并且

（5）该转让使得该债权人获得的清偿额多于假设发生下列情形时该债权人本将获得的清偿额：

( A ) the case were a case under chapter 7 of this title;

( B ) the transfer had not been made; and

( C ) such creditor received payment of such debt to the extent provided by the provisions of this title.

( c ) The trustee may not avoid under this section a transfer—

( 1 ) to the extent that such transfer was—

( A ) intended by the debtor and the creditor to or for whose benefit such transfer was made to be a contemporaneous exchange for new value given to the debtor; and

( B ) in fact a substantially contemporaneous exchange;

( 2 ) to the extent that such transfer was in payment of a debt incurred by the debtor in the ordinary course of business or financial affairs of the debtor and the transferee, and such transfer was—

( A ) made in the ordinary course of business or financial affairs of the debtor and the transferee; or

( B ) made according to ordinary business terms;

( 3 ) that creates a security interest in property acquired by the debtor—

( A ) to the extent such security interest secures new value that was—

( i ) given at or after the signing of a security agreement that contains a description of such property as collateral;

( ii ) given by or on behalf of the secured party under such agreement;

( iii ) given to enable the debtor to acquire such property; and

( iv ) in fact used by the debtor to acquire such property; and

( B ) that is perfected on or before 30 days after the debtor receives possession of such property;

( 4 ) to or for the benefit of a creditor, to the extent that, after such transfer, such creditor gave new value to or for the benefit of the debtor—

( A ) not secured by an otherwise unavoidable security interest; and

( B ) on account of which new value the debtor did not make an otherwise unavoidable transfer to or for the benefit of such creditor;

( 5 ) that creates a perfected security interest in inventory or a receivable or the proceeds of either, except to the extent that the aggregate of all such transfers to the transferee caused a reduction, as of the date of the filing of the petition and to the prejudice of other creditors holding unsecured claims, of any amount by which the debt secured by such security interest exceeded the value of all security interests for such debt on the later of—

( A ) ( i ) with respect to a transfer to which subsection ( b ) ( 4 ) ( A ) of this section applies, 90 days before the date of the filing of the petition; or

（A）本案件系本篇第 7 章案件；
（B）未曾作出该转让；并且
（C）该债权人在本篇规定可获清偿的范围内，就该债务获得还款。

（c）托管人不得根据本条撤销以下转让：
（1）该转让符合以下条件：
（A）债务人和债权人皆有向债权人作出或为其利益作出该转让的同时债务人也获得新对价的意图；并且
（B）事实上也存在该同时交易；
（2）该转让系为偿还在债务人和受让人的商事业务和财务事项的常规范围内债务人所负的债务，并且该转让还符合以下条件：

（A）系在债务人与受让人的商事业务或财务事项的常规范围内所作；或

（B）系根据常规营业条件所作；
（3）在债务人取得的财产上创设担保权益的转让，并且该转让符合以下条件：
（A）该担保权益系用于担保以下新对价：
（i）系在签署载明该财产作为担保物的担保协议之时或之后所转让；

（ii）由担保权人或代表担保权人根据该协议所作；
（iii）作此转让系为使债务人有权取得该财产；以及
（iv）债务人事实上通过该新对价取得该财产；并且
（B）该转让在债务人取得该财产的占有后 30 日内被予以公示；

（4）向债权人作出或为其利益作出该转让后，该债权人也向债务人或为其利益支付了新对价，且该新对价符合以下条件：
（A）其并未由不得撤销的担保权益所担保；并且
（B）债务人并未因新对价而向债权人作出或为其利益作出其他不得撤销的转让；

（5）该转让系在存货、应收账款或前两者的收益上创设经公示的担保权益，但不得被撤销的范围不包括自破产申请被提交之日起，截至以下时点中较晚者，因受让人所作的该类转让而累计使得由该担保权益所担保的债务的金额超过担保该债务的所有担保权益价值的部分有所减少的部分，也不包括享有无担保债权的债权人因该类转让行为而累计受损的部分：

（A）（i）针对本条的附条（b）（4）（A）所适用的转让，破产申请被提交前 90 日；或

（ii）with respect to a transfer to which subsection（b）（4）（B）of this section applies, one year before the date of the filing of the petition; or

（B）the date on which new value was first given under the security agreement creating such security interest;

（6）that is the fixing of a statutory lien that is not avoidable under section 545 of this title;

（7）to the extent such transfer was a bona fide payment of a debt for a domestic support obligation;

（8）if, in a case filed by an individual debtor whose debts are primarily consumer debts, the aggregate value of all property that constitutes or is affected by such transfer is less than $600; or

（9）if, in a case filed by a debtor whose debts are not primarily consumer debts, the aggregate value of all property that constitutes or is affected by such transfer is less than $5,000.

（d）The trustee may avoid a transfer of an interest in property of the debtor transferred to or for the benefit of a surety to secure reimbursement of such a surety that furnished a bond or other obligation to dissolve a judicial lien that would have been avoidable by the trustee under subsection（b）of this section. The liability of such surety under such bond or obligation shall be discharged to the extent of the value of such property recovered by the trustee or the amount paid to the trustee.

（e）（1）For the purposes of this section—

（A）a transfer of real property other than fixtures, but including the interest of a seller or purchaser under a contract for the sale of real property, is perfected when a bona fide purchaser of such property from the debtor against whom applicable law permits such transfer to be perfected cannot acquire an interest that is superior to the interest of the transferee; and

（B）a transfer of a fixture or property other than real property is perfected when a creditor on a simple contract cannot acquire a judicial lien that is superior to the interest of the transferee.

（2）For the purposes of this section, except as provided in paragraph（3）of this subsection, a transfer is made—

（A）at the time such transfer takes effect between the transferor and the transferee, if such transfer is perfected at, or within 30 days after, such time, except as provided in subsection（c）（3）（B）;

（B）at the time such transfer is perfected, if such transfer is perfected after such 30 days; or

（C）immediately before the date of the filing of the petition, if such transfer is not （ii）针对本条的附条（b）（4）（B）所适用的转让，破产申请被提交前1年；或

（B）根据创设该担保权益的担保协议首次支付新对价之日；

（6）该转让系对根据本篇第545条不得撤销的法定的财产上担保权的确定；

（7）该转让系对家庭扶/抚养费债务的善意支付；

（8）在其主要债务为消费债务的个人债务人提起的案件中，若被转让的财产或受该转让影响的所有财产的累计价值少于600美元；或

（9）在其主要债务并非消费债务的债务人提起的案件中，若被转让的财产或受该转让影响的所有财产的累计价值少于5000美元。

（d）若保证人通过提交保证金或履行其他义务从而解除司法的财产上担保权，但该司法的财产上担保权本可由托管人根据本条的附条（b）撤销，则托管人可撤销就债务人财产权益向保证人作出或为其利益所作的，用于担保对该保证人报销费用的转让。该保证人根据该保证金或义务所应承担的责任应当在托管人追回的该财产的价值或其已向托管人支付的金额范围内被免责。

（e）（1）就本条而言：

（A）就固定附着物外的不动产，包括根据不动产买卖合同出卖人或买受人就不动产的买卖合同而享有的权益所作的转让，若可适用的法律允许该转让的公示对向债务人购买该财产的善意买受人发生效力，则该善意买受人无法再取得优于该受让人权益的时点即该转让的公示时点；并且

（B）就固定附着物，或不动产外的财产所作的转让，其公示时点是简单合同的债权人无法再取得优于该受让人权益的司法的财产上担保权的时点。

（2）就本条而言，除本附条的第（3）款另有规定外，转让系在以下时点被作出：

（A）除附条（c）（3）（B）另有规定外，若该转让在其生效时或生效后30日内得到公示，则该转让在转让人和受让人间生效的时间即被视为该转让被作出的时间；

（B）若该转让在其生效后30日以后才得到公示，则该转让被公示的时间即被视为该转让被作出的时间；或

（C）若该转让在以下时点中较晚者时仍未被公示，则该转让将被视为在破产申

perfected at the later of—

(i) the commencement of the case; or

(ii) 30 days after such transfer takes effect between the transferor and the transferee.

(3) For the purposes of this section, a transfer is not made until the debtor has acquired rights in the property transferred.

(f) For the purposes of this section, the debtor is presumed to have been insolvent on and during the 90 days immediately preceding the date of the filing of the petition.

(g) For the purposes of this section, the trustee has the burden of proving the avoidability of a transfer under subsection (b) of this section, and the creditor or party in interest against whom recovery or avoidance is sought has the burden of proving the nonavoidability of a transfer under subsection (c) of this section.

(h) The trustee may not avoid a transfer if such transfer was made as a part of an alternative repayment schedule between the debtor and any creditor of the debtor created by an approved nonprofit budget and credit counseling agency.

(i) If the trustee avoids under subsection (b) a transfer made between 90 days and 1 year before the date of the filing of the petition, by the debtor to an entity that is not an insider for the benefit of a creditor that is an insider, such transfer shall be considered to be avoided under this section only with respect to the creditor that is an insider.

(Pub. L. 95-598, Nov. 6, 1978, 92 Stat. 2597; Pub. L. 98-353, title III, §§310, 462, July 10, 1984, 98 Stat. 355, 377; Pub. L. 99-554, title II, §283 (m), Oct. 27, 1986, 100 Stat. 3117; Pub. L. 103-394, title II, §203, title III, §304 (f), Oct. 22, 1994, 108 Stat. 4121, 4133; Pub. L. 109-8, title II, §§201 (b), 217, title IV, §§403, 409, title XII, §§1213 (a), 1222, Apr. 20, 2005, 119 Stat. 42, 55, 104, 106, 194, 196; Pub. L. 116-54, §3 (a), Aug. 23, 2019, 133 Stat. 1085.)

### § 548. Fraudulent transfers and obligations

(a)(1) The trustee may avoid any transfer (including any transfer to or for the benefit of an insider under an employment contract) of an interest of the debtor in property, or any obligation (including any obligation to or for the benefit of an insider under an employment contract) incurred by the debtor, that was made or incurred on or within 2 years before the date of the filing of the petition, if the debtor voluntarily or involuntarily—

(A) made such transfer or incurred such obligation with actual intent to hinder, delay, or defraud any entity to which the debtor was or became, on or after the date that such transfer was made or such obligation was incurred, indebted; or

(B)(i) received less than a reasonably equivalent value in exchange for such transfer or obligation; and

(ii)(I) was insolvent on the date that such transfer was made or such obligation

请被提交前所作：

（i）破产案件启动时；或

（ii）该转让在转让人和受让人间生效后 30 日。

（3）就本条而言，直到债务人取得就被转让财产享有的权利时，该转让行为才被视为发生。

（f）就本条而言，债务人被推定为在破产申请被提交前 90 日内已经资不抵债。

（g）就本条而言，托管人必须就该转让可基于本条的附条（b）而被撤销承担举证责任，而债权人或向其追回财产或撤销转让的利益相关方必须就该转让基于本条的附条（c）不得被撤销承担举证责任。

（h）若所作的转让系根据经批准的非营利预算和信用咨询机构制定的，债务人与任何债权人间生效的替代还款方案而被作出，则托管人不得撤销该转让。

（i）若托管人根据附条（b）撤销的转让系在破产申请被提交前 90 日至 1 年内，债务人为了作为内部人士的债权人的利益而向非内部人士的实体所作的转让，则仅针对作为内部人士的债权人，该转让应被视为根据本条而被撤销。

［Pub. L. 95-598, Nov. 6, 1978, 92 Stat. 2597; Pub. L. 98-353, title III, §§310, 462, July 10, 1984, 98 Stat. 355, 377; Pub. L. 99-554, title II, §283（m）, Oct. 27, 1986, 100 Stat. 3117; Pub. L. 103-394, title II, §203, title III, §304（f）, Oct. 22, 1994, 108 Stat. 4121, 4133; Pub. L. 109-8, title II, §§201（b）, 217, title IV, §§403, 409, title XII, §§1213（a）, 1222, Apr. 20, 2005, 119 Stat. 42, 55, 104, 106, 194, 196; Pub. L. 116-54, §3（a）, Aug. 23, 2019, 133 Stat. 1085.］

**第 548 条　欺诈性转让与义务**

（a）（1）无论债务人自愿与否，若其作出以下行为，则托管人可撤销破产申请被提交前 2 年内就债务人财产权益所作的任何转让（包括根据雇佣合同向内部人士所作或为其利益作出的转让）或由债务人承担的义务（包括根据雇佣合同向内部人士承担或为其利益承担的义务）：

（A）债务人作出该转让或承担该义务实际系出于阻碍、延迟或欺诈在该转让作出或义务发生当日或之后债务人对其负有债务或将对其负有债务的任何实体；或

（B）（i）就该交易或义务获得的对价少于其合理对等价；并且

（ii）（I）债务人在作出该转让或该义务发生之日已经资不抵债，或者该转让或

was incurred, or became insolvent as a result of such transfer or obligation;

( II ) was engaged in business or a transaction, or was about to engage in business or a transaction, for which any property remaining with the debtor was an unreasonably small capital;

( III ) intended to incur, or believed that the debtor would incur, debts that would be beyond the debtor's ability to pay as such debts matured; or

( IV ) made such transfer to or for the benefit of an insider, or incurred such obligation to or for the benefit of an insider, under an employment contract and not in the ordinary course of business.

( 2 ) A transfer of a charitable contribution to a qualified religious or charitable entity or organization shall not be considered to be a transfer covered under paragraph ( 1 ) ( B ) in any case in which—

( A ) the amount of that contribution does not exceed 15 percent of the gross annual income of the debtor for the year in which the transfer of the contribution is made; or

( B ) the contribution made by a debtor exceeded the percentage amount of gross annual income specified in subparagraph ( A ) , if the transfer was consistent with the practices of the debtor in making charitable contributions.

( b ) The trustee of a partnership debtor may avoid any transfer of an interest of the debtor in property, or any obligation incurred by the debtor, that was made or incurred on or within 2 years before the date of the filing of the petition, to a general partner in the debtor, if the debtor was insolvent on the date such transfer was made or such obligation was incurred, or became insolvent as a result of such transfer or obligation.

( c ) Except to the extent that a transfer or obligation voidable under this section is voidable under section 544, 545, or 547 of this title, a transferee or obligee of such a transfer or obligation that takes for value and in good faith has a lien on or may retain any interest transferred or may enforce any obligation incurred, as the case may be, to the extent that such transferee or obligee gave value to the debtor in exchange for such transfer or obligation.

( d ) ( 1 ) For the purposes of this section, a transfer is made when such transfer is so perfected that a bona fide purchaser from the debtor against whom applicable law permits such transfer to be perfected cannot acquire an interest in the property transferred that is superior to the interest in such property of the transferee, but if such transfer is not so perfected before the commencement of the case, such transfer is made immediately before the date of the filing of the petition.

( 2 ) In this section—

( A ) "value" means property, or satisfaction or securing of a present or antecedent debt of the debtor, but does not include an unperformed promise to furnish support to the

义务系导致其资不抵债的原因；

（II）债务人剩余的财产对于其已经从事的或将要从事的业务或交易而言，系不合理的过低资本；

（III）债务人意图承担或认为其将承担到期后其无力偿还的债务；或

（IV）债务人系在常规营业范围外，根据雇佣合同向内部人士作出或为其利益作出该转让，或者向内部人士承担或为其利益承担该义务。

（2）向合格的宗教或慈善实体或机构所作的慈善捐赠，在以下情形中不得被认定为第（1）款（B）所述的转让：

（A）捐赠数额不超过债务人作出捐赠当年的年度总收入的 15%；或

（B）即使债务人所作的捐赠超出附款（A）所述的年度总收入的百分比，若该转让符合债务人慈善捐赠的习惯，则也不得作此认定。

（b）若合伙组织债务人在破产申请被提交前 2 年内向债务人内的普通合伙人就债务人财产权益作出任何转让或承担任何义务，并且债务人在作出该转让或该义务产生之日已经资不抵债，或者该转让或义务系导致其资不抵债的原因，则该合伙组织债务人的托管人可撤销该转让或义务。

（c）除了根据本条和根据本篇第 544、545 或 547 条均可被撤销的转让或义务外，就该转让或义务支付对价的善意受让人或善意债权人在其受让的任何权益上享有财产上担保权或可保留该权益，或者可强制执行该义务。

（d）（1）就本条而言，若可适用的法律允许该转让的公示对向债务人购买该财产的善意买受人发生效力，则该善意买受人无法再就被转让财产取得优于受让人财产权益的时点即该转让的公示时点，也是该转让的发生时点；但若该转让在本案启动前仍未通过这种方式得到公示，则该转让被视为在破产申请提交前被作出。

（2）在本条中：

（A）“对价”指财产或者对债务人当前或先前债务的清偿或担保，但不包括向债务人或其亲属提供生活支持的未履行承诺；

debtor or to a relative of the debtor;

(B) a commodity broker, forward contract merchant, stockbroker, financial institution, financial participant, or securities clearing agency that receives a margin payment, as defined in section 101, 741, or 761 of this title, or settlement payment, as defined in section 101 or 741 of this title, takes for value to the extent of such payment;

(C) a repo participant or financial participant that receives a margin payment, as defined in section 741 or 761 of this title, or settlement payment, as defined in section 741 of this title, in connection with a repurchase agreement, takes for value to the extent of such payment;

(D) a swap participant or financial participant that receives a transfer in connection with a swap agreement takes for value to the extent of such transfer; and

(E) a master netting agreement participant that receives a transfer in connection with a master netting agreement or any individual contract covered thereby takes for value to the extent of such transfer, except that, with respect to a transfer under any individual contract covered thereby, to the extent that such master netting agreement participant otherwise did not take (or is otherwise not deemed to have taken) such transfer for value.

(3) In this section, the term "charitable contribution" means a charitable contribution, as that term is defined in section 170 (c) of the Internal Revenue Code of 1986, if that contribution—

(A) is made by a natural person; and

(B) consists of—

(i) a financial instrument (as that term is defined in section 731 (c) (2) (C) of the Internal Revenue Code of 1986); or

(ii) cash.

(4) In this section, the term "qualified religious or charitable entity or organization" means—

(A) an entity described in section 170 (c) (1) of the Internal Revenue Code of 1986; or

(B) an entity or organization described in section 170 (c) (2) of the Internal Revenue Code of 1986.

(e) (1) In addition to any transfer that the trustee may otherwise avoid, the trustee may avoid any transfer of an interest of the debtor in property that was made on or within 10 years before the date of the filing of the petition, if—

(A) such transfer was made to a self-settled trust or similar device;

(B) such transfer was by the debtor;

(C) the debtor is a beneficiary of such trust or similar device; and

(D) the debtor made such transfer with actual intent to hinder, delay, or defraud any

（B）获得保证金支付（定义见本篇第 101、741 或 761 条）或结算支付（定义见本篇第 101 条或第 741 条）的商品经纪商、远期合约商、证券经纪人、金融机构、金融参与者或证券结算机构获得的对价以该支付金额为限；

（C）因回购协议而获得保证金支付（定义见本篇第 741 条或第 761 条）或结算支付（定义见本篇第 741 条）的回购参与者或金融参与者获得的对价以该支付金额为限；

（D）因互换协议而获得转让的互换参与者或金融参与者获得的对价以该转让为限；以及

（E）因净额结算协议或该协议包含的任意单项合同而获得转让的净额结算协议参与者获得的对价以该转让为限，但针对根据其包含的单项合同所作的转让，限于该净额结算协议参与者并未就该转让获得对价的范围（或并未被视为获得对价的范围）。

（3）在本条中，"慈善捐赠"与《1986 年国内税收法典》第 170（c）所述的定义相同，并且符合以下条件：

（A）系由个人所作的捐赠；并且

（B）由下列各项组成：

（i）金融工具（定义见《1986 年国内税收法典》第 731 条（c）（2）（C））；或

（ii）现金。

（4）在本条中，"合格的宗教或慈善实体或组织"指：

（A）《1986 年国内税收法典》第 170 条（c）（1）所述的实体；或

（B）《1986 年国内税收法典》第 170 条（c）（2）所述的实体或组织。

（e）（1）除了托管人可通过其他途径予以撤销的转让外，若一转让符合以下条件，则托管人还可撤销在破产申请被提交前 10 年内就债务人财产利益所作的转让：

（A）该转让系向自益信托或类似机制所作；

（B）该转让系由债务人所作；

（C）债务人系该信托或类似机制的受益人；并且

（D）债务人作此转让的实际意图系阻碍、延迟或欺骗该转让作出之时或之后债

entity to which the debtor was or became, on or after the date that such transfer was made, indebted.

(2) For the purposes of this subsection, a transfer includes a transfer made in anticipation of any money judgment, settlement, civil penalty, equitable order, or criminal fine incurred by, or which the debtor believed would be incurred by—

(A) any violation of the securities laws (as defined in section 3 (a) (47) of the Securities Exchange Act of 1934 (15 U.S.C. 78c (a) (47))), any State securities laws, or any regulation or order issued under Federal securities laws or State securities laws; or

(B) fraud, deceit, or manipulation in a fiduciary capacity or in connection with the purchase or sale of any security registered under section 12 or 15 (d) of the Securities Exchange Act of 1934 (15 U.S.C. 78l and 78o (d)) or under section 6 of the Securities Act of 1933 (15 U.S.C. 77f).

(Pub. L. 95-598, Nov. 6, 1978, 92 Stat. 2600; Pub. L. 97-222, §5, July 27, 1982, 96 Stat. 236; Pub. L. 98-353, title III, §§394, 463, July 10, 1984, 98 Stat. 365, 378; Pub. L. 99-554, title II, §283 (n), Oct. 27, 1986, 100 Stat. 3117; Pub. L. 101-311, title I, §104, title II, §204, June 25, 1990, 104 Stat. 268, 269; Pub. L. 103-394, title V, §501 (b) (5), Oct. 22, 1994, 108 Stat. 4142; Pub. L. 105-183, §§2, 3 (a), June 19, 1998, 112 Stat. 517; Pub. L. 109-8, title IX, §907 (f), (o) (4) - (6), title XIV, §1402, Apr. 20, 2005, 119 Stat. 177, 182, 214.)

§ 549. Postpetition transactions

(a) Except as provided in subsection (b) or (c) of this section, the trustee may avoid a transfer of property of the estate—

(1) that occurs after the commencement of the case; and

(2) (A) that is authorized only under section 303 (f) or 542 (c) of this title; or

(B) that is not authorized under this title or by the court.

(b) In an involuntary case, the trustee may not avoid under subsection (a) of this section a transfer made after the commencement of such case but before the order for relief to the extent any value, including services, but not including satisfaction or securing of a debt that arose before the commencement of the case, is given after the commencement of the case in exchange for such transfer, notwithstanding any notice or knowledge of the case that the transferee has.

(c) The trustee may not avoid under subsection (a) of this section a transfer of an interest in real property to a good faith purchaser without knowledge of the commencement of the case and for present fair equivalent value unless a copy or notice of the petition was filed, where a transfer of an interest in such real property may be recorded to perfect such transfer, before such transfer is so perfected that a bona fide purchaser of such real property, against whom applicable law permits such transfer to be perfected,

务人对其负有债务或将对其负有债务的任何实体。

（2）就本附条而言，转让包括因为预料到就以下所述行为所导致的，或债务人认为将导致的任何金钱判决、和解协议、民事罚金、衡平裁定或刑事罚款而作的转让：

（A）任何违反证券法律（定义见《1934年证券交易法》第3条（a）（47）（《美国联邦法典》第15篇第78c条（a）（47）））、州证券法律或根据联邦证券法律或州证券法律发布的规定或签发的裁定的行为；或

（B）在与根据《1934年证券交易法》第12条、第15条（d）[《美国联邦法典》第15篇第78l条或第78o条（d）]或根据《1933年证券法》第6条（《美国联邦法典》第15篇第77f条）登记的任何证券的购买或出售的相关事宜中，或以受托人的身份进行欺诈、欺骗或操控。

[Pub. L. 95-598, Nov. 6, 1978, 92 Stat. 2600; Pub. L. 97-222, §5, July 27, 1982, 96 Stat. 236; Pub. L. 98-353, title III, §§394, 463, July 10, 1984, 98 Stat. 365, 378; Pub. L. 99-554, title II, §283（n）, Oct. 27, 1986, 100 Stat. 3117; Pub. L. 101-311, title I, §104, title II, §204, June 25, 1990, 104 Stat. 268, 269; Pub. L. 103-394, title V, §501（b）（5）, Oct. 22, 1994, 108 Stat. 4142; Pub. L. 105-183, §§2, 3（a）, June 19, 1998, 112 Stat. 517; Pub. L. 109-8, title IX, §907（f）,（o）（4）-（6）, title XIV, §1402, Apr. 20, 2005, 119 Stat. 177, 182, 214.]

**第549条　申请后交易**

（a）除本条的附条（b）或（c）另有规定外，若就破产财产所作的转让符合以下条件，则托管人可将其撤销：

（1）该转让发生在破产案件启动后；并且

（2）（A）仅根据本篇第303条（f）或第542条（c）而被授权；或

（B）未经本篇或法院授权。

（b）在强制破产案件中，即使受让人已经接到本案的通知或有所了解，托管人仍不得根据本条的附条（a）撤销在本案启动后、破产救济令被作出前就任何对价所作的转让，该对价包括服务，但不包括案件启动后为获得该转让而就本案启动前产生的债务进行的清偿或担保。

（c）托管人不得根据本条的附条（a）撤销就不动产权益，以其现时公允价值向未知悉本案启动的善意买受人所作的转让，除非在可适用的法律允许该转让的公示对不动产的其他善意买受人发生效力，并且在其他善意买受人无法再取得优于本附条所述的善意买受人的权益因而得以公示之前，已经向就不动产权益转让进行登记以予以公示的地方提交了破产申请的副本或通知。未知悉本案启动的善意买受人，若其以少于该不动产的现时公允价值进行交易，则其在被转让的财产上以其支付的

could not acquire an interest that is superior to such interest of such good faith purchaser. A good faith purchaser without knowledge of the commencement of the case and for less than present fair equivalent value has a lien on the property transferred to the extent of any present value given, unless a copy or notice of the petition was so filed before such transfer was so perfected.

(d) An action or proceeding under this section may not be commenced after the earlier of—

(1) two years after the date of the transfer sought to be avoided; or

(2) the time the case is closed or dismissed.

(Pub. L. 95-598, Nov. 6, 1978, 92 Stat. 2601; Pub. L. 98-353, title III, §464, July 10, 1984, 98 Stat. 379; Pub. L. 99-554, title II, §283(o), Oct. 27, 1986, 100 Stat. 3117; Pub. L. 103-394, title V, §501 (d)(18), Oct. 22, 1994, 108 Stat. 4146; Pub. L. 109-8, title XII, §1214, Apr. 20, 2005, 119 Stat. 195.)

### § 550. Liability of transferee of avoided transfer

(a) Except as otherwise provided in this section, to the extent that a transfer is avoided under section 544, 545, 547, 548, 549, 553 (b), or 724 (a) of this title, the trustee may recover, for the benefit of the estate, the property transferred, or, if the court so orders, the value of such property, from—

(1) the initial transferee of such transfer or the entity for whose benefit such transfer was made; or

(2) any immediate or mediate transferee of such initial transferee.

(b) The trustee may not recover under section[①] (a)(2) of this section from—

(1) a transferee that takes for value, including satisfaction or securing of a present or antecedent debt, in good faith, and without knowledge of the voidability of the transfer avoided; or

(2) any immediate or mediate good faith transferee of such transferee.

(c) If a transfer made between 90 days and one year before the filing of the petition—

(1) is avoided under section 547 (b) of this title; and

(2) was made for the benefit of a creditor that at the time of such transfer was an insider;

the trustee may not recover under subsection (a) from a transferee that is not an insider.

(d) The trustee is entitled to only a single satisfaction under subsection (a) of this section.

---

① So in original. Probably should be "subsection".

现时价值为限享有财产上担保权，除非在该转让以前述方式被公示前，已经按前述规定提交了破产申请的副本或通知。

（d）根据本条提起的诉讼或程序不得在以下时点中较早者之后启动：

（1）试图撤销的转让被作出之日后2年；或

（2）本案结案或被驳回时。

[Pub. L. 95-598, Nov. 6, 1978, 92 Stat. 2601; Pub. L. 98-353, title III, §464, July 10, 1984, 98 Stat. 379; Pub. L. 99-554, title II, §283(o), Oct. 27, 1986, 100 Stat. 3117; Pub. L. 103-394, title V, §501（d）（18）, Oct. 22, 1994, 108 Stat. 4146; Pub. L. 109-8, title XII, §1214, Apr. 20, 2005, 119 Stat. 195.]

**第550条　被撤销转让的受让人的责任**

（a）除本条另有规定外，在根据本篇第544、545、547、548、549、533（b）、724（a）条而被撤销的转让的范围内，托管人为了破产实体的利益可向以下主体追回被转让的财产或在法院的裁定下追回该财产的价值：

（1）该转让的初始受让人或受益于该转让的实体；或

（2）该初始受让人的任何直接或间接受让人。

（b）托管人不得根据本条的附条（a）（2）[①]向以下主体主张追回：

（1）支付了相应对价，包括就当前或先前债务进行清偿或担保，并且对被撤销的转让的可撤销性并不知情的善意受让人；或

（2）该受让人的任何直接或间接的善意受让人。

（c）若在破产申请前90日至1年内所作的转让：

（1）根据本篇第547条（b）而被撤销；并且

（2）该转让作出时，受益于该转让的债权人为内部人士；

则托管人不得根据附条（a）向非内部人士的受让人主张追回。

（d）托管人仅有权根据本条的附条（a）获得一次返还。

① 原文为”section”，但此处应为”subsection”，故直接译为附条。

(e)(1) A good faith transferee from whom the trustee may recover under subsection (a) of this section has a lien on the property recovered to secure the lesser of—

(A) the cost, to such transferee, of any improvement made after the transfer, less the amount of any profit realized by or accruing to such transferee from such property; and

(B) any increase in the value of such property as a result of such improvement, of the property transferred.

(2) In this subsection, "improvement" includes—

(A) physical additions or changes to the property transferred;

(B) repairs to such property;

(C) payment of any tax on such property;

(D) payment of any debt secured by a lien on such property that is superior or equal to the rights of the trustee; and

(E) preservation of such property.

(f) An action or proceeding under this section may not be commenced after the earlier of—

(1) one year after the avoidance of the transfer on account of which recovery under this section is sought; or

(2) the time the case is closed or dismissed.

(Pub. L. 95-598, Nov. 6, 1978, 92 Stat. 2601; Pub. L. 98-353, title III, §465, July 10, 1984, 98 Stat. 379; Pub. L. 103-394, title II, §202, Oct. 22, 1994, 108 Stat. 4121.)

### § 551. Automatic preservation of avoided transfer

Any transfer avoided under section 522, 544, 545, 547, 548, 549, or 724 (a) of this title, or any lien void under section 506 (d) of this title, is preserved for the benefit of the estate but only with respect to property of the estate.

(Pub. L. 95-598, Nov. 6, 1978, 92 Stat. 2602.)

### § 552. Postpetition effect of security interest

(a) Except as provided in subsection (b) of this section, property acquired by the estate or by the debtor after the commencement of the case is not subject to any lien resulting from any security agreement entered into by the debtor before the commencement of the case.

(b)(1) Except as provided in sections 363, 506 (c), 522, 544, 545, 547, and 548 of this title, if the debtor and an entity entered into a security agreement before the commencement of the case and if the security interest created by such security agreement extends to property of the debtor acquired before the commencement of the case and to proceeds, products, offspring, or profits of such property, then such security interest extends to such proceeds, products, offspring, or profits acquired by the estate after the （e）（1）托管人可根据本条的附条（a）向其主张追回的善意受让人就被追回的财产享有担保权以担保以下金额中较小者：

（A）该转让作出后因任何对该财产作出的改善而由该受让人承担的成本，减去该受让人就该财产而取得的任何利润后的结果；以及

（B）因对被转让财产作出的改善而使得该财产增值的部分。

（2）在本附条中，“改善”包括：

（A）对被转让财产作出的物理增添或改变；

（B）该财产的修缮；

（C）该财产上税款的缴纳；

（D）就由该财产上优先于托管人权利或与之平级的担保权所担保的债务所作的清偿；以及

（E）该财产的保存。

（f）根据本条提起的诉讼或程序不得在以下时点中较早者之后被启动：

（1）根据本条意图追回的财产涉及的转让被撤销后1年；或

（2）本案结案或被驳回时。

（Pub. L. 95-598, Nov. 6, 1978, 92 Stat. 2601; Pub. L. 98-353, title III, §465, July 10, 1984, 98 Stat. 379; Pub. L. 103-394, title II, §202, Oct. 22, 1994, 108 Stat. 4121.）

**第551条 被撤销转让的自动维持**

出于破产实体利益的考虑，仅针对破产财产而言，任何根据本篇第522、544、545、547、548、549或724（a）条而被撤销的转让或本篇第506条（d）中无效的财产上担保权均将被予以维持。①

（Pub. L. 95-598, Nov. 6, 1978, 92 Stat. 2602.）

**第552条 担保权益的申请后效力**

（a）除本条的附条（b）另有规定外，破产实体或债务人在本案启动后取得的财产不受因债务人在破产案件启动前达成的担保协议而产生的任何财产上担保权的限制。

（b）（1）除本篇第363、506（c）、522、544、545、547及548条另有规定外，若在本案启动前债务人与他人达成担保协议并且因该担保协议而在债务人在本案启动前取得的财产及其收益、产品、产物或利润上创设担保权益，则该担保权益的效力在符合该担保协议及可适用的非破产法规定的情况下，也及于破产实体在本案启

① 根据Senate Report No. 95-989，该条的目的系在防止当高级担保权被撤销后，次级担保权得以因此提高其顺位。

commencement of the case to the extent provided by such security agreement and by applicable nonbankruptcy law, except to any extent that the court, after notice and a hearing and based on the equities of the case, orders otherwise.

(2) Except as provided in sections 363, 506 (c), 522, 544, 545, 547, and 548 of this title, and notwithstanding section 546 (b) of this title, if the debtor and an entity entered into a security agreement before the commencement of the case and if the security interest created by such security agreement extends to property of the debtor acquired before the commencement of the case and to amounts paid as rents of such property or the fees, charges, accounts, or other payments for the use or occupancy of rooms and other public facilities in hotels, motels, or other lodging properties, then such security interest extends to such rents and such fees, charges, accounts, or other payments acquired by the estate after the commencement of the case to the extent provided in such security agreement, except to any extent that the court, after notice and a hearing and based on the equities of the case, orders otherwise.

(Pub. L. 95-598, Nov. 6, 1978, 92 Stat. 2602; Pub. L. 98-353, title III, §466, July 10, 1984, 98 Stat. 380; Pub. L. 103-394, title II, §214(a), Oct. 22, 1994, 108 Stat. 4126; Pub. L. 109-8, title XII, §1204 (2), Apr. 20, 2005, 119 Stat. 194.)

§ 553. Setoff

(a) Except as otherwise provided in this section and in sections 362 and 363 of this title, this title does not affect any right of a creditor to offset a mutual debt owing by such creditor to the debtor that arose before the commencement of the case under this title against a claim of such creditor against the debtor that arose before the commencement of the case, except to the extent that—

(1) the claim of such creditor against the debtor is disallowed;

(2) such claim was transferred, by an entity other than the debtor, to such creditor—

(A) after the commencement of the case; or

(B) (i) after 90 days before the date of the filing of the petition; and

(ii) while the debtor was insolvent (except for a setoff of a kind described in section 362 (b) (6), 362 (b) (7), 362 (b) (17), 362 (b) (27), 555, 556, 559, 560, or 561); or

(3) the debt owed to the debtor by such creditor was incurred by such creditor—

(A) after 90 days before the date of the filing of the petition;

(B) while the debtor was insolvent; and

(C) for the purpose of obtaining a right of setoff against the debtor (except for a setoff of a kind described in section 362 (b) (6), 362 (b) (7), 362 (b) (17), 362 (b) (27), 555, 556, 559, 560, or 561).

(b) (1) Except with respect to a setoff of a kind described in section 362 (b) (6),

动后取得的该财产的收益、产品、产物或利润，除非法院经过通知和听证后，基于案件的公平性而作出其他裁定。

（2）除本篇第 363、506（c）、522、544、545、547 及 548 条另有规定外，即使存在本篇第 546 条（b）的规定，若在本案启动前债务人与他人达成担保协议并且因该担保协议而在债务人在本案启动前取得的财产及出租该财产而收取的租金或因他人使用或占用酒店、汽车旅馆或其他旅居财产的房间或其他公共设施收取的费用、账目或其他款项上创设担保权益，则该担保权益的效力在符合该担保协议约定的情况下也及于破产实体在本案启动后取得的该类租金和费用、账目或其他款项，除非法院经过通知和听证后，基于案件的公平性而作出其他裁定。

[ Pub. L. 95-598, Nov. 6, 1978, 92 Stat. 2602; Pub. L. 98-353, title III, §466, July 10, 1984, 98 Stat. 380; Pub. L. 103-394, title II, §214（a）, Oct. 22, 1994, 108 Stat. 4126; Pub. L. 109-8, title XII, §1204（2）, Apr. 20, 2005, 119 Stat. 194. ]

**第 553 条 抵销**

（a）除本条及本篇第 362 条和第 363 条另有规定外，除以下所述的情形外，本篇不影响债权人就其在本篇案件启动前向债务人所负的相互债务，与其在本案启动前即对债务人享有的债权进行抵销的权利：

（1）债权人主张对债务人享有的债权无法得以确认；

（2）该债权系由债务人以外的实体转让给该债权人，并且符合以下条件：

（A）该转让发生在本案启动后；或

（B）（i）该转让发生在破产申请被提交前 90 日以后；并且

（ii）此时债务人已经资不抵债［但不适用于第 362（b）（6）、362（b）（7）、362（b）（17）、362（b）（27）、555、556、559、560 或 561 条所述的抵销］；或

（3）债权人向债务人所负的债务满足以下条件：

（A）该债务产生于提交破产被申请前 90 日以后；

（B）该债务产生时债务人已经资不抵债；并且

（C）债权人系为针对债务人取得抵销权［但不适用于第 362（b）（6）、362（b）（7）、362（b）（17）、362（b）（27）、555、556、559、560 或 561 条所述的抵销］。

（b）（1）除了本篇第 362（b）（6）、362（b）（7）、362（b）（17）、362（b）（27）、

362 ( b )( 7 ), 362 ( b )( 17 ), 362 ( b )( 27 ), 555, 556, 559, 560, 561, 365 ( h ), 546 ( h ), or 365 ( i ) ( 2 ) of this title, if a creditor offsets a mutual debt owing to the debtor against a claim against the debtor on or within 90 days before the date of the filing of the petition, then the trustee may recover from such creditor the amount so offset to the extent that any insufficiency on the date of such setoff is less than the insufficiency on the later of—

( A ) 90 days before the date of the filing of the petition; and

( B ) the first date during the 90 days immediately preceding the date of the filing of the petition on which there is an insufficiency.

( 2 ) In this subsection, "insufficiency" means amount, if any, by which a claim against the debtor exceeds a mutual debt owing to the debtor by the holder of such claim.

( c ) For the purposes of this section, the debtor is presumed to have been insolvent on and during the 90 days immediately preceding the date of the filing of the petition.

( Pub. L. 95-598, Nov. 6, 1978, 92 Stat. 2602; Pub. L. 98-353, title III, §§395, 467, July 10, 1984, 98 Stat. 365, 380; Pub. L. 101-311, title I, §105, June 25, 1990, 104 Stat. 268; Pub. L. 103-394, title II, §§205 ( b ) , 222 ( b ) , title V, §501 ( d ) ( 19 ) , Oct. 22, 1994, 108 Stat. 4123, 4129, 4146; Pub. L. 109-8, title IX, §907 ( n ) , Apr. 20, 2005, 119 Stat. 181. )

### § 554. Abandonment of property of the estate

( a ) After notice and a hearing, the trustee may abandon any property of the estate that is burdensome to the estate or that is of inconsequential value and benefit to the estate.

( b ) On request of a party in interest and after notice and a hearing, the court may order the trustee to abandon any property of the estate that is burdensome to the estate or that is of inconsequential value and benefit to the estate.

( c ) Unless the court orders otherwise, any property scheduled under section 521 ( a ) ( 1 ) of this title not otherwise administered at the time of the closing of a case is abandoned to the debtor and administered for purposes of section 350 of this title.

( d ) Unless the court orders otherwise, property of the estate that is not abandoned under this section and that is not administered in the case remains property of the estate.

( Pub. L. 95-598, Nov. 6, 1978, 92 Stat. 2603; Pub. L. 98-353, title III, §468, July 10, 1984, 98 Stat. 380; Pub. L. 99-554, title II, §283 ( p ) , Oct. 27, 1986, 100 Stat. 3118; Pub. L. 111-327, §2 ( a ) ( 23 ) , Dec. 22, 2010, 124 Stat. 3560. )

### § 555. Contractual right to liquidate, terminate, or accelerate a securities contract

The exercise of a contractual right of a stockbroker, financial institution, financial participant, or securities clearing agency to cause the liquidation, termination, or acceleration of a securities contract, as defined in section 741 of this title, because of a condition of the kind specified in section 365 ( e ) ( 1 ) of this title shall not be stayed,

555、556、559、560、561、365（h）、546（h）或 365（i）（2）条所述的抵销以外，若债务人在破产申请被提交前 90 日内（含第 90 日）抵销其向债务人所负的相互债务，则托管人可向该债权人追回因行使该抵销权而使得在该抵销权行使之日，该债权人无法抵销的债权少于以下时点较晚者时无法抵销的债权的部分：

（A）破产申请被提交前 90 日；以及

（B）破产申请被提交前 90 日内第一次存在无法抵销的债权之日。

（2）在本附条中，“无法抵销的债权”指债权人对债务人主张的债权超出其向债务人所负的相互债务的金额。

（c）就本条而言，债务人被推定为在破产申请被提交前 90 日内（含第 90 日）已经资不抵债。

[Pub. L. 95-598, Nov. 6, 1978, 92 Stat. 2602; Pub. L. 98-353, title III, §§395, 467, July 10, 1984, 98 Stat. 365, 380; Pub. L. 101-311, title I, §105, June 25, 1990, 104 Stat. 268; Pub. L. 103-394, title II, §§205（b）, 222（b）, title V, §501（d）（19）, Oct. 22, 1994, 108 Stat. 4123, 4129, 4146; Pub. L. 109-8, title IX, §907（n）, Apr. 20, 2005, 119 Stat. 181.]

**第 554 条　破产财产的放弃**

（a）经过通知和听证，托管人可放弃对破产实体造成负担的财产或对破产实体毫无价值和益处的财产。

（b）应利益相关方的请求，经过通知和听证后，法院可裁定托管人放弃对破产实体造成负担的财产或对破产实体毫无价值和益处的财产。

（c）除非法院作出其他裁定，否则任何在本案结案时并未对其进行管理的本篇第 521 条（a）（1）中所述的被报告的财产，均将被放弃给债务人并对其进行本篇第 350 条所述的管理。

（d）除非法院作出其他裁定，否则并未根据本条而被放弃的破产财产，即使在本案中并未对其进行管理也仍然为破产财产。

[Pub. L. 95-598, Nov. 6, 1978, 92 Stat. 2603; Pub. L. 98-353, title III, §468, July 10, 1984, 98 Stat. 380; Pub. L. 99-554, title II, §283（p）, Oct. 27, 1986, 100 Stat. 3118; Pub. L. 111-327, §2（a）（23）, Dec. 22, 2010, 124 Stat. 3560.]

**第 555 条　清算、终止或加速证券合约的合约权利**

证券经纪人、金融机构、金融参与者或证券结算机构，因本篇第 365 条（e）（1）所述的触发条件，行使清算、终止证券合约（定义见本篇第 741 条）或加速其到期的合约权利，不得被冻结、撤销或因本篇任何规定的适用或者法院或行政机构在本篇任何程序中所作的裁定而受到限制，除非该裁定系根据《1970 年证券投资者保护

avoided, or otherwise limited by operation of any provision of this title or by order of a court or administrative agency in any proceeding under this title unless such order is authorized under the provisions of the Securities Investor Protection Act of 1970 or any statute administered by the Securities and Exchange Commission. As used in this section, the term "contractual right" includes a right set forth in a rule or bylaw of a derivatives clearing organization (as defined in the Commodity Exchange Act), a multilateral clearing organization (as defined in the Federal Deposit Insurance Corporation Improvement Act of 1991), a national securities exchange, a national securities association, a securities clearing agency, a contract market designated under the Commodity Exchange Act, a derivatives transaction execution facility registered under the Commodity Exchange Act, or a board of trade (as defined in the Commodity Exchange Act), or in a resolution of the governing board thereof, and a right, whether or not in writing, arising under common law, under law merchant, or by reason of normal business practice.

(Added Pub. L. 97-222, §6 (a), July 27, 1982, 96 Stat. 236; amended Pub. L. 98-353, title III, §469, July 10, 1984, 98 Stat. 380; Pub. L. 103-394, title V, §501(b)(6),(d)(20), Oct. 22, 1994, 108 Stat. 4143, 4146; Pub. L. 109-8, title IX, §907 (g), (o)(7), Apr. 20, 2005, 119 Stat. 177, 182.)

### § 556. Contractual right to liquidate, terminate, or accelerate a commodities contract or forward contract

The contractual right of a commodity broker, financial participant, or forward contract merchant to cause the liquidation, termination, or acceleration of a commodity contract, as defined in section 761 of this title, or forward contract because of a condition of the kind specified in section 365 (e)(1) of this title, and the right to a variation or maintenance margin payment received from a trustee with respect to open commodity contracts or forward contracts, shall not be stayed, avoided, or otherwise limited by operation of any provision of this title or by the order of a court in any proceeding under this title. As used in this section, the term "contractual right" includes a right set forth in a rule or bylaw of a derivatives clearing organization (as defined in the Commodity Exchange Act), a multilateral clearing organization (as defined in the Federal Deposit Insurance Corporation Improvement Act of 1991), a national securities exchange, a national securities association, a securities clearing agency, a contract market designated under the Commodity Exchange Act, a derivatives transaction execution facility registered under the Commodity Exchange Act, or a board of trade (as defined in the Commodity Exchange Act) or in a resolution of the governing board thereof and a right, whether or not evidenced in writing, arising under common law, under law merchant or by reason of normal business practice.

法》或美国证券交易委员会实施的任何法律的规定而被批准作出。就本条而言，“合约权利”包括衍生产品结算机构(定义见《商品交易法》)、多边结算机构(定义见《1991年联邦存款保险公司促进法》)、全国性证券交易所、全国性证券协会、证券结算机构、根据《商品交易法》被指定的合约市场、根据《商品交易法》注册的衍生工具交易执行设施或交易所（定义见《商品交易法》）的规则或章程中规定的权利或在以上机构的董事会所作的决议中规定的权利，以及根据普通法、商业习惯法或正常商业惯例而享有的权利，无论其是否为以书面形式规定的权利。

[经 Pub. L. 97-222, §6（a）, July 27, 1982, 96 Stat. 236; amended Pub. L. 98-353, title III, §469, July 10, 1984, 98 Stat. 380; Pub. L. 103-394, title V, §501（b）(6），(d)(20）, Oct. 22, 1994, 108 Stat. 4143, 4146; Pub. L. 109-8, title IX, §907（g）,（o）(7）, Apr. 20, 2005, 119 Stat. 177, 182. 增补]

**第 556 条　清算、终止或加速商品合约或远期合约的合约权利**

商品经纪商、金融参与者或远期合约商因本篇第 365 条（e）(1）所述的触发条件，行使清算、终止商品合约（定义见本篇第 761 条）或远期合约或者加速其到期的合约权利，以及就未平仓的商品合约或远期合约向托管人主张价格变动保证金支付或维持保证金支付的权利，不得被冻结、撤销或因本篇任何规定的适用或者法院在本篇任何程序中所作的裁定而受到限制。就本条而言，“合约权利”包括衍生产品结算机构（定义见《商品交易法》)、多边结算机构（定义见《1991 年联邦存款保险公司促进法》)、全国性证券交易所、全国性证券协会、证券结算机构、根据《商品交易法》被指定的合约市场、根据《商品交易法》注册的衍生工具交易执行设施或交易所（定义见《商品交易法》）的规则或章程中规定的权利或在以上机构的董事会所作的决议中规定的权利，以及根据普通法、商业习惯法或正常商业惯例而享有的权利，无论其是否为以书面形式规定的权利。

(Added Pub. L. 97-222, §6 (a), July 27, 1982, 96 Stat. 236; amended Pub. L. 101-311, title II, §205, June 25, 1990, 104 Stat. 270; Pub. L. 103-394, title V, §501 (b)(7), Oct. 22, 1994, 108 Stat. 4143; Pub. L. 109-8, title IX, §§907 (h), (o)(8), Apr. 20, 2005, 119 Stat. 178, 182.)

### § 557. Expedited determination of interests in, and abandonment or other disposition of grain assets

(a) This section applies only in a case concerning a debtor that owns or operates a grain storage facility and only with respect to grain and the proceeds of grain. This section does not affect the application of any other section of this title to property other than grain and proceeds of grain.

(b) In this section—

(1) "grain" means wheat, corn, flaxseed, grain sorghum, barley, oats, rye, soybeans, other dry edible beans, or rice;

(2) "grain storage facility" means a site or physical structure regularly used to store grain for producers, or to store grain acquired from producers for resale; and

(3) "producer" means an entity which engages in the growing of grain.

(c)(1) Notwithstanding sections 362, 363, 365, and 554 of this title, on the court's own motion the court may, and on the request of the trustee or an entity that claims an interest in grain or the proceeds of grain the court shall, expedite the procedures for the determination of interests in and the disposition of grain and the proceeds of grain, by shortening to the greatest extent feasible such time periods as are otherwise applicable for such procedures and by establishing, by order, a timetable having a duration of not to exceed 120 days for the completion of the applicable procedure specified in subsection (d) of this section. Such time periods and such timetable may be modified by the court, for cause, in accordance with subsection (f) of this section.

(2) The court shall determine the extent to which such time periods shall be shortened, based upon—

(A) any need of an entity claiming an interest in such grain or the proceeds of grain for a prompt determination of such interest;

(B) any need of such entity for a prompt disposition of such grain;

(C) the market for such grain;

(D) the conditions under which such grain is stored;

(E) the costs of continued storage or disposition of such grain;

(F) the orderly administration of the estate;

(G) the appropriate opportunity for an entity to assert an interest in such grain; and

(H) such other considerations as are relevant to the need to expedite such procedures in the case.

［经 Pub. L. 97-222, §6（a）, July 27, 1982, 96 Stat. 236; amended Pub. L. 101-311, title II, §205, June 25, 1990, 104 Stat. 270; Pub. L. 103-394, title V, §501（b）（7）, Oct. 22, 1994, 108 Stat. 4143; Pub. L. 109-8, title IX, §§907（h）,（o）（8）, Apr. 20, 2005, 119 Stat. 178, 182. 增补］

**第 557 条　谷物资产上权益的加速确定、放弃或其他处置**

（a）本条仅适用于拥有或运营谷物贮藏设施的债务人的案件，并且仅针对谷物及其收益予以适用。本条不影响本篇任何其他规定就谷物及其收益以外的财产的适用。

（b）在本条中：

（1）“谷物”指小麦、玉米、亚麻籽、高粱、大麦、燕麦、黑麦、大豆、其他干豆或大米；

（2）“谷物贮藏设施”指通常用来为生产者贮藏谷物或储存从生产者处获取的谷物以进行转售的场所或物理构造；并且

（3）“生产者”指从事谷物种植的实体。

（c）（1）即使存在本篇第 362、363、365 和 554 条的规定，在法院自身的动议下，法院可通过尽最大可能缩短用于确定谷物及其收益的权益以及对其进行处置的时间段从而加快确定其权益及对其进行处置的程序，并且下令制定时间表以在 120 日内完成本条的附条（d）所述的相应程序；若托管人或主张就该谷物或其收益享有权益的实体提出请求，则法院应当履行前述职责。法院可根据本条的附条（f）的规定，出于特定事由调整前述时间段及时间表。

（2）法院应基于以下因素决定该时间段应被缩短的程度：

（A）主张就该谷物或其收益享有权益的实体对就该权益所作的认定的需要；

（B）该实体对就该谷物尽快进行处置的需要；

（C）该谷物的市场；

（D）该谷物贮藏的条件；

（E）持续贮藏或处置该谷物的成本；

（F）破产实体的有序管理；

（G）对于该实体而言，其主张其在该谷物上享有的权益的适当机会；以及

（H）与加速本案该程序有关的其他因素。

(d) The procedures that may be expedited under subsection (c) of this section include—

(1) the filing of and response to—

(A) a claim of ownership;

(B) a proof of claim;

(C) a request for abandonment;

(D) a request for relief from the stay of action against property under section 362(a) of this title;

(E) a request for determination of secured status;

(F) a request for determination of whether such grain or the proceeds of grain—

(i) is property of the estate;

(ii) must be turned over to the estate; or

(iii) may be used, sold, or leased; and

(G) any other request for determination of an interest in such grain or the proceeds of grain;

(2) the disposition of such grain or the proceeds of grain, before or after determination of interests in such grain or the proceeds of grain, by way of—

(A) sale of such grain;

(B) abandonment;

(C) distribution; or

(D) such other method as is equitable in the case;

(3) subject to sections 701, 702, 703, 1104, 1183, 1202, and 1302 of this title, the appointment of a trustee or examiner and the retention and compensation of any professional person required to assist with respect to matters relevant to the determination of interests in or disposition of such grain or the proceeds of grain; and

(4) the determination of any dispute concerning a matter specified in paragraph (1), (2), or (3) of this subsection.

(e)(1) Any governmental unit that has regulatory jurisdiction over the operation or liquidation of the debtor or the debtor's business shall be given notice of any request made or order entered under subsection (c) of this section.

(2) Any such governmental unit may raise, and may appear and be heard on, any issue relating to grain or the proceeds of grain in a case in which a request is made, or an order is entered, under subsection (c) of this section.

(3) The trustee shall consult with such governmental unit before taking any action relating to the disposition of grain in the possession, custody, or control of the debtor or the estate.

(f) The court may extend the period for final disposition of grain or the proceeds of （d）本条的附条（c）中所述的可被加速的程序包括以下各项：

（1）提交以下各项并对其作出回复：
（A）所有权的主张；
（B）权利证明；
（C）抛弃的请求；
（D）解除根据本篇第 362 条（a）对财产诉讼的冻结的请求；

（E）就担保地位进行认定的请求；
（F）就该谷物或其收益的以下事项进行认定的请求：
（i）是否是破产财产；
（ii）是否必须移交破产实体；或
（iii）是否可被使用、出售或出租；以及
（G）就该谷物或其收益上权益的认定所作的任何其他请求；

（2）在就该谷物或其收益上权益的认定作出前或作出后，通过以下方式对其进行处置：
（A）出售该谷物；
（B）放弃；
（C）分配；或
（D）本案中的其他公平方式；
（3）在符合本篇第 701、702、703、1104、1183、1202 及 1302 条规定的情况下，任命托管人或监督人，以及保留被要求协助处理就确定该谷物或其收益上的权益或对其进行处置的相关事项的任何专业人员并对其提供报酬；以及

（4）就涉及本附条的第（1）、（2）或（3）款所述事项的任何争议作出决定。

（e）（1）就根据本条的附条（c）所作的任何请求或裁定，应向就债务人或债务人的商事业务的运营或清算具有管辖权的政府机构发出通知。

（2）针对根据本条的附条（c）所作的任何请求或裁定所涉的有关本案中谷物或其收益的任何事项，该政府机构均可就其提出问题并出席和发表意见。

（3）托管人在采取任何处置由债务人或破产实体占有、保管或控制的谷物的行为前，应先与该政府机构进行协商。

（f）法院若发现存在以下情形，则可将本条所述的就谷物或其收益进行最终处

grain under this section beyond 120 days if the court finds that—

(1) the interests of justice so require in light of the complexity of the case; and

(2) the interests of those claimants entitled to distribution of grain or the proceeds of grain will not be materially injured by such additional delay.

(g) Unless an order establishing an expedited procedure under subsection (c) of this section, or determining any interest in or approving any disposition of grain or the proceeds of grain, is stayed pending appeal—

(1) the reversal or modification of such order on appeal does not affect the validity of any procedure, determination, or disposition that occurs before such reversal or modification, whether or not any entity knew of the pendency of the appeal; and

(2) neither the court nor the trustee may delay, due to the appeal of such order, any proceeding in the case in which such order is issued.

(h)(1) The trustee may recover from grain and the proceeds of grain the reasonable and necessary costs and expenses allowable under section 503 (b) of this title attributable to preserving or disposing of grain or the proceeds of grain, but may not recover from such grain or the proceeds of grain any other costs or expenses.

(2) Notwithstanding section 326 (a) of this title, the dollar amounts of money specified in such section include the value, as of the date of disposition, of any grain that the trustee distributes in kind.

(i) In all cases where the quantity of a specific type of grain held by a debtor operating a grain storage facility exceeds ten thousand bushels, such grain shall be sold by the trustee and the assets thereof distributed in accordance with the provisions of this section.

(Added Pub. L. 98-353, title III, §352 (a), July 10, 1984, 98 Stat. 359; amended Pub. L. 99-554, title II, §257 (p), Oct. 27, 1986, 100 Stat. 3115; Pub. L. 116-54, §4 (a)(10), Aug. 23, 2019, 133 Stat. 1086.)

### § 558. Defenses of the estate

The estate shall have the benefit of any defense available to the debtor as against any entity other than the estate, including statutes of limitation, statutes of frauds, usury, and other personal defenses. A waiver of any such defense by the debtor after the commencement of the case does not bind the estate.

(Added Pub. L. 98-353, title III, §470 (a), July 10, 1984, 98 Stat. 380.)

### § 559. Contractual right to liquidate, terminate, or accelerate a repurchase agreement

The exercise of a contractual right of a repo participant or financial participant to cause the liquidation, termination, or acceleration of a repurchase agreement because of a condition of the kind specified in section 365 (e)(1) of this title shall not be stayed,

置的期间延长至 120 日以上：

（1）鉴于案件的复杂性，为实现司法公正需要延长该期间；并且

（2）该额外期间的延长不会对有权参与谷物或其收益的分配的权利人的权益造成实质损害。

（g）除非根据本条的附条（c）所作的加速程序的裁定，或者就确定谷物或其收益上的权益或批准对其进行处置所作的裁定在上诉期间被冻结，否则该裁定将具有以下效力：

（1）无论是否有任何实体知悉该上诉的进行，上诉中裁定的撤销或变更不影响在撤销或变更前发生的任何程序、认定或处置的效力；并且

（2）法院及托管人均不得因该裁定的上诉而推迟该裁定针对案件中的任何程序。

（h）（1）托管人可就谷物或其收益的保存或处置而从该谷物及其收益中追回根据本篇第 503 条（b）可予以确认的合理必要成本和费用，但不得从该谷物或其收益中追回任何其他成本或费用。

（2）就本篇第 326 条（a）而言，该条所述的美元金额包括托管人分配的任何谷物自处置之日的价值。

（i）在所有情况下，当运营谷物贮藏设施的债务人持有的某种种类的谷物超过一万蒲式耳时，该谷物应由托管人进行出售并将因此所得的资产根据本条的规定进行分配。

［经 Pub. L. 98-353, title III, §352（a）, July 10, 1984, 98 Stat. 359; amended Pub. L. 99-554, title II, §257（p）, Oct. 27, 1986, 100 Stat. 3115; Pub. L. 116-54, §4（a）（10）, Aug. 23, 2019, 133 Stat. 1086. 增补］

**第 558 条　破产实体的抗辩权**

破产实体应享有债务人就破产实体外的任何实体享有的所有抗辩权，包括时效期间、欺诈法、高利贷及其他对人抗辩。破产案件启动后债务人对以上任意抗辩权的放弃均不对破产实体具有约束力。

［经 Pub. L. 98-353, title III, §470（a）, July 10, 1984, 98 Stat. 380. 增补］

**第 559 条　清算、终止或加速回购协议的合约权利**

回购参与者或金融参与者因本篇第 365 条（e）（1）所述的触发条件，行使清算、终止回购协议或者加速其到期的合约权利，不得被冻结、撤销或因本篇任何规定的适用或者法院或行政机构在本篇任何程序中所作的裁定而受到限制，除非债务人系

avoided, or otherwise limited by operation of any provision of this title or by order of a court or administrative agency in any proceeding under this title, unless, where the debtor is a stockbroker or securities clearing agency, such order is authorized under the provisions of the Securities Investor Protection Act of 1970 or any statute administered by the Securities and Exchange Commission. In the event that a repo participant or financial participant liquidates one or more repurchase agreements with a debtor and under the terms of one or more such agreements has agreed to deliver assets subject to repurchase agreements to the debtor, any excess of the market prices received on liquidation of such assets（or if any such assets are not disposed of on the date of liquidation of such repurchase agreements, at the prices available at the time of liquidation of such repurchase agreements from a generally recognized source or the most recent closing bid quotation from such a source）over the sum of the stated repurchase prices and all expenses in connection with the liquidation of such repurchase agreements shall be deemed property of the estate, subject to the available rights of setoff. As used in this section, the term "contractual right" includes a right set forth in a rule or bylaw of a derivatives clearing organization（as defined in the Commodity Exchange Act）, a multilateral clearing organization（as defined in the Federal Deposit Insurance Corporation Improvement Act of 1991）, a national securities exchange, a national securities association, a securities clearing agency, a contract market designated under the Commodity Exchange Act, a derivatives transaction execution facility registered under the Commodity Exchange Act, or a board of trade（as defined in the Commodity Exchange Act）or in a resolution of the governing board thereof and a right, whether or not evidenced in writing, arising under common law, under law merchant or by reason of normal business practice.

（Added Pub. L. 98-353, title III, §396（a）, July 10, 1984, 98 Stat. 366; amended Pub. L. 103-394, title V, §501（d）(21）, Oct. 22, 1994, 108 Stat. 4146; Pub. L. 109-8, title IX, §907（i）,（o）(9）, Apr. 20, 2005, 119 Stat. 178, 182.）

### § 560. Contractual right to liquidate, terminate, or accelerate a swap agreement

The exercise of any contractual right of any swap participant or financial participant to cause the liquidation, termination, or acceleration of one or more swap agreements because of a condition of the kind specified in section 365（e）(1）of this title or to offset or net out any termination values or payment amounts arising under or in connection with the termination, liquidation, or acceleration of one or more swap agreements shall not be stayed, avoided, or otherwise limited by operation of any provision of this title or by order of a court or administrative agency in any proceeding under this title. As used in this section, the term "contractual right" includes a right set forth in a rule or bylaw of a derivatives clearing organization（as defined in the Commodity Exchange

证券经纪人或证券结算机构并且该裁定系根据《1970年证券投资者保护法》或美国证券交易委员会实施的任何法律的规定而被批准作出。当回购参与者或金融参与者就其与债务人达成的一份或多份回购协议进行清算，并且根据该协议的条款已经同意向债务人交付回购协议所涉的资产，则就该资产进行清算而收取的市场价格（或者若在就该回购协议进行清算的当日并未处分该资产，则适用清算该回购协议时公认来源的价格或该来源的最新收盘价）超过约定的回购价格及与该回购协议清算有关的所有费用之和的部分，应被视为破产财产，但仍受相应的抵销权的限制。就本条而言，“合约权利”包括衍生产品结算机构（定义见《商品交易法》）、多边结算机构（定义见《1991年联邦存款保险公司促进法》）、全国性证券交易所、全国性证券协会、证券结算机构、根据《商品交易法》被指定的合约市场、根据《商品交易法》注册的衍生工具交易执行设施或交易所（定义见《商品交易法》）的规则或章程中规定的权利或在以上机构的董事会所作的决议中规定的权利，以及根据普通法、商业习惯法或正常商业惯例而享有的权利，无论其是否为以书面形式规定的权利。

［经 Pub. L. 98-353, title III, §396（a）, July 10, 1984, 98 Stat. 366; amended Pub. L. 103-394, title V, §501（d）（21）, Oct. 22, 1994, 108 Stat. 4146; Pub. L. 109-8, title IX, §907（i）,（o）（9）, Apr. 20, 2005, 119 Stat. 178, 182. 增补］

**第560条　清算、终止或加速互换协议的合约权利**

互换参与者或金融参与者因本篇第365条（e）（1）所述的触发条件,行使清算、终止一份或多份互换协议或者加速其到期的合约权利，以及就因该互换协议的终止、清算或加速到期而产生或与之相关的解约价值或支付金额进行抵销的权利，不得被冻结、撤销或因本篇任何规定的适用或者法院或行政机构在本篇任何程序中所作的裁定而受到限制。就本条而言，“合约权利”包括衍生产品结算机构（定义见《商品交易法》）、多边结算机构（定义见《1991年联邦存款保险公司促进法》）、全国性证券交易所、全国性证券协会、证券结算机构、根据《商品交易法》被指定的合约市场、根据《证券交易法》注册的衍生工具交易执行设施或交易所（定义见《证券交易法》）的规则或章程中规定的权利或在以上机构的董事会所作的决议中规定的权利，以及

Act), a multilateral clearing organization (as defined in the Federal Deposit Insurance Corporation Improvement Act of 1991), a national securities exchange, a national securities association, a securities clearing agency, a contract market designated under the Commodity Exchange Act, a derivatives transaction execution facility registered under the Commodity Exchange Act, or a board of trade (as defined in the Commodity Exchange Act) or in a resolution of the governing board thereof and a right, whether or not evidenced in writing, arising under common law, under law merchant, or by reason of normal business practice.

(Added Pub. L. 101-311, title I, §106 (a), June 25, 1990, 104 Stat. 268; amended Pub. L. 109-8, title IX, §907 (j), (o) (10), Apr. 20, 2005, 119 Stat. 178, 182.)

### § 561. Contractual right to terminate, liquidate, accelerate, or offset under a master netting agreement and across contracts; proceedings under chapter 15

(a) Subject to subsection (b), the exercise of any contractual right, because of a condition of the kind specified in section 365 (e) (1), to cause the termination, liquidation, or acceleration of or to offset or net termination values, payment amounts, or other transfer obligations arising under or in connection with one or more (or the termination, liquidation, or acceleration of one or more) —

(1) securities contracts, as defined in section 741 (7);

(2) commodity contracts, as defined in section 761 (4);

(3) forward contracts;

(4) repurchase agreements;

(5) swap agreements; or

(6) master netting agreements,

shall not be stayed, avoided, or otherwise limited by operation of any provision of this title or by any order of a court or administrative agency in any proceeding under this title.

(b) (1) A party may exercise a contractual right described in subsection (a) to terminate, liquidate, or accelerate only to the extent that such party could exercise such a right under section 555, 556, 559, or 560 for each individual contract covered by the master netting agreement in issue.

(2) If a debtor is a commodity broker subject to subchapter Ⅳ of chapter 7—

(A) a party may not net or offset an obligation to the debtor arising under, or in connection with, a commodity contract traded on or subject to the rules of a contract market designated under the Commodity Exchange Act or a derivatives transaction execution facility registered under the Commodity Exchange Act against any claim arising under, or in connection with, other instruments, contracts, or agreements listed in subsection (a) except to the extent that the party has positive net equity in the commodity

根据普通法、商业习惯法或正常商业惯例而享有的权利，无论其是否为以书面形式规定的权利。

[经 Pub. L. 101-311, title I, §106（a）, June 25, 1990, 104 Stat. 268; amended Pub. L. 109-8, title IX, §907（j）,（o）（10）, Apr. 20, 2005, 119 Stat. 178, 182. 增补]

**第 561 条　净额结算协议及跨协议中终止、清算、加速或抵销的合约权利；第 15 章中的程序**

（a）在符合附条（b）规定的情况下，因本篇第 365 条（e）（1）所述的触发条件，行使终止、清算一份或多份以下协议或者加速其到期的合约权利，以及就因以下协议（或因以下协议的终止、清算或加速到期）而产生或与之相关的解约价值、支付金额或其他转让义务进行抵销的权利：

（1）证券合约，定义见第 741 条（7）；
（2）商品合约，定义见第 761 条（4）；
（3）远期合约；
（4）回购协议；
（5）互换协议；或
（6）净额结算协议，
不得被冻结、撤销或因本篇任何规定的适用或者法院与行政机构在本篇任何程序中所作的裁定而受到限制。

（b）（1）仅当一方当事人可根据第 555、556、559 或 560 条就净额结算协议包含的各单项合同行使终止、清算或加速到期的权利时，才可在此范围内行使附条（a）中所述的该项合约权利。

（2）若债务人为第 7 章第四附章规定的商品经纪商：
（A）若存在商品合约在根据《商品交易法》被指定的合约市场或根据《商品交易法》注册的衍生工具交易执行设施上交易或受其约束，则当事人不得将其因该合约而产生或与之相关的对债务人所负的义务，与因其他工具、合约或附条（a）所述的协议而产生或与之相关的任何债权进行抵销，但若根据该附章的计算，该当事人在债务人的商品账户享有净收益，则在该范围内可进行抵销；并且

accounts at the debtor, as calculated under such subchapter; and

(B) another commodity broker may not net or offset an obligation to the debtor arising under, or in connection with, a commodity contract entered into or held on behalf of a customer of the debtor and traded on or subject to the rules of a contract market designated under the Commodity Exchange Act or a derivatives transaction execution facility registered under the Commodity Exchange Act against any claim arising under, or in connection with, other instruments, contracts, or agreements listed in subsection (a).

(3) No provision of subparagraph (A) or (B) of paragraph (2) shall prohibit the offset of claims and obligations that arise under—

(A) a cross-margining agreement or similar arrangement that has been approved by the Commodity Futures Trading Commission or submitted to the Commodity Futures Trading Commission under paragraph (1) or (2) of section 5c (c) of the Commodity Exchange Act and has not been abrogated or rendered ineffective by the Commodity Futures Trading Commission; or

(B) any other netting agreement between a clearing organization (as defined in section 761) and another entity that has been approved by the Commodity Futures Trading Commission.

(c) As used in this section, the term "contractual right" includes a right set forth in a rule or bylaw of a derivatives clearing organization (as defined in the Commodity Exchange Act), a multilateral clearing organization (as defined in the Federal Deposit Insurance Corporation Improvement Act of 1991), a national securities exchange, a national securities association, a securities clearing agency, a contract market designated under the Commodity Exchange Act, a derivatives transaction execution facility registered under the Commodity Exchange Act, or a board of trade (as defined in the Commodity Exchange Act) or in a resolution of the governing board thereof, and a right, whether or not evidenced in writing, arising under common law, under law merchant, or by reason of normal business practice.

(d) Any provisions of this title relating to securities contracts, commodity contracts, forward contracts, repurchase agreements, swap agreements, or master netting agreements shall apply in a case under chapter 15, so that enforcement of contractual provisions of such contracts and agreements in accordance with their terms will not be stayed or otherwise limited by operation of any provision of this title or by order of a court in any case under this title, and to limit avoidance powers to the same extent as in a proceeding under chapter 7 or 11 of this title (such enforcement not to be limited based on the presence or absence of assets of the debtor in the United States).

(Added Pub. L. 109-8, title IX, §907 (k) (1), Apr. 20, 2005, 119 Stat. 179.)

（B）若有商品合约系由债务人的客户签订或代表其持有，并且在根据《商品交易法》被指定的合约市场或根据《商品交易法》注册的衍生工具交易执行设施上交易或受其约束，则其他商品经济商不得将其因该合约而产生或与之相关的对债务人所负的义务，与因其他工具、合约或附条（a）所述的协议而产生或与之相关的任何债权进行抵销。

（3）第（2）款的附款（A）或（B）中的任何规定均未禁止就因以下合约产生的权利和义务进行抵销：

（A）经美国商品期货交易委员会批准，或根据《商品交易法》第5c条附条（c）的第（1）款或第（2）款已向美国商品期货交易委员会提交，并且尚未由该委员会废除或使其无效的跨市场保证金协议或类似协议；或

（B）结算机构（定义见第761条）与其他经美国商品期货交易委员会批准的实体间签订的任何其他净额结算协议。

（c）就本条而言，“合约权利”包括衍生产品结算机构（定义见《商品交易法》）、多边结算机构（定义见《1991年联邦存款保险公司促进法》）、全国性证券交易所、全国性证券协会、证券结算机构、根据《商品交易法》被指定的合约市场、根据《商品交易法》注册的衍生工具交易执行设施或交易所（定义见《商品交易法》）的规则或章程中规定的权利或在以上机构的董事会所作的决议中规定的权利，以及根据普通法、商业习惯法或正常商业惯例而享有的权利，无论其是否为以书面形式规定的权利。

（d）本篇中涉及证券合约、商品合约、远期合约、回购协议、互换协议或净额结算协议的规定应适用于本篇第15章案件，以使根据此类合约或协议的条款对其合同条款的执行不会被冻结或因本篇任何规定的适用或者法院在本篇任何程序中所作的裁定而受到限制，并使得撤销权得到限制且限制程度与本篇第7章或第11章程序中撤销权被限制的程度相同（该执行并不受债务人在美国境内资产的有无的限制）。

［经 Pub. L. 109-8, title IX, §907（k）（1）, Apr. 20, 2005, 119 Stat. 179. 增补］

## § 562. Timing of damage measurement in connection with swap agreements, securities contracts, forward contracts, commodity contracts, repurchase agreements, and master netting agreements

(a) If the trustee rejects a swap agreement, securities contract (as defined in section 741), forward contract, commodity contract (as defined in section 761), repurchase agreement, or master netting agreement pursuant to section 365 (a), or if a forward contract merchant, stockbroker, financial institution, securities clearing agency, repo participant, financial participant, master netting agreement participant, or swap participant liquidates, terminates, or accelerates such contract or agreement, damages shall be measured as of the earlier of—

(1) the date of such rejection; or

(2) the date or dates of such liquidation, termination, or acceleration.

(b) If there are not any commercially reasonable determinants of value as of any date referred to in paragraph (1) or (2) of subsection (a), damages shall be measured as of the earliest subsequent date or dates on which there are commercially reasonable determinants of value.

(c) For the purposes of subsection (b), if damages are not measured as of the date or dates of rejection, liquidation, termination, or acceleration, and the forward contract merchant, stockbroker, financial institution, securities clearing agency, repo participant, financial participant, master netting agreement participant, or swap participant or the trustee objects to the timing of the measurement of damages—

(1) the trustee, in the case of an objection by a forward contract merchant, stockbroker, financial institution, securities clearing agency, repo participant, financial participant, master netting agreement participant, or swap participant; or

(2) the forward contract merchant, stockbroker, financial institution, securities clearing agency, repo participant, financial participant, master netting agreement participant, or swap participant, in the case of an objection by the trustee,

has the burden of proving that there were no commercially reasonable determinants of value as of such date or dates.

(Added Pub. L. 109-8, title IX, §910 (a) (1), Apr. 20, 2005, 119 Stat. 184.)

**第 562 条　就互换协议、证券合约、远期合约、商品合约、回购协议及净额结算协议计算损害的时间**

（a）若托管人根据第 365 条（a）拒绝确认互换协议、证券合约（定义见第 741 条）、远期合约、商品合约（定义见第 761 条）、回购协议或净额结算协议，或者若远期合约商、证券经纪人、金融机构、证券结算机构、回购参与者、金融参与者、净额结算协议参与者或互换参与者清算、终止以上协议或加速其到期，则应在以下时点中较早者计算其损害：

（1）拒绝确认之日；或

（2）清算、终止以上协议或加速期到期之日。

（b）若在附条（a）的第（1）款或第（2）款所述的任何日期，并不存在任何商业上合理的价值决定因素，则应在其后出现商业上合理的价值决定因素时的最早日期计算该损害。

（c）就附条（b）而言，若在拒绝确认、清算、终止或加速到期之日并未计算损害，并且远期合约商、证券经纪人、金融机构、证券结算机构、回购参与者、金融参与者、净额结算协议参与者、互换参与者或托管人就该计算损害的时间提出异议：

（1）当系远期合约商、证券经纪人、金融机构、证券结算机构、回购参与者、金融参与者、净额结算协议参与者或互换参与者提出异议时，托管人；或

（2）当系托管人提出异议时，远期合约商、证券经纪人、金融机构、证券结算机构、回购参与者、金融参与者、净额结算协议参与者或互换参与者，

应承担在前述日期并不存在商业上合理的价值决定因素的举证责任。

［经 Pub. L. 109-8, title IX, §910（a）（1）, Apr. 20, 2005, 119 Stat. 184. 增补］

# CHAPTER 7—LIQUIDATION

## SUBCHAPTER Ⅰ—OFFICERS AND ADMINISTRATION



## SUBCHAPTER Ⅱ—COLLECTION, LIQUIDATION, AND DISTRIBUTION OF THE ESTATE



## SUBCHAPTER Ⅲ—STOCKBROKER LIQUIDATION

# 第 7 章　清算

## 第一附章　破产从业人员及案件的管理



## 第二附章　破产实体的归集、清算及分配



## 第三附章　证券经纪人清算

# SUBCHAPTER Ⅰ —OFFICERS AND ADMINISTRATION

### §701. Interim trustee

(a)(1) Promptly after the order for relief under this chapter, the United States trustee shall appoint one disinterested person that is a member of the panel of private

**第四附章　商品经纪商清算**



**第五附章　结算银行清算**



## 第一附章　破产从业人员及案件的管理

### 第 701 条　临时托管人

（a）（1）在根据本章规定作出破产救济令后，联邦托管人应立即从根据《美国联邦法典》28 篇第 586 条（a）（1）设立的私人托管人小组的会员中指定一名无利

trustees established under section 586 (a)(1) of title 28 or that is serving as trustee in the case immediately before the order for relief under this chapter to serve as interim trustee in the case.

(2) If none of the members of such panel is willing to serve as interim trustee in the case, then the United States trustee may serve as interim trustee in the case.

(b) The service of an interim trustee under this section terminates when a trustee elected or designated under section 702 of this title to serve as trustee in the case qualifies under section 322 of this title.

(c) An interim trustee serving under this section is a trustee in a case under this title.

(Pub. L. 95-598, Nov. 6, 1978, 92 Stat. 2604; Pub. L. 99-554, title II, §215, Oct. 27, 1986, 100 Stat. 3100.)

§702. Election of trustee

(a) A creditor may vote for a candidate for trustee only if such creditor—

(1) holds an allowable, undisputed, fixed, liquidated, unsecured claim of a kind entitled to distribution under section 726 (a)(2), 726 (a)(3), 726 (a)(4), 752 (a), 766 (h), or 766 (i) of this title;

(2) does not have an interest materially adverse, other than an equity interest that is not substantial in relation to such creditor's interest as a creditor, to the interest of creditors entitled to such distribution; and

(3) is not an insider.

(b) At the meeting of creditors held under section 341 of this title, creditors may elect one person to serve as trustee in the case if election of a trustee is requested by creditors that may vote under subsection (a) of this section, and that hold at least 20 percent in amount of the claims specified in subsection (a)(1) of this section that are held by creditors that may vote under subsection (a) of this section.

(c) A candidate for trustee is elected trustee if—

(1) creditors holding at least 20 percent in amount of the claims of a kind specified in subsection (a)(1) of this section that are held by creditors that may vote under subsection (a) of this section vote; and

(2) such candidate receives the votes of creditors holding a majority in amount of claims specified in subsection (a)(1) of this section that are held by creditors that vote for a trustee.

(d) If a trustee is not elected under this section, then the interim trustee shall serve as trustee in the case.

(Pub. L. 95-598, Nov. 6, 1978, 92 Stat. 2604; Pub. L. 97-222, §7, July 27, 1982, 96 Stat. 237; Pub. L. 98-353, title III, §472, July 10, 1984, 98 Stat. 380.)

害关系人，或指定在本章破产救济令被作出前在本案中担任托管人的无利害关系人，担任本案的临时托管人。

（2）若在该小组的会员中无人愿意在本案中担任临时托管人，则联邦托管人可担任本案的临时托管人。

（b）当托管人被根据本篇第 702 条选任或指定担任本案中的托管人且其符合本篇第 322 条的要求时，本条中临时托管人的职责终止。

（c）根据本条履行职责的临时托管人是本篇案件中的托管人。

（Pub. L. 95-598, Nov. 6, 1978, 92 Stat. 2604; Pub. L. 99-554, title II, §215, Oct. 27, 1986, 100 Stat. 3100.）

**第 702 条　托管人的选任**

（a）当且仅当债权人满足以下要求时，才可对托管人的候选人进行投票：

（1）持有的债权系可予确认的、无争议的、实然的、数额确定的无担保债权，且其根据本篇第 726（a）（2）、726（a）（3）、726（a）（4）、752（a）、766（h）或 766（i）条的规定有权参与分配；

（2）除了与该债权人作为债权人享有的权益并无实质关联的股本权益外，其享有的权益与有权参与分配的其他债权人的权益并无实质冲突；并且

（3）其并非内部人士。

（b）在根据本篇第 341 条举行的债权人会议上，若债权人根据附条（a）享有投票权，且有累计至少持有享有投票权的债权人持有的本条的附条（a）（1）所述的债权的总额的 20% 的债权人，要求选任托管人，则债权人可选举一人担任托管人。

（c）发生以下情形时，托管人的候选人即被选任为托管人：

（1）有累计至少持有根据本条的附条（a）享有投票权的债权人持有的本条的附条（a）（1）所述的债权的总额的 20% 的债权人实际参与表决；并且

（2）该候选人获得累计持有多数，本条的附条（a）（1）所述的，且由参与托管人选举的债权人持有的债权总额的债权人的支持。

（d）若未能根据本条选任托管人，则临时托管人应在本案中担任托管人。

（Pub. L. 95-598, Nov. 6, 1978, 92 Stat. 2604; Pub. L. 97-222, §7, July 27, 1982, 96 Stat. 237; Pub. L. 98-353, title III, §472, July 10, 1984, 98 Stat. 380.）

### §703. Successor trustee

(a) If a trustee dies or resigns during a case, fails to qualify under section 322 of this title, or is removed under section 324 of this title, creditors may elect, in the manner specified in section 702 of this title, a person to fill the vacancy in the office of trustee.

(b) Pending election of a trustee under subsection (a) of this section, if necessary to preserve or prevent loss to the estate, the United States trustee may appoint an interim trustee in the manner specified in section 701 (a).

(c) If creditors do not elect a successor trustee under subsection (a) of this section or if a trustee is needed in a case reopened under section 350 of this title, then the United States trustee—

(1) shall appoint one disinterested person that is a member of the panel of private trustees established under section 586 (a)(1) of title 28 to serve as trustee in the case; or

(2) may, if none of the disinterested members of such panel is willing to serve as trustee, serve as trustee in the case.

(Pub. L. 95-598, Nov. 6, 1978, 92 Stat. 2605; Pub. L. 98-353, title III, §473, July 10, 1984, 98 Stat. 381; Pub. L. 99-554, title II, §216, Oct. 27, 1986, 100 Stat. 3100.)

### §704. Duties of trustee

(a) The trustee shall—

(1) collect and reduce to money the property of the estate for which such trustee serves, and close such estate as expeditiously as is compatible with the best interests of parties in interest;

(2) be accountable for all property received;

(3) ensure that the debtor shall perform his intention as specified in section 521 (a)(2)(B) of this title;

(4) investigate the financial affairs of the debtor;

(5) if a purpose would be served, examine proofs of claims and object to the allowance of any claim that is improper;

(6) if advisable, oppose the discharge of the debtor;

(7) unless the court orders otherwise, furnish such information concerning the estate and the estate's administration as is requested by a party in interest;

(8) if the business of the debtor is authorized to be operated, file with the court, with the United States trustee, and with any governmental unit charged with responsibility for collection or determination of any tax arising out of such operation, periodic reports and summaries of the operation of such business, including a statement of receipts and disbursements, and such other information as the United States trustee or the court requires;

(9) make a final report and file a final account of the administration of the estate

**第 703 条　继任托管人**

（a）若托管人在案件进行过程中去世或辞职，根据本篇第 322 条丧失资格或根据本篇第 324 条被免职，则债权人可按照本篇第 702 条规定的方式选任一人填补托管人的职位空缺。

（b）在根据本条的附条（a）选任托管人的过程中，出于维护破产实体或防止其遭受损害的必要，联邦托管人可按照第 701 条（a）规定的方式指定一名临时托管人。

（c）若债权人未能根据本条的附条（a）选任继任托管人，或者在根据本篇第 350 条重启的案件中需要托管人，则联邦托管人：

（1）应当从根据《美国联邦法典》第 28 篇第 586 条（a）（1）设立的私人托管人小组的会员中指定一名无利害关系人担任本案的托管人；或

（2）若在该小组的会员中并没有无利害关系人愿意担任本案的托管人，则联邦托管人可以担任本案的托管人。

（Pub. L. 95-598, Nov. 6, 1978, 92 Stat. 2605; Pub. L. 98-353, title III, §473, July 10, 1984, 98 Stat. 381; Pub. L. 99-554, title II, §216, Oct. 27, 1986, 100 Stat. 3100.）

**第 704 条　托管人的职责**

（a）托管人应当履行以下各项职责：

（1）归集该托管人就其履行职责的破产实体的财产并将其变现，并且在符合各利益相关方最大利益的情况下，尽快封存该破产实体；

（2）为收到的所有财产负责；

（3）确保债务人履行本篇第 521 条（a）（2）（B）所述的意向；

（4）调查债务人的财务事项；

（5）出于特定目的的需要，审查债权证明并针对不当的债权确认提出异议；

（6）在适当的情况下，针对债务人的免责提出异议；

（7）除非法院作出其他裁定，否则应按照利益相关方的要求，提供与破产实体及其管理有关的信息；

（8）若债务人的商事业务被授权继续经营，则应向法院、联邦托管人及任何负责征收或核定因该业务经营产生的税款的政府机构，提交该商事业务运营的定期报告和简报，包括收入支出表以及联邦托管人或法院要求提交的其他信息；

（9）制作最终报告并向法院和联邦托管人提交破产实体管理的最终决算报告；

with the court and with the United States trustee;

(10) if with respect to the debtor there is a claim for a domestic support obligation, provide the applicable notice specified in subsection (c);

(11) if, at the time of the commencement of the case, the debtor (or any entity designated by the debtor) served as the administrator (as defined in section 3 of the Employee Retirement Income Security Act of 1974) of an employee benefit plan, continue to perform the obligations required of the administrator; and

(12) use all reasonable and best efforts to transfer patients from a health care business that is in the process of being closed to an appropriate health care business that—

(A) is in the vicinity of the health care business that is closing;

(B) provides the patient with services that are substantially similar to those provided by the health care business that is in the process of being closed; and

(C) maintains a reasonable quality of care.

(b)(1) With respect to a debtor who is an individual in a case under this chapter—

(A) the United States trustee (or the bankruptcy administrator, if any) shall review all materials filed by the debtor and, not later than 10 days after the date of the first meeting of creditors, file with the court a statement as to whether the debtor's case would be presumed to be an abuse under section 707 (b); and

(B) not later than 7 days after receiving a statement under subparagraph (A), the court shall provide a copy of the statement to all creditors.

(2) The United States trustee (or bankruptcy administrator, if any) shall, not later than 30 days after the date of filing a statement under paragraph (1), either file a motion to dismiss or convert under section 707 (b) or file a statement setting forth the reasons the United States trustee (or the bankruptcy administrator, if any) does not consider such a motion to be appropriate, if the United States trustee (or the bankruptcy administrator, if any) determines that the debtor's case should be presumed to be an abuse under section 707 (b) and the product of the debtor's current monthly income, multiplied by 12 is not less than—

(A) in the case of a debtor in a household of 1 person, the median family income of the applicable State for 1 earner; or

(B) in the case of a debtor in a household of 2 or more individuals, the highest median family income of the applicable State for a family of the same number or fewer individuals.

(c)(1) In a case described in subsection (a)(10) to which subsection (a)(10) applies, the trustee shall—

(A)(i) provide written notice to the holder of the claim described in subsection (a)

（10）若存在就家庭扶 / 抚养义务而对债务人享有的债权，则应发出附条（c）所述的相应通知；

（11）若在案件启动时，债务人（或债务人指定的任何实体）担任雇员福利计划的管理人（定义见《1974 年雇员退休收入保障法》第 3 条），则应继续履行该管理人的职责；并且

（12）尽一切合理努力，将患者从处于关闭程序的医疗护理机构转移至符合以下要求合适的医疗护理机构：

（A）位邻正在关闭中的医疗护理机构；

（B）向患者提供与处于关闭过程中的医疗护理机构提供的服务基本相同的服务；并且

（C）保持合理的护理质量。

（b）（1）针对本章案件中的个人债务人：

（A）联邦托管人（或破产管理署，如有）应当审查债务人已提交的所有材料，并且在首次债权人会议后 10 日内向法院提交有关债务人的破产案件是否根据第 707 条（b）将被推定为滥用本章的声明；并且

（B）在收到附款（A）所述的声明后 7 日内，法院应向所有债权人提供该声明的副本。

（2）若联邦托管人（或破产管理署，如有）认为债务人的破产案件根据第 707 条（b）应被推定为滥用本章，并且债务人的当前月收入乘以 12 后的结果大于等于以下金额，则联邦托管人（或破产管理署，如有）应在根据第（1）款提交声明后 30 日内，或是根据第 707 条（b）提交驳回或转换案件的动议，或是提交声明以说明其认为并不适宜提交该动议的原因：

（A）若债务人为 1 人家庭，相应州规定的 1 名工薪族的家庭收入中位数；或

（B）若债务人属于 2 名或 2 名以上的个人组成的家庭，相应州规定的适用于相同数目或更少数目的个人组成的家庭的最高家庭收入中位数。

（c）（1）在附条（a）（10）所述的情况中，若要适用附条（a）（10）的规定，托管人应当履行以下各项职责：

（A）（i）向持有附条（a）（10）所述债权的债权人或享有该债权人权利的权

(10) of such claim and of the right of such holder to use the services of the State child support enforcement agency established under sections 464 and 466 of the Social Security Act for the State in which such holder resides, for assistance in collecting child support during and after the case under this title;

(ii) include in the notice provided under clause (i) the address and telephone number of such State child support enforcement agency; and

(iii) include in the notice provided under clause (i) an explanation of the rights of such holder to payment of such claim under this chapter;

(B)(i) provide written notice to such State child support enforcement agency of such claim; and

(ii) include in the notice provided under clause (i) the name, address, and telephone number of such holder; and

(C) at such time as the debtor is granted a discharge under section 727, provide written notice to such holder and to such State child support enforcement agency of—

(i) the granting of the discharge;

(ii) the last recent known address of the debtor;

(iii) the last recent known name and address of the debtor's employer; and

(iv) the name of each creditor that holds a claim that—

(I) is not discharged under paragraph (2), (4), or (14A) of section 523 (a); or

(II) was reaffirmed by the debtor under section 524 (c).

(2)(A) The holder of a claim described in subsection (a)(10) or the State child support enforcement agency of the State in which such holder resides may request from a creditor described in paragraph (1)(C)(iv) the last known address of the debtor.

(B) Notwithstanding any other provision of law, a creditor that makes a disclosure of a last known address of a debtor in connection with a request made under subparagraph (A) shall not be liable by reason of making such disclosure.

(Pub. L. 95-598, Nov. 6, 1978, 92 Stat. 2605; Pub. L. 98-353, title III, §§311 (a), 474, July 10, 1984, 98 Stat. 355, 381; Pub. L. 99-554, title II, §217, Oct. 27, 1986, 100 Stat. 3100; Pub. L. 109-8, title I, §102 (c), title II, §219 (a), title IV, §446 (b), title XI, §1105 (a), Apr. 20, 2005, 119 Stat. 32, 55, 118, 192; Pub. L. 111-16, §2 (7), May 7, 2009, 123 Stat. 1607; Pub. L. 111-327, §2 (a)(24), Dec. 22, 2010, 124 Stat. 3560.)

### §705. Creditors' committee

(a) At the meeting under section 341 (a) of this title, creditors that may vote for a trustee under section 702 (a) of this title may elect a committee of not fewer than three, and not more than eleven, creditors, each of whom holds an allowable unsecured claim of

利人发出书面通知，以通知其利用供职于其居住地所在州，根据《社会保障法》第464条及第466条建立的州立子女抚养执行局提供的服务，从而在本篇案件进行过程中或结案后就收取子女抚养费获得援助；

（ii）在第（i）项规定的通知上应载明前述州立子女抚养执行局的地址和电话号码；并且

（iii）第（i）项规定的通知应对该权利人根据本章就该债权获得偿付的权利进行说明；

（B）（i）向该州立子女抚养局就该债权发出书面通知；并且

（ii）在第（i）项规定的书面通知上应载明该权利人的姓名、地址及电话号码；并且

（C）当债务人根据第727条被授予免责时，就以下事项向该权利人和该州立子女抚养执行局发出书面通知：

（i）该免责的授予；

（ii）债务人最后为人所知的地址；

（iii）债务人的员工最后为人所知的姓名及地址；以及

（iv）享有以下债权的各债权人的姓名：

（I）该债权根据第523条（a）的第（2）、（4）或（14A）款未能免责；或

（II）由债务人根据第534条（c）对其进行再认。

（2）（A）持有附条（a）（10）所述债权的债权人或供职于其居住地所在州的州立子女抚养执行局可要求第（1）款（C）（iv）所述的债权人提供债务人最后为人所知的地址。

（B）即使法律有任何其他规定，因附款（A）的请求而披露债务人最后为人所知的地址的债权人不应因作该披露而承担责任。

[Pub. L. 95-598, Nov. 6, 1978, 92 Stat. 2605; Pub. L. 98-353, title III, §§311（a）, 474, July 10, 1984, 98 Stat. 355, 381; Pub. L. 99-554, title II, §217, Oct. 27, 1986, 100 Stat. 3100; Pub. L. 109-8, title I, §102（c）, title II, §219（a）, title IV, §446（b）, title XI, §1105（a）, Apr. 20, 2005, 119 Stat. 32, 55, 118, 192; Pub. L. 111-16, §2（7）, May 7, 2009, 123 Stat. 1607; Pub. L. 111-327, §2（a）（24）, Dec. 22, 2010, 124 Stat. 3560.]

**第705条　债权人委员会**

（a）在本篇第341（a）所述的会议上，可根据本篇第702条（a）投票选举托管人的债权人可选举债权人委员会，并且该委员会由不少于3名、不多于11名持有可予确认且根据本篇第726条（a）（2）有权就此参与分配的无担保债权的债权人组成。

a kind entitled to distribution under section 726 (a)(2) of this title.

(b) A committee elected under subsection (a) of this section may consult with the trustee or the United States trustee in connection with the administration of the estate, make recommendations to the trustee or the United States trustee respecting the performance of the trustee's duties, and submit to the court or the United States trustee any question affecting the administration of the estate.

(Pub. L. 95-598, Nov. 6, 1978, 92 Stat. 2605; Pub. L. 99-554, title II, §218, Oct. 27, 1986, 100 Stat. 3100.)

### §706. Conversion

(a) The debtor may convert a case under this chapter to a case under chapter 11, 12, or 13 of this title at any time, if the case has not been converted under section 1112, 1208, or 1307 of this title. Any waiver of the right to convert a case under this subsection is unenforceable.

(b) On request of a party in interest and after notice and a hearing, the court may convert a case under this chapter to a case under chapter 11 of this title at any time.

(c) The court may not convert a case under this chapter to a case under chapter 12 or 13 of this title unless the debtor requests or consents to such conversion.

(d) Notwithstanding any other provision of this section, a case may not be converted to a case under another chapter of this title unless the debtor may be a debtor under such chapter.

(Pub. L. 95-598, Nov. 6, 1978, 92 Stat. 2606; Pub. L. 99-554, title II, §257 (q), Oct. 27, 1986, 100 Stat. 3115; Pub. L. 103-394, title V, §501 (d)(22), Oct. 22, 1994, 108 Stat. 4146; Pub. L. 109-8, title I, §101, Apr. 20, 2005, 119 Stat. 27.)

### §707. Dismissal of a case or conversion to a case under chapter 11 or 13

(a) The court may dismiss a case under this chapter only after notice and a hearing and only for cause, including—

(1) unreasonable delay by the debtor that is prejudicial to creditors;

(2) nonpayment of any fees or charges required under chapter 123 of title 28; and

(3) failure of the debtor in a voluntary case to file, within fifteen days or such additional time as the court may allow after the filing of the petition commencing such case, the information required by paragraph (1) of section 521 (a), but only on a motion by the United States trustee.

(b)(1) After notice and a hearing, the court, on its own motion or on a motion by the United States trustee, trustee (or bankruptcy administrator, if any), or any party in interest, may dismiss a case filed by an individual debtor under this chapter whose debts are primarily consumer debts, or, with the debtor's consent, convert such a case to a case under chapter 11 or 13 of this title, if it finds that the granting of relief would be an abuse （b）根据本条的附条（a）选任的委员会可就破产实体的管理事宜咨询托管人或联邦托管人，针对托管人的职责的履行向托管人或联邦托管人提出建议，以及向法院或联邦托管人提交任何有关破产实体管理的问题。

（Pub. L. 95-598, Nov. 6, 1978, 92 Stat. 2605; Pub. L. 99-554, title II, §218, Oct. 27, 1986, 100 Stat. 3100.）

**第 706 条 程序转换**

（a）若一破产案件未曾根据本篇第 1112、1208 或 1307 条被转换程序，则债务人可在任何时间将案件从本章转至本篇第 11、12 或 13 章。根据本附条转换程序的权利的放弃并不具有强制执行力。

（b）应利益相关方的请求，经过通知和听证后，法院可在任何时间将案件从本章转至本篇第 11 章。

（c）除非债务人作此请求或对此表示同意，否则法院不得将案件从本章转至本篇第 12 章或第 13 章。

（d）即使本条有任何其他规定，若债务人在本篇其他章节的案件中并非适格的债务人，则案件不得被转至该章节。

［Pub. L. 95-598, Nov. 6, 1978, 92 Stat. 2606; Pub. L. 99-554, title II, §257（q）, Oct. 27, 1986, 100 Stat. 3115; Pub. L. 103-394, title V, §501（d）（22）, Oct. 22, 1994, 108 Stat. 4146; Pub. L. 109-8, title I, §101, Apr. 20, 2005, 119 Stat. 27.］

**第 707 条 案件的驳回或转至第 11 章或第 13 章程序**

（a）当且仅当法院出于包括以下事项的特定事由并且经过通知和听证后，法院才可根据本章驳回破产案件：

（1）债务人不合理的迟延有损于债权人的利益；

（2）未能支付《美国联邦法典》第 28 篇第 123 章要求缴纳的任何费用；以及

（3）在自愿破产案件中，在提交启动本案的破产申请后 15 日内或在法院可准予延长的额外期间内，债务人未能提交第 521 条（a）的第（1）款要求提交的信息，但仅限于联邦托管人对此提出动议的情况。

（b）（1）针对其债务主要为消费债务的个人债务人根据本章提起的案件，经过通知和听证后，当法院认为提供破产救济将构成对本章规定的滥用时，法院在其自身动议下或应联邦托管人，托管人（或破产管理署，如有）或任何利益相关方的动议，可驳回该案；或者，若债务人表示同意，则法院可将该案转至本篇第 11 章或第 13 章程序。在决定是否根据本条驳回案件时，法院不得考虑债务人是否曾经或现在

of the provisions of this chapter. In making a determination whether to dismiss a case under this section, the court may not take into consideration whether a debtor has made, or continues to make, charitable contributions (that meet the definition of "charitable contribution" under section 548 (d)(3)) to any qualified religious or charitable entity or organization (as that term is defined in section 548 (d)(4)).

(2)(A)(i) In considering under paragraph (1) whether the granting of relief would be an abuse of the provisions of this chapter, the court shall presume abuse exists if the debtor's current monthly income reduced by the amounts determined under clauses (ii), (iii), and (iv), and multiplied by 60 is not less than the lesser of—

(I) 25 percent of the debtor's nonpriority unsecured claims in the case, or $6,000, whichever is greater; or

(II) $10,000.

(ii)(I) The debtor's monthly expenses shall be the debtor's applicable monthly expense amounts specified under the National Standards and Local Standards, and the debtor's actual monthly expenses for the categories specified as Other Necessary Expenses issued by the Internal Revenue Service for the area in which the debtor resides, as in effect on the date of the order for relief, for the debtor, the dependents of the debtor, and the spouse of the debtor in a joint case, if the spouse is not otherwise a dependent. Such expenses shall include reasonably necessary health insurance, disability insurance, and health savings account expenses for the debtor, the spouse of the debtor, or the dependents of the debtor. Notwithstanding any other provision of this clause, the monthly expenses of the debtor shall not include any payments for debts. In addition, the debtor's monthly expenses shall include the debtor's reasonably necessary expenses incurred to maintain the safety of the debtor and the family of the debtor from family violence as identified under section 302 of the Family Violence Prevention and Services Act, or other applicable Federal law. The expenses included in the debtor's monthly expenses described in the preceding sentence shall be kept confidential by the court. In addition, if it is demonstrated that it is reasonable and necessary, the debtor's monthly expenses may also include an additional allowance for food and clothing of up to 5 percent of the food and clothing categories as specified by the National Standards issued by the Internal Revenue Service.

(II) In addition, the debtor's monthly expenses may include, if applicable, the continuation of actual expenses paid by the debtor that are reasonable and necessary for care and support of an elderly, chronically ill, or disabled household member or member of the debtor's immediate family (including parents, grandparents, siblings, children, and grandchildren of the debtor, the dependents of the debtor, and the spouse of the debtor in a joint case who is not a dependent) and who is unable to pay for such reasonable and necessary expenses. Such monthly expenses may include, if applicable, contributions to

仍然在向任何合格的宗教或慈善实体或组织［定义见第 548 条（d）（4）］进行慈善捐赠［“慈善捐赠”的定义见第 548 条（d）（3）］。

（2）（A）（i）在根据第（1）款考量授予破产救济是否构成对本章规定的滥用时，若债务人的当前月收入减去根据第（ii）、（iii）或（iv）项确定的金额后乘以 60 后的结果，并不少于以下数额中较少者，则法院应推定存在滥用情形：

（I）本案中债务人的非优先无担保债权的 25% 或 6000 美元，以较大数额者为准；或

（II）10,000 美元。

（ii）（I）债务人的月支出是指，为债务人自身、债务人的被扶 / 抚养人以及在夫妻共同破产案件中债务人的配偶（当其并非债务人的被扶养人时）而支出的，根据破产救济令被作出之日仍在生效的，国家标准或地方标准确定的适用于债务人的月支出金额，以及债务人就供职于债务人居住地的国税局公布的“其他必要支出”而发生的实际月支出。前述支出应当包含为债务人自身、债务人配偶或其被扶 / 抚养人支出的合理必要的健康保险费、残疾保险费以及健康储蓄账户费用。即使本项有任何其他规定，债务人的月支出不包括偿还债务的支出。除此之外，债务人的月支出应当包括债务人用于防止发生《家庭暴力预防和服务法》第 302 条或其他可适用的联邦法律所定义的家庭暴力从而维护债务人及其家庭安全的合理必要支出。法院应对债务人的月支出的前项支出进行保密。除此之外，若其可被证明是合理必要的，则债务人的月支出也可包含用于食品与衣物的额外支出，但不得超过国税局发布的国家标准中的食品与服装类别支出的 5%。

（II）此外，在存在以下支出的情况下，债务人的月支出也可包括为了照顾和扶助年老的、身患慢性病的或残疾的债务人的家庭成员或其近亲属（包括债务人的父母、祖父母、兄弟姐妹、子女、孙子女、被扶 / 抚养人或在夫妻共同破产案件中并非被扶养人的债务人的配偶），因其无力负担该合理且必要的费用，而由债务人实际持续支付的合理且必要的支出。若债务人向合格的 ABLE 计划的账户缴费且并非超额缴纳［规定见《1986 年国内税收法典》第 4973 条（h）］，并且该账户被指定的受益人为债务人的子女、继子女、孙子女或继孙子女，则月支出可包含该费用。

an account of a qualified ABLE program to the extent such contributions are not excess contributions ( as described in section 4973 ( h ) of the Internal Revenue Code of 1986 ) and if the designated beneficiary of such account is a child, stepchild, grandchild, or stepgrandchild of the debtor.

( III ) In addition, for a debtor eligible for chapter 13, the debtor's monthly expenses may include the actual administrative expenses of administering a chapter 13 plan for the district in which the debtor resides, up to an amount of 10 percent of the projected plan payments, as determined under schedules issued by the Executive Office for United States Trustees.

( IV ) In addition, the debtor's monthly expenses may include the actual expenses for each dependent child less than 18 years of age, not to exceed $1,500 per year per child, to attend a private or public elementary or secondary school if the debtor provides documentation of such expenses and a detailed explanation of why such expenses are reasonable and necessary, and why such expenses are not already accounted for in the National Standards, Local Standards, or Other Necessary Expenses referred to in subclause ( I ) .

( V ) In addition, the debtor's monthly expenses may include an allowance for housing and utilities, in excess of the allowance specified by the Local Standards for housing and utilities issued by the Internal Revenue Service, based on the actual expenses for home energy costs if the debtor provides documentation of such actual expenses and demonstrates that such actual expenses are reasonable and necessary.

( iii ) The debtor's average monthly payments on account of secured debts shall be calculated as the sum of—

( I ) the total of all amounts scheduled as contractually due to secured creditors in each month of the 60 months following the date of the filing of the petition; and

( II ) any additional payments to secured creditors necessary for the debtor, in filing a plan under chapter 13 of this title, to maintain possession of the debtor's primary residence, motor vehicle, or other property necessary for the support of the debtor and the debtor's dependents, that serves as collateral for secured debts;

divided by 60.

( iv ) The debtor's expenses for payment of all priority claims ( including priority child support and alimony claims ) shall be calculated as the total amount of debts entitled to priority, divided by 60.

( B ) ( i ) In any proceeding brought under this subsection, the presumption of abuse may only be rebutted by demonstrating special circumstances, such as a serious medical condition or a call or order to active duty in the Armed Forces, to the extent such special circumstances that justify additional expenses or adjustments of current monthly income

（III）另外，就第 13 章中的适格债务人而言，债务人的月支出可包含供职于债务人居住地的行政机构因实施第 13 章计划而产生的实际管理费用，但不得超过根据联邦托管人执行办公室签发的时间表而确定的计划清偿额的 10%。

（IV）除此之外，债务人的月支出可包括其抚养的未满 18 岁的子女进入私立或公立的中小学的费用，但每名子女每年不得超过 1500 美元，并且债务人须提供该支出的相关文件，以及对该支出合理必要性和其并未被计算在附项（I）所述的国家标准、地方标准或"其他必要支出"的原因的详细说明。

（V）另外，就国税局公布的房屋和公用事业费用的地方标准而言，若债务人能够提供房屋和公用事业的实际支出的相关文件并且说明该支出的合理必要性，则即使该就房屋能源而产生的实际支出超过前述标准，债务人的月支出仍可包含该额外支出。

（iii）债务人对担保债务的月均还款额应当被计为以下各项之和再除以 60：

（I）在破产申请被提交后 60 个月内每月按约定计划向担保债权人清偿的数额之和；以及

（II）在根据本篇第 13 章提交计划时，针对作为担保债务的担保物的债务人的主要住所、机动车或其他对于维持债务人及其被扶 / 抚养人生活均为必要的财产，债务人出于保留对前述财产占有的必要而向担保债权人所作的任何额外还款。

（iv）债务人用于清偿所有优先债权（包括就子女抚养费和赡养费享有的优先债权）的支出应当被计为享有优先顺位的债权的总额除以 60。

（B）（i）在根据本附条提起的任何程序中，仅当就特殊情况的存在进行说明，如严重的医疗状况或者要求或命令在武装部队执行现役，并且该特殊情况能够说明除了额外支出或调整当前月收入外不存在其他合理的选择时，才可推翻滥用的推定。

for which there is no reasonable alternative.

( ii ) In order to establish special circumstances, the debtor shall be required to itemize each additional expense or adjustment of income and to provide—

( I ) documentation for such expense or adjustment to income; and

( II ) a detailed explanation of the special circumstances that make such expenses or adjustment to income necessary and reasonable.

( iii ) The debtor shall attest under oath to the accuracy of any information provided to demonstrate that additional expenses or adjustments to income are required.

( iv ) The presumption of abuse may only be rebutted if the additional expenses or adjustments to income referred to in clause ( i ) cause the product of the debtor's current monthly income reduced by the amounts determined under clauses ( ii ) , ( iii ) , and ( iv ) of subparagraph ( A ) when multiplied by 60 to be less than the lesser of—

( I ) 25 percent of the debtor's nonpriority unsecured claims, or $6,000, whichever is greater; or

( II ) $10,000.

( C ) As part of the schedule of current income and expenditures required under section 521, the debtor shall include a statement of the debtor's current monthly income, and the calculations that determine whether a presumption arises under subparagraph ( A ) ( i ) , that show how each such amount is calculated.

( D ) Subparagraphs ( A ) through ( C ) shall not apply, and the court may not dismiss or convert a case based on any form of means testing—

( i ) if the debtor is a disabled veteran ( as defined in section 3741 ( 1 ) of title 38 ) , and the indebtedness occurred primarily during a period during which he or she was—

( I ) on active duty ( as defined in section 101 ( d ) ( 1 ) of title 10 ) ; or

( II ) performing a homeland defense activity ( as defined in section 901 ( 1 ) of title 32 ) ; or

( ii ) with respect to the debtor, while the debtor is—

( I ) on, and during the 540-day period beginning immediately after the debtor is released from, a period of active duty ( as defined in section 101 ( d ) ( 1 ) of title 10 ) of not less than 90 days; or

( II ) performing, and during the 540-day period beginning immediately after the debtor is no longer performing, a homeland defense activity ( as defined in section 901 ( 1 ) of title 32 ) performed for a period of not less than 90 days;

if after September 11, 2001, the debtor while a member of a reserve component of the Armed Forces or a member of the National Guard, was called to such active duty or performed such homeland defense activity.

（ii）为了确定特殊情况的存在，应要求债务人逐项列出各项额外支出或收入调整，并提供以下材料：

（I）该支出或收入调整的文件；以及

（II）对导致该支出或收入调整合理且必要的特殊情况进行的详细说明。

（iii）债务人应宣誓证明被要求提供的，用于说明额外支出或收入调整的任何信息的准确性。

（iv）仅当第（i）项所述的额外支出或收入调整，导致债务人的当前月收入减去附款（A）的第（i）、（ii）或（iii）项确定的金额后乘以 60 后的结果少于以下数额中较少者时，才可推翻滥用的推定：

（I）债务人非优先无担保债权的 25% 或 6000 美元中较大者；或

（II）10,000 美元。

（C）作为第 521 条要求的当前收入支出表的一部分，债务人应载明债务人当前月收入的说明以及用以决定是否根据附款（A）（i）进行推定的计算，并且该项计算必须能够展示如何计算得出各项金额。

（D）在下列情况中，不应适用附款（A）至附款（C），并且法院不得基于任何形式的审查而驳回或转换该案：

（i）若债务人为残疾退伍军人［定义见《美国联邦法典》第 38 篇第 3741 条（1）］，并且其债务主要发生在债务人履行以下各项的期间：

（I）正服现役［定义见《美国联邦法典》第 10 篇第 101 条（d）（1）］；或

（II）正在履行国土防御任务［定义见《美国联邦法典》第 32 篇第 901 条（1）］；或

（ii）就债务人而言，当债务人满足以下要求时：

（I）当债务人结束服役［定义见《美国联邦法典》第 10 篇第 101 条（d）（1）］后 540 日期间内，又处于不少于 90 日的服役期间；或

（II）当债务人结束国土防御任务［定义见《美国联邦法典》第 32 篇第 901 条（1）］的履行后 540 日期间内，又在履行不少于 90 日的国土防御任务；

并且该义务或任务的履行系因在 2001 年 9 月 11 日后，债务人作为武装部队预备役的成员或国民警卫队的成员被征召服役或履行国土防御。

(3) In considering under paragraph (1) whether the granting of relief would be an abuse of the provisions of this chapter in a case in which the presumption in paragraph (2)(A)(i) does not arise or is rebutted, the court shall consider—

(A) whether the debtor filed the petition in bad faith; or

(B) the totality of the circumstances (including whether the debtor seeks to reject a personal services contract and the financial need for such rejection as sought by the debtor) of the debtor's financial situation demonstrates abuse.

(4)(A) The court, on its own initiative or on the motion of a party in interest, in accordance with the procedures described in rule 9011 of the Federal Rules of Bankruptcy Procedure, may order the attorney for the debtor to reimburse the trustee for all reasonable costs in prosecuting a motion filed under section 707 (b), including reasonable attorneys' fees, if—

(i) a trustee files a motion for dismissal or conversion under this subsection; and

(ii) the court—

(I) grants such motion; and

(II) finds that the action of the attorney for the debtor in filing a case under this chapter violated rule 9011 of the Federal Rules of Bankruptcy Procedure.

(B) If the court finds that the attorney for the debtor violated rule 9011 of the Federal Rules of Bankruptcy Procedure, the court, on its own initiative or on the motion of a party in interest, in accordance with such procedures, may order—

(i) the assessment of an appropriate civil penalty against the attorney for the debtor; and

(ii) the payment of such civil penalty to the trustee, the United States trustee (or the bankruptcy administrator, if any).

(C) The signature of an attorney on a petition, pleading, or written motion shall constitute a certification that the attorney has—

(i) performed a reasonable investigation into the circumstances that gave rise to the petition, pleading, or written motion; and

(ii) determined that the petition, pleading, or written motion—

(I) is well grounded in fact; and

(II) is warranted by existing law or a good faith argument for the extension, modification, or reversal of existing law and does not constitute an abuse under paragraph (1).

(D) The signature of an attorney on the petition shall constitute a certification that the attorney has no knowledge after an inquiry that the information in the schedules filed with such petition is incorrect.

(5)(A) Except as provided in subparagraph (B) and subject to paragraph (6),

（3）当根据第（2）款（A）（i）并不构成滥用推定或该推定被推翻时，在根据第（1）款考量提供破产救济是否构成对本章规定的滥用时，法院应当考量以下因素：

（A）债务人提交破产申请是否系出于恶意；或

（B）债务人财务状况的整体情形（包括债务人是否寻求拒绝劳务合同以及拒绝该合同的财务需要）表明存在滥用。

（4）（A）在下列情况中，法院主动或应利益相关方的动议，按照《联邦破产程序规则》第9011条规定的程序，可裁定债务人的律师向托管人偿付其在根据第707条（b）提交动议的过程中承担的一切合理支出，包括合理的律师费用：

（i）托管人根据本附条提交驳回或转换的动议；并且

（ii）法院：

（I）支持该动议；并且

（II）发现债务人的律师在根据本章提交案件的过程中实施的行为违反了《联邦破产程序规则》的第9011条。

（B）若法院发现债务人的律师违反了《联邦破产程序规则》的第9011条，则法院主动或应利益相关方的动议，按照该条规定的程序，可裁定：

（i）债务人律师承担相应的民事罚款且对其金额进行核定；并且

（ii）向托管人、联邦托管人（或破产管理署，如有）支付该民事罚款。

（C）律师在申请书、请求书或书面动议上的签名应构成其已履行以下各项的证明：

（i）就引起该申请书、请求书或书面动议的情形已进行合理的调查；并且

（ii）认定该申请书、请求书或书面动议：

（I）有充分的事实依据；并且

（II）以现行法律或以扩张、修改或推翻现行法律为目的的善意争论为依据，并且并不构成第（1）款中的滥用。

（D）律师在申请书上的签名应构成其在经过询问后对与该申请书一同提交的报表上的信息并不正确这一事项并不知情的证明。

（5）（A）除附款（B）另有规定外，在符合第（6）款规定的情况下，法院主动

the court, on its own initiative or on the motion of a party in interest, in accordance with the procedures described in rule 9011 of the Federal Rules of Bankruptcy Procedure, may award a debtor all reasonable costs ( including reasonable attorneys' fees ) in contesting a motion filed by a party in interest ( other than a trustee or United States trustee ( or bankruptcy administrator, if any ) ) under this subsection if—

( i ) the court does not grant the motion; and

( ii ) the court finds that—

( I ) the position of the party that filed the motion violated rule 9011 of the Federal Rules of Bankruptcy Procedure; or

( II ) the attorney ( if any ) who filed the motion did not comply with the requirements of clauses ( i ) and ( ii ) of paragraph ( 4 ) ( C ) , and the motion was made solely for the purpose of coercing a debtor into waiving a right guaranteed to the debtor under this title.

( B ) A small business that has a claim of an aggregate amount less than $1,000 shall not be subject to subparagraph ( A ) ( ii ) ( I ) .

( C ) For purposes of this paragraph—

( i ) the term "small business" means an unincorporated business, partnership, corporation, association, or organization that—

( I ) has fewer than 25 full-time employees as determined on the date on which the motion is filed; and

( II ) is engaged in commercial or business activity; and

( ii ) the number of employees of a wholly owned subsidiary of a corporation includes the employees of—

( I ) a parent corporation; and

( II ) any other subsidiary corporation of the parent corporation.

( 6 ) Only the judge or United States trustee ( or bankruptcy administrator, if any ) may file a motion under section 707 ( b ) , if the current monthly income of the debtor, or in a joint case, the debtor and the debtor's spouse, as of the date of the order for relief, when multiplied by 12, is equal to or less than—

( A ) in the case of a debtor in a household of 1 person, the median family income of the applicable State for 1 earner;

( B ) in the case of a debtor in a household of 2, 3, or 4 individuals, the highest median family income of the applicable State for a family of the same number or fewer individuals; or

( C ) in the case of a debtor in a household exceeding 4 individuals, the highest median family income of the applicable State for a family of 4 or fewer individuals, plus $525 per month for each individual in excess of 4.

或应利益相关方的动议，按照《联邦破产程序规则》第 9011 条规定的程序，在下列情形中可准予债务人获得针对利益相关方［不包括托管人或联邦托管人（或破产管理署，如有）］根据本附条提交的动议进行答辩时承担的全部合理费用（包括合理的律师费）：

（i）法院并未支持该动议；并且

（ii）法院认定：

（I）提交该动议的利益相关方的主张违反了《联邦破产程序规则》第 9011 条；或

（II）在涉及律师的情况下，提交该动议的律师并未遵守第（4）款（C）的第（i）项和第（ii）项的要求，并且提出该动议仅仅是为了强迫债务人放弃本篇所保障的债务人的权利。

（B）债权总额低于 1000 美元的小企业，不应受附款（A）（ii）（I）的约束。

（C）就本款而言：

（i）"小企业"指符合以下条件的非法人企业、合伙组织、公司、协会或组织：

（I）在提交动议之日，全职员工少于 25 人；并且

（II）从事贸易或商事活动；并且

（ii）全资子公司的员工人数包括以下公司的员工：

（I）母公司；以及

（II）母公司的任何其他子公司。

（6）若债务人，或在夫妻共同破产案件中债务人及其配偶，自破产救济令被作出之日其当前月收入乘以 12 后的结果等于或小于以下金额，则仅有法官或联邦托管人（或破产管理署，如有）可根据第 707 条（b）提交动议：

（A）若债务人为 1 人家庭，相应州规定的 1 名工薪族的家庭收入中位数；

（B）若债务人属于由 2、3 或 4 名个人组成的家庭，相应州规定的适用于相同数目或更少数目的个人组成的家庭的最高家庭收入中位数；或

（C）若债务人属于由 4 名以上个人组成的家庭，相应州规定的适用于 4 名或更少数目的个人组成的家庭的最高家庭收入中位数，同时就超过 4 名的多余个人每人每月加上 525 美元。

(7) (A) No judge, United States trustee (or bankruptcy administrator, if any), trustee, or other party in interest may file a motion under paragraph (2) if the current monthly income of the debtor, including a veteran (as that term is defined in section 101 of title 38), and the debtor's spouse combined, as of the date of the order for relief when multiplied by 12, is equal to or less than—

(i) in the case of a debtor in a household of 1 person, the median family income of the applicable State for 1 earner;

(ii) in the case of a debtor in a household of 2, 3, or 4 individuals, the highest median family income of the applicable State for a family of the same number or fewer individuals; or

(iii) in the case of a debtor in a household exceeding 4 individuals, the highest median family income of the applicable State for a family of 4 or fewer individuals, plus $525 per month for each individual in excess of 4.

(B) In a case that is not a joint case, current monthly income of the debtor's spouse shall not be considered for purposes of subparagraph (A) if—

(i) (I) the debtor and the debtor's spouse are separated under applicable nonbankruptcy law; or

(II) the debtor and the debtor's spouse are living separate and apart, other than for the purpose of evading subparagraph (A); and

(ii) the debtor files a statement under penalty of perjury—

(I) specifying that the debtor meets the requirement of subclause (I) or (II) of clause (i); and

(II) disclosing the aggregate, or best estimate of the aggregate, amount of any cash or money payments received from the debtor's spouse attributed to the debtor's current monthly income.

(c) (1) In this subsection—

(A) the term "crime of violence" has the meaning given such term in section 16 of title 18; and

(B) the term "drug trafficking crime" has the meaning given such term in section 924 (c) (2) of title 18.

(2) Except as provided in paragraph (3), after notice and a hearing, the court, on a motion by the victim of a crime of violence or a drug trafficking crime, may when it is in the best interest of the victim dismiss a voluntary case filed under this chapter by a debtor who is an individual if such individual was convicted of such crime.

(3) The court may not dismiss a case under paragraph (2) if the debtor establishes by a preponderance of the evidence that the filing of a case under this chapter is necessary to satisfy a claim for a domestic support obligation.

（7）（A）若自破产救济令被作出之日债务人，包括退伍军人（定义见《美国联邦法典》第 38 篇第 101 条），与其配偶合计的当前月收入乘以 12 后的结果等于或小于以下金额，则法官、联邦托管人（或破产管理署，如有）或利益相关方均不得提交第（2）款所述的动议：

（i）若债务人为 1 人家庭，相应州规定的 1 名工薪族的家庭收入中位数；或

（ii）若债务人属于由 2、3 或 4 名个人组成的家庭，相应州规定的适用于相同数目或更少数目的个人组成的家庭的最高家庭收入中位数；或

（iii）若债务人属于由 4 名以上个人组成的家庭，相应州规定的适用于 4 名或更少数目的个人组成的家庭的最高家庭收入中位数，同时就超过 4 名的多余个人每人每月加上 525 美元。

（B）就附款（A）而言，若并非夫妻共同破产案件，则在下列情况中不应考虑债务人配偶的当前月收入：

（i）（I）债务人及其配偶已经根据可适用的非破产法处于正式分居状态；或

（II）除了出于规避附款（A）的目的外，债务人及其配偶正在分开生活且分开居住；并且

（ii）债务人在伪证罚则下提交载有以下事项的声明：

（I）详述债务人符合第（i）项的第（I）或（II）附项的要求；以及

（II）披露债务人的当前月收入中来源于其配偶的任何现金或货币支付的总额或总额的最佳估算值。

（c）（1）在本附条中：

（A）“暴力犯罪”的含义见《美国联邦法典》第 18 篇第 16 条；并且

（B）“贩毒罪”的含义见《美国联邦法典》第 18 篇第 924 条（c）（2）。

（2）除第（3）款另有规定外，若债务人是犯有暴力犯罪或贩毒罪的个人，则经过通知和听证后，法院应暴力犯罪或贩毒罪受害人的动议，在符合受害人的最大利益的情况下，可驳回由债务人根据本章提交的自愿破产案件。

（3）若债务人有充分的证据证明根据本章提交破产案件对于履行其家庭抚养义务是必要的，则法院不得根据第（2）款驳回案件。

(Pub. L. 95-598, Nov. 6, 1978, 92 Stat. 2606; Pub. L. 98-353, title III, §§312, 475, July 10, 1984, 98 Stat. 355, 381; Pub. L. 99-554, title II, §219, Oct. 27, 1986, 100 Stat. 3100; Pub. L. 105-183, §4 (b), June 19, 1998, 112 Stat. 518; Pub. L. 109-8, title I, §102 (a), (f), Apr. 20, 2005, 119 Stat. 27, 33; Pub. L. 110-438, §2, Oct. 20, 2008, 122 Stat. 5000; Pub. L. 111-320, title II, §202 (a), Dec. 20, 2010, 124 Stat. 3509; Pub. L. 111-327, §2 (a) (25), Dec. 22, 2010, 124 Stat. 3560; Pub. L. 113-295, div. B, title I, §104 (b), Dec. 19, 2014, 128 Stat. 4064.)

## SUBCHAPTER Ⅱ —COLLECTION, LIQUIDATION, AND DISTRIBUTION OF THE ESTATE

### §721. Authorization to operate business

The court may authorize the trustee to operate the business of the debtor for a limited period, if such operation is in the best interest of the estate and consistent with the orderly liquidation of the estate.

(Pub. L. 95-598, Nov. 6, 1978, 92 Stat. 2606.)

### §722. Redemption

An individual debtor may, whether or not the debtor has waived the right to redeem under this section, redeem tangible personal property intended primarily for personal, family, or household use, from a lien securing a dischargeable consumer debt, if such property is exempted under section 522 of this title or has been abandoned under section 554 of this title, by paying the holder of such lien the amount of the allowed secured claim of such holder that is secured by such lien in full at the time of redemption.

(Pub. L. 95-598, Nov. 6, 1978, 92 Stat. 2606; Pub. L. 109-8, title III, §304 (2), Apr. 20, 2005, 119 Stat. 79.)

### §723. Rights of partnership trustee against general partners

(a) If there is a deficiency of property of the estate to pay in full all claims which are allowed in a case under this chapter concerning a partnership and with respect to which a general partner of the partnership is personally liable, the trustee shall have a claim against such general partner to the extent that under applicable nonbankruptcy law such general partner is personally liable for such deficiency.

(b) To the extent practicable, the trustee shall first seek recovery of such deficiency from any general partner in such partnership that is not a debtor in a case under this title. Pending determination of such deficiency, the court may order any such partner to provide

[ Pub. L. 95-598, Nov. 6, 1978, 92 Stat. 2606; Pub. L. 98-353, title III, §§312, 475, July 10, 1984, 98 Stat. 355, 381; Pub. L. 99-554, title II, §219, Oct. 27, 1986, 100 Stat. 3100; Pub. L. 105-183, §4（b）, June 19, 1998, 112 Stat. 518; Pub. L. 109-8, title I, §102（a）,（f）, Apr. 20, 2005, 119 Stat. 27, 33; Pub. L. 110-438, §2, Oct. 20, 2008, 122 Stat. 5000; Pub. L. 111-320, title II, §202（a）, Dec. 20, 2010, 124 Stat. 3509; Pub. L. 111-327, §2（a）(25）, Dec. 22, 2010, 124 Stat. 3560; Pub. L. 113-295, div. B, title I, §104（b）, Dec. 19, 2014, 128 Stat. 4064. ]

## 第二附章　破产实体的收集、清算及分配

### 第 721 条　商事经营的授权

若运营债务人的商事业务符合破产实体的最大利益和破产实体的有序清算，则法院可授权托管人在一定期间内运营债务人的商事业务。

( Pub. L. 95-598, Nov. 6, 1978, 92 Stat. 2606. )

### 第 722 条　回赎[①]

无论个人债务人是否已经放弃根据本条回赎财产的权利，若用于担保可予免责的消费债务且主要供自用、家用或日常生活使用的有形动产，根据本篇第 522 条已被豁免或根据本篇第 554 条已经被放弃，则个人债务人仍可通过向财产上担保权人支付由该财产上担保权担保的经确认担保债权的全部金额而在此时回赎该财产。

[ Pub. L. 95-598, Nov. 6, 1978, 92 Stat. 2606; Pub. L. 109-8, title III, §304（2）, Apr. 20, 2005, 119 Stat. 79. ]

### 第 723 条　合伙组织债务人的托管人对普通合伙人享有的权利

（a）若在债务人为合伙组织的本章案件中，破产财产不足以清偿经确认的全部债权，并且该合伙组织的普通合伙人对此负有个人责任，则托管人应在根据可适用的非破产法该普通合伙人就差额部分承担个人责任的范围内对该普通合伙人享有债权。

（b）在切实可行的情况下，托管人应首先就该差额部分向该合伙组织中并非本

① 根据 Senate Report No.95-989，就本条而言，财产上担保权不得是购买价金担保权，并且该权利仅可由债务人享有而不得对其转让。

the estate with indemnity for, or assurance of payment of, any deficiency recoverable from such partner, or not to dispose of property.

(c) The trustee has a claim against the estate of each general partner in such partnership that is a debtor in a case under this title for the full amount of all claims of creditors allowed in the case concerning such partnership. Notwithstanding section 502 of this title, there shall not be allowed in such partner's case a claim against such partner on which both such partner and such partnership are liable, except to any extent that such claim is secured only by property of such partner and not by property of such partnership. The claim of the trustee under this subsection is entitled to distribution in such partner's case under section 726 (a) of this title the same as any other claim of a kind specified in such section.

(d) If the aggregate that the trustee recovers from the estates of general partners under subsection (c) of this section is greater than any deficiency not recovered under subsection (b) of this section, the court, after notice and a hearing, shall determine an equitable distribution of the surplus so recovered, and the trustee shall distribute such surplus to the estates of the general partners in such partnership according to such determination.

(Pub. L. 95-598, Nov. 6, 1978, 92 Stat. 2606; Pub. L. 98-353, title III, §476, July 10, 1984, 98 Stat. 381; Pub. L. 103-394, title II, §212, Oct. 22, 1994, 108 Stat. 4125; Pub. L. 111-327, §2 (a) (26), Dec. 22, 2010, 124 Stat. 3560.)

### §724. Treatment of certain liens

(a) The trustee may avoid a lien that secures a claim of a kind specified in section 726 (a) (4) of this title.

(b) Property in which the estate has an interest and that is subject to a lien that is not avoidable under this title (other than to the extent that there is a properly perfected unavoidable tax lien arising in connection with an ad valorem tax on real or personal property of the estate) and that secures an allowed claim for a tax, or proceeds of such property, shall be distributed—

(1) first, to any holder of an allowed claim secured by a lien on such property that is not avoidable under this title and that is senior to such tax lien;

(2) second, to any holder of a claim of a kind specified in section 507 (a) (1) (C) or 507 (a) (2) (except that such expenses under each such section, other than claims for wages, salaries, or commissions that arise after the date of the filing of the petition, shall be limited to expenses incurred under this chapter and shall not include expenses incurred under chapter 11 of this title), 507 (a) (1) (A), 507 (a) (1)

篇案件债务人的任何普通合伙人求偿。在确定差额部分的期间内，法院可裁定普通合伙人就可向其求偿的差额部分向破产实体进行偿付或提供付款保证，或者裁定其不得处置财产。

（c）若在该合伙中存在普通合伙人为本篇案件中的债务人，则托管人就在该合伙组织的破产案件中所有经确认债权的总额，对该合伙人的破产实体享有债权。即使存在本篇第 502 条的规定，针对该合伙组织和该合伙人均对其负有责任的债权，在该合伙的破产案件中不得将其确认为对该合伙人享有的债权，除非该债权仅由该合伙人的财产所担保而不由该合伙组织的财产所担保。托管人根据本附条享有的债权能够根据本篇第 726 条（a）的规定，与该条列明的任何其他债权一样在该合伙人的破产案件中参与分配。

（d）若托管人根据本条的附条（c）向普通合伙人的破产实体求偿的总额超过根据本条的附条（b）未能求偿的差额，则法院经过通知和听证后，应裁定就求偿所得的超额部分进行公平分配，并且托管人应根据该裁定向该合伙中的普通合伙人的破产实体分配该超额部分。

［Pub. L. 95-598, Nov. 6, 1978, 92 Stat. 2606; Pub. L. 98-353, title III, §476, July 10, 1984, 98 Stat. 381; Pub. L. 103-394, title II, §212, Oct. 22, 1994, 108 Stat. 4125; Pub. L. 111-327, §2（a）(26）, Dec. 22, 2010, 124 Stat. 3560.］

**第 724 条　特定财产上担保权的处置**

（a）托管人可撤销用于担保本篇第 726 条（a）（4）所述债权的财产上担保权。

（b）破产实体就其享有权益的财产，若其上被设有根据本篇不可被撤销的担保权（不包括因破产实体的动产或不动产的从价税而设立的税收担保权且该担保权不可被撤销且已经以适当的方式进行公示）且被用于担保经确认的税收债权，则该财产或该财产的收益应以下述顺序进行分配：

（1）第一，针对由该财产上设立的其他担保权所担保的经确认债权，当该财产上担保权根据本篇不可被撤销且其顺位高于该税收担保权时，应首先分配给任何持有该债权的债权人；

（2）第二，分配给任何持有本篇第 507（a）（1）（C）或 507（a）（2）条（除了在破产申请被提交后成立的，就工资、薪金或佣金享有的债权外，前述各条中的管理费用，应限于根据本章产生的管理费用，并且不应包括根据本篇第 11 章产生的管理费用），或第 507（a）（1）（A）、507（a）（1）（B）、507（a）（3）、507（a）（4）、507（a）（5）、507（a）（6），或 507（a）（7）条所述债权的债权人，但该分配限于

(B), 507 (a)(3), 507 (a)(4), 507 (a)(5), 507 (a)(6), or 507 (a)(7) of this title, to the extent of the amount of such allowed tax claim that is secured by such tax lien;

(3) third, to the holder of such tax lien, to any extent that such holder's allowed tax claim that is secured by such tax lien exceeds any amount distributed under paragraph (2) of this subsection;

(4) fourth, to any holder of an allowed claim secured by a lien on such property that is not avoidable under this title and that is junior to such tax lien;

(5) fifth, to the holder of such tax lien, to the extent that such holder's allowed claim secured by such tax lien is not paid under paragraph (3) of this subsection; and

(6) sixth, to the estate.

(c) If more than one holder of a claim is entitled to distribution under a particular paragraph of subsection (b) of this section, distribution to such holders under such paragraph shall be in the same order as distribution to such holders would have been other than under this section.

(d) A statutory lien the priority of which is determined in the same manner as the priority of a tax lien under section 6323 of the Internal Revenue Code of 1986 shall be treated under subsection (b) of this section the same as if such lien were a tax lien.

(e) Before subordinating a tax lien on real or personal property of the estate, the trustee shall—

(1) exhaust the unencumbered assets of the estate; and

(2) in a manner consistent with section 506 (c), recover from property securing an allowed secured claim the reasonable, necessary costs and expenses of preserving or disposing of such property.

(f) Notwithstanding the exclusion of ad valorem tax liens under this section and subject to the requirements of subsection (e), the following may be paid from property of the estate which secures a tax lien, or the proceeds of such property:

(1) Claims for wages, salaries, and commissions that are entitled to priority under section 507 (a)(4).

(2) Claims for contributions to an employee benefit plan entitled to priority under section 507 (a)(5).

(Pub. L. 95-598, Nov. 6, 1978, 92 Stat. 2607; Pub. L. 98-353, title III, §477, July 10, 1984, 98 Stat. 381; Pub. L. 99-554, title II, §283 (r), Oct. 27, 1986, 100 Stat. 3118; Pub. L. 103-394, title III, §304 (h)(4), title V, §501 (d)(23), Oct. 22, 1994, 108 Stat.

由该税收担保权担保的经确认税收债权的金额范围内；

（3）第三，在该税收担保权担保的经确认税收债权的金额超过根据本附条的第（2）款进行分配的金额的范围内，分配给该税收担保权的权利人；

（4）第四，分配给由该财产上设立的，不可撤销且次于该税收担保权的担保权所担保的经确认债权的债权人；

（5）第五，在该税收担保权担保的经确认税收债权未能根据本附条的第（3）款得到偿付的范围内，分配给该税收担保权的权利人；以及

（6）第六，分配给破产实体。

（c）若在本条的附条（b）的某款中，有不止一个债权人有权根据该款参与分配，则对该款中的前述债权人的分配应当按照前述债权人在除本条外其他规定中参与分配的顺序进行。

（d）若一法定的财产上担保权其顺位系按照《1986 年国内税收法典》第 6323 条规定的用以确定税收担保权的优先顺位的方式来确定，则该法定的财产上担保权应被视为税收担保权并适用本条的附条（b）的规定。

（e）在将破产实体的不动产或动产上设立的税收担保权居次[①]前，托管人应履行以下各项：

（1）用尽破产实体的无负担财产；并且

（2）以符合第 506 条（c）的方式，就担保经确认担保债权的财产追偿保存或处置该财产的合理必要费用和支出。

（f）即使在本条中设有财产从价税的例外，在符合附条（e）规定的情况下，可从用于担保税收担保权的破产财产或其收益中支付以下款项：

（1）根据第 507 条（a）（4）具有优先顺位的，就工资、薪金及佣金享有的债权。

（2）根据第 507 条（a）（5）具有优先顺位的，就雇员福利计划的分担额享有的债权。

[Pub. L. 95-598, Nov. 6, 1978, 92 Stat. 2607; Pub. L. 98-353, title III, §477, July 10, 1984, 98 Stat. 381; Pub. L. 99-554, title II, §283（r）, Oct. 27, 1986, 100 Stat. 3118; Pub. L. 103-394, title III, §304（h）（4）, title V, §501（d）（23）, Oct. 22, 1994, 108 Stat.

① 根据 Senate Report No.95-989，根据《破产法案》第 67c 条（3）（原文于此有误），就动产享有的税收担保权，若其不可被托管人所撤销，则该担保权在清偿顺序上将被居次于享有高于无担保税收债权顺位的无担保债权。根据 House Report No.95-959，根据《破产法案》第 67c 条（3），其将税收担保权居次于管理费用以及工资债权。

4134, 4146; Pub. L. 109-8, title VII, §701 (a), Apr. 20, 2005, 119 Stat. 124; Pub. L. 111-327, §2 (a) (27), Dec. 22, 2010, 124 Stat. 3560.)

§725. Disposition of certain property

After the commencement of a case under this chapter, but before final distribution of property of the estate under section 726 of this title, the trustee, after notice and a hearing, shall dispose of any property in which an entity other than the estate has an interest, such as a lien, and that has not been disposed of under another section of this title.

(Pub. L. 95-598, Nov. 6, 1978, 92 Stat. 2607; Pub. L. 98-353, title III, §478, July 10, 1984, 98 Stat. 381.)

§726. Distribution of property of the estate

(a) Except as provided in section 510 of this title, property of the estate shall be distributed—

(1) first, in payment of claims of the kind specified in, and in the order specified in, section 507 of this title, proof of which is timely filed under section 501 of this title or tardily filed on or before the earlier of—

(A) the date that is 10 days after the mailing to creditors of the summary of the trustee's final report; or

(B) the date on which the trustee commences final distribution under this section;

(2) second, in payment of any allowed unsecured claim, other than a claim of a kind specified in paragraph (1), (3), or (4) of this subsection, proof of which is—

(A) timely filed under section 501 (a) of this title;

(B) timely filed under section 501 (b) or 501 (c) of this title; or

(C) tardily filed under section 501 (a) of this title, if—

(i) the creditor that holds such claim did not have notice or actual knowledge of the case in time for timely filing of a proof of such claim under section 501 (a) of this title; and

(ii) proof of such claim is filed in time to permit payment of such claim;

(3) third, in payment of any allowed unsecured claim proof of which is tardily filed under section 501 (a) of this title, other than a claim of the kind specified in paragraph (2) (C) of this subsection;

(4) fourth, in payment of any allowed claim, whether secured or unsecured, for any fine, penalty, or forfeiture, or for multiple, exemplary, or punitive damages, arising before the earlier of the order for relief or the appointment of a trustee, to the extent that such fine, penalty, forfeiture, or damages are not compensation for actual pecuniary loss suffered by the holder of such claim;

(5) fifth, in payment of interest at the legal rate from the date of the filing of the petition, on any claim paid under paragraph (1), (2), (3), or (4) of this subsection; and

4134, 4146; Pub. L. 109-8, title VII, §701（a）, Apr. 20, 2005, 119 Stat. 124; Pub. L. 111-327, §2（a）(27）, Dec. 22, 2010, 124 Stat. 3560. ]

**第 725 条　特定财产的处置**

在根据本章启动破产案件之后、根据本篇第 726 条对破产财产进行最终分配前，托管人经过通知和听证后，应当处置除破产实体外的其他实体均不享有权益（如财产上担保权）的财产以及尚未根据本篇其他规定而被处置的财产。

（Pub. L. 95-598, Nov. 6, 1978, 92 Stat. 2607; Pub. L. 98-353, title III, §478, July 10, 1984, 98 Stat. 381.）

**第 726 条　破产财产的分配**

（a）除本篇第 510 条另有规定外，破产财产应按以下顺序进行分配：

（1）第一，按照本篇第 507 条规定的顺序用于偿付该条列明的债权，且该债权的证明已经根据本篇第 501 条被及时提交或在迟延提交的情况下，仍在以下时点较早者之前被提交：

（A）向债权人寄送债务人最终报告的摘要之后 10 日；或

（B）托管人根据本条开始最终分配之日；

（2）第二，用于偿付任何的经确认无担保债权，但不包括本附条的第（1）、（3）或（4）款列明的债权，且该债权的证明：

（A）根据本篇第 501 条（a）被及时提交；

（B）根据本篇第 501 条（b）或第 501 条（c）被及时提交；或

（C）尽管就本篇第 501 条（a）而言，系被迟延提交，但符合以下条件：

（i）持有该债权的债权人并未及时接到通知或实际获知其需要根据本篇第 501 条（a）的规定按时提交该债权的证明；并且

（ii）对于就该债权获得还款而言，该债权证明的提交尚属及时；

（3）第三，用于偿付任何经确认无担保债权，且就本篇第 501 条（a）而言，该债权的证明系被迟延提交，但不包括本附条第（2）款（C）所述的债权；

（4）第四，用于支付在破产救济令被作出前或任命托管人前（二者中较早者）因任何罚款、罚金或没收，或者多倍、示范性或惩罚性损害赔偿而成立的任何经确认债权（无论为担保债权或非担保债权），且该罚款、罚金或没收，或者多倍、示范性或惩罚性损害赔偿并非为了补偿债权人遭受的实际金钱损失；

（5）第五，用于支付自破产申请被提交之日起，根据本附条第（1）、（2）、（3）或（4）款而获得偿付的债权以法定利率所计的利息；以及

(6) sixth, to the debtor.

(b) Payment on claims of a kind specified in paragraph (1), (2), (3), (4), (5), (6), (7), (8), (9), or (10) of section 507 (a) of this title, or in paragraph (2), (3), (4), or (5) of subsection (a) of this section, shall be made pro rata among claims of the kind specified in each such particular paragraph, except that in a case that has been converted to this chapter under section 1112, 1208, or 1307 of this title, a claim allowed under section 503 (b) of this title incurred under this chapter after such conversion has priority over a claim allowed under section 503 (b) of this title incurred under any other chapter of this title or under this chapter before such conversion and over any expenses of a custodian superseded under section 543 of this title.

(c) Notwithstanding subsections (a) and (b) of this section, if there is property of the kind specified in section 541 (a) (2) of this title, or proceeds of such property, in the estate, such property or proceeds shall be segregated from other property of the estate, and such property or proceeds and other property of the estate shall be distributed as follows:

(1) Claims allowed under section 503 of this title shall be paid either from property of the kind specified in section 541 (a) (2) of this title, or from other property of the estate, as the interest of justice requires.

(2) Allowed claims, other than claims allowed under section 503 of this title, shall be paid in the order specified in subsection (a) of this section, and, with respect to claims of a kind specified in a particular paragraph of section 507 of this title or subsection (a) of this section, in the following order and manner:

(A) First, community claims against the debtor or the debtor's spouse shall be paid from property of the kind specified in section 541 (a) (2) of this title, except to the extent that such property is solely liable for debts of the debtor.

(B) Second, to the extent that community claims against the debtor are not paid under subparagraph (A) of this paragraph, such community claims shall be paid from property of the kind specified in section 541 (a) (2) of this title that is solely liable for debts of the debtor.

(C) Third, to the extent that all claims against the debtor including community claims against the debtor are not paid under subparagraph (A) or (B) of this paragraph such claims shall be paid from property of the estate other than property of the kind specified in section 541 (a) (2) of this title.

(D) Fourth, to the extent that community claims against the debtor or the debtor's spouse are not paid under subparagraph (A), (B), or (C) of this paragraph, such claims shall be paid from all remaining property of the estate.

(Pub. L. 95-598, Nov. 6, 1978, 92 Stat. 2608; Pub. L. 98-353, title III, §479, July 10,

（6）第六，分配给债务人。

（b）对本篇第 507 条（a）的第（1）、（2）、（3）、（4）、（5）、（6）、（7）、（8）、（9）或（10）款所述债权或本条的附条（a）的第（2）、（3）、（4）或（5）款所述债权的清偿，应当与相应款中的其他债权按比例进行；但是在破产案件系根据本篇第 1112、1208 或 1307 条转换至本章程序的情况下，根据本章规定发生在该转换后且根据本篇第 503 条（b）被确认的债权，其顺位优先于根据本篇任何其他章节或本章发生在该转换前且根据本篇第 503 条（b）被确认的债权，以及在本篇第 543 条中被取代的保管人承担的任何费用。

（c）即使存在本条的附条（a）和（b）的规定，若存在本篇第 541 条（a）（2）所述的财产或该财产的收益，则在破产实体中该财产或收益应当与破产实体的其他财产分离。并且该财产或收益以及破产实体的其他财产应按照以下方式进行分配：

（1）根据本篇第 503 条被确认的债权既可以由本篇第 541 条（a）（2）所述的财产进行偿付，也可以出于公平正义的需要而由破产实体的其他财产进行偿付。

（2）除根据本篇第 503 条被确认的债权外，经确认债权应当按照本条的附条（a）规定的顺序进行偿付，并且针对本篇第 507 条或本条的附条（a）中某一款中所述的同种类多项债权应按照以下顺序和方式进行清偿：

（A）第一，对债务人或其配偶享有的，以夫妻共同财产承担责任的债权应当由本篇第 541 条（a）（2）所述的财产进行偿付，但不包括仅就债务人的债务承担责任的财产。

（B）第二，针对未能根据本款的附款（A）获得偿付的，对债务人享有的，以夫妻共同财产承担责任的债权，应当由本篇第 541 条（a）（2）所述的且仅就债务人的债务承担责任的财产进行偿付。

（C）第三，针对包含未能根据本款的附款（A）或（B）获得偿付的前述债权在内的，对债务人享有的所有债权，应当由本篇第 541 条（a）（2）所述财产外的其他破产财产进行偿付。

（D）第四，对债务人或其配偶享有的，以夫妻共同财产承担责任的债权在其尚未根据本款的附款（A）、（B）或（C）获得偿付的范围内，该债权应当由破产实体的所有剩余财产进行偿付。

[ Pub. L. 95-598, Nov. 6, 1978, 92 Stat. 2608; Pub. L. 98-353, title III, §479, July 10,

1984, 98 Stat. 381; Pub. L. 99-554, title II, §§257 (r), 283 (s), Oct. 27, 1986, 100 Stat. 3115, 3118; Pub. L. 103-394, title II, §213 (b), title III, §304 (h)(5), title V, §501 (d)(24), Oct. 22, 1994, 108 Stat. 4126, 4134, 4146; Pub. L. 109-8, title VII, §713, title XII, §1215, Apr. 20, 2005, 119 Stat. 128, 195; Pub. L. 111-327, §2 (a)(28), Dec. 22, 2010, 124 Stat. 3560.)

§727. Discharge

(a) The court shall grant the debtor a discharge, unless—

(1) the debtor is not an individual;

(2) the debtor, with intent to hinder, delay, or defraud a creditor or an officer of the estate charged with custody of property under this title, has transferred, removed, destroyed, mutilated, or concealed, or has permitted to be transferred, removed, destroyed, mutilated, or concealed—

(A) property of the debtor, within one year before the date of the filing of the petition; or

(B) property of the estate, after the date of the filing of the petition;

(3) the debtor has concealed, destroyed, mutilated, falsified, or failed to keep or preserve any recorded information, including books, documents, records, and papers, from which the debtor's financial condition or business transactions might be ascertained, unless such act or failure to act was justified under all of the circumstances of the case;

(4) the debtor knowingly and fraudulently, in or in connection with the case—

(A) made a false oath or account;

(B) presented or used a false claim;

(C) gave, offered, received, or attempted to obtain money, property, or advantage, or a promise of money, property, or advantage, for acting or forbearing to act; or

(D) withheld from an officer of the estate entitled to possession under this title, any recorded information, including books, documents, records, and papers, relating to the debtor's property or financial affairs;

(5) the debtor has failed to explain satisfactorily, before determination of denial of discharge under this paragraph, any loss of assets or deficiency of assets to meet the debtor's liabilities;

(6) the debtor has refused, in the case—

(A) to obey any lawful order of the court, other than an order to respond to a material question or to testify;

(B) on the ground of privilege against self-incrimination, to respond to a material question approved by the court or to testify, after the debtor has been granted immunity with respect to the matter concerning which such privilege was invoked; or

(C) on a ground other than the properly invoked privilege against self-incrimination,

1984, 98 Stat. 381; Pub. L. 99-554, title II, §§257（r）, 283（s）, Oct. 27, 1986, 100 Stat. 3115, 3118; Pub. L. 103-394, title II, §213（b）, title III, §304（h）（5）, title V, §501（d）（24）, Oct. 22, 1994, 108 Stat. 4126, 4134, 4146; Pub. L. 109-8, title VII, §713, title XII, §1215, Apr. 20, 2005, 119 Stat. 128, 195; Pub. L. 111-327, §2（a）（28）, Dec. 22, 2010, 124 Stat. 3560.］

**第 727 条　免责**

（a）除下列情形外，法院应准予债务人免责：

（1）债务人并非个人；

（2）债务人出于妨碍、延误或欺骗债权人或根据本篇在破产实体中负责保管财产的工作人员的目的，在以下期间内转让、转移、毁损、破坏或隐匿以下财产或已经允许转让、转移、毁损、破坏或隐匿以下财产：

（A）债务人的财产，在破产申请被提交前 1 年内；或

（B）破产财产，在破产申请被提交后；

（3）债务人隐匿、毁损、破坏或伪造，或者未能保存或保管任何可用于确定债务人财务状况或商业交易的存档信息，包括账簿、文件、记录和材料，除非案件的相关情况可为前述作为或不作为提供正当理由；

（4）债务人在本案或与之相关的事项中，明知且欺诈性地作出以下行为：

（A）作虚假宣誓或陈述；

（B）提出或利用虚假主张；

（C）以作为或不作为的方式，给予、提供、收取或企图获得金钱、财产或利益，或有关金钱、财产或利益的承诺；或

（D）拒绝向根据本篇有权占有财产的破产实体的工作人员提供任何与债务人财产或财务事项有关的存档信息，包括账簿、文件、记录和材料；

（5）在根据本款作出拒绝免责的决定前，债务人未能为其资产的减损或不足以偿还其债务的资产的差额提供圆满的解释；

（6）债务人在本案中已经拒绝履行以下各项：

（A）除了对重大问题作出答复或作证的裁定外，拒绝服从法院的任何其他合法裁定；

（B）基于不得自证其罪的权利，拒绝对法院批准的重大问题作出答复或作证，并且就该权利被援引的事项，债务人先前已经被授予豁免；或

（C）基于正当援引不得自证其罪的权利外的其他理由，拒绝对法院批准的重大

to respond to a material question approved by the court or to testify;

(7) the debtor has committed any act specified in paragraph (2), (3), (4), (5), or (6) of this subsection, on or within one year before the date of the filing of the petition, or during the case, in connection with another case, under this title or under the Bankruptcy Act, concerning an insider;

(8) the debtor has been granted a discharge under this section, under section 1141 of this title, or under section 14, 371, or 476 of the Bankruptcy Act, in a case commenced within 8 years before the date of the filing of the petition;

(9) the debtor has been granted a discharge under section 1228 or 1328 of this title, or under section 660 or 661 of the Bankruptcy Act, in a case commenced within six years before the date of the filing of the petition, unless payments under the plan in such case totaled at least—

(A) 100 percent of the allowed unsecured claims in such case; or

(B) (i) 70 percent of such claims; and

(ii) the plan was proposed by the debtor in good faith, and was the debtor's best effort;

(10) the court approves a written waiver of discharge executed by the debtor after the order for relief under this chapter;

(11) after filing the petition, the debtor failed to complete an instructional course concerning personal financial management described in section 111, except that this paragraph shall not apply with respect to a debtor who is a person described in section 109 (h) (4) or who resides in a district for which the United States trustee (or the bankruptcy administrator, if any) determines that the approved instructional courses are not adequate to service the additional individuals who would otherwise be required to complete such instructional courses under this section (The United States trustee (or the bankruptcy administrator, if any) who makes a determination described in this paragraph shall review such determination not later than 1 year after the date of such determination, and not less frequently than annually thereafter.); or

(12) the court after notice and a hearing held not more than 10 days before the date of the entry of the order granting the discharge finds that there is reasonable cause to believe that—

(A) section 522 (q) (1) may be applicable to the debtor; and

(B) there is pending any proceeding in which the debtor may be found guilty of a felony of the kind described in section 522 (q) (1) (A) or liable for a debt of the kind described in section 522 (q) (1) (B).

(b) Except as provided in section 523 of this title, a discharge under subsection (a) of this section discharges the debtor from all debts that arose before the date of the order

问题作出答复或作证；

（7）在破产申请被提交前1年内（含1年），债务人作出本附条第（2）、（3）、（4）、（5）或（6）款所述的行为；或者在本案进行过程中，在其内部人士作为债务人的本篇或《破产法案》的另一破产案件中，债务人作出前述行为；

（8）在破产申请被提交前8年内启动的其他案件中，债务人已经根据本条、本篇第1141条或《破产法案》第14、371或476条获得免责；

（9）在破产申请被提交前6年内启动的其他案件中，债务人已经根据本篇第1228、1328条或《破产法案》第660或661条获得免责，除非在该前案中根据计划所作的累计清偿至少达到以下要求：

（A）前案中的经确认无担保债权得到100%清偿；或

（B）（i）经确认无担保债权得到70%清偿；并且

（ii）该计划系由债务人出于善意提出并且其已尽到最大努力；

（10）在根据本章作出破产救济令后，法院批准了债务人所作的放弃免责的书面声明；

（11）提交破产申请后，债务人未能完成第111条所述的涉及个人财务管理的指导课程,但本款不应适用于第109条（h）（4）所述的债务人,或者若联邦托管人（或破产管理署，如有）认定经批准的指导课程并不能适当地向某地区因本条要求本应当完成该课程的个人提供服务，则本款也不适用于居住在该地区的债务人［作出本款认定的联邦托管人（或破产管理署，如有）应当在作出该认定后1年内重新审查并且此后至少每年重审一次］；或

（12）法院经过通知并在正式作出准予免责的裁定前10日内举行的听证后，认为存在合理的事由相信以下事项：

（A）第522条（q）（1）可适用于债务人；以及

（B）在任何正在进行的程序中,债务人可能被认定为犯有第522条（q）（1）（A）所述的重罪或被认定为就第522条（q）（1）（B）所述的债务承担责任。

（b）除本篇第523条另有规定外，根据本条的附条（a）所准予的免责将免除债务人在破产救济令被作出之日前成立的所有债务，以及因根据本篇第502条被视

for relief under this chapter, and any liability on a claim that is determined under section 502 of this title as if such claim had arisen before the commencement of the case, whether or not a proof of claim based on any such debt or liability is filed under section 501 of this title, and whether or not a claim based on any such debt or liability is allowed under section 502 of this title.

(c)(1) The trustee, a creditor, or the United States trustee may object to the granting of a discharge under subsection (a) of this section.

(2) On request of a party in interest, the court may order the trustee to examine the acts and conduct of the debtor to determine whether a ground exists for denial of discharge.

(d) On request of the trustee, a creditor, or the United States trustee, and after notice and a hearing, the court shall revoke a discharge granted under subsection (a) of this section if—

(1) such discharge was obtained through the fraud of the debtor, and the requesting party did not know of such fraud until after the granting of such discharge;

(2) the debtor acquired property that is property of the estate, or became entitled to acquire property that would be property of the estate, and knowingly and fraudulently failed to report the acquisition of or entitlement to such property, or to deliver or surrender such property to the trustee;

(3) the debtor committed an act specified in subsection (a)(6) of this section; or

(4) the debtor has failed to explain satisfactorily—

(A) a material misstatement in an audit referred to in section 586 (f) of title 28; or

(B) a failure to make available for inspection all necessary accounts, papers, documents, financial records, files, and all other papers, things, or property belonging to the debtor that are requested for an audit referred to in section 586 (f) of title 28.

(e) The trustee, a creditor, or the United States trustee may request a revocation of a discharge—

(1) under subsection (d)(1) of this section within one year after such discharge is granted; or

(2) under subsection (d)(2) or (d)(3) of this section before the later of—

(A) one year after the granting of such discharge; and

(B) the date the case is closed.

(Pub. L. 95-598, Nov. 6, 1978, 92 Stat. 2609; Pub. L. 98-353, title III, §480, July 10, 1984, 98 Stat. 382; Pub. L. 99-554, title II, §§220, 257 (s), Oct. 27, 1986, 100 Stat. 3101, 3116; Pub. L. 109-8, title I, §106 (b), title III, §§312 (1), 330 (a), title VI, §603 (d), Apr. 20, 2005, 119 Stat. 38, 86, 101, 123.)

[§728. Repealed. Pub. L. 109-8, title VII, §719 (b)(1), Apr. 20, 2005, 119 Stat. 133]

为在破产案件启动前成立的债权而承担的任何责任，无论基于前述债务或责任的债权的证明是否根据本篇第 501 条已被提交，也无论基于前述债务或责任的债权是否根据本篇第 502 条被予以确认。

（c）（1）托管人、债权人或联邦托管人可就根据本条的附条（a）授予的免责提出异议。

（2）应利益相关方的请求，法院可裁定托管人审查债务人的作为或行为，从而确定是否存在不予免责的事由。

（d）应托管人、债权人或联邦托管人的请求，经过通知和听证后，在下列情形中法院应撤销根据本条的附条（a）授予的免责：

（1）该免责系通过债务人的欺诈行为而被授予，并且请求方在该免责被授予前对该欺诈行为并不知情；

（2）债务人曾取得属于破产财产的财产或曾有权取得本应属于破产财产的财产，明知且欺诈性地未能报告其已取得该财产或有权取得该财产，或者未向托管人交付或移交该财产；

（3）债务人作出本条的附条（a）（6）所述的行为；或

（4）债务人未能就以下事项提供圆满的解释：

（A）在《美国联邦法典》第 28 篇第 586 条（f）所述的审计中存在重大错误陈述；或

（B）未能准备调查所必需的所有账簿、材料、文件、财务报表、档案以及其他所有《美国联邦法典》第 28 篇第 586 条（f）所述的审计中所要求的债务人的材料、物品或财产。

（e）托管人、债权人或联邦托管人可在以下期间内请求撤销免责：

（1）在本条的附条（d）（1）所述的情形中，在该免责被授予后 1 年之内；或

（2）在本条的附条（d）（2）或（d）（3）所述的情形中，在以下时点中较晚者前：

（A）授予该免责后 1 年；以及

（B）本案结案当日。

［Pub. L. 95-598, Nov. 6, 1978, 92 Stat. 2609; Pub. L. 98-353, title III, §480, July 10, 1984, 98 Stat. 382; Pub. L. 99-554, title II, §§220, 257（s）, Oct. 27, 1986, 100 Stat. 3101, 3116; Pub. L. 109-8, title I, §106（b）, title III, §§312（1）, 330（a）, title VI, §603（d）, Apr. 20, 2005, 119 Stat. 38, 86, 101, 123.］

［第 728 条　此条根据公法第 109-8 号，第 VII 篇，第 719 条（b）（1），2005 年 4 月 20 日，《法律汇总》第 119 卷第 133 页，已被废止］

Section, Pub. L. 95-598, Nov. 6, 1978, 92 Stat. 2611; Pub. L. 98-353, title III, §481, July 10, 1984, 98 Stat. 382; Pub. L. 99-554, title II, §257 ( t ) , Oct. 27, 1986, 100 Stat. 3116, related to special tax provisions.

# SUBCHAPTER Ⅲ —STOCKBROKER LIQUIDATION

## §741. Definitions for this subchapter

In this subchapter—

( 1 ) "Commission" means Securities and Exchange Commission;

( 2 ) "customer" includes—

( A ) entity with whom a person deals as principal or agent and that has a claim against such person on account of a security received, acquired, or held by such person in the ordinary course of such person's business as a stockbroker, from or for the securities account or accounts of such entity—

( i ) for safekeeping;

( ii ) with a view to sale;

( iii ) to cover a consummated sale;

( iv ) pursuant to a purchase;

( v ) as collateral under a security agreement; or

( vi ) for the purpose of effecting registration of transfer; and

( B ) entity that has a claim against a person arising out of—

( i ) a sale or conversion of a security received, acquired, or held as specified in subparagraph ( A ) of this paragraph; or

( ii ) a deposit of cash, a security, or other property with such person for the purpose of purchasing or selling a security;

( 3 ) "customer name security" means security—

( A ) held for the account of a customer on the date of the filing of the petition by or on behalf of the debtor;

( B ) registered in such customer's name on such date or in the process of being so registered under instructions from the debtor; and

( C ) not in a form transferable by delivery on such date;

( 4 ) "customer property" means cash, security, or other property, and proceeds of such cash, security, or property, received, acquired, or held by or for the account of the debtor, from or for the securities account of a customer—

条，Pub. L. 95-598, Nov. 6, 1978, 92 Stat. 2611; Pub. L. 98-353, title III, §481, July 10, 1984, 98 Stat. 382; Pub. L. 99-554, title II, §257（t）, Oct. 27, 1986, 100 Stat. 3116, 与有关税款的特殊规定有关。

# 第三附章　证券经纪人清算

## 第 741 条　本附章的定义

在本附章中：

（1）“委员会”指美国证券交易委员会；

（2）“客户”包括：

（A）由证券经纪人作为其委托人或代理人与之进行交易的实体，并且因证券经纪人在其常规营业范围内，出于以下目的，从该实体的证券账户中或为该实体的证券账户收取、获得或持有的证券，该实体对该证券经纪人就此享有债权：

（i）保管目的；

（ii）以出售为目的的；

（iii）为支付已完成的出售；

（iv）根据购买行为而作出；

（v）作为担保协议的担保物；或

（vi）为使转让的登记生效；以及

（B）因以下原因而对他人享有债权的实体：

（i）本款的附款（A）所述的，收取、获得或持有的证券的出售或转换；或

（ii）以购买或出售证券为目的的，向他人支付现金、证券或其他财产；

（3）“客户名下证券”指符合以下条件的证券：

（A）在提交破产申请当日，为了客户的账户而由债务人或代表债务人持有的证券；

（B）在提交破产申请当日被登记在客户名下的证券，或者按照债务人的指示正在进行前述登记的证券；并且

（C）在提交破产申请当日，并不能通过交付而被转让；

（4）“客户财产”指从客户的证券账户或为客户的证券账户，由债务人的账户或为债务人的账户收取、获得或持有的金钱、证券或其他财产以及该金钱、证券或财产的收益：

( A ) including—

( i ) property that was unlawfully converted from and that is the lawful property of the estate;

( ii ) a security held as property of the debtor to the extent such security is necessary to meet a net equity claim of a customer based on a security of the same class and series of an issuer;

( iii ) resources provided through the use or realization of a customer's debit cash balance or a debit item includible in the Formula for Determination of Reserve Requirement for Brokers and Dealers as promulgated by the Commission under the Securities Exchange Act of 1934; and

( iv ) other property of the debtor that any applicable law, rule, or regulation requires to be set aside or held for the benefit of a customer, unless including such property as customer property would not significantly increase customer property; but

( B ) not including—

( i ) a customer name security delivered to or reclaimed by a customer under section 751 of this title; or

( ii ) property to the extent that a customer does not have a claim against the debtor based on such property;

( 5 ) "margin payment" means payment or deposit of cash, a security, or other property, that is commonly known to the securities trade as original margin, initial margin, maintenance margin, or variation margin, or as a mark-to-market payment, or that secures an obligation of a participant in a securities clearing agency;

( 6 ) "net equity" means, with respect to all accounts of a customer that such customer has in the same capacity—

( A ) ( i ) aggregate dollar balance that would remain in such accounts after the liquidation, by sale or purchase, at the time of the filing of the petition, of all securities positions in all such accounts, except any customer name securities of such customer; minus

( ii ) any claim of the debtor against such customer in such capacity that would have been owing immediately after such liquidation; plus

( B ) any payment by such customer to the trustee, within 60 days after notice under section 342 of this title, of any business related claim of the debtor against such customer in such capacity;

( 7 ) "securities contract"—

( A ) means—

( i ) a contract for the purchase, sale, or loan of a security, a certificate of deposit, a mortgage loan, any interest in a mortgage loan, a group or index of securities, certificates

（A）包括以下各项：

（i）从客户的证券账户中非法转换得来的财产，但该财产是破产实体的合法财产；

（ii）作为债务人的财产而被持有的证券，但仅限于对于满足基于发行人相同类别或系列的证券而由客户享有的权益净额债权具有必要性的证券；

（iii）通过使用或实现客户的借记现金余额，或包含在委员会根据《1934 年证券交易法》而颁布的，确定经纪人和交易商存款要求公式内的借款而获得的资源；以及

（iv）根据可适用的法律、法规或规定，为客户的利益而保留或持有的债务人的其他财产，除非将该财产归入客户财产并不能显著增加客户财产；但是

（B）不包括：

（i）根据本篇第 751 条向客户交付或由客户认领的客户名下证券；或

（ii）客户并不基于该财产而就债务人享有债权的财产；

（5）“保证金支付”指金钱、证券或其他财产的支付或预付，即在证券交易中被熟知的原始保证金、初始保证金、维持保证金或价格变动保证金，或作为入市标价支付，或用于担保证券结算机构中的参与者的义务；

（6）针对客户以相同身份开立的所有账户，“权益净额”指：

（A）（i）在提交破产申请时，通过出售或者购买所有该类账户中的证券头寸（但不包括该客户的任何客户名下证券），将清算后该账户中剩余的累计美元余额；减去

（ii）债务人本将在清算后即对该身份下的该客户享有的任何债权；加上

（B）在根据本篇第 342 条发出通知后 60 日内，该客户向托管人因债务人对其享有的前述债权而进行的任何偿付；

（7）“证券合约”：

（A）指：

（i）为了购买、出售或借取，证券、存款单、抵押贷款，抵押贷款的利息，证券、存款单、抵押贷款或抵押贷款的利息（包括前述权益的利息或基于前述权益的价值

of deposit, or mortgage loans or interests therein ( including an interest therein or based on the value thereof ) , or option on any of the foregoing, including an option to purchase or sell any such security, certificate of deposit, mortgage loan, interest, group or index, or option, and including any repurchase or reverse repurchase transaction on any such security, certificate of deposit, mortgage loan, interest, group or index, or option ( whether or not such repurchase or reverse repurchase transaction is a "repurchase agreement", as defined in section 101 ) ;

( ii ) any option entered into on a national securities exchange relating to foreign currencies;

( iii ) the guarantee ( including by novation ) by or to any securities clearing agency of a settlement of cash, securities, certificates of deposit, mortgage loans or interests therein, group or index of securities, or mortgage loans or interests therein ( including any interest therein or based on the value thereof ) , or option on any of the foregoing, including an option to purchase or sell any such security, certificate of deposit, mortgage loan, interest, group or index, or option ( whether or not such settlement is in connection with any agreement or transaction referred to in clauses ( i ) through ( xi )) ;

( iv ) any margin loan;

( v ) any extension of credit for the clearance or settlement of securities transactions;

( vi ) any loan transaction coupled with a securities collar transaction, any prepaid forward securities transaction, or any total return swap transaction coupled with a securities sale transaction;

( vii ) any other agreement or transaction that is similar to an agreement or transaction referred to in this subparagraph;

( viii ) any combination of the agreements or transactions referred to in this subparagraph;

( ix ) any option to enter into any agreement or transaction referred to in this subparagraph;

( x ) a master agreement that provides for an agreement or transaction referred to in clause ( i ) , ( ii ) , ( iii ) , ( iv ) , ( v ) , ( vi ) , ( vii ) , ( viii ) , or ( ix ) , together with all supplements to any such master agreement, without regard to whether the master agreement provides for an agreement or transaction that is not a securities contract under this subparagraph, except that such master agreement shall be considered to be a securities contract under this subparagraph only with respect to each agreement or transaction under such master agreement that is referred to in clause ( i ) , ( ii ) , ( iii ) , ( iv ) , ( v ) , ( vi ) , ( vii ) , ( viii ) , or ( ix ) ; or

( xi ) any security agreement or arrangement or other credit enhancement related to any agreement or transaction referred to in this subparagraph, including any guarantee

而产生的利息）的组合或指数，或者前述各项的期权，包括购买或出售任何该证券、存款单、抵押贷款、利息、组合或指数或者期权的任何期权而订立的合约，并且包括就任何该证券、存款单、抵押贷款、利息、组合或指数或者期权而进行的任何回购或逆回购交易（无论该回购或逆回购交易是否为第 101 条所定义的“回购协议”)；

（ii）在全国性证券交易所订立的与外国货币有关的任何期权；

（iii）由任何证券结算机构或向任何证券结算机构就金钱，证券，存款单，抵押贷款或抵押贷款的利息，证券或抵押贷款或者其利息（包括前述权益的利息或基于前述权益的价值而产生的利息）的组合或指数，或前述各项的期权，包括购买或出售任何该证券、存款单、抵押贷款、利息、组合或指数或者期权的结算［无论该结算是否与第（i）项至第（xi）项所述的协议或交易有关］提供担保（包括更替)；

（iv）任何保证金贷款；

（v）为证券交易的清算或结算而获得的任何贷款；

（vi）与证券上下限交易相结合的任何贷款交易、任何预付远期证券交易或与证券出售交易相结合的任何总收益互换交易；

（vii）与本附款列明的协议或交易相似的任何其他协议或交易；

（viii）本附款列明的协议或交易的任意组合；

（ix）订立或进行本附款列明的任意协议或交易的任何期权；

（x）规定有第（i)、(ii)、(iii)、(iv)、(v)、(vi)、(vii)、(viii）或（ix）项所述的协议或交易的总协议，以及该总协议的所有补充协议，无论该总协议是否规定有根据本附款并非证券合约的协议或交易，应当在该主协议中仅针对第（i)、(ii)、(iii)、(iv)、(v)、(vi)、(vii)、(viii）或（ix）项所述的各项协议或交易根据本附款认定其为证券合约；或

（xi）任何担保协议或安排或者其他与本附款所述的协议或交易有关的信用增级，包括由证券经纪人、证券结算机构、金融机构或与本附款所述的协议或交易有

or reimbursement obligation by or to a stockbroker, securities clearing agency, financial institution, or financial participant in connection with any agreement or transaction referred to in this subparagraph, but not to exceed the damages in connection with any such agreement or transaction, measured in accordance with section 562; and

(B) does not include any purchase, sale, or repurchase obligation under a participation in a commercial mortgage loan;

(8) "settlement payment" means a preliminary settlement payment, a partial settlement payment, an interim settlement payment, a settlement payment on account, a final settlement payment, or any other similar payment commonly used in the securities trade; and

(9) "SIPC" means Securities Investor Protection Corporation.

(Pub. L. 95-598, Nov. 6, 1978, 92 Stat. 2611; Pub. L. 97-222, §8, July 27, 1982, 96 Stat. 237; Pub. L. 98-353, title III, §482, July 10, 1984, 98 Stat. 382; Pub. L. 103-394, title V, §501 (d)(25), Oct. 22, 1994, 108 Stat. 4146; Pub. L. 109-8, title IX, §907 (a)(2), Apr. 20, 2005, 119 Stat. 173; Pub. L. 109-390, §5 (a)(3), Dec. 12, 2006, 120 Stat. 2697.)

### §742. Effect of section 362 of this title in this subchapter

Notwithstanding section 362 of this title, SIPC may file an application for a protective decree under the Securities Investor Protection Act of 1970. The filing of such application stays all proceedings in the case under this title unless and until such application is dismissed. If SIPC completes the liquidation of the debtor, then the court shall dismiss the case.

(Pub. L. 95-598, Nov. 6, 1978, 92 Stat. 2613; Pub. L. 97-222, §9, July 27, 1982, 96 Stat. 237; Pub. L. 103-394, title V, §501 (d)(26), Oct. 22, 1994, 108 Stat. 4146.)

### §743. Notice

The clerk shall give the notice required by section 342 of this title to SIPC and to the Commission.

(Pub. L. 95-598, Nov. 6, 1978, 92 Stat. 2613; Pub. L. 99-554, title II, §283 (t), Oct. 27, 1986, 100 Stat. 3118; Pub. L. 103-394, title V, §501 (d)(27), Oct. 22, 1994, 108 Stat. 4146.)

### §744. Executory contracts

Notwithstanding section 365 (d)(1) of this title, the trustee shall assume or reject, under section 365 of this title, any executory contract of the debtor for the purchase or sale of a security in the ordinary course of the debtor's business, within a reasonable time after the date of the order for relief, but not to exceed 30 days. If the trustee does not assume such a contract within such time, such contract is rejected.

(Pub. L. 95-598, Nov. 6, 1978, 92 Stat. 2613; Pub. L. 97-222, §10, July 27, 1982, 96

关的金融参与者承担或向其承担的任何担保或偿付义务，但不得超过根据第 562 条计算得出的与该协议或交易有关的损害；并且

（B）并不包括因参与商业抵押贷款而成立的任何购买、出售或回购义务；

（8）"结算支付"指初步结算支付、部分结算支付、临时结算支付、账户结算支付、最终结算支付或任何其他类似的、常在证券交易中使用的支付方式；并且

（9）"SIPC"指证券投资者保护公司。

[Pub. L. 95-598, Nov. 6, 1978, 92 Stat. 2611; Pub. L. 97-222, §8, July 27, 1982, 96 Stat. 237; Pub. L. 98-353, title III, §482, July 10, 1984, 98 Stat. 382; Pub. L. 103-394, title V, §501（d）(25), Oct. 22, 1994, 108 Stat. 4146; Pub. L. 109-8, title IX, §907（a）(2), Apr. 20, 2005, 119 Stat. 173; Pub. L. 109-390, §5（a）(3), Dec. 12, 2006, 120 Stat. 2697.]

**第 742 条　本篇第 362 条在本附章中的效力**

即使存在本篇第 362 条的规定，证券投资者保护公司可根据《1970 年证券投资者保护法》就保护令提交申请。除非且直至该申请被驳回，该申请的提交将冻结本篇案件中的所有程序。若证券投资者保护公司完成债务人的清算，则法院应当驳回本案。

[Pub. L. 95-598, Nov. 6, 1978, 92 Stat. 2613; Pub. L. 97-222, §9, July 27, 1982, 96 Stat. 237; Pub. L. 103-394, title V, §501（d）(26), Oct. 22, 1994, 108 Stat. 4146.]

**第 743 条　通知**

破产法院书记员应当根据本篇第 342 条的要求，向证券投资者保护公司及美国证券交易委员会发出通知。

[Pub. L. 95-598, Nov. 6, 1978, 92 Stat. 2613; Pub. L. 99-554, title II, §283（t）, Oct. 27, 1986, 100 Stat. 3118; Pub. L. 103-394, title V, §501（d）(27), Oct. 22, 1994, 108 Stat. 4146.]

**第 744 条　待履行合同**

即使存在本篇第 365 条（d）(1) 的规定，托管人应当在破产救济令被作出后的合理时间内——但不得超过 30 日——根据本篇第 365 条确认或拒绝确认债务人在其常规营业范围内以购买或出售证券为目的而订立的任何待履行合同。若托管人在该期间内并未承继该合同，则视为拒绝承继该合同。

(Pub. L. 95-598, Nov. 6, 1978, 92 Stat. 2613; Pub. L. 97-222, §10, July 27, 1982, 96

Stat. 238. )

### §745. Treatment of accounts

( a ) Accounts held by the debtor for a particular customer in separate capacities shall be treated as accounts of separate customers.

( b ) If a stockbroker or a bank holds a customer net equity claim against the debtor that arose out of a transaction for a customer of such stockbroker or bank, each such customer of such stockbroker or bank shall be treated as a separate customer of the debtor.

( c ) Each trustee's account specified as such on the debtor's books, and supported by a trust deed filed with, and qualified as such by, the Internal Revenue Service, and under the Internal Revenue Code of 1986, shall be treated as a separate customer account for each beneficiary under such trustee account.

( Pub. L. 95-598, Nov. 6, 1978, 92 Stat. 2613; Pub. L. 97-222, §11, July 27, 1982, 96 Stat. 238; Pub. L. 98-353, title III, §483, July 10, 1984, 98 Stat. 383; Pub. L. 103-394, title V, §501 ( d ) ( 28 ) , Oct. 22, 1994, 108 Stat. 4146. )

### §746. Extent of customer claims

( a ) If, after the date of the filing of the petition, an entity enters into a transaction with the debtor, in a manner that would have made such entity a customer had such transaction occurred before the date of the filing of the petition, and such transaction was entered into by such entity in good faith and before the qualification under section 322 of this title of a trustee, such entity shall be deemed a customer, and the date of such transaction shall be deemed to be the date of the filing of the petition for the purpose of determining such entity's net equity.

( b ) An entity does not have a claim as a customer to the extent that such entity transferred to the debtor cash or a security that, by contract, agreement, understanding, or operation of law, is—

( 1 ) part of the capital of the debtor; or

( 2 ) subordinated to the claims of any or all creditors.

( Pub. L. 95-598, Nov. 6, 1978, 92 Stat. 2613; Pub. L. 97-222, §12, July 27, 1982, 96 Stat. 238. )

### §747. Subordination of certain customer claims

Except as provided in section 510 of this title, unless all other customer net equity claims have been paid in full, the trustee may not pay in full or pay in part, directly or indirectly, any net equity claim of a customer that was, on the date the transaction giving rise to such claim occurred—

( 1 ) an insider;

( 2 ) a beneficial owner of at least five percent of any class of equity securities of the debtor, other than—

Stat. 238.）

**第 745 条　账户的处置**

（a）债务人为某特定客户以不同独立身份持有的账户应当被视为不同独立客户的账户。

（b）若证券经纪人或银行因为其客户所作的交易而对债务人持有客户权益净额债权，则该证券经纪人或银行的所有该类客户均应被视为债务人的不同独立客户。

（c）债务人的账簿中载明的每个受托人账户，若其信托契约已经被提交至国税局，并且国税局根据《1986 年国内税收法典》认定其为合格的受托人账户，则其应被视为该受托人账户下每名受益人的独立客户账户。

［Pub. L. 95-598, Nov. 6, 1978, 92 Stat. 2613; Pub. L. 97-222, §11, July 27, 1982, 96 Stat. 238; Pub. L. 98-353, title III, §483, July 10, 1984, 98 Stat. 383; Pub. L. 103-394, title V, §501（d）（28）, Oct. 22, 1994, 108 Stat. 4146.］

**第 746 条　特定客户债权的范围**

（a）在提交破产申请后，若有实体与债务人达成交易，并且若该交易发生在提交破产申请前则本将使得该实体成为债务人的客户，并且该实体系出于善意而在存在本篇第 322 条所述的合格托管人之前达成该交易，则该实体应当被视为客户，并且就确定该实体的权益净额而言，该交易之日应被视为提交破产申请之日。

（b）若一实体通过合同、协议、非正式协议或法律规定，向债务人转让金钱或符合下列条件的证券，则该实体就此享有的债权不属于客户债权：

（1）系债务人资本的一部分；或

（2）劣后于部分或所有债权人的债权。

（Pub. L. 95-598, Nov. 6, 1978, 92 Stat. 2613; Pub. L. 97-222, §12, July 27, 1982, 96 Stat. 238.）

**第 747 条　特定客户债权的居次**

除本篇第 510 条另有规定外，除非其他所有客户权益净额债权均得到全额清偿，否则托管人不得向其在引起该债权的交易发生之日系以下身份的客户享有的权益净额债权，作出全额或部分，直接或间接的清偿：

（1）内部人士；

（2）至少持有 5% 的债务人的任意股本证券的受益所有人，但不包括以下类型的股本证券：

（A）nonconvertible stock having fixed preferential dividend and liquidation rights; or

（B）interests of limited partners in a limited partnership;

（3）a limited partner with a participation of at least five percent in the net assets or net profits of the debtor; or

（4）an entity that, directly or indirectly, through agreement or otherwise, exercised or had the power to exercise control over the management or policies of the debtor.

（Pub. L. 95-598, Nov. 6, 1978, 92 Stat. 2613; Pub. L. 97-222, §13, July 27, 1982, 96 Stat. 238.）

### §748. Reduction of securities to money

As soon as practicable after the date of the order for relief, the trustee shall reduce to money, consistent with good market practice, all securities held as property of the estate, except for customer name securities delivered or reclaimed under section 751 of this title.

（Pub. L. 95-598, Nov. 6, 1978, 92 Stat. 2614.）

### §749. Voidable transfers

（a）Except as otherwise provided in this section, any transfer of property that, but for such transfer, would have been customer property, may be avoided by the trustee, and such property shall be treated as customer property, if and to the extent that the trustee avoids such transfer under section 544, 545, 547, 548, or 549 of this title. For the purpose of such sections, the property so transferred shall be deemed to have been property of the debtor and, if such transfer was made to a customer or for a customer's benefit, such customer shall be deemed, for the purposes of this section, to have been a creditor.

（b）Notwithstanding sections 544, 545, 547, 548, and 549 of this title, the trustee may not avoid a transfer made before seven days after the order for relief if such transfer is approved by the Commission by rule or order, either before or after such transfer, and if such transfer is—

（1）a transfer of a securities contract entered into or carried by or through the debtor on behalf of a customer, and of any cash, security, or other property margining or securing such securities contract; or

（2）the liquidation of a securities contract entered into or carried by or through the debtor on behalf of a customer.

（Pub. L. 95-598, Nov. 6, 1978, 92 Stat. 2614; Pub. L. 97-222, §14, July 27, 1982, 96 Stat. 238; Pub. L. 111-16, §2（8）, May 7, 2009, 123 Stat. 1607.）

### §750. Distribution of securities

The trustee may not distribute a security except under section 751 of this title.

（Pub. L. 95-598, Nov. 6, 1978, 92 Stat. 2614.）

### §751. Customer name securities

The trustee shall deliver any customer name security to or on behalf of the customer

（A）已经确定优先股息及清算权利的不可转换股；或

（B）有限合伙中有限合伙人享有的权益；

（3）至少可分享债务人 5% 的净资产或净收益的有限合伙人；或

（4）通过协议或其他方式，直接或间接地控制或有能力控制债务人的管理或政策的实体。

（Pub. L. 95-598, Nov. 6, 1978, 92 Stat. 2613; Pub. L. 97-222, §13, July 27, 1982, 96 Stat. 238.）

**第 748 条　证券的变现**

除了根据本篇第 751 条被交付或认领的客户名下证券外，在破产救济令被作出后，托管人应尽快以正常的市场操作将作为破产财产而持有的其他所有证券变现。

（Pub. L. 95-598, Nov. 6, 1978, 92 Stat. 2614.）

**第 749 条　可撤销转让**

（a）除本条另有规定外，针对在不存在就其作出转让的情况下本应为客户财产的财产，托管人可撤销就该财产所作的转让，并且若托管人根据本篇第 544、545、547、548 或 549 条撤销该转让，则被转让的财产应被视为客户财产。就前述规定而言，被转让的财产应被视为债务人的财产，并且若该转让系对客户所作或为客户的利益所作，则就本条而言，该客户应被视为债权人。

（b）即使存在本篇第 544、545、547、548 及 549 条的规定，针对在破产救济令被作出前 7 日内作出的转让，若该转让在作出前或作出后通过美国证券交易委员会的裁定或命令而得到其批准并且符合以下条件，则托管人不得撤销该转让：

（1）由债务人代表客户订立或执行，或者通过其订立或执行的证券合约以及任何用于保证或担保该证券合约的金钱、证券或其他财产的转让；或

（2）由债务人代表客户订立或执行，或者通过其订立或执行的证券合约的清算。

[ Pub. L. 95-598, Nov. 6, 1978, 92 Stat. 2614; Pub. L. 97-222, §14, July 27, 1982, 96 Stat. 238; Pub. L. 111-16, §2（8）, May 7, 2009, 123 Stat. 1607. ]

**第 750 条　证券的分配**

除本篇第 751 条规定的情形外，托管人不得就证券作出分配。

（Pub. L. 95-598, Nov. 6, 1978, 92 Stat. 2614.）

**第 751 条　客户名下证券**

托管人应将客户名下证券交付给有权获得该证券的客户或代表该客户进行交

entitled to such security, unless such customer has a negative net equity. With the approval of the trustee, a customer may reclaim a customer name security after payment to the trustee, within such period as the trustee allows, of any claim of the debtor against such customer to the extent that such customer will not have a negative net equity after such payment.

(Pub. L. 95-598, Nov. 6, 1978, 92 Stat. 2614.)

### §752. Customer property

(a) The trustee shall distribute customer property ratably to customers on the basis and to the extent of such customers' allowed net equity claims and in priority to all other claims, except claims of the kind specified in section 507 (a)(2) of this title that are attributable to the administration of such customer property.

(b)(1) The trustee shall distribute customer property in excess of that distributed under subsection (a) of this section in accordance with section 726 of this title.

(2) Except as provided in section 510 of this title, if a customer is not paid the full amount of such customer's allowed net equity claim from customer property, the unpaid portion of such claim is a claim entitled to distribution under section 726 of this title.

(c) Any cash or security remaining after the liquidation of a security interest created under a security agreement made by the debtor, excluding property excluded under section 741 (4)(B) of this title, shall be apportioned between the general estate and customer property in the same proportion as the general estate of the debtor and customer property were subject to such security interest.

(Pub. L. 95-598, Nov. 6, 1978, 92 Stat. 2614; Pub. L. 97-222, §15, July 27, 1982, 96 Stat. 238; Pub. L. 98-353, title III, §484, July 10, 1984, 98 Stat. 383; Pub. L. 109-8, title XV, §1502 (a)(3), Apr. 20, 2005, 119 Stat. 216.)

### §753. Stockbroker liquidation and forward contract merchants, commodity brokers, stockbrokers, financial institutions, financial participants, securities clearing agencies, swap participants, repo participants, and master netting agreement participants

Notwithstanding any other provision of this title, the exercise of rights by a forward contract merchant, commodity broker, stockbroker, financial institution, financial participant, securities clearing agency, swap participant, repo participant, or master netting agreement participant under this title shall not affect the priority of any unsecured claim it may have after the exercise of such rights.

(Added Pub. L. 109-8, title IX, §907 (m), Apr. 20, 2005, 119 Stat. 181.)

付，除非该客户的权益净额为负数。经过托管人的批准，客户可通过在托管人规定的时间内就债务人对该客户享有的债权向托管人进行清偿，使该客户在清偿后其权益净额不再为负数，从而认领客户名下证券。

（Pub. L. 95-598, Nov. 6, 1978, 92 Stat. 2614.）

**第 752 条　客户财产**

（a）托管人应基于客户经确认的权益净额债权，在该债权范围内向客户按比例分配客户财产，并且该债权的顺位优先于其他所有债权，但不包括根据本篇第 507 条（a）（2）因管理客户财产而产生的债权。

（b）（1）托管人应根据本篇第 726 条的规定，就根据本条的附条（a）进行分配后剩余的客户财产进行分配。

（2）除本篇第 510 条另有规定外，若客户并未就其经确认的权益净额债权而从客户财产中获得全额清偿，则该债权尚未获得清偿的部分仍可根据本篇第 726 条参与分配。

（c）在对根据与债务人达成的担保协议而创设的担保权益进行清算后，除了根据本篇第 741 条（4）（B）而被排除的财产外，剩余的任何金钱或证券应在整体破产财产和客户财产之间按照受该担保权益约束的债务人的整体财产与客户财产的比例进行分配。

[ Pub. L. 95-598, Nov. 6, 1978, 92 Stat. 2614; Pub. L. 97-222, §15, July 27, 1982, 96 Stat. 238; Pub. L. 98-353, title III, §484, July 10, 1984, 98 Stat. 383; Pub. L. 109-8, title XV, §1502（a）（3）, Apr. 20, 2005, 119 Stat. 216. ]

**第 753 条　证券经纪人的清算以及远期合约商、商品经纪商、证券经纪人、金融机构、金融参与者、证券结算机构、互换参与者、回购参与者与净额结算协议参与者**

即使本篇有任何其他规定，远期合约商、商品经纪商、证券经纪人、金融机构、金融参与者、证券结算机构、互换参与者、回购参与者或净额结算协议参与者根据本篇对其权利的行使不应在其行使权利后影响无担保债权可能具有的优先顺位。

[ 经 Pub. L. 109-8, title IX, §907（m）, Apr. 20, 2005, 119 Stat. 181. 增补 ]

# SUBCHAPTER Ⅳ —COMMODITY BROKER LIQUIDATION

## §761. Definitions for this subchapter

In this subchapter—

(1) “Act” means Commodity Exchange Act;

(2) “clearing organization” means a derivatives clearing organization registered under the Act;

(3) “Commission” means Commodity Futures Trading Commission;

(4) “commodity contract” means—

(A) with respect to a futures commission merchant, contract for the purchase or sale of a commodity for future delivery on, or subject to the rules of, a contract market or board of trade;

(B) with respect to a foreign futures commission merchant, foreign future;

(C) with respect to a leverage transaction merchant, leverage transaction;

(D) with respect to a clearing organization, contract for the purchase or sale of a commodity for future delivery on, or subject to the rules of, a contract market or board of trade that is cleared by such clearing organization, or commodity option traded on, or subject to the rules of, a contract market or board of trade that is cleared by such clearing organization;

(E) with respect to a commodity options dealer, commodity option;

(F)(i) any other contract, option, agreement, or transaction that is similar to a contract, option, agreement, or transaction referred to in this paragraph; and

(ii) with respect to a futures commission merchant or a clearing organization, any other contract, option, agreement, or transaction, in each case, that is cleared by a clearing organization;

(G) any combination of the agreements or transactions referred to in this paragraph;

(H) any option to enter into an agreement or transaction referred to in this paragraph;

(I) a master agreement that provides for an agreement or transaction referred to in subparagraph (A), (B), (C), (D), (E), (F), (G), or (H), together with all supplements to such master agreement, without regard to whether the master agreement provides for an agreement or transaction that is not a commodity contract under

# 第四附章　商品经纪商清算

## 第 761 条　本附章的定义

在本附章中：

（1）“法案”指《商品交易法》；

（2）“结算机构”指根据该法案注册的衍生产品结算机构；

（3）“委员会”指美国商品期货交易委员会；

（4）“商品合约”指：

（A）就远期经纪商而言，在合约市场或交易所上，或受其规则约束的情况下，为购买或出售将来交付的商品而订立的合约；

（B）就外国期货经纪商而言，外国期货；

（C）就杠杆交易商而言，杠杆交易；

（D）就结算机构而言，由该结算机构进行结算的，在合约市场或交易所上，或受其规则约束的情况下，为购买或出售将来交付的商品或商品期权而订立的合约；

（E）就商品期权交易商而言，商品期权；

（F）（i）任何与本款所述的合约、期权、协议或交易相类似的其他合约、期权、协议或交易；以及

（ii）就期货经纪商或结算机构而言，由结算机构结算的任何其他合约、期权、协议或交易；

（G）本款所述的协议或交易的任意组合；

（H）签订或进行本款所述协议或交易的任何期权；

（I）规定有附款（A）、（B）、（C）、（D）、（E）、（F）、（G）或（H）所述的协议或交易的总协议，以及该总协议的所有补充协议，无论该总协议是否规定有根据本款并非商品合约的协议或交易，应当在该主协议中仅针对附款（A）、（B）、（C）、（D）、（E）、（F）、（G）或（H）所述的各项协议或交易根据本款认定其为商品合约；或

this paragraph, except that the master agreement shall be considered to be a commodity contract under this paragraph only with respect to each agreement or transaction under the master agreement that is referred to in subparagraph (A), (B), (C), (D), (E), (F), (G), or (H); or

(J) any security agreement or arrangement or other credit enhancement related to any agreement or transaction referred to in this paragraph, including any guarantee or reimbursement obligation by or to a commodity broker or financial participant in connection with any agreement or transaction referred to in this paragraph, but not to exceed the damages in connection with any such agreement or transaction, measured in accordance with section 562;

(5) "commodity option" means agreement or transaction subject to regulation under section 4c (b) of the Act;

(6) "commodity options dealer" means person that extends credit to, or that accepts cash, a security, or other property from, a customer of such person for the purchase or sale of an interest in a commodity option;

(7) "contract market" means a registered entity;

(8) "contract of sale", "commodity", "derivatives clearing organization", "future delivery", "board of trade", "registered entity", and "futures commission merchant" have the meanings assigned to those terms in the Act;

(9) "customer" means—

(A) with respect to a futures commission merchant—

(i) entity for or with whom such futures commission merchant deals and that holds a claim against such futures commission merchant on account of a commodity contract made, received, acquired, or held by or through such futures commission merchant in the ordinary course of such futures commission merchant's business as a futures commission merchant from or for a commodity contract account of such entity; or

(ii) entity that holds a claim against such futures commission merchant arising out of—

(I) the making, liquidation, or change in the value of a commodity contract of a kind specified in clause (i) of this subparagraph;

(II) a deposit or payment of cash, a security, or other property with such futures commission merchant for the purpose of making or margining such a commodity contract; or

(III) the making or taking of delivery on such a commodity contract;

(B) with respect to a foreign futures commission merchant—

(i) entity for or with whom such foreign futures commission merchant deals and that holds a claim against such foreign futures commission merchant on account

（J）任何担保协议或安排或者其他与本款所述的协议或交易有关的信用增级，包括由商品经纪商或与本款所述的协议或交易有关的金融参与者承担或向其承担的任何担保或偿付义务，但不得超过根据第 562 条计算得出的与该协议或交易有关的损害；

（5）“商品期权”指《商品交易法》第 4c 条（b）中受监管的协议或交易；

（6）“商品期权交易商”指为购买或出售商品期权的权益而向其客户提供信贷或向该客户收取金钱、证券或其他财产的人；

（7）“合约市场”指已注册的实体；

（8）“出售合约”、“商品”、“衍生产品结算机构”、“将来交付”、“交易所”、“已注册的实体”及“期货经纪商”的含义与《商品交易法》中的相同术语的含义相同；

（9）“客户”指

（A）就期货经纪商而言：

（i）期货经纪商为其交易或与之进行交易的实体，并且其因期货经纪商或通过该经纪商在其常规营业范围内，从该实体的商品合约账户中或为该实体的商品合约账户制定、收取、获得或持有的商品合约，从而对该经纪商享有债权；或

（ii）因以下事项而对该期货经纪商享有债权的实体：

（I）本附款的第（i）项所述的商品合约的制定、清算或其价值的变更；

（II）以制定或担保该商品合约为目的而向期货经纪商预付或支付金钱、证券或其他财产；或

（III）按照商品合约进行交付或受领转让；

（B）就外国期货经纪商而言：

（i）外国期货经纪商为其交易或与之进行交易的实体，并且其因外国期货经纪商或通过该经纪商在其常规营业范围内，从该实体的外国期货账户中或为该实体的

of a commodity contract made, received, acquired, or held by or through such foreign futures commission merchant in the ordinary course of such foreign futures commission merchant's business as a foreign futures commission merchant from or for the foreign futures account of such entity; or

(ii) entity that holds a claim against such foreign futures commission merchant arising out of—

(I) the making, liquidation, or change in value of a commodity contract of a kind specified in clause (i) of this subparagraph;

(II) a deposit or payment of cash, a security, or other property with such foreign futures commission merchant for the purpose of making or margining such a commodity contract; or

(III) the making or taking of delivery on such a commodity contract;

(C) with respect to a leverage transaction merchant—

(i) entity for or with whom such leverage transaction merchant deals and that holds a claim against such leverage transaction merchant on account of a commodity contract engaged in by or with such leverage transaction merchant in the ordinary course of such leverage transaction merchant's business as a leverage transaction merchant from or for the leverage account of such entity; or

(ii) entity that holds a claim against such leverage transaction merchant arising out of—

(I) the making, liquidation, or change in value of a commodity contract of a kind specified in clause (i) of this subparagraph;

(II) a deposit or payment of cash, a security, or other property with such leverage transaction merchant for the purpose of entering into or margining such a commodity contract; or

(III) the making or taking of delivery on such a commodity contract;

(D) with respect to a clearing organization, clearing member of such clearing organization with whom such clearing organization deals and that holds a claim against such clearing organization on account of cash, a security, or other property received by such clearing organization to margin, guarantee, or secure a commodity contract in such clearing member's proprietary account or customers' account; or

(E) with respect to a commodity options dealer—

(i) entity for or with whom such commodity options dealer deals and that holds a claim on account of a commodity contract made, received, acquired, or held by or through such commodity options dealer in the ordinary course of such commodity options dealer's business as a commodity options dealer from or for the commodity options account of such entity; or

外国期货账户制定、收取、获得或持有的商品合约，从而对该经纪商享有债权；或

（ii）因以下事项而对该外国期货经纪商享有债权的实体：

（I）本附款的第（i）项所述的商品合约的制定、清算或其价值的变更；

（II）以制定或担保该商品合约为目的而向该外国期货经纪商预付或支付金钱、证券或其他财产；或

（III）按照商品合约进行交付或受领转让；

（C）就杠杆交易商而言：

（i）杠杆交易商为其交易或与之进行交易的实体，并且其因该杠杆交易商或通过该交易商在其常规营业范围内，从该实体的杠杆账户中或为该实体的杠杆账户由该交易商达成或与之达成的商品合约，从而对该交易商享有债权；或

（ii）因以下事项而对该杠杆交易商享有债权：

（I）本附款的第（i）项所述的商品合约的制定、清算或其价值的变更；

（II）以订立或担保该商品合约为目的而向该杠杆交易商预付或支付金钱、证券或其他财产；或

（III）按照商品合约进行交付或受领转让；

（D）就结算机构而言，该结算机构与之进行交易的结算会员，并且为担保或保证该结算会员的专有账户或客户账户中的商品合约而向结算机构支付金钱、证券或其他财产，从而对该结算机构享有债权；或

（E）就商品期权交易商而言：

（i）商品期权交易商为其交易或与之进行交易的实体，并且其因该商品期权交易商或通过该交易商在其常规营业范围内，从该实体的商品期权账户中或为该实体的商品期权账户制定、收取、获得或持有的商品合约，从而对该交易商享有债权；或

(ii) entity that holds a claim against such commodity options dealer arising out of—

(I) the making of, liquidation of, exercise of, or a change in value of, a commodity contract of a kind specified in clause (i) of this subparagraph; or

(II) a deposit or payment of cash, a security, or other property with such commodity options dealer for the purpose of making, exercising, or margining such a commodity contract;

(10) "customer property" means cash, a security, or other property, or proceeds of such cash, security, or property, received, acquired, or held by or for the account of the debtor, from or for the account of a customer—

(A) including—

(i) property received, acquired, or held to margin, guarantee, secure, purchase, or sell a commodity contract;

(ii) profits or contractual or other rights accruing to a customer as a result of a commodity contract;

(iii) an open commodity contract;

(iv) specifically identifiable customer property;

(v) warehouse receipt or other document held by the debtor evidencing ownership of or title to property to be delivered to fulfill a commodity contract from or for the account of a customer;

(vi) cash, a security, or other property received by the debtor as payment for a commodity to be delivered to fulfill a commodity contract from or for the account of a customer;

(vii) a security held as property of the debtor to the extent such security is necessary to meet a net equity claim based on a security of the same class and series of an issuer;

(viii) property that was unlawfully converted from and that is the lawful property of the estate; and

(ix) other property of the debtor that any applicable law, rule, or regulation requires to be set aside or held for the benefit of a customer, unless including such property as customer property would not significantly increase customer property; but

(B) not including property to the extent that a customer does not have a claim against the debtor based on such property;

(11) "foreign future" means contract for the purchase or sale of a commodity for future delivery on, or subject to the rules of, a board of trade outside the United States;

(12) "foreign futures commission merchant" means entity engaged in soliciting or accepting orders for the purchase or sale of a foreign future or that, in connection with such

（ii）因以下事项而对该商品期权交易商享有债权的实体：

（I）本附款的第（i）项所述的商品合约的制定、清算、实施或其价值的变更；或

（II）以订立、实施或担保该商品合约为目的而向该商品期权交易商预付或支付金钱、证券或其他财产；

（10）“客户财产”指从客户账户或为客户账户，从债务人账户或为债务人账户收取、获得或持有的金钱、证券或其他财产，或该金钱、证券或财产的收益：

（A）包括：

（i）用以担保、保证、购买或出售商品合约而收取、获得或持有的财产；

（ii）客户因商品合约而获得的利润或享有的合约权利或其他权利；

（iii）未平仓的商品合约；

（iv）可明确识别的客户财产；

（v）用于证明为了履行客户账户中的商品合约或为客户账户履行商品合约而将被交付的财产的所有权或权利而由债务人持有的仓单或其他文件；

（vi）债务人因为了履行客户账户中的商品合约或为客户账户履行商品合约而将被交付的商品而收取的金钱、证券或其他财产；

（vii）作为债务人的财产而被持有的证券，但仅限于对于满足基于发行人相同类别或系列的证券而由客户享有的权益净额债权具有必要性的证券；

（viii）从客户账户中非法转换得来的财产，但该财产是破产实体的合法财产；以及

（ix）根据可适用的法律、法规或规定，为客户的利益而保留或持有的债务人的其他财产，除非将该财产归入客户财产并不能显著增加客户财产；但是

（B）不包括客户并不基于该财产而就债务人享有债权的财产；

（11）“外国期货”指在除美国外的合约市场或交易所上，或受其规则约束的情况下，为购买或出售将来交付的商品而订立的合约；

（12）“外国期货经纪商”指从事于就购买或出售外国期货的订单发出要约或接受承诺的实体，或从事于因该要约或承诺而收取金钱、证券或其他财产的业务的实

a solicitation or acceptance, accepts cash, a security, or other property, or extends credit to margin, guarantee, or secure any trade or contract that results from such a solicitation or acceptance;

(13) "leverage transaction" means agreement that is subject to regulation under section 19 of the Commodity Exchange Act, and that is commonly known to the commodities trade as a margin account, margin contract, leverage account, or leverage contract;

(14) "leverage transaction merchant" means person in the business of engaging in leverage transactions;

(15) "margin payment" means payment or deposit of cash, a security, or other property, that is commonly known to the commodities trade as original margin, initial margin, maintenance margin, or variation margin, including mark-to-market payments, settlement payments, variation payments, daily settlement payments, and final settlement payments made as adjustments to settlement prices;

(16) "member property" means customer property received, acquired, or held by or for the account of a debtor that is a clearing organization, from or for the proprietary account of a customer that is a clearing member of the debtor; and

(17) "net equity" means, subject to such rules and regulations as the Commission promulgates under the Act, with respect to the aggregate of all of a customer's accounts that such customer has in the same capacity—

(A) the balance remaining in such customer's accounts immediately after—

(i) all commodity contracts of such customer have been transferred, liquidated, or become identified for delivery; and

(ii) all obligations of such customer in such capacity to the debtor have been offset; plus

(B) the value, as of the date of return under section 766 of this title, of any specifically identifiable customer property actually returned to such customer before the date specified in subparagraph (A) of this paragraph; plus

(C) the value, as of the date of transfer, of—

(i) any commodity contract to which such customer is entitled that is transferred to another person under section 766 of this title; and

(ii) any cash, security, or other property of such customer transferred to such other person under section 766 of this title to margin or secure such transferred commodity contract.

(Pub. L. 95-598, Nov. 6, 1978, 92 Stat. 2615; Pub. L. 97-222, §16, July 27, 1982, 96 Stat. 238; Pub. L. 98-353, title III, §485, July 10, 1984, 98 Stat. 383; Pub. L. 103-394, title V, §501(d)(29), Oct. 22, 1994, 108 Stat. 4146; Pub. L. 106-554, §1(a)(5)[title I, §112

体，或为担保或保证因该要约或承诺而产生的任何交易或合约而提供贷款的实体；

（13）“杠杆交易”指根据《商品交易法》第 19 条受监管的协议，并且在商品交易中被熟知为保证金账户、保证金合约、杠杆账户或杠杆合约；

（14）“杠杆交易商”指从事杠杆交易业务的人；

（15）“保证金支付”指金钱、证券或其他财产的支付或预付，即在商品交易中被熟知的原始保证金、初始保证金、维持保证金或价格变动保证金，包括用于调整结算价格的入市标价支付、结算支付、价格变动支付、日结算支付以及最终结算支付；

（16）“会员财产”指，在债务人为结算机构、客户为其结算会员的情况下，从客户的专有账户或为客户的专有账户，由债务人的账户或为债务人的账户收取、获得或持有的客户财产；以及

（17）根据委员会依据《商品交易法》颁布的规则和条例，针对客户以同一身份开立的所有账户，“权益净额”指：

（A）下列情形发生后，该客户账户的剩余余额：

（i）该客户的所有商品合约已经被转让、清算或被确定要交付；以及

（ii）该客户以该身份而对债务人承担的义务已经被抵销；加上

（B）自根据本篇第 766 条进行归还后，在本款的附款（A）规定的日期之前实际归还该客户的任何可明确识别的客户财产的价值；加上

（C）自转让之日起以下各项的价值：

（i）客户对其享有权益的，根据本篇第 766 条被转让给他人的任何商品合约；以及

（ii）为了保证或担保被转让的商品合约，该根据本篇第 766 条向合约受让人转让的客户的任何金钱、证券或其他财产。

{ Pub. L. 95-598, Nov. 6, 1978, 92 Stat. 2615; Pub. L. 97-222, §16, July 27, 1982, 96 Stat. 238; Pub. L. 98-353, title III, §485, July 10, 1984, 98 Stat. 383; Pub. L. 103-394, title V, §501（d）（29）, Oct. 22, 1994, 108 Stat. 4146; Pub. L. 106-554, §1（a）（5）[ title (c)(6)], Dec. 21, 2000, 114 Stat. 2763, 2763A-395; Pub. L. 109-8, title IX, §907 (a)(3), Apr. 20, 2005, 119 Stat. 174; Pub. L. 111-203, title VII, §724 (b), July 21, 2010, 124 Stat. 1684.)

### §762. Notice to the Commission and right to be heard

(a) The clerk shall give the notice required by section 342 of this title to the Commission.

(b) The Commission may raise and may appear and be heard on any issue in a case under this chapter.

(Pub. L. 95-598, Nov. 6, 1978, 92 Stat. 2618.)

### §763. Treatment of accounts

(a) Accounts held by the debtor for a particular customer in separate capacities shall be treated as accounts of separate customers.

(b) A member of a clearing organization shall be deemed to hold such member's proprietary account in a separate capacity from such member's customers' account.

(c) The net equity in a customer's account may not be offset against the net equity in the account of any other customer.

(Pub. L. 95-598, Nov. 6, 1978, 92 Stat. 2618; Pub. L. 98-353, title III, §486, July 10, 1984, 98 Stat. 383.)

### §764. Voidable transfers

(a) Except as otherwise provided in this section, any transfer by the debtor of property that, but for such transfer, would have been customer property, may be avoided by the trustee, and such property shall be treated as customer property, if and to the extent that the trustee avoids such transfer under section 544, 545, 547, 548, 549, or 724 (a) of this title. For the purpose of such sections, the property so transferred shall be deemed to have been property of the debtor, and, if such transfer was made to a customer or for a customer's benefit, such customer shall be deemed, for the purposes of this section, to have been a creditor.

(b) Notwithstanding sections 544, 545, 547, 548, 549, and 724 (a) of this title, the trustee may not avoid a transfer made before seven days after the order for relief, if such transfer is approved by the Commission by rule or order, either before or after such transfer, and if such transfer is—

(1) a transfer of a commodity contract entered into or carried by or through the debtor on behalf of a customer, and of any cash, securities, or other property margining or securing such commodity contract; or

(2) the liquidation of a commodity contract entered into or carried by or through the debtor on behalf of a customer.

(Pub. L. 95-598, Nov. 6, 1978, 92 Stat. 2618; Pub. L. 97-222, §17, July 27, 1982, 96

I, §112（c）（6）］, Dec. 21, 2000, 114 Stat. 2763, 2763A-395; Pub. L. 109-8, title IX, §907（a）（3）, Apr. 20, 2005, 119 Stat. 174; Pub. L. 111-203, title VII, §724（b）, July 21, 2010, 124 Stat. 1684.｝

**第 762 条　向委员会发出通知及听证的权利**

（a）破产法院书记员应根据本篇第 342 条的规定，向委员会发出通知。

（b）委员会在本章案件中可提出任何问题并就任何事项出席并听证。

（Pub. L. 95-598, Nov. 6, 1978, 92 Stat. 2618.）

**第 763 条　账户的处置**

（a）债务人为某特定客户以不同独立身份持有的账户应当被视为不同独立客户的账户。

（b）结算机构的会员应被视为独立于其客户的账户而持有其自己的专有账户。

（c）客户账户中的权益净额不得与其他任何客户的账户中的权益净额进行抵销。

（Pub. L. 95-598, Nov. 6, 1978, 92 Stat. 2618; Pub. L. 98-353, title III, §486, July 10, 1984, 98 Stat. 383.）

**第 764 条　可撤销转让**

（a）除本条另有规定外，针对在不存在就其作出转让的情况下本应为客户财产的财产，托管人可撤销债务人就该财产所作的转让，并且若托管人根据本篇第 544、545、547、548、549 或 724（a）条撤销该转让，则被转让的财产应被视为客户财产。就前述规定而言，被转让的财产应被视为已经成为债务人的财产，并且若该转让系对客户所作或为客户的利益所作，则就本条而言，该客户应被视为债权人。

（b）即使存在本篇第 544、545、547、548、549 及 724（a）条的规定，针对在破产救济令被作出后 7 日内作出的转让，若该转让在作出前或作出后通过委员会的裁定或命令而得到其批准并且符合以下条件，则托管人不得撤销该转让：

（1）由债务人代表客户订立或执行，或者通过其订立或执行的商品合约以及任何用于保证或担保该商品合约的金钱、证券或其他财产的转让；或

（2）由债务人代表客户订立或执行，或者通过其订立或执行的商品合约的清算。

［Pub. L. 95-598, Nov. 6, 1978, 92 Stat. 2618; Pub. L. 97-222, §17, July 27, 1982, 96

Stat. 240; Pub. L. 98-353, title III, §487, July 10, 1984, 98 Stat. 383; Pub. L. 111-16, §2(9), May 7, 2009, 123 Stat. 1607.)

### §765. Customer instructions

(a) The notice required by section 342 of this title to customers shall instruct each customer—

(1) to file a proof of such customer's claim promptly, and to specify in such claim any specifically identifiable security, property, or commodity contract; and

(2) to instruct the trustee of such customer's desired disposition, including transfer under section 766 of this title or liquidation, of any commodity contract specifically identified to such customer.

(b) The trustee shall comply, to the extent practicable, with any instruction received from a customer regarding such customer's desired disposition of any commodity contract specifically identified to such customer. If the trustee has transferred, under section 766 of this title, such a commodity contract, the trustee shall transmit any such instruction to the commodity broker to whom such commodity contract was so transferred.

(Pub. L. 95-598, Nov. 6, 1978, 92 Stat. 2619; Pub. L. 97-222, §18, July 27, 1982, 96 Stat. 240; Pub. L. 98-353, title III, §488, July 10, 1984, 98 Stat. 383.)

### §766. Treatment of customer property

(a) The trustee shall answer all margin calls with respect to a specifically identifiable commodity contract of a customer until such time as the trustee returns or transfers such commodity contract, but the trustee may not make a margin payment that has the effect of a distribution to such customer of more than that to which such customer is entitled under subsection (h) or (i) of this section.

(b) The trustee shall prevent any open commodity contract from remaining open after the last day of trading in such commodity contract, or into the first day on which notice of intent to deliver on such commodity contract may be tendered, whichever occurs first. With respect to any commodity contract that has remained open after the last day of trading in such commodity contract or with respect to which delivery must be made or accepted under the rules of the contract market on which such commodity contract was made, the trustee may operate the business of the debtor for the purpose of—

(1) accepting or making tender of notice of intent to deliver the physical commodity underlying such commodity contract;

(2) facilitating delivery of such commodity; or

(3) disposing of such commodity if a party to such commodity contract defaults.

(c) The trustee shall return promptly to a customer any specifically identifiable security, property, or commodity contract to which such customer is entitled, or shall transfer, on such customer's behalf, such security, property, or commodity contract to a

Stat. 240; Pub. L. 98-353, title III, §487, July 10, 1984, 98 Stat. 383; Pub. L. 111-16, §2(9), May 7, 2009, 123 Stat. 1607.］

**第 765 条　客户指示**

（a）根据本篇第 342 条被要求向客户发出的通知应当指示客户履行以下各项：

（1）及时提交客户债权的证明，并载明在该债权中任何明确与其相关的证券、财产或商品合约；以及

（2）向托管人说明其期望的处置，包括根据本篇第 766 条对任何明确与该客户有关的商品合约进行转让，或对其进行清算。

（b）托管人应尽可能遵守客户就对与其相关的任何商品合约的期望处置而作出的指示。若托管人已经根据本篇第 766 条转让该商品合约，则托管人应向受让该商品合约的商品经纪商转达该指示。

（Pub. L. 95-598, Nov. 6, 1978, 92 Stat. 2619; Pub. L. 97-222, §18, July 27, 1982, 96 Stat. 240; Pub. L. 98-353, title III, §488, July 10, 1984, 98 Stat. 383.）

**第 766 条　客户财产的处置**

（a）托管人应就针对与某客户明确相关的商品合约而作出的所有追缴保证金的通知作出答复，直至托管人归还或转让该商品合约，但托管人不得通过进行保证金支付而使得该客户的分配所得超过其根据本条的附条（h）或（i）有权获得的权益。

（b）托管人应防止任何未平仓商品合约在该商品合约的最后交易日之后，或在进入可提交该商品合约交付的意向书的首日时（以较早者为准），仍然未平仓。针对在商品合约的最后交易日后仍然未平仓的任何商品合约，或针对必须根据该商品合约所依据的合约市场的规则进行交付或受领的商品合约，破产管理者可出于以下目的运营债务人的商事业务：

（1）接受或发出根据该商品合约交付标的商品实物的意向通知；

（2）采取措施促成该商品的交付；或

（3）若该商品合约的一方违约，对该商品进行处置。

（c）托管人应在遵守委员会可规定的规则或条例的情况下，及时向客户归还任何其有权获得的，明确与其相关的证券、财产或商品合约，或者代表该客户向本篇债务人外的商品经纪商转让该证券、财产或商品合约，但仅限于该证券、财产或

commodity broker that is not a debtor under this title, subject to such rules or regulations as the Commission may prescribe, to the extent that the value of such security, property, or commodity contract does not exceed the amount to which such customer would be entitled under subsection (h) or (i) of this section if such security, property, or commodity contract were not returned or transferred under this subsection.

(d) If the value of a specifically identifiable security, property, or commodity contract exceeds the amount to which the customer of the debtor is entitled under subsection (h) or (i) of this section, then such customer to whom such security, property, or commodity contract is specifically identified may deposit cash with the trustee equal to the difference between the value of such security, property, or commodity contract and such amount, and the trustee then shall—

(1) return promptly such security, property, or commodity contract to such customer; or

(2) transfer, on such customer's behalf, such security, property, or commodity contract to a commodity broker that is not a debtor under this title, subject to such rules or regulations as the Commission may prescribe.

(e) Subject to subsection (b) of this section, the trustee shall liquidate any commodity contract that—

(1) is identified to a particular customer and with respect to which such customer has not timely instructed the trustee as to the desired disposition of such commodity contract;

(2) cannot be transferred under subsection (c) of this section; or

(3) cannot be identified to a particular customer.

(f) As soon as practicable after the commencement of the case, the trustee shall reduce to money, consistent with good market practice, all securities and other property, other than commodity contracts, held as property of the estate, except for specifically identifiable securities or property distributable under subsection (h) or (i) of this section.

(g) The trustee may not distribute a security or other property except under subsection (h) or (i) of this section.

(h) Except as provided in subsection (b) of this section, the trustee shall distribute customer property ratably to customers on the basis and to the extent of such customers' allowed net equity claims, and in priority to all other claims, except claims of a kind specified in section 507 (a)(2) of this title that are attributable to the administration of customer property. Such distribution shall be in the form of—

(1) cash;

(2) the return or transfer, under subsection (c) or (d) of this section, of

商品合约的价值不超过——若该证券、财产或商品合约未根据本附条被归还或转让——该客户本将有权根据本条的附条（h）或（i）获得的金额。

（d）若明确与债务人的客户相关的证券、财产或商品合约的价值超过该客户根据本条的附条（h）或（i）有权获得的金额，则与该证券、财产或商品合约明确相关的客户可向托管人支付现金，其金额等于该证券、财产或商品合约的价值与前述金额的差额，并且托管人应因此履行以下各项：

（1）及时向该客户归还该证券、财产或商品合约；或

（2）在遵守委员会可规定的规则或条例的情况下，代表该客户向本篇债务人外的商品经纪商转让该证券、财产或商品合约。

（e）在符合本条的附条（b）规定的情况下，托管人应清算以下商品合约：

（1）明确与某客户有关，并且该客户并未就该商品合约的期望处置及时向托管人作出指示；

（2）无法根据本条的附条（c）被转让给他人；或

（3）无法明确与之相关的客户。

（f）除了可根据本条的附条（h）或（i）进行分配的明确可识别的证券或财产外，在破产案件启动后，托管人应尽快以正常的市场操作将作为破产财产而持有的，商品合约外的所有证券及其他财产变现。

（g）托管人除根据本条的附条（h）或（i）外，不得分配证券或其他财产。

（h）除本条的附条（b）另有规定外，托管人应基于客户经确认的权益净额债权，在该债权范围内向客户按比例分配客户财产，并且该债权的顺位优先于其他所有债权，但不包括根据本篇第 507 条（a）（2）因管理客户财产而成立的债权。该分配应以下列形式进行：

（1）现金；

（2）根据本条的附条（c）或（d）归还或转让可明确识别的客户证券、财产或

specifically identifiable customer securities, property, or commodity contracts; or

(3) payment of margin calls under subsection (a) of this section.

Notwithstanding any other provision of this subsection, a customer net equity claim based on a proprietary account, as defined by Commission rule, regulation, or order, may not be paid either in whole or in part, directly or indirectly, out of customer property unless all other customer net equity claims have been paid in full.

(i) If the debtor is a clearing organization, the trustee shall distribute—

(1) customer property, other than member property, ratably to customers on the basis and to the extent of such customers' allowed net equity claims based on such customers' accounts other than proprietary accounts, and in priority to all other claims, except claims of a kind specified in section 507 (a) (2) of this title that are attributable to the administration of such customer property; and

(2) member property ratably to customers on the basis and to the extent of such customers' allowed net equity claims based on such customers' proprietary accounts, and in priority to all other claims, except claims of a kind specified in section 507 (a) (2) of this title that are attributable to the administration of member property or customer property.

(j) (1) The trustee shall distribute customer property in excess of that distributed under subsection (h) or (i) of this section in accordance with section 726 of this title.

(2) Except as provided in section 510 of this title, if a customer is not paid the full amount of such customer's allowed net equity claim from customer property, the unpaid portion of such claim is a claim entitled to distribution under section 726 of this title.

(Pub. L. 95-598, Nov. 6, 1978, 92 Stat. 2619; Pub. L. 97-222, §19, July 27, 1982, 96 Stat. 240; Pub. L. 98-353, title III, §489, July 10, 1984, 98 Stat. 383; Pub. L. 109-8, title XV, §1502 (a) (4), Apr. 20, 2005, 119 Stat. 216.)

## §767. Commodity broker liquidation and forward contract merchants, commodity brokers, stockbrokers, financial institutions, financial participants, securities clearing agencies, swap participants, repo participants, and master netting agreement participants

Notwithstanding any other provision of this title, the exercise of rights by a forward contract merchant, commodity broker, stockbroker, financial institution, financial participant, securities clearing agency, swap participant, repo participant, or master netting agreement participant under this title shall not affect the priority of any unsecured claim it may have after the exercise of such rights.

(Added Pub. L. 109-8, title IX, §907 (1), Apr. 20, 2005, 119 Stat. 181.)

商品合约；或

（3）根据本条的附条（a）支付追缴保证金。

即使本附条有任何其他规定，基于委员会的规则、条例或命令所定义的专有账户而成立的客户权益净额债权，不得以客户财产对其进行全部或部分、直接或间接的清偿，直到其他所有客户权益净额债权均得到完全清偿。

（i）若债务人为结算机构，则托管人应以下列方式进行分配：

（1）基于因专有账户外的客户账户而成立的该客户的经确认权益净额债权，在该债权范围内向客户按比例分配会员财产外的客户财产，并且该债权的顺位优先于其他所有债权，但不包括根据本篇第 507 条（a）（2）因管理客户财产而成立的债权；以及

（2）基于因该客户的专有账户而成立的该客户的经确认权益净额债权，在该债权范围内向客户按比例分配会员财产，并且该债权的顺位优先于其他所有债权，但不包括根据本篇第 507 条（a）（2）因管理客户财产而成立的债权。

（j）（1）托管人应根据本篇第 726 条的规定，就根据本条的附条（h）或（i）进行分配后的剩余客户财产进行分配。

（2）除本篇第 510 条另有规定外，若客户未能就其经确认的权益净额债权从客户财产中获得全额清偿，则该债权尚未获得清偿的部分仍可根据本篇第 726 条参与分配。

[Pub. L. 95-598, Nov. 6, 1978, 92 Stat. 2619; Pub. L. 97-222, §19, July 27, 1982, 96 Stat. 240; Pub. L. 98-353, title III, §489, July 10, 1984, 98 Stat. 383; Pub. L. 109-8, title XV, §1502（a）（4）, Apr. 20, 2005, 119 Stat. 216.]

**第 767 条　商品经纪商清算以及远期合约商、商品经纪商、证券经纪人、金融机构、金融参与者、证券结算机构、互换参与者、回购参与者与净额结算协议参与者**

即使本篇有任何其他规定，远期合约商、商品经纪商、证券经纪人、金融机构、金融参与者、证券结算机构、互换参与者、回购参与者或净额结算协议参与者根据本篇对其权利的行使不应在其行使权利后影响无担保债权可能具有的优先顺位。

[经 Pub. L. 109-8, title IX, §907（1）, Apr. 20, 2005, 119 Stat. 181. 增补]

# SUBCHAPTER Ⅴ—CLEARING BANK LIQUIDATION

## §781. Definitions

For purposes of this subchapter, the following definitions shall apply:

(1) BOARD.—The term "Board" means the Board of Governors of the Federal Reserve System.

(2) DEPOSITORY INSTITUTION.—The term "depository institution" has the same meaning as in section 3 of the Federal Deposit Insurance Act.

(3) CLEARING BANK.—The term "clearing bank" means an uninsured State member bank, or a corporation organized under section 25A of the Federal Reserve Act, which operates, or operates as, a multilateral clearing organization pursuant to section 409 of the Federal Deposit Insurance Corporation Improvement Act of 1991.

(Added Pub. L. 106-554, §1 (a)(5)[title I, §112 (c)(5)(B)], Dec. 21, 2000, 114 Stat. 2763, 2763A-394.)

## §782. Selection of trustee

(a) IN GENERAL.—

(1) APPOINTMENT.—Notwithstanding any other provision of this title, the conservator or receiver who files the petition shall be the trustee under this chapter, unless the Board designates an alternative trustee.

(2) SUCCESSOR.—The Board may designate a successor trustee if required.

(b) AUTHORITY OF TRUSTEE.—Whenever the Board appoints or designates a trustee, chapter 3 and sections 704 and 705 of this title shall apply to the Board in the same way and to the same extent that they apply to a United States trustee.

(Added Pub. L. 106-554, §1 (a)(5)[title I, §112 (c)(5)(B)], Dec. 21, 2000, 114 Stat. 2763, 2763A-394.)

## §783. Additional powers of trustee

(a) DISTRIBUTION OF PROPERTY NOT OF THE ESTATE.—The trustee under this subchapter has power to distribute property not of the estate, including distributions to customers that are mandated by subchapters Ⅲ and IV of this chapter.

(b) DISPOSITION OF INSTITUTION.—The trustee under this subchapter may, after notice and a hearing—

(1) sell the clearing bank to a depository institution or consortium of depository institutions (which consortium may agree on the allocation of the clearing bank among

# 第五附章 结算银行清算

### 第 781 条 定义

就本附章而言，应适用以下定义：

（1）委员会："委员会"指美国联邦储备委员会。

（2）存款机构："存款机构"的含义见《联邦存款保险法》第 3 条。

（3）结算银行："结算银行"指根据《1991 年联邦存款保险公司改进法》第 409 条运营多边结算机构或作为该机构运营的未受保州立银行或根据《联邦储备法》第 25A 条组建的公司。

｛经 Pub. L. 106-554, §1（a）（5）[ title I, §112（c）（5）（B）], Dec. 21, 2000, 114 Stat. 2763, 2763A-394. 增补｝

### 第 782 条 托管人的选任

（a）一般规定：

（1）任命：即使本篇有任何其他规定，除非委员会指定其他托管人，否则提交破产申请的接管人或托管人应为本章中的托管人。

（2）继任：在需要的情况下，委员会可指定继任托管人。

（b）托管人的权力：委员会任命或指定托管人时，本篇第 3 章以及第 704、705 条应像适用于联邦托管人一样，适用于委员会。

｛经 Pub. L. 106-554, §1（a）（5）[ title I, §112（c）（5）（B）], Dec. 21, 2000, 114 Stat. 2763, 2763A-394. 增补｝

### 第 783 条 托管人的其他权力

（a）对非破产财产的分配：本附章中的托管人有权分配非破产财产，包括根据本章的第三附章和第四附章规定的向客户所作的财产分配。

（b）机构的处置：托管人根据本附章，经过通知和听证后，可采取以下行为：

（1）向存款机构或存款机构财团（财团可同意在财团间分配结算银行）出售结算银行；

the consortium);

(2) merge the clearing bank with a depository institution;

(3) transfer contracts to the same extent as could a receiver for a depository institution under paragraphs (9) and (10) of section 11 (e) of the Federal Deposit Insurance Act;

(4) transfer assets or liabilities to a depository institution; and

(5) transfer assets and liabilities to a bridge depository institution as provided in paragraphs (1), (3)(A), (5), and (6) of section 11 (n) of the Federal Deposit Insurance Act, paragraphs (9) through (13) of such section, and subparagraphs (A) through (H) and subparagraph (K) of paragraph (4) of such section 11 (n), except that—

(A) the bridge depository institution to which such assets or liabilities are transferred shall be treated as a clearing bank for the purpose of this subsection; and

(B) any references in any such provision of law to the Federal Deposit Insurance Corporation shall be construed to be references to the appointing agency and that references to deposit insurance shall be omitted.

(c) CERTAIN TRANSFERS INCLUDED.—Any reference in this section to transfers of liabilities includes a ratable transfer of liabilities within a priority class.

(Added Pub. L. 106-554, §1 (a)(5)[title I, §112 (c)(5)(B)], Dec. 21, 2000, 114 Stat. 2763, 2763A-395; amended Pub. L. 110-289, div. A, title VI, §1604 (b)(3), July 30, 2008, 122 Stat. 2829.)

### §784. Right to be heard

The Board or a Federal reserve bank (in the case of a clearing bank that is a member of that bank) may raise and may appear and be heard on any issue in a case under this subchapter.

(Added Pub. L. 106-554, §1 (a)(5)[title I, §112 (c)(5)(B)], Dec. 21, 2000, 114 Stat. 2763, 2763A-395.)

（2）将结算银行与存款机构合并；

（3）按照存款机构的托管人可根据《联邦存款保险法》第 11 条（e）的第（9）款和第（10）款转让合约的程度，转让合约；

（4）向存款机构转让资产或责任；以及

（5）根据《联邦存款保险法》第 11 条（n）的第（1）、（3）（A）、（5）及（6）款，第 11 条（n）的第（9）款至第（13）款，以及第 11 条（n）的第（4）款的附款（A）至附款（H）以及附款（K）向桥存款机构转让资产和责任，除此之外：

（A）就本附条而言，受让资产或责任的桥存款机构应被视为结算银行；并且

（B）前述有关联邦存款保险公司的法律条文的引用应被理解为仅引用其涉及指定机构的部分，而应当忽略有关存款保险的部分。

（c）被包含的特定转让：本条中提到的责任的转让包括在同一优先顺位内对责任的按比例转让。

{经 Pub. L. 106-554, §1（a）（5）[ title I, §112（c）（5）（B）], Dec. 21, 2000, 114 Stat. 2763, 2763A-395; amended Pub. L. 110-289, div. A, title VI, §1604（b）（3）, July 30, 2008, 122 Stat. 2829. 增补}

**第 784 条　听证的权利**

委员会或联邦储备银行（当结算银行是该银行的会员时）可在本附章案件中提出任何问题并就任何事项出席并听证。

{经 Pub. L. 106-554, §1（a）（5）[ title I, §112（c）（5）（B）], Dec. 21, 2000, 114 Stat. 2763, 2763A-395. 增补}

# CHAPTER 9—ADJUSTMENT OF DEBTS OF A MUNICIPALITY

## SUBCHAPTER Ⅰ — GENERAL PROVISIONS



## SUBCHAPTER Ⅱ — ADMINISTRATION



## SUBCHAPTER Ⅲ — THE PLAN

# 第 9 章　市政机构的债务调整

# SUBCHAPTER Ⅰ—GENERAL PROVISIONS

## §901. Applicability of other sections of this title

(a) Sections 301, 333, 344, 347 (b), 349, 350 (b) 351,[①]1 361, 362, 364 (c), 364 (d), 364 (e), 364 (f), 365, 366, 501, 502, 503, 504, 506, 507 (a)(2), 509, 510, 524 (a)(1), 524 (a)(2), 544, 545, 546, 547, 548, 549 (a), 549 (c), 549 (d), 550, 551, 552, 553, 555, 556, 557, 559, 560, 561, 562, 1102, 1103, 1109, 1111 (b), 1122, 1123 (a)(1), 1123 (a)(2), 1123 (a)(3), 1123 (a)(4), 1123 (a)(5), 1123 (b), 1123 (d), 1124, 1125, 1126 (a), 1126 (b), 1126 (c), 1126 (e), 1126 (f), 1126 (g), 1127 (d), 1128, 1129 (a)(2), 1129 (a)(3), 1129 (a)(6), 1129 (a)(8), 1129 (a)(10), 1129 (b)(1), 1129 (b)(2)(A), 1129 (b)(2)(B), 1142 (b), 1143, 1144, and 1145 of this title apply in a case under this chapter.

(b) A term used in a section of this title made applicable in a case under this chapter by subsection (a) of this section or section 103 (e) of this title has the meaning defined for such term for the purpose of such applicable section, unless such term is otherwise defined in section 902 of this title.

(c) A section made applicable in a case under this chapter by subsection (a) of this section that is operative if the business of the debtor is authorized to be operated is operative in a case under this chapter.

(Pub. L. 95-598, Nov. 6, 1978, 92 Stat. 2621; Pub. L. 98-353, title III, §§353, 490, July 10, 1984, 98 Stat. 361, 383; Pub. L. 100-597, §3, Nov. 3, 1988, 102 Stat. 3028; Pub. L. 109-8, title V, §502, title XII, §1216, title XV, §1502 (a)(5), Apr. 20, 2005, 119 Stat. 118, 195, 216; Pub. L. 111-327,§2 (a)(29), Dec. 22, 2010, 124 Stat. 3560.)

## §902. Definitions for this chapter

In this chapter—

(1) "property of the estate", when used in a section that is made applicable in a case under this chapter by section 103 (e) or 901 of this title, means property of the debtor;

(2) "special revenues" means—

(A) receipts derived from the ownership, operation, or disposition of projects or systems of the debtor that are primarily used or intended to be used primarily to provide

---

① So in original. The second comma probably should follow "350 (b)".

# 第一附章　一般规定

## 第 901 条　本篇其他条文的适用

（a）本篇第 301、333、344、347（b）、349、350（b）、351、[①]1 361、362、364（c）、364（d）、364（e）、364（f）、365、366、501、502、503、504、506、507（a）（2）、509、510、524（a）（1）、524（a）（2）、544、545、546、547、548、549（a）、549（c）、549（d）、550、551、552、553、555、556、557、559、560、561、562、1102、1103、1109、1111（b）、1122、1123（a）（1）、1123（a）（2）、1123（a）（3）、1123（a）（4）、1123（a）（5）、1123（b）、1123（d）、1124、1125、1126（a）、1126（b）、1126（c）、1126（e）、1126（f）、1126（g）、1127（d）、1128、1129（a）（2）、1129（a）（3）、1129（a）（6）、1129（a）（8）、1129（a）（10）、1129（b）（1）、1129（b）（2）（A）、1129（b）（2）（B）、1142（b）、1143、1144 及 1145 条适用于本章案件。

（b）因本条的附条（a）或本篇第 103 条（e）的规定而适用于本章案件的条文中使用的术语，除非该术语在本篇第 902 条被重新下以定义，否则其含义与其所在的可适用条文的含义相同。

（c）根据本条的附条（a）可适用于本章案件的条文，若有条文当债务人的业务被授权继续经营时才能实际被适用，则该条文在本章案件中可被实际适用。

[ Pub. L. 95-598, Nov. 6, 1978, 92 Stat. 2621; Pub. L. 98-353, title III, §§353, 490, July 10, 1984, 98 Stat. 361, 383; Pub. L. 100-597, §3, Nov. 3, 1988, 102 Stat. 3028; Pub. L. 109-8, title V, §502, title XII, §1216, title XV, §1502（a）（5）, Apr. 20, 2005, 119 Stat. 118, 195, 216; Pub. L. 111-327,§2（a）（29）, Dec. 22, 2010, 124 Stat. 3560. ]

## 第 902 条　本章中的定义

在本章中：

（1）“破产财产”，当其出现在根据本篇第 103 条（e）或第 901 条可适用于本章案件的条文中时，指债务人的财产；

（2）“特别收入”指：

（A）针对主要用于或计划主要用于提供交通运输、公用事业或其他服务的债务人的项目或系统，因其所有权、运营或处置而获得的收入，包括用于为该项目或系统融资的借款的收益；

---

① 原文中此处标点符号有误。

transportation, utility, or other services, including the proceeds of borrowings to finance the projects or systems;

(B) special excise taxes imposed on particular activities or transactions;

(C) incremental tax receipts from the benefited area in the case of tax-increment financing;

(D) other revenues or receipts derived from particular functions of the debtor, whether or not the debtor has other functions; or

(E) taxes specifically levied to finance one or more projects or systems, excluding receipts from general property, sales, or income taxes (other than tax-increment financing) levied to finance the general purposes of the debtor;

(3) "special tax payer" means record owner or holder of legal or equitable title to real property against which a special assessment or special tax has been levied the proceeds of which are the sole source of payment of an obligation issued by the debtor to defray the cost of an improvement relating to such real property;

(4) "special tax payer affected by the plan" means special tax payer with respect to whose real property the plan proposes to increase the proportion of special assessments or special taxes referred to in paragraph (2) of this section assessed against such real property; and

(5) "trustee", when used in a section that is made applicable in a case under this chapter by section 103 (e) or 901 of this title, means debtor, except as provided in section 926 of this title.

(Pub. L. 95-598, Nov. 6, 1978, 92 Stat. 2622; Pub. L. 98-353, title III, §491, July 10, 1984, 98 Stat. 383; Pub. L. 100-597, §4, Nov. 3, 1988, 102 Stat. 3028.)

### §903. Reservation of State power to control municipalities

This chapter does not limit or impair the power of a State to control, by legislation or otherwise, a municipality of or in such State in the exercise of the political or governmental powers of such municipality, including expenditures for such exercise, but—

(1) a State law prescribing a method of composition of indebtedness of such municipality may not bind any creditor that does not consent to such composition; and

(2) a judgment entered under such a law may not bind a creditor that does not consent to such composition.

(Pub. L. 95-598, Nov. 6, 1978, 92 Stat. 2622; Pub. L. 98-353, title III, §492, July 10, 1984, 98 Stat. 383.)

### §904. Limitation on jurisdiction and powers of court

Notwithstanding any power of the court, unless the debtor consents or the plan so provides, the court may not, by any stay, order, or decree, in the case or otherwise, interfere with—

（B）针对特定的活动或交易而征收的特殊营业税；
（C）从因税收增额融资而受益的地区收取的增额税收；

（D）因债务人的特定职能而产生的其他收入或收益，无论债务人是否具有其他职能；或
（E）专为一个或多个项目或系统筹集资金而征收的税款，不包括为债务人的一般目的筹集资金而收取的一般财产税、销售税或所得税（不包括税收增额融资）；

（3）“特殊纳税人”指就不动产享有法律所有权或衡平所有权的在册所有人或持有人，且针对该不动产，已对其征收特殊评估或特殊税从而作为唯一来源履行债务人因该不动产的改良费用而承担的偿付义务；

（4）“受计划影响的特殊纳税人”指该计划提出，就其不动产增加本条的第（2）款所述的特殊评估和或特殊税的特殊纳税人；以及

（5）“托管人”，除本篇第 926 条另有规定外，当其出现在根据本篇第 103 条（e）或第 901 条而适用于本章案件的条文中时，指债务人。

（Pub. L. 95-598, Nov. 6, 1978, 92 Stat. 2622; Pub. L. 98-353, title III, §491, July 10, 1984, 98 Stat. 383; Pub. L. 100-597, §4, Nov. 3, 1988, 102 Stat. 3028.）

**第 903 条　用于控制市政机构的州权力的保留**

本章并不限制或减损各州通过立法或其他方式，控制该州的市政机构或位处该州的市政机构行使其政治或政府权力，包括该权力行使的支出，但是：

（1）规定有该市政机构的债务构成方法的州立法律对不同意该构成的任何债权人不具有约束力；并且
（2）根据该法作出的判决对不同意该构成的债权人不具有约束力。

（Pub. L. 95-598, Nov. 6, 1978, 92 Stat. 2622; Pub. L. 98-353, title III, §492, July 10, 1984, 98 Stat. 383.）

**第 904 条　管辖权和法院权力的限制**

无论法院享有何种权力，除非债务人对此表示同意或计划如此规定，否则法院在案件中不得通过任何冻结、裁定或法令或其他方式，对以下各项造成妨碍：

(1) any of the political or governmental powers of the debtor;

(2) any of the property or revenues of the debtor; or

(3) the debtor's use or enjoyment of any income-producing property.

(Pub. L. 95-598, Nov. 6, 1978, 92 Stat. 2622.)

## SUBCHAPTER Ⅱ —ADMINISTRATION

### §921. Petition and proceedings relating to petition

(a) Notwithstanding sections 109 (d) and 301 of this title, a case under this chapter concerning an unincorporated tax or special assessment district that does not have such district's own officials is commenced by the filing under section 301 of this title of a petition under this chapter by such district's governing authority or the board or body having authority to levy taxes or assessments to meet the obligations of such district.

(b) The chief judge of the court of appeals for the circuit embracing the district in which the case is commenced shall designate the bankruptcy judge to conduct the case.

(c) After any objection to the petition, the court, after notice and a hearing, may dismiss the petition if the debtor did not file the petition in good faith or if the petition does not meet the requirements of this title.

(d) If the petition is not dismissed under subsection (c) of this section, the court shall order relief under this chapter notwithstanding section 301 (b).

(e) The court may not, on account of an appeal from an order for relief, delay any proceeding under this chapter in the case in which the appeal is being taken; nor shall any court order a stay of such proceeding pending such appeal. The reversal on appeal of a finding of jurisdiction does not affect the validity of any debt incurred that is authorized by the court under section 364 (c) or 364 (d) of this title.

(Pub. L. 95-598, Nov. 6, 1978, 92 Stat. 2622; Pub. L. 98-353, title III, §494, July 10, 1984, 98 Stat. 383; Pub. L. 109-8, title V, §501 (a), Apr. 20, 2005, 119 Stat. 118.)

### §922. Automatic stay of enforcement of claims against the debtor

(a) A petition filed under this chapter operates as a stay, in addition to the stay provided by section 362 of this title, applicable to all entities, of—

(1) the commencement or continuation, including the issuance or employment of process, of a judicial, administrative, or other action or proceeding against an officer or inhabitant of the debtor that seeks to enforce a claim against the debtor; and

(2) the enforcement of a lien on or arising out of taxes or assessments owed to the

（1）债务人的任何政治或政府权力；
（2）债务人的任何财产或收入；或
（3）债务人对其任何创收财产的使用和享有。
（Pub. L. 95-598, Nov. 6, 1978, 92 Stat. 2622.）

## 第二附章　管理

### 第 921 条　破产申请及与申请有关的程序

（a）即使存在本篇第 109 条（d）及第 301 条的规定，针对在该地区内并无其自己的官员的未合并税区或特殊评估区，其破产案件由该地区的管理机构或有权征收税款或评估从而履行该地区义务的委员会或机构，根据本篇第 301 条提交本章中的破产申请而启动。

（b）在被启动案件的所在地区的巡回上诉法院的首席法官应指定审理本案的破产法官。

（c）在有人对破产申请提出任何异议后，法院经过通知和听证后，若债务人提交该申请并非出于善意或该申请未能符合本篇的要求，则可驳回该申请。

（d）若破产申请并未被根据本条的附条（c）被驳回，则即使存在第 301 条（b）的规定，法院也应根据本章作出破产救济令。

（e）法院不得因对破产救济令提起的上诉而推迟该上诉涉及的案件中的任何本章中的程序；也不得在该上诉期间下令冻结该程序。在对管辖权裁决提起的上诉中撤销该裁决，不会影响法院根据本篇第 364 条（c）或第 364 条（d）批准成立的任何债务的有效性。

［Pub. L. 95-598, Nov. 6, 1978, 92 Stat. 2622; Pub. L. 98-353, title III, §494, July 10, 1984, 98 Stat. 383; Pub. L. 109-8, title V, §501（a）, Apr. 20, 2005, 119 Stat. 118.］

### 第 922 条　自动冻结对债务人享有的债权的强制执行

（a）根据本章提交的破产申请，除了本篇第 362 条规定的冻结之外，还将针对所有实体冻结以下程序：

（1）为强制执行对债务人享有的债权时，对该债务人的官员或居民提起的司法、行政或其他诉讼或程序的启动或继续，包括司法文书的公告和使用在内；以及

（2）对债务人欠有税款或评估时，在该税款或评估上的担保权或因其产生的担

debtor.

(b) Subsections (c), (d), (e), (f), and (g) of section 362 of this title apply to a stay under subsection (a) of this section the same as such subsections apply to a stay under section 362 (a) of this title.

(c) If the debtor provides, under section 362, 364, or 922 of this title, adequate protection of the interest of the holder of a claim secured by a lien on property of the debtor and if, notwithstanding such protection such creditor has a claim arising from the stay of action against such property under section 362 or 922 of this title or from the granting of a lien under section 364 (d) of this title, then such claim shall be allowable as an administrative expense under section 503 (b) of this title.

(d) Notwithstanding section 362 of this title and subsection (a) of this section, a petition filed under this chapter does not operate as a stay of application of pledged special revenues in a manner consistent with section 927 of this title to payment of indebtedness secured by such revenues.

(Pub. L. 95-598, Nov. 6, 1978, 92 Stat. 2623; Pub. L. 98-353, title III, §495, July 10, 1984, 98 Stat. 384; Pub. L. 100-597, §5, Nov. 3, 1988, 102 Stat. 3029.)

### §923. Notice

There shall be given notice of the commencement of a case under this chapter, notice of an order for relief under this chapter, and notice of the dismissal of a case under this chapter. Such notice shall also be published at least once a week for three successive weeks in at least one newspaper of general circulation published within the district in which the case is commenced, and in such other newspaper having a general circulation among bond dealers and bondholders as the court designates.

(Pub. L. 95-598, Nov. 6, 1978, 92 Stat. 2623.)

### §924. List of creditors

The debtor shall file a list of creditors.

(Pub. L. 95-598, Nov. 6, 1978, 92 Stat. 2623.)

### §925. Effect of list of claims

A proof of claim is deemed filed under section 501 of this title for any claim that appears in the list filed under section 924 of this title, except a claim that is listed as disputed, contingent, or unliquidated.

(Pub. L. 95-598, Nov. 6, 1978, 92 Stat. 2623.)

### §926. Avoiding powers

(a) If the debtor refuses to pursue a cause of action under section 544, 545, 547, 548, 549 (a), or 550 of this title, then on request of a creditor, the court may appoint a trustee to pursue such cause of action.

(b) A transfer of property of the debtor to or for the benefit of any holder of a bond

保权的强制执行。

（b）本篇第 362 条的附条（c）、（d）、（e）、（f）及（g）就像适用于本篇第 362 条（a）中的冻结一样，适用于本条的附条（a）中的冻结。

（c）若债务人根据本篇第 362、364 或 922 条对由债务人财产上的担保权担保其债权的债权人的权益提供充分保护，并且尽管提供该保护，该债权人还因本篇第 362 条或第 922 条中对就该财产提起的诉讼的冻结享有债权，或因本篇第 364 条（d）授予的财产上担保权享有债权，则该债权应根据本篇第 503 条（b）可被确认为管理费用。

（d）即使存在本篇第 362 条或本条的附条（a）的规定，根据本章提交的破产申请不得冻结以与本篇第 927 条相一致的方式将被抵押的特殊收入用于偿还由该收入担保的债务。

（Pub. L. 95-598, Nov. 6, 1978, 92 Stat. 2623; Pub. L. 98-353, title III, §495, July 10, 1984, 98 Stat. 384; Pub. L. 100-597, §5, Nov. 3, 1988, 102 Stat. 3029.）

**第 923 条　通知**

应就本章案件的启动、本章中的破产救济令、本章案件的驳回发出通知。该通知还应至少每周一次，连续三周被发布在被启动案件所在地区内普遍发行的报纸上，并应发布在债券经纪人和债券持有人间普遍发行的法院指定的另一种报纸上。

（Pub. L. 95–598，Nov. 6，1978，92 Stat. 2623.）

**第 924 条　债权人名单**

债务人应提交债权人名单。

（Pub. L. 95-598, Nov. 6, 1978, 92 Stat. 2623.）

**第 925 条　债权名单的效力**

被列入根据本篇第 924 条被提交的名单中的债权被视为已根据本篇第 501 条提交了该债权证明，除非被列入的债权为有争议的、或然的或数额不确定的。

（Pub. L. 95-598, Nov. 6, 1978, 92 Stat. 2623.）

**第 926 条　撤销权**

（a）若债务人拒绝根据本篇第 544、545、547、548、549（a）或 550 条提起诉讼，则法院应债权人的请求，可指定托管人提起该诉讼。

（b）因债券或票据而就债务人的财产向该债券或票据的持有人或为其利益所作

or note, on account of such bond or note, may not be avoided under section 547 of this title.

(Pub. L. 95-598, Nov. 6, 1978, 92 Stat. 2623; Pub. L. 100-597, §6, Nov. 3, 1988, 102 Stat. 3029.)

### §927. Limitation on recourse

The holder of a claim payable solely from special revenues of the debtor under applicable nonbankruptcy law shall not be treated as having recourse against the debtor on account of such claim pursuant to section 1111 (b) of this title.

(Added Pub. L. 100-597, §7 (2), Nov. 3, 1988, 102 Stat. 3029.)

### §928. Post petition effect of security interest

(a) Notwithstanding section 552 (a) of this title and subject to subsection (b) of this section, special revenues acquired by the debtor after the commencement of the case shall remain subject to any lien resulting from any security agreement entered into by the debtor before the commencement of the case.

(b) Any such lien on special revenues, other than municipal betterment assessments, derived from a project or system shall be subject to the necessary operating expenses of such project or system, as the case may be.

(Added Pub. L. 100-597, §8, Nov. 3, 1988, 102 Stat. 3029.)

### §929. Municipal leases

A lease to a municipality shall not be treated as an executory contract or unexpired lease for the purposes of section 365 or 502 (b) (6) of this title solely by reason of its being subject to termination in the event the debtor fails to appropriate rent.

(Added Pub. L. 100-597, §9, Nov. 3, 1988, 102 Stat. 3030.)

### §930. Dismissal

(a) After notice and a hearing, the court may dismiss a case under this chapter for cause, including—

(1) want of prosecution;

(2) unreasonable delay by the debtor that is prejudicial to creditors;

(3) failure to propose a plan within the time fixed under section 941 of this title;

(4) if a plan is not accepted within any time fixed by the court;

(5) denial of confirmation of a plan under section 943 (b) of this title and denial of additional time for filing another plan or a modification of a plan; or

(6) if the court has retained jurisdiction after confirmation of a plan—

(A) material default by the debtor with respect to a term of such plan; or

(B) termination of such plan by reason of the occurrence of a condition specified in such plan.

(b) The court shall dismiss a case under this chapter if confirmation of a plan under

的转让，不得根据本篇第 547 条被撤销。

（Pub. L. 95-598, Nov. 6, 1978, 92 Stat. 2623; Pub. L. 100-597, §6, Nov. 3, 1988, 102 Stat. 3029.）

**第 927 条　追索权的限制**

根据可适用的非破产法，其债权仅可由债务人的特殊收入进行偿付的债权人不得被视为根据本篇第 1111 条（b）的规定，就该债权对债务人享有追索权。

［经 Pub. L. 100-597, §7（2）, Nov. 3, 1988, 102 Stat. 3029. 增补］

**第 928 条　担保权益的申请后效力**

（a）即使存在本篇第 552 条（a）的规定，在符合本条的附条（b）的规定的情况下，债务人在案件启动后收取的特殊收入仍应受因债务人在案件启动前达成的任何担保协议而产生的财产上担保权的约束。

（b）除市政改良评估外，任何来源于项目或系统的特殊收入上的担保权均应受该项目或系统的必要运营支出的约束。

（经 Pub. L. 100-597, §8, Nov. 3, 1988, 102 Stat. 3029. 增补）

**第 929 条　市政租赁**

针对与市政机构达成的租约，不得仅因当债务人未能支付租金时其可被终止，而将其视为本篇第 365 条或第 502 条（b）（6）中的待履行合同或未到期租约。

（经 Pub. L. 100-597, §9, Nov. 3, 1988, 102 Stat. 3030. 增补）

**第 930 条　案件的驳回**

（a）经过通知和听证后，法院可出于特定事由驳回本章案件，其中包括以下事由：

（1）放弃申请主张；

（2）债务人不合理的迟延有损于债权人；

（3）未能在本篇第 941 条确定的时间内提出计划；

（4）在法院确定的时间内该计划未能得到接受；

（5）该计划未能根据本篇第 943 条（b）得到批准并且未被授予额外期间用于提交其他计划或对该计划进行修改；或

（6）若法院在批准该计划后仍就以下事项保留司法管辖权：

（A）债务人针对该计划中的条款发生的重大违约行为；或

（B）因该计划中列明的情况的发生而终止该计划。

（b）若拒绝批准本章中的计划，则法院应驳回本章案件。

this chapter is refused.

(Pub. L. 95-598, Nov. 6, 1978, 92 Stat. 2623, §927; Pub. L. 98-353, title III, §496, July 10, 1984, 98 Stat. 384; renumbered §930, Pub. L. 100-597, §7 (1), Nov. 3, 1988, 102 Stat. 3029.)

# SUBCHAPTER Ⅲ —THE PLAN

### §941. Filing of plan

The debtor shall file a plan for the adjustment of the debtor's debts. If such a plan is not filed with the petition, the debtor shall file such a plan at such later time as the court fixes.

(Pub. L. 95-598, Nov. 6, 1978, 92 Stat. 2624.)

### §942. Modification of plan

The debtor may modify the plan at any time before confirmation, but may not modify the plan so that the plan as modified fails to meet the requirements of this chapter. After the debtor files a modification, the plan as modified becomes the plan.

(Pub. L. 95-598, Nov. 6, 1978, 92 Stat. 2624.)

### §943. Confirmation

(a) A special tax payer may object to confirmation of a plan.

(b) The court shall confirm the plan if—

(1) the plan complies with the provisions of this title made applicable by sections 103 (e) and 901 of this title;

(2) the plan complies with the provisions of this chapter;

(3) all amounts to be paid by the debtor or by any person for services or expenses in the case or incident to the plan have been fully disclosed and are reasonable;

(4) the debtor is not prohibited by law from taking any action necessary to carry out the plan;

(5) except to the extent that the holder of a particular claim has agreed to a different treatment of such claim, the plan provides that on the effective date of the plan each holder of a claim of a kind specified in section 507 (a) (2) of this title will receive on account of such claim cash equal to the allowed amount of such claim;

(6) any regulatory or electoral approval necessary under applicable nonbankruptcy law in order to carry out any provision of the plan has been obtained, or such provision is expressly conditioned on such approval; and

(7) the plan is in the best interests of creditors and is feasible.

(Pub. L. 95-598, Nov. 6, 1978, 92 Stat. 2624; Pub. L. 98-353, title III, §497, July 10,

［Pub. L. 95-598, Nov. 6, 1978, 92 Stat. 2623, §927; Pub. L. 98-353, title III, §496, July 10, 1984, 98 Stat. 384; renumbered §930, Pub. L. 100-597, §7（1）, Nov. 3, 1988, 102 Stat. 3029.］

## 第三附章　计划

**第 941 条　计划的提交**

债务人应当提交计划用于调整其债务。若该计划未能与破产申请一同被提交，则债务人应其后在法院确定的时间内提交该计划。

（Pub. L. 95–598，Nov. 6，1978，92 Stat. 2624.）

**第 942 条　计划的修改**

债务人可在计划被批准前的任意时间内修改该计划，但该修改不得使修改后的计划无法符合本章中的要求。债务人提交修改方案后，修改后的计划即成为计划。

（Pub. L. 95-598, Nov. 6, 1978, 92 Stat. 2624.）

**第 943 条　计划的批准**

（a）特殊纳税人可对计划的批准提出异议。

（b）在下列情形中，法院应批准该计划：

（1）该计划符合因本篇第 103 条（e）或第 901 条而得以适用的本篇的规定；

（2）该计划符合本章的规定；

（3）债务人或任何人就本案中或因该计划而被提供的服务或产生的费用所支付的全部金额均已被完全披露，且该金额系合理金额；

（4）并无法律禁止债务人采取任何必要措施实施该计划；

（5）除了特定债权的持有人就该债权的不同待遇表示同意外，该计划规定在该计划生效之日持有本篇第 507 条（a）（2）所述的债权的债权人均将因其债权获得与该债权的被确认金额相等的现金；

（6）为了实施计划中的任何条款，已经根据可适用的非破产法取得必要的监管或选任的批准，或者该条款明确以该批准为条件；并且

（7）该计划符合债权人的最大利益并且实际可行。

［Pub. L. 95-598, Nov. 6, 1978, 92 Stat. 2624; Pub. L. 98-353, title III, §497, July 10,

1984, 98 Stat. 384; Pub. L. 100-597, §10, Nov. 3, 1988, 102 Stat. 3030; Pub. L. 109-8, title XV, §1502（a）(6）, Apr. 20, 2005, 119 Stat. 216. )

### §944. Effect of confirmation

(a) The provisions of a confirmed plan bind the debtor and any creditor, whether or not—

(1) a proof of such creditor's claim is filed or deemed filed under section 501 of this title;

(2) such claim is allowed under section 502 of this title; or

(3) such creditor has accepted the plan.

(b) Except as provided in subsection（c）of this section, the debtor is discharged from all debts as of the time when—

(1) the plan is confirmed;

(2) the debtor deposits any consideration to be distributed under the plan with a disbursing agent appointed by the court; and

(3) the court has determined—

(A) that any security so deposited will constitute, after distribution, a valid legal obligation of the debtor; and

(B) that any provision made to pay or secure payment of such obligation is valid.

(c) The debtor is not discharged under subsection（b）of this section from any debt—

(1) excepted from discharge by the plan or order confirming the plan; or

(2) owed to an entity that, before confirmation of the plan, had neither notice nor actual knowledge of the case.

(Pub. L. 95-598, Nov. 6, 1978, 92 Stat. 2624. )

### §945. Continuing jurisdiction and closing of the case

(a) The court may retain jurisdiction over the case for such period of time as is necessary for the successful implementation of the plan.

(b) Except as provided in subsection（a）of this section, the court shall close the case when administration of the case has been completed.

(Pub. L. 95-598, Nov. 6, 1978, 92 Stat. 2625; Pub. L. 98-353, title III, §498, July 10, 1984, 98 Stat. 384. )

### §946. Effect of exchange of securities before the date of the filing of the petition

The exchange of a new security under the plan for a claim covered by the plan, whether such exchange occurred before or after the date of the filing of the petition, does not limit or impair the effectiveness of the plan or of any provision of this chapter. The amount and number specified in section 1126（c）of this title include the amount and number of claims formerly held by a creditor that has participated in any such exchange.

(Pub. L. 95-598, Nov. 6, 1978, 92 Stat. 2625. )

1984, 98 Stat. 384; Pub. L. 100-597, §10, Nov. 3, 1988, 102 Stat. 3030; Pub. L. 109-8, title XV, §1502（a）(6）, Apr. 20, 2005, 119 Stat. 216.］

**第 944 条　批准的效力**

（a）被批准的计划中的条款对债务人和任何债权人均具有约束力，无论：

（1）该债权人的债权的证明是否根据本篇第 501 条已被提交或被视为已被提交；

（2）该债权是否已根据本篇第 502 条被予以确认；或

（3）该债权人已接受该计划。

（b）除本条的附条（c）另有规定外，债权人在下列情形发生时即被免除所有债务：

（1）该计划被批准；

（2）债务人将根据该计划而被分配的任何对价款交存法院指定的付款代理人；并且

（3）法院已就以下事项作出认定：

（A）被存放的任何保证金在分配后将构成债务人的有效法律义务；以及

（B）为清偿或为担保该清偿义务而制定的任何规定均有效。

（c）债务人无法根据本条的附条（b）被免除以下债务：

（1）该计划或批准该计划的裁定将该债务从免责债务中排除；或

（2）向在计划被批准前既未就本案接到通知也未实际知晓本案的实体所负的债务。

（Pub. L. 95-598, Nov. 6, 1978, 92 Stat. 2624.）

**第 945 条　继续管辖和结案**

（a）法院可出于成功实施该计划的必要，在一段时间内继续保留对案件的管辖权。

（b）除本条的附条（a）另有规定外，当案件已被实施完毕时法院应就此结案。

（Pub. L. 95-598, Nov. 6, 1978, 92 Stat. 2625; Pub. L. 98-353, title III, §498, July 10, 1984, 98 Stat. 384.）

**第 946 条　破产申请被提交前证券交易的效力**

根据该计划为该计划所涵盖的债权进行的新证券的交易，无论其发生在破产申请被提交前还是被提交后，均不限制或减损该计划或本章中任何规定的有效性。本篇第 1126 条（c）列明的金额和数量包括已经参与此类交易的债权人原本持有的债权的金额和数量。

（Pub. L. 95-598, Nov. 6, 1978, 92 Stat. 2625.）

# CHAPTER 11—REORGANIZATION

## SUBCHAPTER Ⅰ —OFFICERS AND ADMINISTRATION



## SUBCHAPTER Ⅱ —THE PLAN

# 第 11 章　重整

## 第一附章　破产从业人员和管理



## 第二附章　重整计划

## SUBCHAPTER Ⅲ —POSTCONFIRMATION MATTERS



## SUBCHAPTER Ⅳ —RAILROAD REORGANIZATION



## SUBCHAPTER V —SMALL BUSINESS DEBTOR REORGANIZATION

## SUBCHAPTER Ⅰ—OFFICERS AND ADMINISTRATION

### §1101. Definitions for this chapter

In this chapter—

(1) "debtor in possession" means debtor except when a person that has qualified under section 322 of this title is serving as trustee in the case;

(2) "substantial consummation" means—

(A) transfer of all or substantially all of the property proposed by the plan to be transferred;

(B) assumption by the debtor or by the successor to the debtor under the plan of the business or of the management of all or substantially all of the property dealt with by the plan; and

(C) commencement of distribution under the plan.

(Pub. L. 95-598, Nov. 6, 1978, 92 Stat. 2626.)

### §1102. Creditors' and equity security holders' committees

(a)(1) Except as provided in paragraph (3), as soon as practicable after the order for relief under chapter 11 of this title, the United States trustee shall appoint a committee of creditors holding unsecured claims and may appoint additional committees of creditors or of equity security holders as the United States trustee deems appropriate.

(2) On request of a party in interest, the court may order the appointment of additional committees of creditors or of equity security holders if necessary to assure adequate representation of creditors or of equity security holders. The United States trustee shall appoint any such committee.

(3) Unless the court for cause orders otherwise, a committee of creditors may not be appointed in a small business case or a case under subchapter Ⅴ of this chapter.

(4) On request of a party in interest and after notice and a hearing, the court may order the United States trustee to change the membership of a committee appointed under

## 第一附章 破产从业人员和管理

**第 1101 条 本章中的定义**

在本章中：

（1）“经管债务人”指债务人，而非本篇第 322 条中合格的托管人，担任本案中的托管人；

（2）“基本实施完毕”指：

（A）已转让全部或几乎全部重整计划拟转让的财产；

（B）债务人或债务人的继受人根据重整计划已承继该计划涉及的商事经营或全部或几乎全部财产的管理；以及

（C）已经根据计划开始进行分配。

（Pub. L. 95-598, Nov. 6, 1978, 92 Stat. 2626.）

**第 1102 条 债权人及股本证券持有人委员会**

（a）（1）除第（3）款另有规定外，在根据本篇第 11 章作出破产救济令后，联邦托管人应在切实可行的情况下尽快任命持有无担保债权的债权人委员会，并且在联邦托管人认为合适的情况下，其可以任命其他的债权人委员会或股本证券持有人委员会。

（2）应利益相关方的请求，为了确保能够充分代表债权人或股本证券持有人，法院在必要的情况下可下令任命额外的债权人或股本证券持有人委员会。在这种情况下，联邦托管人应任命该委员会。

（3）除非法院出于特定事由作出其他裁定，否则在小企业案件或本章第五附章的案件中不得任命债权人委员会。

（4）应利益相关方的请求，经过通知和听证后，若法院认为变更根据本附条被任命的委员会的成员对于确保能够充分代表债权人或股本证券持有人是必要的，则

this subsection, if the court determines that the change is necessary to ensure adequate representation of creditors or equity security holders. The court may order the United States trustee to increase the number of members of a committee to include a creditor that is a small business concern (as described in section 3 (a) (1) of the Small Business Act), if the court determines that the creditor holds claims (of the kind represented by the committee) the aggregate amount of which, in comparison to the annual gross revenue of that creditor, is disproportionately large.

(b) (1) A committee of creditors appointed under subsection (a) of this section shall ordinarily consist of the persons, willing to serve, that hold the seven largest claims against the debtor of the kinds represented on such committee, or of the members of a committee organized by creditors before the commencement of the case under this chapter, if such committee was fairly chosen and is representative of the different kinds of claims to be represented.

(2) A committee of equity security holders appointed under subsection (a) (2) of this section shall ordinarily consist of the persons, willing to serve, that hold the seven largest amounts of equity securities of the debtor of the kinds represented on such committee.

(3) A committee appointed under subsection (a) shall—

(A) provide access to information for creditors who—

(i) hold claims of the kind represented by that committee; and

(ii) are not appointed to the committee;

(B) solicit and receive comments from the creditors described in subparagraph (A); and

(C) be subject to a court order that compels any additional report or disclosure to be made to the creditors described in subparagraph (A).

(Pub. L. 95-598, Nov. 6, 1978, 92 Stat. 2626; Pub. L. 98-353, title III, §499, July 10, 1984, 98 Stat. 384; Pub. L. 99-554, title II, §221, Oct. 27, 1986, 100 Stat. 3101; Pub. L. 103-394, title II, §217 (b), Oct. 22, 1994, 108 Stat. 4127; Pub. L. 109-8, title IV, §§405, 432 (b), Apr. 20, 2005, 119 Stat. 105, 110; Pub. L. 116-54, §4 (a) (11), Aug. 23, 2019, 133 Stat. 1086.)

### §1103. Powers and duties of committees

(a) At a scheduled meeting of a committee appointed under section 1102 of this title, at which a majority of the members of such committee are present, and with the court's approval, such committee may select and authorize the employment by such committee of one or more attorneys, accountants, or other agents, to represent or perform services for such committee.

(b) An attorney or accountant employed to represent a committee appointed under

其可裁定联邦托管人变更该委员会的成员。若法院认为小企业［定义见《小企业法》第 3 条（a）(1)］债权人持有的债权（由委员会代表的债权）的总金额与该债权人的年度总收入相比过于庞大，则法院可裁定联邦托管人增加委员会的成员数量以使该小企业债权人成为其会员。

（b）(1) 根据本条的附条（a）被任命的债权人委员会通常来说应当由愿意担任的债权人组成，且其对债务人持有的债权在由该委员会代表的债权中位列前七；或者由在本章案件启用前已经成立的委员会的成员组成，但该委员会必须通过公平选任产生并且代表不同种类的债权。

（2）根据本条的附条（a）(2) 被任命的股本证券持有人委员会通常来说应当由愿意担任的股本证券持有人组成，且其持有的债务人的股本证券金额在由该委员会代表的股本证券中位列前七。

（3）根据附条（a）被任命的委员会应履行以下各项：

（A）向符合以下条件的债权人开放信息：

（i）持有由该委员会代表的债权；并且

（ii）未被任命为委员会成员；

（B）向附款（A）所述的债权人征集并接纳其意见；并且

（C）若法院裁定向附款（A）所述的债权人作出额外的报告或披露，则应遵守该裁定。

［Pub. L. 95-598, Nov. 6, 1978, 92 Stat. 2626; Pub. L. 98-353, title III, §499, July 10, 1984, 98 Stat. 384; Pub. L. 99-554, title II, §221, Oct. 27, 1986, 100 Stat. 3101; Pub. L. 103-394, title II, §217（b）, Oct. 22, 1994, 108 Stat. 4127; Pub. L. 109-8, title IV, §§405, 432（b）, Apr. 20, 2005, 119 Stat. 105, 110; Pub. L. 116-54, §4（a）(11), Aug. 23, 2019, 133 Stat. 1086.］

**第 1103 条　委员会的权利和义务**

（a）在根据本篇第 1102 条被任命的委员会的预定会议上，若该委员会的多数成员均已出席，则该委员会在法院的批准下可选任并授权其雇用一名或多名律师、会计师或其他代理人，以代表该委员会或为其提供服务。

（b）被聘以代表根据本篇第 1102 条被任命的委员会的律师或会计师，在被该

section 1102 of this title may not, while employed by such committee, represent any other entity having an adverse interest in connection with the case. Representation of one or more creditors of the same class as represented by the committee shall not per se constitute the representation of an adverse interest.

(c) A committee appointed under section 1102 of this title may—

(1) consult with the trustee or debtor in possession concerning the administration of the case;

(2) investigate the acts, conduct, assets, liabilities, and financial condition of the debtor, the operation of the debtor's business and the desirability of the continuance of such business, and any other matter relevant to the case or to the formulation of a plan;

(3) participate in the formulation of a plan, advise those represented by such committee of such committee's determinations as to any plan formulated, and collect and file with the court acceptances or rejections of a plan;

(4) request the appointment of a trustee or examiner under section 1104 of this title; and

(5) perform such other services as are in the interest of those represented.

(d) As soon as practicable after the appointment of a committee under section 1102 of this title, the trustee shall meet with such committee to transact such business as may be necessary and proper.

(Pub. L. 95-598, Nov. 6, 1978, 92 Stat. 2627; Pub. L. 98-353, title III, §§324, 500, July 10, 1984, 98 Stat. 358, 384.)

### §1104. Appointment of trustee or examiner

(a) At any time after the commencement of the case but before confirmation of a plan, on request of a party in interest or the United States trustee, and after notice and a hearing, the court shall order the appointment of a trustee—

(1) for cause, including fraud, dishonesty, incompetence, or gross mismanagement of the affairs of the debtor by current management, either before or after the commencement of the case, or similar cause, but not including the number of holders of securities of the debtor or the amount of assets or liabilities of the debtor; or

(2) if such appointment is in the interests of creditors, any equity security holders, and other interests of the estate, without regard to the number of holders of securities of the debtor or the amount of assets or liabilities of the debtor.

(b)(1) Except as provided in section 1163 of this title, on the request of a party in interest made not later than 30 days after the court orders the appointment of a trustee under subsection (a), the United States trustee shall convene a meeting of creditors for the purpose of electing one disinterested person to serve as trustee in the case. The election of a trustee shall be conducted in the manner provided in subsections (a), (b), and (c)

委员会聘用期间，不得代表任何其他在本案中持冲突利益的实体。代表委员会代表同一小组内一名或多名债权人并不构成存在冲突利益的代表。

（c）根据本篇第 1102 条被任命的委员会可实施以下行为：

（1）就案件的管理与托管人或经管债务人进行协商；

（2）调查债务人的作为、行为、资产、责任以及经济状况，债务人商事业务的运营和继续运营该商事业务的意愿，以及任何其他与案件或重整计划的制定有关的事项；

（3）参与重整计划的制定，将委员会就任何制定的计划所作的决定通知该委员会所代表的人，以及征求对重整计划的接受或拒绝的意见并将其向法院提交；

（4）要求根据本篇第 1104 条任命托管人或监督人；以及

（5）为由该委员会所代表的人的利益，提供其他此类服务。

（d）在根据本篇第 1102 条任命委员会后，托管人应在切实可行的情况下尽快与其会面以在必要且适当的情况下处理该类事务。

（Pub. L. 95-598, Nov. 6, 1978, 92 Stat. 2627; Pub. L. 98-353, title III, §§324, 500, July 10, 1984, 98 Stat. 358, 384.）

**第 1104 条　托管人或监督人的任命**

（a）在破产案件启动后、计划得到批准前的任意时间内，应利益相关方或联邦托管人的请求，经过通知和听证后，法院应在以下情况中下令指定托管人：

（1）出于特定事由，包括在破产案件启动前或启动后，现任管理层在处理债务人事项中存在的欺诈、不诚实、不称职行为或严重管理不当，或类似事由，但该事由不包括持有债务人证券的主体的数量或债务人资产或负债的金额；或

（2）该任命符合债权人、任何股本证券持有人以及破产实体其他权益的利益，并且不考虑持有债务人证券的主体的数量或债务人资产或负债的金额。

（b）（1）除本篇第 1163 条另有规定外，若利益相关方在法院根据附条（a）下令指定托管人后 30 日内作出请求，则联邦托管人应召开债权人会议以选任一名无利害关系人担任本案的托管人。托管人的选任应按照本篇第 702 条的附条（a）、（b）和（c）规定的方式进行。

of section 702 of this title.

(2)(A) If an eligible, disinterested trustee is elected at a meeting of creditors under paragraph (1), the United States trustee shall file a report certifying that election.

(B) Upon the filing of a report under subparagraph (A) —

(i) the trustee elected under paragraph (1) shall be considered to have been selected and appointed for purposes of this section; and

(ii) the service of any trustee appointed under subsection (a) shall terminate.

(C) The court shall resolve any dispute arising out of an election described in subparagraph (A).

(c) If the court does not order the appointment of a trustee under this section, then at any time before the confirmation of a plan, on request of a party in interest or the United States trustee, and after notice and a hearing, the court shall order the appointment of an examiner to conduct such an investigation of the debtor as is appropriate, including an investigation of any allegations of fraud, dishonesty, incompetence, misconduct, mismanagement, or irregularity in the management of the affairs of the debtor of or by current or former management of the debtor, if—

(1) such appointment is in the interests of creditors, any equity security holders, and other interests of the estate; or

(2) the debtor's fixed, liquidated, unsecured debts, other than debts for goods, services, or taxes, or owing to an insider, exceed $5,000,000.

(d) If the court orders the appointment of a trustee or an examiner, if a trustee or an examiner dies or resigns during the case or is removed under section 324 of this title, or if a trustee fails to qualify under section 322 of this title, then the United States trustee, after consultation with parties in interest, shall appoint, subject to the court's approval, one disinterested person other than the United States trustee to serve as trustee or examiner, as the case may be, in the case.

(e) The United States trustee shall move for the appointment of a trustee under subsection (a) if there are reasonable grounds to suspect that current members of the governing body of the debtor, the debtor's chief executive or chief financial officer, or members of the governing body who selected the debtor's chief executive or chief financial officer, participated in actual fraud, dishonesty, or criminal conduct in the management of the debtor or the debtor's public financial reporting.

(Pub. L. 95-598, Nov. 6, 1978, 92 Stat. 2627; Pub. L. 99-554, title II, §222, Oct. 27, 1986, 100 Stat. 3102; Pub. L. 103-394, title II, §211 (a), title V, §501 (d)(30), Oct. 22, 1994, 108 Stat. 4125, 4146; Pub. L. 109-8, title IV, §§416, 442 (b), title XIV, §1405, Apr. 20, 2005, 119 Stat. 107, 116, 215; Pub. L. 111-327, §2 (a)(30), Dec. 22, 2010, 124 Stat. 3560.)

（2）（A）若在附款（1）所述的债权人会议上选任出合格且无利害关系的托管人，则联邦托管人应提交报告以对该选任进行确认。

（B）在根据附款（A）提交报告时：

（i）根据第（1）款被选任的托管人就本条而言应被视为已经当选并被任命；并且

（ii）根据附条（a）被指定的任何托管人的服务即刻终止。

（C）法院应对因附款（A）所述的选任而引发的任何争议进行处理。

（c）若法院并未根据本条下令指定托管人，则在计划得到批准前的任意时间内，应利益相关方或联邦托管人的请求，经过通知和听证后，法院应在下列情形中下令指定监督人以对债务人进行适当的调查，包括调查对债务人的现任管理层或前任管理层在管理债务人事务中存在欺诈、不诚实、不称职的行为或行为不当、管理不当或不合规范的指控：

（1）该指定符合债权人、任何股本证券持有人以及破产实体的其他权益的利益；或

（2）债务人的实然的、数额确定的无担保债务超过 5,000,000 美元，但不包括因商品、服务或税款所负的债务以及向内部人士所负的债务。

（d）若法院下令指定托管人或监督人，并且托管人或监督人在案件进行过程中去世或辞职，或者根据本篇第 324 条的规定被罢免，或托管人不再符合本篇第 322 条的要求，则联邦托管人在与利益相关方进行协商后，应经法院批准指定一名联邦托管人外的无利害关系人担任本案的托管人或监督人。

（e）若有合理理由怀疑债务人的管理机构的现任成员、债务人的首席执行官或首席财务官或者选任债务人的首席执行官或首席财务官的管理机构的成员在管理债务人事项中或在债务人的公共财务报告中存在实际的欺诈、不诚实或犯罪行为，则联邦托管人应根据附条（a）所作的托管人的指定提出动议。

［Pub. L. 95-598, Nov. 6, 1978, 92 Stat. 2627; Pub. L. 99-554, title II, §222, Oct. 27, 1986, 100 Stat. 3102; Pub. L. 103-394, title II, §211（a）, title V, §501（d）（30）, Oct. 22, 1994, 108 Stat. 4125, 4146; Pub. L. 109-8, title IV, §§416, 442（b）, title XIV, §1405, Apr. 20, 2005, 119 Stat. 107, 116, 215; Pub. L. 111-327, §2（a）（30）, Dec. 22, 2010, 124 Stat. 3560.］

## §1105. Termination of trustee's appointment

At any time before confirmation of a plan, on request of a party in interest or the United States trustee, and after notice and a hearing, the court may terminate the trustee's appointment and restore the debtor to possession and management of the property of the estate and of the operation of the debtor's business.

(Pub. L. 95-598, Nov. 6, 1978, 92 Stat. 2628; Pub. L. 98-353, title III, §501, July 10, 1984, 98 Stat. 384; Pub. L. 99-554, title II, §223, Oct. 27, 1986, 100 Stat. 3102.)

## §1106. Duties of trustee and examiner

(a) A trustee shall—

(1) perform the duties of the trustee, as specified in paragraphs (2), (5), (7), (8), (9), (10), (11), and (12) of section 704 (a);

(2) if the debtor has not done so, file the list, schedule, and statement required under section 521 (a) (1) of this title;

(3) except to the extent that the court orders otherwise, investigate the acts, conduct, assets, liabilities, and financial condition of the debtor, the operation of the debtor's business and the desirability of the continuance of such business, and any other matter relevant to the case or to the formulation of a plan;

(4) as soon as practicable—

(A) file a statement of any investigation conducted under paragraph (3) of this subsection, including any fact ascertained pertaining to fraud, dishonesty, incompetence, misconduct, mismanagement, or irregularity in the management of the affairs of the debtor, or to a cause of action available to the estate; and

(B) transmit a copy or a summary of any such statement to any creditors' committee or equity security holders' committee, to any indenture trustee, and to such other entity as the court designates;

(5) as soon as practicable, file a plan under section 1121 of this title, file a report of why the trustee will not file a plan, or recommend conversion of the case to a case under chapter 7, 12, or 13 of this title or dismissal of the case;

(6) for any year for which the debtor has not filed a tax return required by law, furnish, without personal liability, such information as may be required by the governmental unit with which such tax return was to be filed, in light of the condition of the debtor's books and records and the availability of such information;

(7) after confirmation of a plan, file such reports as are necessary or as the court orders; and

(8) if with respect to the debtor there is a claim for a domestic support obligation, provide the applicable notice specified in subsection (c).

(b) An examiner appointed under section 1104 (d) of this title shall perform the

**第 1105 条　托管人任命的终止**

在计划得到批准前的任意时间内，应利益相关方或联邦托管人的请求，经过通知和听证后，法院可终止托管人的任命并恢复债务人对破产财产的占有和管理以及对其商事业务的运营。

（Pub. L. 95-598, Nov. 6, 1978, 92 Stat. 2628; Pub. L. 98-353, title III, §501, July 10, 1984, 98 Stat. 384; Pub. L. 99-554, title II, §223, Oct. 27, 1986, 100 Stat. 3102.）

**第 1106 条　托管人和监督人的职责**

（a）托管人应履行以下各项：

（1）履行第 704 条（a）第（2）、（5）、（7）、（8）、（9）、（10）、（11）及（12）款规定的托管人的职责；

（2）在债务人不作为的情况下，提交本篇第 521 条（a）（1）要求的名单、报表和声明；

（3）除非法院作出其他裁定，否则应调查债务人的作为、行为、资产、负债和财务状况，债务人商事业务的运营和继续运营该商事业务的意愿，以及任何其他与本案或重整计划的制定有关的事项；

（4）在切实可行的情况下，尽快履行以下各项：

（A）提交根据本附条的第（3）款所进行的任何调查的报告，包括任何在管理债务人事项的过程中存在的欺诈、不诚实、不称职行为或行为不当、管理不当或不合规范的有关事实和与破产实体可主张的诉因有关的任何事实；以及

（B）向任何债权人委员会或股本证券持有人委员会、契约受托人以及法院指定的该类其他实体移交任何该类报告的副本或摘要；

（5）在切实可行的情况下，尽快根据本篇第 1121 条提交重整计划，提交载明托管人未能提交该计划的原因的报告，或者建议将案件转为本篇第 7、12 或 13 章案件或建议驳回此案；

（6）对于债务人未能提交法律要求的报税表的任何年份，若本应向其提交报税表的政府机构要求提交材料，则应根据债务人账簿和记录的状况以及该材料的有效性提交该材料并且不承担个人责任；

（7）计划得到批准后，在必要的情况下或法院作出裁定时，提交报告；以及

（8）若有人就国内扶 / 抚养义务对债务人享有债权，则应根据附条（c）发出相应的通知。

（b）根据本篇第 1104 条（d）被任命的监督人应履行本条的附条（a）中第（3）

duties specified in paragraphs (3) and (4) of subsection (a) of this section, and, except to the extent that the court orders otherwise, any other duties of the trustee that the court orders the debtor in possession not to perform.

(c)(1) In a case described in subsection (a)(8) to which subsection (a)(8) applies, the trustee shall—

(A)(i) provide written notice to the holder of the claim described in subsection (a)(8) of such claim and of the right of such holder to use the services of the State child support enforcement agency established under sections 464 and 466 of the Social Security Act for the State in which such holder resides, for assistance in collecting child support during and after the case under this title; and

(ii) include in the notice required by clause (i) the address and telephone number of such State child support enforcement agency;

(B)(i) provide written notice to such State child support enforcement agency of such claim; and

(ii) include in the notice required by clause (i) the name, address, and telephone number of such holder; and

(C) at such time as the debtor is granted a discharge under section 1141, provide written notice to such holder and to such State child support enforcement agency of—

(i) the granting of the discharge;

(ii) the last recent known address of the debtor;

(iii) the last recent known name and address of the debtor's employer; and

(iv) the name of each creditor that holds a claim that—

(I) is not discharged under paragraph (2), (4), or (14A) of section 523 (a); or

(II) was reaffirmed by the debtor under section 524 (c).

(2)(A) The holder of a claim described in subsection (a)(8) or the State child enforcement support agency of the State in which such holder resides may request from a creditor described in paragraph (1)(C)(iv) the last known address of the debtor.

(B) Notwithstanding any other provision of law, a creditor that makes a disclosure of a last known address of a debtor in connection with a request made under subparagraph (A) shall not be liable by reason of making such disclosure.

(Pub. L. 95-598, Nov. 6, 1978, 92 Stat. 2628; Pub. L. 98-353, title III, §§311(b)(1), 502, July 10, 1984, 98 Stat. 355, 384; Pub. L. 99-554, title II, §257 (c), Oct. 27, 1986, 100 Stat. 3114; Pub. L. 103-394, title II, §211 (b), Oct. 22, 1994, 108 Stat. 4125; Pub. L. 109-8, title II, §219 (b), title IV,§446 (c), title XI, §1105 (b), Apr. 20, 2005, 119 Stat. 56, 118, 192; Pub. L. 111-327, §2 (a)(31), Dec. 22, 2010, 124 Stat. 3560.)

款和第（4）款所述的职责，以及除非法院作出其他裁定，还应履行任何法院裁定经管债务人不得履行的托管人的其他职责。

（c）（1）在适用附条（a）（8）的情况中，托管人应履行以下各项：

（A）（i）向持有附条（a）（8）所述债权的债权人或享有该债权人权利的权利人发出书面通知，以通知其利用其居住地所在州，根据《社会保障法》第 464 条及第 466 条建立的州立子女抚养执行局提供的服务，从而在本篇案件进行过程中或结案后就收取子女抚养费获得援助；以及

（ii）在第（i）项规定的通知上应载明前述州立子女抚养执行局的地址和电话号码；并且

（B）（i）向该州立子女抚养局就该债权发出书面通知；并且

（ii）在第（i）项规定的书面通知上应载明该权利人的姓名、地址及电话号码；并且

（C）当债务人根据第 1141 条被授予免责时，就以下事项向该权利人和该州立子女抚养执行局发出书面通知：

（i）该免责的授予；

（ii）债务人最后为人所知的地址；

（iii）债务人的员工最后为人所知的姓名及地址；以及

（iv）享有以下债权的各债权人的姓名：

（I）该债权根据第 523 条（a）的第（2）、（4）或（14A）款未能免责；或

（II）由债务人根据第 524 条（c）对其进行再认。

（2）（A）持有附条（a）（8）所述债权的债权人或其居住地所在州的州立子女抚养执行局可要求第（1）款（C）（iv）所述的债权人提供债务人最后为人所知的地址。

（B）即使法律有任何其他规定，因附款（A）的请求而披露债务人最后为人所知的地址的债权人不应因作该披露而承担责任。

[ Pub. L. 95-598, Nov. 6, 1978, 92 Stat. 2628; Pub. L. 98-353, title III, §§311 ( b )( 1 ), 502, July 10, 1984, 98 Stat. 355, 384; Pub. L. 99-554, title II, §257（c）, Oct. 27, 1986, 100 Stat. 3114; Pub. L. 103-394, title II, §211（b）, Oct. 22, 1994, 108 Stat. 4125; Pub. L. 109-8, title II, §219（b）, title IV,§446（c）, title XI, §1105（b）, Apr. 20, 2005, 119 Stat. 56, 118, 192; Pub. L. 111-327, §2（a）(31）, Dec. 22, 2010, 124 Stat. 3560. ]

### §1107. Rights, powers, and duties of debtor in possession

(a) Subject to any limitations on a trustee serving in a case under this chapter, and to such limitations or conditions as the court prescribes, a debtor in possession shall have all the rights, other than the right to compensation under section 330 of this title, and powers, and shall perform all the functions and duties, except the duties specified in sections 1106 (a)(2), (3), and (4) of this title, of a trustee serving in a case under this chapter.

(b) Notwithstanding section 327 (a) of this title, a person is not disqualified for employment under section 327 of this title by a debtor in possession solely because of such person's employment by or representation of the debtor before the commencement of the case.

(Pub. L. 95-598, Nov. 6, 1978, 92 Stat. 2628; Pub. L. 98-353, title III, §503, July 10, 1984, 98 Stat. 384.)

### §1108. Authorization to operate business

Unless the court, on request of a party in interest and after notice and a hearing, orders otherwise, the trustee may operate the debtor's business.

(Pub. L. 95-598, Nov. 6, 1978, 92 Stat. 2629; Pub. L. 98-353, title III, §504, July 10, 1984, 98 Stat. 384.)

### §1109. Right to be heard

(a) The Securities and Exchange Commission may raise and may appear and be heard on any issue in a case under this chapter, but the Securities and Exchange Commission may not appeal from any judgment, order, or decree entered in the case.

(b) A party in interest, including the debtor, the trustee, a creditors' committee, an equity security holders' committee, a creditor, an equity security holder, or any indenture trustee, may raise and may appear and be heard on any issue in a case under this chapter.

(Pub. L. 95-598, Nov. 6, 1978, 92 Stat. 2629.)

### §1110. Aircraft equipment and vessels

(a)(1) Except as provided in paragraph (2) and subject to subsection (b), the right of a secured party with a security interest in equipment described in paragraph (3), or of a lessor or conditional vendor of such equipment, to take possession of such equipment in compliance with a security agreement, lease, or conditional sale contract, and to enforce any of its other rights or remedies, under such security agreement, lease, or conditional sale contract, to sell, lease, or otherwise retain or dispose of such equipment, is not limited or otherwise affected by any other provision of this title or by any power of the court.

(2) The right to take possession and to enforce the other rights and remedies described in paragraph (1) shall be subject to section 362 if—

**第 1107 条　经管债务人的权利、权力和义务**

（a）在遵守对本章案件中托管人施加的任何限制以及法院规定的限制或条件的情况下，经管债务人应享有本章案件中托管人享有的一切权利或权力，但不包括根据本篇第 330 条获取报酬的权利；并且应履行本章案件中托管人应履行的一切职责和义务，但不包括本篇第 1106 条（a）（2）、（3）及（4）所述的义务。

（b）即使存在本篇第 327 条（a）的规定，任何人不得仅因其在破产案件启动前被债务人聘用或代表债务人，而失去根据本篇第 327 条被经管债务人聘用的资格。

（Pub. L. 95-598, Nov. 6, 1978, 92 Stat. 2628; Pub. L. 98-353, title III, §503, July 10, 1984, 98 Stat. 384.）

**第 1108 条　授权经营商事业务**

除非法院应利益相关方的请求，经过通知和听证后作出其他裁定，否则托管人可经营债务人的商事业务。

（Pub. L. 95-598, Nov. 6, 1978, 92 Stat. 2629; Pub. L. 98-353, title III, §504, July 10, 1984, 98 Stat. 384.）

**第 1109 条　听证权**

（a）美国证券交易委员会可在本章案件中提出问题并就任何事项出席并听证，但美国证券交易委员会不得就本案中正式作出的任何判决、裁定或法令提出上诉。

（b）包括债务人、托管人、债权人委员会、股本证券持有人委员会或任何契约受托人在内的利益相关方均可在本章案件中提出问题并就任何事项出席并听证。

（Pub. L. 95-598, Nov. 6, 1978, 92 Stat. 2629.）

**第 1110 条　飞行设备和船舶**

（a）（1）除第（2）款另有规定外，在符合附条（b）规定的情况下，就第（3）款所述的设备享有担保权益的被担保主体或该设备的出租人或附条件卖方，根据担保协议、租约或附条件的销售合同，占有该设备的权利和根据该担保协议、租约或附条件的销售合同强制执行其他权利或救济从而出售、租赁该设备或以其他形式保留或处分该设备的权利，均不受本篇任何其他规定或法院权力的限制或影响。

（2）在下列情况中，第（1）款所述的占有并强制执行其他权利和救济的权利应受第 362 条的约束：

（A）before the date that is 60 days after the date of the order for relief under this chapter, the trustee, subject to the approval of the court, agrees to perform all obligations of the debtor under such security agreement, lease, or conditional sale contract; and

（B）any default, other than a default of a kind specified in section 365（b）（2）, under such security agreement, lease, or conditional sale contract—

（i）that occurs before the date of the order is cured before the expiration of such 60-day period;

（ii）that occurs after the date of the order and before the expiration of such 60-day period is cured before the later of—

（I）the date that is 30 days after the date of the default; or

（II）the expiration of such 60-day period; and

（iii）that occurs on or after the expiration of such 60-day period is cured in compliance with the terms of such security agreement, lease, or conditional sale contract, if a cure is permitted under that agreement, lease, or contract.

（3）The equipment described in this paragraph—

（A）is—

（i）an aircraft, aircraft engine, propeller, appliance, or spare part（as defined in section 40102 of title 49）that is subject to a security interest granted by, leased to, or conditionally sold to a debtor that, at the time such transaction is entered into, holds an air carrier operating certificate issued pursuant to chapter 447 of title 49 for aircraft capable of carrying 10 or more individuals or 6,000 pounds or more of cargo; or

（ii）a vessel documented under chapter 121 of title 46 that is subject to a security interest granted by, leased to, or conditionally sold to a debtor that is a water carrier that, at the time such transaction is entered into, holds a certificate of public convenience and necessity or permit issued by the Department of Transportation; and

（B）includes all records and documents relating to such equipment that are required, under the terms of the security agreement, lease, or conditional sale contract, to be surrendered or returned by the debtor in connection with the surrender or return of such equipment.

（4）Paragraph（1）applies to a secured party, lessor, or conditional vendor acting in its own behalf or acting as trustee or otherwise in behalf of another party.

（b）The trustee and the secured party, lessor, or conditional vendor whose right to take possession is protected under subsection（a）may agree, subject to the approval of the court, to extend the 60-day period specified in subsection（a）（1）.

（c）（1）In any case under this chapter, the trustee shall immediately surrender and return to a secured party, lessor, or conditional vendor, described in subsection（a）（1）, equipment described in subsection（a）（3）, if at any time after the date of the order

（A）在根据本章作出破产救济令后60日前，托管人经法院批准同意根据该担保协议、租约或附条件的销售合同履行债务人的所有义务；并且

（B）除第365条（b）（2）所述的违约行为外，任何违反该担保协议、租约或附条件的销售合同的行为：

（i）其发生在破产救济令被作出前，并且在该60日期间届满前已经得到纠正；

（ii）其发生在破产救济令被作出后，并且在该60日期间届满前，在以下时点中较晚者前得到纠正：

（I）该违约行为发生后30日；或

（II）该60日期间届满时；并且

（iii）其发生在该60日期间届满时或届满后，并且在该担保协议、租约或附条件的销售合同允许纠正该违约行为的情况下，已经按照该协议、租约或合同的条款对其进行纠正。

（3）本款所述的设备：

（A）是：

（i）由债务人设有担保权益或向其出租或有条件出售的飞机、飞机引擎、螺旋桨、设备或零部件（定义见《美国联邦法典》第49篇第40102条），并且在进行该交易时，债务人持有根据《美国联邦法典》第49篇第447章签发的航空承运人运营证书以运营能够搭载10名或以上的人或6000磅或以上的货物的飞机；或

（ii）由债务人设有担保权益或向其出租或有条件出售的，根据《美国联邦法典》第46篇第121章被登记的船舶，并且在进行该交易时，债务人持有公共便利和必需的证明或交通部签发的许可；并且

（B）包括根据担保协议、租约或附条件的销售合同的条款，债务人被要求移交或返还的，与移交或返还该设备相关的，所有有关该设备的记录和文件。

（4）第（1）款适用于代表其自身、作为托管人或代表其他主体的被担保主体、出租人或附条件卖方。

（b）受附条（a）的保护占有该设备的权利的托管人和被担保主体、出租人或附条件卖方，经法院批准，可同意延长附条（a）（1）所述的60日期间。

（c）（1）在任何本章案件中，若附条（a）（1）所述的被担保主体、出租人或附条件卖方在本章破产救济令被作出后任意时间内有权根据附条（a）（1）占有附条（a）（3）所述的设备并且向托管人书面请求占有该设备，则托管人应立刻将该设备移交

for relief under this chapter such secured party, lessor, or conditional vendor is entitled pursuant to subsection (a)(1) to take possession of such equipment and makes a written demand for such possession to the trustee.

(2) At such time as the trustee is required under paragraph (1) to surrender and return equipment described in subsection (a)(3), any lease of such equipment, and any security agreement or conditional sale contract relating to such equipment, if such security agreement or conditional sale contract is an executory contract, shall be deemed rejected.

(d) With respect to equipment first placed in service on or before October 22, 1994, for purposes of this section—

(1) the term "lease" includes any written agreement with respect to which the lessor and the debtor, as lessee, have expressed in the agreement or in a substantially contemporaneous writing that the agreement is to be treated as a lease for Federal income tax purposes; and

(2) the term "security interest" means a purchase-money equipment security interest.

(Pub. L. 95-598, Nov. 6, 1978, 92 Stat. 2629; Pub. L. 103-272, §5(c), July 5, 1994, 108 Stat. 1373; Pub. L. 103-394, title II, §201(a), Oct. 22, 1994, 108 Stat. 4119; Pub. L. 106-181, title VII, §744(b), Apr. 5, 2000, 114 Stat. 177; Pub. L. 109-304, §17(b)(2), Oct. 6, 2006, 120 Stat. 1707.)

### §1111. Claims and interests

(a) A proof of claim or interest is deemed filed under section 501 of this title for any claim or interest that appears in the schedules filed under section 521(a)(1) or 1106(a)(2) of this title, except a claim or interest that is scheduled as disputed, contingent, or unliquidated.

(b)(1)(A) A claim secured by a lien on property of the estate shall be allowed or disallowed under section 502 of this title the same as if the holder of such claim had recourse against the debtor on account of such claim, whether or not such holder has such recourse, unless—

(i) the class of which such claim is a part elects, by at least two-thirds in amount and more than half in number of allowed claims of such class, application of paragraph (2) of this subsection; or

(ii) such holder does not have such recourse and such property is sold under section 363 of this title or is to be sold under the plan.

(B) A class of claims may not elect application of paragraph (2) of this subsection if—

(i) the interest on account of such claims of the holders of such claims in such

并返还给该被担保主体、出租人或附条件卖方。

（2）在托管人被要求根据第（1）款移交并返还附条（a）（3）所述的设备时，该设备的租约以及与该设备相关的待履行的担保协议或附条件的销售合同，均应被视为已被拒绝。

（d）本条针对在 1994 年 10 月 22 日当日或之前首次投入使用的设备：

（1）“租约”包括出租人和作为承租人的债务人达成的书面协议，并且在该书面协议或几乎同时完成的书面材料中载明该协议就联邦税收而言将被视为租约；并且

（2）“担保权益”指购买价金设备担保权益。

[Pub. L. 95-598, Nov. 6, 1978, 92 Stat. 2629; Pub. L. 103-272, §5（c）, July 5, 1994, 108 Stat. 1373; Pub. L. 103-394, title II, §201（a）, Oct. 22, 1994, 108 Stat. 4119; Pub. L. 106-181, title VII, §744（b）, Apr. 5, 2000, 114 Stat. 177; Pub. L. 109-304, §17（b）（2）, Oct. 6, 2006, 120 Stat. 1707.]

**第 1111 条　债权和权益**

（a）任何载入根据本篇第 521 条（a）（1）或第 1106 条（a）（2）被提交的报表中的债权或权益，除非其系有争议、或偶然或数额不确定的债权或权益，否则该债权或权益的证明均被视为已根据本篇第 501 条被提交。

（b）（1）（A）由破产财产上的担保权所担保的债权应根据本篇第 502 条对其予以确认或不予确认，就像该债权人因该债权对债务人享有追索权一样，无论其是否实际享有该追索权，除非：

（i）在该债权所在的小组中，持有至少 2/3 以上债权额及半数以上经确认债权的数量的债权人选择适用本附条第（2）款的规定；或

（ii）该债权人并不享有追索权并且该财产已根据本篇第 363 条被出售或根据重整计划将被出售。

（B）在下列情况中，债权小组不得选择适用本附条的第（2）款：

（i）该债权人就该债权在该财产上享有的权益并无重大价值；或

property is of inconsequential value; or

(ii) the holder of a claim of such class has recourse against the debtor on account of such claim and such property is sold under section 363 of this title or is to be sold under the plan.

(2) If such an election is made, then notwithstanding section 506 (a) of this title, such claim is a secured claim to the extent that such claim is allowed.

(Pub. L. 95-598, Nov. 6, 1978, 92 Stat. 2630; Pub. L. 111-327, §2 (a) (32), Dec. 22, 2010, 124 Stat. 3561.)

§1112. Conversion or dismissal

(a) The debtor may convert a case under this chapter to a case under chapter 7 of this title unless—

(1) the debtor is not a debtor in possession;

(2) the case originally was commenced as an involuntary case under this chapter; or

(3) the case was converted to a case under this chapter other than on the debtor's request.

(b) (1) Except as provided in paragraph (2) and subsection (c), on request of a party in interest, and after notice and a hearing, the court shall convert a case under this chapter to a case under chapter 7 or dismiss a case under this chapter, whichever is in the best interests of creditors and the estate, for cause unless the court determines that the appointment under section 1104 (a) of a trustee or an examiner is in the best interests of creditors and the estate.

(2) The court may not convert a case under this chapter to a case under chapter 7 or dismiss a case under this chapter if the court finds and specifically identifies unusual circumstances establishing that converting or dismissing the case is not in the best interests of creditors and the estate, and the debtor or any other party in interest establishes that—

(A) there is a reasonable likelihood that a plan will be confirmed within the timeframes established in sections 1121 (e) and 1129 (e) of this title, or if such sections do not apply, within a reasonable period of time; and

(B) the grounds for converting or dismissing the case include an act or omission of the debtor other than under paragraph (4) (A) —

(i) for which there exists a reasonable justification for the act or omission; and

(ii) that will be cured within a reasonable period of time fixed by the court.

(3) The court shall commence the hearing on a motion under this subsection not later than 30 days after filing of the motion, and shall decide the motion not later than 15 days after commencement of such hearing, unless the movant expressly consents to a continuance for a specific period of time or compelling circumstances prevent the court from meeting the time limits established by this paragraph.

（ii）该债权人就该债权对债务人享有追索权并且该财产已根据本篇第 363 条被出售或根据重整计划将被出售。

（2）若作出该选择，则即使存在本篇第 506 条（a）的规定，该债权在被确认的范围内属于担保债权。

[Pub. L. 95-598, Nov. 6, 1978, 92 Stat. 2630; Pub. L. 111-327, §2（a）（32）, Dec. 22, 2010, 124 Stat. 3561.]

**第 1112 条　案件的转换或驳回**

（a）除下列情形外，债务人可将本章案件转换至本篇第 7 章案件：

（1）债务人并非经管债务人；

（2）该案件本为根据本章启动的强制破产案件；或

（3）在未经债务人请求的情况下，该案件已被转换至本章案件。

（b）（1）除第（2）款和附条（c）另有规定外，应利益相关方的请求，经过通知和听证后，法院出于特定事由，应在更符合债权人和破产实体的最大利益的情况下，选择将本章案件转换至第 7 章案件或驳回本章案件，除非法院认为根据第 1104 条（a）指定托管人或监督人符合债权人和破产实体的最大利益。

（2）若法院发现并明确存在特殊情况使转换或驳回本案并不符合债权人和破产实体的最大利益，并且债务人或任何其他利益相关方确定存在以下情况，则法院不得将本章案件转换至第 7 章案件或驳回本章案件：

（A）存在重整计划将在本篇第 1121 条（e）和第 1129 条（e）确定的时限内，或者在不适用前述条文的情况下，在合理的期间内得以批准的合理的可能性；并且

（B）转换或驳回案件的理由包括符合以下条件的债务人的作为或不作为，但不包括第（4）款（A）所述的情形：

（i）存在该作为或不作为的合理的正当理由；并且

（ii）该作为或不作为在法院确定的合理时间内将被纠正。

（3）法院应在有人根据本附条提交动议后 30 日内就该动议启动听证，并应在该听证启动后 15 日内就该动议作出决定，除非动议方明确同意在特定时间内继续该听证或存在不可抗拒的情形使法院无法遵守本款规定的时间限制的要求。

(4) For purposes of this subsection, the term "cause" includes—

(A) substantial or continuing loss to or diminution of the estate and the absence of a reasonable likelihood of rehabilitation;

(B) gross mismanagement of the estate;

(C) failure to maintain appropriate insurance that poses a risk to the estate or to the public;

(D) unauthorized use of cash collateral substantially harmful to 1 or more creditors;

(E) failure to comply with an order of the court;

(F) unexcused failure to satisfy timely any filing or reporting requirement established by this title or by any rule applicable to a case under this chapter;

(G) failure to attend the meeting of creditors convened under section 341 (a) or an examination ordered under rule 2004 of the Federal Rules of Bankruptcy Procedure without good cause shown by the debtor;

(H) failure timely to provide information or attend meetings reasonably requested by the United States trustee (or the bankruptcy administrator, if any);

(I) failure timely to pay taxes owed after the date of the order for relief or to file tax returns due after the date of the order for relief;

(J) failure to file a disclosure statement, or to file or confirm a plan, within the time fixed by this title or by order of the court;

(K) failure to pay any fees or charges required under chapter 123 of title 28;

(L) revocation of an order of confirmation under section 1144;

(M) inability to effectuate substantial consummation of a confirmed plan;

(N) material default by the debtor with respect to a confirmed plan;

(O) termination of a confirmed plan by reason of the occurrence of a condition specified in the plan; and

(P) failure of the debtor to pay any domestic support obligation that first becomes payable after the date of the filing of the petition.

(c) The court may not convert a case under this chapter to a case under chapter 7 of this title if the debtor is a farmer or a corporation that is not a moneyed, business, or commercial corporation, unless the debtor requests such conversion.

(d) The court may convert a case under this chapter to a case under chapter 12 or 13 of this title only if—

(1) the debtor requests such conversion;

(2) the debtor has not been discharged under section 1141 (d) of this title; and

(3) if the debtor requests conversion to chapter 12 of this title, such conversion is equitable.

（4）就本附条而言，“事由”包括以下各项：

（A）破产实体的重大或持续性的损失或减损，并且没有复原的合理可能性；

（B）对破产实体的严重管理不当；

（C）未能保持适当的投保且对破产实体或公众造成风险；

（D）未经授权使用现金担保物且对一名或多名债权人造成实质损害；

（E）未能遵守法院裁定；

（F）无正当理由的情况下，未能及时履行本篇或可适用于本章案件的任何规则规定的提交或报告义务；

（G）债务人未说明正当理由的情况下，未能出席根据第 341 条（a）召开的债权人会议或根据《联邦破产程序规则》第 2004 条下令进行的质询；

（H）未能按照联邦托管人（或破产管理署，如有）的合理要求，及时提供信息或出席会议；

（I）未能及时偿付破产救济令被作出后所欠的税款或及时提交破产救济令被作出后应交的报税表；

（J）未能在本篇或法院的裁定确定的时间内提交披露声明，或者提交或批准重整计划；

（K）未能偿付《美国联邦法典》第 28 篇第 123 章要求的任何费用；

（L）根据第 1144 条撤销批准计划的裁定；

（M）无法实质完成被批准的计划；

（N）针对被批准的计划，债务人作出实质违约行为；

（O）因重整计划中载明的情况的发生而终止被批准的计划；以及

（P）债务人未能偿付在破产申请被提交后才成为应付款项的任何家庭抚养费。

（c）若债务人为农民或金融、商事或企业法人外的法人[①]，除非债务人对此作出请求，否则法院不得将本章案件转换至本篇第 7 章案件。

（d）当且仅当下列情况发生时，法院才可将本章案件转换至本篇第 12 或 13 章案件：

（1）债务人请求作此转换；

（2）债务人未能根据本篇第 1141 条（d）获得免责；并且

（3）若债务人请求转换至本篇第 12 章，该转换系公平的。

① 根据 Senate Report No.95-989，此处主要指慈善机构（eleemosynary institution）。

(e) Except as provided in subsections (c) and (f), the court, on request of the United States trustee, may convert a case under this chapter to a case under chapter 7 of this title or may dismiss a case under this chapter, whichever is in the best interest of creditors and the estate if the debtor in a voluntary case fails to file, within fifteen days after the filing of the petition commencing such case or such additional time as the court may allow, the information required by paragraph (1) of section 521 (a), including a list containing the names and addresses of the holders of the twenty largest unsecured claims (or of all unsecured claims if there are fewer than twenty unsecured claims), and the approximate dollar amounts of each of such claims.

(f) Notwithstanding any other provision of this section, a case may not be converted to a case under another chapter of this title unless the debtor may be a debtor under such chapter.

(Pub. L. 95-598, Nov. 6, 1978, 92 Stat. 2630; Pub. L. 98-353, title III, §505, July 10, 1984, 98 Stat. 384; Pub. L. 99-554, title II, §§224, 256, Oct. 27, 1986, 100 Stat. 3102, 3114; Pub. L. 103-394, title II, §217 (c), Oct. 22, 1994, 108 Stat. 4127; Pub. L. 109-8, title IV, §442 (a), Apr. 20, 2005, 119 Stat. 115; Pub. L. 111-327, §2 (a)(33), Dec. 22, 2010, 124 Stat. 3561.)

### §1113. Rejection of collective bargaining agreements

(a) The debtor in possession, or the trustee if one has been appointed under the provisions of this chapter, other than a trustee in a case covered by subchapter Ⅳ of this chapter and by title I of the Railway Labor Act, may assume or reject a collective bargaining agreement only in accordance with the provisions of this section.

(b)(1) Subsequent to filing a petition and prior to filing an application seeking rejection of a collective bargaining agreement, the debtor in possession or trustee (hereinafter in this section "trustee" shall include a debtor in possession), shall—

(A) make a proposal to the authorized representative of the employees covered by such agreement, based on the most complete and reliable information available at the time of such proposal, which provides for those necessary modifications in the employees benefits and protections that are necessary to permit the reorganization of the debtor and assures that all creditors, the debtor and all of the affected parties are treated fairly and equitably; and

(B) provide, subject to subsection (d)(3), the representative of the employees with such relevant information as is necessary to evaluate the proposal.

(2) During the period beginning on the date of the making of a proposal provided for in paragraph (1) and ending on the date of the hearing provided for in subsection (d)(1), the trustee shall meet, at reasonable times, with the authorized representative to confer in good faith in attempting to reach mutually satisfactory modifications of such agreement.

（e）除附条（c）和（f）另有规定外，若债务人在自愿破产案件中未能在启动本案的破产申请被提交后的15日内或法院可准予的额外期间内，提交第521条（a）要求的材料，包括载明其持有金额位列前20的无担保债权（若无担保债权的数量少于20，则为所有无担保债权）的债权人的姓名和住址以及前述债权的大致美元金额的清单，则法院应联邦托管人的请求，可在更符合债权人或破产实体的最大利益的情况下，选择将本章案件转换至本篇第7章案件或驳回本章案件。

（f）即使本条有任何其他规定，若债务人在本篇其他章节的案件中并非适格债务人，则案件不得被转换至该章节。

[Pub. L. 95-598, Nov. 6, 1978, 92 Stat. 2630; Pub. L. 98-353, title III, §505, July 10, 1984, 98 Stat. 384; Pub. L. 99-554, title II, §§224, 256, Oct. 27, 1986, 100 Stat. 3102, 3114; Pub. L. 103-394, title II, §217（c）, Oct. 22, 1994, 108 Stat. 4127; Pub. L. 109-8, title IV, §442（a）, Apr. 20, 2005, 119 Stat. 115; Pub. L. 111-327, §2（a）（33）, Dec. 22, 2010, 124 Stat. 3561.]

**第1113条 拒绝确认集体谈判协议**

（a）经管债务人，或除本章的第四附章或《铁路劳动法》第I篇所涉案件中的托管人外根据本章规定被任命的托管人，可仅根据本条的规定确认或拒绝确认集体谈判协议。

（b）（1）在提交破产申请后，但在提交拒绝承继集体谈判协议的申请前，经管债务人或托管人（此后本条所涉的“托管人”均包含经管债务人）应履行以下各项：

（A）基于作出提案时所能获取的最为完整且可靠的信息，向该协议所涉员工的经授权代表作出提案，该提案中规定有对于允许债务人重整所必需的员工福利和保护的必要调整，并且该调整能确保所有债权人、债务人和所有受影响的当事方均得到公平且公正的对待；以及

（B）在符合附条（d）（3）规定的情况下，向员工代表提供评估该提案所必需的相关信息。

（2）从根据第（1）款的规定作出提案之日起至根据附条（d）（1）的规定举行听证之日止，托管人应在合理时间内与经授权的代表会面并与其进行善意协商，以期对该协议达成双方均满意的调整。

(c) The court shall approve an application for rejection of a collective bargaining agreement only if the court finds that—

(1) the trustee has, prior to the hearing, made a proposal that fulfills the requirements of subsection (b)(1);

(2) the authorized representative of the employees has refused to accept such proposal without good cause; and

(3) the balance of the equities clearly favors rejection of such agreement.

(d)(1) Upon the filing of an application for rejection the court shall schedule a hearing to be held not later than fourteen days after the date of the filing of such application. All interested parties may appear and be heard at such hearing. Adequate notice shall be provided to such parties at least ten days before the date of such hearing. The court may extend the time for the commencement of such hearing for a period not exceeding seven days where the circumstances of the case, and the interests of justice require such extension, or for additional periods of time to which the trustee and representative agree.

(2) The court shall rule on such application for rejection within thirty days after the date of the commencement of the hearing. In the interests of justice, the court may extend such time for ruling for such additional period as the trustee and the employees' representative may agree to. If the court does not rule on such application within thirty days after the date of the commencement of the hearing, or within such additional time as the trustee and the employees' representative may agree to, the trustee may terminate or alter any provisions of the collective bargaining agreement pending the ruling of the court on such application.

(3) The court may enter such protective orders, consistent with the need of the authorized representative of the employee to evaluate the trustee's proposal and the application for rejection, as may be necessary to prevent disclosure of information provided to such representative where such disclosure could compromise the position of the debtor with respect to its competitors in the industry in which it is engaged.

(e) If during a period when the collective bargaining agreement continues in effect, and if essential to the continuation of the debtor's business, or in order to avoid irreparable damage to the estate, the court, after notice and a hearing, may authorize the trustee to implement interim changes in the terms, conditions, wages, benefits, or work rules provided by a collective bargaining agreement. Any hearing under this paragraph shall be scheduled in accordance with the needs of the trustee. The implementation of such interim changes shall not render the application for rejection moot.

(f) No provision of this title shall be construed to permit a trustee to unilaterally terminate or alter any provisions of a collective bargaining agreement prior to compliance （c）当且仅当法院查明发生下列情况时，法院才应批准拒绝确认集体谈判协议的申请：

（1）在举行听证前，托管人已经作出符合附条（b）（1）要求的提案；

（2）经授权代表无正当理由拒绝接受该提案；并且

（3）拒绝确认该协议更符合公平正义。

（d）（1）在提交拒绝确认的申请时，法院应安排在该申请被提交后14日内举行听证。所有利益相关方均可出席该听证并发表意见。应在该听证前至少10日前向前述主体发出适当的通知。法院可出于案件具体情况或公平正义的需要，对启动该听证的时间作出不超过7日的延长，或者在托管人和代表同意的情况下，对该期间作出额外的延长。

（2）法院应在启动听证后30日内就拒绝确认的申请作出裁定。出于司法公正的需要，法院可就作此裁定的期间作出托管人和员工代表可能同意的额外的延长。若法院在启动听证后30日内或托管人和员工代表可能同意的额外期间内未能就该申请作出裁定，则托管人可在法院仍未就该申请作出裁定的期间内终止或调整集体谈判协议的任何条款。

（3）在满足员工的经授权代表评估托管人的提案和拒绝确认的申请的需要的情况下，若信息的泄露可能损害债务人在其行业中相较于竞争对手所处的地位，则出于防止泄露向该代表提供的信息的必要，法院可作出保护令。

（e）在集体谈判协议继续生效的期间内，若债务人的商事业务有继续的必要，或者为了避免对破产实体造成难以补救的损害，法院经过通知和听证后，可授权托管人对集体谈判协议载明的条款、条件、工资、福利或工作规则进行临时变更。本款所述的任何听证均应根据托管人的需要进行安排。进行临时变更并不影响拒绝确认的申请的提出。

（f）本篇中的任何规定均不得被解释为允许托管人在遵守本条规定前单方面终止或变更集体谈判协议的任何条款。

with the provisions of this section.

( Added Pub. L. 98-353, title III, §541 ( a ) , July 10, 1984, 98 Stat. 390. )

### §1114. Payment of insurance benefits to retired employees

( a ) For purposes of this section, the term "retiree benefits" means payments to any entity or person for the purpose of providing or reimbursing payments for retired employees and their spouses and dependents, for medical, surgical, or hospital care benefits, or benefits in the event of sickness, accident, disability, or death under any plan, fund, or program ( through the purchase of insurance or otherwise ) maintained or established in whole or in part by the debtor prior to filing a petition commencing a case under this title.

( b ) ( 1 ) For purposes of this section, the term "authorized representative" means the authorized representative designated pursuant to subsection ( c ) for persons receiving any retiree benefits covered by a collective bargaining agreement or subsection ( d ) in the case of persons receiving retiree benefits not covered by such an agreement.

( 2 ) Committees of retired employees appointed by the court pursuant to this section shall have the same rights, powers, and duties as committees appointed under sections 1102 and 1103 of this title for the purpose of carrying out the purposes of sections 1114 and 1129 ( a ) ( 13 ) and, as permitted by the court, shall have the power to enforce the rights of persons under this title as they relate to retiree benefits.

( c ) ( 1 ) A labor organization shall be, for purposes of this section, the authorized representative of those persons receiving any retiree benefits covered by any collective bargaining agreement to which that labor organization is signatory, unless ( A ) such labor organization elects not to serve as the authorized representative of such persons, or ( B ) the court, upon a motion by any party in interest, after notice and hearing, determines that different representation of such persons is appropriate.

( 2 ) In cases where the labor organization referred to in paragraph ( 1 ) elects not to serve as the authorized representative of those persons receiving any retiree benefits covered by any collective bargaining agreement to which that labor organization is signatory, or in cases where the court, pursuant to paragraph ( 1 ) finds different representation of such persons appropriate, the court, upon a motion by any party in interest, and after notice and a hearing, shall appoint a committee of retired employees if the debtor seeks to modify or not pay the retiree benefits or if the court otherwise determines that it is appropriate, from among such persons, to serve as the authorized representative of such persons under this section.

( d ) The court, upon a motion by any party in interest, and after notice and a hearing, shall order the appointment of a committee of retired employees if the debtor seeks to modify or not pay the retiree benefits or if the court otherwise determines that it is

［经 Pub. L. 98-353, title III, §541（a）, July 10, 1984, 98 Stat. 390. 增补］

**第 1114 条　退休员工保险福利的支付**

（a）就本条而言，“退休福利”指为根据在提交启动本案案件的申请前由债权人全部或部分运行或设立的任何计划、基金或项目（通过购买保险或其他方式）向退休员工或（退休员工的）配偶及被扶 / 抚养人提供或报销医疗、外科手术或住院护理的福利或者在疾病、事故、残疾或死亡时享有的福利而向任何机构或主体支付的费用。

（b）（1）“经授权代表”指被根据附条（c）指定代表根据集体谈判协议而获得退休福利的人的经授权代表。

（2）为实现第 1114 条和第 1129 条（a）（13）的目的，法院根据本条任命的退休员工委员会应与根据本篇第 1102 条和第 1103 条被任命的委员会享有相同的权利和权力并承担相同的义务，并且在法院允许的情况下，该委员会应有权根据本篇执行他人就退休福利享有的权利。

（c）（1）就本条而言，劳工组织应为根据劳工组织签署的集体谈判协议而获得退休福利的人员的经授权代表，除非（A）该劳工组织拒绝担任此类人员的经授权代表，或（B）法院应利益相关方的动议，经过通知和听证后，认为由他人代表此类人员更为适当。

（2）当第（1）款所述的劳工组织拒绝担任根据劳工组织签署的集体谈判协议而获得退休福利的人员的经授权代表时，或者当法院根据第（1）款认为由他人代表此类人员更为适当时，法院应利益相关方的动议，经过通知和听证后，若债务人主张调整或拒付退休福利，或者在法院认为适当的情况下，应从该类人员中任命退休员工委员会根据本条担任此类人员的经授权代表。

（d）法院应利益相关方的动议，经过通知和听证后，若债务人主张调整或拒付退休福利，或者法院认为适当的情况下，应下令任命退休员工委员会根据本条担任其获得的退休福利与集体谈判协议无关的人员的经授权代表。在这种情况下，联邦

appropriate, to serve as the authorized representative, under this section, of those persons receiving any retiree benefits not covered by a collective bargaining agreement. The United States trustee shall appoint any such committee.

(e)(1) Notwithstanding any other provision of this title, the debtor in possession, or the trustee if one has been appointed under the provisions of this chapter (hereinafter in this section "trustee" shall include a debtor in possession), shall timely pay and shall not modify any retiree benefits, except that—

(A) the court, on motion of the trustee or authorized representative, and after notice and a hearing, may order modification of such payments, pursuant to the provisions of subsections (g) and (h) of this section, or

(B) the trustee and the authorized representative of the recipients of those benefits may agree to modification of such payments,

after which such benefits as modified shall continue to be paid by the trustee.

(2) Any payment for retiree benefits required to be made before a plan confirmed under section 1129 of this title is effective has the status of an allowed administrative expense as provided in section 503 of this title.

(f)(1) Subsequent to filing a petition and prior to filing an application seeking modification of the retiree benefits, the trustee shall—

(A) make a proposal to the authorized representative of the retirees, based on the most complete and reliable information available at the time of such proposal, which provides for those necessary modifications in the retiree benefits that are necessary to permit the reorganization of the debtor and assures that all creditors, the debtor and all of the affected parties are treated fairly and equitably; and

(B) provide, subject to subsection (k)(3), the representative of the retirees with such relevant information as is necessary to evaluate the proposal.

(2) During the period beginning on the date of the making of a proposal provided for in paragraph (1), and ending on the date of the hearing provided for in subsection (k)(1), the trustee shall meet, at reasonable times, with the authorized representative to confer in good faith in attempting to reach mutually satisfactory modifications of such retiree benefits.

(g) The court shall enter an order providing for modification in the payment of retiree benefits if the court finds that—

(1) the trustee has, prior to the hearing, made a proposal that fulfills the requirements of subsection (f);

(2) the authorized representative of the retirees has refused to accept such proposal without good cause; and

(3) such modification is necessary to permit the reorganization of the debtor and

托管人应指定该委员会。

（e）（1）即使本篇有任何其他规定，除下列情形外，经管债务人或根据本章规定被任命的托管人（此后本条所涉的“托管人”均包含经管债务人）应当及时支付退休福利并不得对其作出调整：

（A）法院应托管人或经授权代表的动议，经过通知和听证后，可根据本条的附条（g）和（h）下令调整该支付，或

（B）托管人和获得此福利的经授权代表可同意对该支付进行调整，

此后，托管人应按照调整后的福利继续进行支付。

（2）在根据本篇第 1129 条得到批准的计划生效前被要求支付的退休福利与本篇第 503 条规定的经确认管理费用享有相同地位。

（f）（1）提交破产申请后，但在提交调整退休福利的申请前，托管人应履行以下各项：

（A）基于作出提案时所能获取的最为完整且可靠的信息，向退休员工的经授权代表作出提案，该提案中规定有对于允许债务人重整所必需的退休福利的必要调整，并且该调整能确保所有债权人、债务人和所有受影响的当事方均得到公平且公正的对待；以及

（B）在符合附条（k）（3）规定的情况下，向退休员工代表提供评估该提案所必需的相关信息。

（2）从根据第（1）款的规定作出提案之日起至根据附条（k）（1）的规定举行听证之日止，托管人应在合理时间内与经授权的代表会面并与其进行善意协商，以期对该退休福利达成双方均满意的调整。

（g）当且仅当法院查明发生下列情况时，法院才应下令调整退休福利的支付：

（1）在举行听证前，托管人已经作出满足附条（f）要求的提案；

（2）经授权代表无正当理由拒绝接受该提案；并且

（3）该调整对于允许债务人进行重整是必要的并且其能确保所有债权人、债务

assures that all creditors, the debtor, and all of the affected parties are treated fairly and equitably, and is clearly favored by the balance of the equities;

except that in no case shall the court enter an order providing for such modification which provides for a modification to a level lower than that proposed by the trustee in the proposal found by the court to have complied with the requirements of this subsection and subsection (f): Provided, however, That at any time after an order is entered providing for modification in the payment of retiree benefits, or at any time after an agreement modifying such benefits is made between the trustee and the authorized representative of the recipients of such benefits, the authorized representative may apply to the court for an order increasing those benefits which order shall be granted if the increase in retiree benefits sought is consistent with the standard set forth in paragraph (3): Provided further, That neither the trustee nor the authorized representative is precluded from making more than one motion for a modification order governed by this subsection.

(h)(1) Prior to a court issuing a final order under subsection (g) of this section, if essential to the continuation of the debtor's business, or in order to avoid irreparable damage to the estate, the court, after notice and a hearing, may authorize the trustee to implement interim modifications in retiree benefits.

(2) Any hearing under this subsection shall be scheduled in accordance with the needs of the trustee.

(3) The implementation of such interim changes does not render the motion for modification moot.

(i) No retiree benefits paid between the filing of the petition and the time a plan confirmed under section 1129 of this title becomes effective shall be deducted or offset from the amounts allowed as claims for any benefits which remain unpaid, or from the amounts to be paid under the plan with respect to such claims for unpaid benefits, whether such claims for unpaid benefits are based upon or arise from a right to future unpaid benefits or from any benefits not paid as a result of modifications allowed pursuant to this section.

(j) No claim for retiree benefits shall be limited by section 502(b)(7) of this title.

(k)(1) Upon the filing of an application for modifying retiree benefits, the court shall schedule a hearing to be held not later than fourteen days after the date of the filing of such application. All interested parties may appear and be heard at such hearing. Adequate notice shall be provided to such parties at least ten days before the date of such hearing. The court may extend the time for the commencement of such hearing for a period not exceeding seven days where the circumstances of the case, and the interests of justice require such extension, or for additional periods of time to which the trustee and the

人和所有受影响的当事方均得到公平且公正的对待，并且明显更符合公平正义；

除此之外，若法院认为托管人曾在其提案中提议的调整符合本附条和附条（f）的要求，则在任何情况下法院都不得下令准予将退休福利调整至低于前述调整的水平；然而，在调整退休福利支付的裁定正式作出后的任意时间内，或托管人和获得该福利人员的经授权代表间达成调整该福利的协议后的任意时间内，经授权代表可向法院申请下令提高该福利，并且若该退休福利的提高符合第（3）款规定的标准，则法院应作出该裁定；此外，托管人与经授权代表均可就本附条规定的调整裁定作出多次动议。

（h）（1）在法院根据本条的附条（g）签发最终裁定前，若债务人的商事业务有继续的必要，或为了避免对该破产实体造成难以补救的损害，法院经过通知和听证后，可授权托管人对退休福利进行临时调整。

（2）本附条中的任何听证均应根据托管人的需要进行安排。

（3）进行临时调整并不影响调整动议的提出。

（i）在提交破产申请时至根据本篇第 1129 条得到批准的重整计划生效时，被支付的退休福利不得从因未付福利而享有的经确认债权的金额，或根据重整计划将对该债权进行偿付的金额中扣除或抵销，无论该债权系基于或产生于将来未付的福利抑或是因根据本条而被准予的调整而未获偿付的任何福利。

（j）就退休福利享有的债权均不受本篇第 502 条（b）（7）的限制。

（k）（1）在提交调整退休福利的申请时，法院应安排在该申请被提交后 14 日内举行听证。所有利益相关方均可出席该听证并发表意见。应在该听证至少 10 日前向前述主体发出适当的通知。法院可出于案件具体情况或公平正义的需要，将启动该听证的时间延长但不得超过 7 日，或者在托管人和经授权代表同意的情况下，对该期间作出额外的延长。

authorized representative agree.

(2) The court shall rule on such application for modification within ninety days after the date of the commencement of the hearing. In the interests of justice, the court may extend such time for ruling for such additional period as the trustee and the authorized representative may agree to. If the court does not rule on such application within ninety days after the date of the commencement of the hearing, or within such additional time as the trustee and the authorized representative may agree to, the trustee may implement the proposed modifications pending the ruling of the court on such application.

(3) The court may enter such protective orders, consistent with the need of the authorized representative of the retirees to evaluate the trustee's proposal and the application for modification, as may be necessary to prevent disclosure of information provided to such representative where such disclosure could compromise the position of the debtor with respect to its competitors in the industry in which it is engaged.

(l) If the debtor, during the 180-day period ending on the date of the filing of the petition—

(1) modified retiree benefits; and

(2) was insolvent on the date such benefits were modified;

the court, on motion of a party in interest, and after notice and a hearing, shall issue an order reinstating as of the date the modification was made, such benefits as in effect immediately before such date unless the court finds that the balance of the equities clearly favors such modification.

(m) This section shall not apply to any retiree, or the spouse or dependents of such retiree, if such retiree's gross income for the twelve months preceding the filing of the bankruptcy petition equals or exceeds $250,000, unless such retiree can demonstrate to the satisfaction of the court that he is unable to obtain health, medical, life, and disability coverage for himself, his spouse, and his dependents who would otherwise be covered by the employer's insurance plan, comparable to the coverage provided by the employer on the day before the filing of a petition under this title.

(Added Pub. L. 100-334, §2 (a), June 16, 1988, 102 Stat. 610; amended Pub. L. 109-8, title IV, §447, title XIV, §1403, Apr. 20, 2005, 119 Stat. 118, 215.)

### §1115. Property of the estate

(a) In a case in which the debtor is an individual, property of the estate includes, in addition to the property specified in section 541—

(1) all property of the kind specified in section 541 that the debtor acquires after the commencement of the case but before the case is closed, dismissed, or converted to a case under chapter 7, 12, or 13, whichever occurs first; and

(2) earnings from services performed by the debtor after the commencement of the

（2）法院应在启动听证后 90 日内就调整申请作出裁定。出于司法公正的需要，法院可就作此裁定的期间作出托管人和经授权代表可能同意的额外的延长。若法院在启动听证后 90 日内或托管人和经授权代表可能同意的额外期间内未能就该申请作出裁定，则托管人可在法院就该申请仍未作出裁定的期间内，实施其提议的调整。

（3）在满足退休员工的经授权代表评估托管人的提案和调整申请的需要的情况下，若信息的泄露可能损害债务人在其行业中相较于竞争对手所处的地位，则出于防止泄露向该代表提供的信息的必要，法院可作出保护令。

(1) 若债务人在破产申请被提交之日前 180 日期间内：

（1）曾对退休福利作出调整；并且

（2）在该福利被调整当日已经资不抵债；

则法院应利益相关方的动议，经过通知和听证后，除非该调整明显更符合公平正义，否则应签发裁定将该福利自该调整作出之日起恢复至调整前的有效福利。

（m）若退休员工在破产申请被提交前的 12 个月内的总收入等于或超过 250,000 美元，则除非该退休员工能够证明相较于雇主在本篇破产申请被提交当日提供的保险，其难以为其自身、配偶和其被扶 / 抚养人提供本由雇主的保险计划所涵盖的健康、医疗、人身和残疾保险，且该证明达到令法院信服的程度，否则本条不得适用于该退休员工及其配偶和被扶 / 抚养人。

［经 Pub. L. 100-334, §2（a）, June 16, 1988, 102 Stat. 610; amended Pub. L. 109-8, title IV, §447, title XIV, §1403, Apr. 20, 2005, 119 Stat. 118, 215. 增补］

**第 1115 条　破产财产**

（a）在个人破产案件中，破产财产除第 541 条所述的财产外，还包括以下各项：

（1）债务人在破产案件启动后，但在案件结案、被驳回，或被转换至第 7、12 章或第 13 章案件前（以前述时点中较早者为准）取得的第 541 条所述的所有财产；以及

（2）债务人在破产案件启动后，但在案件结案、被驳回，或被转换至第 7、12

case but before the case is closed, dismissed, or converted to a case under chapter 7, 12, or 13, whichever occurs first.

(b) Except as provided in section 1104 or a confirmed plan or order confirming a plan, the debtor shall remain in possession of all property of the estate.

(Added Pub. L. 109-8, title III, §321 (a) (1), Apr. 20, 2005, 119 Stat. 94.)

### §1116. Duties of trustee or debtor in possession in small business cases

In a small business case, a trustee or the debtor in possession, in addition to the duties provided in this title and as otherwise required by law, shall—

(1) append to the voluntary petition or, in an involuntary case, file not later than 7 days after the date of the order for relief—

(A) its most recent balance sheet, statement of operations, cash-flow statement, and Federal income tax return; or

(B) a statement made under penalty of perjury that no balance sheet, statement of operations, or cash-flow statement has been prepared and no Federal tax return has been filed;

(2) attend, through its senior management personnel and counsel, meetings scheduled by the court or the United States trustee, including initial debtor interviews, scheduling conferences, and meetings of creditors convened under section 341 unless the court, after notice and a hearing, waives that requirement upon a finding of extraordinary and compelling circumstances;

(3) timely file all schedules and statements of financial affairs, unless the court, after notice and a hearing, grants an extension, which shall not extend such time period to a date later than 30 days after the date of the order for relief, absent extraordinary and compelling circumstances;

(4) file all postpetition financial and other reports required by the Federal Rules of Bankruptcy Procedure or by local rule of the district court;

(5) subject to section 363 (c) (2), maintain insurance customary and appropriate to the industry;

(6) (A) timely file tax returns and other required government filings; and

(B) subject to section 363 (c) (2), timely pay all taxes entitled to administrative expense priority except those being contested by appropriate proceedings being diligently prosecuted; and

(7) allow the United States trustee, or a designated representative of the United States trustee, to inspect the debtor's business premises, books, and records at reasonable times, after reasonable prior written notice, unless notice is waived by the debtor.

(Added Pub. L. 109-8, title IV, §436 (a), Apr. 20, 2005, 119 Stat. 112.)

或 13 章案件前（以前述时点中较早者为准），通过提供服务而获得的收入。

（b）除了第 1104 条、经批准的计划或批准计划的裁定中作出的其他规定外，债务人应保留对所有破产财产的占有。

［经 Pub. L. 109-8, title III, §321（a）（1）, Apr. 20, 2005, 119 Stat. 94. 增补］

**第 1116 条　小企业案件中托管人或经管债务人的义务**

在小企业案件中，托管人或经管债务人除履行本篇或其他法律要求的义务外，还应履行以下各项：

（1）在自愿破产申请后附加，或在强制破产案件中，在破产救济令被作出后 7 日内提交以下材料：

（A）其最新的资产负债表、营业报告、现金流表以及联邦报税表；或

（B）在伪证罚则下作出的不存在准备好的资产负债表、营业报告或现金流表以及已被提交的联邦报税表的声明；

（2）由其高级管理人员和律师代表其出席法院或联邦托管人安排的会议，包括首次债务人访谈、计划会议以及根据第 341 条召开的债权人会议，除非法院经过通知和听证后，认为存在异常且难以抗拒的情形因而放弃该要求；

（3）及时提交所有关于其财务事项的报表和声明，除非法院经过通知和听证后，准予延期，但若不存在异常且难以抗拒的情形，该期间不得被延至破产救济令被作出后 30 日后；

（4）提交所有《联邦破产程序规则》或地方法院的地方规则中要求的有关财务或其他事项的申请后报告；

（5）在符合第 362 条（c）（2）的规定的情况下，保持该行业内常规且适当的投保；

（6）（A）及时提交报税表及其他被要求向政府提交的材料；以及

（B）在符合第 363 条（c）（2）的规定的情况下，及时按照具有管理费用顺位支付所有税款，除非有关该税款的争议在相应程序中正在进行；以及

（7）除非债务人放弃该通知，否则在合理的事先书面通知后，应允许联邦托管人或被指定的联邦托管人的代表在合理的时间内检查其营业场所、账簿和记录。

［经 Pub. L. 109-8, title IV, §436（a）, Apr. 20, 2005, 119 Stat. 112. 增补］

# SUBCHAPTER Ⅱ —THE PLAN

## §1121. Who may file a plan

(a) The debtor may file a plan with a petition commencing a voluntary case, or at any time in a voluntary case or an involuntary case.

(b) Except as otherwise provided in this section, only the debtor may file a plan until after 120 days after the date of the order for relief under this chapter.

(c) Any party in interest, including the debtor, the trustee, a creditors' committee, an equity security holders' committee, a creditor, an equity security holder, or any indenture trustee, may file a plan if and only if—

(1) a trustee has been appointed under this chapter;

(2) the debtor has not filed a plan before 120 days after the date of the order for relief under this chapter; or

(3) the debtor has not filed a plan that has been accepted, before 180 days after the date of the order for relief under this chapter, by each class of claims or interests that is impaired under the plan.

(d)(1) Subject to paragraph (2), on request of a party in interest made within the respective periods specified in subsections (b) and (c) of this section and after notice and a hearing, the court may for cause reduce or increase the 120-day period or the 180-day period referred to in this section.

(2)(A) The 120-day period specified in paragraph (1) may not be extended beyond a date that is 18 months after the date of the order for relief under this chapter.

(B) The 180-day period specified in paragraph (1) may not be extended beyond a date that is 20 months after the date of the order for relief under this chapter.

(e) In a small business case—

(1) only the debtor may file a plan until after 180 days after the date of the order for relief, unless that period is—

(A) extended as provided by this subsection, after notice and a hearing; or

(B) the court, for cause, orders otherwise;

(2) the plan and a disclosure statement (if any) shall be filed not later than 300 days after the date of the order for relief; and

(3) the time periods specified in paragraphs (1) and (2), and the time fixed in section 1129 (e) within which the plan shall be confirmed, may be extended only if—

# 第二附章　重整计划

**第 1121 条　可提交重整计划的主体**

（a）债务人可在提交启动自愿破产案件的申请时一并提交重整计划，或在自愿破产案件或强制破产案件中的任意时间内提交重整计划。

（b）除本条另有规定外，仅债务人才可在本章破产救济令作出后 120 日内提交重整计划。

（c）当且仅当以下情况发生时，包含债务人、托管人、债权人委员会、股本证券持有人委员会、债权人、股本证券持有人或任何契约受托人在内的任何利益相关方均可提交重整计划：

（1）已经根据本章指定托管人；

（2）债务人在本章破产救济令作出后 120 日内尚未提交重整计划；或

（3）债务人在本章破产救济令作出后 180 日内尚未提交受重整计划调整的债权或权益小组均接受的重整计划。

（d）（1）在符合第（2）款规定的情况下，若利益相关方在本条的附条（b）和（c）列明的各期限内提出请求，则经过通知和听证后，法院可出于特定事由缩短或延长本条所述的 120 日期间或 180 日期间。

（2）（A）第（1）款所述的 120 日期间不得被延长至本章破产救济令作出后 18 个月后。

（B）第（1）款所述的 180 日期间不得被延长至本章破产救济令作出后 20 个月后。

（e）在小企业案件中：

（1）仅债务人可在破产救济令作出后 180 日内提交重整计划，除非该期间：

（A）根据本附条的规定，经过通知和听证后，被加以延长；或

（B）法院出于特定事由作出其他裁定；

（2）重整计划和披露声明（若存在该披露声明的话）应在破产救济令作出后 300 日内提交；并且

（3）当且仅当下列情况发生时，第（1）款和第（2）款所述的期间，以及第 1129 条（e）中确定的重整计划应被批准的期间才可被延长：

(A) the debtor, after providing notice to parties in interest (including the United States trustee), demonstrates by a preponderance of the evidence that it is more likely than not that the court will confirm a plan within a reasonable period of time;

(B) a new deadline is imposed at the time the extension is granted; and

(C) the order extending time is signed before the existing deadline has expired.

(Pub. L. 95-598, Nov. 6, 1978, 92 Stat. 2631; Pub. L. 98-353, title III, §506, July 10, 1984, 98 Stat. 385; Pub. L. 99-554, title II, §283 (u), Oct. 27, 1986, 100 Stat. 3118; Pub. L. 103-394, title II,§217 (d), Oct. 22, 1994, 108 Stat. 4127; Pub. L. 109-8, title IV, §§411, 437, Apr. 20, 2005, 119 Stat. 106, 113.)

### §1122. Classification of claims or interests

(a) Except as provided in subsection (b) of this section, a plan may place a claim or an interest in a particular class only if such claim or interest is substantially similar to the other claims or interests of such class.

(b) A plan may designate a separate class of claims consisting only of every unsecured claim that is less than or reduced to an amount that the court approves as reasonable and necessary for administrative convenience.

(Pub. L. 95-598, Nov. 6, 1978, 92 Stat. 2631.)

### §1123. Contents of plan

(a) Notwithstanding any otherwise applicable nonbankruptcy law, a plan shall—

(1) designate, subject to section 1122 of this title, classes of claims, other than claims of a kind specified in section 507 (a)(2), 507 (a)(3), or 507 (a)(8) of this title, and classes of interests;

(2) specify any class of claims or interests that is not impaired under the plan;

(3) specify the treatment of any class of claims or interests that is impaired under the plan;

(4) provide the same treatment for each claim or interest of a particular class, unless the holder of a particular claim or interest agrees to a less favorable treatment of such particular claim or interest;

(5) provide adequate means for the plan's implementation, such as—

(A) retention by the debtor of all or any part of the property of the estate;

(B) transfer of all or any part of the property of the estate to one or more entities, whether organized before or after the confirmation of such plan;

(C) merger or consolidation of the debtor with one or more persons;

(D) sale of all or any part of the property of the estate, either subject to or free of any lien, or the distribution of all or any part of the property of the estate among those having an interest in such property of the estate;

(E) satisfaction or modification of any lien;

（A）债务人在向利益相关方（包括联邦托管人）发出通知后，通过充足的证据表明法院更有可能在合理的时间内批准该计划；

（B）在准予延期时，设定了新的截止日期；以及

（C）在现有截止日期到期前已经签署延长期间的裁定。

[Pub. L. 95-598, Nov. 6, 1978, 92 Stat. 2631; Pub. L. 98-353, title III, §506, July 10, 1984, 98 Stat. 385; Pub. L. 99-554, title II, §283（u）, Oct. 27, 1986, 100 Stat. 3118; Pub. L. 103-394, title II,§217（d）, Oct. 22, 1994, 108 Stat. 4127; Pub. L. 109-8, title IV, §§411, 437, Apr. 20, 2005, 119 Stat. 106, 113. ]

**第 1122 条　债权或权益的分组**

（a）除本条的附条（b）另有规定外，当且仅当某债权或权益与某特定小组的债权或权益基本相似时，重整计划才可将该债权或权益分入该小组。

（b）重整计划可单设仅含有其金额少于或被减少至法院出于管理方便而确认的合理且必要的金额的无担保债权的债权小组。

（Pub. L. 95-598, Nov. 6, 1978, 92 Stat. 2631.）

**第 1123 条　重整计划的内容**

（a）即使存在任何其他可适用的非破产的规定，重整计划应包含以下内容：

（1）在符合本篇第 1122 条规定的情况下，对本篇第 507（a）（2）、507（a）（3）或 507（a）（8）条列明的债权外的债权进行分组，同时划分权益小组；

（2）载明未因重整计划而权益减损的债权小组或权益小组；

（3）载明因重整计划而权益减损的债权小组或权益小组的待遇；

（4）除非持有特定债权或权益的主体同意就该债权或权益受到不利对待，否则应对同一小组内的各债权或权益提供相同的待遇；

（5）规定充足的手段以实施重整计划，如：

（A）债务人保留全部或部分破产财产；

（B）将破产财产全部或部分转让给一个或多个实体，无论系在计划得到批准前设立还是批准后设立；

（C）将债务人与一个或多个主体兼并或合并；

（D）将全部或部分破产财产出售，无论其是否受财产上担保权的约束；或将全部或部分破产财产在对该财产享有权益的主体间进行分配；

（E）解除或变更任何财产上担保权；

(F) cancellation or modification of any indenture or similar instrument;

(G) curing or waiving of any default;

(H) extension of a maturity date or a change in an interest rate or other term of outstanding securities;

(I) amendment of the debtor's charter; or

(J) issuance of securities of the debtor, or of any entity referred to in subparagraph (B) or (C) of this paragraph, for cash, for property, for existing securities, or in exchange for claims or interests, or for any other appropriate purpose;

(6) provide for the inclusion in the charter of the debtor, if the debtor is a corporation, or of any corporation referred to in paragraph (5)(B) or (5)(C) of this subsection, of a provision prohibiting the issuance of nonvoting equity securities, and providing, as to the several classes of securities possessing voting power, an appropriate distribution of such power among such classes, including, in the case of any class of equity securities having a preference over another class of equity securities with respect to dividends, adequate provisions for the election of directors representing such preferred class in the event of default in the payment of such dividends;

(7) contain only provisions that are consistent with the interests of creditors and equity security holders and with public policy with respect to the manner of selection of any officer, director, or trustee under the plan and any successor to such officer, director, or trustee; and

(8) in a case in which the debtor is an individual, provide for the payment to creditors under the plan of all or such portion of earnings from personal services performed by the debtor after the commencement of the case or other future income of the debtor as is necessary for the execution of the plan.

(b) Subject to subsection (a) of this section, a plan may—

(1) impair or leave unimpaired any class of claims, secured or unsecured, or of interests;

(2) subject to section 365 of this title, provide for the assumption, rejection, or assignment of any executory contract or unexpired lease of the debtor not previously rejected under such section;

(3) provide for—

(A) the settlement or adjustment of any claim or interest belonging to the debtor or to the estate; or

(B) the retention and enforcement by the debtor, by the trustee, or by a representative of the estate appointed for such purpose, of any such claim or interest;

(4) provide for the sale of all or substantially all of the property of the estate, and the distribution of the proceeds of such sale among holders of claims or interests;

（F）取消或变更任何契约或类似文件；

（G）纠正或豁免任何违约行为；

（H）延长已发行证券的到期日或者变更其利率或其他内容；

（I）修改债务人的章程；或

（J）为了获取金钱、财产或现有证券，或者为了换取债权、权益或出于其他正当目的，发行债务人或本款的附款（B）或（C）所述的任何实体的证券；

（6）规定当债务人为公司时，债务人或本附条第（5）款（B）或第（5）款（C）所述的任何公司的章程中均应包括禁止发行无表决权股本证券的条文，同时章程中应规定对于有表决权的证券小组，在这些小组间对该权力进行适当的分配，包括当涉及股息时，若某股本证券小组的优先顺位高于其他小组的顺位，则应当规定足够的条文以在支付该股息发生违约的情况下，选出代表任该优先小组的董事；

（7）针对选任重整计划中的任何高管、董事或托管人或该高管、董事或托管人的继受人的方式，其相关条文必须符合债权人和股本证券持有人的利益以及公共政策；以及

（8）当债务人为个人时，规定根据重整计划由债务人在案件启动后通过其个人服务获得的收入，或出于执行重整计划的需要，由债务人的其他未来收入对债权人进行清偿。

（b）在符合本条的附条（a）的规定的情况下，重整计划可包含以下内容：

（1）对任何担保债权或无担保债权的债权小组或权益小组进行减损或不对其进行减损；

（2）在符合本篇第 365 条规定的情况下，规定确认、拒绝确认或转让债务人先前尚未根据该条拒绝确认的任何待履行合同或未到期租约；

（3）规定以下内容：

（A）对任何属于债务人或破产实体的任何债权或权益的结算或调整；或

（B）债务人、托管人或基于本附款的目的而被指定的破产实体的代表对该债权或权益的保留或执行；

（4）规定将全部或几乎全部破产财产出售并将该出售所得的收益在持有该债权或权益的主体间进行分配；

(5) modify the rights of holders of secured claims, other than a claim secured only by a security interest in real property that is the debtor's principal residence, or of holders of unsecured claims, or leave unaffected the rights of holders of any class of claims; and

(6) include any other appropriate provision not inconsistent with the applicable provisions of this title.

(c) In a case concerning an individual, a plan proposed by an entity other than the debtor may not provide for the use, sale, or lease of property exempted under section 522 of this title, unless the debtor consents to such use, sale, or lease.

(d) Notwithstanding subsection (a) of this section and sections 506 (b), 1129 (a) (7), and 1129 (b) of this title, if it is proposed in a plan to cure a default the amount necessary to cure the default shall be determined in accordance with the underlying agreement and applicable nonbankruptcy law.

(Pub. L. 95-598, Nov. 6, 1978, 92 Stat. 2631; Pub. L. 98-353, title III, §507, July 10, 1984, 98 Stat. 385; Pub. L. 103-394, title II, §206, title III, §§304(h)(6), 305(a), title V, §501 (d)(31), Oct. 22, 1994, 108 Stat. 4123, 4134, 4146; Pub. L. 109-8, title III, §321 (b), title XV, §1502 (a)(7), Apr. 20, 2005, 119 Stat. 95, 216.)

### §1124. Impairment of claims or interests

Except as provided in section 1123 (a)(4) of this title, a class of claims or interests is impaired under a plan unless, with respect to each claim or interest of such class, the plan—

(1) leaves unaltered the legal, equitable, and contractual rights to which such claim or interest entitles the holder of such claim or interest; or

(2) notwithstanding any contractual provision or applicable law that entitles the holder of such claim or interest to demand or receive accelerated payment of such claim or interest after the occurrence of a default—

(A) cures any such default that occurred before or after the commencement of the case under this title, other than a default of a kind specified in section 365 (b)(2) of this title or of a kind that section 365 (b)(2) expressly does not require to be cured;

(B) reinstates the maturity of such claim or interest as such maturity existed before such default;

(C) compensates the holder of such claim or interest for any damages incurred as a result of any reasonable reliance by such holder on such contractual provision or such applicable law;

(D) if such claim or such interest arises from any failure to perform a nonmonetary obligation, other than a default arising from failure to operate a nonresidential real property lease subject to section 365 (b)(1)(A), compensates the holder of such claim or such interest (other than the debtor or an insider) for any actual pecuniary loss incurred by

（5）调整担保债权（不包括权由债务人作为主要住所的不动产所担保的债权）人、无担保债权人的权利或不对任何债权小组的债权人的权利予以调整

（6）包含符合本篇可适用条文规定的任何其他相应规定。

（c）在个人破产案件中，除非债务人对此表示同意，否则债务人外的实体提出的重整计划不得对本篇第522条中被豁免财产的使用、出售或出租作以规定。

（d）即使存在本条的附条（a）以及本篇第506（b）、1129（a）（7）或1129（b）条的规定，若在重整计划中提出纠正违约行为，则纠正该违约行为的必要费用应根据相关协议和可适用的非破产法来确定。

[Pub. L. 95-598, Nov. 6, 1978, 92 Stat. 2631; Pub. L. 98-353, title III, §507, July 10, 1984, 98 Stat. 385; Pub. L. 103-394, title II, §206, title III, §§304（h）（6）, 305（a）, title V, §501（d）（31）, Oct. 22, 1994, 108 Stat. 4123, 4134, 4146; Pub. L. 109-8, title III, §321（b）, title XV, §1502（a）（7）, Apr. 20, 2005, 119 Stat. 95, 216.]

**第1124条　债权或权益的减损**

除本篇第1123条（a）（4）另有规定外，债权小组或权益小组均受到重整计划的减损，除非针对该小组内的各债权或权益，该重整计划：

（1）未对持有该债权或权益的主体因该债权或权益而享有的法律、衡平和合同权利进行减损；或

（2）即使存在任何合同约定或可适用的法律授权持有该债权或权益的主体在违约行为发生后主张或获得该债权或权益的提前清偿，若重整计划规定有以下各项，则该债权或权益仍未受减损：

（A）对发生在本篇案件启动前或启动后的任何该类违约行为进行纠正，但该违约行为不包括本篇第365条（b）（2）所述的违约行为或第365条（b）（2）明确规定不要求对其纠正的违约行为；

（B）将该债权或权益的到期日恢复为发生违约行为前存在的到期日；

（C）对持有该债权或权益的主体因其对该合同约定或可适用的法律的合理信赖而遭受的损害进行赔偿；

（D）若该债权或权益系因未能履行非金钱义务而产生，但不包括第365条（b）（1）（A）中规定的因未能履行非住宅不动产租约而产生的违约行为，对持有该债权或权益的主体（不包括债务人或其内部人士）因该违约行为遭受的任何实际金钱损失进行赔偿；并且

such holder as a result of such failure; and

(E) does not otherwise alter the legal, equitable, or contractual rights to which such claim or interest entitles the holder of such claim or interest.

(Pub. L. 95-598, Nov. 6, 1978, 92 Stat. 2633; Pub. L. 98-353, title III, §508, July 10, 1984, 98 Stat. 385; Pub. L. 103-394, title II, §213 (d), Oct. 22, 1994, 108 Stat. 4126; Pub. L. 109-8, title III,§328 (b), Apr. 20, 2005, 119 Stat. 100.)

### §1125. Postpetition disclosure and solicitation

(a) In this section—

(1) "adequate information" means information of a kind, and in sufficient detail, as far as is reasonably practicable in light of the nature and history of the debtor and the condition of the debtor's books and records, including a discussion of the potential material Federal tax consequences of the plan to the debtor, any successor to the debtor, and a hypothetical investor typical of the holders of claims or interests in the case, that would enable such a hypothetical investor of the relevant class to make an informed judgment about the plan, but adequate information need not include such information about any other possible or proposed plan and in determining whether a disclosure statement provides adequate information, the court shall consider the complexity of the case, the benefit of additional information to creditors and other parties in interest, and the cost of providing additional information; and

(2) "investor typical of holders of claims or interests of the relevant class" means investor having—

(A) a claim or interest of the relevant class;

(B) such a relationship with the debtor as the holders of other claims or interests of such class generally have; and

(C) such ability to obtain such information from sources other than the disclosure required by this section as holders of claims or interests in such class generally have.

(b) An acceptance or rejection of a plan may not be solicited after the commencement of the case under this title from a holder of a claim or interest with respect to such claim or interest, unless, at the time of or before such solicitation, there is transmitted to such holder the plan or a summary of the plan, and a written disclosure statement approved, after notice and a hearing, by the court as containing adequate information. The court may approve a disclosure statement without a valuation of the debtor or an appraisal of the debtor's assets.

(c) The same disclosure statement shall be transmitted to each holder of a claim or interest of a particular class, but there may be transmitted different disclosure statements, differing in amount, detail, or kind of information, as between classes.

(d) Whether a disclosure statement required under subsection (b) of this section

（E）未对持有该债权或权益的主体因该债权或权益而享有的法律、衡平和合同权利进行减损。

[ Pub. L. 95-598, Nov. 6, 1978, 92 Stat. 2633; Pub. L. 98-353, title III, §508, July 10, 1984, 98 Stat. 385; Pub. L. 103-394, title II, §213（d）, Oct. 22, 1994, 108 Stat. 4126; Pub. L. 109-8, title III,§328（b）, Apr. 20, 2005, 119 Stat. 100. ]

**第 1125 条　申请后披露信息和征求意见**

（a）在本条中：

（1）“充分的信息”指基于债务人的性质和历史以及债务人账簿和记录的状况，在合理可行的范围内，所能提供的足够详细的信息，包括该重整计划可能对债务人、债务人的继受人以及在本案中持有债权或权益的典型假设投资者造成的重大联邦税收后果的详述，从而使相关小组的假设投资者能够基于该信息对该计划作出判断，但充分的信息不必包含有关任何其他可能的或被提出的重整计划的信息，并且在决定披露声明是否提供了充分信息时，法院应考虑案件的复杂性、额外信息对债权人及其他利益相关方的益处以及提供额外信息的成本；并且

（2）“持有相关小组债权或权益的典型投资者”指符合以下条件的投资者：

（A）享有相关小组的债权或权益；

（B）其与债务人间的关系为持有该小组其他债权或权益的主体与债务人间的通常关系；并且

（C）其从本条要求进行的披露外的途径获取信息的能力为持有该小组债权或权益的主体通常具有的能力。

（b）除非在征求对重整计划的接受或拒绝意见时或之前，已经向持有债权或权益的主体提供该计划或该计划的摘要，以及经过通知和听证后，法院因其包含充分信息而予以批准书面的披露声明，否则不得在本篇案件启动后向前述主体就其持有的债权或权益征求该意见。法院可无须对债务人或其资产进行评估而批准披露声明。

（c）应向持有某特定小组债权或权益的各主体提供相同的披露声明，但在不同的小组间，可提供在金额、细条或信息类别上存在差异的不同披露声明。

（d）本条的附条（b）中要求提供的披露声明中是否含有充分的信息，并不由

contains adequate information is not governed by any otherwise applicable nonbankruptcy law, rule, or regulation, but an agency or official whose duty is to administer or enforce such a law, rule, or regulation may be heard on the issue of whether a disclosure statement contains adequate information. Such an agency or official may not appeal from, or otherwise seek review of, an order approving a disclosure statement.

(e) A person that solicits acceptance or rejection of a plan, in good faith and in compliance with the applicable provisions of this title, or that participates, in good faith and in compliance with the applicable provisions of this title, in the offer, issuance, sale, or purchase of a security, offered or sold under the plan, of the debtor, of an affiliate participating in a joint plan with the debtor, or of a newly organized successor to the debtor under the plan, is not liable, on account of such solicitation or participation, for violation of any applicable law, rule, or regulation governing solicitation of acceptance or rejection of a plan or the offer, issuance, sale, or purchase of securities.

(f) Notwithstanding subsection (b), in a small business case—

(1) the court may determine that the plan itself provides adequate information and that a separate disclosure statement is not necessary;

(2) the court may approve a disclosure statement submitted on standard forms approved by the court or adopted under section 2075 of title 28; and

(3)(A) the court may conditionally approve a disclosure statement subject to final approval after notice and a hearing;

(B) acceptances and rejections of a plan may be solicited based on a conditionally approved disclosure statement if the debtor provides adequate information to each holder of a claim or interest that is solicited, but a conditionally approved disclosure statement shall be mailed not later than 25 days before the date of the hearing on confirmation of the plan; and

(C) the hearing on the disclosure statement may be combined with the hearing on confirmation of a plan.

(g) Notwithstanding subsection (b), an acceptance or rejection of the plan may be solicited from a holder of a claim or interest if such solicitation complies with applicable nonbankruptcy law and if such holder was solicited before the commencement of the case in a manner complying with applicable nonbankruptcy law.

(Pub. L. 95-598, Nov. 6, 1978, 92 Stat. 2633; Pub. L. 98-353, title III, §509, July 10, 1984, 98 Stat. 385; Pub. L. 103-394, title II, §217 (e), Oct. 22, 1994, 108 Stat. 4127; Pub. L. 109-8, title IV, §§408, 431, title VII, §717, Apr. 20, 2005, 119 Stat. 106, 109, 131.)

### §1126. Acceptance of plan

(a) The holder of a claim or interest allowed under section 502 of this title may accept or reject a plan. If the United States is a creditor or equity security holder, the

任何其他可适用的非破产法、规则或规章来决定，但负责实施或执行该法律、规则或规章的机构或官员可就该披露声明是否含有充分信息这一事项发表意见。该机构或官员不得对批准该披露声明的裁定提出上诉或通过其他方式寻求审查。

（e）出于善意，在遵守本篇相应规定的情况下，征求重整计划的接受或拒绝意见的主体或参与根据重整计划而被转让或出售的债务人、与债务人参与联合计划的关联方或新设立的债务人的继受人的证券的提供、发行、出售或购买的主体，并不因违反规制该计划的接受或拒绝意见的征求或该证券的提供、发行、出售或购买的任何可适用的法律、规则或规章，而就该征求行为或参与行为承担责任。

（f）即使存在附条（b）的规定，在小企业案件中：

（1）法院可认定重整计划自身已经提供充分的信息并且不需要单独的披露声明；

（2）法院可批准按法院准予的标准格式或根据《美国联邦法典》第 28 篇第 2075 条而被采用的标准格式提交的披露声明；并且

（3）（A）法院可在经过通知和听证后，有条件地批准披露声明，但仍须经最终批准；

（B）若债务人向征求其意见的持有债权或权益的主体提供了充分的信息，则可基于经有条件批准的披露声明，征求接受和拒绝重整计划的意见，但是经有条件批准的披露声明应在就重整计划的批准举行听证前 25 日以前被邮寄；并且

（C）就披露声明举行的听证可与就重整计划的批准举行的听证合并。

（g）即使存在附条（b）的规定，若向持有债权或权益的主体征求其对重整计划的接受或拒绝的意见符合可适用的非破产法的规定，并且该主体在案件启动前已被按照符合可适用的非破产法规定的方式征求过意见，则可作此征求。

（Pub. L. 95-598, Nov. 6, 1978, 92 Stat. 2633; Pub. L. 98-353, title III, §509, July 10, 1984, 98 Stat. 385; Pub. L. 103-394, title II, §217（e）, Oct. 22, 1994, 108 Stat. 4127; Pub. L. 109-8, title IV, §§408, 431, title VII, §717, Apr. 20, 2005, 119 Stat. 106, 109, 131.）

**第 1126 条　重整计划的接受**

（a）持有根据本篇第 502 条而被予以确认的债权或权益的主体可接受或拒绝重整计划。若美国为债权人或股本证券持有人，则财政部长可代表美国接受或拒绝重

Secretary of the Treasury may accept or reject the plan on behalf of the United States.

(b) For the purposes of subsections (c) and (d) of this section, a holder of a claim or interest that has accepted or rejected the plan before the commencement of the case under this title is deemed to have accepted or rejected such plan, as the case may be, if—

(1) the solicitation of such acceptance or rejection was in compliance with any applicable nonbankruptcy law, rule, or regulation governing the adequacy of disclosure in connection with such solicitation; or

(2) if there is not any such law, rule, or regulation, such acceptance or rejection was solicited after disclosure to such holder of adequate information, as defined in section 1125 (a) of this title.

(c) A class of claims has accepted a plan if such plan has been accepted by creditors, other than any entity designated under subsection (e) of this section, that hold at least two-thirds in amount and more than one-half in number of the allowed claims of such class held by creditors, other than any entity designated under subsection (e) of this section, that have accepted or rejected such plan.

(d) A class of interests has accepted a plan if such plan has been accepted by holders of such interests, other than any entity designated under subsection (e) of this section, that hold at least two-thirds in amount of the allowed interests of such class held by holders of such interests, other than any entity designated under subsection (e) of this section, that have accepted or rejected such plan.

(e) On request of a party in interest, and after notice and a hearing, the court may designate any entity whose acceptance or rejection of such plan was not in good faith, or was not solicited or procured in good faith or in accordance with the provisions of this title.

(f) Notwithstanding any other provision of this section, a class that is not impaired under a plan, and each holder of a claim or interest of such class, are conclusively presumed to have accepted the plan, and solicitation of acceptances with respect to such class from the holders of claims or interests of such class is not required.

(g) Notwithstanding any other provision of this section, a class is deemed not to have accepted a plan if such plan provides that the claims or interests of such class do not entitle the holders of such claims or interests to receive or retain any property under the plan on account of such claims or interests.

(Pub. L. 95-598, Nov. 6, 1978, 92 Stat. 2634; Pub. L. 98-353, title III, §510, July 10, 1984, 98 Stat. 386.)

### §1127. Modification of plan

(a) The proponent of a plan may modify such plan at any time before confirmation,

整计划。

（b）就本条的附条（c）和（d）而言，若持有债权或权益的主体在本篇案件启动前已经接受或拒绝重整计划，则在下列情况中，其仍将被视为已经接受或拒绝该计划：

（1）该接受或拒绝意见的征求符合规定与该征求相关的披露的充分性的任何可适用的非破产法、规则或规章；或

（2）当不存在前述法律、规则或规章时，该接受或拒绝意见的征求发生在向该主体披露充分的信息［定义见本篇第1125条（a）］后。

（c）当累计持有债权的金额至少达到小组内已经就接受或拒绝重整计划发表意见的债权人［不包括本条的附条（e）中被认定的主体］持有的债权金额的2/3，且累计持有经确认债权的数量超过半数前述债权人持有的经确认债权数量的债权人［不包括本条的附条（e）中被认定的主体］已经接受该重整计划，则视为该债权小组已经接受该计划。

（d）当累计持有权益的金额至少达到小组内已经就接受或拒绝重整计划发表意见的持有该权益的主体［不包括本条的附条（e）中被认定的主体］持有的权益金额的三分之二的权利人［不包括本条的附条（e）中被认定的主体］接受该重整计划，则视为该权益小组已经接受该计划。

（e）应利益相关方的请求，经过通知和听证后，法院可认定任何实体其接受或拒绝重整计划的意见并非出于善意，或者其意见并非在出于善意或在符合本篇规定的情况下而被征求或取得。

（f）即使本条有任何其他规定，未因重整计划而权益减损的小组以及持有该小组债权或权益的各主体均被认定为已经接受该计划，并且无须针对该小组对该类主体征求接受意见。

（g）即使本条有任何其他规定，若该计划规定持有某小组债权或权益的各主体并不因该小组的债权或权益而有权根据该计划就该债权或权益获得或保留任何财产，则该小组被视为并未接受该计划。

（Pub. L. 95-598, Nov. 6, 1978, 92 Stat. 2634; Pub. L. 98-353, title III, §510, July 10, 1984, 98 Stat. 386.）

**第1127条 重整计划的修改**

（a）重整计划的提出者可在计划得到批准前任意时间内修改该计划，但该修改

but may not modify such plan so that such plan as modified fails to meet the requirements of sections 1122 and 1123 of this title. After the proponent of a plan files a modification of such plan with the court, the plan as modified becomes the plan.

(b) The proponent of a plan or the reorganized debtor may modify such plan at any time after confirmation of such plan and before substantial consummation of such plan, but may not modify such plan so that such plan as modified fails to meet the requirements of sections 1122 and 1123 of this title. Such plan as modified under this subsection becomes the plan only if circumstances warrant such modification and the court, after notice and a hearing, confirms such plan as modified, under section 1129 of this title.

(c) The proponent of a modification shall comply with section 1125 of this title with respect to the plan as modified.

(d) Any holder of a claim or interest that has accepted or rejected a plan is deemed to have accepted or rejected, as the case may be, such plan as modified, unless, within the time fixed by the court, such holder changes such holder's previous acceptance or rejection.

(e) If the debtor is an individual, the plan may be modified at any time after confirmation of the plan but before the completion of payments under the plan, whether or not the plan has been substantially consummated, upon request of the debtor, the trustee, the United States trustee, or the holder of an allowed unsecured claim, to—

(1) increase or reduce the amount of payments on claims of a particular class provided for by the plan;

(2) extend or reduce the time period for such payments; or

(3) alter the amount of the distribution to a creditor whose claim is provided for by the plan to the extent necessary to take account of any payment of such claim made other than under the plan.

(f)(1) Sections 1121 through 1128 and the requirements of section 1129 apply to any modification under subsection (e).

(2) The plan, as modified, shall become the plan only after there has been disclosure under section 1125 as the court may direct, notice and a hearing, and such modification is approved.

(Pub. L. 95-598, Nov. 6, 1978, 92 Stat. 2635; Pub. L. 98-353, title III, §511, July 10, 1984, 98 Stat. 386; Pub. L. 109-8, title III, §321 (e), Apr. 20, 2005, 119 Stat. 96; Pub. L. 111-327, §2 (a)(34), Dec. 22, 2010, 124 Stat. 3561.)

### §1128. Confirmation hearing

(a) After notice, the court shall hold a hearing on confirmation of a plan.

(b) A party in interest may object to confirmation of a plan.

(Pub. L. 95-598, Nov. 6, 1978, 92 Stat. 2635.)

不得使修改后的计划无法满足本篇第 1122 条和第 1123 条的要求。计划的提出者向法院提交该计划的修改方案后，修改后的计划即成为重整计划。

（b）计划的提出者或被重整的债务人可在该计划得到批准后、基本实施完毕前的任意时间内修改该计划，但该修改不得使修改后的计划无法满足本篇第 1122 条和第 1123 条的要求。当且仅当存在需要进行该修改的情形，并且法院经过通知和听证后，根据本篇第 1129 条对修改后的计划进行批准时，修改后的计划才成为重整计划。

（c）修改方案的提出者应就修改后的计划遵守本篇第 1125 条的规定。

（d）先前已经接受或拒绝重整计划的持有债权或权益的主体被视为已经相应地接受或拒绝修改后的计划，除非在法院确定的时间内，该主体已改变其先前的接受或拒绝意见。

（e）若债务人为个人，则无论该计划是否已经基本实施完毕，在债务人、托管人、联邦托管人或持有经确认无担保债权的主体的请求下，该计划可在计划得到批准后、根据该计划完成清偿前的任意时间内就以下事项得到修改：

（1）提高或降低该计划规定的特定小组的债权的清偿金额；

（2）延长或缩短作此清偿的期间；或

（3）考虑到在重整计划外，就该计划中规定的债权所作的清偿，在必要的范围内调整向该债权人分配的金额。

（f）（1）第 1121 条至第 1128 条以及第 1129 条中的要求均适用于根据附条（e）所作的任何修改方案。

（2）仅当按照法院要求进行第 1125 条中的披露，并且经过通知和听证后，修改方案得到批准以后，修改后的计划才应成为重整计划。

［Pub. L. 95-598, Nov. 6, 1978, 92 Stat. 2635; Pub. L. 98-353, title III, §511, July 10, 1984, 98 Stat. 386; Pub. L. 109-8, title III, §321（e）, Apr. 20, 2005, 119 Stat. 96; Pub. L. 111-327, §2（a）（34）, Dec. 22, 2010, 124 Stat. 3561.］

**第 1128 条　批准计划的听证**

（a）经过通知后，法院应举行批准重整计划的听证。

（b）利益相关方可对重整计划的批准提出异议。

（Pub. L. 95-598, Nov. 6, 1978, 92 Stat. 2635.）

## §1129. Confirmation of plan

(a) The court shall confirm a plan only if all of the following requirements are met:

(1) The plan complies with the applicable provisions of this title.

(2) The proponent of the plan complies with the applicable provisions of this title.

(3) The plan has been proposed in good faith and not by any means forbidden by law.

(4) Any payment made or to be made by the proponent, by the debtor, or by a person issuing securities or acquiring property under the plan, for services or for costs and expenses in or in connection with the case, or in connection with the plan and incident to the case, has been approved by, or is subject to the approval of, the court as reasonable.

(5)(A)(i) The proponent of the plan has disclosed the identity and affiliations of any individual proposed to serve, after confirmation of the plan, as a director, officer, or voting trustee of the debtor, an affiliate of the debtor participating in a joint plan with the debtor, or a successor to the debtor under the plan; and

(ii) the appointment to, or continuance in, such office of such individual, is consistent with the interests of creditors and equity security holders and with public policy; and

(B) the proponent of the plan has disclosed the identity of any insider that will be employed or retained by the reorganized debtor, and the nature of any compensation for such insider.

(6) Any governmental regulatory commission with jurisdiction, after confirmation of the plan, over the rates of the debtor has approved any rate change provided for in the plan, or such rate change is expressly conditioned on such approval.

(7) With respect to each impaired class of claims or interests—

(A) each holder of a claim or interest of such class—

(i) has accepted the plan; or

(ii) will receive or retain under the plan on account of such claim or interest property of a value, as of the effective date of the plan, that is not less than the amount that such holder would so receive or retain if the debtor were liquidated under chapter 7 of this title on such date; or

(B) if section 1111 (b)(2) of this title applies to the claims of such class, each holder of a claim of such class will receive or retain under the plan on account of such claim property of a value, as of the effective date of the plan, that is not less than the value of such holder's interest in the estate's interest in the property that secures such claims.

(8) With respect to each class of claims or interests—

(A) such class has accepted the plan; or

(B) such class is not impaired under the plan.

**第 1129 条　重整计划的批准**

（a）当且仅当符合以下所有要求时，法院才应批准重整计划：

（1）该计划符合本篇相关规定。

（2）计划的提出者遵守本篇相关规定。

（3）系出于善意而提出该计划，且并未采取任何法律禁止的方式。

（4）由计划的提出者、债务人或根据该计划发行证券或取得财产的主体，就本案中或与本案相关的服务或成本费用所作的支付或将作的支付，已经被法院批准或将被法院批准为合理费用。

（5）（A）（i）计划的提出者已经披露在计划得到批准后，将根据该计划担任董事、高管、债务人的有表决权托管人、与债务人参与联合计划的债务人的关联方以及债务人的继受人的任何个人的身份及其关联人员；并且

（ii）任命此人担任该职务或由其继续担任该职务符合债权人和股本权益持有人的利益以及公共政策；以及

（B）计划的提出者已经披露将由被重整的债务人聘用或留任的内部人士的身份以及向该内部人士提供的任何报酬的性质。

（6）任何在计划得到批准后就债务人的费率具有管辖权的政府监管委员会已经批准该计划中规定的任何费率变化，或该费率变化明确以委员会的批准为条件。

（7）针对各个受减损的债权或权益小组而言：

（A）持有该小组的债权或权益的各主体：

（i）已经接受该计划；或

（ii）根据该计划就该债权或权益将获得或保留财产，且该财产的价值自计划生效之日不少于，债务人若根据本篇第 7 章进行清算的情况下在该日可能获得或保留的金额；或

（B）当本篇第 1111 条（b）（2）适用于该小组的债权的情况下，持有该小组债权的各主体根据该计划均将就该债权获得或保留财产，且该财产的价值自计划生效之日不少于该主体就担保该债权的破产实体的财产权益享有的权益的价值。

（8）针对各个债权或权益小组而言：

（A）该小组已经接受该计划；或

（B）该小组未因该计划而受减损。

(9) Except to the extent that the holder of a particular claim has agreed to a different treatment of such claim, the plan provides that—

(A) with respect to a claim of a kind specified in section 507 (a)(2) or 507 (a)(3) of this title, on the effective date of the plan, the holder of such claim will receive on account of such claim cash equal to the allowed amount of such claim;

(B) with respect to a class of claims of a kind specified in section 507 (a)(1), 507 (a)(4), 507 (a)(5), 507 (a)(6), or 507 (a)(7) of this title, each holder of a claim of such class will receive—

(i) if such class has accepted the plan, deferred cash payments of a value, as of the effective date of the plan, equal to the allowed amount of such claim; or

(ii) if such class has not accepted the plan, cash on the effective date of the plan equal to the allowed amount of such claim;

(C) with respect to a claim of a kind specified in section 507 (a)(8) of this title, the holder of such claim will receive on account of such claim regular installment payments in cash—

(i) of a total value, as of the effective date of the plan, equal to the allowed amount of such claim;

(ii) over a period ending not later than 5 years after the date of the order for relief under section 301, 302, or 303; and

(iii) in a manner not less favorable than the most favored nonpriority unsecured claim provided for by the plan (other than cash payments made to a class of creditors under section 1122 (b)); and

(D) with respect to a secured claim which would otherwise meet the description of an unsecured claim of a governmental unit under section 507 (a)(8), but for the secured status of that claim, the holder of that claim will receive on account of that claim, cash payments, in the same manner and over the same period, as prescribed in subparagraph (C).

(10) If a class of claims is impaired under the plan, at least one class of claims that is impaired under the plan has accepted the plan, determined without including any acceptance of the plan by any insider.

(11) Confirmation of the plan is not likely to be followed by the liquidation, or the need for further financial reorganization, of the debtor or any successor to the debtor under the plan, unless such liquidation or reorganization is proposed in the plan.

(12) All fees payable under section 1930 of title 28, as determined by the court at the hearing on confirmation of the plan, have been paid or the plan provides for the payment of all such fees on the effective date of the plan.

(13) The plan provides for the continuation after its effective date of payment of all

（9）除了持有特定债权的主体已经同意就该债权获得的不同待遇的范围外，该计划规定有以下各项：

（A）针对本篇第507条（a）（2）或第507条（a）（3）所述的债权，在计划生效当日，持有该债权的主体将就该债权获得与该债权被确认的金额相等的现金；

（B）针对本篇第507（a）（1）、507（a）（4）、507（a）（5）、507（a）（6）或507（a）（7）条所述的债权的小组，持有该小组债权的各主体均将获得：

（i）若该小组已经接受该计划，获得延期现金支付，且自计划生效之日支付的金额等于该债权被确认的金额；或

（ii）若该小组未能接受该计划，在计划生效当日获得与该债权被确认的金额相等的现金；

（C）针对本篇第507条（a）（8）所述的债权，持有该债权的主体将就该债权获得定期现金付款，并且：

（i）自该计划生效之日起，总价值等于该债权被确认的金额；

（ii）在根据第301、302或303条作出破产救济令后5年内完成；并且

（iii）向其提供的待遇不得低于该计划规定的非优先无担保债权人所能享有的最高待遇［不包括向第1122条（b）所述的债权小组所作的现金支付］；以及

（D）对于除了具有担保地位外，（其他方面）符合第507条（a）（8）中政府机构的无担保债权的定义的担保债权，该债权人将就该债权以附款（C）规定的方式在规定的期间内获得现金偿付。

（10）若存在因该计划而受减损的债权小组，则在因该计划而受减损的债权小组中至少有一个小组已经接受该计划，并且在作此认定时不得考虑任何内部人士对该计划的接受。

（11）计划得到批准后，通常不再进行清算或进一步的财务重整，除非该计划对该清算或重整有所规定。

（12）在计划生效当日，已经清偿或该计划规定清偿所有在就批准计划而举行的听证上，法院认定应当支付的《美国联邦法典》第28篇第1930条中的费用。

（13）该计划规定在计划生效后，按照根据本篇第1114条的附条（e）（1）（B）

retiree benefits, as that term is defined in section 1114 of this title, at the level established pursuant to subsection (e)(1)(B) or (g) of section 1114 of this title, at any time prior to confirmation of the plan, for the duration of the period the debtor has obligated itself to provide such benefits.

(14) If the debtor is required by a judicial or administrative order, or by statute, to pay a domestic support obligation, the debtor has paid all amounts payable under such order or such statute for such obligation that first become payable after the date of the filing of the petition.

(15) In a case in which the debtor is an individual and in which the holder of an allowed unsecured claim objects to the confirmation of the plan—

(A) the value, as of the effective date of the plan, of the property to be distributed under the plan on account of such claim is not less than the amount of such claim; or

(B) the value of the property to be distributed under the plan is not less than the projected disposable income of the debtor (as defined in section 1325 (b)(2)) to be received during the 5-year period beginning on the date that the first payment is due under the plan, or during the period for which the plan provides payments, whichever is longer.

(16) All transfers of property under the plan shall be made in accordance with any applicable provisions of nonbankruptcy law that govern the transfer of property by a corporation or trust that is not a moneyed, business, or commercial corporation or trust.

(b)(1) Notwithstanding section 510 (a) of this title, if all of the applicable requirements of subsection (a) of this section other than paragraph (8) are met with respect to a plan, the court, on request of the proponent of the plan, shall confirm the plan notwithstanding the requirements of such paragraph if the plan does not discriminate unfairly, and is fair and equitable, with respect to each class of claims or interests that is impaired under, and has not accepted, the plan.

(2) For the purpose of this subsection, the condition that a plan be fair and equitable with respect to a class includes the following requirements:

(A) With respect to a class of secured claims, the plan provides—

(i)(I) that the holders of such claims retain the liens securing such claims, whether the property subject to such liens is retained by the debtor or transferred to another entity, to the extent of the allowed amount of such claims; and

(II) that each holder of a claim of such class receive on account of such claim deferred cash payments totaling at least the allowed amount of such claim, of a value, as of the effective date of the plan, of at least the value of such holder's interest in the estate's interest in such property;

(ii) for the sale, subject to section 363 (k) of this title, of any property that is subject to the liens securing such claims, free and clear of such liens, with such liens to

或（g）而在计划得到批准前的任何时间内确定的标准，在债务人有义务支付退休福利（定义见本篇第 1114 条）的期间内，继续支付所有退休福利。

（14）若债务人根据司法或行政命令，或者法律规定而被要求支付家庭扶 / 抚养费，则债务人已经支付所有根据该命令或法律在破产申请被提交后才因该义务而成为应付款项的费用。

（15）在个人破产案件中，在经确认无担保债权人对计划的批准提出异议的情况下：

（A）根据该计划就该债权将被分配所得的财产的价值自计划生效之日不少于该债权的金额；或

（B）根据该计划将被分配所得的财产的价值不少于，债务人自该计划规定的首次还款到期日起 5 年内或该计划就还款规定的期间内（以二者中较长者为准），将获得的预计可支配收入［定义见第 1325 条（b）（2）］。

（16）根据该计划进行的所有财产的转让均应符合任何规制由金融、商事或商业法人或信托外的法人或信托所进行的财产的交付的可适用的非破产的规定。

（b）（1）即使存在本篇第 510 条（a）的规定，若该计划符合本条的附条（a）中除第（8）款外的所有相应要求，则即使存在该款的要求，法院应重整计划提出者的请求，若该计划针对受该计划调整且并未接受该计划的各债权或权益小组而言，并未对其进行不公平的对待，并且（该计划）是公平公正的，法院仍应批准该计划。

（2）就本附条而言，重整计划对于某小组而言是公平公正的这一条件，包含以下要求：

（A）针对担保债权小组而言，该计划规定：

（i）（I）无论受担保该债权的财产上担保权约束的财产是否仍由债务人保留或已转让其他实体，在该债权被确认的金额范围内，该债权人保留该财产上担保权；并且

（II）该小组内各债权人均就该债权获得延期现金支付，且累计不少于该债权被确认的金额，并且其价值自计划生效之日不少于该主体就破产实体的财产权益享有的权益的价值；

（ii）在符合本篇第 363 条（k）规定的情况下，无负担出售受担保该债权的财产上担保权约束的财产，并在该出售收益上设立担保权，且根据本附款的第（i）或

attach to the proceeds of such sale, and the treatment of such liens on proceeds under clause（i）or（iii）of this subparagraph; or

（iii）for the realization by such holders of the indubitable equivalent of such claims.

（B）With respect to a class of unsecured claims—

（i）the plan provides that each holder of a claim of such class receive or retain on account of such claim property of a value, as of the effective date of the plan, equal to the allowed amount of such claim; or

（ii）the holder of any claim or interest that is junior to the claims of such class will not receive or retain under the plan on account of such junior claim or interest any property, except that in a case in which the debtor is an individual, the debtor may retain property included in the estate under section 1115, subject to the requirements of subsection（a）（14）of this section.

（C）With respect to a class of interests—

（i）the plan provides that each holder of an interest of such class receive or retain on account of such interest property of a value, as of the effective date of the plan, equal to the greatest of the allowed amount of any fixed liquidation preference to which such holder is entitled, any fixed redemption price to which such holder is entitled, or the value of such interest; or

（ii）the holder of any interest that is junior to the interests of such class will not receive or retain under the plan on account of such junior interest any property.

（c）Notwithstanding subsections（a）and（b）of this section and except as provided in section 1127（b）of this title, the court may confirm only one plan, unless the order of confirmation in the case has been revoked under section 1144 of this title. If the requirements of subsections（a）and（b）of this section are met with respect to more than one plan, the court shall consider the preferences of creditors and equity security holders in determining which plan to confirm.

（d）Notwithstanding any other provision of this section, on request of a party in interest that is a governmental unit, the court may not confirm a plan if the principal purpose of the plan is the avoidance of taxes or the avoidance of the application of section 5 of the Securities Act of 1933. In any hearing under this subsection, the governmental unit has the burden of proof on the issue of avoidance.

（e）In a small business case, the court shall confirm a plan that complies with the applicable provisions of this title and that is filed in accordance with section 1121（e）not later than 45 days after the plan is filed unless the time for confirmation is extended in accordance with section 1121（e）（3）.

（Pub. L. 95-598, Nov. 6, 1978, 92 Stat. 2635; Pub. L. 98-353, title III, §512, July 10, 1984, 98 Stat. 386; Pub. L. 99-554, title II, §§225, 283（v）, Oct. 27, 1986, 100 Stat.

（iii）项处置该收益上的担保权；或

（iii）该债权人得以实现其债权的绝对等同价值的其他方式。

（B）针对无担保债权人而言：

（i）该计划规定该小组的各债权人均就该债权获得或保留财产，且该财产的价值自计划生效之日等于该债权的被确认金额；或

（ii）其持有的债权或权益在顺位上低于该小组债权的主体无法根据该计划就该次级债权或权益获得或保留财产，但是在个人破产案件中，在符合本条的附条（a）（14）的规定的情况下，债务人可保留根据第 1115 条被归入破产财产的财产。

（C）针对权益小组而言：

（i）该计划规定持有该小组权益的各主体均就该权益获得或保留财产，且该财产的价值自计划生效之日等于该主体享有的固定清算担保权的被确认金额、该主体有权获得的固定回赎价格及该权益的价值中的最大金额；

（ii）其持有的权益在顺位上低于该小组权益的主体无法根据该计划就该次级权益获得或保留任何财产。

（c）即使存在本条的附条（a）和（b）的规定，除本篇第 1127 条（b）另有规定外，除非本案中批准计划的裁定被根据本篇第 1144 条撤销，否则法院仅可批准一份重整计划。当有不止一份计划满足本条的附条（a）和（b）中的要求时，法院在决定批准哪份计划时应当考虑债权人和股本证券持有人的倾向。

（d）即使本条有任何其他规定，应作为利益相关方的政府机构的请求，若重整计划的主要目的是避税或避免《1933 年证券法》第 5 条的适用，则法院不得批准该计划。在根据本附条举行的任何听证中，政府机构就该避免意图承担举证责任。

（e）在小企业案件中，若重整计划符合本篇相关规定，并且该计划系根据第 1121 条（e）而被提交，则法院应在该计划被提交后 45 日内批准该计划，除非批准该计划的期间被根据第 1121 条（e）（3）予以延长。

[Pub. L. 95-598, Nov. 6, 1978, 92 Stat. 2635; Pub. L. 98-353, title III, §512, July 10, 1984, 98 Stat. 386; Pub. L. 99-554, title II, §§225, 283（v）, Oct. 27, 1986, 100 Stat.

3102, 3118; Pub. L. 100-334,§2 ( b ) , June 16, 1988, 102 Stat. 613; Pub. L. 103-394, title III, §304 ( h ) ( 7 ) , title V, §501 ( d ) ( 32 ) , Oct. 22, 1994, 108 Stat. 4134, 4146; Pub. L. 109-8, title II, §213 ( 1 ) , title III, §321 ( c ) , title IV, §438, title VII, §710, title XII, §1221 ( b ) , title XV, §1502 ( a ) ( 8 ) , Apr. 20, 2005, 119 Stat. 52, 95, 113, 127, 196, 216; Pub. L. 111-327, §2 ( a ) ( 35 ) , Dec. 22, 2010, 124 Stat. 3561. )

# SUBCHAPTER Ⅲ —POSTCONFIRMATION MATTERS

## §1141. Effect of confirmation

( a ) Except as provided in subsections ( d ) ( 2 ) and ( d ) ( 3 ) of this section, the provisions of a confirmed plan bind the debtor, any entity issuing securities under the plan, any entity acquiring property under the plan, and any creditor, equity security holder, or general partner in the debtor, whether or not the claim or interest of such creditor, equity security holder, or general partner is impaired under the plan and whether or not such creditor, equity security holder, or general partner has accepted the plan.

( b ) Except as otherwise provided in the plan or the order confirming the plan, the confirmation of a plan vests all of the property of the estate in the debtor.

( c ) Except as provided in subsections ( d ) ( 2 ) and ( d ) ( 3 ) of this section and except as otherwise provided in the plan or in the order confirming the plan, after confirmation of a plan, the property dealt with by the plan is free and clear of all claims and interests of creditors, equity security holders, and of general partners in the debtor.

( d ) ( 1 ) Except as otherwise provided in this subsection, in the plan, or in the order confirming the plan, the confirmation of a plan—

( A ) discharges the debtor from any debt that arose before the date of such confirmation, and any debt of a kind specified in section 502 ( g ) , 502 ( h ) , or 502 ( i ) of this title, whether or not—

( i ) a proof of the claim based on such debt is filed or deemed filed under section 501 of this title;

( ii ) such claim is allowed under section 502 of this title; or

( iii ) the holder of such claim has accepted the plan; and

( B ) terminates all rights and interests of equity security holders and general partners provided for by the plan.

( 2 ) A discharge under this chapter does not discharge a debtor who is an individual from any debt excepted from discharge under section 523 of this title.

3102, 3118; Pub. L. 100-334,§2（b）, June 16, 1988, 102 Stat. 613; Pub. L. 103-394, title III, §304（h）(7）, title V, §501（d）(32）, Oct. 22, 1994, 108 Stat. 4134, 4146; Pub. L. 109-8, title II, §213（1）, title III, §321（c）, title IV, §438, title VII, §710, title XII, §1221（b）, title XV, §1502（a）(8）, Apr. 20, 2005, 119 Stat. 52, 95, 113, 127, 196, 216; Pub. L. 111-327, §2（a）(35）, Dec. 22, 2010, 124 Stat. 3561.］

## 第三附章　批准后事项

### 第 1141 条　批准的效力

（a）除本条的附条（d）(2）和（d）(3）另有规定外，被批准的计划的规定对债务人、根据该计划发行证券的任何实体、根据该计划取得财产的任何实体以及任何债权人、股本证券持有人或债务人内的普通合伙人均具有约束力，无论该债权人、股本证券持有人或普通合伙人的债权或权益是否因该计划而受减损，也无论该债权人、股本证券持有人或普通合伙人是否已经接受该计划。

（b）除非该计划或批准该计划的裁定作出其他规定，否则重整计划的批准将使所有破产财产均归属于债务人。

（c）除本条的附条（d）(2）和（d）(3）另有规定外，并且除非该计划或批准该计划的裁定作出其他规定，否则在计划得到批准后，根据该计划对其进行处置的财产将不受任何债权人、股本证券持有人和债务人在内的普通合伙人持有的债权和权益的约束。

（d）(1）除本附条、计划或批准计划的裁定中另有规定外，计划的批准将产生以下效力：

（A）免除债务人在该批准作出前成立的任何债务以及本篇第 502（g）、502（h）或 502（i）条中列明的任何债务，无论：

（i）基于该债务的债权的证明是否根据本篇第 501 条已被提交或被视为已被提交；

（ii）该债权是否已根据本篇第 502 条被准予确认；或

（iii）持有该债权的主体是否已经接受该计划；以及

（B）终止该计划规定的股本证券持有人和普通合伙人的所有权利和权益。

（2）本章中的免责并不免除个人债务人根据本篇第 523 条不得被免除的债务。

(3) The confirmation of a plan does not discharge a debtor if—

(A) the plan provides for the liquidation of all or substantially all of the property of the estate;

(B) the debtor does not engage in business after consummation of the plan; and

(C) the debtor would be denied a discharge under section 727 (a) of this title if the case were a case under chapter 7 of this title.

(4) The court may approve a written waiver of discharge executed by the debtor after the order for relief under this chapter.

(5) In a case in which the debtor is an individual—

(A) unless after notice and a hearing the court orders otherwise for cause, confirmation of the plan does not discharge any debt provided for in the plan until the court grants a discharge on completion of all payments under the plan;

(B) at any time after the confirmation of the plan, and after notice and a hearing, the court may grant a discharge to the debtor who has not completed payments under the plan if—

(i) the value, as of the effective date of the plan, of property actually distributed under the plan on account of each allowed unsecured claim is not less than the amount that would have been paid on such claim if the estate of the debtor had been liquidated under chapter 7 on such date;

(ii) modification of the plan under section 1127 is not practicable; and

(iii) subparagraph (C) permits the court to grant a discharge; and

(C) the court may grant a discharge if, after notice and a hearing held not more than 10 days before the date of the entry of the order granting the discharge, the court finds that there is no reasonable cause to believe that—

(i) section 522 (q)(1) may be applicable to the debtor; and

(ii) there is pending any proceeding in which the debtor may be found guilty of a felony of the kind described in section 522 (q)(1)(A) or liable for a debt of the kind described in section 522 (q)(1)(B);

and if the requirements of subparagraph (A) or (B) are met.

(6) Notwithstanding paragraph (1), the confirmation of a plan does not discharge a debtor that is a corporation from any debt—

(A) of a kind specified in paragraph (2)(A) or (2)(B) of section 523 (a) that is owed to a domestic governmental unit, or owed to a person as the result of an action filed under subchapter Ⅲ of chapter 37 of title 31 or any similar State statute; or

(B) for a tax or customs duty with respect to which the debtor—

(i) made a fraudulent return; or

(ii) willfully attempted in any manner to evade or to defeat such tax or such customs

（3）在下列情形中，计划的批准并不免除债务人的责任：

（A）该计划规定对全部或几乎全部破产财产进行清算；

（B）债务人在计划实施完毕后并不从事商事经营；并且

（C）若本案为本篇第 7 章案件，债务人根据本篇第 727 条（a）将被拒绝免责。

（4）法院可批准债务人在本章破产救济令作出后所作的放弃免责的书面声明。

（5）在个人破产案件中：

（A）除非经过通知和听证后，法院出于特定事由作出其他裁定，否则在法院基于重整计划中的还款均已履行完毕而授予免责前，计划的批准并不免除在该计划中被规定的任何债务；

（B）在计划得到批准后的任何时间内，经过通知和听证后，法院在下列情形中可免除尚未完成重整计划中的还款的债务人的债务：

（i）自计划生效之日，根据该计划就各项经确认的无担保债权分配所得的财产的价值不少于若债务人的资产根据第 7 章得以清算而本将就该债权在该日所得的清偿额。

（ii）第 1127 条中计划的修改难以被实行；并且

（iii）附条（C）允许法院授予免责；以及

（C）经过通知和在授予免责的裁定被正式作出前 10 日内举行的听证后，若法院发现并无合理理由相信存在下列情形，并且已经满足附款（A）或（B）中的要求，则可授予免责：

（i）第 522 条（q）（1）可适用于该债务人；并且

（ii）债务人可能被认定犯有第 522 条（q）（1）（A）所述的重罪或被认定对第 522 条（q）（1）（B）所述的债务承担责任的程序正在进行中；

（6）即使存在第（1）款中的规定，计划的批准并不免除企业债务人的以下债务：

（A）欠国内政府机构的第 523 条（a）的第（2）款（A）或第（2）款（B）中的债务或因根据《美国联邦法典》第 31 篇第 37 章第 III 附章或任何类似州法提起的诉讼而欠他人的债务；或

（B）债务人针对税款或关税作出以下行为时，并不免除该税款或关税债务：

（i）作出欺诈申报；或

（ii）故意尝试通过各种手段逃避缴纳该税款或关税，或者阻挠该税款或关税的

duty.

( Pub. L. 95-598, Nov. 6, 1978, 92 Stat. 2638; Pub. L. 98-353, title III, §513, July 10, 1984, 98 Stat. 387; Pub. L. 109-8, title III, §§321 ( d ) , 330 ( b ) , title VII, §708, Apr. 20, 2005, 119 Stat. 95, 101, 126; Pub. L. 111-327, §2 ( a ) ( 36 ) , Dec. 22, 2010, 124 Stat. 3561. )

### §1142. Implementation of plan

( a ) Notwithstanding any otherwise applicable nonbankruptcy law, rule, or regulation relating to financial condition, the debtor and any entity organized or to be organized for the purpose of carrying out the plan shall carry out the plan and shall comply with any orders of the court.

( b ) The court may direct the debtor and any other necessary party to execute or deliver or to join in the execution or delivery of any instrument required to effect a transfer of property dealt with by a confirmed plan, and to perform any other act, including the satisfaction of any lien, that is necessary for the consummation of the plan.

( Pub. L. 95-598, Nov. 6, 1978, 92 Stat. 2639; Pub. L. 98-353, title III, §514( a ),( c ), ( d ) , July 10, 1984, 98 Stat. 387. )

### §1143. Distribution

If a plan requires presentment or surrender of a security or the performance of any other act as a condition to participation in distribution under the plan, such action shall be taken not later than five years after the date of the entry of the order of confirmation. Any entity that has not within such time presented or surrendered such entity's security or taken any such other action that the plan requires may not participate in distribution under the plan.

( Pub. L. 95-598, Nov. 6, 1978, 92 Stat. 2639. )

### §1144. Revocation of an order of confirmation

On request of a party in interest at any time before 180 days after the date of the entry of the order of confirmation, and after notice and a hearing, the court may revoke such order if and only if such order was procured by fraud. An order under this section revoking an order of confirmation shall—

( 1 ) contain such provisions as are necessary to protect any entity acquiring rights in good faith reliance on the order of confirmation; and

( 2 ) revoke the discharge of the debtor.

( Pub. L. 95-598, Nov. 6, 1978, 92 Stat. 2639; Pub. L. 98-353, title III, §515, July 10, 1984, 98 Stat. 387. )

### §1145. Exemption from securities laws

( a ) Except with respect to an entity that is an underwriter as defined in subsection ( b ) of this section, section 5 of the Securities Act of 1933 and any State or local law

征收。

[ Pub. L. 95-598, Nov. 6, 1978, 92 Stat. 2638; Pub. L. 98-353, title III, §513, July 10, 1984, 98 Stat. 387; Pub. L. 109-8, title III, §§321（d）, 330（b）, title VII, §708, Apr. 20, 2005, 119 Stat. 95, 101, 126; Pub. L. 111-327, §2（a）(36）, Dec. 22, 2010, 124 Stat. 3561. ]

**第 1142 条　计划的实施**

（a）即使涉及财务状况的可适用的非破产法律、规则或规章作出任何其他规定，债务人和任何已被设立或将被设立从而实施重整计划的实体，应当实施该计划并遵守法院的任何裁定。

（b）法院可裁定债务人或任何其他必要主体完成或交付任何使被确认的计划中规定的财产的转让生效的文书，或参与该文书的制作或交付，以及履行任何其他行为，包括计划实施的完成所必需的任何财产上担保权的解除。

[ Pub. L. 95-598, Nov. 6, 1978, 92 Stat. 2639; Pub. L. 98-353, title III, §514(a),(c),(d), July 10, 1984, 98 Stat. 387. ]

**第 1143 条　分配**

若重整计划要求以证券的出示或交付或任何其他行为的履行作为根据该计划参与分配的条件，则前述行为必须在正式作出批准的裁定后 5 年内作出。任何未在该期间内出示或交付其证券或履行该计划要求的任何其他行为的实体不得根据该计划参与分配。

(Pub. L. 95-598, Nov. 6, 1978, 92 Stat. 2639.)

**第 1144 条　批准裁定的撤销**

若利益相关方在批准裁定正式作出后 180 日内的任意时间内提出请求，经过通知和听证后，当且仅当该裁定系通过欺诈手款取得时，法院才可撤销该裁定。本条中撤销批准裁定的裁定应当：

（1）包含必要的规定以保护任何因善意信赖该批准裁定而取得权利的任何实体；并且

（2）撤销对债务人的免责。

(Pub. L. 95-598, Nov. 6, 1978, 92 Stat. 2639; Pub. L. 98-353, title III, §515, July 10, 1984, 98 Stat. 387.)

**第 1145 条　证券法律的豁免**

（a）除针对本条的附条（b）所定义的承销商外，《1933 年证券法》第 5 条以及任何要求就证券的提供或出售进行注册或就证券的发行人、承销商、经纪人或交易

requiring registration for offer or sale of a security or registration or licensing of an issuer of, underwriter of, or broker or dealer in, a security do not apply to—

(1) the offer or sale under a plan of a security of the debtor, of an affiliate participating in a joint plan with the debtor, or of a successor to the debtor under the plan—

(A) in exchange for a claim against, an interest in, or a claim for an administrative expense in the case concerning, the debtor or such affiliate; or

(B) principally in such exchange and partly for cash or property;

(2) the offer of a security through any warrant, option, right to subscribe, or conversion privilege that was sold in the manner specified in paragraph (1) of this subsection, or the sale of a security upon the exercise of such a warrant, option, right, or privilege;

(3) the offer or sale, other than under a plan, of a security of an issuer other than the debtor or an affiliate, if—

(A) such security was owned by the debtor on the date of the filing of the petition;

(B) the issuer of such security is—

(i) required to file reports under section 13 or 15 (d) of the Securities Exchange Act of 1934; and

(ii) in compliance with the disclosure and reporting provision of such applicable section; and

(C) such offer or sale is of securities that do not exceed—

(i) during the two-year period immediately following the date of the filing of the petition, four percent of the securities of such class outstanding on such date; and

(ii) during any 180-day period following such two-year period, one percent of the securities outstanding at the beginning of such 180-day period; or

(4) a transaction by a stockbroker in a security that is executed after a transaction of a kind specified in paragraph (1) or (2) of this subsection in such security and before the expiration of 40 days after the first date on which such security was bona fide offered to the public by the issuer or by or through an underwriter, if such stockbroker provides, at the time of or before such transaction by such stockbroker, a disclosure statement approved under section 1125 of this title, and, if the court orders, information supplementing such disclosure statement.

(b)(1) Except as provided in paragraph (2) of this subsection and except with respect to ordinary trading transactions of an entity that is not an issuer, an entity is an underwriter under section 2 (a)(11) of the Securities Act of 1933, if such entity—

(A) purchases a claim against, interest in, or claim for an administrative expense in the case concerning, the debtor, if such purchase is with a view to distribution of any security received or to be received in exchange for such a claim or interest;

商进行注册或许可的州法或地方法律并不适用于下列情形：

（1）根据重整计划，基于以下目的提供或出售债务人、与债务人参与联合计划的关联方或计划中债务人的继受人的证券：

（A）换取对债务人或该关联方享有的债权、权益或在其破产案件中就产生的管理费用而享有的债权；或

（B）主要系为了进行前述交换，部分系为了获得金钱或财产；

（2）通过本附条的第（1）款所述的方式售出的任何认股权证、期权、认购权或转换特权而提供证券，或通过该认股权证、期权、认购权或转换特权的行使而出售证券；

（3）除根据重整计划外，在下列情形中，提供或出售除债务人或关联方外的发行人的证券：

（A）该证券在破产申请被提交之日即为债务人所有；

（B）该证券的发行人符合以下条件：

（i）根据《1934 年证券交易法》第 13 或 15（d）条要求提交报告；并且

（ii）遵守前述条文的规定进行披露和报告；以及

（C）该证券的提供或出售并未超过以下限制：

（i）破产申请被提交之日起 2 年内，该日已发行证券的 4%；以及

（ii）该 2 年期间届满后 180 日内，该 180 日期间起算时已发行证券的 1%；或

（4）证券经纪人就该证券进行本附条的第（1）款或第（2）款所述的交易后，在该证券由发行人或承销商或通过承销商被首次真正提供给公众 40 日以前，就该证券完成的交易，并且该证券经纪人在进行该交易时或之前已经提供根据本篇第 1125 条被批准的披露声明，并且在法院作出裁定的情况下，已提供补充该披露声明的材料。

（b）（1）除本附条第（2）款另有规定外，除针对发行人外的实体进行的常规交易外，下列情形中的实体即为《1933 年证券法》第 2 条（a）（11）所述的承销商：

（A）购买对债务人享有的债权或权益，或者就债务人破产案件中产生的管理费用而享有的债权，从而以该债权或权益通过分配获得任何证券；

(B) offers to sell securities offered or sold under the plan for the holders of such securities;

(C) offers to buy securities offered or sold under the plan from the holders of such securities, if such offer to buy is—

(i) with a view to distribution of such securities; and

(ii) under an agreement made in connection with the plan, with the consummation of the plan, or with the offer or sale of securities under the plan; or

(D) is an issuer, as used in such section 2 (a)(11), with respect to such securities.

(2) An entity is not an underwriter under section 2 (a)(11) of the Securities Act of 1933 or under paragraph (1) of this subsection with respect to an agreement that provides only for—

(A)(i) the matching or combining of fractional interests in securities offered or sold under the plan into whole interests; or

(ii) the purchase or sale of such fractional interests from or to entities receiving such fractional interests under the plan; or

(B) the purchase or sale for such entities of such fractional or whole interests as are necessary to adjust for any remaining fractional interests after such matching.

(3) An entity other than an entity of the kind specified in paragraph (1) of this subsection is not an underwriter under section 2 (a)(11) of the Securities Act of 1933 with respect to any securities offered or sold to such entity in the manner specified in subsection (a)(1) of this section.

(c) An offer or sale of securities of the kind and in the manner specified under subsection (a)(1) of this section is deemed to be a public offering.

(d) The Trust Indenture Act of 1939 does not apply to a note issued under the plan that matures not later than one year after the effective date of the plan.

(Pub. L. 95-598, Nov. 6, 1978, 92 Stat. 2639; Pub. L. 98-353, title III, §516, July 10, 1984, 98 Stat. 387; Pub. L. 103-394, title V, §501 (d)(33), Oct. 22, 1994, 108 Stat. 4146; Pub. L. 111-327,§2 (a)(37), Dec. 22, 2010, 124 Stat. 3561.)

### §1146. Special tax provisions

(a) The issuance, transfer, or exchange of a security, or the making or delivery of an instrument of transfer under a plan confirmed under section 1129 or 1191 of this title, may not be taxed under any law imposing a stamp tax or similar tax.

(b) The court may authorize the proponent of a plan to request a determination, limited to questions of law, by a State or local governmental unit charged with responsibility for collection or determination of a tax on or measured by income, of the tax effects, under section 346 of this title and under the law imposing such tax, of the plan. In

（B）发出为该证券的持有人出售，且根据重整计划提供或出售的证券的要约；

（C）发出向该证券的持有人购买，且根据重整计划提供或出售的证券的要约，并且该购买要约满足以下条件：

（i）以该证券的分配为目的；并且

（ii）该购买协议的制定与重整计划、重整计划的完全实施或根据该计划进行的证券的提供或出售有关；或

（D）该法第 2 条（a）（11）所述的该证券的发行人。

（2）就仅规定以下内容的协议而言，该实体不是《1933 年证券法》第 2 条（a）（11）或本附条的第（1）款中所述的承销商：

（A）（i）将根据重整计划提供或出售的证券中的部分权益与完整权益进行匹配或合并；或

（ii）向根据该计划获得该部分权益的实体购买或出售该部分权益；或

（B）出于调整该匹配后剩余的任何部分权益的必要，为该实体购买或出售该部分权益或完整权益。

（3）除本附条的第（1）款中所述的实体外，以本条的附条（a）（1）所述的方式向其提供或出售任何证券的实体不是《1933 年证券法》第 2 条（a）（11）中所述的承销商。

（c）以本条的附条（a）（1）所述的方式提供或出售该附条所述的证券被视为公开发售。

（d）《1939 年信托契约法》不适用于根据重整计划发行且在计划生效后 1 年内到期的票据。

[ Pub. L. 95-598, Nov. 6, 1978, 92 Stat. 2639; Pub. L. 98-353, title III, §516, July 10, 1984, 98 Stat. 387; Pub. L. 103-394, title V, §501（d）（33）, Oct. 22, 1994, 108 Stat. 4146; Pub. L. 111-327,§2（a）（37）, Dec. 22, 2010, 124 Stat. 3561. ]

**第 1146 条　特别税款的规定**

（a）按照根据本篇第 1129 条或第 1191 条得到批准的计划而发行、转让或交换证券，或者制作或交付转让文书，不得根据任何法律就其征收印花税或类似税款。

（b）法院可授权计划的提出者，请求取得负责征收或确定就收入或以收入为计量手段而施加的税款的州立或地方政府机构，就法律事项对重整计划根据本篇第 346 条以及该税款征收法律得出的税务影响作出的认定。在发生实质争议的情况下，法院可在以下较早时点后宣布该影响：

the event of an actual controversy, the court may declare such effects after the earlier of—

(1) the date on which such governmental unit responds to the request under this subsection; or

(2) 270 days after such request.

(Pub. L. 95-598, Nov. 6, 1978, 92 Stat. 2641; Pub. L. 98-353, title III, §517, July 10, 1984, 98 Stat. 388; Pub. L. 109-8, title VII, §719 (b)(3), Apr. 20, 2005, 119 Stat. 133; Pub. L. 116-54, §4 (a)(12), Aug. 23, 2019, 133 Stat. 1086.)

# SUBCHAPTER Ⅳ —RAILROAD REORGANIZATION

### §1161. Inapplicability of other sections

Sections 341, 343, 1102 (a)(1), 1104, 1105, 1107, 1129 (a)(7), and 1129 (c) of this title do not apply in a case concerning a railroad.

(Pub. L. 95-598, Nov. 6, 1978, 92 Stat. 2641.)

### §1162. Definition

In this subchapter, "Board" means the "Surface Transportation Board".

(Added Pub. L. 104-88, title III, §302 (1), Dec. 29, 1995, 109 Stat. 943.)

### §1163. Appointment of trustee

As soon as practicable after the order for relief the Secretary of Transportation shall submit a list of five disinterested persons that are qualified and willing to serve as trustees in the case. The United States trustee shall appoint one of such persons to serve as trustee in the case.

(Pub. L. 95-598, Nov. 6, 1978, 92 Stat. 2641; Pub. L. 99-554, title II, §226, Oct. 27, 1986, 100 Stat. 3102.)

### §1164. Right to be heard

The Board, the Department of Transportation, and any State or local commission having regulatory jurisdiction over the debtor may raise and may appear and be heard on any issue in a case under this chapter, but may not appeal from any judgment, order, or decree entered in the case.

(Pub. L. 95-598, Nov. 6, 1978, 92 Stat. 2641; Pub. L. 104-88, title III, §302 (2), Dec. 29, 1995, 109 Stat. 943.)

### §1165. Protection of the public interest

In applying sections 1166, 1167, 1169, 1170, 1171, 1172, 1173, and 1174 of this title, the court and the trustee shall consider the public interest in addition to the interests of the

（1）该政府机构就本附条中的请求作出答复之日；或

（2）作出该请求后 270 日。

[ Pub. L. 95-598, Nov. 6, 1978, 92 Stat. 2641; Pub. L. 98-353, title III, §517, July 10, 1984, 98 Stat. 388; Pub. L. 109-8, title VII, §719（b）(3）, Apr. 20, 2005, 119 Stat. 133; Pub. L. 116-54, §4（a）(12）, Aug. 23, 2019, 133 Stat. 1086. ]

# 第四附章　铁路公司重整

**第 1161 条　其他条文的不适用性**

本篇第 341、343、1102（a）(1)、1104、1105、1107、1129（a）(7）及 1129（c）条不适用于铁路公司的破产案件。

( Pub. L. 95-598, Nov. 6, 1978, 92 Stat. 2641. )

**第 1162 条　定义**

在本附章中，“委员会”指美国地面运输委员会。

[ 经 Pub. L. 104-88, title III, §302（1）, Dec. 29, 1995, 109 Stat. 943. 增补 ]

**第 1163 条　铁路公司的托管人的任命**

破产救济令被作出后，交通部长应尽快提交一份名单且在该名单中载明 5 名有资质且自愿担任本案托管人的无利害关系人。联邦托管人应在前述人员内指定一名担任本案托管人。

( Pub. L. 95-598, Nov. 6, 1978, 92 Stat. 2641; Pub. L. 99-554, title II, §226, Oct. 27, 1986, 100 Stat. 3102. )

**第 1164 条　听证权**

委员会、美国交通部以及任何有权监管债务人的州立或地方机构均可提出问题并就本章案件中的任何事项出席并听证，但不得就本案中被正式作出的任何判决、裁定或法令提起上诉。

[ Pub. L. 95-598, Nov. 6, 1978, 92 Stat. 2641; Pub. L. 104-88, title III, §302（2）, Dec. 29, 1995, 109 Stat. 943. ]

**第 1165 条　公共利益的保护**

在适用本篇第 1166、1167、1169、1170、1171、1172、1173 以及 1174 条时，法院和托管人除考虑债务人、债权人和股本权益持有人的利益外，还应考虑公共

debtor, creditors, and equity security holders.

( Pub. L. 95-598, Nov. 6, 1978, 92 Stat. 2641. )

### §1166. Effect of subtitle IV of title 49 and of Federal, State, or local regulations

Except with respect to abandonment under section 1170 of this title, or merger, modification of the financial structure of the debtor, or issuance or sale of securities under a plan, the trustee and the debtor are subject to the provisions of subtitle IV of title 49 that are applicable to railroads, and the trustee is subject to orders of any Federal, State, or local regulatory body to the same extent as the debtor would be if a petition commencing the case under this chapter had not been filed, but—

( 1 ) any such order that would require the expenditure, or the incurring of an obligation for the expenditure, of money from the estate is not effective unless approved by the court; and

( 2 ) the provisions of this chapter are subject to section 601 ( b ) of the Regional Rail Reorganization Act of 1973.

( Pub. L. 95-598, Nov. 6, 1978, 92 Stat. 2642; Pub. L. 97-449, §5 ( a ) ( 2 ) , Jan. 12, 1983, 96 Stat. 2442; Pub. L. 98-353, title III, §518, July 10, 1984, 98 Stat. 388; Pub. L. 103-394, title V, §501 ( d ) ( 34 ) , Oct. 22, 1994, 108 Stat. 4146. )

### §1167. Collective bargaining agreements

Notwithstanding section 365 of this title, neither the court nor the trustee may change the wages or working conditions of employees of the debtor established by a collective bargaining agreement that is subject to the Railway Labor Act except in accordance with section 6 of such Act.

( Pub. L. 95-598, Nov. 6, 1978, 92 Stat. 2642; Pub. L. 103-394, title V, §501 ( d )( 35 ), Oct. 22, 1994, 108 Stat. 4146. )

### §1168. Rolling stock equipment

( a ) ( 1 ) The right of a secured party with a security interest in or of a lessor or conditional vendor of equipment described in paragraph ( 2 ) to take possession of such equipment in compliance with an equipment security agreement, lease, or conditional sale contract, and to enforce any of its other rights or remedies under such security agreement, lease, or conditional sale contract, to sell, lease, or otherwise retain or dispose of such equipment, is not limited or otherwise affected by any other provision of this title or by any power of the court, except that right to take possession and enforce those other rights and remedies shall be subject to section 362, if—

( A ) before the date that is 60 days after the date of commencement of a case under this chapter, the trustee, subject to the court's approval, agrees to perform all obligations of the debtor under such security agreement, lease, or conditional sale contract; and

( B ) any default, other than a default of a kind described in section 365 ( b ) ( 2 ) ,

利益。

（Pub. L. 95-598, Nov. 6, 1978, 92 Stat. 2641.）

**第 1166 条 《美国联邦法典》第 49 篇第 IV 分篇以及联邦、州或地方法规的效力**

除了针对根据本篇第 1170 条舍弃铁路线路，或者合并，修改债务人的财务结构，或根据重整计划发行或出售证券这些事项外，托管人和债务人应遵守可适用于铁路公司的《美国联邦法典》第 49 篇第 IV 分篇的规定，并且托管人应遵守任何联邦、州立或地方监管机构的裁定，且受其约束的程度与若启动本章案件的破产申请未被提交，债务人将受前述裁定约束的程度一样，但是：

（1）除非得到法院批准，否则任何要求从破产实体中支出款项或承担该义务的裁定均无效力；并且

（2）本章的规定均受《1973 年区域铁路重组法》第 601 条（b）的约束。

［Pub. L. 95-598, Nov. 6, 1978, 92 Stat. 2642; Pub. L. 97-449, §5（a）（2）, Jan. 12, 1983, 96 Stat. 2442; Pub. L. 98-353, title III, §518, July 10, 1984, 98 Stat. 388; Pub. L. 103-394, title V, §501（d）（34）, Oct. 22, 1994, 108 Stat. 4146.］

**第 1167 条 集体谈判协议**

即使存在本篇第 365 条的规定，法院和托管人都不得调整由《铁路劳动法》规制的集体谈判协议所确定的债务人员工的工资或工作条件，除非该法第 6 条另有规定。

［Pub. L. 95-598, Nov. 6, 1978, 92 Stat. 2642; Pub. L. 103-394, title V, §501（d）（35）, Oct. 22, 1994, 108 Stat. 4146.］

**第 1168 条 轨道车辆设备**

（a）（1）就第（2）款所述的设备享有担保权益的被担保主体或该设备的出租人或附条件卖方，根据该设备担保协议、租约或附条件的销售合同占有该设备以及根据该担保协议、租约或附条件的销售合同强制执行其他权利或救济，从而出售、租赁或以其他方式保留或处分该设备的权利，均不受本篇任何其他规定或法院权力的限制或影响，但是占有并强制执行其他权利和救济的权利在下列情形中受第 362 条的约束：

（A）本章破产案件启动后 60 日内，托管人经法院批准，同意履行该担保协议、租约或附条件的销售合同中规定的债务人的所有义务；并且

（B）除第 365 条（b）（2）所述的违约行为外，任何违反该担保协议、租约或

under such security agreement, lease, or conditional sale contract—

(i) that occurs before the date of commencement of the case and is an event of default therewith is cured before the expiration of such 60-day period;

(ii) that occurs or becomes an event of default after the date of commencement of the case and before the expiration of such 60-day period is cured before the later of—

(I) the date that is 30 days after the date of the default or event of the default; or

(II) the expiration of such 60-day period; and

(iii) that occurs on or after the expiration of such 60-day period is cured in accordance with the terms of such security agreement, lease, or conditional sale contract, if cure is permitted under that agreement, lease, or conditional sale contract.

(2) The equipment described in this paragraph—

(A) is rolling stock equipment or accessories used on rolling stock equipment, including superstructures or racks, that is subject to a security interest granted by, leased to, or conditionally sold to a debtor; and

(B) includes all records and documents relating to such equipment that are required, under the terms of the security agreement, lease, or conditional sale contract, that is to be surrendered or returned by the debtor in connection with the surrender or return of such equipment.

(3) Paragraph (1) applies to a secured party, lessor, or conditional vendor acting in its own behalf or acting as trustee or otherwise in behalf of another party.

(b) The trustee and the secured party, lessor, or conditional vendor whose right to take possession is protected under subsection (a) may agree, subject to the court's approval, to extend the 60-day period specified in subsection (a)(1).

(c)(1) In any case under this chapter, the trustee shall immediately surrender and return to a secured party, lessor, or conditional vendor, described in subsection (a)(1), equipment described in subsection (a)(2), if at any time after the date of commencement of the case under this chapter such secured party, lessor, or conditional vendor is entitled pursuant to subsection (a)(1) to take possession of such equipment and makes a written demand for such possession of the trustee.

(2) At such time as the trustee is required under paragraph (1) to surrender and return equipment described in subsection (a)(2), any lease of such equipment, and any security agreement or conditional sale contract relating to such equipment, if such security agreement or conditional sale contract is an executory contract, shall be deemed rejected.

(d) With respect to equipment first placed in service on or prior to October 22, 1994, for purposes of this section—

(1) the term "lease" includes any written agreement with respect to which the

附条件的销售合同的行为：

（i）在破产案件启动前发生该违约行为且系违约事件，并且在该 60 日期间届满前已经得到纠正；

（ii）在破产案件启动后发生该违约行为或成为违约事件，并且在该 60 日期间届满前，在以下时点中较晚者前得到纠正：

（I）该违约行为或违约事件发生后 30 日；或

（II）该 60 日期间届满时；并且

（iii）其发生在该 60 日届满时或届满后，并且在该担保协议、租约或附条件的销售合同允许纠正该违约行为的情况下，已经按照该协议、租约或合同的条款对其进行纠正。

（2）本款所述的设备：

（A）是由债务人设有担保权益或向其出租或有条件出售的轨道车辆设备或在该设备上使用的配件，包括上部构造或机架；以及

（B）包括根据担保协议、租约或附条件的销售合同的条款，债务人被要求移交或返还的，与移交或返还该设备相关的，所有有关该设备的记录和文件。

（3）第（1）款适用于代表其自身、作为托管人或代表其他主体的被担保主体、出租人或附条件卖方。

（b）其占有该设备的权利受附条（a）的保护的托管人和被担保主体、出租人或附条件卖方，经法院批准，可同意延长附条（a）（1）所述的 60 日期间。

（c）（1）在任何本章案件中，若附条（a）（1）所述的被担保主体、出租人或附条件卖方在破产案件启动后任何时间内有权根据附条（a）（1）占有附条（a）（2）所述的设备并且向托管人书面请求占有该设备，则托管人应立刻将该设备移交并返还给该类被担保主体、出租人或附条件卖方。

（2）在托管人被要求根据第（1）款移交并返还附条（a）（2）所述的设备时，该设备的租约以及与该设备相关的待履行的担保协议或附条件的销售合同，均应被视为已被拒绝确认。

（d）就本条而言，针对在 1994 年 10 月 22 日当日或之前首次投入使用的设备：

（1）“租约”包括出租人和作为承租人的债务人达成的书面协议，并且在该书面协议或几乎同时完成的书面材料中载明该协议就联邦税收而言将被视为租约；

lessor and the debtor, as lessee, have expressed in the agreement or in a substantially contemporaneous writing that the agreement is to be treated as a lease for Federal income tax purposes; and

(2) the term "security interest" means a purchase-money equipment security interest.

(e) With respect to equipment first placed in service after October 22, 1994, for purposes of this section, the term "rolling stock equipment" includes rolling stock equipment that is substantially rebuilt and accessories used on such equipment.

(Pub. L. 95-598, Nov. 6, 1978, 92 Stat. 2642; Pub. L. 98-353, title III, §519, July 10, 1984, 98 Stat. 388; Pub. L. 103-394, title II, §201 (b), Oct. 22, 1994, 108 Stat. 4120; Pub. L. 106-181, title VII,§744 (a), Apr. 5, 2000, 114 Stat. 175.)

### §1169. Effect of rejection of lease of railroad line

(a) Except as provided in subsection (b) of this section, if a lease of a line of railroad under which the debtor is the lessee is rejected under section 365 of this title, and if the trustee, within such time as the court fixes, and with the court's approval, elects not to operate the leased line, the lessor under such lease, after such approval, shall operate the line.

(b) If operation of such line by such lessor is impracticable or contrary to the public interest, the court, on request of such lessor, and after notice and a hearing, shall order the trustee to continue operation of such line for the account of such lessor until abandonment is ordered under section 1170 of this title, or until such operation is otherwise lawfully terminated, whichever occurs first.

(c) During any such operation, such lessor is deemed a carrier subject to the provisions of subtitle IV of title 49 that are applicable to railroads.

(Pub. L. 95-598, Nov. 6, 1978, 92 Stat. 2643; Pub. L. 97-449, §5 (a) (3), Jan. 12, 1983, 96 Stat. 2442; Pub. L. 98-353, title III, §520, July 10, 1984, 98 Stat. 388.)

### §1170. Abandonment of railroad line

(a) The court, after notice and a hearing, may authorize the abandonment of all or a portion of a railroad line if such abandonment is—

(1) (A) in the best interest of the estate; or

(B) essential to the formulation of a plan; and

(2) consistent with the public interest.

(b) If, except for the pendency of the case under this chapter, such abandonment would require approval by the Board under a law of the United States, the trustee shall initiate an appropriate application for such abandonment with the Board. The court may fix a time within which the Board shall report to the court on such application.

(c) After the court receives the report of the Board, or the expiration of the time

并且

（2）“担保权益”指购买价金设备担保权益。

（e）就本条而言，针对在1994年10月22日后首次投入使用的设备，“轨道车辆设备”包括经过实质改造的机车车辆设备以及在该设备上使用的配件。

[ Pub. L. 95-598, Nov. 6, 1978, 92 Stat. 2642; Pub. L. 98-353, title III, §519, July 10, 1984, 98 Stat. 388; Pub. L. 103-394, title II, §201（b）, Oct. 22, 1994, 108 Stat. 4120; Pub. L. 106-181, title VII,§744（a）, Apr. 5, 2000, 114 Stat. 175.]

**第1169条　拒绝确认铁路线路租约的效力**

（a）除本条的附条（b）另有规定外，若债务人为承租人的铁路线路租约被根据本篇第365条拒绝确认，并且托管人在法院确定的时间内，经法院批准选择不再运营该铁路线路，则该租约中的出租人在该批准被作出后，应当运营该线路。

（b）若由该出租人运营该线路难以实行或违反公共利益，则法院应出租人的请求，经过通知和听证后，应裁定托管人代该出租人继续运营该线路，直至根据本篇第1170条被下令舍弃该线路，或直至该运营因其他原因被合法终止（以二者中较早者为准）。

（c）在该运营期间，该出租人被视为承运人，且应遵守《美国联邦法典》第49篇第IV分篇中适用于铁路公司的规定。

[ Pub. L. 95-598, Nov. 6, 1978, 92 Stat. 2643; Pub. L. 97-449, §5（a）（3）, Jan. 12, 1983, 96 Stat. 2442; Pub. L. 98-353, title III, §520, July 10, 1984, 98 Stat. 388.]

**第1170条　铁路线路的舍弃**

（a）法院经过通知和听证后，若舍弃全部或部分铁路线路符合以下条件，则可准予作此舍弃：

（1）（A）符合破产实体的最大利益；或

（B）对于重整计划的制定是必要的；并且

（2）符合公共利益。

（b）除本章案件的进行外，若该舍弃仍本将被要求取得委员会根据美国法律作出的批准，则托管人应向委员会就该舍弃提出相应的申请。法院可确定委员会应向法院就该申请进行报告的期限。

（c）法院收到委员会的报告后，或本条的附条（b）中被确定的期间届满时，

fixed under subsection (b) of this section, whichever occurs first, the court may authorize such abandonment, after notice to the Board, the Secretary of Transportation, the trustee, any party in interest that has requested notice, any affected shipper or community, and any other entity prescribed by the court, and a hearing.

(d)(1) Enforcement of an order authorizing such abandonment shall be stayed until the time for taking an appeal has expired, or, if an appeal is timely taken, until such order has become final.

(2) If an order authorizing such abandonment is appealed, the court, on request of a party in interest, may authorize suspension of service on a line or a portion of a line pending the determination of such appeal, after notice to the Board, the Secretary of Transportation, the trustee, any party in interest that has requested notice, any affected shipper or community, and any other entity prescribed by the court, and a hearing. An appellant may not obtain a stay of the enforcement of an order authorizing such suspension by the giving of a supersedeas bond or otherwise, during the pendency of such appeal.

(e)(1) In authorizing any abandonment of a railroad line under this section, the court shall require the rail carrier to provide a fair arrangement at least as protective of the interests of employees as that established under section 11326 (a) of title 49.

(2) Nothing in this subsection shall be deemed to affect the priorities or timing of payment of employee protection which might have existed in the absence of this subsection.

(Pub. L. 95-598, Nov. 6, 1978, 92 Stat. 2643; Pub. L. 96-448, title II, §227 (a), Oct. 14, 1980, 94 Stat. 1931; Pub. L. 98-353, title III, §521, July 10, 1984, 98 Stat. 388; Pub. L. 104-88, title III,§302 (2), Dec. 29, 1995, 109 Stat. 943; Pub. L. 109-8, title XII, §1217, Apr. 20, 2005, 119 Stat. 195.)

### §1171. Priority claims

(a) There shall be paid as an administrative expense any claim of an individual or of the personal representative of a deceased individual against the debtor or the estate, for personal injury to or death of such individual arising out of the operation of the debtor or the estate, whether such claim arose before or after the commencement of the case.

(b) Any unsecured claim against the debtor that would have been entitled to priority if a receiver in equity of the property of the debtor had been appointed by a Federal court on the date of the order for relief under this title shall be entitled to the same priority in the case under this chapter.

(Pub. L. 95-598, Nov. 6, 1978, 92 Stat. 2643; Pub. L. 98-353, title III, §522, July 10, 1984, 98 Stat. 388.)

### §1172. Contents of plan

(a) In addition to the provisions required or permitted under section 1123 of this

以二者中较早者为准，法院可在向委员会、交通部长、托管人、要求获得通知的任何利益相关方、任何受影响的托运人或团体以及法院规定的任何其他实体发出通知并举行听证后，准予舍弃铁路线路。

（d）（1）准予该舍弃的裁定的强制执行在上诉期间届满前，或及时提起上诉的情况下，在该裁定成为最终裁定前，应被冻结。

（2）若对准予该抛弃的裁定提起上诉，则法院应利益相关方的请求，在向委员会、交通部长、托管人、要求获得通知的任何利益相关方、任何受影响的托运人或团体以及法院规定的任何其他实体发出通知并举行听证后，可准予在就该上诉作出决定的期间内中止该线路或线路的一部分的服务。在该上诉审理期间，针对准予中止服务的裁定的强制执行，上诉人不得通过提供冻结保证或其他方式而将其冻结。

（e）（1）在根据本条准予舍弃铁路线路时，法院应要求铁路承运人至少按照《美国联邦法典》第 11326 条（a）规定的对员工的保护力度而为其提供公正的安置。

（2）本附条不得被视为影响，在没有本附条规定的情况下，可能已经存在的员工保障的优先顺位或偿付的时间安排。

［Pub. L. 95-598, Nov. 6, 1978, 92 Stat. 2643; Pub. L. 96-448, title II, §227（a）, Oct. 14, 1980, 94 Stat. 1931; Pub. L. 98-353, title III, §521, July 10, 1984, 98 Stat. 388; Pub. L. 104-88, title III,§302（2）, Dec. 29, 1995, 109 Stat. 943; Pub. L. 109-8, title XII, §1217, Apr. 20, 2005, 119 Stat. 195.］

**第 1171 条　优先债权**

（a）任何个人或已故个人的个人代表因债务人或破产实体的运营导致的该个人的人身损害或死亡而享有的债权，无论该债权产生于破产案件启动前或是启动后，均应作为管理费用而获得清偿。

（b）若在本篇破产救济令被作出的当日，联邦法院任命接管债务人财产权益的接管人的情况下，就对债务人享有的无担保债权本将有权享有优先顺位，则就该债权在本章案件中应有权享有相同的优先顺位。

（Pub. L. 95-598, Nov. 6, 1978, 92 Stat. 2643; Pub. L. 98-353, title III, §522, July 10, 1984, 98 Stat. 388.）

**第 1172 条　重整计划的内容**

（a）除本篇第 1123 条要求或允许的规定之外，重整计划：

title, a plan—

(1) shall specify the extent to and the means by which the debtor's rail service is proposed to be continued, and the extent to which any of the debtor's rail service is proposed to be terminated; and

(2) may include a provision for—

(A) the transfer of any or all of the operating railroad lines of the debtor to another operating railroad; or

(B) abandonment of any railroad line in accordance with section 1170 of this title.

(b) If, except for the pendency of the case under this chapter, transfer of, or operation of or over, any of the debtor's rail lines by an entity other than the debtor or a successor to the debtor under the plan would require approval by the Board under a law of the United States, then a plan may not propose such a transfer or such operation unless the proponent of the plan initiates an appropriate application for such a transfer or such operation with the Board and, within such time as the court may fix, not exceeding 180 days, the Board, with or without a hearing, as the Board may determine, and with or without modification or condition, approves such application, or does not act on such application. Any action or order of the Board approving, modifying, conditioning, or disapproving such application is subject to review by the court only under sections 706 (2) (A), 706 (2) (B), 706 (2) (C), and 706 (2) (D) of title 5.

(c) (1) In approving an application under subsection (b) of this section, the Board shall require the rail carrier to provide a fair arrangement at least as protective of the interests of employees as that established under section 11326 (a) of title 49.

(2) Nothing in this subsection shall be deemed to affect the priorities or timing of payment of employee protection which might have existed in the absence of this subsection.

(Pub. L. 95-598, Nov. 6, 1978, 92 Stat. 2644; Pub. L. 96-448, title II, §227 (b), Oct. 14, 1980, 94 Stat. 1931; Pub. L. 104-88, title III, §302 (2), Dec. 29, 1995, 109 Stat. 943; Pub. L. 109-8, title XII, §1218, Apr. 20, 2005, 119 Stat. 195.)

## §1173. Confirmation of plan

(a) The court shall confirm a plan if—

(1) the applicable requirements of section 1129 of this title have been met;

(2) each creditor or equity security holder will receive or retain under the plan property of a value, as of the effective date of the plan, that is not less than the value of property that each such creditor or equity security holder would so receive or retain if all of the operating railroad lines of the debtor were sold, and the proceeds of such sale, and the other property of the estate, were distributed under chapter 7 of this title on such date;

(3) in light of the debtor's past earnings and the probable prospective earnings of

（1）还应载明债务人的铁路服务将得以继续的范围和方式以及债务人的铁路服务将被终止的范围；以及

（2）可包含规定有以下事项的条文：

（A）将债务人的任何或全部运营中的铁路线路转让给其他运营中的铁路公司；或

（B）根据本篇第 1170 条舍弃任何铁路线路。

（b）除本章案件的进行外，若由债务人或重整计划中的债务人的继受人外的实体转让、经营或运营债务人的铁路线路仍本将被要求取得委员会根据美国法律作出的批准，则该计划不得提出该转让或该运营，除非该计划的提出者向委员会就该转让或运营提出相应的申请，并且在法院确定的期间内（不得超过 180 日），经过或不经过听证（委员会可决定是否举行听证），委员会批准该申请（可对其进行修改或加以条件）或未对该申请作出回应。法院仅能根据《美国联邦法典》第 5 篇 706（2）（A）、706（2）（B）、706（2）（C）及 706（2）（D）对委员会批准、修改、施加条件或不批准该申请的行为或裁定进行审查。

（c）（1）在批准本条的附条（b）中的申请时，委员会应要求铁路承运人至少按照《美国联邦法典》第 49 篇第 11326 条（a）规定的对员工的保护力度而为其提供公正的安置。

（2）本附条不得被视为影响，在没有本附条规定的情况下，可能已经存在的员工保障的优先顺位或偿付的时间安排。

[ Pub. L. 95-598, Nov. 6, 1978, 92 Stat. 2644; Pub. L. 96-448, title II, §227（b）, Oct. 14, 1980, 94 Stat. 1931; Pub. L. 104-88, title III, §302（2）, Dec. 29, 1995, 109 Stat. 943; Pub. L. 109-8, title XII,§1218, Apr. 20, 2005, 119 Stat. 195. ]

**第 1173 条　重整计划的批准**

（a）在符合下列条件时，法院应批准重整计划：

（1）已经符合本篇第 1129 条中的相应要求；

（2）所有债权人或股本权益持有人均将根据该计划获得或保留自计划生效之日起其价值不少于，若债务人的所有运营中的铁路线路均被出售，其本可根据本篇第 7 章就该出售收益及其他破产财产进行的分配，而获得或保留的财产在该日的价值；

（3）鉴于债务人的过去收入以及重整后的债务人可能的预期收入，该预期收入

the reorganized debtor, there will be adequate coverage by such prospective earnings of any fixed charges, such as interest on debt, amortization of funded debt, and rent for leased railroads, provided for by the plan; and

(4) the plan is consistent with the public interest.

(b) If the requirements of subsection (a) of this section are met with respect to more than one plan, the court shall confirm the plan that is most likely to maintain adequate rail service in the public interest.

(Pub. L. 95-598, Nov. 6, 1978, 92 Stat. 2644; Pub. L. 98-353, title III, §523, July 10, 1984, 98 Stat. 388.)

### §1174. Liquidation

On request of a party in interest and after notice and a hearing, the court may, or, if a plan has not been confirmed under section 1173 of this title before five years after the date of the order for relief, the court shall, order the trustee to cease the debtor's operation and to collect and reduce to money all of the property of the estate in the same manner as if the case were a case under chapter 7 of this title.

(Pub. L. 95-598, Nov. 6, 1978, 92 Stat. 2644.)

## SUBCHAPTER V —SMALL BUSINESS DEBTOR REORGANIZATION

### §1181. Inapplicability of other sections

(a) IN GENERAL.—Sections 105 (d), 1101 (1), 1104, 1105, 1106, 1107, 1108, 1115, 1116, 1121, 1123 (a)(8), 1123 (c), 1127, 1129 (a)(15), 1129 (b), 1129 (c), 1129 (e), and 1141 (d)(5) of this title do not apply in a case under this subchapter.

(b) COURT AUTHORITY.—Unless the court for cause orders otherwise, paragraphs (1), (2), and (4) of section 1102 (a) and sections 1102 (b), 1103, and 1125 of this title do not apply in a case under this subchapter.

(c) SPECIAL RULE FOR DISCHARGE.—If a plan is confirmed under section 1191 (b) of this title, section 1141 (d) of this title shall not apply, except as provided in section 1192 of this title.

(Added Pub. L. 116-54, §2 (a), Aug. 23, 2019, 133 Stat. 1079.)

足以支付所有该计划规定的固定费用，如债务利息、长期债务的摊销以及租用铁路的租金；并且

（4）该计划符合公共利益。

（b）若存在不止一份计划满足本条的附条（a）中的要求，则法院应对其最有可能为公共利益维持适当铁路服务的计划进行批准。

（Pub. L. 95-598, Nov. 6, 1978, 92 Stat. 2644; Pub. L. 98-353, title III, §523, July 10, 1984, 98 Stat. 388.）

**第 1174 条　清算**

应利益相关方的请求，经过通知和听证后，法院可裁定托管人终止债务人的经营并按照若该案为第 7 章案件时采取的方式归集所有破产财产并将其变现；若重整计划在破产救济令被作出后 5 年内未能根据本篇第 1173 条得到批准，则法院应当作出该裁定。

（Pub. L. 95-598, Nov. 6, 1978, 92 Stat. 2644.）

# 第五附章　小企业债务人重整[①]

**第 1181 条　其他条文的不适用性**

（a）一般规定：本篇第 105（d）、1101（1）、1104、1105、1106、1107、1108、1115、1116、1121、1123（a）（8）、1123（c）、1127、1129（a）（15）、1129（b）、1129（c）、1129（e）以及 1141（d）（5）条不适用于本附章的案件。

（b）法院授权：除非法院出于特定事由作出其他裁定，否则本篇第 1102 条（a）的第（1）、（2）和（4）款，第 1102 条（b），第 1103 条及第 1125 条不适用于本附章的案件。

（c）免责事项的特殊规定：若重整计划系根据本篇第 1191 条（b）得以批准，则除本篇第 1192 条另有规定外，不得适用本篇第 1141 条（d）。

［经 Pub. L. 116-54, §2（a）, Aug. 23, 2019, 133 Stat. 1079. 增补］

① 本附章即为 2019 年 8 月 23 日颁布的《美国 2019 年小企业重整法》（“Small Business Reorganization Act of 2019”），其于颁布之日起 180 日后生效。

## §1182. Definitions

In this subchapter:

（1）DEBTOR.—The term “debtor”—

（A）subject to subparagraph（B）, means a person engaged in commercial or business activities（including any affiliate of such person that is also a debtor under this title and excluding a person whose primary activity is the business of owning single asset real estate）that has aggregate noncontingent liquidated secured and unsecured debts as of the date of the filing of the petition or the date of the order for relief in an amount not more than $7,500,000（excluding debts owed to 1 or more affiliates or insiders）not less than 50 percent of which arose from the commercial or business activities of the debtor; and

（B）does not include—

（i）any member of a group of affiliated debtors that has aggregate noncontingent liquidated secured and unsecured debts in an amount greater than $7,500,000（excluding debt owed to 1 or more affiliates or insiders）;

（ii）any debtor that is a corporation subject to the reporting requirements under section 13 or 15（d）of the Securities Exchange Act of 1934（15 U.S.C. 78m, 78o（d））; or

（iii）any debtor that is an affiliate of an issuer, as defined in section 3 of the Securities Exchange Act of 1934（15 U.S.C. 78c）.

（2）DEBTOR IN POSSESSION.—The term “debtor in possession” means the debtor, unless removed as debtor in possession under section 1185（a）of this title.

（Added Pub. L. 116-54, §2（a）, Aug. 23, 2019, 133 Stat. 1079; amended Pub. L. 116-136, div. A, title I, §1113（a）（1）,（5）, Mar. 27, 2020, 134 Stat. 310, 311.）

## §1183. Trustee

（a）IN GENERAL.—If the United States trustee has appointed an individual under section 586（b）of title 28 to serve as standing trustee in cases under this subchapter, and if such individual qualifies as a trustee under section 322 of this title, then that individual shall serve as trustee in any case under this subchapter. Otherwise, the United States trustee shall appoint one disinterested person to serve as trustee in the case or the United States trustee may serve as trustee in the case, as necessary.

（b）DUTIES.—The trustee shall—

（1）perform the duties specified in paragraphs（2）,（5）,（6）,（7）, and（9）of section 704（a）of this title;

（2）perform the duties specified in paragraphs（3）,（4）, and（7）of section 1106（a）of this title, if the court, for cause and on request of a party in interest, the trustee, or the United States trustee, so orders;

**第 1182 条　定义**

在本附章中：

（1）债务人：

“债务人”：

（A）在符合附款（B）规定的情况下，指从事商事或商业活动的人（包括也为本篇债务人的此人的任何关联方，但不包括其主要业务为运营单一不动产的人），并且其累计实然的、数额确定的担保和无担保债务的数额自破产申请被提交之日或破产救济令作出之日不超过 7,500,000 美元（不包括向 1 名或多名关联方或内部人士所负的债务），而且其中至少有 50% 源于债务人的商事或商业活动；并且

（B）不包括以下主体：

（i）其累计实然的、数额确定的担保和无担保债务的金额超过 7,500,000 美元（不包括向一名或多名关联方或内部人士所负的债务）的关联债务人团体中的任何成员；

（ii）任何根据《1934 年证券交易法》第 13 条或第 15 条（d）(《美国联邦法典》第 15 篇第 78m 条或第 78o 条（d）) 须进行报告的企业；或

（iii）任何系发行人［定义见《1934 年证券交易法》(《美国联邦法典》第 15 篇第 78c 条)］关联方的债务人。

（2）经管债务人：“经管债务人”指债务人，除非根据本篇第 1185 条（a）被免任经管债务人。

［经 Pub. L. 116-54, §2（a）, Aug. 23, 2019, 133 Stat. 1079; amended Pub. L. 116-136, div. A, title I, §1113（a）（1），（5）, Mar. 27, 2020, 134 Stat. 310, 311. 增补］

**第 1183 条　托管人**

（a）一般规定：若联邦托管人已经根据《美国联邦法典》第 28 篇第 586 条（b）任命个人担任本附章案件的常任托管人，并且此人系本篇第 322 条中的合格的托管人，则此人应在本附章中的任何案件中担任托管人。否则，联邦托管人应指定一名无利害关系人担任本案托管人，或者在必要的情况下，联邦托管人可担任本案托管人。

（b）职责：

托管人应履行以下各项：

（1）履行本篇第 704 条（a）的第（2）、（5）、（6）、（7）和（9）款中的职责；

（2）若法院应利益相关方、托管人或联邦托管人的请求，出于特定事由裁定其履行本篇第 1106 条（a）的第（3）、（4）及（7）款中的职责，则应履行前述职责；

（3）appear and be heard at the status conference under section 1188 of this title and any hearing that concerns—

（A）the value of property subject to a lien;

（B）confirmation of a plan filed under this subchapter;

（C）modification of the plan after confirmation; or

（D）the sale of property of the estate;

（4）ensure that the debtor commences making timely payments required by a plan confirmed under this subchapter;

（5）if the debtor ceases to be a debtor in possession, perform the duties specified in section 704（a)（8）and paragraphs（1），（2），and（6）of section 1106（a）of this title, including operating the business of the debtor;

（6）if there is a claim for a domestic support obligation with respect to the debtor, perform the duties specified in section 704（c）of this title; and

（7）facilitate the development of a consensual plan of reorganization.

（c）TERMINATION OF TRUSTEE SERVICE.—

（1）IN GENERAL.—If the plan of the debtor is confirmed under section 1191（a）of this title, the service of the trustee in the case shall terminate when the plan has been substantially consummated, except that the United States trustee may reappoint a trustee as needed for performance of duties under subsection（b)（3)（C）of this section and section 1185（a）of this title.

（2）SERVICE OF NOTICE OF SUBSTANTIAL CONSUMMATION.—Not later than 14 days after the plan of the debtor is substantially consummated, the debtor shall file with the court and serve on the trustee, the United States trustee, and all parties in interest notice of such substantial consummation.

（Added Pub. L. 116-54, §2（a），Aug. 23, 2019, 133 Stat. 1079.）

### §1184. Rights and powers of a debtor in possession

Subject to such limitations or conditions as the court may prescribe, a debtor in possession shall have all the rights, other than the right to compensation under section 330 of this title, and powers, and shall perform all functions and duties, except the duties specified in paragraphs（2），（3），and（4）of section 1106（a）of this title, of a trustee serving in a case under this chapter, including operating the business of the debtor.

（Added Pub. L. 116-54, §2（a），Aug. 23, 2019, 133 Stat. 1080.）

### §1185. Removal of debtor in possession

（a）IN GENERAL.—On request of a party in interest, and after notice and a hearing, the court shall order that the debtor shall not be a debtor in possession for cause, including fraud, dishonesty, incompetence, or gross mismanagement of the affairs of the debtor, either before or after the date of commencement of the case, or for failure to perform the

（3）出席本篇第 1188 条中的进度讨论会议以及任何就下列事项举行的听证并发表意见：

（A）设有财产上担保权的财产的价值；

（B）根据本附章提交的计划的批准；

（C）计划得到批准后对计划的修改；或

（D）破产财产的出售；

（4）确保债务人根据本附章中被批准的计划开始按时还款；

（5）若债务人不再担任经管债务人，履行本篇第 704 条（a）（8）以及第 1106 条（a）的第（1）、（2）及（6）款中的职责，包括运营债务人的商事业务；

（6）若存在因家庭抚养义务而对债务人享有的债权，履行本篇第 704 条（c）中的职责；以及

（7）促进达成大家一致同意的重整计划。

（c）托管人服务的终止：

（1）一般规定：若债务人的计划根据本篇第 1191 条（a）得到批准，本案托管人的服务应在该计划已经基本实施完毕时终止，但联邦托管人可重新任命托管人以履行本条的附条（b）（3）（C）及本篇第 1185 条（a）中的职责。

（2）基本实施完毕的通知的送达：债务人的计划基本实施完毕后 14 日内，债务人应向法院提交，并向托管人、联邦托管人以及所有利益相关方送达基本实施完毕的通知。

[经 Pub. L. 116-54, §2（a）, Aug. 23, 2019, 133 Stat. 1079. 增补]

**第 1184 条　经管债务人的权利和权力**

在遵守法院可规定的限制或条件的情况下，经管债务人应享有本章案件中托管人享有的一切权利或权力，但不包括根据本篇第 330 条获取报酬的权利；并且应履行本章案件中托管人应履行的所有义务，包括运营债务人的商事业务，但不包括本篇第 1106 条（a）（2）、（3）及（4）所述的义务。

[经 Pub. L. 116-54, §2（a）, Aug. 23, 2019, 133 Stat. 1080. 增补]

**第 1185 条　经管债务人本身的免任**

（a）一般规定：经利益相关方的请求，经过通知和听证后，当债务人在管理其事项中存在欺诈、不诚实、不称职行为或严重管理不当，无论其发生在破产案件启动前或是启动后，或者未能根据本附章中被批准的计划履行其义务时，法院应下令债务人不得担任经管债务人。

obligations of the debtor under a plan confirmed under this subchapter.

(b) REINSTATEMENT.—On request of a party in interest, and after notice and a hearing, the court may reinstate the debtor in possession.

(Added Pub. L. 116-54, §2 (a), Aug. 23, 2019, 133 Stat. 1080.)

### §1186. Property of the estate

(a) INCLUSIONS.—If a plan is confirmed under section 1191 (b) of this title, property of the estate includes, in addition to the property specified in section 541 of this title—

(1) all property of the kind specified in that section that the debtor acquires after the date of commencement of the case but before the case is closed, dismissed, or converted to a case under chapter 7, 12, or 13 of this title, whichever occurs first; and

(2) earnings from services performed by the debtor after the date of commencement of the case but before the case is closed, dismissed, or converted to a case under chapter 7, 12, or 13 of this title, whichever occurs first.

(b) DEBTOR REMAINING IN POSSESSION.—Except as provided in section 1185 of this title, a plan confirmed under this subchapter, or an order confirming a plan under this subchapter, the debtor shall remain in possession of all property of the estate.

(Added Pub. L. 116-54, §2 (a), Aug. 23, 2019, 133 Stat. 1081.)

### §1187. Duties and reporting requirements of debtors

(a) FILING REQUIREMENTS.—Upon electing to be a debtor under this subchapter, the debtor shall file the documents required by subparagraphs (A) and (B) of section 1116 (1) of this title.

(b) OTHER APPLICABLE PROVISIONS.—A debtor, in addition to the duties provided in this title and as otherwise required by law, shall comply with the requirements of section 308 and paragraphs (2), (3), (4), (5), (6), and (7) of section 1116 of this title.

(c) SEPARATE DISCLOSURE STATEMENT EXEMPTION.—If the court orders under section 1181 (b) of this title that section 1125 of this title applies, section 1125 (f) of this title shall apply.

(Added Pub. L. 116-54, §2 (a), Aug. 23, 2019, 133 Stat. 1081.)

### §1188. Status conference

(a) IN GENERAL.—Except as provided in subsection (b), not later than 60 days after the entry of the order for relief under this chapter, the court shall hold a status conference to further the expeditious and economical resolution of a case under this subchapter.

(b) EXCEPTION.—The court may extend the period of time for holding a status conference under subsection (a) if the need for an extension is attributable to （b）复任：应利益相关方的请求，经过通知和听证后，法院可恢复其担任经管债务人。

［经 Pub. L. 116-54, §2（a）, Aug. 23, 2019, 133 Stat. 1080. 增补］

**第 1186 条　破产财产**

（a）包括：若重整计划系根据本篇第 1191 条（b）得到批准，则除本篇第 541 条所述的财产外，破产财产还包括以下各项：

（1）债务人在破产案件启动后，但在案件结案、被驳回，或被转换至第 7、12 或 13 章案件前（以前述时点中较早者为准）取得的第 541 条所述的所有财产；以及

（2）债务人在破产案件启动后，但在案件结案、被驳回，或被转换至第 7、12 或 13 章案件前（以前述时点中较早者为准），通过提供服务而获得的收入。

（b）债务人保留占有：除第 1185 条，根据本附章得以批准的计划或根据本附章批准计划的裁定中作出其他规定外，债务人应保留对所有破产财产的占有。

［经 Pub. L. 116-54, §2（a）, Aug. 23, 2019, 133 Stat. 1081. 增补］

**第 1187 条　债务人的义务和报告要求**

（a）提交要求：在选择成为本附章中的债务人时，债务人应提交本篇第 1116 条（1）的附款（A）和（B）中要求的文件。

（b）其他可适用的规定：债务人除履行本篇或其他法律要求的义务外，还应遵守本篇第 308 条以及第 1116 条的第（2）、（3）、（4）、（5）、（6）及（7）款中的要求。

（c）单独披露声明的豁免：若法院根据本篇第 1181 条（b）下令适用本篇第 1125 条，则应适用第 1125 条（f）。

［经 Pub. L. 116-54, §2（a）, Aug. 23, 2019, 133 Stat. 1081. 增补］

**第 1188 条　进度讨论会议**

（a）一般规定：除附条（b）另有规定外，在本章破产救济令被正式作出后 60 日内，法院应举行进度讨论会议以进一步迅速经济地解决本附章的案件。

（b）例外：若存在不可归责于债务人的情形并因此产生延长附条（a）中举行进度讨论会议的期间的需要，则法院可延长该期间。

circumstances for which the debtor should not justly be held accountable.

(c) REPORT.—Not later than 14 days before the date of the status conference under subsection (a), the debtor shall file with the court and serve on the trustee and all parties in interest a report that details the efforts the debtor has undertaken and will undertake to attain a consensual plan of reorganization.

(Added Pub. L. 116-54, §2 (a), Aug. 23, 2019, 133 Stat. 1081.)

### §1189. Filing of the plan

(a) WHO MAY FILE A PLAN.—Only the debtor may file a plan under this subchapter.

(b) DEADLINE.—The debtor shall file a plan not later than 90 days after the order for relief under this chapter, except that the court may extend the period if the need for the extension is attributable to circumstances for which the debtor should not justly be held accountable.

(Added Pub. L. 116-54, §2 (a), Aug. 23, 2019, 133 Stat. 1081.)

### §1190. Contents of plan

A plan filed under this subchapter—

(1) shall include—

(A) a brief history of the business operations of the debtor;

(B) a liquidation analysis; and

(C) projections with respect to the ability of the debtor to make payments under the proposed plan of reorganization;

(2) shall provide for the submission of all or such portion of the future earnings or other future income of the debtor to the supervision and control of the trustee as is necessary for the execution of the plan; and

(3) notwithstanding section 1123 (b) (5) of this title, may modify the rights of the holder of a claim secured only by a security interest in real property that is the principal residence of the debtor if the new value received in connection with the granting of the security interest was—

(A) not used primarily to acquire the real property; and

(B) used primarily in connection with the small business of the debtor.

(Added Pub. L. 116-54, §2 (a), Aug. 23, 2019, 133 Stat. 1082.)

### §1191. Confirmation of plan

(a) TERMS.—The court shall confirm a plan under this subchapter only if all of the requirements of section 1129 (a), other than paragraph (15) of that section, of this title are met.

(b) EXCEPTION.—Notwithstanding section 510 (a) of this title, if all of the applicable requirements of section 1129 (a) of this title, other than paragraphs (8), （c）报告：在根据附条（a）举行进度讨论会前 14 日内，债务人应向法院提交并向托管人及所有利益相关方送达报告以详细说明为达成大家均同意的重整计划已经采取或将要采取的措施。

［经 Pub. L. 116-54, §2（a）, Aug. 23, 2019, 133 Stat. 1081. 增补］

**第 1189 条　重整计划的提交**

（a）可提交重整计划的主体：仅债务人可提交本附章中的重整计划。

（b）期限：债务人应在本章破产救济令被作出后 90 日内提交该计划，但若存在不可归责于债务人的情形并因此产生延长该期间的需要，则法院可延长该期间。

［经 Pub. L. 116-54, §2（a）, Aug. 23, 2019, 133 Stat. 1081. 增补］

**第 1190 条　重整计划的内容**

根据本附章被提交的重整计划：

（1）应当包含以下内容：

（A）债务人商事业务经营的简要历史；

（B）清算分析；以及

（C）关于债务人根据提出的重整计划进行还款的能力的预测；

（2）应当规定在实施该计划所必需的情况下，将债务人未来的全部或部分收入或其他所得提交托管人以供监督和控制；以及

（3）即使存在本篇第 1123 条（b）（5）的规定，若通过提供在债务人作为主要住所的不动产上的担保权益从而取得的新对价符合以下条件，则可调整其债权仅由该担保权益所担保的债权人的权利：

（A）并非主要用于取得不动产；以及

（B）主要用于小企业债务人的商事业务。

［经 Pub. L. 116-54, §2（a）, Aug. 23, 2019, 133 Stat. 1082. 增补］

**第 1191 条　重整计划的批准**

（a）条件：仅当重整计划满足本篇第 1129 条（a）中除第（15）款以外的所有要求时，法院才应根据本附章批准该计划。

（b）例外：即使存在本篇第 510 条（a）的规定，若重整计划满足本篇第 1129 条（a）中除第（8）、（10）和（15）款外的所有相应要求，则即使存在前述未

(10), and (15) of that section, are met with respect to a plan, the court, on request of the debtor, shall confirm the plan notwithstanding the requirements of such paragraphs if the plan does not discriminate unfairly, and is fair and equitable, with respect to each class of claims or interests that is impaired under, and has not accepted, the plan.

(c) RULE OF CONSTRUCTION.—For purposes of this section, the condition that a plan be fair and equitable with respect to each class of claims or interests includes the following requirements:

(1) With respect to a class of secured claims, the plan meets the requirements of section 1129 (b)(2)(A) of this title.

(2) As of the effective date of the plan—

(A) the plan provides that all of the projected disposable income of the debtor to be received in the 3-year period, or such longer period not to exceed 5 years as the court may fix, beginning on the date that the first payment is due under the plan will be applied to make payments under the plan; or

(B) the value of the property to be distributed under the plan in the 3-year period, or such longer period not to exceed 5 years as the court may fix, beginning on the date on which the first distribution is due under the plan is not less than the projected disposable income of the debtor.

(3)(A)(i) The debtor will be able to make all payments under the plan; or

(ii) there is a reasonable likelihood that the debtor will be able to make all payments under the plan; and

(B) the plan provides appropriate remedies, which may include the liquidation of nonexempt assets, to protect the holders of claims or interests in the event that the payments are not made.

(d) DISPOSABLE INCOME.—For purposes of this section, the term "disposable income" means the income that is received by the debtor and that is not reasonably necessary to be expended—

(1) for—

(A) the maintenance or support of the debtor or a dependent of the debtor; or

(B) a domestic support obligation that first becomes payable after the date of the filing of the petition; or

(2) for the payment of expenditures necessary for the continuation, preservation, or operation of the business of the debtor.

(e) SPECIAL RULE.—Notwithstanding section 1129 (a)(9)(A) of this title, a plan that provides for the payment through the plan of a claim of a kind specified in paragraph (2) or (3) of section 507 (a) of this title may be confirmed under subsection (b) of this section.

得以满足的要求，法院应债务人的请求，若该计划针对因该计划而受减损且并未接受该计划的各债权或权益小组而言，并未对其进行不公平的对待并且是公平公正的，法院仍应批准该计划。

（c）解释规则：就本条而言，重整计划对于各债权或权益小组而言是公平公正的这一条件，包含以下要求：

（1）针对担保债权小组而言，该计划符合本篇第 1129 条（b）（2）（A）中的要求。

（2）自计划生效之日起：

（A）该计划规定债务人自该计划规定的首次还款到期日起未来 3 年内，或法院确定的不超过 5 年的更长期间内，将获得的所有预计可支配收入均将被用于该计划中的还款；或

（B）根据该计划自该计划规定的首次分配到期日起 3 年内，或法院确定的不超过 5 年的更长期间内，将分配所得的财产的价值不少于债务人的预计可支配收入。

（3）（A）（i）债务人将有能力完成计划中的所有还款；或

（ii）存在债务人将有能力完成计划中的所有还款的合理可能性；以及

（B）该计划规定有适当的救济，如非豁免财产的清算，以在未进行还款的情况下保护持有债权或权益的主体。

（d）可支配收入：就本条而言，“可支配收入”指并无合理必要用于以下事项的债务人获得的收入：

（1）用于：

（A）维持或支持债务人或债务人的被扶 / 抚养人的生活；或

（B）在破产申请被提交后才首次成为应付款项的家庭抚养费；或

（2）用于偿付债务人的商事业务的继续、维持或运营所必需的支出。

（e）特殊规定：即使存在本篇第 1129 条（a）（9）（A）的规定，规定通过该计划清偿本篇第 507 条（a）的第（2）款或第（3）款所述的债权的重整计划可根据本条的附条（b）得到批准。

(Added Pub. L. 116-54, §2 (a), Aug. 23, 2019, 133 Stat. 1082.)

### §1192. Discharge

If the plan of the debtor is confirmed under section 1191 (b) of this title, as soon as practicable after completion by the debtor of all payments due within the first 3 years of the plan, or such longer period not to exceed 5 years as the court may fix, unless the court approves a written waiver of discharge executed by the debtor after the order for relief under this chapter, the court shall grant the debtor a discharge of all debts provided in section 1141 (d)(1)(A) of this title, and all other debts allowed under section 503 of this title and provided for in the plan, except any debt—

(1) on which the last payment is due after the first 3 years of the plan, or such other time not to exceed 5 years fixed by the court; or

(2) of the kind specified in section 523 (a) of this title.

(Added Pub. L. 116-54, §2 (a), Aug. 23, 2019, 133 Stat. 1083.)

### §1193. Modification of plan

(a) MODIFICATION BEFORE CONFIRMATION.—The debtor may modify a plan at any time before confirmation, but may not modify the plan so that the plan as modified fails to meet the requirements of sections 1122 and 1123 of this title, with the exception of subsection (a)(8) of such section 1123. After the modification is filed with the court, the plan as modified becomes the plan.

(b) MODIFICATION AFTER CONFIRMATION.—If a plan has been confirmed under section 1191 (a) of this title, the debtor may modify the plan at any time after confirmation of the plan and before substantial consummation of the plan, but may not modify the plan so that the plan as modified fails to meet the requirements of sections 1122 and 1123 of this title, with the exception of subsection (a)(8) of such section 1123. The plan, as modified under this subsection, becomes the plan only if circumstances warrant the modification and the court, after notice and a hearing, confirms the plan as modified under section 1191 (a) of this title.

(c) CERTAIN OTHER MODIFICATIONS.—If a plan has been confirmed under section 1191 (b) of this title, the debtor may modify the plan at any time within 3 years, or such longer time not to exceed 5 years, as fixed by the court, but may not modify the plan so that the plan as modified fails to meet the requirements of section 1191 (b) of this title. The plan as modified under this subsection becomes the plan only if circumstances warrant such modification and the court, after notice and a hearing, confirms such plan, as modified, under section 1191 (b) of this title.

(d) HOLDERS OF A CLAIM OR INTEREST.—If a plan has been confirmed under section 1191 (a) of this title, any holder of a claim or interest that has accepted or rejected the plan is deemed to have accepted or rejected, as the case may be, the plan

［经 Pub. L. 116-54, §2（a）, Aug. 23, 2019, 133 Stat. 1082. 增补］

**第 1192 条　免责**

若债务人的重整计划系根据本篇第 1191 条（b）得到批准，除非法院批准债务人在本章破产救济令被作出后所作的放弃免责的书面声明，否则在债务人根据该计划完成前 3 年内的所有还款或法院可确定的不超过 5 年的更长期间内的所有还款后，应在切实可行的情况下尽快免除债务人所有本篇第 1141 条（d）（1）（A）中所述的债务以及根据本篇第 503 条得以确认和该计划中规定的所有其他债务，但不包括以下债务：

（1）该债务的最后一笔还款在该计划的前 3 年或法院确定的不超过 5 年的更长期间届满后到期；或

（2）本篇第 523 条（a）所述的债务。

［经 Pub. L. 116-54, §2（a）, Aug. 23, 2019, 133 Stat. 1083. 增补］

**第 1193 条　重整计划的修改**

（a）批准前的修改：债务人可在计划得到批准前任意时间内修改计划，但该修改不得使修改后的计划无法满足本篇第 1122 条和第 1123 条的要求，但不包括第 1123 条的附条（a）（8）中的要求。修改方案向法院提交后，修改后的计划即成为重整计划。

（b）批准后的修改：若重整计划系根据本篇第 1191 条（a）得到批准，则债务人可在计划得到批准后、基本实施完毕前的任意时间内修改该计划，但该修改不得使修改后的计划无法满足本篇第 1122 条和第 1123 条的要求，但不包括第 1123 条的附条（a）（8）中的要求。当且仅当存在需要进行该修改的情形，并且法院经过通知和听证后，根据本篇第 1191 条（a）对修改后的计划进行批准时，修改后的计划才成为重整计划。

（c）其他修改：若重整计划系根据本篇第 1191 条（b）得到批准，则债务人可在 3 年内或法院确定的不超过 5 年的更长期间内的任意时间修改该计划，但该修改不得使得修改后的计划无法满足本篇第 1191 条（b）的要求。当且仅当存在需要进行该修改的情形，并且法院经过通知和听证后，根据本篇第 1191 条（b）对修改后的计划进行批准时，修改后的计划才成为重整计划。

（d）持有债权或权益的主体：若重整计划系根据本篇第 1191 条（a）得到批准，则先前已经接受或拒绝重整计划的持有债权或权益的主体被视为已经相应地接受或拒绝修改后的计划，除非在法院确定的时间内，该主体已改变其先前的接受或拒绝

as modified, unless, within the time fixed by the court, such holder changes the previous acceptance or rejection of the holder.

(Added Pub. L. 116-54, §2 (a), Aug. 23, 2019, 133 Stat. 1083.)

### §1194. Payments

(a) RETENTION AND DISTRIBUTION BY TRUSTEE.—Payments and funds received by the trustee shall be retained by the trustee until confirmation or denial of confirmation of a plan. If a plan is confirmed, the trustee shall distribute any such payment in accordance with the plan. If a plan is not confirmed, the trustee shall return any such payments to the debtor after deducting—

(1) any unpaid claim allowed under section 503 (b) of this title;

(2) any payment made for the purpose of providing adequate protection of an interest in property due to the holder of a secured claim; and

(3) any fee owing to the trustee.

(b) OTHER PLANS.—If a plan is confirmed under section 1191 (b) of this title, except as otherwise provided in the plan or in the order confirming the plan, the trustee shall make payments to creditors under the plan.

(c) PAYMENTS PRIOR TO CONFIRMATION.—Prior to confirmation of a plan, the court, after notice and a hearing, may authorize the trustee to make payments to the holder of a secured claim for the purpose of providing adequate protection of an interest in property.

(Added Pub. L. 116-54, §2 (a), Aug. 23, 2019, 133 Stat. 1084.)

### §1195. Transactions with professionals

Notwithstanding section 327 (a) of this title, a person is not disqualified for employment under section 327 of this title, by a debtor solely because that person holds a claim of less than $10,000 that arose prior to commencement of the case.

(Added Pub. L. 116-54, §2 (a), Aug. 23, 2019, 133 Stat. 1084.)

意见。

［经 Pub. L. 116-54, §2（a）, Aug. 23, 2019, 133 Stat. 1083. 增补］

**第 1194 条　偿付**

（a）托管人进行保管和分配：托管人收取的款项和资金应由托管人进行保管，直至重整计划得到批准或被拒绝批准。若计划得到批准，托管人应根据该计划分配前述款项。若该计划未能得到批准，托管人应在扣除以下各项后将前述款项退还债务人：

（1）根据本篇第 503 条（b）得以确认的任何未偿还的债权；

（2）为向担保债权人提供其财产权益的充分保护而支出的任何款项；以及

（3）欠托管人的任何费用。

（b）其他计划：若重整计划系根据本篇第 1191 条（b）得到批准，则除非该计划或批准该计划的裁定中作出其他规定，否则托管人应根据该计划向债权人还款。

（c）批准前的偿付：在计划得到批准前，法院经过通知和听证后，可授权托管人向担保债权人付款以提供其财产权益上的充分保护。

［经 Pub. L. 116-54, §2（a）, Aug. 23, 2019, 133 Stat. 1084. 增补］

**第 1195 条　与专业人员间的交易**

即使存在本篇第 327 条（a）的规定，一个人不得仅因其持有在破产案件前成立的金额少于 10,000 美元的债权，而失去根据本篇第 327 条被债务人聘用的资格。

［经 Pub. L. 116-54, §2（a）, Aug. 23, 2019, 133 Stat. 1084. 增补］

# CHAPTER 12—ADJUSTMENT OF DEBTS OF A FAMILY FARMER OR FISHERMAN WITH REGULAR ANNUAL INCOME

## SUBCHAPTER Ⅰ — OFFICERS, ADMINISTRATION, AND THE ESTATE



## SUBCHAPTER Ⅱ — THE PLAN

# 第12章　有固定年收入的家庭农场主或渔业主的债务调整

# SUBCHAPTER Ⅰ—OFFICERS, ADMINISTRATION, AND THE ESTATE

## §1201. Stay of action against codebtor

(a) Except as provided in subsections (b) and (c) of this section, after the order for relief under this chapter, a creditor may not act, or commence or continue any civil action, to collect all or any part of a consumer debt of the debtor from any individual that is liable on such debt with the debtor, or that secured such debt, unless—

(1) such individual became liable on or secured such debt in the ordinary course of such individual's business; or

(2) the case is closed, dismissed, or converted to a case under chapter 7 of this title.

(b) A creditor may present a negotiable instrument, and may give notice of dishonor of such an instrument.

(c) On request of a party in interest and after notice and a hearing, the court shall grant relief from the stay provided by subsection (a) of this section with respect to a creditor, to the extent that—

(1) as between the debtor and the individual protected under subsection (a) of this section, such individual received the consideration for the claim held by such creditor;

(2) the plan filed by the debtor proposes not to pay such claim; or

(3) such creditor's interest would be irreparably harmed by continuation of such stay.

(d) Twenty days after the filing of a request under subsection (c)(2) of this section for relief from the stay provided by subsection (a) of this section, such stay is terminated with respect to the party in interest making such request, unless the debtor or any individual that is liable on such debt with the debtor files and serves upon such party in interest a written objection to the taking of the proposed action.

(Added and amended Pub. L. 99-554, title II, §255, title III, §302 (f), Oct. 27, 1986, 100 Stat. 3105, 3124; Pub. L. 103-65, §1, Aug. 6, 1993, 107 Stat. 311; Pub. L. 105-277, div. C, title I, §149 (a), Oct. 21, 1998, 112 Stat. 2681-610; Pub. L. 106-5, §1 (1), (2), Mar. 30, 1999, 113 Stat. 9; Pub. L. 106-70,§1, Oct. 9, 1999, 113 Stat. 1031; Pub. L. 107-8, §1, May 11, 2001, 115 Stat. 10; Pub. L. 107-17, §1, June 26, 2001, 115 Stat. 151; Pub. L. 107-170, §1, May 7, 2002, 116 Stat. 133; Pub. L. 107-171, title X, §10814 (a), May 13, 2002, 116 Stat. 532; Pub. L. 107-377, §2 (a), Dec. 19, 2002, 116 Stat. 3115;

# 第一附章　破产从业人员、管理和破产实体

## 第 1201 条　对共同债务人的诉讼的冻结

（a）除本条的附条（b）和（c）另有规定外，在本章破产救济令被作出后，除下列情形外，债权人不得采取措施或者启动或继续任何民事诉讼，从而与债务人共同就债务人的消费债务承担责任或为其提供担保的个人收取全部或部分欠款：

（1）该个人系在其常规业务范围内就该债务承担责任或为其提供担保；或

（2）本案已经结案、被驳回或被转换至本篇第 7 章案件。

（b）债权人可出示可转让票据，并通知拒绝承兑该票据。

（c）应利益相关方的请求，经过通知和听证后，法院可准予解除本条的附条（a）中规定的针对债权人的冻结，但限于以下情形：

（1）在债务人和本条的附条（a）保护的个人中，该个人已经就该债权人持有的债权获得对价；

（2）债务人提交的计划提出不就该债权进行清偿；或

（3）继续该冻结将对该债权人的权益造成不可弥补的损害。

（d）根据本条的附条（c）（2）提交解除本条的附条（a）中的冻结的请求后 20 日，该冻结针对作出该请求的利益相关方即刻终止，除非债务人或任何与债务人共同就该债务承担责任的个人提交并向该利益相关方送达就该拟定采取的行动的书面异议。

［经 Pub. L. 99-554, title II, §255, title III, §302（f）, Oct. 27, 1986, 100 Stat. 3105, 3124; Pub. L. 103-65, §1, Aug. 6, 1993, 107 Stat. 311; Pub. L. 105-277, div. C, title I, §149（a）, Oct. 21, 1998, 112 Stat. 2681-610; Pub. L. 106-5, §1（1）,（2）, Mar. 30, 1999, 113 Stat. 9; Pub. L. 106-70,§1, Oct. 9, 1999, 113 Stat. 1031; Pub. L. 107-8, §1, May 11, 2001, 115 Stat. 10; Pub. L. 107-17, §1, June 26, 2001, 115 Stat. 151; Pub. L. 107-170, §1, May 7, 2002, 116 Stat. 133; Pub. L. 107-171, title X, §10814（a）, May 13, 2002, 116 Stat. 532; Pub. L. 107-377, §2（a）, Dec. 19, 2002, 116 Stat. 3115; Pub. L. 108-73, §2（a）,

Pub. L. 108-73, §2 ( a ) , Aug. 15, 2003, 117 Stat. 891; Pub. L. 108-369, §2 ( a ) , Oct. 25, 2004, 118 Stat. 1749; Pub. L. 109-8, title X, §1001 ( a ) ( 1 ) , ( c ) , Apr. 20, 2005, 119 Stat. 185, 186. )

### §1202. Trustee

( a ) If the United States trustee has appointed an individual under section 586 ( b ) of title 28 to serve as standing trustee in cases under this chapter and if such individual qualifies as a trustee under section 322 of this title, then such individual shall serve as trustee in any case filed under this chapter. Otherwise, the United States trustee shall appoint one disinterested person to serve as trustee in the case or the United States trustee may serve as trustee in the case if necessary.

( b ) The trustee shall—

( 1 ) perform the duties specified in sections 704 ( a ) ( 2 ) , 704 ( a ) ( 3 ) , 704 ( a ) ( 5 ) , 704 ( a ) ( 6 ) , 704 ( a ) ( 7 ) , and 704 ( a ) ( 9 ) of this title;

( 2 ) perform the duties specified in section 1106 ( a ) ( 3 ) and 1106 ( a ) ( 4 ) of this title if the court, for cause and on request of a party in interest, the trustee, or the United States trustee, so orders;

( 3 ) appear and be heard at any hearing that concerns—

( A ) the value of property subject to a lien;

( B ) confirmation of a plan;

( C ) modification of the plan after confirmation; or

( D ) the sale of property of the estate;

( 4 ) ensure that the debtor commences making timely payments required by a confirmed plan;

( 5 ) if the debtor ceases to be a debtor in possession, perform the duties specified in sections 704 ( a ) ( 8 ) , 1106 ( a ) ( 1 ) , 1106 ( a ) ( 2 ) , 1106 ( a ) ( 6 ) , 1106 ( a ) ( 7 ) , and 1203; and

( 6 ) if with respect to the debtor there is a claim for a domestic support obligation, provide the applicable notice specified in subsection ( c ) .

( c ) ( 1 ) In a case described in subsection ( b ) ( 6 ) to which subsection ( b ) ( 6 ) applies, the trustee shall—

( A ) ( i ) provide written notice to the holder of the claim described in subsection ( b ) ( 6 ) of such claim and of the right of such holder to use the services of the State child support enforcement agency established under sections 464 and 466 of the Social Security Act for the State in which such holder resides, for assistance in collecting child support during and after the case under this title; and

( ii ) include in the notice provided under clause ( i ) the address and telephone number of such State child support enforcement agency;

Aug. 15, 2003, 117 Stat. 891; Pub. L. 108-369, §2（a）, Oct. 25, 2004, 118 Stat. 1749; Pub. L. 109-8, title X, §1001（a）（1）,（c）, Apr. 20, 2005, 119 Stat. 185, 186. 增补和修正］

**第 1202 条　托管人**

（a）若联邦托管人已经根据《美国联邦法典》第 28 篇第 586 条（b）任命个人担任本章案件的常任托管人，并且该个人系本篇第 322 条中的有资质的托管人，则该个人应在根据本章提交的任何案件中担任托管人。否则，联邦托管人应指定一名无利害关系人担任本案托管人，或者在必要的情况下，联邦托管人可担任本案托管人。

（b）托管人应履行以下各项：

（1）履行本篇第 704（a）（2）、704（a）（3）、704（a）（5）、704（a）（6）、704（a）（7）以及 704（a）（9）条中的职责；

（2）若法院应利益相关方、托管人或联邦托管人的请求，出于特定事由裁定其履行本篇第 1106 条（a）（3）和第 1106 条（a）（4）中的职责，则应履行前述职责；

（3）出席任何就下列事项举行的听证并发表意见：

（A）设有担保权的财产的价值；

（B）计划的批准；

（C）计划得到批准后对计划的修改；或

（D）破产财产的出售；

（4）确保债务人根据被批准的计划开始按时还款；

（5）若债务人不再担任经管债务人，履行第 704（a）（8）、1106（a）（1）、1106（a）（2）、1106（a）（6）、1106（a）（7）以及 1203 条中的职责；以及

（6）若存在因家庭抚养义务而对债务人享有的债权，应发出附条（c）中相应的通知。

（c）（1）在适用附条（b）（6）的情况下，托管人应履行以下各项：

（A）（i）向持有附条（b）（6）所述债权的债权人或享有该债权人权利的权利人发出书面通知，以通知其利用供职于其居住地所在州，根据《社会保障法》第 464 条及第 466 条建立的州立子女抚养执行局提供的服务，从而在本篇案件实施过程中或结案后就收取子女抚养费获得援助；以及

（ii）在第（i）项规定的通知上应载明前述州立子女抚养执行局的地址和电话号码；

(B)(i) provide written notice to such State child support enforcement agency of such claim; and

(ii) include in the notice provided under clause (i) the name, address, and telephone number of such holder; and

(C) at such time as the debtor is granted a discharge under section 1228, provide written notice to such holder and to such State child support enforcement agency of—

(i) the granting of the discharge;

(ii) the last recent known address of the debtor;

(iii) the last recent known name and address of the debtor's employer; and

(iv) the name of each creditor that holds a claim that—

(I) is not discharged under paragraph (2), (4), or (14A) of section 523 (a); or

(II) was reaffirmed by the debtor under section 524 (c).

(2)(A) The holder of a claim described in subsection (b)(6) or the State child support enforcement agency of the State in which such holder resides may request from a creditor described in paragraph (1)(C)(iv) the last known address of the debtor.

(B) Notwithstanding any other provision of law, a creditor that makes a disclosure of a last known address of a debtor in connection with a request made under subparagraph (A) shall not be liable by reason of making that disclosure.

(Added and amended Pub. L. 99-554, title II, §§227, 255, title III, §302 (f), Oct. 27, 1986, 100 Stat. 3103, 3106, 3124; Pub. L. 103-65, §1, Aug. 6, 1993, 107 Stat. 311; Pub. L. 105-277, div. C, title I,§149 (a), Oct. 21, 1998, 112 Stat. 2681-610; Pub. L. 106-5, §1 (1), (2), Mar. 30, 1999, 113 Stat. 9; Pub. L. 106-70, §1, Oct. 9, 1999, 113 Stat. 1031; Pub. L. 107-8, §1, May 11, 2001, 115 Stat. 10; Pub. L. 107-17, §1, June 26, 2001, 115 Stat. 151; Pub. L. 107-170, §1, May 7, 2002, 116 Stat. 133; Pub. L. 107-171, title X, §10814 (a), May 13, 2002, 116 Stat. 532; Pub. L. 107-377, §2 (a), Dec. 19, 2002, 116 Stat. 3115; Pub. L. 108-73, §2 (a), Aug. 15, 2003, 117 Stat. 891; Pub. L. 108-369, §2 (a), Oct. 25, 2004, 118 Stat. 1749; Pub. L. 109-8, title II, §219 (c), title X, §1001 (a)(1), (c), Apr. 20, 2005, 119 Stat. 57, 185, 186; Pub. L. 111-327, §2 (a)(38), Dec. 22, 2010, 124 Stat. 3561.)

### §1203. Rights and powers of debtor

Subject to such limitations as the court may prescribe, a debtor in possession shall have all the rights, other than the right to compensation under section 330, and powers, and shall perform all the functions and duties, except the duties specified in paragraphs (3) and (4) of section 1106 (a), of a trustee serving in a case under chapter 11, including operating the debtor's farm or commercial fishing operation.

(Added and amended Pub. L. 99-554, title II, §255, title III, §302 (f), Oct. 27,

（B）（i）向该州立子女抚养局就该债权发出书面通知；并且

（ii）在第（i）项规定的通知上应载明该权利人的姓名、地址及电话号码；并且

（C）当债务人根据第 1228 条被授予免责时，就以下事项向该权利人和该州立子女抚养执行局发出书面通知：

（i）该免责的授予；

（ii）债务人最后为人所知的地址；

（iii）债务人的员工最后为人所知的姓名及地址；以及

（iv）享有以下债权的各债权人的姓名：

（I）该债权根据第 523 条（a）的第（2）、（4）或（14A）款未能免责；或

（II）债务人根据第 524 条（c）已再认的债权。

（2）（A）持有附条（b）（6）所述债权的债权人或供职于其居住地所在州的州立子女抚养执行局可要求第（1）款（C）（iv）所述的债权人提供债务人最后为人所知的地址。

（B）即使法律有任何其他规定，因附款（A）的请求而披露债务人最后为人所知的地址的债权人不应因作该披露而承担责任。

［经 Pub. L. 99-554, title II, §§227, 255, title III, §302（f）, Oct. 27, 1986, 100 Stat. 3103, 3106, 3124; Pub. L. 103-65, §1, Aug. 6, 1993, 107 Stat. 311; Pub. L. 105-277, div. C, title I,§149（a）, Oct. 21, 1998, 112 Stat. 2681-610; Pub. L. 106-5, §1（1）,（2）, Mar. 30, 1999, 113 Stat. 9; Pub. L. 106-70, §1, Oct. 9, 1999, 113 Stat. 1031; Pub. L. 107-8, §1, May 11, 2001, 115 Stat. 10; Pub. L. 107-17, §1, June 26, 2001, 115 Stat. 151; Pub. L. 107-170, §1, May 7, 2002, 116 Stat. 133; Pub. L. 107-171, title X, §10814（a）, May 13, 2002, 116 Stat. 532; Pub. L. 107-377, §2（a）, Dec. 19, 2002, 116 Stat. 3115; Pub. L. 108-73, §2（a）, Aug. 15, 2003, 117 Stat. 891; Pub. L. 108-369, §2（a）, Oct. 25, 2004, 118 Stat. 1749; Pub. L. 109-8, title II, §219（c）, title X, §1001（a）（1）,（c）, Apr. 20, 2005, 119 Stat. 57, 185, 186; Pub. L. 111-327, §2（a）（38）, Dec. 22, 2010, 124 Stat. 3561. 增补和修正］

**第 1203 条　债务人的权利和权力**

在遵守法院可规定的限制的情况下，经管债务人应享有第 11 章案件中托管人享有的一切权利或权力，但不包括根据本篇第 330 条获取报酬的权利；并且应履行第 11 章案件中托管人应履行的一切职责和义务，但不包括本篇第 1106 条（a）的第（3）款及第（4）款所述的义务。

［经 Pub. L. 99-554, title II, §255, title III, §302（f）, Oct. 27, 1986, 100 Stat. 3107,

1986, 100 Stat. 3107, 3124; Pub. L. 103-65, §1, Aug. 6, 1993, 107 Stat. 311; Pub. L. 105-277, div. C, title I, §149 (a), Oct. 21, 1998, 112 Stat. 2681-610; Pub. L. 106-5, §1 (1), (2), Mar. 30, 1999, 113 Stat. 9; Pub. L. 106-70, §1, Oct. 9, 1999, 113 Stat. 1031; Pub. L. 107-8, §1, May 11, 2001, 115 Stat. 10; Pub. L. 107-17, §1, June 26, 2001, 115 Stat. 151; Pub. L. 107-170, §1, May 7, 2002, 116 Stat. 133; Pub. L. 107-171, title X, §10814 (a), May 13, 2002, 116 Stat. 532; Pub. L. 107-377, §2 (a), Dec. 19, 2002, 116 Stat. 3115; Pub. L. 108-73, §2 (a), Aug. 15, 2003, 117 Stat. 891; Pub. L. 108-369, §2 (a), Oct. 25, 2004, 118 Stat. 1749; Pub. L. 109-8, title X, §§1001 (a)(1), (c), 1007 (c)(2), Apr. 20, 2005, 119 Stat. 185, 186, 188.)

### §1204. Removal of debtor as debtor in possession

(a) On request of a party in interest, and after notice and a hearing, the court shall order that the debtor shall not be a debtor in possession for cause, including fraud, dishonesty, incompetence, or gross mismanagement of the affairs of the debtor, either before or after the commencement of the case.

(b) On request of a party in interest, and after notice and a hearing, the court may reinstate the debtor in possession.

(Added and amended Pub. L. 99-554, title II, §255, title III, §302 (f), Oct. 27, 1986, 100 Stat. 3107, 3124; Pub. L. 103-65, §1, Aug. 6, 1993, 107 Stat. 311; Pub. L. 105-277, div. C, title I, §149 (a), Oct. 21, 1998, 112 Stat. 2681-610; Pub. L. 106-5, §1 (1), (2), Mar. 30, 1999, 113 Stat. 9; Pub. L. 106-70,§1, Oct. 9, 1999, 113 Stat. 1031; Pub. L. 107-8, §1, May 11, 2001, 115 Stat. 10; Pub. L. 107-17, §1, June 26, 2001, 115 Stat. 151; Pub. L. 107-170, §1, May 7, 2002, 116 Stat. 133; Pub. L. 107-171, title X, §10814 (a), May 13, 2002, 116 Stat. 532; Pub. L. 107-377, §2 (a), Dec. 19, 2002, 116 Stat. 3115; Pub. L. 108-73, §2 (a), Aug. 15, 2003, 117 Stat. 891; Pub. L. 108-369, §2 (a), Oct. 25, 2004, 118 Stat. 1749; Pub. L. 109-8, title X, §1001 (a)(1), (c), Apr. 20, 2005, 119 Stat. 185, 186.)

### §1205. Adequate protection

(a) Section 361 does not apply in a case under this chapter.

(b) In a case under this chapter, when adequate protection is required under section 362, 363, or 364 of this title of an interest of an entity in property, such adequate protection may be provided by—

(1) requiring the trustee to make a cash payment or periodic cash payments to such entity, to the extent that the stay under section 362 of this title, use, sale, or lease under section 363 of this title, or any grant of a lien under section 364 of this title results in a decrease in the value of property securing a claim or of an entity's ownership interest in property;

(2) providing to such entity an additional or replacement lien to the extent that such

3124; Pub. L. 103-65, §1, Aug. 6, 1993, 107 Stat. 311; Pub. L. 105-277, div. C, title I, §149（a）, Oct. 21, 1998, 112 Stat. 2681-610; Pub. L. 106-5, §1（1）,（2）, Mar. 30, 1999, 113 Stat. 9; Pub. L. 106-70, §1, Oct. 9, 1999, 113 Stat. 1031; Pub. L. 107-8, §1, May 11, 2001, 115 Stat. 10; Pub. L. 107-17, §1, June 26, 2001, 115 Stat. 151; Pub. L. 107-170, §1, May 7, 2002, 116 Stat. 133; Pub. L. 107-171, title X, §10814（a）, May 13, 2002, 116 Stat. 532; Pub. L. 107-377, §2（a）, Dec. 19, 2002, 116 Stat. 3115; Pub. L. 108-73, §2（a）, Aug. 15, 2003, 117 Stat. 891; Pub. L. 108-369, §2（a）, Oct. 25, 2004, 118 Stat. 1749; Pub. L. 109-8, title X, §§1001（a）（1）,（c）, 1007（c）（2）, Apr. 20, 2005, 119 Stat. 185, 186, 188. 增补和修正］

**第 1204 条　经管债务人本身的免任**

（a）经利益相关方的请求，经过通知和听证后，当债务人在管理其事项中存在欺诈、不诚实、不称职行为或严重管理不当，无论其发生在破产案件启动前或是启动后，或者未能根据本附章中被批准的计划履行其义务等事由时，法院应下令债务人不得担任经管债务人。

（b）应利益相关方的请求，经过通知和听证后，法院可恢复其担任经管债务人。

［经 Pub. L. 99-554, title II, §255, title III, §302（f）, Oct. 27, 1986, 100 Stat. 3107, 3124; Pub. L. 103-65, §1, Aug. 6, 1993, 107 Stat. 311; Pub. L. 105-277, div. C, title I, §149（a）, Oct. 21, 1998, 112 Stat. 2681-610; Pub. L. 106-5, §1（1）,（2）, Mar. 30, 1999, 113 Stat. 9; Pub. L. 106-70,§1, Oct. 9, 1999, 113 Stat. 1031; Pub. L. 107-8, §1, May 11, 2001, 115 Stat. 10; Pub. L. 107-17, §1, June 26, 2001, 115 Stat. 151; Pub. L. 107-170, §1, May 7, 2002, 116 Stat. 133; Pub. L. 107-171, title X, §10814（a）, May 13, 2002, 116 Stat. 532; Pub. L. 107-377, §2（a）, Dec. 19, 2002, 116 Stat. 3115; Pub. L. 108-73, §2（a）, Aug. 15, 2003, 117 Stat. 891; Pub. L. 108-369, §2（a）, Oct. 25, 2004, 118 Stat. 1749; Pub. L. 109-8, title X, §1001（a）（1）,（c）, Apr. 20, 2005, 119 Stat. 185, 186. 增补和修改］

**第 1205 条　充分保护**

（a）第 361 条不适用于本章案件。

（b）在本章案件中，当根据本篇第 362、363 或 364 条被要求对某实体的财产权益提供充分保护时，可通过以下方式提供该充分保护：

（1）要求托管人在本篇第 362 条中的冻结，本篇第 363 条中的使用、出售或出租或本篇第 364 条中任何财产上担保权的授予造成担保该实体享有的债权的财产或该实体在财产上的所有权权益的价值减损的范围内，向该实体进行现金偿付或定期现金偿付；

（2）在该冻结、使用、出售、出租或财产上担保权的授予造成担保债权的财产

stay, use, sale, lease, or grant results in a decrease in the value of property securing a claim or of an entity's ownership interest in property;

(3) paying to such entity for the use of farmland the reasonable rent customary in the community where the property is located, based upon the rental value, net income, and earning capacity of the property; or

(4) granting such other relief, other than entitling such entity to compensation allowable under section 503 (b)(1) of this title as an administrative expense, as will adequately protect the value of property securing a claim or of such entity's ownership interest in property.

(Added and amended Pub. L. 99-554, title II, §255, title III, §302 (f), Oct. 27, 1986, 100 Stat. 3107, 3124; Pub. L. 103-65, §1, Aug. 6, 1993, 107 Stat. 311; Pub. L. 105-277, div. C, title I, §149 (a), Oct. 21, 1998, 112 Stat. 2681-610; Pub. L. 106-5, §1 (1), (2), Mar. 30, 1999, 113 Stat. 9; Pub. L. 106-70,§1, Oct. 9, 1999, 113 Stat. 1031; Pub. L. 107-8, §1, May 11, 2001, 115 Stat. 10; Pub. L. 107-17, §1, June 26, 2001, 115 Stat. 151; Pub. L. 107-170, §1, May 7, 2002, 116 Stat. 133; Pub. L. 107-171, title X, §10814 (a), May 13, 2002, 116 Stat. 532; Pub. L. 107-377, §2 (a), Dec. 19, 2002, 116 Stat. 3115; Pub. L. 108-73, §2 (a), Aug. 15, 2003, 117 Stat. 891; Pub. L. 108-369, §2 (a), Oct. 25, 2004, 118 Stat. 1749; Pub. L. 109-8, title X, §1001 (a)(1), (c), Apr. 20, 2005, 119 Stat. 185, 186.)

### §1206. Sales free of interests

After notice and a hearing, in addition to the authorization contained in section 363(f), the trustee in a case under this chapter may sell property under section 363(b) and (c) free and clear of any interest in such property of an entity other than the estate if the property is farmland, farm equipment, or property used to carry out a commercial fishing operation (including a commercial fishing vessel), except that the proceeds of such sale shall be subject to such interest.

(Added and amended Pub. L. 99-554, title II, §255, title III, §302 (f), Oct. 27, 1986, 100 Stat. 3108, 3124; Pub. L. 103-65, §1, Aug. 6, 1993, 107 Stat. 311; Pub. L. 105-277, div. C, title I, §149 (a), Oct. 21, 1998, 112 Stat. 2681-610; Pub. L. 106-5, §1 (1), (2), Mar. 30, 1999, 113 Stat. 9; Pub. L. 106-70,§1, Oct. 9, 1999, 113 Stat. 1031; Pub. L. 107-8, §1, May 11, 2001, 115 Stat. 10; Pub. L. 107-17, §1, June 26, 2001, 115 Stat. 151; Pub. L. 107-170, §1, May 7, 2002, 116 Stat. 133; Pub. L. 107-171, title X, §10814 (a), May 13, 2002, 116 Stat. 532; Pub. L. 107-377, §2 (a), Dec. 19, 2002, 116 Stat. 3115; Pub. L. 108-73, §2 (a), Aug. 15, 2003, 117 Stat. 891; Pub. L. 108-369, §2 (a), Oct. 25, 2004, 118 Stat. 1749; Pub. L. 109-8, title X, §§1001 (a)(1), (c), 1007 (c)(3), Apr. 20, 2005, 119 Stat. 185, 186, 188.)

或该实体在财产上的所有权权益的价值减损的范围内，向该实体提供额外的或者替代的担保权；

（3）就财产所在区域内的农田的使用，基于该财产的租金价值、净收入以及盈利能力，向该实体支付合理的惯常租金；或

（4）除使该实体有权获得根据本篇第 503 条（b）（1）可将其确认为管理费用的补偿外，授予其他救济使担保债权的财产或该实体在财产上的所有权权益的价值得到充分保护。

［经 Pub. L. 99-554, title II, §255, title III, §302（f）, Oct. 27, 1986, 100 Stat. 3107, 3124; Pub. L. 103-65, §1, Aug. 6, 1993, 107 Stat. 311; Pub. L. 105-277, div. C, title I, §149（a）, Oct. 21, 1998, 112 Stat. 2681-610; Pub. L. 106-5, §1（1）,（2）, Mar. 30, 1999, 113 Stat. 9; Pub. L. 106-70,§1, Oct. 9, 1999, 113 Stat. 1031; Pub. L. 107-8, §1, May 11, 2001, 115 Stat. 10; Pub. L. 107-17, §1, June 26, 2001, 115 Stat. 151; Pub. L. 107-170, §1, May 7, 2002, 116 Stat. 133; Pub. L. 107-171, title X, §10814（a）, May 13, 2002, 116 Stat. 532; Pub. L. 107-377, §2（a）, Dec. 19, 2002, 116 Stat. 3115; Pub. L. 108-73, §2（a）, Aug. 15, 2003, 117 Stat. 891; Pub. L. 108-369, §2（a）, Oct. 25, 2004, 118 Stat. 1749; Pub. L. 109-8, title X, §1001（a）（1）,（c）, Apr. 20, 2005, 119 Stat. 185, 186. 增补和修正］

**第 1206 条　无负担出售**

经过通知和听证后，除第 363 条（f）中的授权外，针对农田、农业设备或通常用于开展商事渔业活动的财产（包括商事捕鱼船），本章案件中的托管人还可排除该财产上除破产实体外的实体就该财产享有的任何权益，根据第 363 条（b）和（c）无负担出售该财产，但该出售所得的收益仍应受该权益的约束。

［经 Pub. L. 99-554, title II, §255, title III, §302（f）, Oct. 27, 1986, 100 Stat. 3108, 3124; Pub. L. 103-65, §1, Aug. 6, 1993, 107 Stat. 311; Pub. L. 105-277, div. C, title I, §149（a）, Oct. 21, 1998, 112 Stat. 2681-610; Pub. L. 106-5, §1（1）,（2）, Mar. 30, 1999, 113 Stat. 9; Pub. L. 106-70,§1, Oct. 9, 1999, 113 Stat. 1031; Pub. L. 107-8, §1, May 11, 2001, 115 Stat. 10; Pub. L. 107-17, §1, June 26, 2001, 115 Stat. 151; Pub. L. 107-170, §1, May 7, 2002, 116 Stat. 133; Pub. L. 107-171, title X, §10814（a）, May 13, 2002, 116 Stat. 532; Pub. L. 107-377, §2（a）, Dec. 19, 2002, 116 Stat. 3115; Pub. L. 108-73, §2（a）, Aug. 15, 2003, 117 Stat. 891; Pub. L. 108-369, §2（a）, Oct. 25, 2004, 118 Stat. 1749; Pub. L. 109-8, title X, §§1001（a）（1）,（c）, 1007（c）（3）, Apr. 20, 2005, 119 Stat. 185, 186, 188. 增补和调整］

## §1207. Property of the estate

(a) Property of the estate includes, in addition to the property specified in section 541 of this title—

(1) all property of the kind specified in such section that the debtor acquires after the commencement of the case but before the case is closed, dismissed, or converted to a case under chapter 7 of this title, whichever occurs first; and

(2) earnings from services performed by the debtor after the commencement of the case but before the case is closed, dismissed, or converted to a case under chapter 7 of this title, whichever occurs first.

(b) Except as provided in section 1204, a confirmed plan, or an order confirming a plan, the debtor shall remain in possession of all property of the estate.

(Added and amended Pub. L. 99-554, title II, §255, title III, §302 (f), Oct. 27, 1986, 100 Stat. 3108, 3124; Pub. L. 103-65, §1, Aug. 6, 1993, 107 Stat. 311; Pub. L. 105-277, div. C, title I, §149 (a), Oct. 21, 1998, 112 Stat. 2681-610; Pub. L. 106-5, §1 (1), (2), Mar. 30, 1999, 113 Stat. 9; Pub. L. 106-70,§1, Oct. 9, 1999, 113 Stat. 1031; Pub. L. 107-8, §1, May 11, 2001, 115 Stat. 10; Pub. L. 107-17, §1, June 26, 2001, 115 Stat. 151; Pub. L. 107-170, §1, May 7, 2002, 116 Stat. 133; Pub. L. 107-171, title X, §10814 (a), May 13, 2002, 116 Stat. 532; Pub. L. 107-377, §2 (a), Dec. 19, 2002, 116 Stat. 3115; Pub. L. 108-73, §2 (a), Aug. 15, 2003, 117 Stat. 891; Pub. L. 108-369, §2 (a), Oct. 25, 2004, 118 Stat. 1749; Pub. L. 109-8, title X, §1001 (a)(1), (c), Apr. 20, 2005, 119 Stat. 185, 186.)

## §1208. Conversion or dismissal

(a) The debtor may convert a case under this chapter to a case under chapter 7 of this title at any time. Any waiver of the right to convert under this subsection is unenforceable.

(b) On request of the debtor at any time, if the case has not been converted under section 706 or 1112 of this title, the court shall dismiss a case under this chapter. Any waiver of the right to dismiss under this subsection is unenforceable.

(c) On request of a party in interest, and after notice and a hearing, the court may dismiss a case under this chapter for cause, including—

(1) unreasonable delay, or gross mismanagement, by the debtor that is prejudicial to creditors;

(2) nonpayment of any fees and charges required under chapter 123 of title 28;

(3) failure to file a plan timely under section 1221 of this title;

(4) failure to commence making timely payments required by a confirmed plan;

(5) denial of confirmation of a plan under section 1225 of this title and denial of a request made for additional time for filing another plan or a modification of a plan;

**第 1207 条 破产财产**

（a）除本篇第 541 条所述的财产外，破产财产还包括以下各项：

（1）债务人在破产案件启动后，但在案件结案、被驳回或被转换至第 7 章案件前（以前述时点中较早者为准）取得的第 541 条所述的所有财产；以及

（2）债务人在破产案件启动后，但在案件结案、被驳回或被转换至第 7 章案件前（以前述时点中较早者为准），通过提供服务而获得的收入。

（b）除第 1204 条、被批准的计划或批准计划的裁定中作出其他规定外，债务人应保留对所有破产财产的占有。

[经 Pub. L. 99-554, title II, §255, title III, §302（f）, Oct. 27, 1986, 100 Stat. 3108, 3124; Pub. L. 103-65, §1, Aug. 6, 1993, 107 Stat. 311; Pub. L. 105-277, div. C, title I, §149（a）, Oct. 21, 1998, 112 Stat. 2681-610; Pub. L. 106-5, §1（1）,（2）, Mar. 30, 1999, 113 Stat. 9; Pub. L. 106-70,§1, Oct. 9, 1999, 113 Stat. 1031; Pub. L. 107-8, §1, May 11, 2001, 115 Stat. 10; Pub. L. 107-17, §1, June 26, 2001, 115 Stat. 151; Pub. L. 107-170, §1, May 7, 2002, 116 Stat. 133; Pub. L. 107-171, title X, §10814（a）, May 13, 2002, 116 Stat. 532; Pub. L. 107-377, §2（a）, Dec. 19, 2002, 116 Stat. 3115; Pub. L. 108-73, §2（a）, Aug. 15, 2003, 117 Stat. 891; Pub. L. 108-369, §2（a）, Oct. 25, 2004, 118 Stat. 1749; Pub. L. 109-8, title X, §1001（a）（1）,（c）, Apr. 20, 2005, 119 Stat. 185, 186. 增补和修正]

**第 1208 条 案件的转换或驳回**

（a）债务人可在任意时间内将本章案件转换至本篇第 7 章案件。放弃根据本附条转换案件的权利是不可被强制执行的。

（b）若案件未曾根据本篇第 706 条或第 1112 条而被转换，则在债务人在任意时间内作出请求的情况下，法院应驳回本章案件。放弃根据本附条使案件被驳回的权利是不可被强制执行的。

（c）应利益相关方的请求，经过通知和听证，法院可出于以下事由驳回本章案件：

（1）债务人不合理的迟延或严重管理不当有损于债权人；

（2）未能支付《美国联邦法典》第 28 篇第 123 章要求的任何费用；

（3）未能及时根据本篇第 1221 条提交计划；

（4）未能按照被批准的计划开始按时还款；

（5）计划未能根据本篇第 1225 条得到批准，并且申请用于提交其他计划或对计划进行修改的额外期间的请求也被拒绝；

(6) material default by the debtor with respect to a term of a confirmed plan;

(7) revocation of the order of confirmation under section 1230 of this title, and denial of confirmation of a modified plan under section 1229 of this title;

(8) termination of a confirmed plan by reason of the occurrence of a condition specified in the plan;

(9) continuing loss to or diminution of the estate and absence of a reasonable likelihood of rehabilitation; and

(10) failure of the debtor to pay any domestic support obligation that first becomes payable after the date of the filing of the petition.

(d) On request of a party in interest, and after notice and a hearing, the court may dismiss a case under this chapter or convert a case under this chapter to a case under chapter 7 of this title upon a showing that the debtor has committed fraud in connection with the case.

(e) Notwithstanding any other provision of this section, a case may not be converted to a case under another chapter of this title unless the debtor may be a debtor under such chapter.

(Added and amended Pub. L. 99-554, title II, §255, title III, §302 (f), Oct. 27, 1986, 100 Stat. 3108, 3124; Pub. L. 103-65, §1, Aug. 6, 1993, 107 Stat. 311; Pub. L. 105-277, div. C, title I, §149 (a), Oct. 21, 1998, 112 Stat. 2681-610; Pub. L. 106-5, §1 (1), (2), Mar. 30, 1999, 113 Stat. 9; Pub. L. 106-70,§1, Oct. 9, 1999, 113 Stat. 1031; Pub. L. 107-8, §1, May 11, 2001, 115 Stat. 10; Pub. L. 107-17, §1, June 26, 2001, 115 Stat. 151; Pub. L. 107-170, §1, May 7, 2002, 116 Stat. 133; Pub. L. 107-171, title X, §10814 (a), May 13, 2002, 116 Stat. 532; Pub. L. 107-377, §2 (a), Dec. 19, 2002, 116 Stat. 3115; Pub. L. 108-73, §2 (a), Aug. 15, 2003, 117 Stat. 891; Pub. L. 108-369, §2 (a), Oct. 25, 2004, 118 Stat. 1749; Pub. L. 109-8, title II, §213 (2), title X, §1001 (a)(1), (c), Apr. 20, 2005, 119 Stat. 52, 185, 186.)

## SUBCHAPTER Ⅱ —THE PLAN

### §1221. Filing of plan

The debtor shall file a plan not later than 90 days after the order for relief under this chapter, except that the court may extend such period if the need for an extension is attributable to circumstances for which the debtor should not justly be held accountable.

(Added and amended Pub. L. 99-554, title II, §255, title III, §302 (f), Oct. 27,

（6）针对被批准的计划的条款，债务人作出实质违约行为；

（7）批准计划的裁定被根据本篇第 1230 条撤销，并且根据本篇第 1229 条被修改的计划也未能得到批准；

（8）因计划中载明的情况的发生而终止被批准的计划；

（9）破产实体的持续性的损失或减损，并且没有复原的合理可能性；以及

（10）债务人未能偿付在破产申请被提交后才成为应付款项的任何家庭抚养费。

（d）应利益相关方的请求，经过通知和听证后，若债务人被证明就本案作出欺诈行为，则法院可驳回本章案件或将本章案件转换至本篇第 7 章案件。

（e）即使本条有任何其他规定，若债务人在本篇其他章节的案件中并非适格的债务人，则案件不得被转换至该章节。

[经 Pub. L. 99-554, title II, §255, title III, §302（f）, Oct. 27, 1986, 100 Stat. 3108, 3124; Pub. L. 103-65, §1, Aug. 6, 1993, 107 Stat. 311; Pub. L. 105-277, div. C, title I, §149（a）, Oct. 21, 1998, 112 Stat. 2681-610; Pub. L. 106-5, §1（1）,（2）, Mar. 30, 1999, 113 Stat. 9; Pub. L. 106-70,§1, Oct. 9, 1999, 113 Stat. 1031; Pub. L. 107-8, §1, May 11, 2001, 115 Stat. 10; Pub. L. 107-17, §1, June 26, 2001, 115 Stat. 151; Pub. L. 107-170, §1, May 7, 2002, 116 Stat. 133; Pub. L. 107-171, title X, §10814（a）, May 13, 2002, 116 Stat. 532; Pub. L. 107-377, §2(a), Dec. 19, 2002, 116 Stat. 3115; Pub. L. 108-73, §2(a), Aug. 15, 2003, 117 Stat. 891; Pub. L. 108-369, §2（a）, Oct. 25, 2004, 118 Stat. 1749; Pub. L. 109-8, title II, §213（2）, title X, §1001（a)（1）,（c）, Apr. 20, 2005, 119 Stat. 52, 185, 186. 增补和修正]

## 第二附章　计划

### 第 1221 条　计划的提交

债务人应在本章破产救济令被作出后 90 日内提交该计划，但若存在不可归责于债务人的情形并因此产生延长该期间的需要，则法院可延长该期间。

[经 Pub. L. 99-554, title II, §255, title III, §302（f）, Oct. 27, 1986, 100 Stat. 3109,

1986, 100 Stat. 3109, 3124; Pub. L. 103-65, §§1, 2, Aug. 6, 1993, 107 Stat. 311; Pub. L. 105-277, div. C, title I, §149 (a), Oct. 21, 1998, 112 Stat. 2681-610; Pub. L. 106-5, §1 (1), (2), Mar. 30, 1999, 113 Stat. 9; Pub. L. 106-70, §1, Oct. 9, 1999, 113 Stat. 1031; Pub. L. 107-8, §1, May 11, 2001, 115 Stat. 10; Pub. L. 107-17, §1, June 26, 2001, 115 Stat. 151; Pub. L. 107-170, §1, May 7, 2002, 116 Stat. 133; Pub. L. 107-171, title X, §10814 (a), May 13, 2002, 116 Stat. 532; Pub. L. 107-377, §2 (a), Dec. 19, 2002, 116 Stat. 3115; Pub. L. 108-73, §2 (a), Aug. 15, 2003, 117 Stat. 891; Pub. L. 108-369, §2 (a), Oct. 25, 2004, 118 Stat. 1749; Pub. L. 109-8, title X, §1001 (a)(1), (c), Apr. 20, 2005, 119 Stat. 185, 186.)

### §1222. Contents of plan

(a) The plan shall—

(1) provide for the submission of all or such portion of future earnings or other future income of the debtor to the supervision and control of the trustee as is necessary for the execution of the plan;

(2) provide for the full payment, in deferred cash payments, of all claims entitled to priority under section 507, unless the holder of a particular claim agrees to a different treatment of that claim;

(3) if the plan classifies claims and interests, provide the same treatment for each claim or interest within a particular class unless the holder of a particular claim or interest agrees to less favorable treatment;

(4) notwithstanding any other provision of this section, a plan may provide for less than full payment of all amounts owed for a claim entitled to priority under section 507(a)(1)(B) only if the plan provides that all of the debtor's projected disposable income for a 5-year period beginning on the date that the first payment is due under the plan will be applied to make payments under the plan; and

(5) subject to section 1232, provide for the treatment of any claim by a governmental unit of a kind described in section 1232 (a).

(b) Subject to subsections (a) and (c) of this section, the plan may—

(1) designate a class or classes of unsecured claims, as provided in section 1122 of this title, but may not discriminate unfairly against any class so designated; however, such plan may treat claims for a consumer debt of the debtor if an individual is liable on such consumer debt with the debtor differently than other unsecured claims;

(2) modify the rights of holders of secured claims, or of holders of unsecured claims, or leave unaffected the rights of holders of any class of claims;

(3) provide for the curing or waiving of any default;

(4) provide for payments on any unsecured claim to be made concurrently with payments on any secured claim or any other unsecured claim;

3124; Pub. L. 103-65, §§1, 2, Aug. 6, 1993, 107 Stat. 311; Pub. L. 105-277, div. C, title I, §149（a）, Oct. 21, 1998, 112 Stat. 2681-610; Pub. L. 106-5, §1（1）,（2）, Mar. 30, 1999, 113 Stat. 9; Pub. L. 106-70, §1, Oct. 9, 1999, 113 Stat. 1031; Pub. L. 107-8, §1, May 11, 2001, 115 Stat. 10; Pub. L. 107-17, §1, June 26, 2001, 115 Stat. 151; Pub. L. 107-170, §1, May 7, 2002, 116 Stat. 133; Pub. L. 107-171, title X, §10814（a）, May 13, 2002, 116 Stat. 532; Pub. L. 107-377, §2（a）, Dec. 19, 2002, 116 Stat. 3115; Pub. L. 108-73, §2（a）, Aug. 15, 2003, 117 Stat. 891; Pub. L. 108-369, §2（a）, Oct. 25, 2004, 118 Stat. 1749; Pub. L. 109-8, title X, §1001（a）（1）,（c）, Apr. 20, 2005, 119 Stat. 185, 186. 增补和修正］

**第 1222 条　计划的内容**

（a）计划应当：

（1）规定在实施该计划所必需的情况下，将债务人未来的全部或部分收入或其他所得提交托管人以供监督和控制；

（2）规定除非持有特定债权的主体同意就该债权受到不同对待，否则以延期付款的方式，对根据第 507 条具有优先顺位的所有债权进行完全清偿；

（3）若该计划对债权和权益进行分组，则除非持有特定债权或权益的主体同意受到不利对待，否则应对同一小组内的各债权或权益提供相同的待遇；

（4）即使本条有任何其他规定，仅当该计划规定将计划中的首次还款到期日起 5 年内债务人的所有预计可支配收入用于该计划中的还款，该计划才可规定不对根据第 507 条（a）（1）（B）具有优先顺位的债权进行完全清偿；以及

（5）在符合第 1232 条规定的情况下，规定对政府机构享有的第 1232 条（a）中的债权提供的待遇。

（b）在符合本条的附条（a）和（c）规定的情况下，该计划可以：

（1）根据本篇第 1122 条的规定，单设一个或多个无担保债权小组，但不得对该小组进行不公正的对待；然而，针对个人与债务人共同就债务人的消费债务承担责任的债权，该计划可为其提供与其他无担保债权不同的待遇；

（2）对担保债权人或无担保债权人的权利进行调整或保持持有任意小组债权的主体的权利不受影响；

（3）规定纠正或停止任何违约行为；

（4）规定对任意无担保债权的还项与对任意担保债权或其他无担保债权的还款同时进行；

(5) provide for the curing of any default within a reasonable time and maintenance of payments while the case is pending on any unsecured claim or secured claim on which the last payment is due after the date on which the final payment under the plan is due;

(6) subject to section 365 of this title, provide for the assumption, rejection, or assignment of any executory contract or unexpired lease of the debtor not previously rejected under such section;

(7) provide for the payment of all or part of a claim against the debtor from property of the estate or property of the debtor;

(8) provide for the sale of all or any part of the property of the estate or the distribution of all or any part of the property of the estate among those having an interest in such property;

(9) provide for payment of allowed secured claims consistent with section 1225 (a) (5) of this title, over a period exceeding the period permitted under section 1222 (c);

(10) provide for the vesting of property of the estate, on confirmation of the plan or at a later time, in the debtor or in any other entity;

(11) provide for the payment of interest accruing after the date of the filing of the petition on unsecured claims that are nondischargeable under section 1228 (a), except that such interest may be paid only to the extent that the debtor has disposable income available to pay such interest after making provision for full payment of all allowed claims; and

(12) include any other appropriate provision not inconsistent with this title.

(c) Except as provided in subsections (b) (5) and (b) (9), the plan may not provide for payments over a period that is longer than three years unless the court for cause approves a longer period, but the court may not approve a period that is longer than five years.

(d) Notwithstanding subsection (b) (2) of this section and sections 506 (b) and 1225 (a) (5) of this title, if it is proposed in a plan to cure a default, the amount necessary to cure the default, shall be determined in accordance with the underlying agreement and applicable nonbankruptcy law.

(Added and amended Pub. L. 99-554, title II, §255, title III, §302 (f), Oct. 27, 1986, 100 Stat. 3109, 3124; Pub. L. 103-65, §1, Aug. 6, 1993, 107 Stat. 311; Pub. L. 103-394, title III, §305 (b), Oct. 22, 1994, 108 Stat. 4134; Pub. L. 105-277, div. C, title I, §149 (a), Oct. 21, 1998, 112 Stat. 2681-610; Pub. L. 106-5, §1 (1), (2), Mar. 30, 1999, 113 Stat. 9; Pub. L. 106-70, §1, Oct. 9, 1999, 113 Stat. 1031; Pub. L. 107-8, §1, May 11, 2001, 115 Stat. 10; Pub. L. 107-17, §1, June 26, 2001, 115 Stat. 151; Pub. L. 107-170, §1, May 7, 2002, 116 Stat. 133; Pub. L. 107-171, title X, §10814 (a), May 13, 2002, 116 Stat. 532; Pub. L. 107-377, §2 (a), Dec. 19, 2002, 116 Stat. 3115; Pub. L. 108-73,

（5）规定在合理期间内纠正任意违约行为，并且在案件进行过程中，对其最后还款期限在该计划中的最后一笔还款到期后届满的无担保债权或担保债权仍保持还款；

（6）在符合本篇第 365 条规定的情况下，规定确认、拒绝确认或转让任何债务人先前未曾根据该条拒绝确认的待履行合同或未到期租约；

（7）规定由破产财产或债务人财产对就债务人享有的所有或部分债权进行清偿；

（8）规定将全部或部分破产财产出售或将全部或部分破产财产在对该财产享有权益的主体间进行分配；

（9）规定在超出第 1222 条（c）允许的期间之外，根据本篇第 1225 条（a）（5）清偿经确认的担保债权；

（10）规定在计划得到批准时或在更晚时间，将破产财产授予债务人或任何其他实体；

（11）规定清偿在破产申请被提交后就第 1228 条（a）中不可被免责的无担保债权产生的利息，但仅当债务人在对所有经确认债权全额清偿后仍有可用于清偿该利息的可支配收入时，该利息才可在该范围内得以清偿；并且

（12）包含符合本篇规定的任何其他相应规定。

（c）除附条（b）（5）和（b）（9）另有规定外，该计划不得规定超过 3 年的还款期间，但法院出于特定事由可批准更长的期间，但法院不得批准超过 5 年的期间。

（d）即使存在本条的附条（b）（2）以及本篇第 506 条（b）和第 1225 条（a）（5）的规定，若计划中提出纠正违约行为，则纠正该违约行为的必要费用应根据相关协议和可适用的非破产法来确定。

［经 Pub. L. 99-554, title II, § 255, title III, § 302（f）, Oct. 27, 1986, 100 Stat. 3109, 3124; Pub. L. 103-65, § 1, Aug. 6, 1993, 107 Stat. 311; Pub. L. 103-394, title III, § 305（b）, Oct. 22, 1994, 108 Stat. 4134; Pub. L. 105-277, div. C, title I, § 149（a）, Oct. 21, 1998, 112 Stat. 2681-610; Pub. L. 106-5, § 1（1）,（2）, Mar. 30, 1999, 113 Stat. 9; Pub. L. 106-70, § 1, Oct. 9, 1999, 113 Stat. 1031; Pub. L. 107-8, § 1, May 11, 2001, 115 Stat. 10; Pub. L. 107-17, § 1, June 26, 2001, 115 Stat. 151; Pub. L. 107-170, § 1, May 7, 2002, 116 Stat. 133; Pub. L. 107-171, title X, § 10814（a）, May 13, 2002, 116 Stat. 532; Pub. L. 107-377, § 2（a）, Dec. 19, 2002, 116 Stat. 3115; Pub. L. 108-73, § 2（a）,Aug. 15,

§2 (a) ,Aug. 15, 2003, 117 Stat. 891; Pub. L. 108-369, §2 (a) , Oct. 25, 2004, 118 Stat. 1749; Pub. L. 109-8, title II, §213 (3) , (4) , title X, §§1001 (a)(1) , (c) , 1003 (a) , Apr. 20, 2005, 119 Stat. 52, 185, 186; Pub. L. 115-72, div. B, §1005 (b)(1)(A) , Oct. 26, 2017, 131 Stat. 1233. )

### §1223. Modification of plan before confirmation

(a) The debtor may modify the plan at any time before confirmation, but may not modify the plan so that the plan as modified fails to meet the requirements of section 1222 of this title.

(b) After the debtor files a modification under this section, the plan as modified becomes the plan.

(c) Any holder of a secured claim that has accepted or rejected the plan is deemed to have accepted or rejected, as the case may be, the plan as modified, unless the modification provides for a change in the rights of such holder from what such rights were under the plan before modification, and such holder changes such holder's previous acceptance or rejection.

(Added and amended Pub. L. 99-554, title II, §255, title III, §302 (f) , Oct. 27, 1986, 100 Stat. 3110, 3124; Pub. L. 103-65, §1, Aug. 6, 1993, 107 Stat. 311; Pub. L. 105-277, div. C, title I, §149 (a) , Oct. 21, 1998, 112 Stat. 2681-610; Pub. L. 106-5, §1 (1) , (2) , Mar. 30, 1999, 113 Stat. 9; Pub. L. 106-70,§1, Oct. 9, 1999, 113 Stat. 1031; Pub. L. 107-8, §1, May 11, 2001, 115 Stat. 10; Pub. L. 107-17, §1, June 26, 2001, 115 Stat. 151; Pub. L. 107-170, §1, May 7, 2002, 116 Stat. 133; Pub. L. 107-171, title X, §10814 (a) , May 13, 2002, 116 Stat. 532; Pub. L. 107-377, §2 (a) , Dec. 19, 2002, 116 Stat. 3115; Pub. L. 108-73, §2 (a) , Aug. 15, 2003, 117 Stat. 891; Pub. L. 108-369, §2 (a) , Oct. 25, 2004, 118 Stat. 1749; Pub. L. 109-8, title X, §1001 (a)(1) , (c) , Apr. 20, 2005, 119 Stat. 185, 186. )

### §1224. Confirmation hearing

After expedited notice, the court shall hold a hearing on confirmation of the plan. A party in interest, the trustee, or the United States trustee may object to the confirmation of the plan. Except for cause, the hearing shall be concluded not later than 45 days after the filing of the plan.

(Added and amended Pub. L. 99-554, title II, §255, title III, §302 (f) , Oct. 27, 1986, 100 Stat. 3110, 3124; Pub. L. 103-65, §1, Aug. 6, 1993, 107 Stat. 311; Pub. L. 105-277, div. C, title I, §149 (a) , Oct. 21, 1998, 112 Stat. 2681-610; Pub. L. 106-5, §1 (1) , (2) , Mar. 30, 1999, 113 Stat. 9; Pub. L. 106-70,§1, Oct. 9, 1999, 113 Stat. 1031; Pub. L. 107-8, §1, May 11, 2001, 115 Stat. 10; Pub. L. 107-17, §1, June 26, 2001, 115 Stat. 151; Pub. L. 107-170, §1, May 7, 2002, 116 Stat. 133; Pub. L. 107-171, title X, §10814 (a) , May 13, 2002, 116 Stat. 532; Pub. L. 107-377, §2 (a) , Dec. 19, 2002, 116 Stat. 3115;

2003, 117 Stat. 891; Pub. L. 108-369, §2（a）, Oct. 25, 2004, 118 Stat. 1749; Pub. L. 109-8, title II, §213（3）,（4）, title X, §§1001（a）(1）,（c）, 1003（a）, Apr. 20, 2005, 119 Stat. 52, 185, 186; Pub. L. 115-72, div. B, §1005（b）(1）(A）, Oct. 26, 2017, 131 Stat. 1233. 增补和修正］

**第 1223 条　批准前计划的修改**

（a）债务人可在计划得到批准前任意时间内修改该计划，但该修改不得使修改后的计划无法满足本篇第 1222 条的要求。

（b）债务人提交本条中的修改方案后，修改后的计划即成为计划。

（c）先前已经接受或拒绝计划的担保债权人被视为已经相应地接受或拒绝修改后的计划，除非在修改方案中对该债权人在计划修改前根据计划享有的权利进行了调整，并且该债权人已改变其先前的接受或拒绝意见。

［经 Pub. L. 99-554, title II, §255, title III, §302（f）, Oct. 27, 1986, 100 Stat. 3110, 3124; Pub. L. 103-65, §1, Aug. 6, 1993, 107 Stat. 311; Pub. L. 105-277, div. C, title I, §149（a）, Oct. 21, 1998, 112 Stat. 2681-610; Pub. L. 106-5, §1（1）,（2）, Mar. 30, 1999, 113 Stat. 9; Pub. L. 106-70,§1, Oct. 9, 1999, 113 Stat. 1031; Pub. L. 107-8, §1, May 11, 2001, 115 Stat. 10; Pub. L. 107-17, §1, June 26, 2001, 115 Stat. 151; Pub. L. 107-170, §1, May 7, 2002, 116 Stat. 133; Pub. L. 107-171, title X, §10814（a）, May 13, 2002, 116 Stat. 532; Pub. L. 107-377, §2（a）, Dec. 19, 2002, 116 Stat. 3115; Pub. L. 108-73, §2（a）, Aug. 15, 2003, 117 Stat. 891; Pub. L. 108-369, §2（a）, Oct. 25, 2004, 118 Stat. 1749; Pub. L. 109-8, title X, §1001（a）(1）,（c）, Apr. 20, 2005, 119 Stat. 185, 186. 增补和修正］

**第 1224 条　批准计划的听证**

经过加急通知后，法院应举行批准计划的听证。利益相关方、托管人或联邦托管人可对计划的批准提出异议。除出于特定事由外，听证应在计划被提交后 45 日内结束。

［经 Pub. L. 99-554, title II, §255, title III, §302（f）, Oct. 27, 1986, 100 Stat. 3110, 3124; Pub. L. 103-65, §1, Aug. 6, 1993, 107 Stat. 311; Pub. L. 105-277, div. C, title I, §149（a）, Oct. 21, 1998, 112 Stat. 2681-610; Pub. L. 106-5, §1（1）,（2）, Mar. 30, 1999, 113 Stat. 9; Pub. L. 106-70,§1, Oct. 9, 1999, 113 Stat. 1031; Pub. L. 107-8, §1, May 11, 2001, 115 Stat. 10; Pub. L. 107-17, §1, June 26, 2001, 115 Stat. 151; Pub. L. 107-170, §1, May 7, 2002, 116 Stat. 133; Pub. L. 107-171, title X, §10814（a）, May 13, 2002, 116 Stat. 532; Pub. L. 107-377, §2（a）, Dec. 19, 2002, 116 Stat. 3115; Pub. L. 108-73, §2（a）,

Pub. L. 108-73, §2 (a), Aug. 15, 2003, 117 Stat. 891; Pub. L. 108-369, §2 (a), Oct. 25, 2004, 118 Stat. 1749; Pub. L. 109-8, title X, §1001 (a)(1), (c), Apr. 20, 2005, 119 Stat. 185, 186.)

§1225. Confirmation of plan

(a) Except as provided in subsection (b), the court shall confirm a plan if—

(1) the plan complies with the provisions of this chapter and with the other applicable provisions of this title;

(2) any fee, charge, or amount required under chapter 123 of title 28, or by the plan, to be paid before confirmation, has been paid;

(3) the plan has been proposed in good faith and not by any means forbidden by law;

(4) the value, as of the effective date of the plan, of property to be distributed under the plan on account of each allowed unsecured claim is not less than the amount that would be paid on such claim if the estate of the debtor were liquidated under chapter 7 of this title on such date;

(5) with respect to each allowed secured claim provided for by the plan—

(A) the holder of such claim has accepted the plan;

(B)(i) the plan provides that the holder of such claim retain the lien securing such claim; and

(ii) the value, as of the effective date of the plan, of property to be distributed by the trustee or the debtor under the plan on account of such claim is not less than the allowed amount of such claim; or

(C) the debtor surrenders the property securing such claim to such holder;

(6) the debtor will be able to make all payments under the plan and to comply with the plan; and

(7) the debtor has paid all amounts that are required to be paid under a domestic support obligation and that first become payable after the date of the filing of the petition if the debtor is required by a judicial or administrative order, or by statute, to pay such domestic support obligation.

(b)(1) If the trustee or the holder of an allowed unsecured claim objects to the confirmation of the plan, then the court may not approve the plan unless, as of the effective date of the plan—

(A) the value of the property to be distributed under the plan on account of such claim is not less than the amount of such claim;

(B) the plan provides that all of the debtor's projected disposable income to be received in the three-year period, or such longer period as the court may approve under section 1222 (c), beginning on the date that the first payment is due under the plan will

Aug. 15, 2003, 117 Stat. 891; Pub. L. 108-369, §2（a）, Oct. 25, 2004, 118 Stat. 1749; Pub. L. 109-8, title X, §1001（a）(1)，（c）, Apr. 20, 2005, 119 Stat. 185, 186. 增补和修正］

**第 1225 条　计划的批准**

（a）除附条（b）另有规定外，在下列情形中，法院应批准该计划：

（1）该计划符合本章规定以及本篇其他相应规定；

（2）已经偿付《美国联邦法典》第 28 篇第 123 章或该计划要求在计划得到批准前偿付的费用或金额；

（3）系出于善意提出该计划，且并未采取任何法律禁止的手段；

（4）根据该计划就各项经确认的无担保债权分配所得的财产的价值，自计划生效之日不少于，若债务人的资产根据本篇第 7 章进行清算而在该日可能就该债权得以清偿的金额；

（5）针对计划中规定的各项经确认担保债权而言：

（A）持有该债权的主体已经接受该计划；

（B）(i）该计划规定该债权人保留担保该债权的财产上担保权；并且

（ii）根据该计划就该债权由托管人或债务人进行分配所得的财产的价值，自计划生效之日不少于该债权的经确认金额；或

（C）债务人将担保该债权的财产移交该债权人；

（6）债务人将有能力根据该计划完成计划中的所有还款；并且

（7）针对所有在破产申请被提交后才成为应付款项而被要求支付的家庭抚养费，若债务人系因司法、行政命令或法律而被要求支付该家庭抚养费，则债务人应已经偿付所有该类费用。

（b）(1）若托管人或持有经确认无担保债权的主体对计划的批准提出异议，则法院不得批准该计划，除非自计划生效之日起：

（A）根据该计划就该债权分配所得的财产的价值不少于该债权的金额；

（B）该计划规定债务人自计划中的首次还款到期日起 3 年内，或法院根据第 1222 条（c）可批准的更长期间内，获得的所有预计可支配收入都将用于该计划中的还款；或

be applied to make payments under the plan; or

(C) the value of the property to be distributed under the plan in the 3-year period, or such longer period as the court may approve under section 1222 (c), beginning on the date that the first distribution is due under the plan is not less than the debtor's projected disposable income for such period.

(2) For purposes of this subsection, "disposable income" means income which is received by the debtor and which is not reasonably necessary to be expended—

(A) for the maintenance or support of the debtor or a dependent of the debtor or for a domestic support obligation that first becomes payable after the date of the filing of the petition; or

(B) for the payment of expenditures necessary for the continuation, preservation, and operation of the debtor's business.

(c) After confirmation of a plan, the court may order any entity from whom the debtor receives income to pay all or any part of such income to the trustee.

(Added and amended Pub. L. 99-554, title II, §255, title III, §302 (f), Oct. 27, 1986, 100 Stat. 3110, 3124; Pub. L. 103-65, §1, Aug. 6, 1993, 107 Stat. 311; Pub. L. 105-277, div. C, title I, §149 (a), Oct. 21, 1998, 112 Stat. 2681-610; Pub. L. 106-5, §1 (1), (2), Mar. 30, 1999, 113 Stat. 9; Pub. L. 106-70,§1, Oct. 9, 1999, 113 Stat. 1031; Pub. L. 107-8, §1, May 11, 2001, 115 Stat. 10; Pub. L. 107-17, §1, June 26, 2001, 115 Stat. 151; Pub. L. 107-170, §1, May 7, 2002, 116 Stat. 133; Pub. L. 107-171, title X, §10814 (a), May 13, 2002, 116 Stat. 532; Pub. L. 107-377, §2 (a), Dec. 19, 2002, 116 Stat. 3115; Pub. L. 108-73, §2 (a), Aug. 15, 2003, 117 Stat. 891; Pub. L. 108-369, §2 (a), Oct. 25, 2004, 118 Stat. 1749; Pub. L. 109-8, title II, §§213 (5), 218, title X, §§1001 (a)(1), (c), 1006 (a), Apr. 20, 2005, 119 Stat. 52, 55, 185-187.)

### §1226. Payments

(a) Payments and funds received by the trustee shall be retained by the trustee until confirmation or denial of confirmation of a plan. If a plan is confirmed, the trustee shall distribute any such payment in accordance with the plan. If a plan is not confirmed, the trustee shall return any such payments to the debtor, after deducting—

(1) any unpaid claim allowed under section 503 (b) of this title; and

(2) if a standing trustee is serving in the case, the percentage fee fixed for such standing trustee.

(b) Before or at the time of each payment to creditors under the plan, there shall be paid—

(1) any unpaid claim of the kind specified in section 507 (a) (2) of this title; and

（C）自计划中的首次分配日起 3 年内，或法院根据第 1222 条（c）可批准的更长期间内，根据该计划将分配所得的财产的价值不少于债务人在该期间内的预计可支配收入。

（2）就本附条而言，“可支配收入”指并无合理必要用于以下事项的债务人获得的收入：

（A）用于维持或支持债务人或债务人的被扶 / 抚养人的生活或用于在破产申请被提交后才首次成为应付款项的家庭抚养费；或

（B）用于偿付债务人的商事业务的继续、维持或运营所必需的支出。

（c）计划得到批准后，法院可裁定向债务人支付收入的任何实体向托管人支付该部分或全部收入。

［经 Pub. L. 99-554, title II, §255, title III, §302（f）, Oct. 27, 1986, 100 Stat. 3110, 3124; Pub. L. 103-65, §1, Aug. 6, 1993, 107 Stat. 311; Pub. L. 105-277, div. C, title I, §149（a）, Oct. 21, 1998, 112 Stat. 2681-610; Pub. L. 106-5, §1（1）,（2）, Mar. 30, 1999, 113 Stat. 9; Pub. L. 106-70,§1, Oct. 9, 1999, 113 Stat. 1031; Pub. L. 107-8, §1, May 11, 2001, 115 Stat. 10; Pub. L. 107-17, §1, June 26, 2001, 115 Stat. 151; Pub. L. 107-170, §1, May 7, 2002, 116 Stat. 133; Pub. L. 107-171, title X, §10814（a）, May 13, 2002, 116 Stat. 532; Pub. L. 107-377, §2（a）, Dec. 19, 2002, 116 Stat. 3115; Pub. L. 108-73, §2（a）, Aug. 15, 2003, 117 Stat. 891; Pub. L. 108-369, §2（a）, Oct. 25, 2004, 118 Stat. 1749; Pub. L. 109-8, title II, §§213（5）, 218, title X, §§1001（a）（1）,（c）, 1006（a）, Apr. 20, 2005, 119 Stat. 52, 55, 185-187. 增补和修正］

**第 1226 条　偿付**

（a）托管人收取的款项和资金应由托管人进行保管，直至计划得到批准或被拒绝批准。若计划得到批准，托管人应根据该计划分配前述款项。若该计划未能得到批准，托管人应在扣除以下各项后将前述款项退还债务人：

（1）根据本篇第 503 条（b）得以确认的任何未获清偿的债权；以及

（2）若常任托管人担任本案的托管人，为该常任托管人确定的比例费用。

（b）每次根据计划向债权人还款前或还款时，应已偿付以下款项：

（1）本篇第 507 条（a）（2）中的任何未获清偿的债权；以及

(2) if a standing trustee appointed under section 1202 (c) of this title is serving in the case, the percentage fee fixed for such standing trustee under section 1202 (d) of this title.

(c) Except as otherwise provided in the plan or in the order confirming the plan, the trustee shall make payments to creditors under the plan.

(Added and amended Pub. L. 99-554, title II, §255, title III, §302 (f), Oct. 27, 1986, 100 Stat. 3111, 3124; Pub. L. 103-65, §1, Aug. 6, 1993, 107 Stat. 311; Pub. L. 103-394, title V, §501 (d)(36), Oct. 22, 1994, 108 Stat. 4147; Pub. L. 105-277, div. C, title I, §149 (a), Oct. 21, 1998, 112 Stat. 2681-610; Pub. L. 106-5, §1 (1), (2), Mar. 30, 1999, 113 Stat. 9; Pub. L. 106-70, §1, Oct. 9, 1999, 113 Stat. 1031; Pub. L. 107-8, §1, May 11, 2001, 115 Stat. 10; Pub. L. 107-17, §1, June 26, 2001, 115 Stat. 151; Pub. L. 107-170, §1, May 7, 2002, 116 Stat. 133; Pub. L. 107-171, title X, §10814 (a), May 13, 2002, 116 Stat. 532; Pub. L. 107-377, §2 (a), Dec. 19, 2002, 116 Stat. 3115; Pub. L. 108-73,§2 (a), Aug. 15, 2003, 117 Stat. 891; Pub. L. 108-369, §2 (a), Oct. 25, 2004, 118 Stat. 1749; Pub. L. 109-8, title X, §1001 (a)(1), (c), title XV, §1502 (a)(9), Apr. 20, 2005, 119 Stat. 185, 186, 217.)

### §1227. Effect of confirmation

(a) Except as provided in section 1228 (a) of this title, the provisions of a confirmed plan bind the debtor, each creditor, each equity security holder, and each general partner in the debtor, whether or not the claim of such creditor, such equity security holder, or such general partner in the debtor is provided for by the plan, and whether or not such creditor, such equity security holder, or such general partner in the debtor has objected to, has accepted, or has rejected the plan.

(b) Except as otherwise provided in the plan or the order confirming the plan, the confirmation of a plan vests all of the property of the estate in the debtor.

(c) Except as provided in section 1228 (a) of this title and except as otherwise provided in the plan or in the order confirming the plan, the property vesting in the debtor under subsection (b) of this section is free and clear of any claim or interest of any creditor provided for by the plan.

(Added and amended Pub. L. 99-554, title II, §255, title III, §302 (f), Oct. 27, 1986, 100 Stat. 3112, 3124; Pub. L. 103-65, §1, Aug. 6, 1993, 107 Stat. 311; Pub. L. 105-277, div. C, title I, §149 (a), Oct. 21, 1998, 112 Stat. 2681-610; Pub. L. 106-5, §1 (1), (2), Mar. 30, 1999, 113 Stat. 9; Pub. L. 106-70,§1, Oct. 9, 1999, 113 Stat. 1031; Pub. L. 107-8, §1, May 11, 2001, 115 Stat. 10; Pub. L. 107-17, §1, June 26, 2001, 115 Stat. 151; Pub. L. 107-170, §1, May 7, 2002, 116 Stat. 133; Pub. L. 107-171, title X, §10814 (a),

（2）若根据本篇第 1202 条（c）[①] 被任命的常任托管人担任本案的托管人，根据本篇第 1202 条（d）为该常任托管人确定的比例费用。

（c）除计划或批准该计划的裁定中另有规定外，托管人应根据该计划向债权人还款。

[经 Pub. L. 99-554, title II, §255, title III, §302（f）, Oct. 27, 1986, 100 Stat. 3111, 3124; Pub. L. 103-65, §1, Aug. 6, 1993, 107 Stat. 311; Pub. L. 103-394, title V, §501（d）（36）, Oct. 22, 1994, 108 Stat. 4147; Pub. L. 105-277, div. C, title I, §149（a）, Oct. 21, 1998, 112 Stat. 2681-610; Pub. L. 106-5, §1（1）,（2）, Mar. 30, 1999, 113 Stat. 9; Pub. L. 106-70, §1, Oct. 9, 1999, 113 Stat. 1031; Pub. L. 107-8, §1, May 11, 2001, 115 Stat. 10; Pub. L. 107-17, §1, June 26, 2001, 115 Stat. 151; Pub. L. 107-170, §1, May 7, 2002, 116 Stat. 133; Pub. L. 107-171, title X, §10814（a）, May 13, 2002, 116 Stat. 532; Pub. L. 107-377, §2（a）, Dec. 19, 2002, 116 Stat. 3115; Pub. L. 108-73,§2（a）, Aug. 15, 2003, 117 Stat. 891; Pub. L. 108-369, §2(a), Oct. 25, 2004, 118 Stat. 1749; Pub. L. 109-8, title X, §1001（a）（1）,（c）, title XV, §1502（a）（9）, Apr. 20, 2005, 119 Stat. 185, 186, 217. 增补和修正]

**第 1227 条　批准的效力**

（a）除本篇第 1228 条（a）另有规定外，被批准的计划的规定对债务人、各债权人、各股本证券持有人和债务人中的各普通合伙人均具有约束力，无论该债权人、该股本证券持有人或债务人中的普通合伙人享有的权利是否规定于该计划中，也无论该债权人、该股本证券持有人或债务人中的普通合伙人是否曾对该计划提出异议或者接受或拒绝该计划。

（b）除非在计划或批准计划的裁定中作出其他规定，否则计划的批准将使所有破产财产均归属于债务人。

（c）除本篇第 1228 条（a）另有规定外，除非计划或批准计划的裁定作出其他规定，否则根据本条的附条（b）归属于债务人的财产不受计划中规定的任何债权人的任何债权或权益的约束。

[经 Pub. L. 99-554, title II, §255, title III, §302（f）, Oct. 27, 1986, 100 Stat. 3112, 3124; Pub. L. 103-65, §1, Aug. 6, 1993, 107 Stat. 311; Pub. L. 105-277, div. C, title I, §149（a）, Oct. 21, 1998, 112 Stat. 2681-610; Pub. L. 106-5, §1（1）,（2）, Mar. 30, 1999, 113 Stat. 9; Pub. L. 106-70,§1, Oct. 9, 1999, 113 Stat. 1031; Pub. L. 107-8, §1, May 11, 2001, 115 Stat. 10; Pub. L. 107-17, §1, June 26, 2001, 115 Stat. 151; Pub. L. 107-170, §1, May 7, 2002, 116 Stat. 133; Pub. L. 107-171, title X, §10814（a）, May 13, 2002, 116

① 根据文中引用，本篇第 1202 条的（c）和（d）均被 Pub. L. 99-554 的第 227 条撤销，有关任命常任托管人以及确定比例费用的规定现载于《美国联邦法典》第 28 篇第 586 条的（b）和（e）。

May 13, 2002, 116 Stat. 532; Pub. L. 107-377, §2 (a), Dec. 19, 2002, 116 Stat. 3115; Pub. L. 108-73, §2 (a), Aug. 15, 2003, 117 Stat. 891; Pub. L. 108-369, §2 (a), Oct. 25, 2004, 118 Stat. 1749; Pub. L. 109-8, title X, §1001 (a)(1), (c), Apr. 20, 2005, 119 Stat. 185, 186.)

## §1228. Discharge

(a) Subject to subsection (d), as soon as practicable after completion by the debtor of all payments under the plan, and in the case of a debtor who is required by a judicial or administrative order, or by statute, to pay a domestic support obligation, after such debtor certifies that all amounts payable under such order or such statute that are due on or before the date of the certification (including amounts due before the petition was filed, but only to the extent provided for by the plan) have been paid, other than payments to holders of allowed claims provided for under section 1222 (b)(5) or 1222 (b)(9) of this title, unless the court approves a written waiver of discharge executed by the debtor after the order for relief under this chapter, the court shall grant the debtor a discharge of all debts provided for by the plan, allowed under section 503 of this title, or disallowed under section 502 of this title, except any debt—

(1) provided for under section 1222 (b)(5) or 1222 (b)(9) of this title; or

(2) of a kind specified in section 523 (a) of this title, except as provided in section 1232 (c).

(b) Subject to subsection (d), at any time after the confirmation of the plan and after notice and a hearing, the court may grant a discharge to a debtor that has not completed payments under the plan only if—

(1) the debtor's failure to complete such payments is due to circumstances for which the debtor should not justly be held accountable;

(2) the value, as of the effective date of the plan, of property actually distributed under the plan on account of each allowed unsecured claim is not less than the amount that would have been paid on such claim if the estate of the debtor had been liquidated under chapter 7 of this title on such date; and

(3) modification of the plan under section 1229 of this title is not practicable.

(c) A discharge granted under subsection (b) of this section discharges the debtor from all unsecured debts provided for by the plan or disallowed under section 502 of this title, except any debt—

(1) provided for under section 1222 (b)(5) or 1222 (b)(9) of this title; or

(2) of a kind specified in section 523 (a) of this title, except as provided in section 1232 (c).

(d) On request of a party in interest before one year after a discharge under this section is granted, and after notice and a hearing, the court may revoke such discharge only if—

Stat. 532; Pub. L. 107-377, §2（a）, Dec. 19, 2002, 116 Stat. 3115; Pub. L. 108-73, §2（a）, Aug. 15, 2003, 117 Stat. 891; Pub. L. 108-369, §2（a）, Oct. 25, 2004, 118 Stat. 1749; Pub. L. 109-8, title X, §1001（a）（1）,（c）, Apr. 20, 2005, 119 Stat. 185, 186. 增补和修正］

**第 1228 条 免责**

（a）在遵守附条（d）规定的情况下，除向持有本篇第 1222 条（b）（5）或第 1222 条（b）（9）所述的经确认债权的主体进行的还款外，在债务人完成计划中的其他所有还款后，以及当债务人根据司法、行政命令或法律被要求支付家庭抚养费时，在该债务人证明根据该命令或法律而应付的所有在作出该证明时或之前已到期的其他款项（包括破产申请被提交前到期的款项，但仅限于计划所规定的部分）已被偿付后，除非法院批准债务人在本章破产救济令被作出后完成的放弃免责的书面声明，否则法院应在切实可行的情况下，尽快免除债务人所有计划中规定的根据本篇第 503 条被予以确认的债务或根据本篇第 502 条被不予确认的债务，但不包括下列债务：

（1）本篇第 1222 条（b）（5）或第 1222 条（b）（9）中规定的债务；或

（2）除第 1232 条（c）中另有规定外，不包括本篇第 523 条（a）中的债务。

（b）在符合附条（d）规定的情况下，在计划得到批准后的任意时间内，经过通知和听证后，仅在下列情形中，法院可对尚未完成计划中的还款的债务人予以免责：

（1）债务人未能完成该还款系因不可归责于债务人的情形；

（2）基于各项经确认的无担保债权而根据该计划实际分配所得的财产的价值，自计划生效之日不少于，若该债务人的资产根据本篇第 7 章得以清算而可能就该债权在该日所得的清偿；以及

（3）本篇第 1229 条中计划的修改难以被实行。

（c）根据本条的附条（b）而被授予的免责将免除债务人所有计划中规定的无担保债务或根据本篇第 502 条不予确认的债务，但不包括下列债务：

（1）本篇第 1222 条（b）（5）或第 1222 条（b）（9）中规定的债务；或

（2）除第 1232 条（c）中另有规定外，不包括本篇第 523 条（a）中的债务。

（d）若利益相关方在本条中的免责被授予后 1 年以前作出请求，则经过通知和听证后，仅在下列情形中法院可撤销该免责：

(1) such discharge was obtained by the debtor through fraud; and

(2) the requesting party did not know of such fraud until after such discharge was granted.

(e) After the debtor is granted a discharge, the court shall terminate the services of any trustee serving in the case.

(f) The court may not grant a discharge under this chapter unless the court after notice and a hearing held not more than 10 days before the date of the entry of the order granting the discharge finds that there is no reasonable cause to believe that—

(1) section 522 (q)(1) may be applicable to the debtor; and

(2) there is pending any proceeding in which the debtor may be found guilty of a felony of the kind described in section 522 (q)(1)(A) or liable for a debt of the kind described in section 522 (q)(1)(B).

(Added and amended Pub. L. 99-554, title II, §255, title III, §302 (f), Oct. 27, 1986, 100 Stat. 3112, 3124; Pub. L. 103-65, §1, Aug. 6, 1993, 107 Stat. 311; Pub. L. 105-277, div. C, title I, §149 (a), Oct. 21, 1998, 112 Stat. 2681-610; Pub. L. 106-5, §1 (1), (2), Mar. 30, 1999, 113 Stat. 9; Pub. L. 106-70,§1, Oct. 9, 1999, 113 Stat. 1031; Pub. L. 106-518, title II, §208, Nov. 13, 2000, 114 Stat. 2415; Pub. L. 107-8, §1, May 11, 2001, 115 Stat. 10; Pub. L. 107-17, §1, June 26, 2001, 115 Stat. 151; Pub. L. 107-170, §1, May 7, 2002, 116 Stat. 133; Pub. L. 107-171, title X, §10814 (a), May 13, 2002, 116 Stat. 532; Pub. L. 107-377, §2 (a), Dec. 19, 2002, 116 Stat. 3115; Pub. L. 108-73, §2 (a), Aug. 15, 2003, 117 Stat. 891; Pub. L. 108-369, §2 (a), Oct. 25, 2004, 118 Stat. 1749; Pub. L. 109-8, title II,§213 (6), title III, §330 (c), title X, §1001 (a)(1), (c), Apr. 20, 2005, 119 Stat. 53, 101, 185, 186; Pub. L. 115-72, div. B, §1005 (b)(1)(B), Oct. 26, 2017, 131 Stat. 1233.)

### §1229. Modification of plan after confirmation

(a) At any time after confirmation of the plan but before the completion of payments under such plan, the plan may be modified, on request of the debtor, the trustee, or the holder of an allowed unsecured claim, to—

(1) increase or reduce the amount of payments on claims of a particular class provided for by the plan;

(2) extend or reduce the time for such payments;

(3) alter the amount of the distribution to a creditor whose claim is provided for by the plan to the extent necessary to take account of any payment of such claim other than under the plan; or

(4) provide for the payment of a claim described in section 1232 (a) that arose after the date on which the petition was filed.

(b)(1) Sections 1222 (a), 1222 (b), and 1223 (c) of this title and the

（1）债务人系通过欺诈手段获得该免责；并且
（2）请求方直至该免责被授予后才获知该欺诈行为。

（e）在债务人被准予免责后，法院应终止本案托管人的服务。

（f）除非法院经过通知，以及在授予免责的裁定正式作出前 10 日内举行的听证后，认为没有合理理由相信存在以下情形，否则法院不得根据本章授予免责：

（1）第 522 条（q）（1）可适用于该债务人；并且
（2）债务人可能被认定为犯有第 522 条（q）（1）（A）所述的重罪或被认定为对第 522 条（q）（1）（B）所述的债务承担责任的程序正在进行中。

［经 Pub. L. 99-554, title II, §255, title III, §302（f）, Oct. 27, 1986, 100 Stat. 3112, 3124; Pub. L. 103-65, §1, Aug. 6, 1993, 107 Stat. 311; Pub. L. 105-277, div. C, title I, §149（a）, Oct. 21, 1998, 112 Stat. 2681-610; Pub. L. 106-5, §1（1）,（2）, Mar. 30, 1999, 113 Stat. 9; Pub. L. 106-70,§1, Oct. 9, 1999, 113 Stat. 1031; Pub. L. 106-518, title II, §208, Nov. 13, 2000, 114 Stat. 2415; Pub. L. 107-8, §1, May 11, 2001, 115 Stat. 10; Pub. L. 107-17, §1, June 26, 2001, 115 Stat. 151; Pub. L. 107-170, §1, May 7, 2002, 116 Stat. 133; Pub. L. 107-171, title X, §10814(a), May 13, 2002, 116 Stat. 532; Pub. L. 107-377, §2(a), Dec. 19, 2002, 116 Stat. 3115; Pub. L. 108-73, §2(a), Aug. 15, 2003, 117 Stat. 891; Pub. L. 108-369, §2(a), Oct. 25, 2004, 118 Stat. 1749; Pub. L. 109-8, title II,§213(6), title III, §330（c）, title X, §1001（a）（1）,（c）, Apr. 20, 2005, 119 Stat. 53, 101, 185, 186; Pub. L. 115-72, div. B, §1005（b）（1）（B）, Oct. 26, 2017, 131 Stat. 1233. 增补和修正］

**第 1229 条　批准后计划的修改**

（a）在计划得到批准后、根据该计划完成清偿前的任意时间内，在债务人、托管人或持有经确认无担保债权的主体的请求下，该计划可就以下事项得到修改：

（1）提高或降低该计划规定的特定小组的债权的清偿金额；

（2）延长或缩短作此清偿的期间；
（3）考虑到在计划外，就该计划中规定的债权所作的任何清偿，在必要的范围内调整向该债权人分配的金额；或

（4）规定对第 1232 条（a）中所述的，在破产申请被提交后产生的债权进行清偿。

（b）（1）本篇第 1222（a）、1222（b）和 1223（c）条以及本篇第 1225 条（a）

requirements of section 1225( a )of this title apply to any modification under subsection( a ) of this section.

( 2 ) The plan as modified becomes the plan unless, after notice and a hearing, such modification is disapproved.

( c ) A plan modified under this section may not provide for payments over a period that expires after three years after the time that the first payment under the original confirmed plan was due, unless the court, for cause, approves a longer period, but the court may not approve a period that expires after five years after such time.

( d ) A plan may not be modified under this section—

( 1 ) to increase the amount of any payment due before the plan as modified becomes the plan;

( 2 ) by anyone except the debtor, based on an increase in the debtor's disposable income, to increase the amount of payments to unsecured creditors required for a particular month so that the aggregate of such payments exceeds the debtor's disposable income for such month; or

( 3 ) in the last year of the plan by anyone except the debtor, to require payments that would leave the debtor with insufficient funds to carry on the farming operation after the plan is completed.

( Added and amended Pub. L. 99-554, title II, §255, title III, §302（f）, Oct. 27, 1986, 100 Stat. 3113, 3124; Pub. L. 103-65, §1, Aug. 6, 1993, 107 Stat. 311; Pub. L. 105-277, div. C, title I, §149（a）, Oct. 21, 1998, 112 Stat. 2681-610; Pub. L. 106-5, §1（1）,（2）, Mar. 30, 1999, 113 Stat. 9; Pub. L. 106-70,§1, Oct. 9, 1999, 113 Stat. 1031; Pub. L. 107-8, §1, May 11, 2001, 115 Stat. 10; Pub. L. 107-17, §1, June 26, 2001, 115 Stat. 151; Pub. L. 107-170, §1, May 7, 2002, 116 Stat. 133; Pub. L. 107-171, title X, §10814（a）, May 13, 2002, 116 Stat. 532; Pub. L. 107-377, §2（a）, Dec. 19, 2002, 116 Stat. 3115; Pub. L. 108-73, §2（a）, Aug. 15, 2003, 117 Stat. 891; Pub. L. 108-369, §2（a）, Oct. 25, 2004, 118 Stat. 1749; Pub. L. 109-8, title X, §§1001（a）（1）,（c）, 1006（b）, Apr. 20, 2005, 119 Stat. 185-187; Pub. L. 115-72, div. B, §1005（b）（1）（C）, Oct. 26, 2017, 131 Stat. 1234. )

### §1230. Revocation of an order of confirmation

( a ) On request of a party in interest at any time within 180 days after the date of the entry of an order of confirmation under section 1225 of this title, and after notice and a hearing, the court may revoke such order if such order was procured by fraud.

( b ) If the court revokes an order of confirmation under subsection（a）of this section, the court shall dispose of the case under section 1207 of this title, unless, within the time fixed by the court, the debtor proposes and the court confirms a modification of the plan under section 1229 of this title.

中的要求均适用于根据本条的附条（a）所作的任何修改方案。

（2）除非经过通知和听证后,修改方案未被批准,否则修改后的计划即成为计划。

（c）本条中修改后的计划不得规定超过3年的还款期间,除非法院出于特定事由，批准更长的期间，但法院仍不得批准超过5年的还款期间，前述还款期间均自原被批准计划中的首次还款到期日起算。

（d）计划不得根据本条进行以下修改：

（1）提高在修改后的计划成为计划前已经到期的任何还款的金额；

（2）在债务人外的任何人的要求下，基于债务人可支配收入的增长，提高某特定月份向无担保债权人还款的金额并使该还款的累计金额超过该月债务人的可支配收入；

（3）在计划的最后一年，在债务人外的任何人的要求下，进行还款且该还款将使计划实施完毕后，债务人没有充足的资金开展其农业经营。

[经 Pub. L. 99-554, title II, §255, title III, §302（f）, Oct. 27, 1986, 100 Stat. 3113, 3124; Pub. L. 103-65, §1, Aug. 6, 1993, 107 Stat. 311; Pub. L. 105-277, div. C, title I, §149（a）, Oct. 21, 1998, 112 Stat. 2681-610; Pub. L. 106-5, §1（1）,（2）, Mar. 30, 1999, 113 Stat. 9; Pub. L. 106-70,§1, Oct. 9, 1999, 113 Stat. 1031; Pub. L. 107-8, §1, May 11, 2001, 115 Stat. 10; Pub. L. 107-17, §1, June 26, 2001, 115 Stat. 151; Pub. L. 107-170, §1, May 7, 2002, 116 Stat. 133; Pub. L. 107-171, title X, §10814（a）, May 13, 2002, 116 Stat. 532; Pub. L. 107-377, §2（a）, Dec. 19, 2002, 116 Stat. 3115; Pub. L. 108-73, §2（a）, Aug. 15, 2003, 117 Stat. 891; Pub. L. 108-369, §2（a）, Oct. 25, 2004, 118 Stat. 1749; Pub. L. 109-8, title X, §§1001（a）（1）,（c）, 1006（b）, Apr. 20, 2005, 119 Stat. 185-187; Pub. L. 115-72, div. B, §1005（b）（1）（C）, Oct. 26, 2017, 131 Stat. 1234. 增补和修正]

**第 1230 条　批准裁定的撤销**

（a）若利益相关方在批准裁定被根据本篇第1225条正式作出后180日内的任意时间内提出请求，则经过通知和听证后，若该裁定系通过欺诈手段取得，则法院可撤销该裁定。

（b）若法院根据本条的附条（a）撤销批准裁定，则法院应根据本篇第1207条处理本案，除非在法院确定的时间内，债务人根据本篇第1229条提出计划的修改方案且法院对该修改方案予以批准。

(Added and amended Pub. L. 99-554, title II, §255, title III, §302 (f), Oct. 27, 1986, 100 Stat. 3113, 3124; Pub. L. 103-65, §1, Aug. 6, 1993, 107 Stat. 311; Pub. L. 105-277, div. C, title I, §149 (a), Oct. 21, 1998, 112 Stat. 2681-610; Pub. L. 106-5, §1 (1), (2), Mar. 30, 1999, 113 Stat. 9; Pub. L. 106-70,§1, Oct. 9, 1999, 113 Stat. 1031; Pub. L. 107-8, §1, May 11, 2001, 115 Stat. 10; Pub. L. 107-17, §1, June 26, 2001, 115 Stat. 151; Pub. L. 107-170, §1, May 7, 2002, 116 Stat. 133; Pub. L. 107-171, title X, §10814 (a), May 13, 2002, 116 Stat. 532; Pub. L. 107-377, §2 (a), Dec. 19, 2002, 116 Stat. 3115; Pub. L. 108-73, §2 (a), Aug. 15, 2003, 117 Stat. 891; Pub. L. 108-369, §2 (a), Oct. 25, 2004, 118 Stat. 1749; Pub. L. 109-8, title X, §1001 (a)(1), (c), Apr. 20, 2005, 119 Stat. 185, 186.)

### §1231. Special tax provisions

(a) The issuance, transfer, or exchange of a security, or the making or delivery of an instrument of transfer under a plan confirmed under section 1225 of this title, may not be taxed under any law imposing a stamp tax or similar tax.

(b) The court may authorize the proponent of a plan to request a determination, limited to questions of law, by any governmental unit charged with responsibility for collection or determination of a tax on or measured by income, of the tax effects, under section 346 of this title and under the law imposing such tax, of the plan. In the event of an actual controversy, the court may declare such effects after the earlier of—

(1) the date on which such governmental unit responds to the request under this subsection; or

(2) 270 days after such request.

(Added and amended Pub. L. 99-554, title II, §255, title III, §302 (f), Oct. 27, 1986, 100 Stat. 3113, 3124; Pub. L. 103-65, §1, Aug. 6, 1993, 107 Stat. 311; Pub. L. 105-277, div. C, title I, §149 (a), Oct. 21, 1998, 112 Stat. 2681-610; Pub. L. 106-5, §1 (1), (2), Mar. 30, 1999, 113 Stat. 9; Pub. L. 106-70,§1, Oct. 9, 1999, 113 Stat. 1031; Pub. L. 107-8, §1, May 11, 2001, 115 Stat. 10; Pub. L. 107-17, §1, June 26, 2001, 115 Stat. 151; Pub. L. 107-170, §1, May 7, 2002, 116 Stat. 133; Pub. L. 107-171, title X, §10814 (a), May 13, 2002, 116 Stat. 532; Pub. L. 107-377, §2 (a), Dec. 19, 2002, 116 Stat. 3115; Pub. L. 108-73, §2 (a), Aug. 15, 2003, 117 Stat. 891; Pub. L. 108-369, §2 (a), Oct. 25, 2004, 118 Stat. 1749; Pub. L. 109-8, title VII, §719 (b)(4), title X, §§1001 (a)(1), (c), 1003 (b), Apr. 20, 2005, 119 Stat. 133, 185, 186.)

### §1232. Claim by a governmental unit based on the disposition of property used in a farming operation

(a) Any unsecured claim of a governmental unit against the debtor or the estate that arises before the filing of the petition, or that arises after the filing of the petition and before the debtor's discharge under section 1228, as a result of the sale, transfer, exchange,

［经 Pub. L. 99-554, title II, §255, title III, §302（f）, Oct. 27, 1986, 100 Stat. 3113, 3124; Pub. L. 103-65, §1, Aug. 6, 1993, 107 Stat. 311; Pub. L. 105-277, div. C, title I, §149（a）, Oct. 21, 1998, 112 Stat. 2681-610; Pub. L. 106-5, §1（1）,（2）, Mar. 30, 1999, 113 Stat. 9; Pub. L. 106-70,§1, Oct. 9, 1999, 113 Stat. 1031; Pub. L. 107-8, §1, May 11, 2001, 115 Stat. 10; Pub. L. 107-17, §1, June 26, 2001, 115 Stat. 151; Pub. L. 107-170, §1, May 7, 2002, 116 Stat. 133; Pub. L. 107-171, title X, §10814（a）, May 13, 2002, 116 Stat. 532; Pub. L. 107-377, §2(a), Dec. 19, 2002, 116 Stat. 3115; Pub. L. 108-73, §2(a), Aug. 15, 2003, 117 Stat. 891; Pub. L. 108-369, §2（a）, Oct. 25, 2004, 118 Stat. 1749; Pub. L. 109-8, title X, §1001（a）(1）,（c）, Apr. 20, 2005, 119 Stat. 185, 186. 增补和修正］

**第 1231 条　特别税款的规定**

（a）按照根据本篇第 1225 条得到批准的计划而发行、转让或交换证券，或者制作或交付转让文书，不得根据任何法律就其征收印花税或类似税款。

（b）法院可授权计划的提出者，请求取得负责征收或确定就收入或以收入为计量手段而施加的税款的任何政府机构，就法律事项对该计划根据本篇第 346 条以及该税款征收法律得出的税务影响作出的认定。在发生实质争议的情况下，法院可在以下较早时点后宣布该影响：

（1）该政府机构就本附条中的请求作出答复之日；或

（2）作出该请求后 270 日。

［经 Pub. L. 99-554, title II, §255, title III, §302（f）, Oct. 27, 1986, 100 Stat. 3113, 3124; Pub. L. 103-65, §1, Aug. 6, 1993, 107 Stat. 311; Pub. L. 105-277, div. C, title I, §149（a）, Oct. 21, 1998, 112 Stat. 2681-610; Pub. L. 106-5, §1（1）,（2）, Mar. 30, 1999, 113 Stat. 9; Pub. L. 106-70,§1, Oct. 9, 1999, 113 Stat. 1031; Pub. L. 107-8, §1, May 11, 2001, 115 Stat. 10; Pub. L. 107-17, §1, June 26, 2001, 115 Stat. 151; Pub. L. 107-170, §1, May 7, 2002, 116 Stat. 133; Pub. L. 107-171, title X, §10814（a）, May 13, 2002, 116 Stat. 532; Pub. L. 107-377, §2(a), Dec. 19, 2002, 116 Stat. 3115; Pub. L. 108-73, §2(a), Aug. 15, 2003, 117 Stat. 891; Pub. L. 108-369, §2（a）, Oct. 25, 2004, 118 Stat. 1749; Pub. L. 109-8, title VII, §719（b）(4）, title X, §§1001（a）(1）,（c）, 1003（b）, Apr. 20, 2005, 119 Stat. 133, 185, 186. 增补和修正］

**第 1232 条　政府机构基于对被用于农业活动的财产的处置而享有的债权**

（a）政府机构对债务人或破产实体享有的，因被用于债务人的农业活动的任何财产的出售、转让、交换或其他处置，而在破产申请被提交前成立或在破产申请被提交后、债务人根据第 1228 条被授予免责前成立的任何无担保债权：

or other disposition of any property used in the debtor's farming operation—

(1) shall be treated as an unsecured claim arising before the date on which the petition is filed;

(2) shall not be entitled to priority under section 507;

(3) shall be provided for under a plan; and

(4) shall be discharged in accordance with section 1228.

(b) For purposes of applying sections 1225 (a)(4), 1228 (b)(2), and 1229 (b)(1) to a claim described in subsection (a) of this section, the amount that would be paid on such claim if the estate of the debtor were liquidated in a case under chapter 7 of this title shall be the amount that would be paid by the estate in a chapter 7 case if the claim were an unsecured claim arising before the date on which the petition was filed and were not entitled to priority under section 507.

(c) For purposes of applying sections 523 (a), 1228 (a)(2), and 1228 (c)(2) to a claim described in subsection (a) of this section, the claim shall not be treated as a claim of a kind specified in subparagraph (A) or (B) of section 523 (a)(1).

(d)(1) A governmental unit may file a proof of claim for a claim described in subsection (a) that arises after the date on which the petition is filed.

(2) If a debtor files a tax return after the filing of the petition for a period in which a claim described in subsection (a) arises, and the claim relates to the tax return, the debtor shall serve notice of the claim on the governmental unit charged with the responsibility for the collection of the tax at the address and in the manner designated in section 505 (b)(1). Notice under this paragraph shall state that the debtor has filed a petition under this chapter, state the name and location of the court in which the case under this chapter is pending, state the amount of the claim, and include a copy of the filed tax return and documentation supporting the calculation of the claim.

(3) If notice of a claim has been served on the governmental unit in accordance with paragraph (2), the governmental unit may file a proof of claim not later than 180 days after the date on which such notice was served. If the governmental unit has not filed a timely proof of the claim, the debtor or trustee may file proof of the claim that is consistent with the notice served under paragraph (2). If a proof of claim is filed by the debtor or trustee under this paragraph, the governmental unit may not amend the proof of claim.

(4) A claim filed under this subsection shall be determined and shall be allowed under subsection (a), (b), or (c) of section 502, or disallowed under subsection (d) or (e) of section 502, in the same manner as if the claim had arisen immediately before the date of the filing of the petition.

(Added Pub. L. 115-72, div. B, §1005 (a), Oct. 26, 2017, 131 Stat. 1232.)

（1）应被视为在破产申请被提交前成立的无担保债权；

（2）不得根据第 507 条获得优先顺位；

（3）应在计划中对其作出规定；并且

（4）应根据第 1228 条就其免除责任。

（b）为使第 1225（a）（4）、1228（b）（2）以及 1229（b）（1）条适用于本条的附条（a）所述的债权，若债务人在本案中系根据本篇第 7 章进行清算，就该债权本将获得清偿的金额应为，若该债权系破产申请被提交前成立且未能根据第 507 条获得优先顺位，在本篇第 7 章案件中本将由破产财产清偿的金额。

（c）为使第 523（a）、1228（a）（2）以及 1228（c）（2）条适用于本条的附条（a）所述的债权，该债权不得被视为第 523 条（a）（1）的附款（A）或（B）中的债权。

（d）（1）针对附条（a）所述的，在破产申请被提交后成立的债权，政府机构可提交该债权的证明。

（2）若债务人针对某期间在破产申请被提交后提交了报税表，且该期间内产生了与该报税表有关的附条（a）中的债权，则债务人应向负责征税的政府机构以第 505 条（b）（1）指定的方式将债权通知送达至第 505 条（b）（1）指定的地址。本款中的通知应载明债务人已经根据本章提交破产申请，载明正在审理本章案件的法院的名称及位置，载明债权金额并含有被提交的报税表的副本以及支持该债权计算结果的材料。

（3）若债权通知已被根据第（2）款送达政府机构，则政府机构可在该通知被送达后 180 日内提交债权证明。若政府机构未能及时提交债权证明，则债务人或托管人可提交与根据第（2）款被送达的通知相一致的债权的证明。若债权证明已被债务人或托管人根据本款提交，则政府机构不得修改该债权证明。

（4）根据本附条被提交的债权应被假设为在破产申请被提交前已经成立的债权从而对其金额予以认定并应根据第 502 条（a）、（b）或（c）被予以确认，或根据第 502 条（d）或（e）被不予确认。

［经 Pub. L. 115-72, div. B, §1005（a）, Oct. 26, 2017, 131 Stat. 1232. 增补或修正］

# CHAPTER 13—ADJUSTMENT OF DEBTS OF AN INDIVIDUAL WITH REGULAR INCOME

## SUBCHAPTER I — OFFICERS, ADMINISTRATION, AND THE ESTATE



## SUBCHAPTER II — THE PLAN

# 第 13 章　有固定收入的个人的债务调整

## 第一附章　破产从业人员、管理和破产实体



## 第二附章　计划

# SUBCHAPTER Ⅰ —OFFICERS, ADMINISTRATION, AND THE ESTATE

## §1301. Stay of action against codebtor

(a) Except as provided in subsections (b) and (c) of this section, after the order for relief under this chapter, a creditor may not act, or commence or continue any civil action, to collect all or any part of a consumer debt of the debtor from any individual that is liable on such debt with the debtor, or that secured such debt, unless—

(1) such individual became liable on or secured such debt in the ordinary course of such individual's business; or

(2) the case is closed, dismissed, or converted to a case under chapter 7 or 11 of this title.

(b) A creditor may present a negotiable instrument, and may give notice of dishonor of such an instrument.

(c) On request of a party in interest and after notice and a hearing, the court shall grant relief from the stay provided by subsection (a) of this section with respect to a creditor, to the extent that—

(1) as between the debtor and the individual protected under subsection (a) of this section, such individual received the consideration for the claim held by such creditor;

(2) the plan filed by the debtor proposes not to pay such claim; or

(3) such creditor's interest would be irreparably harmed by continuation of such stay.

(d) Twenty days after the filing of a request under subsection (c)(2) of this section for relief from the stay provided by subsection (a) of this section, such stay is terminated with respect to the party in interest making such request, unless the debtor or any individual that is liable on such debt with the debtor files and serves upon such party in interest a written objection to the taking of the proposed action.

(Pub. L. 95-598, Nov. 6, 1978, 92 Stat. 2645; Pub. L. 98-353, title III, §§313, 524, July 10, 1984, 98 Stat. 355, 388.)

## §1302. Trustee

(a) If the United States trustee appoints an individual under section 586 (b) of title 28 to serve as standing trustee in cases under this chapter and if such individual qualifies under section 322 of this title, then such individual shall serve as trustee in the

# 第一附章　破产从业人员、管理和破产实体

## 第 1301 条　对共同债务人的诉讼的冻结

（a）除本条的附条（b）和（c）另有规定外，在本章破产救济令作出后，除下列情形外，债权人不得采取措施或者启动或继续任何民事诉讼，从而向与债务人共同就债务人的消费债务承担责任或为其提供担保的个人收取全部或部分欠款：

（1）该个人系在其常规业务范围内就该债务承担责任或为其提供担保；或

（2）本案已经结案、被驳回或被转换至本篇第 7 章或第 11 章案件。

（b）债权人可出示可转让票据，并通知拒绝承兑该票据。

（c）应利益相关方的请求，经过通知和听证后，法院可准予解除本条的附条（a）中规定的针对债权人的冻结，但限于以下情形：

（1）在债务人和本条的附条（a）保护的个人间，该个人已经就该债权人持有的债权获得对价；

（2）债务人提交的计划提出不就该债权进行清偿；或

（3）继续该冻结将对该债权人的权益造成不可弥补的损害。

（d）根据本条的附条（c）（2）提交解除本条的附条（a）中的冻结的请求后 20 日，该冻结针对作出该请求的利益相关方即刻终止，除非债务人或任何与债务人共同就该债务承担责任的个人提交并向该利益相关方送达就该拟定采取的行动的书面异议。

（Pub. L. 95-598, Nov. 6, 1978, 92 Stat. 2645; Pub. L. 98-353, title III, §§313, 524, July 10, 1984, 98 Stat. 355, 388.）

## 第 1302 条　托管人

（a）若联邦托管人已经根据《美国联邦法典》第 28 篇第 586 条（b）任命个人担任本章案件的常任托管人，并且此人系本篇第 322 条中的有资质的托管人，则此人应担任本案的托管人。否则，联邦托管人应指定一名无利害关系人担任本案托管

case. Otherwise, the United States trustee shall appoint one disinterested person to serve as trustee in the case or the United States trustee may serve as a trustee in the case.

(b) The trustee shall—

(1) perform the duties specified in sections 704 (a)(2), 704 (a)(3), 704 (a)(4), 704 (a)(5), 704 (a)(6), 704 (a)(7), and 704 (a)(9) of this title;

(2) appear and be heard at any hearing that concerns—

(A) the value of property subject to a lien;

(B) confirmation of a plan; or

(C) modification of the plan after confirmation;

(3) dispose of, under regulations issued by the Director of the Administrative Office of the United States Courts, moneys received or to be received in a case under chapter XIII of the Bankruptcy Act;

(4) advise, other than on legal matters, and assist the debtor in performance under the plan;

(5) ensure that the debtor commences making timely payments under section 1326 of this title; and

(6) if with respect to the debtor there is a claim for a domestic support obligation, provide the applicable notice specified in subsection (d).

(c) If the debtor is engaged in business, then in addition to the duties specified in subsection (b) of this section, the trustee shall perform the duties specified in sections 1106 (a)(3) and 1106 (a)(4) of this title.

(d)(1) In a case described in subsection (b)(6) to which subsection (b)(6) applies, the trustee shall—

(A)(i) provide written notice to the holder of the claim described in subsection (b)(6) of such claim and of the right of such holder to use the services of the State child support enforcement agency established under sections 464 and 466 of the Social Security Act for the State in which such holder resides, for assistance in collecting child support during and after the case under this title; and

(ii) include in the notice provided under clause (i) the address and telephone number of such State child support enforcement agency;

(B)(i) provide written notice to such State child support enforcement agency of such claim; and

(ii) include in the notice provided under clause (i) the name, address, and telephone number of such holder; and

(C) at such time as the debtor is granted a discharge under section 1328, provide written notice to such holder and to such State child support enforcement agency of—

(i) the granting of the discharge;

人，或者在必要的情况下，联邦托管人可担任本案托管人。

（b）托管人应履行以下各项：

（1）履行本篇第 704（a）（2）、704（a）（3）、704（a）（4）、704（a）（5）、704（a）（6）、704（a）（7）以及 704（a）（9）条中的职责；

（2）出席任何就下列事项举行的听证并发表意见：

（A）设有财产上担保权的财产的价值；

（B）计划的批准；或

（C）计划得到批准后对计划的修改；

（3）根据美国联邦法院行政管理局局长发布的规章，处置在《破产法案》第 XIII 章案件中已收取或将收取的现金；

（4）就法律外的事项提供建议并协助债务人履行计划；

（5）确保债务人根据本篇第 1326 条开始按时还款；以及

（6）若存在因家庭抚养义务而对债务人享有的债权，发出附条（d）中相应的通知。

（c）若债务人从事商事业务，则除本条的附条（b）所述的职责外，托管人还应履行本篇第 1106 条（a）（3）和第 1106 条（a）（4）所述的职责。

（d）（1）在适用附条（b）（6）的情况下，托管人应履行以下各项：

（A）（i）向持有附条（b）（6）所述债权的债权人或享有该债权人权利的权利人发出书面通知，以通知其利用供职于其居住地所在州，根据《社会保障法》第 464 条及第 466 条建立的州立子女抚养执行局提供的服务，从而在本篇案件实施过程中或结案后就收取子女抚养费获得援助；以及

（ii）在第（i）项规定的通知上应载明前述州立子女抚养执行局的地址和电话号码；

（B）（i）向该州立子女抚养局就该债权发出书面通知；并且

（ii）在第（i）项规定的通知上应载明该权利人的姓名、地址及电话号码；并且

（C）当债务人根据第 1328 条被授予免责时，就以下事项向该权利人和该州立子女抚养执行局发出书面通知：

（i）该免责的授予；

(ii) the last recent known address of the debtor;

(iii) the last recent known name and address of the debtor's employer; and

(iv) the name of each creditor that holds a claim that—

(I) is not discharged under paragraph (2) or (4) of section 523 (a); or

(II) was reaffirmed by the debtor under section 524 (c).

(2) (A) The holder of a claim described in subsection (b) (6) or the State child support enforcement agency of the State in which such holder resides may request from a creditor described in paragraph (1) (C) (iv) the last known address of the debtor.

(B) Notwithstanding any other provision of law, a creditor that makes a disclosure of a last known address of a debtor in connection with a request made under subparagraph (A) shall not be liable by reason of making that disclosure.

(Pub. L. 95-598, Nov. 6, 1978, 92 Stat. 2645; Pub. L. 98-353, title III, §§314, 525, July 10, 1984, 98 Stat. 356, 388; Pub. L. 99-554, title II, §§228, 283 (w), Oct. 27, 1986, 100 Stat. 3103, 3118; Pub. L. 103-394, title V, §501 (d) (37), Oct. 22, 1994, 108 Stat. 4147; Pub. L. 109-8, title II, §219 (d), Apr. 20, 2005, 119 Stat. 58; Pub. L. 111-327, §2 (a) (39), Dec. 22, 2010, 124 Stat. 3561.)

### §1303. Rights and powers of debtor

Subject to any limitations on a trustee under this chapter, the debtor shall have, exclusive of the trustee, the rights and powers of a trustee under sections 363 (b), 363 (d), 363 (e), 363 (f), and 363 (l), of this title.

(Pub. L. 95-598, Nov. 6, 1978, 92 Stat. 2646.)

### §1304. Debtor engaged in business

(a) A debtor that is self-employed and incurs trade credit in the production of income from such employment is engaged in business.

(b) Unless the court orders otherwise, a debtor engaged in business may operate the business of the debtor and, subject to any limitations on a trustee under sections 363 (c) and 364 of this title and to such limitations or conditions as the court prescribes, shall have, exclusive of the trustee, the rights and powers of the trustee under such sections.

(c) A debtor engaged in business shall perform the duties of the trustee specified in section 704 (a) (8) of this title.

(Pub. L. 95-598, Nov. 6, 1978, 92 Stat. 2646; Pub. L. 98-353, title III, §§311 (b) (2), 526, July 10, 1984, 98 Stat. 355, 389; Pub. L. 111-327, §2 (a) (40), Dec. 22, 2010, 124 Stat. 3562.)

### §1305. Filing and allowance of postpetition claims

(a) A proof of claim may be filed by any entity that holds a claim against the debtor—

(1) for taxes that become payable to a governmental unit while the case is pending;

（ii）债务人最后为人所知的地址；

（iii）债务人的员工最后为人所知的姓名及地址；以及

（iv）享有以下债权的各债权人的姓名：

（I）该债权根据第523条（a）的第（2）款或第（4）款未能免责；或

（II）债务人根据第524条（c）已再认的债权。

（2）（A）持有附条（b）（6）所述债权的债权人或供职于其居住地所在州的州立子女抚养执行局可要求第（1）款（C）（iv）所述的债权人提供债务人最后为人所知的地址。

（B）即使法律有任何其他规定，因附款（A）的请求而披露债务人最后为人所知的地址的债权人不应因作该披露而承担责任。

[Pub. L. 95-598, Nov. 6, 1978, 92 Stat. 2645; Pub. L. 98-353, title III, §§314, 525, July 10, 1984, 98 Stat. 356, 388; Pub. L. 99-554, title II, §§228, 283（w）, Oct. 27, 1986, 100 Stat. 3103, 3118; Pub. L. 103-394, title V, §501（d）（37）, Oct. 22, 1994, 108 Stat. 4147; Pub. L. 109-8, title II, §219（d）, Apr. 20, 2005, 119 Stat. 58; Pub. L. 111-327, §2（a）（39）, Dec. 22, 2010, 124 Stat. 3561.]

**第1303条　债务人的权利和权力**

在遵守任何对本章中托管人的限制的情况下，债务人应享有托管人根据本篇第363（b）、363（d）、363（e）、363（f）以及363（l）条享有的权利和权力。

(Pub. L. 95-598, Nov. 6, 1978, 92 Stat. 2646.)

**第1304条　从事商业活动的债务人**

（a）从事个体经营，并且在通过该工作带来收入的过程中产生贸易信贷的债务人是从事商业活动的债务人。

（b）除非法院作出其他裁定，否则从事商业活动的债务人可经营其商事业务，并且在遵守本篇第363条（c）和第364条中对托管人的任何限制以及法院规定的限制或条件的情况下，债务人应享有托管人根据前述条文享有的权利和权力。

（c）从事商业活动的债务人应履行本篇第704条（a）（8）中列明的托管人的义务。

[Pub. L. 95-598, Nov. 6, 1978, 92 Stat. 2646; Pub. L. 98-353, title III, §§311（b）（2）, 526, July 10, 1984, 98 Stat. 355, 389; Pub. L. 111-327, §2（a）（40）, Dec. 22, 2010, 124 Stat. 3562.]

**第1305条　申请后债权的提交和确认**

（a）对债务人享有债权的任何实体均可就以下债权提交债权证明：

（1）就案件进行过程中应向政府机构缴纳的税款而享有的债权；或

or

(2) that is a consumer debt, that arises after the date of the order for relief under this chapter, and that is for property or services necessary for the debtor's performance under the plan.

(b) Except as provided in subsection (c) of this section, a claim filed under subsection (a) of this section shall be allowed or disallowed under section 502 of this title, but shall be determined as of the date such claim arises, and shall be allowed under section 502 (a), 502 (b), or 502 (c) of this title, or disallowed under section 502 (d) or 502 (e) of this title, the same as if such claim had arisen before the date of the filing of the petition.

(c) A claim filed under subsection (a)(2) of this section shall be disallowed if the holder of such claim knew or should have known that prior approval by the trustee of the debtor's incurring the obligation was practicable and was not obtained.

(Pub. L. 95-598, Nov. 6, 1978, 92 Stat. 2647.)

### §1306. Property of the estate

(a) Property of the estate includes, in addition to the property specified in section 541 of this title—

(1) all property of the kind specified in such section that the debtor acquires after the commencement of the case but before the case is closed, dismissed, or converted to a case under chapter 7, 11, or 12 of this title, whichever occurs first; and

(2) earnings from services performed by the debtor after the commencement of the case but before the case is closed, dismissed, or converted to a case under chapter 7, 11, or 12 of this title, whichever occurs first.

(b) Except as provided in a confirmed plan or order confirming a plan, the debtor shall remain in possession of all property of the estate.

(Pub. L. 95-598, Nov. 6, 1978, 92 Stat. 2647; Pub. L. 99-554, title II, §257 (u), Oct. 27, 1986, 100 Stat. 3116.)

### §1307. Conversion or dismissal

(a) The debtor may convert a case under this chapter to a case under chapter 7 of this title at any time. Any waiver of the right to convert under this subsection is unenforceable.

(b) On request of the debtor at any time, if the case has not been converted under section 706, 1112, or 1208 of this title, the court shall dismiss a case under this chapter. Any waiver of the right to dismiss under this subsection is unenforceable.

(c) Except as provided in subsection (f) of this section, on request of a party in interest or the United States trustee and after notice and a hearing, the court may convert a case under this chapter to a case under chapter 7 of this title, or may dismiss a case under this chapter, whichever is in the best interests of creditors and the estate, for cause,

（2）就本章破产救济令被作出后，因债务人履行计划所必需的财产或服务而产生的消费债务而享有的债权。

（b）除本条的附条（c）另有规定外，根据本条的附条（a）被提交的债权应根据本篇第 502 条而被予以确认或不予确认，但应自该债权成立之日确定其金额，并且应将该债权假设为在破产申请被提交前已经成立的债权从而根据本篇 502（a）、502（b）或 502（c）予以确认或根据本篇第 502 条（d）或第 502 条（e）不予确认。

（c）针对根据本条的附条（a）（2）被提交的债权，若持有该债权的主体知道或应该知道托管人对债务人承担该义务的事先批准是切实可行的，但又未能获得该批准，则应对该债权不予确认。

（Pub. L. 95-598, Nov. 6, 1978, 92 Stat. 2647.）

**第 1306 条　破产财产**

（a）除本篇第 541 条所述的财产外，破产财产还包括以下各项：

（1）债务人在破产案件启动后，但在案件结案、被驳回，或被转换至第 7、11 章或第 12 章案件前（以前述时点中较早者为准）取得的第 541 条所述的所有财产；以及

（2）债务人在破产案件启动后，但在案件结案、被驳回，或被转换至第 7、11 章或第 12 章案件前（以前述时点中较早者为准），通过提供服务而获得的收入。

（b）除被批准的计划或批准计划的裁定中作出其他规定外，债务人应保留对所有破产财产的占有。

［Pub. L. 95-598, Nov. 6, 1978, 92 Stat. 2647; Pub. L. 99-554, title II, §257（u）, Oct. 27, 1986, 100 Stat. 3116.］

**第 1307 条　案件的转换或驳回**

（a）债务人可在任意时间内将本章案件转换至本篇第 7 章案件。放弃根据本附条转换案件的权利是不可被强制执行的。

（b）若案件未曾根据本篇第 706、1112 条或第 1208 条而被转换，则在债务人在任意时间内作出请求的情况下，法院应驳回本章案件。放弃根据本附条使案件被驳回的权利是不可被强制执行的。

（c）除本条的附条（f）中另有规定外，应利益相关方或联邦托管人的请求，经过通知和听证后，法院可出于特定事由在更符合债权人或破产实体的最大利益的情况下，选择将本章案件转换至本篇第 7 章案件或驳回本章案件，该事由包括以下各项：

including—

(1) unreasonable delay by the debtor that is prejudicial to creditors;

(2) nonpayment of any fees and charges required under chapter 123 of title 28;

(3) failure to file a plan timely under section 1321 of this title;

(4) failure to commence making timely payments under section 1326 of this title;

(5) denial of confirmation of a plan under section 1325 of this title and denial of a request made for additional time for filing another plan or a modification of a plan;

(6) material default by the debtor with respect to a term of a confirmed plan;

(7) revocation of the order of confirmation under section 1330 of this title, and denial of confirmation of a modified plan under section 1329 of this title;

(8) termination of a confirmed plan by reason of the occurrence of a condition specified in the plan other than completion of payments under the plan;

(9) only on request of the United States trustee, failure of the debtor to file, within fifteen days, or such additional time as the court may allow, after the filing of the petition commencing such case, the information required by paragraph (1) of section 521 (a);

(10) only on request of the United States trustee, failure to timely file the information required by paragraph (2) of section 521 (a); or

(11) failure of the debtor to pay any domestic support obligation that first becomes payable after the date of the filing of the petition.

(d) Except as provided in subsection (f) of this section, at any time before the confirmation of a plan under section 1325 of this title, on request of a party in interest or the United States trustee and after notice and a hearing, the court may convert a case under this chapter to a case under chapter 11 or 12 of this title.

(e) Upon the failure of the debtor to file a tax return under section 1308, on request of a party in interest or the United States trustee and after notice and a hearing, the court shall dismiss a case or convert a case under this chapter to a case under chapter 7 of this title, whichever is in the best interest of the creditors and the estate.

(f) The court may not convert a case under this chapter to a case under chapter 7, 11, or 12 of this title if the debtor is a farmer, unless the debtor requests such conversion.

(g) Notwithstanding any other provision of this section, a case may not be converted to a case under another chapter of this title unless the debtor may be a debtor under such chapter.

(Pub. L. 95-598, Nov. 6, 1978, 92 Stat. 2647; Pub. L. 98-353, title III, §§315, 527, July 10, 1984, 98 Stat. 356, 389; Pub. L. 99-554, title II, §§229, 257 (v), Oct. 27, 1986, 100 Stat. 3103, 3116; Pub. L. 109-8, title II, §213 (7), title VII, §716 (c), Apr. 20, 2005, 119 Stat. 53, 130; Pub. L. 111-327,§2 (a) (41), Dec. 22, 2010, 124 Stat. 3562.)

（1）债务人不合理的迟延有损于债权人；

（2）未能支付《美国联邦法典》第 28 篇第 123 章要求的任何费用；

（3）未能及时根据本篇第 1321 条提交计划；

（4）未能根据本篇第 1326 条开始按时还款；

（5）计划未能根据本篇第 1325 条得到批准，并且申请用于提交其他计划或对计划进行修改的额外期间的请求也被拒绝；

（6）针对被批准的计划的条款，债务人作出实质违约行为；

（7）批准计划的裁定被根据本篇第 1330 条撤销，并且根据本篇第 1329 条被修改的计划也未能得到批准；

（8）因计划中载明的，除完成计划中的还款以外的情况的发生而终止被批准的计划；

（9）在提交启动本案的破产申请后 15 日内或在法院可准予延长的额外期间内，债务人未能提交第 521 条（a）的第（1）款要求提交的信息，但仅限于联邦托管人对此提出请求的情况；

（10）未能及时提交第 521 条（a）的第（2）款要求提交的信息，但仅限于联邦托管人对此提出请求的情况；或

（11）债务人未能偿付在破产申请被提交后才成为应付款项的任何家庭抚养费。

（d）除本条的附条（f）中另有规定外，在计划根据本篇第 1325 条得到批准前的任意时间内，应利益相关方或联邦托管人的请求，经过通知和听证后，法院可将本章案件转换至本篇第 11 章或第 12 章案件。

（e）若债务人未能根据第 1308 条提交报税表，则应利益相关方或联邦托管人的请求，经过通知和听证后，法院应在更符合债权人和破产实体的最大利益的情况下，选择驳回本案或将本章案件转换至本篇第 7 章案件。

（f）若债务人为农民，则除非债务人请求作此转换，否则法院不得将本章案件转换至本篇第 7、11 章或第 12 章案件。

（g）即使本条有任何其他规定，若债务人在本篇其他章节的案件中并非适格的债务人，则案件不得被转换至该章节。

［Pub. L. 95-598, Nov. 6, 1978, 92 Stat. 2647; Pub. L. 98-353, title III, §§315, 527, July 10, 1984, 98 Stat. 356, 389; Pub. L. 99-554, title II, §§229, 257（v）, Oct. 27, 1986, 100 Stat. 3103, 3116; Pub. L. 109-8, title II, §213（7）, title VII, §716（c）, Apr. 20, 2005, 119 Stat. 53, 130; Pub. L. 111-327,§2（a）(41）, Dec. 22, 2010, 124 Stat. 3562.］

## §1308. Filing of prepetition tax returns

(a) Not later than the day before the date on which the meeting of the creditors is first scheduled to be held under section 341 (a), if the debtor was required to file a tax return under applicable nonbankruptcy law, the debtor shall file with appropriate tax authorities all tax returns for all taxable periods ending during the 4-year period ending on the date of the filing of the petition.

(b) (1) Subject to paragraph (2), if the tax returns required by subsection (a) have not been filed by the date on which the meeting of creditors is first scheduled to be held under section 341 (a), the trustee may hold open that meeting for a reasonable period of time to allow the debtor an additional period of time to file any unfiled returns, but such additional period of time shall not extend beyond—

(A) for any return that is past due as of the date of the filing of the petition, the date that is 120 days after the date of that meeting; or

(B) for any return that is not past due as of the date of the filing of the petition, the later of—

(i) the date that is 120 days after the date of that meeting; or

(ii) the date on which the return is due under the last automatic extension of time for filing that return to which the debtor is entitled, and for which request is timely made, in accordance with applicable nonbankruptcy law.

(2) After notice and a hearing, and order entered before the tolling of any applicable filing period determined under paragraph (1), if the debtor demonstrates by a preponderance of the evidence that the failure to file a return as required under paragraph (1) is attributable to circumstances beyond the control of the debtor, the court may extend the filing period established by the trustee under paragraph (1) for—

(A) a period of not more than 30 days for returns described in paragraph (1) (A); and

(B) a period not to extend after the applicable extended due date for a return described in paragraph (1) (B).

(c) For purposes of this section, the term "return" includes a return prepared pursuant to subsection (a) or (b) of section 6020 of the Internal Revenue Code of 1986, or a similar State or local law, or a written stipulation to a judgment or a final order entered by a nonbankruptcy tribunal.

(Added Pub. L. 109-8, title VII, §716 (b) (1), Apr. 20, 2005, 119 Stat. 129; amended Pub. L. 111-327,§2 (a) (42), Dec. 22, 2010, 124 Stat. 3562.)

**第 1308 条　申请前报税表的提交**

（a）在根据第 341 条（a）安排召开首次债权人会议前，若债务人被要求根据可适用的非破产法提交报税表，则债务人应向相应的税务机关提交破产申请被提交之日前 4 年内所有纳税期间的所有报税表。

（b）（1）在符合第（2）款规定的情况下，若附条（a）要求的报税表尚未在根据第 341 条（a）安排召开首次债权人会议前被提交，则托管人可在合理期间内持续该会议的举行，从而为债务人提供额外期间用以提交任何尚未提交的申报表，但该额外期间不得超过：

（A）针对自破产申请被提交之日已逾期的任何申报表，该会议的召开日期后 120 日；或

（B）针对自破产申请被提交之日尚未逾期的任何申报表，以下时点中较晚者：

（i）该会议的召开日期后 120 日；或

（ii）在根据可适用的非破产法及时作出请求的情况下，债务人就提交申报表的期间享有最后一次自动延期时，申报到期之日。

（2）经过通知和听证后，通过在第（1）款中被确定的相应的提交期间届满前被正式作出的裁定，若债务人通过充足的证据表明其未能根据第（1）款的要求提交申报表系因其无法控制的情形，则法院可将托管人根据第（1）款确定的提交期间延长以下期间：

（A）针对第（1）款（A）所述的申报表，不超过 30 日的期间；以及

（B）针对第（1）款（B）所述的申报表，不得超过已被相应延后的到期日。

（c）就本条而言，“申报表”包括根据 1986 年《国内税收法典》第 6020 条的附条（a）或（b），相似的州法或地方法律，或者由非破产法庭根据书面和解协议而正式作出的判决或最终裁定而完成的申报表。

［经 Pub. L. 109-8, title VII, §716（b）（1）, Apr. 20, 2005, 119 Stat. 129; amended Pub. L. 111-327,§2（a）（42）, Dec. 22, 2010, 124 Stat. 3562. 增补］

# SUBCHAPTER Ⅱ —THE PLAN

## §1321. Filing of plan

The debtor shall file a plan.

( Pub. L. 95-598, Nov. 6, 1978, 92 Stat. 2648. )

## §1322. Contents of plan

( a ) The plan—

( 1 ) shall provide for the submission of all or such portion of future earnings or other future income of the debtor to the supervision and control of the trustee as is necessary for the execution of the plan;

( 2 ) shall provide for the full payment, in deferred cash payments, of all claims entitled to priority under section 507 of this title, unless the holder of a particular claim agrees to a different treatment of such claim;

( 3 ) if the plan classifies claims, shall provide the same treatment for each claim within a particular class; and

( 4 ) notwithstanding any other provision of this section, may provide for less than full payment of all amounts owed for a claim entitled to priority under section 507 ( a ) ( 1 ) ( B ) only if the plan provides that all of the debtor's projected disposable income for a 5-year period beginning on the date that the first payment is due under the plan will be applied to make payments under the plan.

( b ) Subject to subsections ( a ) and ( c ) of this section, the plan may—

( 1 ) designate a class or classes of unsecured claims, as provided in section 1122 of this title, but may not discriminate unfairly against any class so designated; however, such plan may treat claims for a consumer debt of the debtor if an individual is liable on such consumer debt with the debtor differently than other unsecured claims;

( 2 ) modify the rights of holders of secured claims, other than a claim secured only by a security interest in real property that is the debtor's principal residence, or of holders of unsecured claims, or leave unaffected the rights of holders of any class of claims;

( 3 ) provide for the curing or waiving of any default;

( 4 ) provide for payments on any unsecured claim to be made concurrently with payments on any secured claim or any other unsecured claim;

( 5 ) notwithstanding paragraph ( 2 ) of this subsection, provide for the curing of any default within a reasonable time and maintenance of payments while the case is pending

# 第二附章 计划

**第 1321 条 计划的提交**

债务人应提交计划。

（Pub. L. 95-598, Nov. 6, 1978, 92 Stat. 2648.）

**第 1322 条 计划的内容**

（a）计划：

（1）应当规定在实施该计划所必需的情况下，将债务人未来的全部或部分收入或其他所得提交托管人以供监督和控制；

（2）应当规定除非持有特定债权的主体同意就该债权受到不同对待，否则将以延期付款的方式，对根据本篇第 507 条具有优先顺位的所有债权进行完全清偿；

（3）若该计划对债权进行分组，应对同一小组内的各债权提供相同的待遇；以及

（4）即使本条有任何其他规定，仅当该计划规定将计划中的首次还款到期日起 5 年内债务人的所有预计可支配收入用于该计划中的还款，该计划才可规定不对根据第 507 条（a）（1）（B）具有优先顺位的债权进行完全清偿。

（b）在符合本条的附条（a）和（c）规定的情况下，该计划可以：

（1）根据本篇第 1122 条的规定，单设一个或多个无担保债权小组，但不得对该小组进行不公正的对待；然而，针对个人与债务人共同就债务人的消费债务承担责任的债权，该计划可为其提供与其他无担保债权不同的待遇；

（2）对除其债权仅由债务人作为主要住所的不动产上担保权益所担保的担保债权人以外的担保债权人，或无担保债权人的权利进行调整，或保持持有任意小组债权的主体的权利不受影响；

（3）规定纠正或停止任何违约行为；

（4）规定对任意无担保债权的还款与对任意担保债权或其他无担保债权的还款同时进行；

（5）即使存在本附条第（2）款的规定，仍可规定在合理时间内纠正任意违约行为，并且在案件进行过程中，对其最后还款期限在该计划中的最后一笔还款到期后届满

on any unsecured claim or secured claim on which the last payment is due after the date on which the final payment under the plan is due;

(6) provide for the payment of all or any part of any claim allowed under section 1305 of this title;

(7) subject to section 365 of this title, provide for the assumption, rejection, or assignment of any executory contract or unexpired lease of the debtor not previously rejected under such section;

(8) provide for the payment of all or part of a claim against the debtor from property of the estate or property of the debtor;

(9) provide for the vesting of property of the estate, on confirmation of the plan or at a later time, in the debtor or in any other entity;

(10) provide for the payment of interest accruing after the date of the filing of the petition on unsecured claims that are nondischargeable under section 1328 (a), except that such interest may be paid only to the extent that the debtor has disposable income available to pay such interest after making provision for full payment of all allowed claims; and

(11) include any other appropriate provision not inconsistent with this title.

(c) Notwithstanding subsection (b)(2) and applicable nonbankruptcy law—

(1) a default with respect to, or that gave rise to, a lien on the debtor's principal residence may be cured under paragraph (3) or (5) of subsection (b) until such residence is sold at a foreclosure sale that is conducted in accordance with applicable nonbankruptcy law; and

(2) in a case in which the last payment on the original payment schedule for a claim secured only by a security interest in real property that is the debtor's principal residence is due before the date on which the final payment under the plan is due, the plan may provide for the payment of the claim as modified pursuant to section 1325 (a)(5) of this title.

(d)(1) If the current monthly income of the debtor and the debtor's spouse combined, when multiplied by 12, is not less than—

(A) in the case of a debtor in a household of 1 person, the median family income of the applicable State for 1 earner;

(B) in the case of a debtor in a household of 2, 3, or 4 individuals, the highest median family income of the applicable State for a family of the same number or fewer individuals; or

(C) in the case of a debtor in a household exceeding 4 individuals, the highest median family income of the applicable State for a family of 4 or fewer individuals, plus $525 per month for each individual in excess of 4,

the plan may not provide for payments over a period that is longer than 5 years.

的无担保债权或担保债权仍保持还款；

（6）规定清偿全部或部分根据本篇第 1305 条得以确认的任意债权；

（7）在符合本篇第 365 条规定的情况下，规定确认、拒绝确认或转让任何债务人先前未曾根据该条拒绝承继的待履行合同或未到期租约；

（8）规定由破产财产或债务人财产对就债务人享有的所有或部分债权进行清偿；

（9）规定在计划得到批准时或在更晚时间，将破产财产授予债务人或任何其他实体；

（10）规定清偿在破产申请被提交后就第 1328 条（a）中不可被免责的无担保债权产生的利息，但仅当债务人在对所有经确认债权全额清偿后仍有可用于清偿该利息的可支配收入时，该利息才可在该范围内得以清偿；并且

（11）包含符合本篇规定的任何其他相应规定。

（c）即使存在附条（b）（2）和可适用的非破产法的规定：

（1）针对或引起债务人主要住所上的担保权的违约行为，在该住所在根据可适用的非破产法规定而举行的抵押拍卖中被售出前，可根据附条（b）的第（3）款或第（5）款的规定得以纠正；

（2）若仅由债务人作为主要住所的不动产上的担保权益所担保的债权按原还款时间表，其最后还款期限将在该计划中的最后一笔还款到期前届满，则该计划可根据本篇第 1325 条（a）（5）的规定对该债权的还款作出修改。

（d）（1）若债务人与其配偶的当前月收入乘以 12 后的结果不小于以下金额：

（A）若债务人为 1 人家庭，相应州规定的 1 名工薪族的家庭收入中位数；

（B）若债务人属于由 2、3 或 4 名个人组成的家庭，相应州规定的适用于相同数目或更少数目的个人组成的家庭的最高家庭收入中位数；或

（C）若债务人属于由 4 名以上个人组成的家庭，相应州规定的适用于 4 名或更少数目的个人组成的家庭的最高家庭收入中位数，同时就超过 4 名的多余个人每人每月加上 525 美元，

则该计划不得规定超过 5 年的还款期间。

( 2 ) If the current monthly income of the debtor and the debtor's spouse combined, when multiplied by 12, is less than—

( A ) in the case of a debtor in a household of 1 person, the median family income of the applicable State for 1 earner;

( B ) in the case of a debtor in a household of 2, 3, or 4 individuals, the highest median family income of the applicable State for a family of the same number or fewer individuals; or

( C ) in the case of a debtor in a household exceeding 4 individuals, the highest median family income of the applicable State for a family of 4 or fewer individuals, plus $525 per month for each individual in excess of 4,

the plan may not provide for payments over a period that is longer than 3 years, unless the court, for cause, approves a longer period, but the co 奥森 urt may not approve a period that is longer than 5 years.

( e ) Notwithstanding subsection ( b ) ( 2 ) of this section and sections 506 ( b ) and 1325 ( a ) ( 5 ) of this title, if it is proposed in a plan to cure a default, the amount necessary to cure the default, shall be determined in accordance with the underlying agreement and applicable nonbankruptcy law.

( f ) A plan may not materially alter the terms of a loan described in section 362 ( b )( 19 ) and any amounts required to repay such loan shall not constitute "disposable income" under section 1325.

( Pub. L. 95-598, Nov. 6, 1978, 92 Stat. 2648; Pub. L. 98-353, title III, §§316, 528, July 10, 1984, 98 Stat. 356, 389; Pub. L. 103-394, title III, §§301, 305 ( c ) , Oct. 22, 1994, 108 Stat. 4131, 4134; Pub. L. 109-8, title II, §§213( 8 ),( 9 ), 224( d ), title III, §318 ( 1 ) , Apr. 20, 2005, 119 Stat. 53, 65, 93; Pub. L. 111-327, §2 ( a ) ( 43 ) , Dec. 22, 2010, 124 Stat. 3562. )

### §1323. Modification of plan before confirmation

( a ) The debtor may modify the plan at any time before confirmation, but may not modify the plan so that the plan as modified fails to meet the requirements of section 1322 of this title.

( b ) After the debtor files a modification under this section, the plan as modified becomes the plan.

( c ) Any holder of a secured claim that has accepted or rejected the plan is deemed to have accepted or rejected, as the case may be, the plan as modified, unless the modification provides for a change in the rights of such holder from what such rights were under the plan before modification, and such holder changes such holder's previous acceptance or rejection.

( Pub. L. 95-598, Nov. 6, 1978, 92 Stat. 2649. )

（2）若债务人与其配偶的当前月收入乘以 12 后，小于以下金额：

（A）若债务人为 1 人家庭，相应州规定的 1 名工薪族的家庭收入中位数；

（B）若债务人属于由 2、3 名或 4 名个人组成的家庭，相应州规定的适用于相同数目或更少数目的个人组成的家庭的最高家庭收入中位数；或

（C）若债务人属于由 4 名以上个人组成的家庭，相应州规定的适用于 4 名或更少数目的个人组成的家庭的最高家庭收入中位数，同时就超过 4 名的多余个人每人每月加上 525 美元，

则该计划不得规定超过 3 年的还款期间，除非法院出于特定事由，批准了更长的期间，但法院仍不得批准超过 5 年的期间。

（e）即使存在本条的附条（b）（2）以及本篇第 506 条（b）和第 1325 条（a）（5）的规定，若在计划中提出纠正违约行为，则纠正该违约行为的必要费用应根据相关协议和可适用的非破产法来确定。

（f）计划不得对第 362 条（b）（19）所述的贷款的条款进行实质的调整，并且被要求用以偿还该贷款的任何金额不应构成第 1325 条中的"可支配收入"。

［Pub. L. 95-598, Nov. 6, 1978, 92 Stat. 2648; Pub. L. 98-353, title III, §§316, 528, July 10, 1984, 98 Stat. 356, 389; Pub. L. 103-394, title III, §§301, 305（c）, Oct. 22, 1994, 108 Stat. 4131, 4134; Pub. L. 109-8, title II, §§213（8），（9），224（d）, title III, §318（1）, Apr. 20, 2005, 119 Stat. 53, 65, 93; Pub. L. 111-327, §2（a）（43）, Dec. 22, 2010, 124 Stat. 3562.］

**第 1323 条　批准前计划的修改**

（a）债务人可在计划得到批准前任意时间内修改该计划，但该修改不得使修改后的计划无法满足本篇第 1322 条的要求。

（b）债务人提交本条中的修改方案后，修改后的计划即成为计划。

（c）先前已经接受或拒绝计划的担保债权人被视为已经相应地接受或拒绝修改后的计划，除非在修改方案中对该债权人在计划修改前根据计划享有的权利进行了调整，并且该债权人已改变其先前的接受或拒绝意见。

（Pub. L. 95-598, Nov. 6, 1978, 92 Stat. 2649.）

§1324. Confirmation hearing

(a) Except as provided in subsection (b) and after notice, the court shall hold a hearing on confirmation of the plan. A party in interest may object to confirmation of the plan.

(b) The hearing on confirmation of the plan may be held not earlier than 20 days and not later than 45 days after the date of the meeting of creditors under section 341 (a), unless the court determines that it would be in the best interests of the creditors and the estate to hold such hearing at an earlier date and there is no objection to such earlier date.

(Pub. L. 95-598, Nov. 6, 1978, 92 Stat. 2649; Pub. L. 98-353, title III, §529, July 10, 1984, 98 Stat. 389; Pub. L. 99-554, title II, §283 (x), Oct. 27, 1986, 100 Stat. 3118; Pub. L. 109-8, title III, §317, Apr. 20, 2005, 119 Stat. 92.)

§1325. Confirmation of plan

(a) Except as provided in subsection (b), the court shall confirm a plan if—

(1) The plan complies with the provisions of this chapter and with the other applicable provisions of this title;

(2) any fee, charge, or amount required under chapter 123 of title 28, or by the plan, to be paid before confirmation, has been paid;

(3) the plan has been proposed in good faith and not by any means forbidden by law;

(4) the value, as of the effective date of the plan, of property to be distributed under the plan on account of each allowed unsecured claim is not less than the amount that would be paid on such claim if the estate of the debtor were liquidated under chapter 7 of this title on such date;

(5) with respect to each allowed secured claim provided for by the plan—

(A) the holder of such claim has accepted the plan;

(B) (i) the plan provides that—

(I) the holder of such claim retain the lien securing such claim until the earlier of—

(aa) the payment of the underlying debt determined under nonbankruptcy law; or

(bb) discharge under section 1328; and

(II) if the case under this chapter is dismissed or converted without completion of the plan, such lien shall also be retained by such holder to the extent recognized by applicable nonbankruptcy law;

(ii) the value, as of the effective date of the plan, of property to be distributed under the plan on account of such claim is not less than the allowed amount of such claim; and

(iii) if—

(I) property to be distributed pursuant to this subsection is in the form of periodic payments, such payments shall be in equal monthly amounts; and

**第 1324 条　批准计划的听证**

（a）除附条（b）中另有规定外，经过通知后，法院应举行批准计划的听证。利益相关方可对计划的批准提出异议。

（b）批准计划的听证应在第 341 条（a）中的债权人会议召开之日后不早于 20 日、不晚于 45 日的期间内被举行，除非法院认为在更早的日期举行该听证将更符合债权人和破产实体的最大利益并且无人对该较早日期提出异议。

［Pub. L. 95-598, Nov. 6, 1978, 92 Stat. 2649; Pub. L. 98-353, title III, §529, July 10, 1984, 98 Stat. 389; Pub. L. 99-554, title II, §283（x）, Oct. 27, 1986, 100 Stat. 3118; Pub. L. 109-8, title III, §317, Apr. 20, 2005, 119 Stat. 92.］

**第 1325 条　计划的批准**

（a）除附条（b）另有规定外，在下列情形中，法院应批准该计划：

（1）该计划符合本章规定以及本篇其他相应规定；

（2）已经偿付《美国联邦法典》第 28 篇第 123 章或该计划要求在计划得到批准前偿付的费用或金额；

（3）系出于善意提出该计划，且并未采取任何法律禁止的手段；

（4）根据该计划就各项经确认的无担保债权分配所得的财产的价值，自计划生效之日不少于，若债务人的资产根据本篇第 7 章进行清算而在该日可能就该债权得以清偿的金额；

（5）针对计划中规定的各项经确认担保债权而言：

（A）持有该债权的主体已经接受该计划；

（B）（i）该计划规定有以下各项：

（I）该债权人在以下时点较早者前仍保留担保该债权的财产上担保权：

（aa）清偿根据非破产法确定的相关债务；或

（bb）根据第 1328 条债务人被予以免责；并且

（II）若在计划未能完成的情况下，本章案件已被驳回或被转换，则在可适用的非破产法认可的范围内应由该债权人保留该财产上担保权；

（ii）根据该计划就该债权分配所得的财产的价值，自计划生效之日不少于该债权的经确认金额；并且

（iii）若：

（I）系通过定期支付的形式而根据本附条分配财产，则该支付应等于每月金额；并且

(II) the holder of the claim is secured by personal property, the amount of such payments shall not be less than an amount sufficient to provide to the holder of such claim adequate protection during the period of the plan; or

(C) the debtor surrenders the property securing such claim to such holder;

(6) the debtor will be able to make all payments under the plan and to comply with the plan;

(7) the action of the debtor in filing the petition was in good faith;

(8) the debtor has paid all amounts that are required to be paid under a domestic support obligation and that first become payable after the date of the filing of the petition if the debtor is required by a judicial or administrative order, or by statute, to pay such domestic support obligation; and

(9) the debtor has filed all applicable Federal, State, and local tax returns as required by section 1308.

For purposes of paragraph (5), section 506 shall not apply to a claim described in that paragraph if the creditor has a purchase money security interest securing the debt that is the subject of the claim, the debt was incurred within the 910-day period preceding the date of the filing of the petition, and the collateral for that debt consists of a motor vehicle (as defined in section 30102 of title 49) acquired for the personal use of the debtor, or if collateral for that debt consists of any other thing of value, if the debt was incurred during the 1-year period preceding that filing.

(b)(1) If the trustee or the holder of an allowed unsecured claim objects to the confirmation of the plan, then the court may not approve the plan unless, as of the effective date of the plan—

(A) the value of the property to be distributed under the plan on account of such claim is not less than the amount of such claim; or

(B) the plan provides that all of the debtor's projected disposable income to be received in the applicable commitment period beginning on the date that the first payment is due under the plan will be applied to make payments to unsecured creditors under the plan.

(2) For purposes of this subsection, the term "disposable income" means current monthly income received by the debtor (other than payments made under Federal law relating to the national emergency declared by the President under the National Emergencies Act (50 U.S.C. 1601 et seq.) with respect to the coronavirus disease 2019 (COVID-19), child support payments, foster care payments, or disability payments for a dependent child made in accordance with applicable nonbankruptcy law to the extent reasonably necessary to be expended for such child) less amounts reasonably necessary to be expended—

（II）债权人系由动产所担保，则该支付的金额不得少于足以为该债权人在计划期间提供充分保护的金额；或

（C）债务人将担保该债权的财产移交该债权人；

（6）债权人将有能力根据该计划完成计划中的所有还款；

（7）债务人系出于善意提交破产申请；

（8）针对所有在破产申请被提交后才成为应付款项而被要求支付的家庭抚养费，若债务人系因司法、行政命令或法律而被要求支付该家庭抚养费，则债务人应已经偿付所有该类费用；并且

（9）债务人已经根据第 1308 条的要求提交了所有相应的联邦、州和地方报税表。

就第（5）款而言，若债权人就其享有购买价金担保权益的债权系产生于破产申请被提交前 910 日内，并且担保该债权的担保物含有债务人以自用为目的而取得的机动车（定义见《美国联邦法典》第 49 篇第 30102 条），或者该债权系产生于破产申请被提交前 1 年内，并且担保该债权的担保物由任何其他有价物组成，则第 506 条不得适用于该款所述的债权。

（b）（1）若托管人或持有经确认无担保债权的主体对计划的批准提出异议，则法院不得批准该计划，除非自计划生效之日起：

（A）根据该计划就该债权分配所得的财产的价值不少于该债权的金额；或

（B）该计划规定债务人自计划中的首次还款到期日起在相应的承诺期内，获得的所有预计可支配收入都将用于根据该计划对无担保债权人的还款。

（2）就本附条而言，“可支配收入”指债务人获得的当前月收入［不包括依据总统根据《国家紧急状态法》（《美国联邦法典》第 50 篇第 1601 条）宣布的国家紧急状态的有关联邦法律，针对新冠病毒 2019（COVID–19）支付的款项、儿童抚养费、家庭寄养费或根据可适用的非破产法而在合理必要的范围内向被抚养儿童支付的残疾抚恤金］减去因以下事项而支出的合理必要费用：

(A) (i) for the maintenance or support of the debtor or a dependent of the debtor, or for a domestic support obligation, that first becomes payable after the date the petition is filed; and

(ii) for charitable contributions (that meet the definition of "charitable contribution" under section 548 (d)(3)) to a qualified religious or charitable entity or organization (as defined in section 548 (d)(4)) in an amount not to exceed 15 percent of gross income of the debtor for the year in which the contributions are made; and

(B) if the debtor is engaged in business, for the payment of expenditures necessary for the continuation, preservation, and operation of such business.

(3) Amounts reasonably necessary to be expended under paragraph (2), other than subparagraph (A)(ii) of paragraph (2), shall be determined in accordance with subparagraphs (A) and (B) of section 707 (b)(2), if the debtor has current monthly income, when multiplied by 12, greater than—

(A) in the case of a debtor in a household of 1 person, the median family income of the applicable State for 1 earner;

(B) in the case of a debtor in a household of 2, 3, or 4 individuals, the highest median family income of the applicable State for a family of the same number or fewer individuals; or

(C) in the case of a debtor in a household exceeding 4 individuals, the highest median family income of the applicable State for a family of 4 or fewer individuals, plus $525 per month for each individual in excess of 4.

(4) For purposes of this subsection, the "applicable commitment period"—

(A) subject to subparagraph (B), shall be—

(i) 3 years; or

(ii) not less than 5 years, if the current monthly income of the debtor and the debtor's spouse combined, when multiplied by 12, is not less than—

(I) in the case of a debtor in a household of 1 person, the median family income of the applicable State for 1 earner;

(II) in the case of a debtor in a household of 2, 3, or 4 individuals, the highest median family income of the applicable State for a family of the same number or fewer individuals; or

(III) in the case of a debtor in a household exceeding 4 individuals, the highest median family income of the applicable State for a family of 4 or fewer individuals, plus $525 per month for each individual in excess of 4; and

(B) may be less than 3 or 5 years, whichever is applicable under subparagraph (A), but only if the plan provides for payment in full of all allowed unsecured claims over a shorter period.

（A）（i）用于维持或支持债务人或债务人的被扶 / 抚养人的生活或用于在破产申请被提交后才首次成为应付款项的家庭抚养费；以及

（ii）用于向合格的宗教或慈善实体或机构［定义见第 548 条（d）（4）］作出的慈善捐赠［符合第 548 条（d）（3）中“慈善捐赠”的定义］，但该捐赠的金额不得超过该捐赠被作出当年的债务人总收入的 15%；并且

（B）若债务人从事商事业务，用于偿付该商事业务的继续、维持或运营所必需的支出。

（3）若债务人的当前月收入乘以 12 后大于以下金额，则第（2）款中支出的合理必要费用的金额，除第（2）款中的附款（A）（ii）中另有规定外，应根据第 707 条（b）（2）的附款（A）和附款（B）予以认定：

（A）若债务人为 1 人家庭，相应州规定的 1 名工薪族的家庭收入中位数；

（B）若债务人属于由 2、3 或 4 名个人组成的家庭，相应州规定的适用于相同数目或更少数目的个人组成的家庭的最高家庭收入中位数；或

（C）若债务人属于由 4 名以上个人组成的家庭，相应州规定的适用于 4 名或更少数目的个人组成的家庭的最高家庭收入中位数，同时就超过 4 名的多余个人每人每月加上 525 美元。

（4）就本附条而言，“相应的承诺期”：

（A）除附款（B）另有规定外，应为：

（i）3 年；或

（ii）若债务人与其配偶的当前月收入乘以 12 后不小于以下金额，则应为不少于 5 年：

（I）若债务人为 1 人家庭，相应州规定的 1 名工薪族的家庭收入中位数；

（II）若债务人属于由 2、3 名或 4 名个人组成的家庭，相应州规定的适用于相同数目或更少数目的个人组成的家庭的最高家庭收入中位数；或

（III）若债务人属于由 4 名以上个人组成的家庭，相应州规定的适用于 4 名或更少数目的个人组成的家庭的最高家庭收入中位数，同时就超过 4 名的多余个人每人每月加上 525 美元；并且

（B）可以少于 3 年或 5 年［以附款（A）中适用的期间为准］，但必须在该计划中规定在该更短期间内全额清偿所有经确认的无担保债权。

(c) After confirmation of a plan, the court may order any entity from whom the debtor receives income to pay all or any part of such income to the trustee.

(Pub. L. 95-598, Nov. 6, 1978, 92 Stat. 2649; Pub. L. 98-353, title III, §§317, 530, July 10, 1984, 98 Stat. 356, 389; Pub. L. 99-554, title II, §283 (y), Oct. 27, 1986, 100 Stat. 3118; Pub. L. 105-183,§4 (a), June 19, 1998, 112 Stat. 518; Pub. L. 109-8, title I, §102 (g), (h), title II, §213 (10), title III,§§306 (a), (b), 309 (c)(1), 318 (2), (3), title VII, §716 (a), Apr. 20, 2005, 119 Stat. 33, 53, 80, 83, 93, 129; Pub. L. 109-439, §2, Dec. 20, 2006, 120 Stat. 3285; Pub. L. 111-327, §2 (a)(44), Dec. 22, 2010, 124 Stat. 3562;Pub. L. 116-136, div. A, title I, §1113 (b)(1)(B), (2)(A)(ii), Mar. 27, 2020, 134 Stat. 311, 312.)

### §1326. Payments

(a)(1) Unless the court orders otherwise, the debtor shall commence making payments not later than 30 days after the date of the filing of the plan or the order for relief, whichever is earlier, in the amount—

(A) proposed by the plan to the trustee;

(B) scheduled in a lease of personal property directly to the lessor for that portion of the obligation that becomes due after the order for relief, reducing the payments under subparagraph (A) by the amount so paid and providing the trustee with evidence of such payment, including the amount and date of payment; and

(C) that provides adequate protection directly to a creditor holding an allowed claim secured by personal property to the extent the claim is attributable to the purchase of such property by the debtor for that portion of the obligation that becomes due after the order for relief, reducing the payments under subparagraph (A) by the amount so paid and providing the trustee with evidence of such payment, including the amount and date of payment.

(2) A payment made under paragraph (1)(A) shall be retained by the trustee until confirmation or denial of confirmation. If a plan is confirmed, the trustee shall distribute any such payment in accordance with the plan as soon as is practicable. If a plan is not confirmed, the trustee shall return any such payments not previously paid and not yet due and owing to creditors pursuant to paragraph (3) to the debtor, after deducting any unpaid claim allowed under section 503 (b).

(3) Subject to section 363, the court may, upon notice and a hearing, modify, increase, or reduce the payments required under this subsection pending confirmation of a plan.

(4) Not later than 60 days after the date of filing of a case under this chapter, a debtor retaining possession of personal property subject to a lease or securing a claim attributable in whole or in part to the purchase price of such property shall provide

（c）计划得到批准后，法院可裁定向债务人支付收入的任何实体向托管人支付该部分或全部收入。

[ Pub. L. 95-598, Nov. 6, 1978, 92 Stat. 2649; Pub. L. 98-353, title III, §§317, 530, July 10, 1984, 98 Stat. 356, 389; Pub. L. 99-554, title II, §283（y）, Oct. 27, 1986, 100 Stat. 3118; Pub. L. 105-183,§4（a）, June 19, 1998, 112 Stat. 518; Pub. L. 109-8, title I, §102（g）,（h）, title II, §213（10）, title III,§§306（a）,（b）, 309（c）(1）, 318（2）,（3）, title VII, §716（a）, Apr. 20, 2005, 119 Stat. 33, 53, 80, 83, 93, 129; Pub. L. 109-439, §2, Dec. 20, 2006, 120 Stat. 3285; Pub. L. 111-327, §2（a）(44）, Dec. 22, 2010, 124 Stat. 3562;Pub. L. 116-136, div. A, title I, §1113（b）(1）(B）,（2）(A）(ii）, Mar. 27, 2020, 134 Stat. 311, 312. ]

**第 1326 条　偿付**

（a）(1）除非法院作出其他裁定，否则债务人应在计划被提交或破产救济令被作出（以二者中较早者为准）后 30 日内，开始向以下主体偿付以下金额：

（A）向托管人支付该计划中确定的金额；

（B）针对破产救济令被作出后到期的义务，直接向出租人支付动产租约中规定的金额，并且附款（A）中被支付的金额应减去本附款中被支付的金额，并向托管人提供作此支付的证据，包括该支付的金额和日期；以及

（C）用于向经确认债权由动产所担保的债权人，针对破产救济令被作出后到期的义务，提供充分保护而向其直接支付的金额，但该债权限于因债务人购买该动产而产生的债权，并且附款（A）中被支付的金额应减去本附款中被支付的金额，并向托管人提供作此支付的证据，包括该支付的金额和日期。

（2）根据第（1）款（A）所支付的款项应由托管人进行保管，直至计划得到批准或被拒绝批准。若计划得到批准，托管人应在切实可行的情况下尽快根据该计划分配前述款项。若该计划未能得到批准，托管人应在扣除任何根据第 503 条（b）得以确认的未获清偿的债权的金额后，向债务人退还前述款项中根据第（3）款欠债权人的尚未清偿且尚未到期的款项。

（3）在符合第 363 条规定的情况下，法院经过通知和听证后，可在计划得到批准前修改、增加或减少根据本附条被要求支付的款项。

（4）针对受租约约束的动产或担保全部或部分归因于该财产购买价金的债权的动产，若债务人仍保留该财产的占有，则债务人在根据本章提起破产案件后 60 日内，应向出租人或担保债权人提供合理的证据以证明其针对该财产的使用或所有权正在

the lessor or secured creditor reasonable evidence of the maintenance of any required insurance coverage with respect to the use or ownership of such property and continue to do so for so long as the debtor retains possession of such property.

(b) Before or at the time of each payment to creditors under the plan, there shall be paid—

(1) any unpaid claim of the kind specified in section 507 (a) (2) of this title;

(2) if a standing trustee appointed under section 586 (b) of title 28 is serving in the case, the percentage fee fixed for such standing trustee under section 586 (e) (1) (B) of title 28; and

(3) if a chapter 7 trustee has been allowed compensation due to the conversion or dismissal of the debtor's prior case pursuant to section 707 (b), and some portion of that compensation remains unpaid in a case converted to this chapter or in the case dismissed under section 707 (b) and refiled under this chapter, the amount of any such unpaid compensation, which shall be paid monthly—

(A) by prorating such amount over the remaining duration of the plan; and

(B) by monthly payments not to exceed the greater of—

(i) $25; or

(ii) the amount payable to unsecured nonpriority creditors, as provided by the plan, multiplied by 5 percent, and the result divided by the number of months in the plan.

(c) Except as otherwise provided in the plan or in the order confirming the plan, the trustee shall make payments to creditors under the plan.

(d) Notwithstanding any other provision of this title—

(1) compensation referred to in subsection (b) (3) is payable and may be collected by the trustee under that paragraph, even if such amount has been discharged in a prior case under this title; and

(2) such compensation is payable in a case under this chapter only to the extent permitted by subsection (b) (3).

(Pub. L. 95-598, Nov. 6, 1978, 92 Stat. 2650; Pub. L. 98-353, title III, §§318 (a), 531, July 10, 1984, 98 Stat. 357, 389; Pub. L. 99-554, title II, §§230, 283 (z), Oct. 27, 1986, 100 Stat. 3103, 3118; Pub. L. 103-394, title III, §307, Oct. 22, 1994, 108 Stat. 4135; Pub. L. 109-8, title III, §309 (c) (2), title XII, §1224, title XV, §1502 (a) (10), Apr. 20, 2005, 119 Stat. 83, 199, 217.)

### §1327. Effect of confirmation

(a) The provisions of a confirmed plan bind the debtor and each creditor, whether or not the claim of such creditor is provided for by the plan, and whether or not such creditor has objected to, has accepted, or has rejected the plan.

(b) Except as otherwise provided in the plan or the order confirming the plan, the

维持任何所要求的投保，并且在其保留该财产的占有的期间，都将继续维持该投保。

（b）在每次根据计划向债权人还款前或还款时，应已偿付以下款项：

（1）本篇第 507 条（a）（2）中的任何未获清偿的债权；

（2）若根据《美国联邦法典》第 28 篇第 586 条（b）被任命的常任托管人担任本案的托管人，根据《美国联邦法典》第 28 篇第 586 条（e）（1）（B）为该常任托管人确定的比例费用；以及

（3）若第 7 章中的托管人因债务人先前的破产案件根据第 707 条（b）被转换或被驳回而被准予获取报酬，并且在被转换至本章的案件中或根据第 707 条（b）被驳回后根据本章重新提交的案件中，该报酬未获完全偿付，则应通过以下方式支付该报酬尚未获偿付的金额：

（A）在该计划的剩余期间内，按比例分配该金额；并且

（B）每月的付款不得超过以下金额中较高者：

（i）25 美元；或

（ii）根据该计划应向无担保非优先债权人清偿的金额乘以 5% 后，将结果除以该计划持续的月数所得的金额。

（c）除计划或批准该计划的裁定中另有规定外，托管人应根据该计划向债权人还款。

（d）即使本篇有任何其他规定：

（1）即使就附条（b）（3）中的报酬在先前的本篇破产案件中已被授予免责，该报酬仍然为应付款项且托管人可根据该附条的第（3）款收取该报酬；并且

（2）该报酬仅在附条（b）（3）允许的范围内为本章案件中的应付款项。

[Pub. L. 95-598, Nov. 6, 1978, 92 Stat. 2650; Pub. L. 98-353, title III, §§318（a）, 531, July 10, 1984, 98 Stat. 357, 389; Pub. L. 99-554, title II, §§230, 283（z）, Oct. 27, 1986, 100 Stat. 3103, 3118; Pub. L. 103-394, title III, §307, Oct. 22, 1994, 108 Stat. 4135; Pub. L. 109-8, title III, §309（c）（2）, title XII, §1224, title XV, §1502（a）（10）, Apr. 20, 2005, 119 Stat. 83, 199, 217.]

**第 1327 条　批准的效力**

（a）被批准的计划的规定对债务人和各债权人均具有约束力，无论该债权人的债权是否规定于该计划中，也无论该债权人是否曾对该计划提出异议或者接受或拒绝该计划。

（b）除非在计划或批准计划的裁定中作出其他规定，否则计划的批准将使所有

confirmation of a plan vests all of the property of the estate in the debtor.

(c) Except as otherwise provided in the plan or in the order confirming the plan, the property vesting in the debtor under subsection (b) of this section is free and clear of any claim or interest of any creditor provided for by the plan.

(Pub. L. 95-598, Nov. 6, 1978, 92 Stat. 2650.)

§1328. Discharge

(a) Subject to subsection (d), as soon as practicable after completion by the debtor of all payments under the plan, and in the case of a debtor who is required by a judicial or administrative order, or by statute, to pay a domestic support obligation, after such debtor certifies that all amounts payable under such order or such statute that are due on or before the date of the certification (including amounts due before the petition was filed, but only to the extent provided for by the plan) have been paid, unless the court approves a written waiver of discharge executed by the debtor after the order for relief under this chapter, the court shall grant the debtor a discharge of all debts provided for by the plan or disallowed under section 502 of this title, except any debt—

(1) provided for under section 1322 (b)(5);

(2) of the kind specified in section 507 (a)(8)(C) or in paragraph (1)(B), (1)(C), (2), (3), (4), (5), (8), or (9) of section 523 (a);

(3) for restitution, or a criminal fine, included in a sentence on the debtor's conviction of a crime; or

(4) for restitution, or damages, awarded in a civil action against the debtor as a result of willful or malicious injury by the debtor that caused personal injury to an individual or the death of an individual.

(b) Subject to subsection (d), at any time after the confirmation of the plan and after notice and a hearing, the court may grant a discharge to a debtor that has not completed payments under the plan only if—

(1) the debtor's failure to complete such payments is due to circumstances for which the debtor should not justly be held accountable;

(2) the value, as of the effective date of the plan, of property actually distributed under the plan on account of each allowed unsecured claim is not less than the amount that would have been paid on such claim if the estate of the debtor had been liquidated under chapter 7 of this title on such date; and

(3) modification of the plan under section 1329 of this title is not practicable.

(c) A discharge granted under subsection (b) of this section discharges the debtor from all unsecured debts provided for by the plan or disallowed under section 502 of this title, except any debt—

(1) provided for under section 1322 (b)(5) of this title; or

破产财产均归属于债务人。

（c）除非计划或批准计划的裁定作出其他规定，否则根据本条的附条（b）归属于债务人的财产不受计划中规定的任何债权人的任何债权或权益的约束。

（Pub. L. 95-598, Nov. 6, 1978, 92 Stat. 2650.）

**第 1328 条　免责**

（a）在遵守附条（d）规定的情况下，在债务人完成计划中的所有还款后，以及当债务人根据司法、行政命令或法律被要求支付家庭抚养费时，在该债务人证明根据该命令或法律而应付的所有在作出该证明时或之前已到期的款项（包括破产申请被提交前到期的款项，但仅限于计划所规定的部分）已被偿付后，除非法院批准债务人在本章破产救济令作出后完成放弃免责的书面声明，否则法院应在切实可行的情况下，尽快免除债务人所有计划中规定的债务或根据本篇第 502 条被不予确认的债务，但不包括下列债务：

（1）第 1322 条（b）（5）中的债务；

（2）第 507 条（a）（8）（C）或第 523 条（a）的第（1）（B）、（1）（C）、（2）、（3）、（4）、（5）、（8）或（9）款中列明的债务；

（3）因债务人被定罪而判处的赔偿或刑事罚款；或

（4）债务人因故意或恶意伤害他人造成他人人身伤害或死亡而在民事诉讼中被判处的赔偿。

（b）在符合附条（d）规定的情况下，在计划得到批准后的任何时间内，经过通知和听证后，仅在下列情形中，法院可对尚未完成计划中的还款的债务人予以免责：

（1）债务人未能完成该还款系因不可归责于债务人的情形；

（2）基于各项经确认的无担保债权而根据该计划实际分配所得的财产的价值，自计划生效之日不少于，若该债务人的资产根据本篇第 7 章得以清算而本将就该债权在该日所得的清偿；以及

（3）本篇第 1329 条中计划的修改难以被实行。

（c）根据本条的附条（b）而被授予的免责将免除债务人所有计划中规定的无担保债务或根据本篇第 502 条不予确认的债务，但不包括下列债务：

（1）本篇第 1322 条（b）（5）中的债务；或

(2) of a kind specified in section 523 (a) of this title.

(d) Notwithstanding any other provision of this section, a discharge granted under this section does not discharge the debtor from any debt based on an allowed claim filed under section 1305 (a)(2) of this title if prior approval by the trustee of the debtor's incurring such debt was practicable and was not obtained.

(e) On request of a party in interest before one year after a discharge under this section is granted, and after notice and a hearing, the court may revoke such discharge only if—

(1) such discharge was obtained by the debtor through fraud; and

(2) the requesting party did not know of such fraud until after such discharge was granted.

(f) Notwithstanding subsections (a) and (b), the court shall not grant a discharge of all debts provided for in the plan or disallowed under section 502, if the debtor has received a discharge—

(1) in a case filed under chapter 7, 11, or 12 of this title during the 4-year period preceding the date of the order for relief under this chapter, or

(2) in a case filed under chapter 13 of this title during the 2-year period preceding the date of such order.

(g)(1) The court shall not grant a discharge under this section to a debtor unless after filing a petition the debtor has completed an instructional course concerning personal financial management described in section 111.

(2) Paragraph (1) shall not apply with respect to a debtor who is a person described in section 109 (h)(4) or who resides in a district for which the United States trustee (or the bankruptcy administrator, if any) determines that the approved instructional courses are not adequate to service the additional individuals who would otherwise be required to complete such instructional course by reason of the requirements of paragraph (1).

(3) The United States trustee (or the bankruptcy administrator, if any) who makes a determination described in paragraph (2) shall review such determination not later than 1 year after the date of such determination, and not less frequently than annually thereafter.

(h) The court may not grant a discharge under this chapter unless the court after notice and a hearing held not more than 10 days before the date of the entry of the order granting the discharge finds that there is no reasonable cause to believe that—

(1) section 522 (q)(1) may be applicable to the debtor; and

(2) there is pending any proceeding in which the debtor may be found guilty of a felony of the kind described in section 522 (q)(1)(A) or liable for a debt of the kind described in section 522 (q)(1)(B).

（2）本篇第 523 条（a）中的债务。

（d）即使本条有任何其他规定，针对根据本篇第 1305 条（a）（2）被提交的经确认债权，若托管人对债务人承担该相应债务的事先批准是切实可行的，但又未能获得该批准，则根据本条被授予的免责不免除债务人的任何该类债务。

（e）若利益相关方在本条中的免责被授予后 1 年以前作出请求，则经过通知和听证后，仅在下列情形中法院可撤销该免责：

（1）债务人系通过欺诈手段获得该免责；并且

（2）请求方直至该免责被授予后才获知该欺诈行为。

（f）即使存在附条（a）和（b）的规定，若债务人在下列案件中已经获得免责，则不得被授予免除所有计划中规定的债务或根据第 502 条不予确认的债务：

（1）本章破产救济令被作出前 4 年内根据本篇第 7、11 或 12 章被提交的案件；或

（2）本章破产救济令被作出前 2 年内根据本篇第 13 章被提交的案件。

（g）（1）除非债务人在提交破产申请后已经完成第 111 条所述的有关个人财务管理的指导课程，否则法院不得根据本条对债务人授予免责。

（2）第（1）款不应适用于第 109 条（h）（4）所述的债务人，或者若联邦托管人（或破产管理署，如有）认定经批准的指导课程并不能适当地向某地区因第（1）款要求本应当完成该课程的个人提供服务，则本款也不适用于居住在该地区的债务人。

（3）作出第（2）款中的认定的联邦托管人（或破产管理署，如有）应当在作出该认定后 1 年内重新审查并且此后至少每年重审一次。

（h）除非法院经过通知，以及在授予免责的裁定被正式作出前 10 日内举行的听证后，认为没有合理理由相信存在以下情形，否则法院不得根据本章授予免责：

（1）第 522 条（q）（1）可适用于该债务人；并且

（2）债务人可能被认定为犯有第 522 条（q）（1）（A）所述的重罪或被认定为对第 522 条（q）（1）（B）所述的债务承担责任的程序正在进行中。

(Pub. L. 95-598, Nov. 6, 1978, 92 Stat. 2650; Pub. L. 98-353, title III, §532, July 10, 1984, 98 Stat. 389; Pub. L. 101-508, title III, §3007 (b)(1), Nov. 5, 1990, 104 Stat. 1388-28; Pub. L. 101-581,§§2 (b), 3, Nov. 15, 1990, 104 Stat. 2865; Pub. L. 101-647, title XXXI, §§3102 (b), 3103, Nov. 29, 1990, 104 Stat. 4916; Pub. L. 103-394, title III, §302, title V, §501 (d)(38), Oct. 22, 1994, 108 Stat. 4132, 4147; Pub. L. 109-8, title I, §106 (c), title II, §213 (11), title III, §§312 (2), 314 (b), 330 (d), title VII, §707, Apr. 20, 2005, 119 Stat. 38, 53, 87, 88, 102, 126.)

### §1329. Modification of plan after confirmation

(a) At any time after confirmation of the plan but before the completion of payments under such plan, the plan may be modified, upon request of the debtor, the trustee, or the holder of an allowed unsecured claim, to—

(1) increase or reduce the amount of payments on claims of a particular class provided for by the plan;

(2) extend or reduce the time for such payments;

(3) alter the amount of the distribution to a creditor whose claim is provided for by the plan to the extent necessary to take account of any payment of such claim other than under the plan; or

(4) reduce amounts to be paid under the plan by the actual amount expended by the debtor to purchase health insurance for the debtor (and for any dependent of the debtor if such dependent does not otherwise have health insurance coverage) if the debtor documents the cost of such insurance and demonstrates that—

(A) such expenses are reasonable and necessary;

(B)(i) if the debtor previously paid for health insurance, the amount is not materially larger than the cost the debtor previously paid or the cost necessary to maintain the lapsed policy; or

(ii) if the debtor did not have health insurance, the amount is not materially larger than the reasonable cost that would be incurred by a debtor who purchases health insurance, who has similar income, expenses, age, and health status, and who lives in the same geographical location with the same number of dependents who do not otherwise have health insurance coverage; and

(C) the amount is not otherwise allowed for purposes of determining disposable income under section 1325 (b) of this title;

and upon request of any party in interest, files proof that a health insurance policy was purchased.

(b)(1) Sections 1322 (a), 1322 (b), and 1323 (c) of this title and the requirements of section 1325 (a) of this title apply to any modification under subsection (a) of this section.

[Pub. L. 95-598, Nov. 6, 1978, 92 Stat. 2650; Pub. L. 98-353, title III, §532, July 10, 1984, 98 Stat. 389; Pub. L. 101-508, title III, §3007（b）(1), Nov. 5, 1990, 104 Stat. 1388-28; Pub. L. 101-581,§§2（b）, 3, Nov. 15, 1990, 104 Stat. 2865; Pub. L. 101-647, title XXXI, §§3102（b）, 3103, Nov. 29, 1990, 104 Stat. 4916; Pub. L. 103-394, title III, §302, title V, §501（d）(38), Oct. 22, 1994, 108 Stat. 4132, 4147; Pub. L. 109-8, title I, §106（c）, title II, §213（11）, title III, §§312（2）, 314（b）, 330（d）, title VII, §707, Apr. 20, 2005, 119 Stat. 38, 53, 87, 88, 102, 126.]

**第 1329 条　批准后对计划的修改**

（a）在计划得到批准后、根据该计划完成清偿前的任意时间内，在债务人、托管人或持有经确认无担保债权的主体的请求下，该计划可就以下事项得到修改：

（1）提高或降低该计划规定的特定小组的债权的清偿金额；

（2）延长或缩短作此清偿的期间；

（3）考虑到在计划外，就该计划中规定的债权所作的任何清偿，在必要的范围内调整向该债权人分配的金额；或

（4）若债务人提供购买健康保险的材料并证明以下事项，则可将根据该计划进行还款的金额减去债务人因为自身购买健康保险（若债务人的被扶 / 抚养人没有健康保险，则包括为债务人被扶 / 抚养人购买健康保险）而支出的实际金额：

（A）该费用是合理且必要的；

（B）(i）若债务人先前购买过健康保险，该金额并不远大于债务人先前支付的金额或维持失效保单的必要费用；或

（ii）若债务人未曾有过健康保险，该金额并不远大于拥有与其相似的收入、支出、年龄、健康状况、居住在相同地区且有相同数量的没有健康保险的被扶 / 抚养人的债务人为购买健康保险而有可能支付的合理费用；并且

（C）该金额并未被用于根据本篇第 1325 条（b）确定可支配收入；

并且在任何利益相关方的请求下，提交其已经购买健康保险的证明。

（b）(1）本篇第 1322（a）、1322（b）和 1323（c）条以及本篇第 1325 条（a）中的要求均适用于根据本条的附条（a）所作的任何修改方案。

(2) The plan as modified becomes the plan unless, after notice and a hearing, such modification is disapproved.

(c) A plan modified under this section may not provide for payments over a period that expires after the applicable commitment period under section 1325 (b)(1)(B) after the time that the first payment under the original confirmed plan was due, unless the court, for cause, approves a longer period, but the court may not approve a period that expires after five years after such time.

(d)(1) Subject to paragraph (3), for a plan confirmed prior to the date of enactment of this subsection, the plan may be modified upon the request of the debtor if—

(A) the debtor is experiencing or has experienced a material financial hardship due, directly or indirectly, to the coronavirus disease 2019 (COVID-19) pandemic; and

(B) the modification is approved after notice and a hearing.

(2) A plan modified under paragraph (1) may not provide for payments over a period that expires more than 7 years after the time that the first payment under the original confirmed plan was due.

(3)Sections 1322(a), 1322(b), 1323(c), and the requirements of section 1325(a) shall apply to any modification under paragraph (1).

(Pub. L. 95-598, Nov. 6, 1978, 92 Stat. 2651; Pub. L. 98-353, title III, §§319, 533, July 10, 1984, 98 Stat. 357, 389; Pub. L. 109-8, title I, §102 (i), title III, §318 (4), Apr. 20, 2005, 119 Stat. 34, 94; Pub. L. 116-136, div. A, title I, §1113 (b)(1)(C), (2)(A)(iii), Mar. 27, 2020, 134 Stat. 311.)

### §1330. Revocation of an order of confirmation

(a) On request of a party in interest at any time within 180 days after the date of the entry of an order of confirmation under section 1325 of this title, and after notice and a hearing, the court may revoke such order if such order was procured by fraud.

(b) If the court revokes an order of confirmation under subsection (a) of this section, the court shall dispose of the case under section 1307 of this title, unless, within the time fixed by the court, the debtor proposes and the court confirms a modification of the plan under section 1329 of this title.

(Pub. L. 95-598, Nov. 6, 1978, 92 Stat. 2651.)

（2）除非经过通知和听证后，修改方案未被批准，否则修改后的计划即成为计划。

（c）本条中修改后的计划中规定的还款期间不得超过第 1325 条（b）（1）（B）中相应的承诺期，除非法院出于特定事由，批准了更长的期间，但法院仍不得批准超过 5 年的还款期间，前述还款期间均自原被批准计划中的首次还款到期日起算。

（d）（1）在符合第（3）款规定的情况下，对于在本附条被颁布[①]前得到批准的计划，在下列情形中，在债务人的请求下该计划可就以下事项得到修改：

（A）债务人直接或间接因新冠病毒 2019（COVID–19）大流行病而正在经历或已经经历过重大的财务困境；并且

（B）经过通知和听证后，该修改方案得到批准。

（2）根据第（1）款被修改的计划不得规定自原被批准计划中的首次还款到期日起超过 7 年的还款期间。

（3）本篇第 1322（a）、1322（b）和 1323（c）条以及本篇第 1325 条（a）中的要求均适用于第（1）款中的任何修改方案。

[Pub. L. 95-598, Nov. 6, 1978, 92 Stat. 2651; Pub. L. 98-353, title III, §§319, 533, July 10, 1984, 98 Stat. 357, 389; Pub. L. 109-8, title I, §102（i）, title III, §318（4）, Apr. 20, 2005, 119 Stat. 34, 94; Pub. L. 116-136, div. A, title I, §1113（b）（1）（C）,（2）（A）（iii）, Mar. 27, 2020, 134 Stat. 311.]

**第 1330 条　批准裁定的撤销**

（a）若利益相关方在批准裁定被根据本篇第 1325 条正式作出后 180 日内的任意时间内提出请求，则经过通知和听证后，若该裁定系通过欺诈手段取得，则法院可撤销该裁定。

（b）若法院根据本条的附条（a）撤销批准裁定，则法院应根据本篇第 1307 条处理本案，除非在法院确定的时间内，债务人根据本篇第 1329 条提出计划的修改方案且法院对该修改方案予以批准。

（Pub. L. 95-598, Nov. 6, 1978, 92 Stat. 2651.）

① 本附条于 2020 年 5 月 27 日被颁布。

# CHAPTER 15—ANCILLARY AND OTHER CROSS-BORDER CASES

# 第 15 章　辅助程序和其他跨境破产案件

条

1501.　适用的目的和范围

## 第一附章　一般规定

1502.　定义
1503.　美国的国际义务
1504.　辅助程序的启动
1505.　在境外行动的授权
1506.　公共政策的例外
1507.　补充协助
1508.　法律解释

## 第二附章　境外代表和债权人对本国法院的介入

1509.　直接介入的权利
1510.　限制性管辖
1511.　根据第 301、302 或 303 条启动案件[①]
1512.　境外代表参与本篇案件
1513.　境外债权人介入本篇案件
1514.　就本篇案件有关事项通知境外债权人

## 第三附章　对境外程序的承认和救济

1515.　申请承认
1516.　关于承认的推定
1517.　准予承认的裁定
1518.　后续信息

① 原文于此有误，应为第 301、302 或 303 条。

## §1501. Purpose and scope of application

(a) The purpose of this chapter is to incorporate the Model Law on Cross-Border Insolvency so as to provide effective mechanisms for dealing with cases of cross-border insolvency with the objectives of—

(1) cooperation between—

(A) courts of the United States, United States trustees, trustees, examiners, debtors, and debtors in possession; and

(B) the courts and other competent authorities of foreign countries involved in cross-border insolvency cases;

(2) greater legal certainty for trade and investment;

(3) fair and efficient administration of cross-border insolvencies that protects the interests of all creditors, and other interested entities, including the debtor;

### 第 1501 条 适用的目的和范围

（a）本章的目的是引入《跨国界破产示范法》[①]，从而为处理跨境破产案件提供有效的机制并实现以下目标：

（1）以下主体间的合作：

（A）美国法院、联邦托管人、托管人、监督人、债务人以及经管债务人；和

（B）参与跨境破产案件的境外法院或其他主管当局；

（2）提高贸易和投资事项的法律确定性；

（3）公平高效地处理跨境破产案件从而保护所有债权人以及包含债务人在内的

① 联合国国际贸易委员会制定的 Model Law on Cross-Border Insolvency 的官方中文译本名称为《跨国界破产示范法》。基于对特殊政治体制及政治实体的考量，在《美国破产法典》中相应的地方，笔者选择将“cross-border”译为“跨境”，将“foreign”译为“境外”。

(4) protection and maximization of the value of the debtor's assets; and

(5) facilitation of the rescue of financially troubled businesses, thereby protecting investment and preserving employment.

(b) This chapter applies where—

(1) assistance is sought in the United States by a foreign court or a foreign representative in connection with a foreign proceeding;

(2) assistance is sought in a foreign country in connection with a case under this title;

(3) a foreign proceeding and a case under this title with respect to the same debtor are pending concurrently; or

(4) creditors or other interested persons in a foreign country have an interest in requesting the commencement of, or participating in, a case or proceeding under this title.

(c) This chapter does not apply to—

(1) a proceeding concerning an entity, other than a foreign insurance company, identified by exclusion in section 109 (b);

(2) an individual, or to an individual and such individual's spouse, who have debts within the limits specified in section 109 (e) and who are citizens of the United States or aliens lawfully admitted for permanent residence in the United States; or

(3) an entity subject to a proceeding under the Securities Investor Protection Act of 1970, a stockbroker subject to subchapter Ⅲ of chapter 7 of this title, or a commodity broker subject to subchapter Ⅳ of chapter 7 of this title.

(d) The court may not grant relief under this chapter with respect to any deposit, escrow, trust fund, or other security required or permitted under any applicable State insurance law or regulation for the benefit of claim holders in the United States.

(Added Pub. L. 109-8, title VIII, §801 (a), Apr. 20, 2005, 119 Stat. 135.)

## SUBCHAPTER Ⅰ —GENERAL PROVISIONS

### §1502. Definitions

For the purposes of this chapter, the term—

(1) "debtor" means an entity that is the subject of a foreign proceeding;

(2) "establishment" means any place of operations where the debtor carries out a nontransitory economic activity;

其他利益相关方的利益；

（4）保护并最大化债务人资产的价值；以及

（5）促进拯救陷入财务困境的企业，从而保护投资并保障就业。

（b）本章适用于以下各项：

（1）境外法院或境外代表就境外程序在美国寻求的协助；

（2）就本篇案件在境外寻求的协助；

（3）与同一债务人有关的境外程序或本篇案件正在同时进行；或

（4）境外的债权人或其他利益相关方有意启动或参与本篇中的案件或程序。

（c）本章不适用于以下各项：

（1）有关第 109 条（b）中被排除的实体（不包括境外保险机构）的程序；

（2）作为美国居民或依法获准在美国永久居留的境外人，其债务在第 109 条（e）中限额内的个人或个人及其配偶；或

（3）受《1970 年证券投资者保护法》中程序的约束的实体，受本篇第 7 章第三附章规制的证券经纪人或受本篇第 7 章第四附章规制的商品经纪商。

（d）针对任何为美国债权人的利益而根据相应的州保险法律或法规要求或允许的押金、托管、信托资金或其他担保，本国法院不得根据本章提供救济。

[ 经 Pub. L. 109-8, title VIII, §801（a）, Apr. 20, 2005, 119 Stat. 135. 增补 ]

## 第一附章　一般规定

### 第 1502 条　定义

就本章而言，以下术语：

（1）"债务人"指境外程序所处理的实体；

（2）"营业所"指债务人进行非暂时性经济活动的任何营业场所；

(3) "foreign court" means a judicial or other authority competent to control or supervise a foreign proceeding;

(4) "foreign main proceeding" means a foreign proceeding pending in the country where the debtor has the center of its main interests;

(5) "foreign nonmain proceeding" means a foreign proceeding, other than a foreign main proceeding, pending in a country where the debtor has an establishment;

(6) "trustee" includes a trustee, a debtor in possession in a case under any chapter of this title, or a debtor under chapter 9 of this title;

(7) "recognition" means the entry of an order granting recognition of a foreign main proceeding or foreign nonmain proceeding under this chapter; and

(8) "within the territorial jurisdiction of the United States", when used with reference to property of a debtor, refers to tangible property located within the territory of the United States and intangible property deemed under applicable nonbankruptcy law to be located within that territory, including any property subject to attachment or garnishment that may properly be seized or garnished by an action in a Federal or State court in the United States.

(Added Pub. L. 109-8, title VIII, §801 (a), Apr. 20, 2005, 119 Stat. 135.)

### §1503. International obligations of the United States

To the extent that this chapter conflicts with an obligation of the United States arising out of any treaty or other form of agreement to which it is a party with one or more other countries, the requirements of the treaty or agreement prevail.

(Added Pub. L. 109-8, title VIII, §801 (a), Apr. 20, 2005, 119 Stat. 136.)

### §1504. Commencement of ancillary case

A case under this chapter is commenced by the filing of a petition for recognition of a foreign proceeding under section 1515.

(Added Pub. L. 109-8, title VIII, §801 (a), Apr. 20, 2005, 119 Stat. 136.)

### §1505. Authorization to act in a foreign country

A trustee or another entity (including an examiner) may be authorized by the court to act in a foreign country on behalf of an estate created under section 541. An entity authorized to act under this section may act in any way permitted by the applicable foreign law.

(Added Pub. L. 109-8, title VIII, §801 (a), Apr. 20, 2005, 119 Stat. 136.)

### §1506. Public policy exception

Nothing in this chapter prevents the court from refusing to take an action governed by this chapter if the action would be manifestly contrary to the public policy of the United States.

(Added Pub. L. 109-8, title VIII, §801 (a), Apr. 20, 2005, 119 Stat. 136.)

（3）“境外法院”指控制或监督境外程序的司法或其他主管当局；

（4）“境外主要程序”指在债务人的主要利益中心所在国正在进行的境外程序；

（5）“境外非主要程序”指除境外主要程序外，在债务人的营业场所所在国正在进行的境外程序；

（6）“托管人”包括托管人、本篇任意章节案件中的经管债务人或本篇第 9 章中的债务人；

（7）“承认”指根据本章正式作出承认境外主要程序或境外非主要程序的裁定；以及

（8）“在美国地域管辖的范围内”，当用于说明债务人财产时，指位于美国境内的有形财产以及根据可适用的非破产法，被视为位于美国境内的无形财产，包括可能通过在美国联邦或州立法院提起的诉讼而被正当扣押的任何财产。

［经 Pub. L. 109-8, title VIII, §801（a）, Apr. 20, 2005, 119 Stat. 135. 增补］

**第 1503 条　美国的国际义务**

若本章与美国因其与一个或多个其他国家达成的任何条约或其他协议而产生的义务相抵触，则以该条约或协议的要求为准。

［经 Pub. L. 109-8, title VIII, §801（a）, Apr. 20, 2005, 119 Stat. 136. 增补］

**第 1504 条　辅助程序的启动**

根据第 1515 条提交承认境外程序的申请将启动本章程序。

［经 Pub. L. 109-8, title VIII, §801（a）, Apr. 20, 2005, 119 Stat. 136. 增补］

**第 1505 条　在境外行动的授权**

托管人或其他实体（包括监督人）可经本国法院授权，代表根据第 541 条成立的破产实体在境外采取行动。根据本条被授权采取行动的实体可采取任何可适用的境外法律所允许的行动。

［经 Pub. L. 109-8, title VIII, §801（a）, Apr. 20, 2005, 119 Stat. 136. 增补］

**第 1506 条　公共政策的例外**

若受本章规制的行动将明显违反美国的公共政策，则本章中的任何规定均不妨碍本国法院拒绝采取该行动。

［经 Pub. L. 109-8, title VIII, §801（a）, Apr. 20, 2005, 119 Stat. 136. 增补］

§1507. Additional assistance

(a) Subject to the specific limitations stated elsewhere in this chapter the court, if recognition is granted, may provide additional assistance to a foreign representative under this title or under other laws of the United States.

(b) In determining whether to provide additional assistance under this title or under other laws of the United States, the court shall consider whether such additional assistance, consistent with the principles of comity, will reasonably assure—

(1) just treatment of all holders of claims against or interests in the debtor's property;

(2) protection of claim holders in the United States against prejudice and inconvenience in the processing of claims in such foreign proceeding;

(3) prevention of preferential or fraudulent dispositions of property of the debtor;

(4) distribution of proceeds of the debtor's property substantially in accordance with the order prescribed by this title; and

(5) if appropriate, the provision of an opportunity for a fresh start for the individual that such foreign proceeding concerns.

(Added Pub. L. 109-8, title VIII, §801 (a), Apr. 20, 2005, 119 Stat. 136.)

§1508. Interpretation

In interpreting this chapter, the court shall consider its international origin, and the need to promote an application of this chapter that is consistent with the application of similar statutes adopted by foreign jurisdictions.

(Added Pub. L. 109-8, title VIII, §801 (a), Apr. 20, 2005, 119 Stat. 137.)

## SUBCHAPTER Ⅱ —ACCESS OF FOREIGN REPRESENTATIVES AND CREDITORS TO THE COURT

§1509. Right of direct access

(a) A foreign representative may commence a case under section 1504 by filing directly with the court a petition for recognition of a foreign proceeding under section 1515.

(b) If the court grants recognition under section 1517, and subject to any limitations that the court may impose consistent with the policy of this chapter—

(1) the foreign representative has the capacity to sue and be sued in a court in the

**第 1507 条　补充协助**

（a）在符合本章规定的具体限制的情况下，若境外程序已被准予承认，则本国法院可根据本篇或美国其他法律为境外代表提供补充协助。

（b）在决定是否根据本篇或美国其他法律提供补充协助时，本国法院应考虑该协助是否能在符合礼让原则的情况下合理确保以下各项的实现：

（1）公正对待所有就债务人财产享有债权或权益的主体；

（2）保护美国债权人，使其在该类境外程序中处理其债权时免受歧视和不便；

（3）防止对债务人财产的不公平或欺诈处置；

（4）基本根据本篇规定的顺序分配债务人财产的收益；以及

（5）在适当的情况下，为该境外程序中涉及的个人提供重新开始的机会。

[ 经 Pub. L. 109-8, title VIII, §801（a）, Apr. 20, 2005, 119 Stat. 136. 增补 ]

**第 1508 条　法律解释**

在对本章进行解释时，本国法院应考虑其国际渊源以及促进本章适用的需要，且该适用应与境外法域对类似法律的适用相一致。

（经 Pub. L. 109-8, title VIII, §801（a）, Apr. 20, 2005, 119 Stat. 137. 增补）

## 第二附章　境外代表和债权人对本国法院的介入

**第 1509 条　直接介入的权利**

（a）境外代表可通过直接向本国法院根据第 1515 条提交承认境外程序的申请从而根据第 1504 条启动程序。

（b）若法院根据第 1517 条准予承认境外程序，则在遵守本国法院根据本章原则可施加的任何限制的情况下：

（1）境外代表可在美国法院起诉和应诉；

United States;

(2) the foreign representative may apply directly to a court in the United States for appropriate relief in that court; and

(3) a court in the United States shall grant comity or cooperation to the foreign representative.

(c) A request for comity or cooperation by a foreign representative in a court in the United States other than the court which granted recognition shall be accompanied by a certified copy of an order granting recognition under section 1517.

(d) If the court denies recognition under this chapter, the court may issue any appropriate order necessary to prevent the foreign representative from obtaining comity or cooperation from courts in the United States.

(e) Whether or not the court grants recognition, and subject to sections 306 and 1510, a foreign representative is subject to applicable nonbankruptcy law.

(f) Notwithstanding any other provision of this section, the failure of a foreign representative to commence a case or to obtain recognition under this chapter does not affect any right the foreign representative may have to sue in a court in the United States to collect or recover a claim which is the property of the debtor.

(Added Pub. L. 109-8, title VIII, §801 (a), Apr. 20, 2005, 119 Stat. 137.)

### §1510. Limited jurisdiction

The sole fact that a foreign representative files a petition under section 1515 does not subject the foreign representative to the jurisdiction of any court in the United States for any other purpose.

(Added Pub. L. 109-8, title VIII, §801 (a), Apr. 20, 2005, 119 Stat. 138.)

### §1511. Commencement of case under section 301, 302, or 303

(a) Upon recognition, a foreign representative may commence—

(1) an involuntary case under section 303; or

(2) a voluntary case under section 301 or 302, if the foreign proceeding is a foreign main proceeding.

(b) The petition commencing a case under subsection (a) must be accompanied by a certified copy of an order granting recognition. The court where the petition for recognition has been filed must be advised of the foreign representative's intent to commence a case under subsection (a) prior to such commencement.

(Added Pub. L. 109-8, title VIII, §801 (a), Apr. 20, 2005, 119 Stat. 138; amended Pub. L. 111-327,§2 (a)(45), Dec. 22, 2010, 124 Stat. 3562.)

### §1512. Participation of a foreign representative in a case under this title

Upon recognition of a foreign proceeding, the foreign representative in the recognized proceeding is entitled to participate as a party in interest in a case regarding the debtor

（2）境外代表可直接向美国法院申请该法院的相应救济；并且

（3）美国法院应对境外代表授予礼让或合作。

（c）境外代表在除准予承认的法院外的美国法院申请礼让或合作时，应一并提供第 1517 条中准予承认的裁定的核证副本。

（d）若本国法院根据本章拒绝予以承认，则法院可在必要的情况下签发任何相应的裁定从而阻止境外代表在美国法院获得礼让或合作。

（e）无论本国法院是否准予承认，在遵守第 306 条和第 1510 条规定的情况下，境外代表均受可适用的非破产法的约束。

（f）即使本条有任何其他规定，境外代表未能根据本章启动程序或获得境外程序的承认并不影响境外代表在美国法院提起诉讼从而就债务人享有的债权追偿或求偿的权利。

[经 Pub. L. 109-8, title VIII, §801（a）, Apr. 20, 2005, 119 Stat. 137. 增补]

**第 1510 条　限制性管辖**

仅基于境外代表根据第 1515 条提交申请的事实并未使该境外代表就其他事由而受美国法院的管辖。

[经 Pub. L. 109-8, title VIII, §801（a）, Apr. 20, 2005, 119 Stat. 138. 增补]

**第 1511 条　根据第 301、302 或 303 条启动案件**

（a）在境外程序得到承认时，境外代表可启动以下案件：

（1）第 303 条中的强制破产案件；或

（2）若该境外程序为境外主要程序，则可启动第 301 条或第 302 条中的自愿破产案件。

（b）启动附条（a）中案件的申请必须附有准予承认的裁定的核证副本。在启动附条（a）中的案件前，境外代表必须告知接收承认申请的法院其意图启动该案件。

[经 Pub. L. 109-8, title VIII, §801(a), Apr. 20, 2005, 119 Stat. 138; amended Pub. L. 111-327,§2（a）（45）, Dec. 22, 2010, 124 Stat. 3562. 增补]

**第 1512 条　境外代表参与本篇案件**

境外程序得到承认时，该程序中的境外代表即有权作为利益相关方参与根据本篇而就债务人启动的案件。

under this title.

(Added Pub. L. 109-8, title VIII, §801 (a), Apr. 20, 2005, 119 Stat. 138.)

### §1513. Access of foreign creditors to a case under this title

(a) Foreign creditors have the same rights regarding the commencement of, and participation in, a case under this title as domestic creditors.

(b) (1) Subsection (a) does not change or codify present law as to the priority of claims under section 507 or 726, except that the claim of a foreign creditor under those sections shall not be given a lower priority than that of general unsecured claims without priority solely because the holder of such claim is a foreign creditor.

(2) (A) Subsection (a) and paragraph (1) do not change or codify present law as to the allowability of foreign revenue claims or other foreign public law claims in a proceeding under this title.

(B) Allowance and priority as to a foreign tax claim or other foreign public law claim shall be governed by any applicable tax treaty of the United States, under the conditions and circumstances specified therein.

(Added Pub. L. 109-8, title VIII, §801 (a), Apr. 20, 2005, 119 Stat. 138.)

### §1514. Notification to foreign creditors concerning a case under this title

(a) Whenever in a case under this title notice is to be given to creditors generally or to any class or category of creditors, such notice shall also be given to the known creditors generally, or to creditors in the notified class or category, that do not have addresses in the United States. The court may order that appropriate steps be taken with a view to notifying any creditor whose address is not yet known.

(b) Such notification to creditors with foreign addresses described in subsection (a) shall be given individually, unless the court considers that, under the circumstances, some other form of notification would be more appropriate. No letter or other formality is required.

(c) When a notification of commencement of a case is to be given to foreign creditors, such notification shall—

(1) indicate the time period for filing proofs of claim and specify the place for filing such proofs of claim;

(2) indicate whether secured creditors need to file proofs of claim; and

(3) contain any other information required to be included in such notification to creditors under this title and the orders of the court.

(d) Any rule of procedure or order of the court as to notice or the filing of a proof of claim shall provide such additional time to creditors with foreign addresses as is reasonable under the circumstances.

(Added Pub. L. 109-8, title VIII, §801 (a), Apr. 20, 2005, 119 Stat. 138.)

［经 Pub. L. 109-8, title VIII, §801（a）, Apr. 20, 2005, 119 Stat. 138. 增补］

**第 1513 条 境外债权人介入本篇案件**

（a）就启动和参与本篇案件而言，境外债权人享有与本国债权人相同的权利。

（b）（1）附条（a）并不影响现行法律中第 507 条或第 726 条中对债权优先顺位的规定，但前述条文中境外债权人的债权不得仅因该债权的持有人为境外债权人而低于普通无担保非优先债权的顺位。

（2）（A）附条（a）和第（1）款并不影响现行法律中针对境外税收债权或其他境外公法债权在本篇程序中的确认的规定。

（B）境外税收债权或其他境外公法债权的确认和优先顺位，应在美国税收条约规定的条件和情形下，受可适用的税收条约的规制。

［经 Pub. L. 109-8, title VIII, §801（a）, Apr. 20, 2005, 119 Stat. 138. 增补］

**第 1514 条 就本篇案件有关事项通知境外债权人**

（a）在本篇案件中向本国全体债权人或任意组别的债权人发出的通知，也应向地址不在美国境内的已知全体债权人或被通知组别的债权人发出。法院可裁定采取适当措施以通知尚未知悉其地址的任何债权人。

（b）此类通知应分别发给附条（a）中所述的地址在境外的债权人，除非法院认为在相应情况下以其他形式发出通知更为适当。该通知无须以信函或其他正式手续作出。

（c）当向境外债权人就案件的启动发出通知时，该通知应：

（1）载明提交债权证明的期限及提交该债权证明的地点；

（2）载明担保债权人是否需要提交债权证明；以及

（3）载有根据本篇或法院的裁定，被要求载入向债权人发出的该类通知中的任何其他材料。

（d）任何有关通知或提交债权证明的程序规则或法院的裁定均应在特定情形下为地址在境外的债权人提供额外的期限。

［经 Pub. L. 109-8, title VIII, §801（a）, Apr. 20, 2005, 119 Stat. 138. 增补］

# SUBCHAPTER Ⅲ —RECOGNITION OF A FOREIGN PROCEEDING AND RELIEF

## §1515. Application for recognition

(a) A foreign representative applies to the court for recognition of a foreign proceeding in which the foreign representative has been appointed by filing a petition for recognition.

(b) A petition for recognition shall be accompanied by—

(1) a certified copy of the decision commencing such foreign proceeding and appointing the foreign representative;

(2) a certificate from the foreign court affirming the existence of such foreign proceeding and of the appointment of the foreign representative; or

(3) in the absence of evidence referred to in paragraphs (1) and (2), any other evidence acceptable to the court of the existence of such foreign proceeding and of the appointment of the foreign representative.

(c) A petition for recognition shall also be accompanied by a statement identifying all foreign proceedings with respect to the debtor that are known to the foreign representative.

(d) The documents referred to in paragraphs (1) and (2) of subsection (b) shall be translated into English. The court may require a translation into English of additional documents.

(Added Pub. L. 109-8, title VIII, §801 (a), Apr. 20, 2005, 119 Stat. 139.)

## §1516. Presumptions concerning recognition

(a) If the decision or certificate referred to in section 1515 (b) indicates that the foreign proceeding is a foreign proceeding and that the person or body is a foreign representative, the court is entitled to so presume.

(b) The court is entitled to presume that documents submitted in support of the petition for recognition are authentic, whether or not they have been legalized.

(c) In the absence of evidence to the contrary, the debtor's registered office, or habitual residence in the case of an individual, is presumed to be the center of the debtor's main interests.

(Added Pub. L. 109-8, title VIII, §801 (a), Apr. 20, 2005, 119 Stat. 139.)

# 第三附章　对境外程序的承认和救济

**第 1515 条　申请承认**

（a）境外代表通过提交承认申请，向法院申请承认其被任命为境外代表的境外程序。

（b）承认申请应附有下列各项：

（1）启动该境外程序及任命该境外代表的决定的核证副本；

（2）境外法院出具的，确认该境外程序的存在及该境外代表的任命的证明；或

（3）在没有第（1）款和第（2）款中提及的证明的情况下，应附有法院可接受的，证实该境外程序的存在和该境外代表的任命的任何其他证明。

（c）承认申请还应附有列明境外代表所知的，有关该债务人的所有境外程序的声明。

（d）附条（b）的第（1）款和第（2）款中提及的文件应被翻译为英文。法院还可要求将其他文件翻译成英文。

［经 Pub. L. 109-8, title VIII, §801（a）, Apr. 20, 2005, 119 Stat. 139. 增补］

**第 1516 条　关于承认的推定**

（a）若第 1515 条（b）中提及的决定或证明表明，该境外程序是本篇中的境外程序，此人或该机构为本篇中的境外代表，则法院可作此推定。

（b）无论支持该承认证明而被提交的文件是否经过公证，法院均有权推定其为真实文件。

（c）在没有相反证据的情况下，推定债务人的注册办事处或个人的经常居住地为债务人的主要利益中心。

［经 Pub. L. 109-8, title VIII, §801（a）, Apr. 20, 2005, 119 Stat. 139. 增补］

### §1517. Order granting recognition

(a) Subject to section 1506, after notice and a hearing, an order recognizing a foreign proceeding shall be entered if—

(1) such foreign proceeding for which recognition is sought is a foreign main proceeding or foreign nonmain proceeding within the meaning of section 1502;

(2) the foreign representative applying for recognition is a person or body; and

(3) the petition meets the requirements of section 1515.

(b) Such foreign proceeding shall be recognized—

(1) as a foreign main proceeding if it is pending in the country where the debtor has the center of its main interests; or

(2) as a foreign nonmain proceeding if the debtor has an establishment within the meaning of section 1502 in the foreign country where the proceeding is pending.

(c) A petition for recognition of a foreign proceeding shall be decided upon at the earliest possible time. Entry of an order recognizing a foreign proceeding constitutes recognition under this chapter.

(d) The provisions of this subchapter do not prevent modification or termination of recognition if it is shown that the grounds for granting it were fully or partially lacking or have ceased to exist, but in considering such action the court shall give due weight to possible prejudice to parties that have relied upon the order granting recognition. A case under this chapter may be closed in the manner prescribed under section 350.

(Added Pub. L. 109-8, title VIII, §801（a）, Apr. 20, 2005, 119 Stat. 139.)

### §1518. Subsequent information

From the time of filing the petition for recognition of a foreign proceeding, the foreign representative shall file with the court promptly a notice of change of status concerning—

(1) any substantial change in the status of such foreign proceeding or the status of the foreign representative's appointment; and

(2) any other foreign proceeding regarding the debtor that becomes known to the foreign representative.

(Added Pub. L. 109-8, title VIII, §801（a）, Apr. 20, 2005, 119 Stat. 140.)

### §1519. Relief that may be granted upon filing petition for recognition

(a) From the time of filing a petition for recognition until the court rules on the petition, the court may, at the request of the foreign representative, where relief is urgently needed to protect the assets of the debtor or the interests of the creditors, grant relief of a provisional nature, including—

(1) staying execution against the debtor's assets;

(2) entrusting the administration or realization of all or part of the debtor's assets

**第 1517 条　准予承认的裁定**

（a）在符合第 1506 条规定的情况下，经过通知和听证后，在下列情形中，应作出准予承认境外程序的裁定：

（1）申请被承认的境外程序是第 1502 条中的境外主要程序或境外非主要程序；

（2）申请承认的境外代表是人或机构；并且

（3）该申请符合第 1515 条的要求。

（b）该境外程序应被承认为：

（1）若该境外程序系在债务人主要利益中心的所在国进行，则应被承认为境外主要程序；或

（2）若该境外程序系在债务人拥有的第 1502 条所述的营业所的所在国进行，则应被承认为境外非主要程序。

（c）应尽快就承认境外程序的申请作出决定。承认境外程序的裁定的正式作出即构成本章中的承认。

（d）若被表明准予承认的证据已经完全或部分告缺，或者已经不存在，则本附章中的规定并不妨碍对承认的修改或终止，但法院在考虑修改或终止该承认时，应适当考虑已经信赖承认裁定的主体可能遭受的损害。本章案件应以第 350 条规定的方式结案。

［经 Pub. L. 109-8, title VIII, §801（a）, Apr. 20, 2005, 119 Stat. 139. 增补］

**第 1518 条　后续信息**

自提交承认境外程序的申请之时起，境外代表应及时就以下各项的变化向法院提交通知：

（1）该境外程序或境外代表的任命发生的任何重大变化；以及

（2）境外代表获知的针对该债务人的任何其他境外程序。

［经 Pub. L. 109-8, title VIII, §801（a）, Apr. 20, 2005, 119 Stat. 140. 增补］

**第 1519 条　提交承认申请时可被授予的救济**

（a）自提交承认申请之时至法院就该申请作出决定之时，法院应境外代表的请求，在债务人的资产或债权人的权益急需救济的情况下，法院可授予临时救济，包括以下各项：

（1）冻结对债务人资产的执行；

（2）委托境外代表或法院授权的其他人，包括监督人，管理或变卖债务人在美

located in the United States to the foreign representative or another person authorized by the court, including an examiner, in order to protect and preserve the value of assets that, by their nature or because of other circumstances, are perishable, susceptible to devaluation or otherwise in jeopardy; and

(3) any relief referred to in paragraph (3), (4), or (7) of section 1521 (a).

(b) Unless extended under section 1521 (a)(6), the relief granted under this section terminates when the petition for recognition is granted.

(c) It is a ground for denial of relief under this section that such relief would interfere with the administration of a foreign main proceeding.

(d) The court may not enjoin a police or regulatory act of a governmental unit, including a criminal action or proceeding, under this section.

(e) The standards, procedures, and limitations applicable to an injunction shall apply to relief under this section.

(f) The exercise of rights not subject to the stay arising under section 362 (a) pursuant to paragraph (6), (7), (17), or (27) of section 362 (b) or pursuant to section 362 (o) shall not be stayed by any order of a court or administrative agency in any proceeding under this chapter.

(Added Pub. L. 109-8, title VIII, §801 (a), Apr. 20, 2005, 119 Stat. 140; amended Pub. L. 111-327,§2 (a)(46), Dec. 22, 2010, 124 Stat. 3562.)

### §1520. Effects of recognition of a foreign main proceeding

(a) Upon recognition of a foreign proceeding that is a foreign main proceeding—

(1) sections 361 and 362 apply with respect to the debtor and the property of the debtor that is within the territorial jurisdiction of the United States;

(2) sections 363, 549, and 552 apply to a transfer of an interest of the debtor in property that is within the territorial jurisdiction of the United States to the same extent that the sections would apply to property of an estate;

(3) unless the court orders otherwise, the foreign representative may operate the debtor's business and may exercise the rights and powers of a trustee under and to the extent provided by sections 363 and 552; and

(4) section 552 applies to property of the debtor that is within the territorial jurisdiction of the United States.

(b) Subsection (a) does not affect the right to commence an individual action or proceeding in a foreign country to the extent necessary to preserve a claim against the debtor.

(c) Subsection (a) does not affect the right of a foreign representative or an entity to file a petition commencing a case under this title or the right of any party to file claims or take other proper actions in such a case.

(Added Pub. L. 109-8, title VIII, §801 (a), Apr. 20, 2005, 119 Stat. 141.)

国境内的全部或部分资产，从而保护并维持因其性质或其他情形而易于变质、可能贬值或遭受其他危险的资产的价值；以及

（3）第 1521 条（a）的第（3）、（4）或（7）款中提及的任何救济。

（b）除非根据第 1521 条（a）（6）予以延期，否则根据本条被授予的救济将在对承认申请作出决定时终止。

（c）若该救济可能对境外主要程序的实施造成干扰，则可拒绝根据本条授予该救济。

（d）法院不得根据本条禁止政府机构行使其治安或监管权的行为，包括刑事诉讼或程序。

（e）适用于禁令的标准、程序和限制应适用于本条中的救济。

（f）若某项权利的行使，根据第 362 条（b）的第（6）、（7）、（17）或（27）款或第 362 条（o）的规定，不受第 362 条（a）中冻结的约束，则其也不应因法院或行政机构在本章任何程序中作出的任何裁定而被冻结。

［经 Pub. L. 109-8, title VIII, §801( a ), Apr. 20, 2005, 119 Stat. 140; amended Pub. L. 111-327,§2（a）(46）, Dec. 22, 2010, 124 Stat. 3562. 增补］

**第 1520 条　承认境外主要程序的效力**

（a）一旦承认了作为境外主要程序的境外程序，将产生以下效力：

（1）第 361 条和第 362 条将适用于债务人以及位于美国地域管辖范围内债务人的财产；

（2）第 363、549 条和第 552 条将适用于位于美国地域管辖范围内债务人财产上权益的转让，并且其适用的程度与其适用于破产财产的程度相同。

（3）除非法院作出其他裁定，否则境外代表可经营债务人的商事业务，并且可根据第 363 条和第 552 条，在其规定的范围内行使托管人的权利和权力；以及

（4）第 552 条将适用于位于美国地域管辖范围内的债务人的财产。

（b）附条（a）并不影响在必要的情况下，为维护对债务人享有的债权而在境外启动个人诉讼或程序的权利。

（c）附条（a）并不影响境外代表或其他实体根据本篇提交申请以启动破产案件的权利，也不影响任何主体在该案中提交债权或采取其他适当措施的权利。

［经 Pub. L. 109-8, title VIII, §801（a）, Apr. 20, 2005, 119 Stat. 141. 增补］

§1521. Relief that may be granted upon recognition

(a) Upon recognition of a foreign proceeding, whether main or nonmain, where necessary to effectuate the purpose of this chapter and to protect the assets of the debtor or the interests of the creditors, the court may, at the request of the foreign representative, grant any appropriate relief, including—

(1) staying the commencement or continuation of an individual action or proceeding concerning the debtor's assets, rights, obligations or liabilities to the extent they have not been stayed under section 1520 (a);

(2) staying execution against the debtor's assets to the extent it has not been stayed under section 1520 (a);

(3) suspending the right to transfer, encumber or otherwise dispose of any assets of the debtor to the extent this right has not been suspended under section 1520 (a);

(4) providing for the examination of witnesses, the taking of evidence or the delivery of information concerning the debtor's assets, affairs, rights, obligations or liabilities;

(5) entrusting the administration or realization of all or part of the debtor's assets within the territorial jurisdiction of the United States to the foreign representative or another person, including an examiner, authorized by the court;

(6) extending relief granted under section 1519 (a); and

(7) granting any additional relief that may be available to a trustee, except for relief available under sections 522, 544, 545, 547, 548, 550, and 724 (a).

(b) Upon recognition of a foreign proceeding, whether main or nonmain, the court may, at the request of the foreign representative, entrust the distribution of all or part of the debtor's assets located in the United States to the foreign representative or another person, including an examiner, authorized by the court, provided that the court is satisfied that the interests of creditors in the United States are sufficiently protected.

(c) In granting relief under this section to a representative of a foreign nonmain proceeding, the court must be satisfied that the relief relates to assets that, under the law of the United States, should be administered in the foreign nonmain proceeding or concerns information required in that proceeding.

(d) The court may not enjoin a police or regulatory act of a governmental unit, including a criminal action or proceeding, under this section.

(e) The standards, procedures, and limitations applicable to an injunction shall apply to relief under paragraphs (1), (2), (3), and (6) of subsection (a).

(f) The exercise of rights not subject to the stay arising under section 362 (a) pursuant to paragraph (6), (7), (17), or (27) of section 362 (b) or pursuant to section 362 (o) shall not be stayed by any order of a court or administrative agency in any proceeding under this chapter.

**第 1521 条　准予承认时可被授予的救济**

（a）在准予承认境外程序时，无论其为主要程序或非主要程序，出于实现本章目的以及保护债务人资产或债权人权益的需要，法院可应境外代表的请求，授予任何适当的救济，其中包括以下各项：

（1）在尚未根据第 1520 条（a）而被冻结的范围内，冻结涉及债务人的资产、权利、义务或责任的个人诉讼或程序的启动或继续；

（2）在尚未根据第 1520 条（a）而被冻结的范围内，冻结对债务人资产的执行；

（3）在尚未根据第 1520 条（a）而被中止的范围内，中止转让、抵押或对债务人的任何资产作出其他处置的权利；

（4）准予就债务人的资产、事务、权利、义务或责任对证人进行询问、取证或传递信息；

（5）委托境外代表或法院授权的其他人，包括监督人，管理或变卖债务人在美国地域管辖范围内的全部或部分资产；

（6）延长根据第 1519 条（a）被授予的救济；以及

（7）授予托管人可取得的任何补充救济，但不包括根据第 522、544、545、547、548、550 以及 724（a）条可取得的救济。

（b）在准予承认境外程序时，无论其为主要程序或非主要程序，法院可应境外代表的请求，委托境外代表或法院授权的其他人，包括监督人，分配债务人在美国境内的全部或部分资产，但前提是法院确信美国债权人的权益已经得到充分保护。

（c）在根据本条向境外非主要程序代表授予救济时，法院必须确信该救济与根据美国法律应在境外非主要程序中得以管理的资产有关，或与在境外非主要程序中所要求的资料有关。

（d）法院不得根据本条禁止政府机构行使其治安或监管权的行为，包括刑事诉讼或程序。

（e）适用于禁令的标准、程序和限制应适用于附条（a）中第（1）、（2）、（3）或（6）款中的救济。

（f）若某项权利的行使，根据第 362 条（b）的第（6）、（7）、（17）或（27）款或第 362 条（o）的规定，不受第 362 条（a）中冻结的约束，则其也不应因法院或行政机构在本章任何程序中作出的任何裁定而被冻结。

( Added Pub. L. 109-8, title VIII, §801 ( a ) , Apr. 20, 2005, 119 Stat. 141; amended Pub. L. 111-327,§2 ( a ) ( 47 ) , Dec. 22, 2010, 124 Stat. 3562. )

### §1522. Protection of creditors and other interested persons

( a ) The court may grant relief under section 1519 or 1521, or may modify or terminate relief under subsection ( c ) , only if the interests of the creditors and other interested entities, including the debtor, are sufficiently protected.

( b ) The court may subject relief granted under section 1519 or 1521, or the operation of the debtor's business under section 1520 ( a ) ( 3 ) , to conditions it considers appropriate, including the giving of security or the filing of a bond.

( c ) The court may, at the request of the foreign representative or an entity affected by relief granted under section 1519 or 1521, or at its own motion, modify or terminate such relief.

( d ) Section 1104 ( d ) shall apply to the appointment of an examiner under this chapter. Any examiner shall comply with the qualification requirements imposed on a trustee by section 322.

( Added Pub. L. 109-8, title VIII, §801 ( a ) , Apr. 20, 2005, 119 Stat. 142. )

### §1523. Actions to avoid acts detrimental to creditors

( a ) Upon recognition of a foreign proceeding, the foreign representative has standing in a case concerning the debtor pending under another chapter of this title to initiate actions under sections 522, 544, 545, 547, 548, 550, 553, and 724 ( a ) .

( b ) When a foreign proceeding is a foreign nonmain proceeding, the court must be satisfied that an action under subsection ( a ) relates to assets that, under United States law, should be administered in the foreign nonmain proceeding.

( Added Pub. L. 109-8, title VIII, §801 ( a ) , Apr. 20, 2005, 119 Stat. 142. )

### §1524. Intervention by a foreign representative

Upon recognition of a foreign proceeding, the foreign representative may intervene in any proceedings in a State or Federal court in the United States in which the debtor is a party.

( Added Pub. L. 109-8, title VIII, §801 ( a ) , Apr. 20, 2005, 119 Stat. 142. )

## SUBCHAPTER Ⅳ —COOPERATION WITH FOREIGN COURTS AND FOREIGN REPRESENTATIVES

### §1525. Cooperation and direct communication between the court and foreign courts or foreign representatives

( a ) Consistent with section 1501, the court shall cooperate to the maximum extent

［经 Pub. L. 109-8, title VIII, §801( a ), Apr. 20, 2005, 119 Stat. 141; amended Pub. L. 111-327,§2（a）(47）, Dec. 22, 2010, 124 Stat. 3562. 增补］

**第 1522 条　对债权人和其他利益相关方的保护**

（a）仅当债权人和包括债务人在内的其他利益相关方的权益得到充分保护时，法院才可根据第 1519 条或第 1521 条授予救济，或根据附条（c）修改或终止救济。

（b）法院可对根据第 1519 条或第 1521 条而被授予的救济，或根据第 1520 条（a）（3）运营债务人的商事业务施加其认为适当的条件，包括提供担保或交纳保证金。

（c）法院应境外代表或因第 1519 条或第 1521 条中被授予的救济而受到影响的实体的请求，或根据其自身的动议，可修改或终止该救济。

（d）第 1104 条（d）应适用于本章中对监督人的任命。任何监督人均应符合第 322 条中对托管人施加的资格要求。

［经 Pub. L. 109-8, title VIII, §801（a）, Apr. 20, 2005, 119 Stat. 142. 增补］

**第 1523 条　为避免有损于债权人的行为的诉讼**

（a）在准予承认境外程序后，境外代表在涉及债务人的本篇其他章节的待审案件中，即有权根据第 522、544、545、547、548、550、553 条和第 724（a）条提起诉讼。

（b）当境外程序为境外非主要程序时，法院必须确信，根据附条（a）提起的诉讼所涉及的资产，系根据美国法律而应在境外非主要程序中得以管理的资产。

［经 Pub. L. 109-8, title VIII, §801（a）, Apr. 20, 2005, 119 Stat. 142. 增补］

**第 1524 条　境外代表的干预**

在准予承认境外程序后，境外代表可干预在美国州立或联邦法院中债务人为当事方的任何程序。

［经 Pub. L. 109-8, title VIII, §801（a）, Apr. 20, 2005, 119 Stat. 142. 增补］

## 第四附章　与境外法院和境外代表间的合作

**第 1525 条　本国法院与境外法院或境外代表间的合作与直接联系**

（a）根据第 1501 条的规定，法院应直接或通过托管人，与境外法院或境外代

possible with a foreign court or a foreign representative, either directly or through the trustee.

(b) The court is entitled to communicate directly with, or to request information or assistance directly from, a foreign court or a foreign representative, subject to the rights of a party in interest to notice and participation.

(Added Pub. L. 109-8, title VIII, §801 (a), Apr. 20, 2005, 119 Stat. 143.)

### §1526. Cooperation and direct communication between the trustee and foreign courts or foreign representatives

(a) Consistent with section 1501, the trustee or other person, including an examiner, authorized by the court, shall, subject to the supervision of the court, cooperate to the maximum extent possible with a foreign court or a foreign representative.

(b) The trustee or other person, including an examiner, authorized by the court is entitled, subject to the supervision of the court, to communicate directly with a foreign court or a foreign representative.

(Added Pub. L. 109-8, title VIII, §801 (a), Apr. 20, 2005, 119 Stat. 143.)

### §1527. Forms of cooperation

Cooperation referred to in sections 1525 and 1526 may be implemented by any appropriate means, including—

(1) appointment of a person or body, including an examiner, to act at the direction of the court;

(2) communication of information by any means considered appropriate by the court;

(3) coordination of the administration and supervision of the debtor's assets and affairs;

(4) approval or implementation of agreements concerning the coordination of proceedings; and

(5) coordination of concurrent proceedings regarding the same debtor.

(Added Pub. L. 109-8, title VIII, §801 (a), Apr. 20, 2005, 119 Stat. 143.)

## SUBCHAPTER V —CONCURRENT PROCEEDINGS

### §1528. Commencement of a case under this title after recognition of a foreign main proceeding

After recognition of a foreign main proceeding, a case under another chapter of this

表进行最大限度的合作。

（b）法院在尊重利益相关方通知和参与的权利的情况下，有权与境外法院或境外代表直接联系，或直接要求其提供材料或协助。

［经 Pub. L. 109-8, title VIII, §801（a）, Apr. 20, 2005, 119 Stat. 143. 增补］

**第 1526 条　托管人与境外法院或境外代表间的合作与直接联系**

（a）根据第 1501 条的规定，托管人或法院授权的包括监督人在内的其他人，在法院的监督下，应与境外法院或境外代表进行最大限度的合作。

（b）托管人或法院授权的包括监督人在内的其他人，在法院的监督下，有权与境外法院或境外代表直接联系。

［经 Pub. L. 109-8, title VIII, §801（a）, Apr. 20, 2005, 119 Stat. 143. 增补］

**第 1527 条　合作的形式**

第 1525 条和第 1526 条中的合作可通过任何适当的方式实施，包括以下各项：

（1）指定包括监督人在内的个人或机构按法院的指示行事；

（2）以法院认为适当的任何方式传递信息；

（3）协调对债务人资产和事项的管理与监督；

（4）批准或实施有关协调各程序的协议；以及

（5）对债务人并行程序的协调。

［经 Pub. L. 109-8, title VIII, §801（a）, Apr. 20, 2005, 119 Stat. 143. 增补］

## 第五附章　并行程序

**第 1528 条　承认境外主要程序后根据本篇而启动的破产案件**

在准予承认境外主要程序后，仅当债务人在美国境内拥有资产时，才可根据本

title may be commenced only if the debtor has assets in the United States. The effects of such case shall be restricted to the assets of the debtor that are within the territorial jurisdiction of the United States and, to the extent necessary to implement cooperation and coordination under sections 1525, 1526, and 1527, to other assets of the debtor that are within the jurisdiction of the court under sections 541（a）of this title, and 1334（e）of title 28, to the extent that such other assets are not subject to the jurisdiction and control of a foreign proceeding that has been recognized under this chapter.

(Added Pub. L. 109-8, title VIII, §801（a）, Apr. 20, 2005, 119 Stat. 143.)

### §1529. Coordination of a case under this title and a foreign proceeding

If a foreign proceeding and a case under another chapter of this title are pending concurrently regarding the same debtor, the court shall seek cooperation and coordination under sections 1525, 1526, and 1527, and the following shall apply:

(1) If the case in the United States is pending at the time the petition for recognition of such foreign proceeding is filed—

(A) any relief granted under section 1519 or 1521 must be consistent with the relief granted in the case in the United States; and

(B) section 1520 does not apply even if such foreign proceeding is recognized as a foreign main proceeding.

(2) If a case in the United States under this title commences after recognition, or after the date of the filing of the petition for recognition, of such foreign proceeding—

(A) any relief in effect under section 1519 or 1521 shall be reviewed by the court and shall be modified or terminated if inconsistent with the case in the United States; and

(B) if such foreign proceeding is a foreign main proceeding, the stay and suspension referred to in section 1520（a）shall be modified or terminated if inconsistent with the relief granted in the case in the United States.

(3) In granting, extending, or modifying relief granted to a representative of a foreign nonmain proceeding, the court must be satisfied that the relief relates to assets that, under the laws of the United States, should be administered in the foreign nonmain proceeding or concerns information required in that proceeding.

(4) In achieving cooperation and coordination under sections 1528 and 1529, the court may grant any of the relief authorized under section 305.

(Added Pub. L. 109-8, title VIII, §801（a）, Apr. 20, 2005, 119 Stat. 144; amended Pub. L. 111-327,§2（a）(48), Dec. 22, 2010, 124 Stat. 3562.)

### §1530. Coordination of more than 1 foreign proceeding

In matters referred to in section 1501, with respect to more than 1 foreign proceeding regarding the debtor, the court shall seek cooperation and coordination under sections 1525, 1526, and 1527, and the following shall apply:

篇其他章节启动破产案件。该案件的效力应限于债务人在美国地域管辖范围内的资产，并且出于实施第 1525、1526 和 1527 条中规定的合作与协调的必要，也及于根据本篇第 541 条（a）和《美国联邦法典》第 28 篇第 1334 条（e）受本国法院管辖的债务人的其他资产，但仅限于根据本章而被准予承认的境外程序中不受该境外程序的管辖和控制的资产。

［经 Pub. L. 109-8, title VIII, §801（a）, Apr. 20, 2005, 119 Stat. 143. 增补］

**第 1529 条　本篇案件和境外程序的协调**

若针对同一债务人的境外程序和本篇其他章节中的案件正在同时进行，则法院应根据第 1525、1526 及 1527 条寻求合作与协调，并应适用以下各项：

（1）当提交承认该境外程序的申请时，若美国案件尚在进行中：

（A）则根据第 1519 条或第 1521 条被授予的救济必须与在美国案件中被授予的救济相一致；并且

（B）即使该境外程序被承认为境外主要程序，也不得适用第 1520 条。

（2）若在美国根据本篇启动的案件系在该境外程序被予以承认或提交承认该境外程序的申请后才被启动：

（A）则第 1519 条或第 1521 条中的任何有效救济，均应由法院重新审议，并在与美国案件不一致的情况下，应予修改或终止；并且

（B）若该境外程序为境外主要程序，在与美国案件中被授予的救济不一致的情况下，应对第 1520 条（a）中的冻结和中止予以修改或终止。

（3）在授予、延长或修改已授予境外非主要程序代表的救济时，法院必须确信该救济与根据美国法律应在境外非主要程序中得以管理的资产有关，或与在境外非主要程序中所要求的资料有关。

（4）在根据第 1528 条和第 1529 条达成合作与协调时，法院可授予任何第 305 条中规定的救济。

［经 Pub. L. 109-8, title VIII, §801(a), Apr. 20, 2005, 119 Stat. 144; amended Pub. L. 111-327,§2（a）(48）, Dec. 22, 2010, 124 Stat. 3562. 增补］

**第 1530 条　一项以上的境外程序的协调**

对于第 1501 条中提及的事项，针对一项以上对债务人进行的境外程序，法院应根据第 1525、1526 及 1527 条寻求合作与协调，并应适用以下各项：

(1) Any relief granted under section 1519 or 1521 to a representative of a foreign nonmain proceeding after recognition of a foreign main proceeding must be consistent with the foreign main proceeding.

(2) If a foreign main proceeding is recognized after recognition, or after the filing of a petition for recognition, of a foreign nonmain proceeding, any relief in effect under section 1519 or 1521 shall be reviewed by the court and shall be modified or terminated if inconsistent with the foreign main proceeding.

(3) If, after recognition of a foreign nonmain proceeding, another foreign nonmain proceeding is recognized, the court shall grant, modify, or terminate relief for the purpose of facilitating coordination of the proceedings.

(Added Pub. L. 109-8, title VIII, §801 (a), Apr. 20, 2005, 119 Stat. 144.)

### §1531. Presumption of insolvency based on recognition of a foreign main proceeding

In the absence of evidence to the contrary, recognition of a foreign main proceeding is, for the purpose of commencing a proceeding under section 303, proof that the debtor is generally not paying its debts as such debts become due.

(Added Pub. L. 109-8, title VIII, §801 (a), Apr. 20, 2005, 119 Stat. 144.)

### §1532. Rule of payment in concurrent proceedings

Without prejudice to secured claims or rights in rem, a creditor who has received payment with respect to its claim in a foreign proceeding pursuant to a law relating to insolvency may not receive a payment for the same claim in a case under any other chapter of this title regarding the debtor, so long as the payment to other creditors of the same class is proportionately less than the payment the creditor has already received.

(Added Pub. L. 109-8, title VIII, §801 (a), Apr. 20, 2005, 119 Stat. 145.)

（1）在境外主要程序被准予承认后，根据第 1519 条或第 1521 条授予境外非主要程序代表的任何救济必须与境外主要程序相一致。

（2）若境外主要程序系在境外非主要程序被准予承认或提交承认该境外非主要程序的申请后才被准予承认，则第 1519 条或第 1521 条中的任何有效救济，均应由法院重新审议，并在与境外主要程序不一致的情况下，应予修改或终止。

（3）若在境外非主要程序被予以承认后又承认了其他境外非主要程序，则法院应授予、修改或终止救济从而促进各程序的协调。

［经 Pub. L. 109-8, title VIII, §801（a）, Apr. 20, 2005, 119 Stat. 144. 增补］

**第 1531 条　基于对境外主要程序的承认而推定事实破产**

在没有相反证据的情况下，针对根据第 303 条启动破产程序而言，境外主要程序的承认即证明债务人整体上未能清偿其到期债务。

［经 Pub. L. 109-8, title VIII, §801（a）, Apr. 20, 2005, 119 Stat. 144. 增补］

**第 1532 条　多项程序并行时的偿付规则**

在不损害担保债权或物权的情况下，已从根据境外破产法律而进行的境外程序中就其债权获得偿付的债权人，只要同一小组的其他债权人获得的偿付依比例低于该债权人已经获得的偿付，则不得就同一债权在债务人本篇其他章节的案件中获得偿付。

［经 Pub. L. 109-8, title VIII, §801（a）, Apr. 20, 2005, 119 Stat. 145. 增补］